PAUL:
APOSTLE OF THE FREE SPIRIT

바울

그의 생애와 사역

F.F.브루스 지음 | 박문재 옮김

CH북스
크리스천
다이제스트

차례

서문 23
서론 27

1. 로마의 발흥 34
2. 이방인의 지배 아래 놓인 유대인 39
3. "소읍이 아닌" 45
4. "이는 로마 사람이라" 50
5. "히브리인 중의 히브리인" 54
6. "때가 차매" 66
7. "그 도(The Way)"의 시작 75
8. 교회를 핍박하는 자 83
9. 바울이 기독교인이 되다 88
10. 바울과 예루살렘 전승 97
11. 바울과 역사적 예수 110
12. 바울과 높이 들리우신 그리스도 128
13. 헬레니즘 세계에 대한 바울의 선교 141
14. 환상을 보는 사람, 행동하는 사람 149
15. 예루살렘 교회 지도자들과의 협의 164
16. 구브로와 소아시아에서 확장되는 교회 177
17. 이방인 문제 191
18. "율법이 할 수 없는 그것" 206
19. 육체와 영 222
20. 안디옥에서 빌립보까지 231
21. 데살로니가의 기독교 243
22. 바울과 아덴 사람들 256

23. 고린도에 있는 하나님의 교회　　　　　　　271
24. 고린도 교회와 바울이 주고 받은 서신　　288
25. 바울 사상에 나타난 세례와 성찬　　　　　304
26. 에베소: 열린 문과 많은 대적들　　　　　　311
27. 바울과 내세　　　　　　　　　　　　　　325
28. 마게도냐와 아가야를 떠나다　　　　　　　340
29. 바울이 전한 복음　　　　　　　　　　　　351
30. 마지막 예루살렘 방문　　　　　　　　　　366
31. 가이사랴의 재판과 가이사에 대한 상소　　381
32. "우리는 마침내 로마로 갔다"　　　　　　　395
33. 바울과 로마 기독교　　　　　　　　　　　406
34. 빌레몬서　　　　　　　　　　　　　　　　421
35. 정사와 권세　　　　　　　　　　　　　　436
36. 바울 사상의 정수　　　　　　　　　　　　453
37. 역사와 전승에 나타난 바울의 마지막 나날들　471
38. 바울을 회고함　　　　　　　　　　　　　　488

연표　　　508
참고 도서　510

다소 : 성 바울의 문(p.45)

다메섹 : 오늘날도 직가(直街)라 불리는 거리.(p.90)

감람산에서 본 예루살렘과 성전 주변(p.160)

아덴 : 바울의 연설을 기록한 아레오바고 언덕의 동판(p.260)

아덴 : 아크로폴리스(p.262)

고린도 : 갈리오의 판결(p.277)

에베소 : 연극장(p.318)

가이사랴 : 연극장(p.381)

로마 : 압비아 길(p.402)

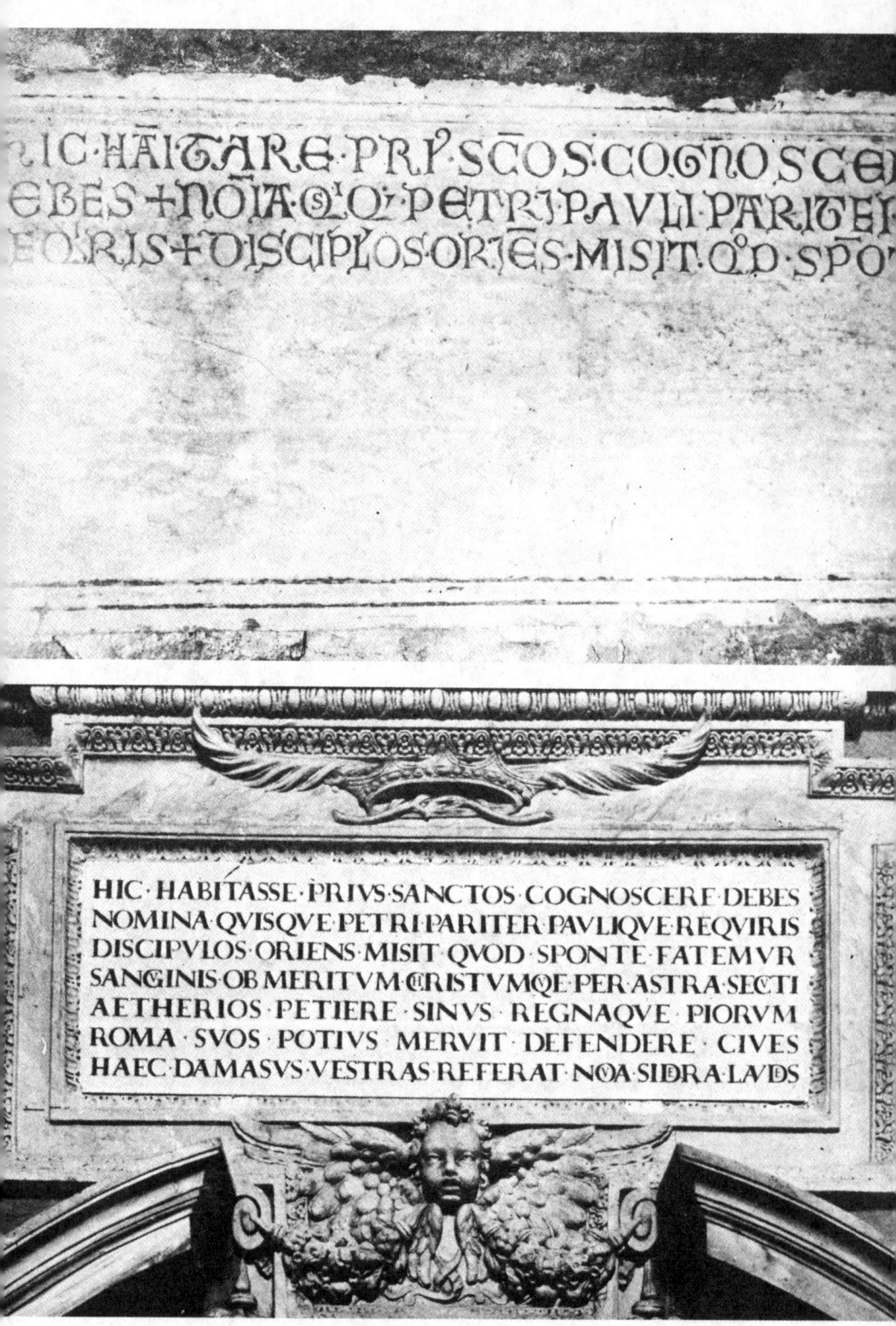

로마 : 성 프락세디스 교회와 성 세바스챤 교회의 명문(銘文). (p.483)

로마 : 성 세바스챤의 카타콤 : 베드로와 바울을 기리는 벽화(p.483)

로마 : St. Paul-Without-the-Walls : 정면과 현관, 바울의 동상(p.482)

로마 : St. Paul-Without-the-Walls : 바울 무덤의 비문(p.482)

로마 : 트레 폰타네 : 성 바울 교회의 외관(p.481)

로마: 트라테베 성 마울교회의 내부(p.481)

갈 6 : 10-18과 빌 1 : 1을 보여주는 파피루스 사본 P⁴⁶. 이 사본은 바울 서신의 가장 오래된 사본이다.(약 200년경) : 더블린의 체스터베티 도서관의 성경 파피루스 중의 하나이다.(p.499)

서 문

　이 책의 목적은 지금까지 필자가 수십년 동안 강의나 논문들을 통하여 발표했던 글들을 일관된 체계를 세워 제시해 보자는 데 있다.
　1959년 내가 맨체스터 대학에서 처음으로 강의를 맡게 되었을 때, 성서학 고급과정의 교수 과목에 "바울의 선교 역정(歷程)과 그 역사적 배경"이라는 과목이 들어있었다. 내 마음에 꼭 들었던 이 과목에서 내가 강의한 내용들은 이 책들의 핵심 내용을 이루고 있다. 이전에도 바울의 삶과 사상을 모르고 있는 바는 아니었지만, 지난 18년 동안 나는 다른 분야보다도 이 분야에 더 많은 시간과 노력을 기울여 왔다. 나는 바울의 가르침을 체계적으로 설명해보고자 한 것이 아니라, 바울 자신이 자신의 서신들을 통하여 그랬듯이, 바울의 가르침 가운데 주요한 주제들을 그 역사적 배경을 토대로 검토해 보고자 했다.
　내가 맨체스터 대학으로 온 이래 해마다 나는 존 라일랜즈 도서관(the John Rylands Library, 1972년 이후에는 존 라일랜즈 맨체스터 대학 도서관)에서 공개강좌를 가졌다. 이 강좌에서 행한 대부분의 강의는 바울 연구에 대한 것이었다. 그 강의들은 도서관의 회보(Bulletin)에 차례로 실렸다. 그 가운데 여덟번의 강의 내용을 이 책에 상당부분 그대로 옮겼다: "로마에서의 성 바울, 1", BJRL, 1964년 4월호 (제4, 31, 32장), "로마에서의 성 바울, 2", 1965년 가을호 (제34장), "로마에서의 성 바울, 3", 1966년 봄호 (제35장), "로마에서의 성 바울, 4", 1967년 봄호 (제36장), "로마에서의 성 바울, 5", 1968년 봄호 (제37장), "바울과 역사적 예수", 1974년 봄호 (제11장), "바울과 모세의 율법", 1975년 봄호 (제18장), "바울에 있어서 그리스도와 성령", 1977년 봄호 (제12장). 나는 이 글들을 수정하거나 다듬어서 여기에 전재할 수 있도록 허락해 주신 랫클리프(F. W. Ratcliffe) 박사 (도서관 사서 및 관장)와 프랭크 테일러(Frank Taylor) 박사 (도서관 회보(Bulletin)의 편집주간)에게 감사드린다.
　또한 The Expository Times의 1976년 10월호에 실린 내 논문 "바울과 아덴 사람들"을 좀더 증보하여 이 책 제22장에 실을 수 있도록 허락해 주신 그 학술지의 편집인에게도 감사드린다. 내 비서인 마가렛 혹 양에게도 감사를 표하고 싶다. 그녀는 타고난 성실성으로 기꺼이 이 책 전체를 타자쳐 주었을 뿐만 아니라 교정지를 읽고 색인을 작성하는 데도 상당한 도움을 주었다. 그녀는 알아보기 힘든 내 원고를 아주 잘 해독하여 아름답고 정확한 타자원고로 작성해 줌으로써 출판하는 사람들의 수고를 상당히 덜어 주었다. 그렇지 않고 내가 손으로 원고를 썼더라면 출판하는 사람들이 내 원고를 해독하느라 꽤 애를 먹었을 것이다.

1977년
F. F. B.

약 어 표

AJA	*American Journal of Archaeology*
Ant.	*Antiquities* (Josephus)
AV	Authorized (King James) Version
BC	*The Beginnings of Christianity*, ed. F. J. Foakes Jackson and K. Lake (London, 1920–33)
BGU	*Berliner Griechische Urkunden*
BJ	*De Bello Iudaico (Jewish War)* (Josephus)
BJRL	*Bulletin of the John Rylands (University) Library*, Manchester
BZNW	*Beiträge zur Zeitschrift für die neutestamentliche Wissenschaft*
CD	Book of the Covenant of Damascus (= Zadokite Work)
CIG	*Corpus Inscriptionum Graecarum*
CIL	*Corpus Inscriptionum Latinarum*
CSEL	*Corpus Scriptorum Ecclesiasticorum Latinorum*
DACL	*Dictionnaire d'Archéologie chrétienne et de Liturgie*
EQ	*The Evangelical Quarterly*
E.T.	English Translation
Ev. Th.	*Evangelische Theologie*
HDB	Hastings' *Dictionary of the Bible* (5 volumes)
Hist. Eccl.	*Historia Ecclesiastica* (Eusebius)
HJP	*History of the Jewish People in the Age of Jesus Christ*, E.T. (E. Schürer)
ibid.	*ibidem* ("in the same place")
ICC	International Critical Commentary
IGRR	*Inscriptiones Graecae ad Res Romanas Pertinentes*
JBL	*Journal of Biblical Literature*
JRS	*Journal of Roman Studies*
JTS	*Journal of Theological Studies*
loc. cit.	*loco citato* ("at the place cited")
LXX	Septuagint (pre-Christian Greek version of Old Testament)
MAMA	*Monumenta Asiae Minoris Antiqua*
MT	Massoretic Text
Nat. Hist.	*Naturalis Historia* (Pliny the Elder)
NEB	New English Bible
n.s.	new series
NTS	*New Testament Studies*
OGIS	*Orientis Graeci Inscriptiones Selectae* (ed. W. Dittenberger)

26 바울

op. cit.	*opus citatum* ("the work cited")
Q	Qumran
1QH	*Hodayot* (Hymns of Thanksgiving) from Qumran Cave 1
1QIs^a	Complete scroll of Isaiah from Qumran Cave 1
1QIs^b	Incomplete scroll of Isaiah from Qumran Cave 1
1QM	*Milḥamah* (War scroll) from Qumran Cave 1
1QpHab	*Pesher* (commentary) on Habakkuk from Qumran Cave 1
1QS	*Serek* (Rule of the Community) from Qumran Cave 1
4QpNah	*Pesher* (commentary) on Nahum from Qumran Cave 4
QDAP	*Quarterly of the Department of Antiquities of Palestine*
RE	*Realencyclopädie für die klassische Altertumswissenschaft* (A. F. von Pauly and G. Wissowa)
RHPR	*Revue d'Histoire et de Philosophie Religieuses*
RSV	Revised Standard Version
s.v.	*sub voce* ("under the word")
TB	Babylonian Talmud
TDNT	*Theological Dictionary of the New Testament*, i–ix (1964–74), E.T. of *TWNT* (*Theologisches Wörterbuch zum Neuen Testament*), i–ix (1933–74), ed. G. Kittel and G. Friedrich
TJ	Jerusalem (Palestinian) Talmud
ZAW	*Zeitschrift für die alttestamentliche Wissenschaft*
ZDPV	*Zeitschrift des Deutschen Palästina-Vereins*
ZNW	*Zeitschrift für die neutestamentliche Wissenschaft*
ZTK	*Zeitschrift für Theologie und Kirche*

서 론

바울에 관한 또 한권의 책을 발행하면서 나는 주후 2세기 「바울행전」(Acts of Paul)의 저자가 한 말밖에 할 말이 없다. 거기에는 '아모레 파울리(amore Pauli)' 즉 '바울을 사랑하기 때문에'라고 쓰여 있다. 반세기 이상 나는 고대 문헌을 배우고 가르쳐 오면서 고대의 어떤 작가들보다도 바울 연구에 더 많은 시간과 노력을 기울여 왔다. 고대나 현대의 어떤 작가들을 연구할 때보다도 바울을 연구할 때 그 연구의 보상을 풍부하게 받을 수 있었다. 이것은 바울이 가진 많은 성품들 가운데 몇몇 측면 때문이다. 매혹적으로 따스한 성품, 고매한 지성, 구속의 은혜에 관한 복음으로 말미암아 생겨난 사람들을 상쾌하게 하는 해방된 모습, 다메섹 도상에서 자신에게 맡겨진 위탁을 이루기 위하여 일편단심으로 온 생애를 바치며("내가 이 한 가지를 하나니") 모든 사도들보다도 더 많이 수고하는 가운데 ㅡ "그러나 내가 아니요 나와 함께 하시는 하나님의 은혜로서니라" ㅡ 온 세상에 복음을 전하는 그의 박진감 넘치는 활약. 그러므로 내가 이 책을 쓰는 목적은 내가 바울 연구를 하는 가운데 거두어 들였던 풍성한 수확을 어느 정도 독자들과 나누어 갖고자 하는 것이다.

1. 서간(書簡)문학의 대가(大家)로서의 바울

모든 신약의 저자들 가운데서 바울은 자기 저작들에 자신의 사람됨(personality)을 가장 분명하게 각인시켜 놓은 저자이다. 바로 이러한 이유로 바울은 세계 문학에서 가장 위대한 서간문학의 대가라는 영예를 차지한다 ㅡ 바울이 독특한 문체를 구사한 서신을 썼거나 원래의 수신자보다 훨씬 더 많은 사람들이 인정하는 서신을 썼기 때문이 아니라 그의 서신들은 바울의 생각과 그의 메시지를 너무도 열렬하고 설득력 있게 표현하고 있기 때문이다. "그는 분명히 헬라 문학에서 위대한 인물 가운데 한 사람이다"라고 길버트 머레이(Gilbert Murray)는 말했다.[1] 머레이보다 더 위대한 헬라문화 연구가인 울리히 폰 빌라모비츠 ㅡ

---

1) G.G.A. Murray, *Four Stages of Greek Religion* (New York, 1912), p.146.

묄렌도르프(Ulich von Wilamowitz-Moellendorff)는 바울을 "헬라 문화의 한 걸작"이라고 평했다. 그는 바울이 헬라 문화의 어떤 요소도 직접적으로 전수받지 않았으면서도 헬라어로 글을 쓸 뿐만 아니라 헬라어로 생각하고 있다고 말했다. 바울은 복음을 헬라인들에게 전함으로써 자기도 모르는 사이에 알렉산더 대제의 유언을 집행하는 사람이 되었다.

드디어 마침내 다시 한 번 누군가가 자신의 삶의 내적인 체험을 헬라어로 표현하고 있다. 그 체험은 자신의 소망을 확신케 만드는 그의 신앙이다. 그의 불타는 사랑은 온 인류를 껴안는다: 온 인류에게 구원을 가져다 주기 위하여 그는 기꺼이 자신의 생명을 버리는데, 그가 가는 곳마다 영혼의 신선한 생명이 샘솟는다. 그는 자기의 활동을 보완할 목적으로 서신들을 쓴다. 이 서간의 문체는 바울, 다른 그 무엇이 아닌 바로 바울 자신이다.[2]

헬라 문화 연구가 중의 연구가가 히브리인 중에 히브리인이라고 주장했던 사람에게 보내는 이 찬사는 결코 하찮은 것이 아니다!
바울 서신들은 바울의 삶과 사역을 연구하는 데 있어서 일차적인 자료가 된다. 사실 그것들은 기독교의 초기 역사에 관한 일차적인 자료이다. 왜냐하면 이 서신들은 가장 초기의 기독교 문헌들이며, 그 가운데 가장 중요한 것들은 예수의 죽음 후 18년 내지 30년 사이에 쓰여졌다. 어떤 저술가들은 자신의 사상을 숨기기 위하여 서간 형식을 빌려 글을 썼다. 바울은 투명한 정직성을 갖고 있었기 때문에 그러한 인위적인 기교와는 거리가 멀었다. 바울은 자기 자신의 신자들에게나 개인적으로 잘 모르는 사람들에게 편지를 쓸 때, 필요하다면 외교적이려고 노력한다. 그러나 그럴 때조차도 바울은 자기 마음을 솔직히 털어놓는다.
이러한 꾸밈없는 성격은 바울이 편지를 자필로 쓰는 것이 아니라 남으로 하여금 대필케 함으로써 더욱 촉진되었을 것이다. 바울은 편지를 구술하면서 마음속으로 편지를 받을 사람들을 그려보고 마치 그들과 대면하여 말하는 것처럼 말한다. 그가 편지를 대필하는 필기자들을 활용했다 할지라도, 그 서신의 문체, 특히 "주요 서신들"(편의상 갈라디아서, 고린도 전후서, 로마서를 가리킬 때 사용하는 명칭)의 문체는 바울의 것이다. 디모데나 누가와 같이 바울과 가까운 동료들이 필기자 노릇을 했을 때는 바울은 좀더 문체에 세심한 주의를 기울일 수 있었을 것이다. 그러나 바울이 자기가 말하고자 하는 주제에 심취했을 때는 그 누구라도 바울의 구술을 받아적기가 결코 쉬운 일이 아니었을 것이다. 필기자들이 관례적인 절차를 따랐다면, 그들은 바울이 구술한 내용을 아마도 일종의 속기술을 이용하여 철필로 초칠을 한 서판(書板)에 약식으로 받아적은 다음 파피루스 낱장이나 두루마리에 정상적인 글자로 그 본문을 옮겨 적었을 것이다.

---

2) U. von Wilamowitz-Moellendorff, *Die griechische Literatur des Altertums=Die Kultur der Gegenwart*, ed. P. Hinneberg, i, 8 (Berlin/Leipzing, ³1912), p. 232.

바울 서신들은 너무도 꾸밈없이 쓰여졌기 때문에, 우리는 그 서신들의 증거와 부합하지 않는 방식으로 바울을 설명하는 그 어떠한 것에 대해서도 의심을 가져야 한다. 주후 1세기 때부터 바울을 그의 서신들과는 상관없이 완전히 독자적으로 설명하는(그렇게 보인다) 작품이 있었다. 그것은 사도행전(누가복음에 이어 기독교 기원에 관한 역사의 속편으로 구상된 작품)이다. 이것은 바울의 삶과 사역을 보여주는 중요한 이차적인 사료로서, 내가 쓰는 이 책은 사도행전이 매우 역사적인 가치가 높은 자료라는 확신(이에 대한 논거들은 다른 곳에서 제시하였다)[3]을 바탕으로 하고 있다. 바울의 것으로 밝혀진 서신들에서 도출된 바울에 관한 묘사와 사도행전에서 도출된 바울에 관한 묘사의 차이들은 어떤 사람의 자화상과 어떤 사람이 의식적으로든지 (이 경우에서처럼) 무의식적으로든지 자세를 취하고 앉아 있는 모습을 다른 사람이 그린 그림의 차이와 같은 것이다. 사도행전의 바울은 호의적이고 정확한 눈을 가진 관찰자가 독자적으로 관찰하고 묘사한 역사적 바울이다. 사도행전은 적어도 주요한 바울 서신들을 고찰하는 데 사용할 수 있는 믿을 만한 틀을 제공할 뿐만 아니라 안심하고 바울 자신의 증거를 보충하는 데 사용할 수 있다.[4]

2. 바울과 기독교의 확장

하지만 바울은 서간 문학의 대가로서 뿐만 아니라 활동가로서 훨씬 더 세계 역사상에 흔적을 남겼다. 예를 들면 삼척동자도 다 아는 두 가지 역사적인 사실을 생각해 보라.

첫째, 기독교는 디아스포라의 땅이 아니라 이스라엘 땅에서 유대 공동체 내부에서 하나의 운동으로 일어났다. 이 운동의 창시자는 한 유대인이었고, 그의 제자들도 유대인이었다. 제자들은 그의 선생이 떠나간 후 수년 동안 오직 자기들에게 맡겨진 복음을 유대인들에게만 전하였다. 그런데도 그들의 선생이 죽은 후 채 한 세대도 지나지 않아서 로마 제국 당국자들은 기독교를 큰 세력을 가진 이방 제의(祭儀)로 인정했고, 오늘날에도 어떤 지역들에서는 유대인/기독교인이라고 대비해서 말하는 것이 유대인/이방인이라는 대비를 표현하는 말이 되고 있다.

둘째, 기독교는 남서 아시아에 있는, 아람어 방언을 사용하는 사람들 사이에서 일어났다.

---

[3] F. F. Bruce, *The Acts of the Apostles*(London, ²1952), pp. 15ff. *et passim*을 참조하라.
[4] 마지막 두 문장은 F. F. Bruce, "Is the Paul of Acts the Real Paul?" *BJRL* 58 (1975-76), pp. 282-305에 자세히 나타나 있다. 이에 관한 중요한 두 논문은 P. Vielhauer, "On the 'Paulinism' of Acts", E.T. in *Studies in Luke-Acts. Essays in Honor of Paul Schubert*, ed. L. E. Keck and J. L. Martyn (Nashville/New York, 1966), pp. 33-50 (이 주제는 필자와는 완전히 다른 결론들을 내리고 있는 연구)와 C. K. Barrett, "Acts and the Pauline Corpus", *Expository Times* 88 (1976-77), pp. 2-5이다. [바레트 교수가 국제비평주석(ICC)으로 준비하고 있는 사도행전에 대한 주저로서 독자의 욕구를 채워주는 연구]

그런데도 그 근본이 되는 문헌들은 본래부터 헬라어로 쓰여져서 헬라어로 우리에게 전해져 내려왔다. 그리고 수많은 세기 동안 사람들은 기독교를 좋든 싫든 주로 유럽의 종교로 생각했다.

실제로 한 가지 동일한 사실의 두 측면에 지나지 않는 이 두 가지 현상은 유대인으로 태어나서 유대인으로 자란 바울이 주후 33년 기독교로 개종하면서부터 삼십 여 년 동안 수리아로부터 이달랴(서바나는 그만두고라도)에 이르기까지 그리스도의 복음을 전파한 것에 주로 그 원인이 있다. 바울이 얼마나 정력적으로 자기에게 맡겨진 위탁을 수행하고 성취했는지는 그의 사도적 사역의 한 국면을 통해 잘 드러난다 ─ 주후 47년부터 57년까지의 십년. 이에 대해 롤란드 알렌(Roland Allen)은 다음과 같이 요약하고 있다.

> 십년도 채 안 되는 기간 동안에 성 바울은 제국의 네 속주 즉 갈라디아, 마게도냐, 아가야, 아시아에 교회를 일구어 놓았다. 주후 47년 이전에는 이 지역들에는 교회가 한 곳도 없었다. 주후 57년에 이르러서는 성 바울은 거기에서 자기가 할 일은 끝났다고 말할 수 있었고, 자기가 세운 교회들이 자기가 없는 동안에 자신의 지도를 받지 못해 소멸해 버릴지도 모른다는 염려를 하지 않고도 더 먼 서쪽 지방으로 선교 여행을 떠날 계획을 세울 수 있었다.[5]

바울의 확신은 옳았다. 그 교회들은 소멸하기는 커녕 성장하고 번영했다.

바울은 당시 이방 세계에서 기독교를 전파한 사람일 뿐만 아니라 ─ 바울에 동조하거나 바울과 경쟁의식을 가지고 기독교를 전파한 사람들은 몇몇 있었다[6] ─ 선구적인 선교사요 교회를 세우는 자로서 모든 다른 사람들을 능가했으므로, 그 무엇도 가장 뛰어난(par excellence) 이방인의 사도로서의 그의 업적을 깎아내릴 수 없다.

3. 자유로운 은혜를 전파하는 바울

그러나 바울이 세계사에 가장 두드러지게 기여한 부분은 자유로운 은혜(free grace)의 복음을 제시한 것 ─ 스스로 (올바르게) 표현하고 있듯이, 예수의 가르침에 명백하게 나타나 있고 예수의 삶과 사역에 체현되어 있는 복음을 바울이 다시 제시한 것이었다. 바울이 선포한 하나님의 자유로운 은혜는 여러 가지 의미에서 자유로운 은혜이다 ─ 그 어떤 것에도 구속받지 않고 전적으로 주권적이라는 의미에서 '자유로운', 오직 믿음만으로 받아들일

---

5) R. Allen, *Missionary Methods. St. Paul's or Ours?* (London, 1927). p. 3.
6) C. K. Barrett("Acts and the Pauline Corpus", pp. 4 f.)는 당시의 헬라-로마 세계에서 바울의 선교와 아울러 적어도 두 조류의 기독교 선교를 식별해 내고 있다. 베드로가 이끌었던 선교와 스데반과 그의 동료 헬라파들로 거슬러 올라가는 선교. 그는 사도행전을 이 세 조류가 그들의 창시자들의 죽음 및 주후 70년의 사건들 이후에 서로서로 만나게 되는 과정의 기념비로 본다.

수 있도록 사람들에게 제시된다는 의미에서 '자유로운', 율법주의의 속박과 도덕적인 무질서 상태의 속박을 비롯하여 온갖 종류의 내적이고 영적인 속박으로부터 사람들을 자유케 하는 원천이자 원리라는 의미에서 '자유로운' 것이다.

바울이 선포한 은혜의 하나님은 큰 기사(奇事)를 홀로 행하시는 하나님이다. 그는 무(無)에서 만유(萬有)를 창조하신다. 그는 죽은 자를 살리신다. 그는 불경건한 자들을 의롭다 하신다. 이 세번째가 모든 것 가운데 가장 놀라운 기적이다: 창조와 부활은 살아 계시며 생명을 주시는 하나님의 권능에 합당한 기적이다. 그러나 불경건한 자들을 의롭다 하시는 것은 의로우신 하나님, 온 땅의 심판자로서 스스로 "나는 악인을 의롭다 하지 아니하겠노라"(출 23:7)고 밝히신 그분의 성품과 너무도 분명하게(*prima facie*) 정면으로 모순되는 것이다. 그런데도 도저히 은혜를 받을 자격이 없는 자들에게까지 그 은혜를 넓히시는 바로 그러한 행위 가운데서 하나님은 "자기도 의로우시며 또한 예수 믿는 자를 의롭다 하려 하심"(롬 3:26)을 드러내시는 것이 바로 하나님의 은혜의 본질이다.

하나님에 대한 바울의 이해는 예수의 가르침과 완전히 일치한다. 여러 비유들을 통하여 죄인들을 값없이 용서하시거나 돌아온 탕자를 환대하시는 하나님은 자신의 의를 희생해서 자비를 행사하는 것이 아니다. 하나님은 언제나 변치 아니하시는 하나님이다. 바로 하나님의 불변성은 죄인들이 "소멸되지 아니하는"(말3:6) 이유이다. 또 다른 구약 예언자의 말을 빌리면, "주께서는...인애를 기뻐하심으로 노를 항상 품지 아니하시나이다"(미7:18).

그러나 하나님의 은혜는 하나님께서 죄인들을 받으신다는 사실에만 있는 것이 아니라 그렇게 받으신 사람들을 그리스도의 형상을 따라 변화시키신다는 사실에서도 나타난다. "신약에서 종교는 은혜이고 윤리는 감사이다"라는 토마스 얼스킨(Thomas Erskine)의 말이 자주 인용되어 왔다.[7] 이 말을 헬라어로 하면, "은혜"와 "감사"라는 단어 대신에 '카리스'라는 한 단어가 사용되었을 것이다. 은혜를 받은 자가 하나님의 은혜에 대하여 드리는 감사 또한 하나님의 사랑을 신자들의 마음속에 부어주시는 성령이 나눠주시고 보전하시는 그 은혜의 표현이기 때문이다. 예수는 "온 율법과 선지자의 강령"(마22:40)으로서 하나님에 대한 사랑과 이웃 사랑이라는 두 계명을 인용하셨다. 그렇기 때문에 바울에게 있어서 이 하나님의 사랑이 은혜로 구속받은 자들의 삶 속에서 자유롭게 살아움직이는 것은 "율법의 완성"(롬13:10)을 나타내는 것이었다. 그러므로 그는 자유로운 은혜의 복음은 하나님의 본질적인 율법을 폐하는 것이 아니라 오히려 율법을 세운다고 주장했다(롬3:31).

하나님의 뜻을 행하는 데 있어서 사랑은 율법적인 규제와 심판에 대한 두려움보다 훨씬 더 강력한 유인력(誘引力)이 있다. 바울의 가르침에 대한 헌신과 바울에 대한 이해가 바로 서지 못했던 2세기의 이상한 기독교인 마르키온(Marcion)은 이러한 사실을 잘 이해하고 있었다. 마르키온은 구약과 장래의 심판은 기독교적 타당성이 없다고 하면서 복음을 그 과

---

7) T. Erskine, *Letters* (Edinburgh, 1877), p. 16.

거와 미래로부터 단절시켰다. 바울은 (우리가 부르는 대로) 구약을 버리지 않았다. 왜냐하면 바울에게 구약의 저작들은 바울이 알고 있었던 유일한 성경 (롬1:2)이었다. 그는 성경을 "율법과 선지자들"(롬3:21)이라고 불렀고 성경을 "하나님의 말씀"(롬3:2)이라고 규정했다. 이 성경은 그리스도 안에서 성취되었고 그 의미가 분명해졌다. 사람들이 성경의 의미를 푸는 이 열쇠를 사용하지 않고 성경을 읽을 때, "수건이 오히려 그 마음을 덮었도다"(고후3:15). 바울은 성경이 그리스도 안에서 믿음으로 말미암아 의롭게 된다는 메시지를 증거했기 때문에 성경에 커다란 가치를 부여했다. 성경에서 "먼저 아브라함에게"(갈3:8) 전해진 복음은 바로 바울에게 위탁된 복음과 다른 것이 아니었다. 복음은 최근에 만들어진 것이 아니었다.

바울은 장래의 심판에 관한 사상을 거부하지 않았다. 도덕적인 영역에서 하나님의 보응이 있을 것은 틀림없다. "만일 그러하면 하나님께서 어찌 세상을 심판하시리요"(롬3:6). 그러나 마르키온은 바울과는 달리 비현실적으로 급진적이었다. 그런데도 당시의 훨씬 많은 "정통적인" 기독교인들이 바울의 메시지를 제대로 파악하지 못하고 있었을 때, 그가 은혜로 말미암은 구원이라는 바울의 메시지를 올바로 파악했다는 점에서 그를 의롭게 여겨주자.

예를 들면 터툴리안(Tertullian)은 마르키온이 죽은 후 「마르키온을 반대함」(*Against Marcion*)이라는 글 가운데서 마르키온이 예수께서 계시하신 하나님 아버지가 장래에 인류를 심판할 것이라는 것을 믿지 않는다면 왜 마르키온 당신은 죄의 광시곡(狂詩曲)에 빠지지 않았느냐고 힐문하면서 마르키온에게 매우 극적으로 도전한다.[8] 터툴리안은 마르키온의 이름을 중도에 부르면서 "당신의 유일한 대답은 '그만둬, 당치도 않다(*Absit, absit*)'일 것이다"라고 말하면서 그러한 대답을 비웃는다. 그러나 바로 이 점에서 터툴리안은 바울에게서 빗나가고 있는 사람은 마르키온이 아니라 바로 자기라는 것을 보여준다. 터툴리안이 마르키온의 입 속에 넣은 라틴어 '압시트(*absit*)'라는 말은 헬라어 '메 게노이토'(신약의 고대 영역본에서 "그럴 수 없느니라"는 뜻)에 해당하는 듯이 보이는데, 헬라어를 사용하였던 마르키온은 아마도 그 말을 사용하였을 것이다.

그러나 마르키온이 터툴리안의 도전을 '메 게노이토'라는 말로 반박했다면, 그는 바울이 "그런즉 어찌하리요 우리가 법 아래 있지 아니하고 은혜 아래 있으니 죄를 지으리요 그럴 수 없느니라"(롬6:15)에서 그 말을 사용했던 바로 그 의미로 그 말들을 사용하고 있는 것이다. 바울과 마찬가지로 마르키온은 믿음을 통하여 새 생명을 받은 사람이 계속해서 죄를 짓는 것은 말 자체가 모순이라는 것을 깨닫고 있었다. "죄에 대하여 죽은 우리가 어찌 그 가운데 더 살리요"(롬6:2). 마르키온과는 달리 바울은 자기에게 사도직을 위탁하셨던 주님께 언젠가는 자신의 청지기 임무를 결산해야 한다는 것을 알고 있었다. 그러나 자기가 그리스도의 재판 자리에 서야 한다는 생각으로 말미암아 바울이 죄를 멀리한 것이 아니었다. 이전에 모세의 계명들에 규정된 의(義)의 기준에 도달한 적이 있던 바울은 "그리스도의 율법 아

---

8) Tertullian, *Against Marcion* i. 27.

래"(고전9:21) 있는 지금 더 낮은 기준에 만족할 수 없었다. 오히려 이제 자기가 사는 것이 아니요 자기 안에 그리스도께서 사시는 것이기 때문에, 이제는 바울이 추구하는 목표는 그리스도의 완전이었다. 터툴리안은 이 점을 알았을 것이다. 아마도 그는 단지 마르키온을 반박하는 논쟁에서 점수를 얻으려는 목적으로 그러한 말을 했을 뿐이었을 것이다. 어쨌든 그는 다음과 같이 힐문하고 있다. "그러면 '당신'이 적들 피하는 유일한 이유는 장래의 진노에 대한 두려움인가?"

마르키온은 대략 그리고 바울은 확실히 그리스도의 사랑이 사람들의 삶에서 강력한 추진력이라는 것을 알고 있었다. 사랑이 강력한 추진력이 되는 곳에서는 올바른 것을 행하는 것에 있어서 어떠한 중압감이나 갈등, 속박감이 없다. 예수의 사랑에 의해 움직여지고 성령의 권능을 덧입은 사람은 진심으로 하나님의 뜻을 행한다. (바울이 체험적으로 말하고 있듯이) "주의 영이 계신 곳에는 자유함이 있기"(고후3:17) 때문이다.

제 1 장

로마의 발흥

1. 동방인의 눈에 비친 로마

초강대국이 세계를 지배하는 시대에 살고 있는 우리로서는 어떻게 일개 도시가 광대한 지역을 통치하는 제국을 이룰 수 있는 권력 기반을 획득하게 되었는지를 상상하기란 그리 쉽지않다. 그런데 세계사를 살펴보면 그 전성기에 제국을 이루었던 도시들이 많이 있었다는 사실을 알게 된다. 유프라테스 - 티그리스(Euphrates - Tigris)강 유역에는 여러 시기에 걸쳐 그러한 도시들이 몇몇 있었다. 이 도시들 가운데 가장 유명한 도시는 주전 18세기 함무라비(Hammurabi)대왕 시대에 세력을 떨쳤던 바벨론(Babylon)이다. 바벨론은 그후 주전 6세기에 메소포타미아 주변 국가들을 평정했을 뿐만 아니라 서쪽으로 지중해와 이집트 변경까지 영토를 확장했다. 지중해는 일련의 제국도시의 흥망성쇠를 지켜본 증인이다. 주전 5세기에는 아테네 제국이 에게해와 지중해 동부지역을 제패함과 아울러 서쪽으로 시칠리(Sicily)에 이르기까지 세력을 뻗쳤다. 한편 페니키아인이 세운 도시국가 두로(Tyre)의 식민지였던 카르타고(Carthage)는 경쟁자인 로마에게 주전 3세기 말 제2차 포에니 전쟁에서 패해 해외 식민지들을 모두 상실하게 될 때까지 300년 동안 지중해 서부지역을 다스렸다. 기독교 시대에는 이탈리아 도시인 베니스(Venice)가 십자군 전쟁 때부터 17세기까지 "화려한 동방을 영지(領地)로 삼을" 수 있었다.

그러나 지중해 세계를 통치한 이 모든 도시들 가운데 로마만큼 지중해 세계와 지중해 세계로부터 멀리 떨어진 지역에 강력한 권력을 휘두른 도시는 없었다. 고대인들은 로마가 신속하게 강성해져 가는 모습을 보고 깊은 인상을 받았다. 주전 167년에 볼모로 로마에 끌려 가서 당시 로마의 유명한 장군이었던 스키피오 에밀리아누스(Scipio Aemilianus)와 친 분을 맺게 되는 행운을 얻은 폴리비우스(Polybius)라는 그리스의 한 정치가는 로마라는 도 시가 52년(주전 221-168)만에 지중해 세계를 제패하게 된 역사상 유일무이한 사건이 일어 나 경과를 밝혀내기 위하여 (지금도 여전히 뛰어난 가치를 지니고 있는) 역사서를 저술했 다.[1] 제1마카비서 8:1-16에는 주전 100년 경 근동에 퍼져있던 이상화(理想化)된 로마의 모 습이 생생하게 묘사되어 있는데, 정확한 사실(史實)을 기록한 것은 아니지만 우리에게 유용 한 정보를 제공해 주고 있다. 거기에는 유다 마카비(Judas Maccabaeus)가 셀류키드 (seleucid) 왕국에 대항하여 싸울 때 로마의 지원을 얻기 위해 사절단을 보내게 된 경위(經 緯)가 쓰여져 있다.

그런데 유다는 로마인들에 관한 다음과 같은 말을 들었다. 즉, 로마 군대는 대단히 강한데 동 맹을 맺는 사람들에게는 누구에게나 호의를 베풀고 그들과 손잡는 사람들에게는 우호관계를 맺는다는 것이었다. 로마 군대는 과연 강하였다. 그는 로마 군대가 갈리아 전쟁에서 용감하게 싸워 고울 사람들을 정복하고 속국으로 삼았다는 이야기를 들었으며 스페인 지방에 있는 금광 과 은광을 뺏기 위하여 싸운 이야기도 들었다. 그들은 영토가 아주 멀리 떨어져 있었으나 빈 틈없는 계획과 굴하지 않는 인내심을 가지고 그 전 영토를 잘 다스렸다. 대부분의 왕들은 매 년 조공을 바쳤고 변방에서 자기들에게 반란을 일으키는 왕들이 있으면 그들을 처부수고 큰 타격을 주었다. 그리고 로마인들은 깃딤 왕 빌립[2]과 페르시우스[3], 그리고 자기들에게 반항하 여 군대를 일으킨 자들을 모두 무력으로 분쇄하고 정복하였다. 그뿐 아니라 코끼리 백이십 마 리와 기병, 전차, 그리고 강력한 대군을 이끌고 전쟁을 걸어온 아시아 왕 안티오쿠스 대제를[4] 분쇄하고 그를 사로잡았다. 그리고 안티오쿠스와 그 후계자들에게 많은 조공과 인질을 바칠 것을 명령하고 인도 지방과 메대 지방과 리디아 지방, 그리고 그들의 영토 중에서 가장 좋은 땅을 바치게 하였다. 이렇게 하여 로마 군대는 그 땅을 안티오쿠스에게서 빼앗아 자기들의 왕 유미네스에게 바쳤다. 그리고 그리스 사람들이 로마 사람들을 쳐서 멸망시키려는 계획을 세우 고 있을 때에 로마인들은 이것을 알고 장군 하나를 보내어 그들과 싸우게 했다. 이 전쟁에서 그리스 사람들은 많은 사상자를 내고, 아녀자들은 포로로 잡혀 갔으며 재산은 약탈당하고 그 땅은 정복되어, 요새는 다 부서지고 오늘날에 이르기까지 로마인들의 노예가 되고 말았다.[5] 그 밖에도 로마인들에게 맞서는 나라나 섬들은 모두 분쇄되었고 로마인들의 노예가 되었다.

---

1) Polybius, History i. 1. 그는 로마의 발자취를 주전 146년까지 서술하였다.
2) 주전 197년 키노스케팔레(Cynoscephalae) 전투에서 패배한 마게도냐의 빌립(Philip) 5세.
3) 주전 168년 피드나(Pydna) 전투에서 패배한 페르시우스.
4) 주전 190/189년 마그네시아(Magnesia) 전투에서 패배한 셀류키드 왕 안티오쿠스 3세.
5) 주전 146년 아가야 동맹의 반란을 처부수고 고린도를 초토화시킨 이야기에 관한 언급이 있는 것으로 보아 로마에 관한 이 기사가 표면상으로는 유다의 죽음(주전 160년) 이전 시기로 국한되어 있지만 그 이후의 시기까지 다루고 있음을 알 수 있다.

그러나 그들과 친한 나라나 그들에게 의뢰하는 사람들과는 우호관계를 굳게 맺었다. 이렇게 먼 나라와 가까운 나라의 왕들을 모두 정복하였기 때문에 로마군의 이름만 들어도 모두들 무서워하였다. 로마 사람들이 마음만 먹으면 누구든지 그를 도와 왕을 시킬 수가 있었고 자기들이 싫으면 왕위에서 끌어내렸다. 이렇게 그들의 세도는 하늘까지 뻗쳤다. 그러나 그들 중의 아무도 왕관이나 진홍색 용포를 두르고 거만을 부리는 사람은 없었다. 그들은 원로원을 설치하고 삼백이십 명 원로원 의원들이[6] 매일같이 모여 쉬지 않고 백성을 잘 다스리는 방도를 논의하였다. 원로들은 해마다 한 사람을 뽑아 그에게 백성을 다스리는 권한과 온 제국의 통치를 맡겼다. 백성은 모두 그 한 사람에게 잘 복종하고 어느 누구도 그를 시기하거나 질투하는 사람은 없었다(마카비 1서 8:1-16, 공동번역).

이 기사는 세부적으로는 틀린 내용들이 많이 있는데, 그 가운데 끝 부분에 나오는 설명 즉 원로들이 매년 한 사람을 뽑아 통치를 맡겼다는 설명은 눈에 띄게 두드러진 오류이다. 실제로는 한 사람의 손에 권력이 집중되는 것을 막기 위하여 원로들은 매년 상대방의 의사결정에 대하여 거부권을 행사할 수 있는 두 명의 통령(統領, consuls)을 선출했던 것이다. 그런데도 이 기사는 당시에 서아시아에서 로마인들을 어떻게 생각했는지를 잘 보여준다. 이로부터 이삼십 년 후 로마인들이 자행한 억압을 경험하고 나서는 이러한 호의적인 평가는 사라지게 되었다.[7]

2. 구릉지대의 정착촌에서 세계제국으로

로마는 원래 티베르(Tiber) 강 서안 라틴평원에 있는 구릉지대에서 목축과 농업을 영위(營爲)하면서 정착해 살았던 소수의 무리였다. 초기에 로마는 에트루리아의 지배를 받다가 한 두 세대 후에는 이 멍에를 벗어버릴 수 있었다. 에트루리아인들은 티베르 강의 오른쪽 강안으로 물러났다. 로마의 세계정복의 역사는 티베르 강을 건너 에트루리아의 베이(Veii) 시(市)를 침공함으로써 시작되었다(주전 400년 경). 이때로부터 로마는 처음에는 라티움(Latium), 이어서 이탈리아의 지배자가 되었다. 주전 264년 시칠리 분쟁에 개입함으로써

---

6) 주전 2세기 로마 원로원의 명목상 정원은 300명이었다.
7) 이와 같은 경향은 로마의 유대 정복(주전 63년) 직전과 직후에 쿰란의 하박국 주석에서 '깃딤'에 관한 묘사(1QpHab 2,1.4-6,1.12)와 솔로몬의 시편에서 그들의 오만방자함과 불경건에 대한 반감(2:20-32. 17:8-15)을 통해 살펴볼 수 있다. 앞의 묘사는 본도(Pontus)의 미트리다테스 6세의 반(反)로마적인 선전(宣傳)을 표현하고 있다. 이것의 견본이 바대(Parthia) 왕 아르사케스 12세에게 보내는 그의 서신(주전 69년경)에 남아있다 (Sallust, History, fragment iv.69. 1-23). F. F. Bruce, New Testament History(London,²1971), pp. 9-12 와 "The Romans through Jewish Eyes" in Melanges offerts a M. Simon, ed. M. Philonenko (Strasbourg, 1977).

로마는 시칠리에 교역상의 이권을 갖고 있었던 카르타고와 충돌하게 되었다. 그 결과 두 차례의 포에니 전쟁(주전 264-241년과 218-202년)이 일어났고 제2차 포에니 전쟁에서 로마는 자칫 멸망할 위기에 처해 있었다. 그런데 북아프리카 자마(Zama)에서 한니발(Hannibal)이 이끄는 군대를 대패시킴으로써 로마는 지중해 서부지역의 지배자로 떠오르게 되었다.

로마는 한니발의 군대에 맞서 싸워 이긴 후 기진맥진한 상태였지만 숨돌릴 틈도 가질 수 없었다. 제2차 포에니 전쟁이 거의 끝나갈 무렵 알렉산더 대왕이 이룩해 놓은 제국을 물려받은 국가들 가운데 하나인 마게도냐(Macedonia)와의 전쟁에 휘말리게 되었던 것이다. 주전 195년 로마는 헬라의 성읍국가들에게, 알렉산더의 부왕인 빌립에게 정복된 후 거의 150년 동안이나 잃어버렸던 자유를 되찾아 주었다. 물론 실제로는 로마가 헬라의 해방된 성읍국가들의 섭정 노릇을 하였기 때문에 되찾은 자유는 극히 제한된 것이었다. 그러나 로마 이외의 그 어떤 나라도 성읍국가들의 내정을 간섭할 수는 없었다. 주전 192년 (알렉산더 대왕의 제국을 이은 또 하나의 국가인) 셀류키드 왕국이 이 성읍국가들을 간섭하려 했을 때, 로마는 대군을 보내어 이를 격퇴했을 뿐만 아니라 셀류키드 왕국의 영토를 침공함으로써 다시는 힘을 발휘할 수 없을 정도로 황폐화시켜 놓았다. 로마는 애굽의 프톨레미 왕조(Ptolemy, 알렉산더 제국을 이은 또 하나의 후계국가), 유다 마카비와 그의 형제들이 이끄는 유대 독립운동(주전 168년 이후) 등 셀류키드 왕국에 반기를 드는 운동을 지원함으로써 셀류키드 왕국에 치명적인 손실을 끼쳤다.

이러한 움직임들을 통하여 로마는 근동에 점점 더 깊이 개입하게 되었다. 주전 133년 로마의 동맹국인 버가모(Pergamum)의 마지막 왕이 죽으면서 자신의 영토(소아시아의 서부지역)를 로마의 원로원과 로마에 넘겼다. 이렇게 해서 이 지역은 로마의 아시아 속주(province, 屬州)가 되었다. 로마의 통치는 대체로 환영을 받지 못했다. 주전 88년 (소아시아의 흑해 연안 지역에 있는) 본도(Pontus)의 왕 미트리다테스 6세는 로마에 대항하여 최초로 반란을 일으켰다. 그는 그 지역에서 제국을 건설하려는 야심을 갖고 있었다. 이로 인해 로마와 본도 사이에 전쟁이 일어나 25년을 끌었다. 로마 군대가 폼페이(Pompey) 장군의 지휘로 승리를 거둔 후, 폼페이는 서아시아의 통치 구도를 새롭게 구축하는 작업에 들어갔다. 주전 64년 그는 수리아(Syria)를 로마의 속주로 개편한 다음 이듬 해에 유대를 점령했다.

폼페이가 세력을 얻고 나서 30년 이상 로마 제국은 통치권 획득을 꿈꾸는 경쟁자들의 각축장이 되어 분열되어 있었다. 마침내 악티움(Actium) 해전(주전 31년)에서 패함으로써 이집트의 프톨레미 왕조의 마지막 지배자인 클레오파트라(Cleopatra)와 그 동맹자인 안토니우스가 몰락하고, 옥타비아누스(Octavianus)는 로마 제국의 지배자인 율리우스 가이사(Julius Caesar)의 양자 및 정치적 후계자로 지명되었다. 매우 유능한 정치가였던 옥타비아누스는 주전 27년 아우구스투스(Augustus) 칭호를 참칭함으로써 로마 국가의 공화국

체제를 그대로 유지한 채 실질적인 권력을 장악했다. 로마에서 그는 공화국 제1의 시민을 의미하는 '원수'(princeps)라는 호칭으로 불렸다. 하지만 동방의 속주들은 그와 그의 후계자들을 실질적인 본 모습 — 알렉산더의 통치권과 분할된 제국의 왕조들을 이어받은 후계자 — 즉 동방의 옛 위대한 군주들과 같은 만왕의 왕으로 생각하였다.

7세기에 아랍이 세력을 떨칠 때까지 근동의 민족들은 로마의 지배 아래서 — 그러니까 처음에는 원래의 로마, 4세기 이후에는 콘스탄티노플을 수도로 한 신로마(the New Rome) — 살아야 했다.

제 2 장

이방인의 지배 아래 놓인 유대인

1. 고레스(Cyrus)에서 베스파니아누스까지

바사 제국(주전 559-529)의 창건자인 고레스와 그의 후계자들은 고대 세계에서 유례를 찾아볼 수 없을 정도로 가장 개화된 제국주의자들이었다. 그들은 속국들을 만족한 상태로 있게 하는 지혜를 알고 있었다. 그들은 속국의 백성들이 반란을 일으킬 마음을 품지 못하도록 먼 지역으로 이주시키는 앗수르(the Assyrians)와 바벨론(the Babylonians)의 정책을 답습한 것이 아니라 속국의 백성들이 (다른 곳에서 살기를 희망하지 않는 한) 자기네 땅에서 살아갈 수 있도록 하였다. 속국으로 하여금 종주국의 신들을 섬기도록 강요하지 않고, 자기 조상들의 종교를 예배하도록 권장했으며, 어떤 때는 그러한 목적으로 재정적인 지원까지도 아끼지 않았다. 애굽(바사 제국이 주전 525년에 정복함)과 소아시아의 서부지역에 있는 헬라인의 정착지에서 이러한 정책을 실시했다는 증거가 남아 있으며, 바벨론 제국에 의해 사로잡혀 온 유대 백성들이 본국으로 돌아가는 것을 허락하기도 했다. 바사 제국은 속주인 유대에 대하여 이중적인 정책을 실시했다. 유대인(느헤미야의 경우처럼)이나 비유대인을 총독(governor)으로 임명하여 바사 왕을 대표하도록 했다. 총독은 안전보장(安全保障)과 조공의 징수 등과 같은 제국의 이익들을 지키는 책무를 띠고 있었다. 하지만 유대의 내정(內政)은 사독 반열에 속한 대제사장의 손에 맡겨졌다. 바사 제국 아래서 유대는 예루살렘을 중심으로 한 일정 범위의 지역으로 이루어져 있었다. 유대는 성전국가(templestate)로 조직되었으며, 예루살렘은 거룩한 도성(holy city)이라는 지위가 주어졌다.[1] 바사 제국내에는 이와 비슷하게 조직된 성전국가들이 몇 곳 있었다. 그리고 알렉산더 대왕(주전 336-323)의 정복 후에 헬라인들과 마게도냐인들이 바사 제국의 통치권을 빼앗았을 때에도 이러한 성전국가들의 특권은 계속되었다. 알렉산더 대왕이 죽고 제국이 분열되었을 때, 유대는 알렉산드리아(Alexandria)에서 통치권을 행사한 프톨레미 왕조에 복속되었다가 그 후(주전 198년 이후) 수리아의 안디옥(Antioch)에서 통치를 행한 셀류키드 왕조의 지배를 받았다. 그러나 예루살렘과 유대는 성전국가의 특권을 폐지하거나 수정하려는 시도가 있었던 기간들을 제외하고는 주후 66년 로마에 대항하는 유대인들의 반란이 일어날 때까지 자신의 성스러운 조직을 보전할 수 있었다.

예루살렘과 유대의 성스러운 조직을 폐지하려는 시도 가운데 가장 유명한 것은 셀류키드 왕인 안티오쿠스 4세(주전 175-164)가 주도한 정책이었다. 그는 주로 방위(防衛)의 목적으로 문화와 종교에 있어서 자신의 치세 동안 계속해서 추종했던 헬레니즘적인 생활 방식으로 유대인들을 동화시키기 위하여 힘을 기울였다. 유대는 애굽과 접경지대를 이루고 있었는데 로마 제국이 주전 168년 셀류키드 왕조의 야심으로부터 애굽를 보호하는 섭정 노릇을 자처한 후로는 이 접경지대는 국제적으로 민감한 지역이 되었다. 안티오쿠스의 정책은 경솔하고 사려깊지 못한 정책이었기 때문에 결국 실패로 끝나고 말았다. 유대인들은 유다 마카비와 그 형제들의 지도 아래 셀류키드 제국에 대하여 항전(抗戰)을 계속한 결과 주전 164년에 드디어 종교적 자유를 되찾게 되었고 그로부터 22년 후에는 (주로 셀류키드 왕국의 내분 덕분에) 정치적으로 독립을 얻게 되었다. 그후 거의 80년 동안 유대는 본토인이 세운 하스모니아 왕조(Hasmonaean dynasty)의 통치 ─ 이때 제사장과 왕은 겸임되었다 ─ 아래 있게 되었다.

주전 63년 유대가 로마의 수중에 들어가고 하스모니아 왕조는 몰락했지만 예루살렘의 특권은 보전되었다. 한동안 로마인들은 유대인 지배자를 내세워 간접적으로 유대를 통치하는 정책을 실시했다. 이때 권력을 잡은 헤롯 대왕(주전 37-4)은 안티오쿠스 4세를 제외한 다른 이방인 군주보다도 훨씬 더 무자비하게 성전 조직을 파괴했다. 그러나 주후 6년 로마는 유대를 속주로 삼고 바사 제국과 헬라, 마게도냐의 정책을 답습하여 유대에 대하여 이중적인 정책을 실시했다. 로마 황제는 장관(prefect) 또는 행정장관(procurator)이라 불리는 속주의 총독을 임명하였다. 총독은 속주에서 치안을 유지하고 "가이사에게 바치는 공세"를 효율적으로 거두는 책무를 지고 있었다. 그러나 유대에서 유대인들 사이의 내부적인 문제들은 대제사장이 직무상 의장을 겸하는 70명의 장로들로 구성된 공회(Sanhedrin)와 대제사장이 처리하였다. 대제사장과 공회원들은 통치권이 로마로부터 나온다는 사실을 잘 알고 있었기 때문에 총독과 원활한 유대관계를 맺으려고 애를 썼다. 때때로 이러한 일은 쉽지 않았다.

---

1) F. F. Bruce, *Israel and the Nations* (Exeter, ²1969), pp. 97 ff.를 보라.

왜냐하면 총독들 가운데는 경륜이 부족하거나 이런 관계를 능숙하게 유지하는 데 서투른 사람들이 있었기 때문이다. 그런데 대제사장과 공회원들은 마지막 보루로서 로마와 직접적으로 교통(交通)하는 통로를 가지고 있었기 때문에 총독을 경유하지 않고 직접 관계 당국에 불만을 제기함으로써 총독이 심하게 견책을 당하거나 공직으로부터 해임되기까지 했다. 속주에서 이러한 쌍방의 알력 관계를 가상 잘 보여주는 예는 복음서에 기록된 예수의 재판 과정에서 대제사장들과 본디오 빌라도(Pontius Pilate)가 서로 밀고 당기는 모습이다.

유대인들의 내부적인 문제들이 스스로의 종교적인 조직에 의해 처리되었음에도, 유대에 사는 유대인들은 로마의 지배를 지긋지긋하게 생각했다. 한 가지 예를 들자면 유대인들은 이중의 세금을 부담해야 했다. 가이사에게 바치는 공세는 성전세(수입의 1/10을 바치는 십일조 보다 더 포괄적인 개념) 보다 더 많았다.[2] 대제사장들과 산헤드린의 세력 있는 공회원들은 부유했기 때문에 자기네 동포들이 경제적인 압박을 받으면서 가난하게 살고 있다는 사실을 잘 알지 못했다. 더욱이 그들은 자신이 누리고 있는 부(富)를 지속적으로 보장받기 위해서는 현체제와 질서를 유지해야 한다는 것을 잘 알고 있었다. 이에 따라 이방인 지배세력과 야합하며 살아가는 그들의 생활양식(modus vivendi)을 일반 백성들이 좋아할 리가 없었다.

로마 제국의 속주들 가운데는 로마 문명에 완전히 동화됨으로써 주민들 스스로 자신을 로마인으로 생각하는 경우도 종종 있었다. 그 후손들은 오늘날까지 "통속 라틴어"로부터 발전해온 언어를 사용하고 있다.[3] 유대땅에 사는 유대인들은 로마의 속국 가운데서 가장 동화되지 않은 사람들이었다. 그것은 유대인의 독특하고 배타적인 종교 때문이었다. 로마 제국은 이전의 제국주의적인 군주들과 마찬가지로 제국의 칙령들을 통해 유대인들이 자신의 종교를 섬기는 것을 보장하였다. 그런데 이전에 이방인들의 지배를 받던 시절에는 그들에게 공세를 바치는 것이 어떤 식으로든 자신들이 섬기는 하나님의 격노를 불러일으키는 일이라는 생각은 유대인들에게 전혀 없었다. 이방인들에게 공세를 바치는 일에 종교적 의미를 부여한다고 했을지라도 기껏해야 그것은 여호와께서 자신의 백성을 기뻐하지 않으시는 징표로서 해석되었던 것이다. 여호와께서 이방인들에게 자신의 백성을 통치하는 것을 허용하셨다면, 이 이방인들에게 공세를 바치는 것은 하나님의 심판을 순순히 받아들이는 순복(順服)의 행위였다. 그런데 주후 6년 유대가 로마의 속주가 되고 유대인들이 직접적으로 황제에게 공세를 바쳐야 하는 의무를 지게 되었을 때, 새로운 가르침 즉 거룩한 땅에 살고 있는 이스라엘 백성들이 황제에게 공세를 바침으로써 이방인의 통치를 인정하는 것은 이스라엘의 참왕이신 조상들의 하나님에게 대역죄를 범하는 것이라는 목소리가 터져 나왔다. 이러한 새로운 가르침을 전파한 주요한 인물은 갈릴리 사람 유다였는데, 그는 로마의 유대 통치에 항거

---

2) F. C. Grant, *The Economic Background of the Gospels* (Oxford, 1926), pp. 87 ff.를 참조하라.
3) 프랑스, 이베리아 반도, 이탈리아, 스위스의 일부, 루마니아의 로망스어.

하는 반란을 주도했다.[4] 이 반란은 진압되었으나, 그 가르침은 살아남아서 젤롯당의 정책의 지배적인 특징을 이루게 되었다. 정치와 종교를 구별하지 않았던 젤롯당은 주후 44년 경부터 활발하게 활동을 전개했는데 주후 66년 로마에 항거하는 반란을 주도하지 않았음에도 곧 연이은 전쟁에서 지도력을 발휘하게 되었다.[5]

반군들은 전쟁을 수행하면서 일말의 희망을 걸고 있었다. 그들은 이스라엘 하나님의 왕권이라는 기치를 들고 전쟁에 임했는데, 이스라엘의 하나님이 그들을 저버릴 수 없을 것이라고 생각했기 때문이다. 그들은 세계를 통치하는 권력이 이방인들로부터 유대인의 손으로 넘어올 것이라는 옛 예언의 말씀에 기대를 걸고 있었다. 이 예언의 말씀이 바로 지금 이루어질 것이라고 그들은 생각했다.[6] 우세한 전력을 가진 로마군을 첫번째 전투에서 물리친 후 그들은 (하나님에 대한 열심으로 독립전쟁을 수행한) 유다 마카비의 승리가 자기들 가운데 재현될 것이라는 자신감으로 가득차 있었다. 수도 로마를 비롯하여 제국 전역에서 벌어진 서로 죽고 죽이는 내란은 "황제들이 네 명이나 바뀐 해"(주후 69년)를 만들어낼 정도로 치열했다.[7] 이를 본 유대인들은 로마 제국으로 구체화된 이방인의 제국주의가 단말마적인 고통을 겪고 있다고 생각했다. 그러나 결과는 비참했다. 6세기 전 바벨론의 포로생활에서 돌아온 이래로 누리고 있었던 유대인들의 특권은 박탈당했고, 예루살렘 성전은 불탔으며, 도성은 노략질당하고 황폐화되었고, 예루살렘의 거룩한 지위는 폐지되었으며, 대제사장을 중심으로 하는 조직은 해체되었고, 성전제사는 종말을 고했다. 그후 전 세계에 퍼져있는 유대인들이 성전 유지를 위해 로마당국의 보호 아래 해마다 바쳐왔던 반 세겔은 로마의 카피톨리네(Capitoline) 언덕에 있는 쥬피터 신전의 후원을 위한 특별기금(유대기금, fiscus Iudaicus)으로 비축되었다.

그러나 유대땅에 사는 유대인들의 상황은 더 악화되었다. 로마 당국의 허락을 받아 율법학자들을 중심으로 종교법의 제정을 위한 공회가 새롭게 구성되었다. 실제로 유대인들의 종교 생활은 성전과 그 제사의식이 사라지면서 오히려 더 융성해졌다.

2. 디아스포라 유대인들

---

4) Josephus, *BJ* ii. 118. *Ant.* xviii. 4 ff.
5) M. Hengel, *Die Zeloten* (Leiden, 1961)을 참조하라.
6) 아마도 다니엘 9:24-27에 개략적으로 나와있는 칠십 이레의 견지에서 연대기적으로 해석된 민수기 24:17과 창세기 49:10의 "홀"에 관한 예언의 말씀이 결합된 것. Josephus, *BJ* vi. 312 f., Tacitus, *History*, v. 13. Suetonius, *Vespasian*, 4.를 보라.
7) 주후 69년에는 네로의 후계자인 갈바(Galba)가 몰락하고 오토(Otho)와 비텔리우스(Vitellius)의 부침(浮沈), 베스파시아누스의 등극이 있었다.

하지만 오늘날과 마찬가지로 당시에도 유대땅 안에 사는 유대인보다도 이방땅에 흩어져 살아가는 유대인들이 훨씬 더 많았다. 독립전쟁후, 디아스포라 유대인들은 (주후 70년 이후 유대기금 문제를 제외하고는) 로마법에서 어떤 불이익도 받지 않았다. 수리아와 애굽의 몇몇 성읍에서는 반유대인 폭동과 유대인 학살이 자행되기도 하였다. 그러나 이런 일은 별개의 문제였다. 실제로 로마의 처고 당국이 내린 일련의 칙령들은 로마 제국 전역에 흩어져 사는 유대인들에게 매우 예외적인 특권을 인정해왔는데, 이 특권들은 폐지되지 않았다.

디아스포라 유대인의 역사는 주전 6세기 초로 거슬러 올라간다. 당시에 애굽에 유대인 정착촌이 있었으며[8] 리디아(Lydia) 왕국의 수도 사르디스(Sardis)를 비롯한 소아시아에도 정착촌들이 있었다는 증거가 풍부하게 있다(오바댜의 목자 20). 바벨론에 포로로 잡혀갔던 사람들 가운데서 상당수가 유대로 돌아가는 것을 허용하는 칙령에도 불구하고 그곳을 새로운 고향으로 삼고 정착해 살았다. 바사국의 통치 아래서 그들은 바사 제국의 전역에 걸쳐 살았으며 카스피해의 해변 지역에도 정착해 살았다.[9] 알렉산더 대왕의 정복으로 인해 그들은 더욱 더 널리 퍼져 살게 되었다. 주전 331년 알렉산드리아가 건설된 때부터 그곳에는 유대인들이 살고 있었는데, 주후 1세기 경에는 알렉산드리아의 네 개 구역 가운데 두 구역에서 유대인들이 다수를 차지했다. 주전 300년 경 프톨레미우스 1세는 속주인 키레나이카(Cyrenaica)에 대한 지배를 공고히 하기 위하여 일단의 유대인들을 정착시켰다.[10] 1세기 후 셀류키드의 왕 안티오쿠스 3세는 이와 비슷한 목적으로 많은 유대인들을 브리기아(Phrygia)와 리디아(Lydia)로 이주시켰으며, 프톨레미 왕조로부터 유대와 코일레시리아(Coelesyria)를 강제로 뺏은 후에 수도인 안디옥과 다른 성읍들에 유대인들의 이주를 장려하였다.[12] 주전 63년 유대가 제국에 병합되기 이전에도 로마에는 유대인 정착민들이 있었고 해를 거듭할 수록 엄청나게 불어났다. 주후 1세기 초에 로마에는 40,000에서 60,000 사이의 유대인들이 거주하고 있었는데, 이 수는 예루살렘에 거주하는 사람들의 수와 거의 맞먹

---

8) 예레미야 44:1을 참조하라. 남쪽 변경을 지키기 위하여 프사메티쿠스(Psammetichus) 2세(주전 594-588년)에 의해 시에네(아스완)와 엘레판티네(Elephantine)에 이주하게 된 유대인 공동체는 주전 400년 경까지 거기에 살면서 아람어 문헌들을 풍부하게 남겼다. A. E. Cowley, *Aramaic Papyri of the Fifth Century B. C.* (Oxford, 1923). E. G. Kraeling, *The Brooklyn Museum Aramaic Papyri* (Oxford, 1953)를 참조하라.
9) 유세비우스의 '연대기'의 제롬판에는 바사의 아르타크세르크세스(Artaxerxes) 3세(주전 359-338년)가 히르카니아(Hyrcania)에 유대인들을 정착시켰다는 전승이 보전되어 있다.
10) Philo, *Flaccus*, 55. Josephus, *BJ* ii. 495를 참조하라.
11) Josephus, *Apion*, ii. 44.
12) Josephus, *Ant.* xii. 149 ff. 이보다 훨씬 전에 셀류키드 왕조의 창건자인 셀류쿠스 1세(주전 312-281)는 자신이 세운 도시들 특히 안디옥에 사는 모든 유대인들에게 시민권을 부여했다. (Josephus, *Ant.* xii. 119).
13) H. J. Leon, *The Jews of Ancient Rome* (Philadelphia, 1960), pp. 135f를 참조하라.
14) J. Jeremias, *Jerusalem in the time of Jesus*, E. T. (London, 1969), p. 83. "Die Einwohnerzahl Jerusalems zur Zeit Jesu", *ZDPV* 66(1943), pp. 24-31를 참조하라.

는 숫자였다.[14] 로마에 남아있던 여섯 곳의 유대인 카타콤이 발견됨으로써 이에 대한 자세한 조사를 통해 당시 로마에 살고 있던 유대인들의 생활에 대하여 많은 것을 알게 되었다. 로마의 유대인들은 티베르 강 우안(Trastevere)에 모여 살았던 듯한데, 명문(銘文)을 통해 확인된 열한 곳의 회당은 대부분 이곳에 있었던 것 같다.[15]

사도 시대에 디아스포라 유대인들이 흩어져 살던 지역이 얼마나 광범위했는가는 누가가 사도행전에서 주후 30년 오순절을 맞아 예루살렘에 모여든 "경건한 유대인"을 열거한 대목에 잘 나타나 있다. 동쪽으로는 "바대인과 메대인과 엘람인과 또 메소포타미아", 서쪽으로는 "로마로부터 온 나그네 곧 유대인과 유대교에 들어온 사람들"(행2:5-11).[16]

---

15) H. J. Leon, *The Jews of Ancient Rome*, pp. 46ff.를 참조하라.
16) B. M. Metzger, "Ancient Astrological Geography and Acts 2:9-11", in *Apostolic History and the Gospel*, ed. W. W. Gasque and R. P. Martin(Exeter, 1970), pp. 123ff.를 참조하라. 포괄적인 설명이 필요하다면, M.Grant, *The Jews in the Roman World* (London, 1973). E. M. Smallwood, *The Jews under Roman Rule*(Leiden, 1977)을 보라.

제 3 장

"소읍이 아닌"

1. 속주 길리기아(Cilicia)

바울은 예루살렘을 마지막으로 방문하던 때 체포되어 안토니우스 영문에서 용병부대를 지휘하고 있던 천부장 앞에 끌려갔다. 천부장은 바울을 최근에 예루살렘 근교에서 난을 일으키려 했던 애굽인 선동가라고 생각했다. 그런데 바울이 능숙한 헬라어를 사용하는 것을 듣고 자신이 잘못 생각했다는 것을 알고는 바울이 누구인지를 물었다. 이때 바울은 "나는 유대인이라 소읍이 아닌 길리기아 다소성의 시민이니"(행21:39)라고 대답했다.

소아시아 남동부에서 지중해와 접해 있는 길리기아는 서로 완전히 다른 두 지역으로 나누어져 있었다. 동쪽으로 다소와 지중해 사이에는 길리기아 페디아스(Cilicia Pedias)라 불리는 비옥한 평원이 있었다. 수리아에서 소아시아에 이르는 교역로는 수리아 관문들을 지나 아마누스(Amanus)산을 넘고 길리기아 관문들을 지나 다소 지역을 통과하여 소아시아 중부지역에 이른다. 길리기아의 서쪽으로는 길리기아 트라케이아(Cilicia Tracheia, 거친 길리기아)라 불리우는 메마른 해안지역이 자리잡고 있었다. 다소 구역은 해안지역에서 지중해와 접해 있었다.

힛타이트의 기록에서는 길리기아땅을 킷주왓나(Kizzuwatna)라 했다. 킷주왓나는 조약에 의해 힛타이트 제국과 동맹을 맺고 있었으나, 그후 힛타이트 제국에 병합되었는데, 이 상태는 주전 1200년 경 제국이 멸망할 때까지 계속되었다. 일리아드(*Iliad*)에는 길리기아를 트로이(the Trojans)의 동맹국이라고 하고 있다. 헥토르(Hector)의 아내인 안드로마케(Andromache)는 길리기아 출신의 왕비였다.[1] 주전 9세기 길리기아는 앗수르인들의 지배를 받게 되었다. 앗수르인들은 길리기아를 힐락쿠(아마도 겔27:11의 "Helech")라 불렀다. 주전 6세기 초부터 길리기아는 수에네시스(Syennesis) 왕조라는 일련의 본국 출신 왕들이 통치하였다. 그들은 바사 제국의 지배 아래서도 통치를 계속하다가 주전 400년 경 태수(太守)로 대치되었다.[2] 주전 333년 알렉산더 대왕이 이수스(Issus) 전투에서 대승함으로써 길리기아는 알렉산더 제국의 일부로 편입되었다.[3] 알렉산더가 죽은 후 길리기아는 셀류키드인들의 지배를 받게 되었지만, 길리기아 트라케이아의 일부 해안지역을 차지하려는 프톨레미 왕조와 한동안 각축을 벌이기도 했다. 로마인들이 안티오쿠스 3세로 하여금 소아시아에 있는 대부분의 영토를 포기하도록 강요했을 때(주전 188년), 동 길리기아는 수십 년 동안 더 셀류키드 제국의 영토로 남아 있었지만, 주전 2세기 중엽 이후 셀류키드 제국의 지배권이 붕괴되면서 길리기아 트라케이아는 강도들과 해적들의 소굴로 변하여 약탈당하게 되자 로마인들은 이 지역의 문제들에 더 직접적으로 개입하기 시작했다. 서 길리기아의 일부 지역은 주전 102년 로마의 속주로 편입되었고, 주전 67년 폼페이 장군이 해적들을 완전히 소탕한 후에는 길리기아 전 지역은 다소를 수도로 하는 속주로 되었다. 주전 25년 경부터 (다소를 포함한) 동 길리기아는 주전 64년 폼페이에 의해 로마의 속주로 된 수리아와 동일한 행정구역으로 묶이게 되었고, 서 길리기아는 일련의 분봉왕들에게 분배되었다. 주후 72년 마지막 분봉왕이 퇴위하였을 때, 동 길리기아는 수리아에서 분리되어 서 길리기아와 합쳐져서 길리기아라는 독립된 속주를 형성하게 되었다. 하지만 바울의 전 생애 동안에는 자신의 고향이 있는 길리기아는 수리아 — 길리기아라는 통합된 속주에 속해 있었다. 이러한 사실은 바울이 회심한 지 3년 쯤 지난 후 예루살렘을 잠시 방문하고 "그후에 내가 수리아와 길리기아 지방에 이르렀으나"(갈1:21)라는 말 속에서 볼 수 있다.

2. 다소 성

동 길리기아의 비옥한 평원에 있는 주요한 성읍인 다소는 키드누스(Cydnus) 강 어귀에서 약 16킬로미터 거슬러 온 강변(지금의 메르신에서 아다나에 이르는 길에 있던), 길리기

---

1) Homer, *Iliad* vi. 397, 415. 당시에(주전 1200년 경) 길리기아인들은 분명히 소아시아의 북서지방에 거주했다. 역사상의 길리기아에까지 그들의 이름이 확장된 것은 그들이 인도-유럽어를 사용하는 집단들과 함께 반도의 동쪽으로 침투해 들어왔기 때문이었다.
2) 태수들은 신의 명칭인 '바알 타르즈(다소의 主)'를 표면에 새긴 스테이터(stater)라는 은화를 주조했다.
3) 그에 앞서 바로 이 바사 군대에 대한 승리는 수리아로 가는 길을 열어 놓았다.

아 관문들에서 남쪽으로 약 50킬로미터 되는 지점에 자리잡고 있었다. 다소는 주전 2000년 이전에는 요새화된 성읍이었으며 중요한 중계무역지였다. 주전 2000-1000년에 다소는 힛타이트 기록에 킷주왓나의 주요 성읍으로 나와있다. 주전 1200년 경 다소는 해양민족들의 침입으로 파괴되었는데 얼마 후에 헬라인들이 다시 건설했다. 다소는 주전 833년 앗수르 왕 살만에셀(Shalmaneser) 3세의 침입을 받았고, 주전 698년 산헤립(Sennacherib)에 의해 다시 침공을 받았다. 바사 제국의 지배를 받을 때에는 다소는 분봉왕국의 수도였고, 후에는 길리기아주(州)의 수도였다. 다소는 주전 5세기에 자신의 주화를 발행하기 시작했다. 주전 401년 고레스 2세(Cyrus the Younger)는 바사의 왕권을 되찾기 위해 가는 도중에 이 성읍에서 일만 군대와 함께 20일을 머무르면서 다소에 궁전을 갖고 있었던 수에네시스 왕과 선물을 교환했다.[4]

알렉산더 대왕은 주전 333년 퇴각하는 바사인들이 이 성읍을 불지르려고 하는 것을 저지했다. 셀류키드 왕조 아래서 다소는 키드누스의 안디옥이라는 이름을 사용했는데, 이 이름은 안티오쿠스 4세(주전 171년부터)의 치세 아래서 새로 발행된 주화에 나온다. 이 새로운 주화 발행은 성읍 조직의 재편과 때를 같이 했는데, 이 조직 개편으로 이 성읍에 더 많은 자치권이 부여되었다.[5] 주전 83년 다소는 미트리다테스 6세의 동맹자이자 사위인 아르메니아(Armenia) 왕 티그라네스 1세의 통치를 받게 되었지만 폼페이가 전쟁에 승리함으로써 로마의 수중에 들어가 길리기아 속주의 수도로 되었는데, 이 동안 다소는 계속해서 자유시로 남아 있었다(주전 67년). 키케로(Cicero)는 주전 51-50년 길리기아의 총독으로 재임하고 있을 때 다소에 거주했다. 율리우스 가이사(Julius Caesar)가 주전 47년 다소를 방문했을 때, 다소는 그를 기려서 율리오폴리스(Iuliopolis)라는 이름으로 개칭했다. 가이사가 죽고 주전 42년 반(反)가이사 일당이 몰락한 후, 다소는 로마의 동부 속주들을 통치했던 안토니우스의 사랑을 받았다. 저 유명한 안토니우스와 클레오파트라의 상면(相面) 장소가 바로 이곳이었다. 그때 클레오파트라는 아프로디테의 모습으로 키드누스 강을 노저어 왔던 것이다.

    어선에서는 눈에도 안 보이는 묘한 향기가 풍겨
    근처 언덕의 사람의 감각을 찌르구요.
    온 시중 사람들은 그리 몰려오구. 안토니는 시장에 갇히어
    홀로 앉아서 바람을 상대로 휘파람을 불고 계셨지요.
    헌데 진공(眞空)이 될 우려만 없었던들,
    그 휘파람조차 같이 가서 클레오파트라를 구경할 판이었으니

---

4) Xenophon, *Anabasis*, i. 2. 23.
5) 제2 마카비서 4:30에 언급된 폭동 이후의 후속 조치.
6) Shakespeare, *Antony and Cleopatra*, Act 2, Scene 2 (그는 Plutarch, *Life of Antony*, 26을 전거로 사용하고 있다).

자연 속에 공허가 생겼을 것이외다.

아구스도(Augustus)가 전 로마 세계를 통치했을 때, 다소는 제국의 조세를 면제받는 등 이전보다 더 많은 특권을 누렸다. 안토니우스가 근동을 통치하던 후반기와 그 후 몇년 동안, 다소는 행정책임자로 지명된 보이투스(Boethus)의 실정(失政)으로 고통을 겪었다. 아구스도는 다소가 낳은 가장 저명한 인물들 가운데 한 사람인 스토아학파의 철학자인 아테노도루스(Athenodorus)에게 이 성읍의 행정을 맡겼다. 그는 아구스도의 개인교사이기도 했다. 아테노도루스는 다소로 돌아와서 보이투스와 그 일당을 추방하고 내정을 개혁하였다. 시민이 되기 위해서는 500 드라크마 이상의 재산이 있어야 한다는 자격 조건이 규정된 때가 바로 이때인 듯하다.[7] 아테노도루스와 그의 후임자인 플라톤학파의 네스토르(Nestor, 아구스도의 조카 마르켈루스의 개인교사)는 다소에 상당한 문화적 영향력을 끼쳤다.

주후 1세기 초에 저술활동을 한 지리학자 스트라보(Strabo)에 따르면, 다소의 성민들은 문화활동에 열심이었다고 한다. 그들은 철학과 학예(學藝), "모든 영역에 걸친 학문"― "백과전서적 지식"― 을 연구하는 데 힘을 기울였다. 아테네와 알렉산드리아에 있는 학파들은 본 고장 사람들보다는 다른 지역에서 온 방문객들의 출입이 빈번했던 것에 비추어보면, 이 점에서 다소는 이 성읍들보다 더 뛰어났다고 할 수 있다. 한 마디로 말하면, 다소는 학문의 도시였다. 그런데도 다른 지방으로부터 이곳으로 학문을 연구하러 오는 사람은 없었다. 다소의 학도(學徒)들은 그 고장 출신들이었으며, 고향에서 어느 정도 학문을 익힌 후에는 자신의 교양을 완성하기 위하여 다소를 떠나 다른 고장으로 갔다. 그리고는 돌아오는 일이 드물었다.[8] 아테노도루스는 다소를 떠났던 사람들 가운데 한 사람이었지만 말년에 다시 돌아왔던 것이다. 필로스트라투스(Philostratus)는 자신의 저서인「아폴로니우스의 생애」라는 책에서 스트라보와는 달리 다소를 상당히 혹평하고 있다. 필로스트라투스에 의하면, 기독교 시대 초기에 갑바도기아(Cappadocia)의 티아나(Tyana)에서 태어난 아폴로니우스는 열네 살에 다소에 가서 수사학자인 유티데무스 아래서 공부를 했다. 그는 자신의 스승을 매우 흠모하였지만, 다소의 일반적인 분위기가 학문을 연마하기에는 아주 적합하지 않은 데 실망했다. 다소인들은 사치한 생활에 빠져 있었고, 경솔하고 오만 무례했으며, "아테네인들이 지혜를 탐구하는 데 보이는 것보다도 더한 열심을 좋은 린네르 제품을 만들어 입는 데 소모했기" 때문이다. 그래서 그는 좀더 좋은 환경을 찾아 다소를 떠났다.[9]

하지만 이 기사를 너무 심각하게 받아들일 필요는 없다. 이 작품을 보면 필로스트라투스는 진지한 전기작가라기보다는 일종의 낭만주의자였고, 이 작품을 저술한 주후 200년 경에

---

7) Dio Chrysostom, *Oration* 34. 23.
8) Strabo, *Geography* xiv. 5. 12 ff. (673 ff.).
9) Philostratus, *Life of Apollonius*, i. 7. cf. vi. 34.
10) Dio Chrysostom, *Orations* 33. 34.

살았던 그는, 주후 2세기 초에 행한 두 번의 연설에서 다소인들을 진지한 도덕성이 부족하다고 혹평했던 디오 크리소스톰(Dio Chrysostom)의 영향을 받았을 것이기 때문이다.[10]

다소는 비옥한 평원이라는 입지조건으로 인해 번영할 수 있었다. 이 비옥한 평원에서 자란 아마(亞麻)로 짠 다소산(產)의 린네르 제품은 아주 유명했기 때문에(필로스트라투스와 같은) 고대의 저술가들의 글에 자주 등장한다. 로마 저술가들은 추위와 습기를 막는 데 사용되는 염소털로 짠 '길리기움(cilicium)'이라는 지방특산품에 대해서도 언급한다.

바울이 "소읍이 아닌 길리기아 다소성의 시민"이라고 얘기한 것을 볼 때, 바울이 다소를 그렇게 표현한 데에는 타당한 이유가 있음에 틀림없다. 바울의 말이 자신의 이름이 다소의 시민명부에 등록되어 있다는 것을 뜻하는 것이라면(그럴 가능성이 높다), 이것은 바울이 시민권을 가지고 있는 가계(家系)에서 태어났음을 보여준다. 시민권을 획득하기 위한 재산조건 — 아마도 이것은 아테노도루스가 규정한 듯하다 — 은 이미 앞에서 언급했다. 디오 크리소스톰은 다소에서 금권(金權)정치가 행해짐으로써 린네르 노동자들과 다른 상인들은 시민권을 얻을 수 없었다는 것을 암시하고 있지만, 재산을 많이 가지고 있는 상인들은 시민권을 획득할 수 있었던 것으로 보인다. 누가는 바울이 "장막을 만드는 자('스케노포이오스')"였다고 말한다. 이로써 우리는 바울이 지방특산품인 '길리기움'을 제조하는 일에 종사했으며, 유복한 가정에서 자랐음을 알 수 있다.

장막을 만드는 사람이 어떻게 다소의 시민이 될 수 있었느냐가 문제되는 것이 아니라, 오히려 유대인이었던 바울이 어떻게 다소의 시민이 될 수 있었느냐가 문제가 된다. 다소의 시민회(市民會)는 헬라식(式)의 성읍들처럼 부족 또는 종족(phylei)으로 구성되어 있었을 것이다. 부족은 공통적인 생활양식을 갖고 있고 이 가운데는 유대인들에게 걸림돌이 되는 종교의식도 포함하고 있었을 것이기 때문에, 다소의 유대인 시민들은 독자적인 부족으로 등록하고 유대의 종교의식을 엄숙하게 거행하였을 것이라고 추측하여 왔다. 과연 그랬을 가능성이 있다. 하지만 그러한 사실을 밑받침해 주는 명백한 증거는 없다. 많은 이방 성읍에서 유대의 정착민들은 이질적인 거류민(居留民)으로 살았다. 하지만 알렉산드리아, 키레네, 수리아 안디옥, 에베소, 사르디스와 같은 곳에서 그들은 시민으로서의 권리들을 누렸다. 이와같이 그들은 다소에서도 독특한 집단을 이루고 시민으로서의 권리들을 누리면서 살았을 가능성이 많다.[11]

---

11) E. Schürer, s. v. "Diaspora", HDB v, p. 105. W. M. Ramsay, The Cities of St. Paul (London, 1907), pp. 176 ff.. H. J. Cadbury, The Book of Acts in History(New York, 1955), pp. 32 ff.. A. D. Nock, "Isopoliteia and the Jews", Essays on religion and the Ancient World(Oxford, 1972), pp. 960 ff.를 참조하라. 다소에서 바울의 지위는 브리기아의 히에라폴리스에 살았던 "유대인들 가운데서 아삼이라 불렸던 마르쿠스 아우렐리우스 알렉산더"의 지위에 비견될 수 있다. 그의 (헬라어로 된) 묘비명은 주후 2세기 이래로 보전되어 있다. 그는 분명히 히에라폴리스의 시민이었으며 로마 시민이기도 했다. (Corpus Inscriptionum Iudaicarum, ed. J.-B. Frey, iii(Rome, 1952), no, 776을 참조하라).

제 4 장

"이는 로마 사람이라"

1. 시민권

바울은 기독교 시대의 첫 십년 동안에 다소에서 태어났다. 하지만, 다소인으로 태어나 시민의 지위를 얻은 특권보다 바울이 로마 시민으로 태어났다는 사실이 훨씬 더 무게가 있었다.

바울이 자신을 다소 출신의 유대인으로 소개한 바 있는 예루살렘의 천부장은 나중에 바울도 자기와 마찬가지로 로마 시민이라는 말을 듣고 깜짝 놀랐다. 천부장이 바울에게 "네가 로마 사람이냐 내게 말하라"고 했을 때 바울은 "그러하다"고 대답했다. 이어 천부장이 "나는 돈을 많이 들여 이 시민권을 얻었노라"고 했을 때[1], 바울은 "나는 나면서부터로라"고 말했다(행22:27이하).

바울이 나면서부터 로마 시민이었던 것으로 보아 그의 아버지는 바울의 출생 전에 이미 로마 시민이었음에 틀림없다. 로마의 시민권은 원래 로마시의 본토인 가운데서 자유인으로 태어난 사람에게만 주어졌다. 그런데 로마가 이탈리아와 지중해 지역으로 세력을 확장하면서, 시민권은 몇몇 특별한 지방민을 비롯하여 로마 출생이 아닌 사람들에게도 주어졌다.[2]

---

1) 아마도 천부장인 글라우디오 루시아는 글라우디오(주후 41-54년)가 원수의 직위에 있었을 때 시민권을 얻었을 것이다. Dio Cassius(*History* lx. 17. 5 f.)에 의하면, 시민권은 돈을 주고 살 수 있었다. 정확하게 말한다면, 시민권 자체를 살 수는 없었다. 여러 모양의 중개인들이 돈을 받고 시민권 후보 명부에 그 사람의 이름을 기재해 주었다. 378쪽을 보라.

제4장 "이는 로마 사람이라" 51

그런데 어떻게 다소의 한 유대인 가족이 이러한 예외적인 영예를 획득할 수 있었는가? 이 가족의 성원들은 결코 이방인의 생활방식과 타협한 동화주의자(同化主義者) 유대인이 아니었다. 이러한 사실은 "히브리인 중의 히브리인"(빌3:5)이라고 주장하는 바울의 말에 함축되어 있다. 우리는 이 가정이 어떻게 로마의 시민권을 얻었는지를 알지 못한다. 주전 1세기 실리기아는 두 사람 이상의 로마 장군 — 폼페이와 안토니우스 등 — 의 지배를 받고 있었다. 그리고 자격을 갖춘 사람들에게 시민권을 부여하는 권한은 법률에 의해 이 장군들에게 수여된 대권(*imperium*)에 포함되어 있었다. 아마도 바울의 아버지, 할아버지 또는 증조부께서 로마를 위해 눈부신 공헌을 했을 가능성이 높다. 이를테면, 장막을 만드는 제조업은 전투하는 지방총독(proconsul)에게 아주 유용했을 지도 모른다.[3] 그러나 확실한 증거는 발견되고 있지 않다. 하지만 한 가지 확실한 사실이 있다. 다소의 시민들과 다른 주민들 가운데서 나면서부터 헬라인 또는 유대인이던 극소수의 로마 시민들은 그 사회에서 엘리트 계층을 이루고 있었을 것이다.

로마 시민인 바울은 세 개의 이름을 가지고 있었다 — 이름(*praenomen*), 성(*nomen gentile*), 별명(*cognomen*). 이 가운데서 우리는 단지 파울루스(Paullus)라는 별명만을 알 뿐이다. 만약 바울의 성을 알았다면, 우리는 이 가족이 어떻게 시민권을 획득했는지에 대하여 실마리를 찾을 수 있었을 것이다. 새롭게 시민이 되는 사람들은 보통 후원자의 성을 따르는 것이 관례였기 때문이다 — 그런데 애석하게도 우리에게는 그러한 실마리가 없다. 별명인 바울은 그의 유대식 이름인 사울(Saul)과 음이 비슷하기 때문에 선택되어진 듯하다. 헬라어 신약성경에서는 사울은 '사울'로 쓰기도 하지만 그리스어 '파울로스(*Paulos*)'와 각운이 맞는 '사울로스(*Saulos*)'를 더 자주 사용한다.

바울의 가족이 로마의 시민권을 획득한 경위와 마찬가지로 바울의 시민권과 관련하여 제기되는 많은 문제들도 쉽게 해결되는 문제는 아니다. 예를 들면 바울은 두 번 이상 — 빌립보와 그로부터 몇년 후 예루살렘에서 — 로마 시민으로서 자신이 갖고 있는 권리에 호소했다. 한번은 바울이 빌립보(로마의 식민지)의 총독을 수행하는 관리(lictor)들에 의해 적절한 재판절차도 없이 약식재판을 통해 매를 맞게 된 데 대하여 항의했을 때였다(행16:37).[4] 그 다음에는 바울이 성전 경내에 있을 때 앞에서 말한 천부장이 왜 예루살렘 주민 가운데 소요가 일어났는지를 밝히기 위해 바울을 채찍질(이것은 매질보다 훨씬 더 살인적인 것이었다)하도록 명령했는데, 바울은 이를 피하기 위하여 자신의 권리를 제기했다.[5] 바울은 채찍질을 집행하는 책임을 맡고 있는 백부장에게 항의를 제기했고, 백부장은 놀라서 천부장에게 달려가서 "어찌하려 하느뇨 이는 로마 사람이라"(행22:26)고 말했다. 그 이후에 천부장과 바울

---
2) A. N. Sherwin-White, *The Roman Citizenship*(Oxford, ²1973)을 보라.
3) 예를 들면, 윌리엄 캘더 경이 저자에게 보낸 서신(1953. 2. 18)에서.
4) 241쪽을 보라.
5) 378쪽을 보라.

이 주고받은 대화는 이미 이 장의 앞부분에서 인용하였다.

　바울이 로마 제국 전역을 돌아다닐 때마다, 로마법이 모든 로마 시민에게 부과하는 의무들을 지켜야 했으며 이와 함께 로마법이 제공하는 모든 권리와 특권들을 누릴 자격을 부여받았다. 시민의 권리와 특권들은 일련의 법령들에 규정되어 있었다 ― 공화국 초기(주전 509년)에 통과된 발레리우스의 법(lex Valeria)에서부터 가장 최근에 제정된, 공적인 무력사용에 관한 율리우스의 법(lex Iulia de ui publica)[6]에 이르기까지 ― 이 권리와 특권들 가운데는 범죄 행위로 인해 기소된 시민이 공정한 공적 재판을 받을 권리, 수치스러운 형태의 처벌을 받지 않을 권리, 약식재판으로 처벌되지 않을 권리 등이 포함되어 있었다. 시민이 아닌 로마의 신민(臣民)들은 이러한 특권을 법적으로 주장할 수 없었다.

2. 시민권 등재(登載)

　그러나 시민으로서의 권리를 주장한 사람은 ― "나는 로마 시민이다(ciuis Romanus sum)" 또는 이에 해당하는 헬라어를 말했을 때 ― 어떻게 자신의 주장을 증명했는가? 그 자리에서 로마 시민임을 증명할 만한 어떤 장치가 없었다면, 실제로는 로마 시민이 아닌 사람도 궁지에 몰리게 되면 자신이 시민이라고 주장하고 그 위급한 상황을 빠져 나가려고 했었을 것이다. 거짓으로 로마 시민이라고 주장하는 것은 중죄(重罪)에 해당했다는 것은 확실하지만 어떻게 관원은 그 주장이 참인지 거짓인지를 알 수 있었는가?

　새로 시민이 된 사람에게는 시민임을 증명하는 증명서가 있었을 것이다. 용병들이 자유민이 되었을 때는 자유민이 되었다는 증명서를 받았다. 시민들도 이와 동일한 종류의 어떤 증명서를 받았을 것이다.[7] 그러나 바울은 새로 시민이 된 것이 아니었다. 하지만 그는 출생증명서의 사본이 들어있는 둘로 접는 서판(書板)을 제시했을 것이다. 로마 시민으로 합법적으로 태어난 아이는 출생 후 30일내에 출생신고를 해야 했다. 속주에 살고 있다면, 그 아이의 아버지 또는 적법하게 임명된 대리인은 공무소(tabularium publicum)에 있는 속주의 서기(praeses prouinciae) 앞에서 신고(professio)를 했다. 신고하는 과정에서 그의 아버지 또는 대리인은 그 아이가 로마의 시민임을 신고했다. 신고는 출생신고록(album professionum)에 기록되었고, 그 아버지 또는 대리인은 증인들에 의해 적절하게 증명된

---

6) 이것은 율리우스의 법이었기 때문에, 그것은 율리우스 가이사 또는 그의 양자인 옥타비아누스(아구스도)에 의해 제안되었다. A. H. M. Jones는 아구스도의 재위기간인 주전 23년 이후로 그 연대를 잡는 이유를 제시한다(Studies in Roman Government and Law(Oxford, 1960), pp. 97 f.. cf. A. N.Sherwin-White, Roman Society and Roman Law in the New Testament(Oxford, 1963), pp. 57 f.). 390쪽을 보라.
7) Sherwin-White, Roman Society ..., pp. 146 f.를 참조하라.

사본을 받았을 것이다. 이 증명서에는 신고 내용이 삼인칭을 사용하여 간접화법으로 기록되어 있었으며, "그(아버지 또는 대리인)는 그(아이)가 로마 시민임을 신고한다(ciuem Romanum esse professus est)"라는 말이 포함되어 있었다. 끊임없이 여행을 해야 하는 로마 시민은 이 증명서를 갖고 다니는 것이 관행이었을 것이다.[8] 그렇다면, 우리는 바울이 로마 시민임을 주장해야 했을 때 이 증명서를 제시했을 것이라고 생각할 수 있다. 그런데 원본을 잃어버리면 다시 쉽게 또 사본을 구할 수 있었는가? 바울이 자신의 증명서를 가지고 다녔다면, 그것을 잃어버릴 가능성이 많이 있었다고 보아야 한다 — 이를테면 바울이 바다에서 하루 밤낮을 표류하였을 때 같은 경우를 보라(고후11:25). 반면에 이 증명서를 가족 문서 보관함에 보관해 두는 것이 더 일반적인 경우였을 것이다. 우리는 이에 대해 잘 알지 못한다.[9] 한 가지만 더 생각해 보자. 출생한 후 로마 시민으로 등록하는 이러한 제도는 상당히 최근에 제정된 두 법률 — 주후 4년의 '렉스 엘리아 센티아(lex Aelia Sentia)'와 주후 9년의 '렉스 파피아 포페아(lex Papia Poppaea)' — 에 의해 입법화된 것이 분명하다. 바울이 이 법령들이 제정되기 한 해나 두 해 전에 태어났다면, 이런 식으로 등록이 반드시 되었다고 할 수는 없지 않는가? 현재 우리가 알고 있는 사실이 매우 제한되어 있기 때문에 이러한 문제점을 제기할 수는 있지만 적절한 해답을 줄 수는 없다.

바울이 로마 시민이라는 자신의 특권을 가장 강력하게 호소한 것은 선교사역의 후반기였다. 이때 그는 유대 총독 앞에 끌려가 재판을 받게 되자 "가이사에게 호소했다" — 즉, 자신의 사건을 속주의 재판소로부터 로마에 있는 최고재판소로 이송해 줄 것을 요청했다. 이러한 요청이 의미하는 것과 그 상세한 내용은 차차 살펴보기로 하자.[10]

---

8) F.Schulz, "Roman Registers of Births and Birth-Certificates", JRS 32(1942), pp. 78 ff.. 33(1943), pp. 55 ff.를 참조하라.
9) Sherwin-White, Roman Society ..., p. 149를 참조하라.
10) 391쪽 이하를 보라.

제 5 장

"히브리인 중의 히브리인"

1. 바울의 유대적 유산

바울에게는 자신이 다소 성에서 태어났다는 사실과 로마의 시민권을 갖고 있다는 사실보다 훨씬 더 소중하게 생각하는 것이 있었다. 우리가 바울을 이해할 때에도 역시 마찬가지다. 그것은 바로 바울의 유대적 유산이었다. 바울은 한때 자랑스럽게 생각했던 생래적인 특권을 기독교인이 된 입장에서 되돌아 보면서 이렇게 말을 시작한다. "내가 팔일만에 할례를 받고 이스라엘의 족속이요 베냐민의 지파요 히브리인 중의 히브리인이요 율법으로는 바리새인이요…"(빌3:5)

여기서 바울은 "이스라엘의 족속이요"라는 말 — 즉 자신은 나면서부터 유대인이라는 것에 덧붙여서 자신이 어떤 부류의 유대인인가를 더 구체적으로 말하고 있다.

첫째, 바울은 베냐민의 지파에 속했다(이 주장은 롬11:1에도 나온다). 원래 베냐민 지파의 땅은 훨씬 더 큰 유다 지파 땅의 북쪽에 접해 있었다. 예루살렘은 형식적으로는 베냐민 지파에게 할당되었지만 실제로는 이 두 지파 어디에도 속하지 않는 땅(enclave)이 되었다. 솔로몬 왕의 사후에 통일왕국이 분열되었을 때, 베냐민은 유다와 예루살렘에 이끌려 남왕국에 편입되었다. 베냐민 지파의 사람들은 자연히 지파로서의 정체성(正體性)을 점점 잃어버리는 경향을 보였지만, 최소한 몇몇 사람들은 자신의 지파가 그렇게 소멸되는 것을 방관하지 않았다. 바벨론 포수(捕囚)로부터 돌아온 후에도 예루살렘과 인근 유다 지역에는 베냐민 지파의 거주지가 있어서, "베냐민 자손"(느11:7-9, 31-36)이라 불렸다. 아마도 바울의 가계(家系)는 바로 이들로부터 시작해서 자신들의 혈통을 추적해 올라갔을 것이다.

바울의 부모가 바울의 유대식 이름으로 사울을 선택한 것은 지파와 관련이 있는 듯하다. 히브리 역사에서 가장 뛰어난 베냐민 사람은 최초의 이스라엘 왕 사울이었다. 바울의 부모가 이러한 점을 고려하여 이름을 지었다면, 바울의 유대식 이름이 사울이라는 것을 우리는 사도행전에서만 알 수 있고, 바울이 베냐민의 지파에 속해 있었다는 것을 그의 서신서들로부터 알 수 있다는 사실은 "순전히 우연의 일치"[1]임을 알 수 있다. 초기의 기독교 저술가들은 바울이 초대교회를 핍박한 것은 선조 야곱이 아들들에게 준 축복의 말씀 — "베냐민은 물어뜯는 이리라..."(창49:27) — 을 성취한 것이라고 말하기를 좋아했다.[2] 하지만 이것은 교묘한 말장난일뿐 타당한 주석과는 아무 상관도 없다.

둘째, 바울은 자신을 "히브리인 중의 히브리인"이라고 소개한다. 누가의 저작에서와 마찬가지로 바울의 저작에서, "히브리인"이라는 말은 "이스라엘인" 또는 "유대인"이라는 말보다 더 구체화된 용어이다. 한 경우를 살펴보자. 고린도에 온 사람들이 바울로부터 복음을 전해 받은 사람들 앞에서 바울의 지위를 깎아내리려 했을 때, 바울은 "저희가 히브리인이냐 나도 그러하며"라고 말한다. 문맥을 통해서 우리는 여기에 나오는 "히브리인"이라는 말은 "이스라엘인" 또는 "아브라함의 씨"(고후11:22)보다 더 제한된 의미를 갖는다는 것을 알 수 있다. 사도행전 6:1에서는 "히브리인(히브리파)"을 "헬라인(헬라파)"과 대비되는 의미로 사용한다. 물론 여기서 히브리파와 헬라파는 모두 유대인들(이 경우에는 초대 예루살렘교회에 있는 예수의 유대인 제자들)이었다.

이 구별은 아마도 언어와 문화를 바탕으로 행해진 것 같다. 이 경우에 히브리파는 히브리어로 예배 의식을 진행하는 회당에 출석하고 아람어를 일상언어로 사용한 사람들인 반면에 헬라파는 헬라어를 일상언어로 사용하고 성경봉독과 기도를 헬라어로 하는 회당에 출석했던 사람들이었다. 예루살렘의 헬라파 사람들 가운데 많은 사람은 사도행전 6:9에 언급되어 있는 회당에 출석한 구레네인, 알렉산드리아인, 길리기아와 아시아에서 온 사람들과 같이 디아스포라 유대인에 그 뿌리를 갖고 있을 것이다.[3] 반면에 그리스 — 로마 세계 전역에 흩어져 살았던 디아스포라 유대인들 가운데서는 헬라파가 거류 유대인 중 다수를 차지하고 있었을 것이고, 히브리파는 팔레스틴에서 최근에 이주해 온 사람들이거나 팔레스틴적인 생활

---

1) 이 표현은 J. J. Blunt's *Undesigned Coincidences in the Writings of the Old and New Testaments* (London, 1847)에서 인용했다.
2) 예를 들면 창세기 49:27에 관하여 Hippolytus, *On the Blessing of Jacob*, at Genesis 49. 27.
3) 여기서 하나 또는 그 이상의 회당을 가리키는지는 확실치 않다. 하지만 그것은 여기에 언급된 지역들로부터 온 유대인 "자유민"들이 출석하는 한 회당을 가리킬 가능성이 높다.
4) *CIG* iv. 9909(Rome). B. Powell, "Greek Inscriptions from Corinth", *AJA* series 2, 7 (1903), pp. 60 f., no. 40(Corinth).

방식을 특별히 고수한 가계(家系)의 가족이었을 것이다.

우리는 로마와 고린도에서 발견된 "히브리인의 회당"[4]이라고 쓰여진 명각(銘刻)들에서 이를 알 수 있다. 이러한 명칭은 헬라어를 말하는 유대인들의 회당과 구별하여 팔레스틴 (아마도 아람어를 말하는) 유대인들의 모임 장소를 가리켰을 것이다. 바울과 동시대에 살았던 알렉산드리아의 필로(Philo)는 자신을 헬라적 유대인이라고 하면서 히브리어를 말하는 사람들을 "히브리인"으로 부르고 있다[5] (신약성경을 포함하여 주후 1세기에 유대인에 의해 쓰여진 헬라어 문헌에서는 "히브리어"를 아람어를 포함하는 넓은 의미로 사용하고 있다).

다소와 같이 헬라어를 사용하는 도시에서 태어난 유대인은 당연히 헬라파로 생각되었을 것이다. 바울에게 헬라어는 외국어가 아니었기 때문에 바울을 헬라파라고 부를 수 있을지 모르지만, 바울은 헬라파가 아니라 히브리인이라고 주장하고 있다. 더욱이 바울이 예루살렘에서 자랐고 교육을 받았다고 해서 이렇게 주장하는 것이 아니다. "히브리인 중의 히브리인"이라는 말에는 바울의 부모가 바울이 태어나기 전부터 히브리인이었다는 것이 나타나 있다. 바울의 가족은 원래 갈릴리의 기샬라(Gischala) 출신이라는 제롬(Jerome)의 말을 어느 정도 신뢰해야 하는지는 결정하기 어려운 문제이다.[6] 바울이 예루살렘 백성들에게 아람어로 말했다는 사도행전의 기록(행21:40. 22:2)과 다메섹 도상에서 바울에게 하늘에서 들려온 음성이 아람어였다는 사실 — "히브리 방언으로"(행26:14) — 로부터 우리는 아람어가 바울의 모국어였다는 것을 추론할 수 있다.

그러므로 바울은 헬라어를 사용하는 도시에서 시민으로서의 권리를 누렸던 유대인 가정에서 태어났지만, 이 가족이 출석한 회당과 가정에서는 헬라어가 아니라 아람어를 사용하였던 것 같다. 아나톨리아(Anatolia)에 거주하는 많은 유대인들과는 달리, 바울의 가족은 유대인의 생활방식을 엄격하게 지켰고 본국과 유대관계를 든든하게 맺고 있었다. 바울은 소년 시절에 다소의 문화에 젖어들 기회가 없었을 것이다. 실제로 바울의 부모는 바울을 정통적인 히브리인으로 키우기 위하여 인생관을 형성하는 시기에 예루살렘으로 가서 배우게 하였던 것이다.

예루살렘 성전 바깥 뜰에서 성난 유대인 군중들에게 행한 바울의 연설의 첫머리를 싣고 있는 사도행전 22:3을 정확하게 방점을 찍어보면, 바울은 ① "나는 유대인으로 길리기아 다소에서 났고", ② "이 성(예루살렘)에서 자라", ③ "가말리엘의 문하에서 우리 조상들의 율

---

5) Philo, *On Dreams*, ii. 250. *Abraham*, 28.
6) Jerome, *De uiris illustribus*, 5.
7) 이것은 the Nestle-Aland *Novum Testamentum Graece* (Stuttgart, ²⁵1963)과 the British and Foreign Bible Society (London, ²1958), the United Bible Societies (London and New York, ³1976)에서 발행한 헬라어 신약성경에 나와있는 사도행전 22:3의 구두점에 함축되어 있다. W. C. van Unnik, *Tarsus or Jerusalem. The City of Paul's Youth*, E. T. (London, 1962)를 보라.

법의 엄한 교훈을 받았고, 하나님께 대하여 열심하는 자"였다.[7] 이 기사의 마지막 부분은 더 개략적으로 되어 있는 갈라디아서 1:14과 핵심적인 부분에서 일치한다. "내가 내 동족 중 여러 연갑자보다 유대교를 지나치게 믿어 내 조상의 유전에 대하여 더욱 열심이 있었으나". 바울은 십대에 가말리엘의 문하에 들어갔을 것이다. 하지만 바울의 부모는 바울이 더 어린 시절부터 예루살렘의 선반석인 분위기 아래서 자랄 수 있도록 배려하였다.

셋째, 바울은 스스로 "율법으로는 바리새인이요"라고 말했다. 자신에 대한 이러한 설명은 당대에 지도적인 바리새인이었던 "가말리엘의 문하에서. 교육을 받았다"는 사도행전 22:3에 나오는 바울의 말, 그리고 또 "내가 우리 종교의 가장 엄한 파를 좇아 바리새인의 생활을 하였다"(행26:5)고 바울이 아그립바왕 앞에서 말한 것과 일치한다. "나는 바리새인이요 또 바리새인의 아들이라"(행23:6)고 바울이 산헤드린 앞에서 말한 것은 더욱 더 이러한 사실을 확증해 준다. 이 말의 자연스러운 의미는 바울의 아버지 또는 멀지 않은 조상이 바리새인이었다는 것이다. "바리새인의 아들"이라는 말이 "바리새인의 문하생"을 뜻할 수도 있지만 그럴 가능성은 적다고 하겠다.

2. 바리새인

그렇다면 바리새인은 누구였던가? 바리새인이라는 이름은 주전 2세기 중엽에 처음으로 등장한다. 유다 마카비의 형제이자 후계자인 요나단(주전 160-143)의 치세에 관한 기사에서, 요세푸스(Josephus)는 이때에 유대인들 가운데는 바리새파, 사두개파, 에세네파라는 세 학파가 있었는데, 에세네파는 철저한 운명론자였고 사두개파는 모든 일이 사람의 자유의지에 의해 일어난다고 주장한 반면에 바리새파는 하나님의 예정과 인간의 선택을 모두 인정하는 중도적인 입장을 취했다고 말한다.[8] 이것들은 사실 세 집단을 구별하는 가장 중요한 핵심적인 특징들은 아니었지만, 요세푸스는 유대인의 종파들을 마치 헬라의 철학 학파처럼 취급해서 헬라인과 로마 독자들의 관심을 끌만한 특징들을 부각시켰던 것이다.

계속해서 요세푸스는 유대를 약 30년 동안 통치했던 요나단의 조카 요한 히르카누스(주전 134-104)가 최초로 바리새파의 제자가 되었으나 바리새파 가운데 한 사람이 아주 대담하고 솔직하게 충고를 하자 이에 진노하여 바리새파와 관계를 끊고 경쟁 상대였던 사두개파와 손을 잡게 되었다고 말한다.[9] 이렇게 해서 바리새파는 수십 년 동안 일종의 반대파의 처지에 놓이게 되었고, 특히 알렉산더 얀네우스(Alexander Jannaeus, 주전 103-76) 아래서 가혹한 탄압을 받았다.[10]

---

8) Josephus, *Ant.* xiii. 171 f.
9) Josephus, *Ant.* xiii. 288-296.
10) Josephus, *BJ* i. 88 ff.. *Ant.* xiii. 372 ff.. TB Sotah 47 a. Qiddusin66 a; 4 QpNah- frag. 4, col. 1, 11. 1 ff.

요세푸스는 바리새파의 사상 형성에 지대한 영향을 미친 사람이나 집단을 추적하지 않고 있지만, 바리새파는 마카비서에 "하시딤 사람들"(제1마카비서 2:42. 7:14. 제2마카비서 14: 6)로 나와있는 하시딤 또는 "경건한 사람들"의 계열에서 발생했다고 보는 것이 좋을 듯하다. 하시딤의 기원은 유대에 살던 경건한 사람들 가운데서 찾을 수 있다. 이들은 바벨론 포수에서 돌아온 후 수십 년 동안 유대사회의 도덕적 종교적 타락을 목도하는 가운데 거룩한 율법을 연구하고 실천하기 위하여 무리를 지어 함께 모였던 사람들이었다. 말라기에는 이렇게 쓰여있다. "여호와를 경외하는 자들이 피차에 말하매 여호와께서 그것을 분명히 들으시고 여호와를 경외하는 자와 그 이름을 존중히 생각하는 자를 위하여 여호와 앞에 있는 기념책에 기록하셨느니라 만군의 여호와가 이르노라 내가 나의 정한 날에 그들로 나의 특별한 소유를 삼을 것이요 또 사람이 자기를 섬기는 아들을 아낌같이 내가 그들을 아끼리니"(말3: 16이하). 기념책에 이름이 기록된 사람들은 여호와의 정한 날에 구원받을 뿐만 아니라 불경건한 자들에 대한 하나님의 심판을 집행하는 사람들이 될 것이다. "내 이름을 경외하는 너희에게는 의로운 해가 떠올라서 치료하는 광선을 발하리니…너희가 악인을 밟을 것이니 그들이 나의 정한 날에 너희 발바닥 밑에 재와 같으리라 만군의 여호와의 말이니라"(말4:2-3).

하나님의 율법에 대한 하시딤의 열심과 헌신은, 하나님의 "언약들"에 충성을 다하다가 고난과 핍박을 받고 있지만 여전히 하나님의 법이 내 길에 등이요 꿀보다 더 달다고 고백하는 사람이 지은 시편 119편에 잘 나타나 있다. 하시딤은 프톨레미 왕조와 셀류키드 왕조 밑에서 유대인의 삶에 헬라적인 생활방식이 잠식해 들어오는 것을 한탄했다. 새로운 생활방식을 열렬히 환영했던 젊은 세대들 — 제사장 가문도 포함해서 — 은 하시딤을 고루한 심술장이로 취급하여 경멸했다. 그러나 안티오쿠스 에피파네스(Antiochus Epiphanes)가 유대인의 종교와 민족의 정체성을 뿌리뽑아 버리려 하면서 헬레니즘이 유대인으로서 받아들일 수 없는 면모를 드러내기 시작하자, 하시딤은 가장 진실된 애국자임이 밝혀졌다. 그 가운데 몇몇은 셀류키드 군대에 소극적인 저항을 하다가 순교자의 영예를 얻었다. 하지만 대부분의 하시딤은 하스모니아가(家)와 그 추종자들이 셀류키드 왕조에 대항하여 반란을 일으키고 게릴라전을 개시했을 때 그들에 합류했다.

게릴라전은 기대했던 것보다 훨씬 성공적이었다. 왕과 모사들은 유대에 대한 자신들의 정책이 크게 잘못되었음을 깨닫고 주전 164년 말에 유대인들로 하여금 조상의 종교를 섬기는 것을 허용하고 이스라엘의 하나님을 예배할 수 있도록 예루살렘 성전을 복원하였다. 자신들의 종교를 자유롭게 섬기는 것이 저항운동의 목적이었기 때문에, 하시딤 가운데 많은 사람들은 이러한 조처에 만족할 수 있었다. 그들은 하스모니아가(家)와 즉시 유대관계를 끊지는 않았지만 더 이상 정치적 독립을 위하여 열심으로 싸우지는 않았다. 특히 이러한 독립운동의 과정에서 하스모니아가(家)의 세력이 강화되는 것은 이러한 경향을 더욱 촉진시켰다. 주전 152년 셀류키드 왕조의 왕위 후계자가 요나단에게 대제사장직을 하사하고 요나단이 이를 수락하자, 일단의 하시딤 — 이들은 후에 쿰란 공동체로 발전했다 — 은 조상 대대로 전해 내려오는 사독 가문의 위엄을 찬탈한 이러한 행위에 격노하여 요나단의 대제사장직을 인정하지 않았을 뿐만 아니라 요나단과 그의 상속자, 후계자들의 불법적인 행위에 의해 오염된 성전에서 예배하기를 거부했다.[11]

마침내 정치적 독립을 쟁취했을 때, 민회(民會)의 포고를 통해 하스모니아가(家)가 대제사장직을 맡는 것이 공인되었다.[12] 그러나 많은 하시딤은 이러한 행위를 달가워하지 않았고, 그 가운데 비타협적인 소수는 하스모니아가(家)가 거룩한 직임을 참칭하는 것을 반대하여 공공생활로부터 완전히 손을 끊고 물러났다. 요세푸스는 바리새파와 요한 히르카누스가 결정적으로 갈라선 이유는 어떤 바리새인이 요한 히르카누스에게 정치적 군사적 대권만을 보유하고 대제사장직은 포기하라고 충고했고 이에 대해 요한이 격노했기 때문이라고 말한다.

그렇다면 바리새인은 하시딤이었는가? 그랬던 것 같다. 아니면 최소한 바리새인은 하시딤 안에서 독립전쟁에 참여함으로써 주류를 이루었던 분파였을 것이다. 바리새인이라는 명칭은 "구별됨"을 뜻하는 히브리어와 아람어 어근과 관련되어 있다. '파리사이오이(바리새인들)'라는 헬라어는 '프리사이야(구별된 자들)'라는 아람어로부터 차용된 것이 확실하다. 하스모니아가(家)와의 연합에서 분리되어 나왔기 때문에 이러한 명칭을 얻게 되었다고 말하는 사람들도 있긴 하지만, 더 근본적으로 도덕이나 의식(儀式)의 부정(不淨)에서 엄격하게 자신들을 구별하는 그들의 정책 때문에 그러한 이름을 얻은 듯하다. 이러한 구별은 거룩함의 소극적인 측면인데, 바리새인들은 바로 이 거룩함에 대하여 특별한 소명을 받았다고 생각했다. 이 점은 후에 레위기에 관한 랍비의 주석에 잘 설명되어 있다. "너희는 거룩하라 나 여호와 너희 하나님이 거룩함이니라"(레19:2)는 "내가 거룩함으로 너희도 거룩하여야 한다. 내가 구별되어 있음으로(히브리어로 '파뤼쉬') 너희도 구별되어 있어야(히브리어로 '프뤼쉼') 한다"로 확대 해석되어 있다.[13] 바리새인들은 안식일 규례와 음식 규제법을 아주 세심하게 준수함으로써, 안티오쿠스 4세 아래서 이러한 문제들로 인해 배교하기보다는 차라리 고문과 죽음을 택한 유대인 순교자들의 전통을 지켜나갔다. 그들은 땅의 소산에 대하여 철저하게 십일조를 드렸고 — 곡식, 포도주, 기름만이 아니라 정원에서 나는 식물까지도 — 실제로 십일조를 바치지 않고는 십일조로 바치기로 되어 있는 음식은 입에 대지도 않았다.[14]

그들은 율법을 연구하면서 일단의 해석과 적용 체계를 만들어 내었는데, 이것들은 어느

---

11) F. F. Bruce, *Second Thoughts on the Dead Sea Scrolls* (Exeter, ³1966), pp. 104 ff., 110 ff.를 보라.
12) 제1마카비서 14:41.
13) *Leviticus Rabba* 24:4 on Leviticus 19. 2.
14) 마23:23. 눅11:42을 참조하라. 또 F. F. Bruce, *New Testament History*(London, ²1971), p. 68, n. 4.를 보라.

새 성문율법과 동일한 타당성을 인정받고 시내산에서 모세에 의해 주어진 것처럼 법적으로 의제(擬制)되어 성문율법과 동등한 대우를 받았다. 이 구전율법 ― 복음서에서는 "장로들의 유전"(막7:5) ― 의 목적은 옛 규정들을 그 이후에 변화된 상황에 맞춰 수정함으로써 옛 규정들이 시대에 뒤떨어지고 실천 불가능한 것이라는 이유로 거부되는 사태를 막기 위한 것이었다. 바리새파 가운데서도 율법의 해석에서 이견을 보이는 분파들이 있었지만, 그들은 성문율법을 구전율법의 입장에서 적용할 필요성에는 모두 의견을 같이 했다. 이런 특징으로 인하여 바리새인들은 신학적으로 반대 입장을 가진 주요한 세력인 사두개파와 구별되었다. 사두개인들은 성문율법이 백성들에게 너무 가혹한 요구를 한다 할지라도 성문율법은 수정 없이 보전되고 적용되어야 한다는 입장을 (어쨌든 이론적으로는) 가지고 있었다.

사두개파에 관한 일차적인 자료가 우리에게 전해져 오지 않고 있기 때문에, 우리는 사두개파의 신학에 대해서는 잘 알고 있지 못하다. 우리는 단지 바리새파와 비교해서 사두개파가 어떻게 다른가 하는 핵심적인 사항들만을 조금 알고 있을 뿐이다. 예를 들면 바리새인들과는 달리 사두개인들은 "부활도 없고 천사도 없고 영도 없다"(행23:8)고 말했다고 한다. 바리새인들이 주장하듯이 육체적인 부활에 대한 믿음은 안티오쿠스 치하에서 순교자들 가운데서 잘 입증된다. 이러한 믿음은 가장 바람직한 형태의 불멸은 후세 사람들이 훌륭한 사람의 덕들을 닮는 것, 특히 자손들이 그러한 덕들을 닮는 것이라는 (이를테면 벤 시라가 주장하는) 사상과 구별하여야 한다.[15] 사두개인들은 이러한 사상이 초기의 성경과 더 부합한다고 생각했을지도 모른다 ― 물론 몇몇 사두개인들은 주후 30년 경 어느 날 예루살렘에서, 갈릴리로부터 온 방문객이 불타는 가시덤불에서 모세에게 들려온 하나님의 말씀으로부터 부활의 소망을 추론해 내는 것을 듣고 깜짝 놀라기도 했다.[16] 사두개인들이 천사와 마귀를 믿지 않았다고 하는데, 사두개인들이 거부한 것은 아마도 천사장과 마귀장(arch‐demon)이란 이름을 가진 일곱 천사와 마귀를 필두로 하여 천사와 마귀의 위계를 세우는 것이었으리라. 그들은 바리새파의 신앙과 조로아스터교의 신앙의 유사성을 간파했을지도 모른다. 실제로 한 학자는 "바리새파(Pharisee)"는 원래 "페르시아화 된 사람(Persianizer)"을 뜻하는데, 이 호칭은 사두개인들이 바리새인들을 비난하기 위해 만들어낸 것이었다고 말했다.[17] 이것은 터무니없는 얘기이긴 하지만, 사두개인들이 "바리새파"를 "페르시아화 된 사람"으로 풍자적으로 야유했다는 것은 알 수 있다. 분명히 사두개인들은 자신들이야말로 전통적인 신앙을 견지하고 있는 사람들로 생각하고 바리새인들을 불온한 개혁자, 즉 말 그대로 현대주의자(modernist)로 보았다.

---

15) 이것은 "다음엔 명성 높은 사람들을 칭송하자"(집회서44:1이하)로 시작되는 구절의 핵심이다. 이 구절은 기념예식에서 흔히 낭송됨으로써 잘 알려져 있었다.
16) 막12:18-27. (124, 363쪽을 보라.)
17) T. W. Manson, "Sadducee and Pharisee", *BJRL* 22(1938), pp. 153 ff., *The Servant-Messiah*(Cambridge, 1953), pp. 19 f.

알렉산더 얀네우스가 죽고난 후 그의 미망인인 살로메 알렉산드라(Salome Alexandra)가 왕위에 올랐을 때, 바리새인들은 점차 영향력 있는 위치를 차지하기 시작했다. 9년 동안에 걸친(주전 76-67) 살로메의 치세 기간을 랍비 전통에서는 작은 황금시대라 불렀다. 헤롯(Herod)은 자신의 치세 초반에는 바리새인들을 존중했다. 주전 17년까지 그는 나머지 신민(臣民)들에게 강요했던 충성서약을 바리새인들에게는 면제해 주었다.[18] 하지만 곧 헤롯은 바리새인들의 완고함에 분개하기 시작했고, 주전 7년 아구스도와 자신에 대한 새로운 충성서약을 실시했을 때, 그는 서약을 거부한 대다수의 바리새인들에게 벌금을 부과했다.[19] 헤롯의 말년에 일단의 바리새파 제자들이 스승의 교사(敎唆)로, 헤롯이 성전 출입문 위에 높다랗게 세워놓은 거대한 황금 독수리상을 무너뜨리자, 헤롯은 바리새인들에게 잔혹한 보복을 가했다.[20] 로마의 통치 아래서 바리새인들은 산헤드린으로 대표되었다. 비록 바리새인들은 산헤드린내에서 소수였지만 백성들에 대한 영향력이 컸기 때문에 다수를 차지하고 있던 대제사장과 사두개인들이 그들의 의견을 존중하지 않을 수 없었다고 요세푸스는 말한다.[21] 서기관들 — 율법과 선지자의 해석 전문가 — 은 대부분 바리새파 사람들이었으며 자신들의 해석을 백성들 가운데 통용시켰다. 바리새인들은 지방별로 조직이 되어 있었다. 이 조직을 '하부라(동무들)'라 했는데, 하부라의 회원은 다른 회원들의 '하베르(동무)' 였기 때문이다. 열아홉살 때부터 바리새파의 규율을 따라 생활했다고 말하는 요세푸스는 바리새인들의 수를 약 6,000명으로 추산한다.[22]

바리새인들은 결례(潔禮)와 십일조에 관한 규례를 지나치리만큼 세심하게 준수하였기 때문에 동료 유대인들 가운데서도 이 점에 있어서 자신들과 같이 유별나지 않은 사람들과 쉽게 친교를 가질 수 없었다. 이러한 유대인들에는 팔레스틴땅에 사는 유대 백성들의 대다수인 농부와 장인(匠人)들이 포함되었는데, 이들은 바리새인처럼 율법 연구에 많은 시간과 관심을 쏟을 수 없었다. 그래서 바리새인들은 자신들이 "땅의 사람들"[23]이라 불렀던 사람들을 멀리하는 경향을 보였다. 그러한 사람들에게는 진정한 경건이란 있을 수 없다고 믿었기 때문이다.[24] 반면에 쿰란분파의 사람들은 바리새인들을 거룩함을 좇는 데 너무도 열의가 없는

---

18) Josephus, *Ant.* xv. 370.
19) Josephus, *Ant.* xvii. 42.
20) Josephus, *Ant.* xvii. 151 ff.
21) Josephus, *Ant.* xviii. 17.
22) Josephus, *Ant.* xvii. 42.
23) 구약시대에 집합적인 표현("땅의 사람들")이었던 '암 하아레츠'라는 어구를 랍비들은 "땅의 사람들 가운데 한 사람" 또는 "평범한 사람들 가운데 한 사람"처럼 한 개인 즉(적어도 종교 문제에 있어서) 무지한 사람(ignoramus)을 가리킬 때 사용했다.
24) 힐렐이 "어떠한 '암 하아레츠'도 경건하지 않다"(피르케 아봇 2:6)고 말한 것으로 전해진다. 요한복음 7:49에서 예루살렘 당국자들의 경멸적인 언사. "율법을 알지 못하는 이 무리는 저주를 받은 자로다"를 참조하라.

사람들이라고 비난하였다. 쿰란분파는 "구별"을 끝까지 밀어부치다가 (고립이 아니라) 분리에 이르게 되었는데, 그들은 자신들의 마음에 꼭 드는 이사야 30:10절을 인용하여 바리새인들을 "부드러운 것을 좇는 자들" 또는 "부드러운 해석을 해주는 자들"(이 구절은 이 둘 가운데 어느 쪽으로도 번역될 수 있다)이라 불렀다.[25]

물론 바리새파 운동 전체로는 서로 비슷한 일정한 경향성이 존재하지만, 내부적으로는 다양한 분파들이 많이 있었다 — 이러한 다양한 분파들이 생기게 된 것은 부분적으로는 율법에 대한 해석이 서로 다르기 때문이며 부분적으로는 기질과 동기들이 서로 달랐기 때문이다. 훨씬 후대의 기록인 탈무드에서 자주 인용되는 한 구절에서는 바리새파를 일곱 가지의 유형으로 나누고, 이 가운데서 오직 하나 즉 하나님의 사랑을 위한 바리새파라는 분파만을 절대적으로 신임하고 있다.[26]

3. 바울시대의 바리새주의

기독교시대의 초기에 율법 해석을 위한 두 개의 주요한 학파가 있었는데, 이 학파들은 각각 샴마이(Schammai)와 힐렐(Hillel)이 창시했다. 샴마이학파는 전통적으로 힐렐학파보다 더 엄격한 — 개개 율법의 적용뿐만 아니라 율법 전체에 대한 접근 방식에서도 — 해석을 하는 것으로 알려져 있다. 샴마이학파는 하나의 율법조항을 〔작위(作爲) 또는 부작위(不作爲)를 통하여〕 범하게 되면 해당 율법조항을 범한 것으로 간주하는 반면에, 힐렐학파는 하나님의 심판은 한 사람의 삶 전체에서 선과 악 가운데서 어느 쪽이 더 우세하느냐에 달려 있다는 입장을 취했다.

힐렐에 얽힌 가장 잘 알려진 이야기 가운데 하나를 살펴보자. 어떤 사람이 힐렐에게 율법 전체를 될 수 있는 한 가장 간단하게 요약해 달라고 요청했다. 그러자 힐렐은 "스스로에게 싫은 것을 다른 사람에게 하지 말라. 바로 이것이 온 율법이요, 그 나머지는 주석이니라"라고 대답했다.[27] 이와 같이 황금률을 소극적인 측면에서 율법의 정수(精髓)로서 인용한 것은 많은 바리새인들이 위험시하는 방식으로 해석될 소지가 있었다. 그것이 힐렐의 의도가 아니었다면, 특정한 계명에 직면한 어떤 사람이 그 계명은 이웃의 고통을 악화시키는 것을 막아주거나 이웃의 선을 증진시킬 때만 구속력이 있다고 주장할 수 있는 길을 터준 셈이 되는 것이다. 랍비들 가운데 일반적인 견해를 따른다면, 이와 같은 힐렐의 주장은 불법적인 주관

---

25) 4 QpNah. frag. 4, col. 1,1. 7; 1 QH 2,ll. 15,32; CD 1,1. 18.
26) TJ 베라콧 9: 7.
27) TB 샤밧 31 a. J. Neusner는 *The Rabbinic Traditions about the Pharisees before 70* (Leiden, 1971), i, pp. 338 f에서 이 사건의 역사성에 의문을 제기한다. 그 이전의 소극적인 황금률에 대해서는 토빗서 4: 15, "너희가 싫어하는 것을 남에게 행하지 말라"를 보라.

적 판단기준을 도입하게 된다. 따라서, 율법의 한 계명에 직면했을 때 사람들은 그 계명이 거룩하신 분의 계명이라는 단순한 이유 때문에 순종하여야 하며, 이유를 따지는 것은 우리들이 할 일이 아니라고 말하는 것이 훨씬 더 좋을 것이다.[28]

바울은 어떤 부류의 바리새인이었나? 이러한 질문에 쉽게 답할 수 있는 것은 아니다. 사도행전 22:3에 따르면, 바울은 가말리엘의 문하에서 교육을 빋았다. 후내의 선승에서는 가말리엘은(힐렐의 아들이나 손자가 아니라면) 힐렐학파의 우두머리로서 힐렐의 후계자라고 한다.[29] 그러나 가말리엘과 그의 가르침에 대한 좀더 직접적인 기억을 보여주고 있는 이전 전승들에는 가말리엘이 힐렐학파와 관련이 있다는 언급조차도 없고, 그 대신에 마치 가말리엘이 자기 나름대로의 학파를 창설했다는 듯이 가말리엘학파에 속한 사람들의 이름을 나열하고 있다.[30]

이 가말리엘에 관한 전승들과 그와 동일한 이름을 가진 더 후대의 랍비(주후 100년 경 가말리엘 2세)에 관한 전승을 구별해내는 데는 어려움이 있다. 하지만 성전이 아직 건재해 있다는 것을 전제하는 전승들은 연장자인 가말리엘과 관련된다는 것은 분명하다. "랍반 가말리엘(Rabban Gamaliel)이 죽음으로써 토라의 영광은 끝이 났고 성결과 '구별된 모습'은 종말을 고했다"[31]라고 전승에서는 말한다 ― 이것은 가말리엘이 진정한 바리새인의 마지막 인물이라고 말하는 것이나 다름없다. "구별된 모습"(히브리어로 '프리쉬트')은 "바리새파"와 동일한 어근으로부터 나온 것이고 "바리새주의"로 해석될 수도 있기 때문이다. 이혼 후에 재혼을 자유화시킨 것은 가말리엘의 공적으로 알려져 있다.[32]

랍비전승과 신약에서는 모두 가말리엘을 산헤드린의 의원이라고 한다. 예루살렘교회의 초창기에 예수의 이름을 공공의 장소에서 가르치지 말라는 명령을 어겼다는 죄명으로 사도들이 산헤드린 앞에 끌려왔다고 누가는 기록하고 있다. 산헤드린의 몇몇 의원들이 사도들을 극형에 처해야 한다고 주장하자, "교법사로 모든 백성에게 존경을 받는 자"인 "바리새인 가말리엘"은 동료들에게 잠시 동안 아주 위험하게 보였던 다른 운동들이 곧 무너졌던 최근의 사례를 상기시키고는 이렇게 덧붙였다(행5:38이하).

이제 내가 너희에게 말하노니 이 사람들을 상관 말고 버려두라 이 사상과 이 소행이 사람에게

---

28) 그래서 요하난 벤 자카이(Yohanan ben Zakkai)는 암송아지의 정결례(민19)를 주석하면서 실제로 시체가 영혼을 더럽히지 않으며 물이 마음을 깨끗케 하는 것이 아니라고 말한다. 이 규례는 단지 그것이 하나님의 명령이기 때문에 지켜야 한다(Numbers Rabba 19:8 on Numbers 19:2).
29) TB 샤밧 15a는 이 학파에서 시므온을 힐렐과 가말리엘 중간에 있었던 지도자로 끼워넣고 있는 듯하다. 이들 사이에 혈연관계가 존재한다는 생각은 이후에도 계속된다.
30) J. Neusner, The Rabbinic Traditions about the Pharisees before 70, i, pp. 341-376을 참조하라.
31) Mishnah 소타 9:15.
32) Mishnah 깃틴 4:2.

로서 났으면 무너질 것이요 만일 하나님께로서 났으면 너희가 저희를 무너뜨릴 수 없겠고 도리어 하나님을 대적하는 자가 될까 하노라

이것은 분명히 건전한 바리새적 교리이다. 사람들은 하나님께 불순종할 수 있지만, 그럼에도 하나님의 뜻은 결국 승리할 것이다. 사람들은 자유롭게 일을 도모할 수는 있으나, 사람들이 뜻하는 것은 하나님에 의해 제압당하고 하나님 자신의 뜻이 이루어질 것이다.[33] 후대의 랍비인 신발 제조업자 요하난(Yohanan)의 말을 빌면, "하늘의 뜻을 위해 모이는 모든 모임은 결국 이루어질 것이요 하늘의 뜻이 아닌 것을 위해 모이는 모든 모임은 결국 이루어지지 못할 것이다".[34] 누가가 가말리엘을 자신의 성향을 따라 묘사했다는 것은 우리가 짐작할 수 있는 것이다.

그러나 그것이 가말리엘의 성향이었다 하더라도 바울의 성향은 아니었다는 것은 분명하다. 예를 들면 부활 소망과 성경해석 방법을 비롯한 대부분의 문제들에서 바울은 자기 스승을 충실하게 따르는 영민(英敏)한 문하생이었을 것이다.[35] 실제로 "배우는 태도가 건방지고" 스승을 논박한 가말리엘 문하의 이름이 밝혀지지 않은 문하생은 바로 바울이었을 것이라고 생각되어 왔다.[36] 이것이 사실이라면(그런데 이것은 대단히 불확실하다), 이 전승은 바울이 나중에 랍비의 길을 버린 것에 대한 비난을 나타내고 있는 것이다. 이것은 바울이 가말리엘의 발 앞에 앉아 있었을 때의 실제적인 모습을 전혀 나타내고 있지 못하다. 그러나 한 가지 점에서 바울은 스승의 모범을 따르지 않았다. 바울은 예수의 제자들에게 타협적인 정책이 통할 것이라는 가말리엘의 생각을 거부했다. 바울의 생각에는 이 새로운 운동은 가말리엘이 알고 있었던 것보다 훨씬 더 자신이 배운 모든 가르침에 치명적인 위협을 가하는 것이었다. 더욱이 바울의 기질은 가말리엘과는 전연 딴판이었던 것으로 보인다. 가말리엘의 정치가다운 인내와 관용과는 달리, 바울은 자신의 고백대로 도에 넘치는 열심으로 꽉 차 있었다[37] ― 실제로 바울은 이 열심을 결코 완전히 잃은 적이 없었다.

바울이 열렬한 열심으로 신봉했던 것은 조상들의 유전 ― 이스라엘의 전래의 율법과 가말리엘학파에서 배운 그 해석 ― 이었기 때문에, 바울은 한 사람의 삶에서 선이 악보다 더

---

33) Josephus, *Ant.* xiii. 172. xviii. 13을 참조하라. "모든 것을 예견할 수 있지만, 각자에게 선택의 자유는 주어진다"(피르케 아봇 3:19)는 아키바의 격언을 참조하라.
34) 피르케 아봇 4:14.
35) J. Jeremias, "Paulus als Hillelit", in *Neotestamentica et Semitica:Studies in Honour of M. Black*, ed. E. E. Ellis and M. Wilcox(Edinburgh, 1969), pp. 88 ff,. 다른 면에 대해서는 K. Haacker, "War Paulus Hillelit?", *Das Institutum Iudaicum der Universität Tübingen*, 1971-72, pp. 106-120를 참조하라.
36) 그래서 TB 샤밧 30b와 관련하여 J. Klausner, *From Jesus to Paul*, E.T. (London, 1944), p.310.
37) 갈1:13이하. 빌3:6.

우세하기만 하면 심판날에 이로운 판결을 받아낼 수 있다는 힐렐파의 견해로 만족할 수 없었다는 것은 놀라운 일이 아니다. 적어도 이 점에서 바울은 율법은 전체로 준수되어야 한다는 샴마이학파의 견해에 더 끌렸던 것 같다. 이것이 바울의 태도였다는 것은 나중에 유대교의 어떤 계명들을 받아들이라는 압력을 받고 있던 갈라디아의 신자들에게 한 말 가운데 잘 나타나 있다. 바울은 하나님께 받아들여지는 방법으로 율법이라는 방법을 선택했다면 하나님의 계명들 가운데서 몇 가지를 선별하여 준행하면 되겠지라는 생각을 버려야 할 것이라고 그들에게 말한다. "내가 할례를 받는 각 사람에게 다시 증거하노니 그는 율법 전체를 행할 의무를 가진 자라"(갈5:3). 율법에 대한 이러한 태도 때문에 바울은 예수의 추종자들과 그들의 가르침에 대하여 적대감을 품게 되었던 것이다.

제 6 장

"때가 차매"

1. 유대인들이 대망(待望)한 구원

　로마인들의 유대 침공과 하스모니아 왕조의 몰락으로 경건한 유대인들은 자신들의 상황을 하나님의 뜻과 관련하여 다시 생각하고 해석하지 않으면 안 되었다. 하스모니아 왕조를 지지했던 사람들 가운데 몇몇은 그 왕조가 지속되는 동안에는 그 체제에 만족을 하고 지낼 수가 있었다. 요한 히르카누스(주전 134-104) 치세 아래서 많은 신민(臣民)들은 히르카누스가 예언자, 제사장, 왕이라는 삼중의 직임[1]을 함께 맡고 있는 아주 희귀한 예를 보았기 때문에 히르카누스와 함께 메시야 시대가 동터올랐다고 생각하는 경향이 있었다. 실제로 이스라엘의 위대한 예언자들은 다윗 가문의 군주가 민족의 소망을 구현할 것이라 내다보았었다. 하지만 하스모니아 왕조의 통치 초기에는 다윗 가문이 이스라엘의 삶에서 더 이상의 역할을 할 것이라고 기대할 수가 없었다. 이방의 멍에로부터 자유를 얻은 것은 제사장적 왕조의 지도력 아래서 였기 때문이다. 대망의 메시야 또는 종말의 "기름부음 받은 자"가 유다 지파의 왕이 아니라 레위 지파의 제사장인 것이 하나님의 뜻이 아닐까?[2]

---

[1] Josephus, *Ant.* xiii. 299 f.
[2] 십이족장의 유언(*Testaments of the Twelve Patriarchs*, 주전 1세기—주후 1세기)에서는 대부분의 왕권은 유다 지파에게, 제사장직은 레위에게 돌리고 있지만, 르우벤의 유언 6:7-12에서는 레위에게 왕권을 돌리고 있다—이것은 아마도 하스모니아가(家)의 영향력을 반영하고 있는 듯하다.

그러나 알렉산더 얀네우스(주전 103-76)의 군사적인 야심과 만행으로 유대인들 가운데 가장 훌륭한 계층들은 하스모니아 왕조로부터 멀어졌다. 알렉산더의 미망인이자 후계자였던 살로메 알렉산드라가 죽은 후인 주전 67년, 그들의 두 아들인 히르카누스와 아리스토불루스(Aristobulus) 시이에 내분이 일어나서 그때까지 하스모니아가(家)를 지지했던 사람들은 둘로 갈라졌다. 바로 이 내분은 로마인들에게 유대를 점령할 수 있는 빌미를 주었다. 하스모니아 왕조의 치세 아래서 고통을 겪었던 유대의 경건한 집단들은 로마의 손에 하스모니아 왕조가 몰락하는 것을 보고, 이것은 그들의 팽배해진 불의(不義) 특히 법적으로 자기 소유가 아닌 대제사장직을 찬탈한 데 대한 하나님의 심판이라고 생각했다. 하스모니아 왕조가 사독 가문의 전유물(專有物)인 대제사장직을 찬탈하는 것을 반대한 쿰란 공동체가 로마인들을 이러한 범죄에 대한 하나님의 보응을 집행하는 자로 보았다면, 바리새파와 비슷한 또 다른 경건한 집단은 하스모니아 왕조가 "다윗의 위를 멸절시킨" 데 대한 벌을 받고 있다고 생각했다.[3] 이 후자의 집단은 자신들의 열망을 편의상 솔로몬의 시편(Psalms of Solomon)이라 부르는 열여덟 편의 시를 모아 놓은 모음집으로 남겨 놓았다.[4] 이 시편들은 ― 쿰란 문헌이 어느 정도 증언하고 있는 것과 마찬가지로 ― 다윗 가문과 관련된 소망이 이스라엘에서 완전히 사라지게 해서는 안 되며, 하스모니아 왕조의 몰락과 그와 관련된 메시야적 제사장직이라는 소망의 상실로 다윗 가문에 거는 소망과 견줄 만한 것은 더 이상 없다는 것을 분명하게 보여준다.

쿰란 사람들과 마찬가지로 솔로몬의 시편의 저자들은 로마의 점령을 하스모니아 왕조에 대한 하나님의 심판이라고 생각했지만, 그들은 로마인들에 관하여 어떠한 환상도 품고 있지 않았으며 로마인들이 하스모니아 왕조의 어떤 악독한 왕들보다도 더 압제와 약탈을 자행하는 것에 놀라지도 않았다. 폼페이가 주전 63년 요새화된 성전 구역을 침공하면서 지성소에 들어가는 신성모독을 범했을 때, 사람들은 예외적으로 충격을 받았지만, 그로부터 15년 후 폼페이가 애굽에서 암살되자, 마침내 그에게 천벌이 내렸다고 사람들은 생각했다.[5] 그러나 로마인들은 이방인이었고, 따라서 하나님께서 허락하시는 기간만 거룩한 땅을 강점(强占)할 것이었다. 하나님께서 그들을 쫓아내는 날이 오고야 말 것이다. 하나님께서 그들을 쫓아내실 때, 누구를 사용하실 것인지에 대해서는 많은 이견(異見)들이 있었지만, 하나님께서 이러한 목적을 위해 머지 않아 다윗 계열의 메시야를 일으키실 것이라는 기대는 한결같았다. 이러한 기대는 솔로몬의 시편 가운데 열일곱번째 시편에 열렬하게 표현되어 있다.[6] 또한 누

---

3) 솔로몬의 시편 17:8.
4) 알렉산드리아 사본(Codex Alexandrinus)은 원래 그것들을 신약성경의 부록으로 포함하고 있었다. 그것들은 처음에 히브리어로 편집되어 있었으나 지금은 헬라어로 된 것과 헬라어에서 수리아어로 번역된 것만이 남아 있다.
5) 솔로몬의 시편 2:30-32.
6) 솔로몬의 시편 17:23 이하.

가복음의 예수탄생 이야기에 나오는 몇몇 찬가에서도 엿볼 수 있다. 그래서 천사 가브리엘이 수태를 알리러 마리아에게 나타나서 이렇게 말한다(눅1:32이하).

주 하나님께서 그 조상 다윗의 위를 저에게 주시리니
영원히 야곱의 집에 왕노릇하실 것이며
그 나라가 무궁하리라.

마찬가지로 사가랴(세례 요한의 아버지)는 찬가를 통하여 구원이 임박했음을 축사(祝辭)한다(눅1:68 이하).

찬송하리로다 주 이스라엘의 하나님이여
그 백성을 돌아보사 속량하시며
우리를 위하여 구원의 뿔을
그 종 다윗의 집에 일으키셨으니

마리아에게 이 약속의 성취는 마음의 생각이 교만한 자들을 흩으시며, 권세 있는 자를 그 위에서 내리치시며, "비천한 자"를 높이시는 것을 의미한다(눅1:51이하). 사가랴에게 이것은 마찬가지로 "우리 원수에게서와 우리를 미워하는 모든 자의 손에서 구원하시는 구원"(눅 1:71)을 의미한다.

주전 40년 로마인들이 유대인 왕을 통하여 유대를 통치하기로 했을 때, 헤롯에게서 메시야적 징후를 발견하기란 무척 어려웠다. 헤롯 자신은 메시야를 참칭할 마음을 품고 있었을지도 모르고 그를 지지하는 자들은 그러한 것을 부추겼을 가능성도 있다. 하지만 일반적으로 유대인들의 태도는 헤롯에게 적대적이었다. 헤롯이 죽은 후 이삼십 년 후에 쓰여진 모세 승천기(The Assumption of Moses, 여호수아에 대한 모세의 고별사와 승천을 다루고 있기 때문에 이런 이름이 붙여졌다)라는 묵시저작에서 헤롯은 하스모니아 왕조의 남은 자들을 휩쓸어 버리고 자신의 사악한 분노로 늙은이나 젊은이를 가리지 않고 죽이는 "오만한 왕"— 아마도 "자기 뜻대로 행하는" 다니엘 11:36에 예언된 "왕"을 성취하는 — 으로 묘사된다.[7]

2. 유대인들이 대망(待望)한 구원자

---

7) 모세 승천기(Assumption of Moses)의 라틴어역(譯)에서는 그를 'rex petulans'(뻔뻔스런 왕, 6:2)이라 부르고 있다.

헤롯의 치세 말기에 예수, 최초의 제자들이 이스라엘이 기다린 구속자라고 주장했던 예수께서 태어나셨다. 누가복음의 예수탄생 이야기에 나오는 찬가들에서 예수를 약속된 다윗집의 왕으로 선포하고, 기독교의 설교에서는 아주 초기부터 예수께 그러한 지위를 부여하고 있지만, 예수께서는 스스로 그러한 주장을 한 것 같지는 않다. 예수는 다른 사람들이 자기를 "다윗의 자손"이라고 불렀을 때 이를 거부하지는 않았다. 하지만 메시야는 다윗의 자손일 것이라는 광범위하게 유포된 믿음에 대한 예수의 언급을 기록하고 있는 한 기사(記事)는 그러한 믿음에 대하여 의문을 제기한다.[8] 세례 요한이 오실 자를 성령으로 세례주실 분으로 소개할 때에 다윗의 자손이라는 것은 아무런 역할도 하지 못한다. 바울은 예수를 "육신으로는 다윗의 혈통에서 나셨고"(롬1:3)라고 되어 있는 신앙고백문 가운데서 일부를 인용하긴 하지만,[9] 바울이 예수의 본질을 이해하고 밝히는 데에는 다윗의 자손이라는 것은 실질적으로 아무런 역할도 하지 못한다.

그렇다면, 예수는 어떤 의미로 이스라엘의 구속자로 인식되었는가? 삼십 대 초반에 예수께서 나사렛이란 후미진 곳에서 나와 공생애(公生涯)를 시작하셨을 때, 예수는 하나님의 나라가 가까왔다 — 하나님의 나라가 자신의 자비와 능력의 사역 가운데서 어느 정도 이미 현존한다고 설교했다.[10] 예수께서 선포하시는 하나님의 나라를 들은 청중들은 자연스럽게 다니엘서의 환상(vision)들에 따라서 일련의 이방 세계제국들을 물리치고 "지극히 높으신 자의 성도들"(단7:18, 27)이 다스리는 하나님의 나라를 생각했을 것이다.

이런 식으로 성도들의 통치는 "성도들"에 포함되지 않은 사람들에게는 불길한 징조가 될 것이라고 생각했던 사람들이 주후 1세기 이스라엘에 있었다. 이를테면 그들은 그 입에는 "하나님의 존영(尊榮)"이요 그 수중에는 두 날 가진 칼을 든 시편 149:5-9의 "성도들"에서 영감을 발견할 수 있었다.

> 열방에 보수하며
> 민족들을 벌하며
> 저희 왕들은 사슬로
> 저희 귀인은 철고랑으로 결박하고

누가에 의하면, 예수께서 죽으시기 전날 밤 사도들과 유월절 식사를 함께 하시면서 자신이 말한 그 나라를 다스릴 사람은 그들임을 분명히 밝히셨다(눅22:28-30).

"너희는 나의 모든 시험 중에 항상 나와 함께 한 자들인즉 내 아버지께서 내 나라에 있어 내 상에서 먹고 마시며 또는 보좌에 앉아 이스라엘 열두 지파를 다스리게 하려 하노라."

---

8) 막12:35-37.
9) 아마도 또 하나의 신앙고백 양식일 가능성이 있는 딤후 2:8을 참조하라.
10) 막 1:14이하. 마12:28, 눅 11:20을 참조하라.

그러나 예수께서 이 역할을 맡기신 사람들은 예수로부터 이 역할을 어떻게 수행해야 하는가 즉 다른 사람들을 주관하는 것이 아니라 섬겨야 한다는 것을 배웠다. 이 말씀 속에서 예수는 그 나라를 "내 나라"라고 하신다. 그러므로 우리는 예수의 가르침에서 하나님의 나라와 "인자"라는 종말적 인물은 밀접하게 관련되어 있음을 알게 된다.

다니엘의 환상에서 새 나라는 "인자 같은 이"(이방 제국들을 상징하는 짐승들과 대비되는 인물)에게 주어진다. "지극히 높으신 자의 성도들"은 이 환상을 해석하는 부분에 나오는데 환상을 묘사하는 부분에 나오는 "인자 같은 이"와 짝을 이룬다. 예수는 지극히 높으신 자의 성도들이 인자라고 분명하게 밝히시지는 않았다. 예수의 제자들은 아버지께서 그 나라를 주시기로 되어 있는 "적은 무리"였다(눅12:32). 하지만 그들이 적은 무리를 이루는 것은 목자, 즉 바꿔 말하면 인자와 연합되어 있기 때문이다. 예수께서 말씀하신 인자는 "권세와 영광과 나라를 주고 모든 백성과 나라들과 각 방언하는 자들로 그를 섬기게" 할 "인자 같은 이"를 의미하였다(단7:13이하). 사역이 진행되면서 예수는 인자의 사명이 하나님께서 자신을 불러 성취하도록 하신 어떤 것임을 인정했다는 것이 점점 분명해졌다.[11] 이것은 값비싼 부르심이었다. 하나님 나라가 권능 가운데 오기 위해서는 먼저 침노를 당해야 했던 것처럼, 인자는 "많은 고난을 받고 멸시를 당하고"서야[12] 왕의 영광을 누릴 수 있었다. 이러한 신뢰를 가지고 예수는 죽음을 향해 나아갔다. "인자는 자기에게 대하여 기록된 대로 가거니와"(막14:21). 그러나 예수께서 왕의 영광을 받는다 하여 인격이 변하는 것은 아니다, 지금처럼 그때도 예수는 "모든 사람의 종"으로 있을 것이다. 진정한 왕의 영광은 이렇게 남을 위하여 자기를 주는 섬김에 있기 때문이다.[13]

예수께서 메시야라는 호칭을 받아들이셨다면, 바로 그러한 견지에서 받아들이셨던 것이다. 예수께서 대제사장과 그 추종자들 앞에 끌려가서 당신이 메시야냐는 질문을 받았을 때, 예수는 그들이 메시야라는 용어를 사용했기 때문에 그렇다고 대답하셨을 뿐이다. 예수 스스로는 자신에 대하여(거기에 버림받고 굴욕적인 모습으로 서 있지만) 언젠가는 그들의 눈 앞에서 하나님에 의해 신원될 인자라고 말씀하셨다.[14]

예수는 진공 속에서 하나님 나라를 선포하신 것이 아니었다. 생애의 대부분을 보냈던 갈릴리는 로마의 앞잡이 헤롯 안티파스(Herod Antipas)가 통치했고, 유대와 사마리아는 로마 황제가 직접 임명한 본디오 빌라도(Pontius Pilate)가 다스렸다. 예루살렘 성전의 조직은 안나스(Annas)라는 사두개파 가문의 수중에 들어가 있었다. 백성들은 로마가 거두

---

11) T. W. Manson, *The Teaching of Jesus*(Cambridge, ² 1935), pp. 211 ff; A. J. B. Higgins, *Jesus and the Son of Man*(London, 1964); M. D. Hooker, *The Son of Man in Mark*(London, 1967)를 참조하라.
12) 막 9:12; 눅 17:25.
13) 막 10:43이하; 눅 22:25-27.
14) 막 14:61이하.

는 세금 외에도 성전을 유지하기 위한 세금을 내야 했다. 백성의 교사들은 "장로들의 유전"대로 율법을 해석했다. 예수의 메시지는 너무도 급진적이었기 때문에 이 세도가(勢道家)들 모두에게 도전하는 것이었다.

그는 무력 충돌을 획책하는 사람들과는 달리 로마의 통치에 도전하지 않았다. 이러한 태도는 로마인들 자신의 권력 구도를 받아들인다는 것을 의미했을 것이다. 단 한 가지 의문점은 누가 권력을 낳느냐는 문제였다. 그러나 예수께서 나라의 자손들에게 의와 자비, 가난과 온유, 마음의 순결과 사람들 사이의 화평을 계발하라고 명하셨을 때, 예수께서 그들에게 다른 쪽 뺨을 내밀며 오리를 가자 하면 십리를 가고 원수를 선대하라고 가르치셨을 때, 예수께서 하나님의 뜻은 사랑을 행하는 것 속에서 온전히 이루어진다고 힘주어 말씀하셨을 때,[15] 이러한 예수의 가르침은 그때까지 당연한 것으로 받아들여졌던 공식적인 규범들을 송두리째 전복시켜 버리는 것이었고, 무장 투쟁을 하는 사람들보다도 더 치명적으로 제국주의적인 세력의 기반을 뒤흔들어놓는 것이었다. 아울러 예수는 물질적인 부를 중요하게 생각하지 않으셨기 때문에 매년 성전에 바치는 반 세겔의 성전세[17]와 마찬가지로 가이사에게 바치는 공세를 문제 삼지 않았다.[16] 그러나 결국 예수를 죽이는 데에는 성전 조직과 로마의 총독이 결정적인 역할을 하였다.

율법에 대한 예수의 태도는 몇 가지 점에서 힐렐의 태도와 비슷했다. 힐렐이 율법에 있는 모든 다른 규정들은 단지 소극적인 황금률에 대한 주석일 뿐이라고 말했다면, 예수는 동일한 내용을 담고 있는 황금률을 적극적인 표현 방식으로 말씀하셨다. "무엇이든지 남에게 대접을 받고자 하는 대로 너희도 남을 대접하라. 이것이 율법이요 선지자니라"(마7:12).[18] 이와 동일한 취지로 예수는 율법에 나오는 613 가지의 교훈에서 "너는 … 사랑하라"는 명령으로 시작하는 두 개의 긍정문으로 된 교훈 — "너는 … 네 하나님 여호와를 사랑하라"(신6:5)와 "이웃 사랑하기를 네 몸과 같이 하라"(레19:18) — 을 다른 모든 교훈들을 포괄하는 율법의 첫째와 둘째 계명으로 뽑아내셨다(막12:28-31. 참조. 마22:35-40).[19]

이제까지 우리는 예수께서 힐렐학파의 랍비들과 상당한 일치점을 보이는 말씀을 하셨다는 것을 살펴보았다. 그러나 이 원리들을 실제적인 문제에 적용하는 데서 예수는 힐렐학파 사람들도 당혹스러울 정도로 아주 분방하게 주권적으로 율법을 다루셨던 것 같다.

이와 같은 모습은 안식일에 대한 예수의 태도에서 가장 잘 나타난다. 원래의 율법에는 안

---

15) 산상수훈(마 5-7. 참조, 눅 6:17-49)을 보라.
16) 막 12:13-17.
17) 마 17:24-27.
18) 정통 유대교에서 적극적 형식의 황금률은 Maimonides, *Mishneh Torah2*. 힐콧 아벨 14: 1에 나와 있다. 62쪽을 보라.
19) 눅 10:27에서 예수의 반문에 이런 식으로 율법을 요약하여 말하는 사람은 처음 질문을 던졌던 율법사이다.

식일은 어떤 일도 해서는 안 되는 안식의 날로 정해놓았다. 그런데 "일"에 관해서는 정의를 해놓지 않은 것이다. 아마도 일은 농업에서 반복적으로 행하는 작업들을 주로 가리켰던 것 같다. "밭 갈 때에나 거둘 때에도 쉴지며"(출34:21).[20] 성문법의 시대에서조차도 때때로 "일"을 더 구체적으로 정의할 필요가 있었다. 드디어 주후 1세기 힐렐학파에서 최초로 안식일에 금지되는 서른아홉 가지의 일들을 규정하게 되었다.[21] 샴마이학파는 이보다 더 엄밀한 규정을 갖고 있었고, 쿰란공동체에서 실시된 것은 더 엄격한 것이었다고 알려져 있다.[22] 그러나 예수는 일을 정의하느라고 골머리를 썩히지 않았다. 단지 예수는 청중들에게 안식일 제도의 원래의 목적 — 사람의 안식과 복리를 증진시키는 것 — 만을 들려 주고는 그러한 원래의 목적에 부합하는(병자를 고치는 것과 같은) 행위를 안식일에 행하는 것은 매우 타당한 것이라고 힘주어 말씀하셨다.[23]

이혼법에 대한 해석을 요청받았을 때에도 예수는 동일한 원리를 적용하셨다. 남자가 여자와 이혼할 수 있는 사유로 규정되어 있는 여자의 "수치스러운 일"(신24:1)은 무엇이었는가? 힐렐학파는 그것을 개방적으로 해석하여 수 많은 결점들을 포함시켰고, 샴마이학파는 더 협의로 해석하여 혼전관계로 보았다. 그러나 예수는 모세 이전 창조 이야기로 거슬러 올라가서 혼인제도를 제정하는 말씀으로부터 이혼은 하나님의 원래 의도가 아니었다고 말씀하셨다. 예수의 말씀을 들은 청중들은 마음속으로 그 해석은 너무 엄중해서 실천하기가 불가능하다고 생각했다. "만일 사람이 아내에게 이같이 할진대 장가 들지 않는 것이 좋삽나이다"(마19:10)라고 그들은 대답했다. 그러나 예수께서 이렇게 해석하신 취지는 이 문제에서 여자에게 주도권이나 구제책이 전혀 주어지지 않았던 형평에 어긋나는 사회 관습을 고치려는 것이었다. 그런데 백성들의 관점에서 보면 그러한 해석은 너무 개방적인 해석이었다.

당시의 서기관들과 바리새인들에 대한 예수의 비난은 주로 샴마이학파의 사람들을 향한 것이었다. "지기 어려운 짐을 사람에게 지우고" 그들을 구해주려고 하지는 않는다고 비난받을 만한 사람들은 특히 샴마이학파 사람들이었다(눅11:46). 하지만 더 온건한 힐렐학파 사람들도 자주 예수의 행위와 말씀에 당혹스러워했음에 틀림없다.

개방적인 바리새인들의 눈에조차 매우 당혹스럽게 비쳤던 것은 율법을 존중하려고 하지도 않고 율법의 기본 원리들을 무시하고 추잡하게 살아가는 사람들과 기꺼이 교제를 갖는 예수의 모습이었다. 예수는 짐짓 겸손을 가장하여 경건한 의무를 행하는 자선가로서 그들과 교제를 나누는 것이 아니었다. 예수는 그들과의 교제를 즐기고 있다는 인상을 사람들에게 주었다 — 실제로 그는 사람들로부터 "먹기를 탐하고 포도주를 즐기는 사람이요 세리[24]와

---

20) 이것은 아마도 "밭갈 때와 거둘 때에만"이 아니라 "밭갈 때에나 거둘 때에도"를 뜻했을 것이다.
21) Mishnah 샤밧 7:1 ff.
22) CD 10, 1. 14-11, 1. 18.
23) 막 2:23-3:5. 눅 13:10-17. 14:1-6.
24) 정의에 의하면 세리들은 '암메 하 아레츠(땅의 사람들)'로 간주되었다. 61쪽을 보라.

죄인의 친구로다"(눅7:34)라는 비난을 감수하면서까지 그들의 초대를 기꺼이 받아들여 그들과 함께 식사했고 그들과 교제하기를 즐겨했다.

예수는 그러한 행동으로 경건한 사람들을 화나게 하고 있다는 비난을 받았을 때, 의사를 필요로 하는 사람은 건강한 사람이 아니라 병든 사람이며 자신은 죄인을 부르러 왔다고 말함으로써 스스로를 변호하셨다. 그뿐만 아니라 예수는 하나님께서도 선인과 악인, 심지어 감사할 줄 모르는 이기적인 사람까지도 똑같이 은혜를 베푸신다는 것을 강조하셨다. 예수는 계속 비유를 사용하여서 하나님께서는 부적절하고 은혜를 받을 자격이 없는 자, 멸시받고 소외된 자, 기반이 없고 힘없는 자에게도 은혜를 베푸신다는 것을 강조하면서 이 교훈을 차근차근히 설명해 나가셨다. 예수의 가르침과 본이 되는 행실을 통해 드러나는 예수의 메시지는 소외 계층에게는 복음이었다.[25] 헤롯 안티파스에 의해 베뢰아의 마케루스(Machaerus) 영문에 수감된 세례 요한은 예수가 진정 자신이 선포한 오실 자인지를 확인하기 위해 예수께 사자(使者)들을 보냈을 때(예수의 사역은 요한이 오실 자가 집행할 것이라고 말한 심판 사역과는 너무도 거리가 멀었기 때문이다), 예수는 사자들에게 말씀하시기를 요한에게 돌아가서 그들이 자기와 함께 있는 동안에 본 것과 들은 것 특히 "가난한 자에게 복음이 전파된다"(눅7:22)는 것을 들려주라고 하셨다.

이 말씀들을 듣고 요한은 이사야 61:1을 떠올렸을 것임에 틀림없다. 거기에는 이름이 밝혀지지 않은 화자(話者)가 바로 그런 목적으로 하나님의 신으로 '기름부음을 받았다'고 말한다. "가난한 자에게 아름다운 소식을 전하게 하려 하심이라". 요한은 예수가 바로 그 선지자가 말한 사람이라는 것을 인정하였을까? 만약 그랬다면, 요한은 예수께서 즉시 "우리 하나님의 신원의 날"을 개시하지 않음으로써 자신을 실망시키고 있다고 생각하지 않았을 것이다.[26] 예수는 이사야 61:1의 성령으로 기름부음 받은 화자(話者)가 이사야 42:1에서 하나님이 말씀하시는 사람과 동일하다고 생각하셨을 가능성이 높다.

> 내가 붙드는 나의 종
> 내 마음에 기뻐하는 나의 택한 사람을 보라
> 내가 나의 신을 그에게 주었은 즉 …

— 바로 예수께서 요한에게 세례받으실 때 하늘에서 들려온 소리를 연상시키는 말씀.[27] 이 종에게는 이스라엘과 이방을 위하여 수행하여야 할 사명이 주어진다. 이 사명을 성취하

---

25) 120쪽을 보라.
26) 나사렛 회당에서 행한 강령적인 설교(눅4:16이하)에서, 예수는 사61:1이하를 본문으로 선택하면서도 "우리 하나님의 신원의 날"을 생략하고 "여호와의 은혜의 해를 전파하며"로 끝을 맺는다.
27) 막 1:11("너는 내 사랑하는 아들이라 내가 너를 기뻐하노라"). 이 말씀이 들렸을 때, 그는 "성령이 비둘기같이 자기에게 내려오심"(막1:10)을 보셨다.

기 위해서는 예수는 부당한 핍박과 굴욕과 죽음을 당해야 한다. 하지만 이 모든 것을 자신을 향한 하나님의 뜻으로서 받아들일 때, 예수는 자신의 가장 내밀한 소원이기도 한 하나님의 목적을 이루게 된다. 이 목적에는 많은 사람들의 죄를 사하는 것이 포함되어 있다. 바로 그들의 죄를 그 종은 대신 짊어진다.

실제로 예수께서 마음속으로 인자를 이사야에 나오는 주의 종과 같은 인물로 생각하셨다고 해야, 인자에게 예정된 고난에 관한 예수의 많은 말씀들을 잘 이해할 수 있게 된다. 이 사야에 나오는 주의 종에 관한 말씀의 견지에서 볼 때, 우리는 "인자의 온 것은 섬김을 받으려함이 아니라 도리어 섬기려 하고 자기 목숨을 많은 사람의 대속물로 주려함이니라"(막 10:45)는 복음서의 예수의 말씀을 더욱 잘 이해할 수 있다. 예수는 바로 이러한 의미로 죽음을 받아들이셨다.

그리고 바울이 "그리스도 예수의 마음이니 자기를 비어 종의 형체를 가져"(빌2:5-7)라거나, "예수는 우리 범죄함을 위하여 내어줌이 되고"(롬4:25)라고 했을 때는 바로 그러한 의미였다.[28] 가말리엘의 문하생이 예수의 사역과 죽음을 이런 식으로 평가하게 되기까지는 바울의 삶과 사상에서 혁명적인 변화가 일어나야만 했다. 그러나 그와 같은 혁명적인 변화가 일어났을 때, 바울은 이 모든 사건들의 의미를 이렇게 요약할 수 있었다. "때가 차매 하나님이 그 아들을 보내사 … "(갈4:4).

---

28) 103쪽 이하와 주 16, 17을 보라.

제 7 장

"그 도(The Way)"의 시작

1. 그가 부활하셨다!

　처형이 끝나고 예수의 시신이 무덤에 안전하게 안치되자 대제사장들과 성전 당국자들은 틀림없이 이제 한 시름 놓았다고 생각했을 것이다. 이제 불명예스럽게 죽은 지도자를 지지하여 민중들이 난을 일으킬 염려는 없었고, 그가 체포될 때 불명예스럽게 달아난 측근의 제자들의 말을 사람들이 귀기울일 리 없었다. 제자들은 팔자 사나운 나사렛 사람을 따라 성급하게 생업을 버렸지만, 이제 자신들을 환영하는 벽지(僻地)로 돌아가서 다시 생업에 종사하게 될 것이다. 예수에게 호감이 없지 않았던 몇몇 관원들은 나사렛 사람이 겁없이 유대 땅에 뛰어 들어 예루살렘 주변에서 불온한 광신적인 언동으로 당국자들의 표적이 되어 희생되었음을 애석하게 생각했을 것이다.
　그러나 그러한 광신은 싹이 날 때 제거해야 했다. 바로 이때가 목적이 수단을 정당화한다는 말이 딱 들어맞는 경우이다. 예수께서 선고받은 로마의 십자가 형벌이 "나무에 달린 자는 하나님께 저주를 받았음 이라"는 신명기 21:23의 말씀과 어떤 연관을 갖고 있다는 우연의 일치도 선(善)을 위해서는 무시할 수 있었다. 십자가형(刑)은 다른 무엇보다도 더 효과적으로 진정으로 경건한 유대인들의 눈에 나사렛 사람의 위신을 크게 떨어뜨리고 그의 주장들을 불신하게 만들 것이다.
　바리새인들을 비롯한 많은 경건한 유대인들은 대제사장들과 로마 당국의 처사를 못마땅하게 생각하고 예수를 처형한 방식을 유감으로 여기긴 했지만 그런 위험스러운 인물이 제거된 데 대해 안도의 한숨을 쉬었을 것이다. 이 모든 계산들은 예수의 부활에 의해 산산조각이 나버렸다. 예수가 무덤을 떠나는 모습을 본 사람은 아무도 없었다. 하지만 예수는 죽어 장사된 지 삼일째 되는 날과 그 이후 수일 동안 많은 제자들에게 나타났고, 제자들은 그가 "해(害)받으신 후에 친히 사심을 나타내"(행1:3) 보이셨다는 것을 의심할 수 없게 되었다. 부활사건이 있은 지 이십오 년 후에 바울은 제자들로부터 들었던 사실들을 고린도교회의 성도들에게 이렇게 요약해서 알려 주었다.

> 장사지낸 바 되셨다가 성경대로 사흘 만에 다시 살아나사 게바(베드로)에게 보이시고 후에 열두 제자에게와 그후에 오백여 형제에게 일시에 보이셨나니 그 중에 지금까지 태반이나 살아 있고 어떤 이는 잠들었으며 그후에 야고보에게 보이셨으며 그후에 모든 사도에게 …

이 요약(고전15:4-7)은 한 두 가지 흥미있는 비평의 문제를 일으킨다. 물론 이에 대해서 바울은 다른 곳에서 해결의 실마리를 제공하긴 하지만.[1] 그러나 지금 여기에서는 예수께서 부활하셔서 여러 모양으로 즉 이따금 개인들에게, 어떤 때는 무리들에게, 한번은 상당히 많은 사람들에게 나타나셨다는 것만을 주목하면 된다. 예수를 따르던 사람들은 그가 이렇게 나타났을 때 매우 놀랐으며, 이 사건은 그들의 삶을 완전히 바꿔 놓았다. 예수께서 지상에서 사역하실 동안 아주 가까이서 따랐던 사람들은 물론, 그때까지 예수의 활동을 지지하거나 동조하는 데 소극적이었던 예수의 가족들도 부활하신 예수를 보았고 그때부터 제자들 가운데 두드러진 활약을 하게 되었다.

"부활 사건"이 낳은 부활 신앙에 이어 새로운 생명과 새로운 권능이 넘쳐 흐르게 되자, 사람들은 바로 이것이 세례 요한이 선포했던 것, 즉 오실 자가 자기 백성에게 베푸시는 성령의 세례라는 것을 재빨리 알아차렸다.[2] 예수는 오실 자였다. 이제 하나님에 의해 일으키심(raised)과 높이 들리심(exalted)을 받은 후, 그는 제자들에게 약속하신 선물을 부어주셨다. 이렇게 사람들에게 성령이 부어지자, 그들은 십자가에 못박히신 예수를 하나님이 신원하셨음을 공중 앞에서 또는 개인적으로 증거하면서 예수와 연합하는 모든 사람들에게 주어지는 죄사함과 새 시대의 축복들을 선포하지 않고는 견딜 수 없었다. 곧 예수를 따르는 사람들이 순식간에 불어나서, 새로이 성령을 받은 사람들과 이전의 제자들이 합하여 예루살렘에서 새로운 종교적 결사(結社), 즉 예수를 따르는 제자들의 모임을 형성하게 되었다. 그들은 소위 '그 도(the Way)' 즉 예수가 창시한 신앙과 삶의 도(道)를 따랐다. 이 표현은

---

1) 베드로(열두 제자 가운데 지도자)와 야고보(예수의 형제)에게 부활하신 예수께서 나타나셨다는 이야기를 바울은 아마도 회심한지 3년 후 예루살렘을 방문하여 이 두 사람을 만났을 때 들었을 것이다(갈 1:18이하). 98쪽 이하를 보라.
2) 막 1:8과 그 병행문들 요 1:33.

이스라엘에서 전례가 있었다. 예를 들면, 쿰란공동체의 문헌들에서는 자신들의 신앙과 삶을 가리키는 데 이 표현을 사용하였다. 실제로 예수의 제자들이 이 표현을 다메섹에서 처음으로 사용할 때 쿰란공동체로부터 빌려왔다고 주장하는 학자도 있다(이 표현이 기독교적인 의미를 띠고 사용된 것은 다메섹에서 였다).[3] 그러나 이렇게 차용해 썼다고 단정할 필요는 없다. 소수집단 내부에서는 이와 같이 단축된 표현을 은어로서 사용하는 것이 보통이기 때문이다. "그 도"는 "그 참된 도" 또는 "그 올바른 도"의 단축형이다.

엄밀히 말해서 예루살렘에 형성된 아주 초기의 모임을 "교회"라는 용어로 부른다는 것은 시대착오적인 용어 사용이긴 하지만, 편의상 이 모임을 예루살렘교회라고 부르기로 하자. 그 회원들은 제자들이라는 호칭과 아울러 신자들, 성도들, 가난한 자 등 여러 가지로 불려졌다. 땅을 가지고 있던 사람들은 땅을 팔아 거기서 나온 돈을 교회에 바쳤고, 교회는 이것으로 기금을 만들어서 더 궁핍한 회원들에게 매일 양식을 배급하였다. 이 기금이 바닥이 날 즈음, 복음이 멀리까지 퍼졌는데 다른 지방에 있는 신자들은 모(母)교회에 물질적인 도움을 주는 것을 특권으로 생각하도록 교육받았기 때문에 그들의 도움으로 이 기금은 계속해서 충당될 수 있었다.[4]

많은 바리새인들은 곧 되살아난 "예수 운동"이 염려했던 것만큼 순수한 신앙에 위협이 되지 않는다는 것을 깨달았다. 예수의 제자들은 율법과 거룩한 유전에 대한 태도에 있어서 예수보다 훨씬 덜 과격한 것처럼 보였다. 제자들 가운데 지도자들은 성전예배에 참석했고 대체로 율법을 준수하는 유대인으로 행동했음으로 백성들은 그들에 대하여 호의적이었다. 예수를 메시야로 선포하는 제자들의 활동에 있어서는, 적어도 예수가 죽은 자로부터 부활하셨다는 주장을 그들의 선포의 토대로 삼고 있는 것은 올바르다고 사람들은 생각하였다. '예수'의 부활을 증거한다는 것은 초점이 어긋난 것이긴 했지만 그들이 부활의 교리를 굳게 견지하는 것은 바람직한 모습이었기 때문이다.

하지만 백성들 가운데서 빨리 잊혀지기를 바랐던 인물의 이름으로 대중을 선동하는 일이 다시 벌어지자 몹시 불안해 하고 있던 사두개파의 대제사장은 이들이 부활을 지나치게 강조하는 것을 보고는 한층 못마땅해 했다.[5] 예수 운동은 위험 수위에까지 다다르고 있었고, 많은 당국자들은 이 운동을 진압하기 위하여 과감한 조처를 취하지 않는다면 전혀 손을 쓸 수 없는 지경에까지 이를지도 모른다는 위기감을 느끼게 되었다. 예수의 이름으로 설교하거나 가르치는 것을 금한 산헤드린의 명령을 어겼다는 죄로 사도들이 체포되어 산헤드린으로 끌려왔을 때, 앞서 살펴본 바리새파의 지도자 가말리엘은 동료 의원들을 설득하여 그들의 범죄를 기술적인 문제로 보고 관대하게 처리하도록 했다.[6]

---

3) E. Repo, *Der "Weg" als Selbstbezeichnung des Urchristentums*(Helsinki, 1964).
4) 167, 345 쪽 이하를 보라.
5) 행 4:1이하. 60쪽을 보라.
6) 63쪽을 보라.

실제로 몇몇 바리새인들은 제자들에 합류했다. 그들이 예수께서 실제로 죽은 자로부터 부활하셨으므로 그는 메시야라는 사도들의 증거를 듣고 제자들과 함께 하게 되었다면, 그들은 율법에 대한 헌신이라는 바리새주의의 핵심을 포기하지 않고 이미 가지고 있던 신앙에 이 새로운 신앙을 덧붙일 수 있었다.[7] 대제사장들이 예수 운동을 끝까지 반대한 반면에, 사회적 지위가 낮고 겸손한 성품을 갖고 있는 많은 일반적 제사장들은 거기에 동조하는 성향을 가지고 있었다.[8]

2. 원시 기독론

'그 도'의 교우들로 구성된 새로운 공동체가 만들어진 아주 초기부터 제자들은 하나님의 뜻을 이루어 나가는 데 있어서 예수는 어떤 위치를 차지하는가를 평가하기 시작했다. 그들은 구약에 어렴풋이 나타나 있는 예수의 신분과 역할을 점점 더 분명하게 깨닫게 되었다. 특히 예수께서 제자들에게 구약을 어떻게 이해해야 하는가를 가르치신 것은 그들에게 큰 도움이 되었다.

사도행전의 앞 부분에 나와 있는 사도들의 말 속에는 몇몇 기독론들 — 구약 예언의 견지에서 십자가에 못박히시고 높이 들리우신 예수의 인격과 사역에 대하여 설명한 기독론들이 얼기설기 얽혀 있다. 그는 다윗 집의 기름부음 받은 왕이었다.[9] 그는 낮아지셨다가 신원되신 주의 종이었다.[10] 그는 모세와 같은 약속된 선지자였다.[11] 사도들은 예수를 예언에 나오는 인물들과만 관련시킨 것이 아니었다. 인격을 가지고 있지 않은 심상(心象)들도 예수의 신분과 역할을 밝히는 데 사용하였다. 시편 118:22에 따라 그는 집모퉁이의 머릿돌이 된 "건축자들이 버린 돌"이었다.[12]

히브리 예언에 대한 기독론적인 해석들은 사도행전 저자가 만들어 낸 것이라고 생각해서는 안 된다. 신약 사상의 주요한 흐름들 속에 이 기독론들이 전제되어 있다는 사실로 보아, 이 기독론들은 이 모든 흐름들 배후에 존재하고 있었던 것 같다. 그래서 우리는 이 기독론들이 초기부터 있었다고 생각해야 한다. 예를 들면 버림받은 돌이라는 주제는 아주 초기에 구약에 나오는 "돌"에 관한 다른 예언들과 결합되어 하나의 합성된 증거(證據, *testimo-*

---

7) 행 15:5을 참조하라.
8) 행 6:7. C. Spicq이 이 개종한 제사장들은 이전에 쿰란공동체의 성원이었던 "에세네파 출신 기독교인들"이었다고 주장했다〔"L' Epitre aux Hebreux. Apollos, Jean-Baptiste, les Hellenistes et Qumran", *Revue de Qumran1* (1958-59), pp. 365 ff.〕
9) 행 2:25-36.
10) 행 3:13-26.
11) 행 3:22이하. 7:37.
12) 행 4:11.

nium)를 이루게 되었고, 이것은 바울의 서신들과 베드로전서, 누가복음에서 다양하게 활용이 되었던 것이다.[13]

이 "기독론들"은 원래 서로서로 분리되어 있었다고 생각해서는 안 된다. 즉 기독론이 다윗 기독론, 종 기독론, 선지자 기독론, "돌" 기독론 등으로 분리되어 새로운 예수 운동 내부에 있는 각각의 집단에 의해 독자적으로 발전되어 온 것으로 생각해서는 안 된다는 것이다. 이들은 기독교 사상이 전개되는 동안 계속해서 함께 뒤섞여 짜여져 있었으며, 우리가 가지고 있는 증거에 의하면 아주 초기부터 그러했다는 것을 알 수 있다.[14]

하지만 이 "기독론들" 보다 더 중요한 것이 있었다. 예수를 만유의 주권(universal sovereignty)을 내포한 의미로서의 주(Lord)로 인식했다는 점이다. 예수께서 높이 들리우심(exaltation)으로 예수가 시편 110:1에서 하나님이 말씀하시는 대상인 "내 주"임이 밝혀졌다. "여호와께서 내 주에게 말씀하시기를 내가 네 원수로 네 발등상 되게 하기까지 너는 내 우편에 앉으라 하셨도다". 이 예언을 이런 식으로 해석하도록 만든 것은 예수 자신이었다. 예수는 자신의 정체를 밝히라는 대제사장의 요구에 이렇게 대답했다. "인자가 권능자의 우편에 앉은 것을 너희가 보리라"(막14:62). 예수의 말씀은 결국 입증되었다. 하나님이 십자가에 못박힌 예수를 "주와 그리스도"(행2:36)가 되게 하셨기 때문이다.

예수께서 하나님 우편에 앉으신다는 사상은 초기부터 기독교 사상과 용어에서 상식이 되어 있었다. 신약 사상의 흐름들 가운데 이 사상이 나타나지 않는 것은 거의 없기 때문이다(지금처럼 그때에도 이 표현은 하나님이 주신 최고의 권세를 표현하는 비유적인 말로 사람들은 이해했다). 예수는 하나님의 우편에서 무엇을 하시는 것이냐고 묻는다면, 예수는 중보기도의 사역을 하고 계시다는 대답이 즉시 튀어나왔을 것이다. 이사야에 나오는 네번째 종의 노래는 종이 "많은 사람의 죄를 지며 범죄자를 위하여 기도하였느니라"(사53:12)는 말로 끝난다.

더욱이 예수는 인자가 하나님 앞에서 그러한 사역을 행한다고 말씀하셨다. "누구든지 사람 앞에서 나를 시인하면 인자도 하나님의 사자들 앞에서 저를 시인할 것이요"(눅12:8). 따라서 아주 초기에 널리 유포되어 있던 기독교인의 신앙고백문을 인용한 듯이 보이는 구절에

---

13) 이러한 예언의 말씀들은 이사야 8:14의 "거치는 돌", 이사야 28:16에 나오는 시온에 놓여진 기초석, 다니엘 2:34이하, 44이하에 나오는 "사람의 손으로 하지 않은" 돌과 관련되는 것들이다. 이 말씀들의 결합에 대해서는 눅20:17이하. 롬 9:32이하. 벧전 2:6-8을 참조하라. F. F. Bruce, *This is That. The New Testament Development of Some Old Testament Themes*(Exeter, 1968), pp. 65 f., and "The Corner Stone", *Expository Times* 84(1972-73), pp. 231 ff.를 보라.

14) M. Hengel은 기독론의 발전에서 결정적인 시기는 그리스도의 죽음과 부활 후 처음 오년 간이었다고 주장한다("Christologie und neutestamentliche Chronologie", in *Neues Testament und Geschichte: O. Cullmann zum 70. Geburtstag*, ed. H. Baltensweiler and B. Reicke (Zurich/Tubingen, 1972), pp. 43-67).

서 바울은 예수를 "하나님 우편에 계신 자요 우리를 위하여 간구하시는 자"(롬8:34)라고 말한다. 이러한 예수의 모습은 "언제나 아버지 앞에 배알(拜謁)하고 '서 있는(standing)'은혜 베풀기를 꺼려하는 하나님께 우리를 위하여 간구하는 대변자(orante)"가 아니라 "언제나 예수의 요청을 들을 준비를 하고 계시는 아버지께 자신이 원하는 것을 부탁하는 '등극하신(throned)' 제사장 — 왕"이라고 스웨트(H.B.Swete)는 말한다.[15]

예수를 "주"라는 호칭으로 부른 것이 아주 초기부터 였다는 사실은 이 호칭이 헬라어 '퀴리오스'와 아울러 그 아람어 형태인 '마란' 또는 '마라나'로 유포되었다는 데서 알 수 있다. 아마도 성찬식에서 사용되었을 것으로 추측되는 아람어로 된 기원(祈願) '마라나-타'(우리 주여 오시옵소서)는 이방 기독교가 생겨나기 이전부터 있었던 것으로(예배 의식에서 사용되는 '아멘'이나 '할렐루야'처럼) 아람어 그대로 헬라어를 사용하는 교회들에서 통용되게 되었다.[16]

'마라나-타'라는 기원이 시초부터 유포되었다는 것은 예수의 죽음과 부활을 통해 시작된 그 나라를 완성하기 위하여 영광 중에 오실 예수의 파루시아를 제자들이 얼마나 열렬하게 대망(待望)했는지를 보여준다. 예루살렘 백성들에 대한 베드로의 권면은 신약에서 가장 초기에 속하는 종말론적 구절이다. 거기서 베드로는 백성들에게 회개하고 돌이켜서 죄없이 함을 받으라고 권면한다.

그렇게 하면 "유쾌하게 되는 날이 주 앞으로부터 이를 것이요 또 주께서 너희를 위하여 예정하신 그리스도 곧 예수를 보내시리니 하나님이 영원전부터 거룩한 선지자의 입을 의탁하여 말씀하신 바 만유를 회복하실 때까지는 하늘이 마땅히 그를 받아두리라"(행3:19-21). 이 말 속에는 예루살렘 백성들이(아마도 모든 이스라엘을 대표해서) 빨리 회개하면 파루시아도 빨라질 것이라는 암시가 들어 있다. 이러한 형태의 대망(待望)은 곧 다른 것들로 대치되었지만, 대망 자체는 사도 시대를 통하여 특히 바울의 사상 속에 강력한 소망으로 계속 살아 있었다.

3. 스데반의 활약과 죽음

율법과 일반적인 종교적 전통에 대한 예수의 급진적인 태도가 제자들 가운데 전혀 살아남아 있지 않았다면, 그것은 이상한 일일 것이다.[17] 그렇다. 그러한 태도는 히브리파보다는 헬라파에 매우 두드러지게(기록을 통해 아는 한도 내에서) 나타났다.

---

15) H. B. Swete, *The Ascended Christ*(London, 1912), p. 95. 134쪽 이하를 보라.
16) '마라나타'(고전16:22)의 배경이 성찬식이라는 것은 *Didache* 10:6에서 분명하게 알 수 있다. 132쪽과 함께 주 11, 12를 보라.
17) 70쪽을 보라.

초기의 예루살렘교회에서 헬라파들은 곧 경제적 신학적 토대로 인하여 히브리파와 구별되었다. 우리는 헬라파에 대하여 아는 것이 별로 없다. 하지만 헬라파의 초기 지도자들 가운데 뛰어난 은사를 가진 두 사람, 즉 신학 논쟁에 뛰어난 스데반(Stephen)과 전도자로서 활약한 빌립(Philip)에 관해서는 우리가 어느 정도 알고 있다. 스데반은 성전에 대한 비판적인 태도로 사람들의 주목을 받게 되었다. 교회의 지도자들이 매일 성전 예배에 참석하고 있었을 때, 스데반은 성전이 무너질 것이라는 예수의 예언을 진지하게 받아들이면서 사람이 지은 건조물(建造物)은 순례자로 살아가야 할 백성에게는 아무 필요도 없는 것이라고 주장했다. 특별하게 신성한 곳으로 구별된 장소에 세워진 성전이 아니라 광야에서 이스라엘의 선조들과 같이 이동할 수 있는 성막이 이상적인 형태였다. 나아가 그는 예수가 오심으로써 모세 율법의 지위는 근본적으로 변화되었다고 주장했다.

스데반은 구레네, 알렉산드리아, 길리기아, 아시아로부터 예루살렘에 온 유대인들이 출석했던 이른바 헬라적인 "자유인의 회당"에서 이러한 주장들을 열렬히 설파했던 것으로 보인다.[18] 헬라파가 아니라 히브리파였던 길리기아인 바울이 이 회당을 들러서 스데반의 말을 들었는지는 확실치 않다.

이러한 급진적인 견해를 사람들 앞에서 공공연히 유포했다 하여 스데반은 신성모독죄 — 더 구체적으로 말하면 성전모독죄 — 로 산헤드린 앞에 끌려 갔다. 이전에 바로 이러한 고소사건에서 예수에 대하여 유죄를 선고하려던 음모는 서로 상반되는 증언으로 실패한 적이 있었다.[19] 이번에는 실패할 염려는 없었다. 그러한 고소에 대한 스데반의 답변은 자신이 평소에 품고 있던 사상을 아주 잘 다듬어진 언어로 반복한 것이었고 거기에 모종의 예언자적인 열정까지 담겨 있었기 때문이다. 사형선고는 불가피했으며, 스데반은 이를 잘 알고 있었다. 그러나 산헤드린의 가혹한 판결에 직면했을 때, 스데반은 최고의 변호자이신 "예수께서 하나님 우편에 서신 것"(행7:56)을 보았다.[20]

주후 6년 유대가 로마의 속주로 편입된 후, 유대의 당국자들은 사형을 선고하는 권한을 박탈당했고 그러한 권한은 총독이 갖고 있었다.[21] 하지만 한 분야에서는, 산헤드린은 여전히 사형선고할 권한을 갖고 있었다. 그것은 성전의 신성을 모독하는 사건이었다. 말이나 행위에 의해 성전의 신성을 모독했을 때, 유대 당국은 자신들만의 독특한 율법을 집행할 권한이 있었다.[22] 신성모독에 대한 형벌은 돌로 쳐죽이는 것이었는데,[23] 스데반에 대하여 바로

---

18) 행 6:9. 55쪽 이하를 보라.
19) 막 14:57-59.
20) 스데반의 환상에서 눅 12:8에 나오는 예수의 약속이 성취되었다고 보는 것은 무리한 해석이 아니다. 79쪽 이하를 보라.
21) Josephus *BJ* ii. 117; cf. *Ant.* xviii. 2. 요18:31.
22) Josephus, *BJ* vi. 126을 참조하라. 377쪽을 보라.
23) 레 24:10-16을 참조하라.

그 형벌이 집행되었다.[24]

　스데반에 대한 재판과 처형으로 대제사장을 중심으로 한 당국자들은 교회를 철저히 억압할 정책을 시행할 기회를 얻게 되었다. 예레미야가 육백여 년 전에 성전을 공격했을 때 선조들이 충격을 받았던 것처럼, 예루살렘에 사는 평범한 백성들은 성전에 대한 스데반의 공격에 충격을 받았다. 사도들은 여전히 대중적인 인기를 누리고 있었기 때문에 당국자들이 건드릴 수가 없었지만, 교회의 많은 회원들 특히 스데반과 아주 가깝게 교제했던 사람들은 예루살렘 아니 실제로는 산헤드린의 영장(令狀)이 집행될 수 있는 모든 지역에서 떠나지 않으면 안 되었다.

　이렇게 유대 땅에서 흩어진 기독교인들로 인해 두 가지 결과가 초래되었다. 첫째, 헬라파들에 의해 복음이 팔레스틴 땅 외부에 있는 지역에 전파되었다. 둘째, 예루살렘교회는 그 인적 구성과 신학적 견해에 있어서 더욱 더 히브리파 일색이 되었다. 바울이 처음으로 초기의 기독교에 깊숙이 개입하게 된 것은 바로 이 억압 정책의 와중에서 였다.

---

24) 행 7:58이하.
25) 렘 7:1-15. 26:1-6

제 8 장

교회를 핍박하는 자

1. 억압 정책

 자신이 여러 번에 걸쳐 이야기하고 있듯이, 바울은 교회를 핍박하는 자로서 초기의 기독교 운동과 관련을 맺게 되었다.[1] 후에 그는 이렇게 말했다. "나는 사도 중에 지극히 작은 자라 내가 하나님의 교회를 핍박하였으므로 사도라 칭함을 받기에 감당치 못할 자로라"(고전 15:9). "내가 이전에 유대교에 있을 때에 행한 일을 너희가 들었거니와 하나님의 교회를 심히 핍박하여 잔해"(갈1:13)하였는지를 그는 갈라디아 성도들에게 상기시켰다. 바울이 핍박 활동을 어디서 했는지에 대해 누군가가 예루살렘 근방이 아닌 다른 곳 이를테면 다메섹 근방의 헬라적 공동체에서 그랬을 것이라고 하지 않았다면 그러한 핍박 장소는 물을 필요도 없었을 것이다.[2]
 그 초창기에 예루살렘이 아니라면 그 어디에서 하나님의 교회를 찾을 수 있었을까? 바울이 회심한 지 수년 후에 "우리를 핍박하던 자가 전에 잔해하던 그 믿음을 지금 전한다"(갈 1:23)는 말을 들었던 사람들은 "유대에 그리스도 안에 있는 교회들"이었다. 이 소문에서는 바울을 기독교인들 전체를 핍박하는 자로 말하고 있는 것으로 생각할 수도 있지만, 유대의

---

1) A. J. Hultgren, "Paul's Pre-Christian Persecutions of the Church:their Purpose, Locale and Nature", *JBL* 95(1976), pp. 97-111라 참조하라.
2) E. Haenchen, *The Acts of the Apostles*, E. T. (Oxford, 1971), pp. 297ff를 참조하라.

교회들과 밀접하게 관련이 있는 기독교인들을 핍박했던 바울의 전력(前歷)에 관해 말하고 있다고 이해하는 것이 더 자연스럽다. 바울이 지금 기독교 신앙을 전하고 있다는 소문은 수리아와 길리기아에서 나왔지만, "우리를 핍박하던 자"라는 말은 수리아와 길리기아에서 새로 기독교인이 된 사람들이 한 말이 아니었다.

이 사건에 대해 바울서신에 나오는 증거에는 사도행전의 증언과 어긋나는 것이 아무 것도 없다. 사도행전의 증언에 의하면, 바울은 스데반을 고소한 자들과 한패가 되어, 고대의 율법에 따라 사형을 집행하는 최초의 돌들을 던졌던 증인들의 겉옷을 맡아 가지고 있었다.[3] 그런 후에 바울은 예루살렘교회를 억압하는 일에 헌신적으로 참여해서, "주의 제자들을 대하여 여전히 위협과 살기가 등등하여"(행9:1), 남자와 여자들을 체포하여 투옥시키고, 회당 재판소로 끌고가 신앙을 부인하라고 위협하고, 재판하여 처벌하기 위하여 유대 변경 밖으로 피신한 신자들을 붙잡으려고 추적하였다. 누가의 기록은 자신이 지나치게 교회를 핍박하였다는 바울 자신의 증거와 확실히 부합하며, 자신의 이러한 활동은 율법과 조상의 유전에 대한 열심 때문이었다는 바울의 말에 대하여 보충적인 설명을 제공해 준다.

스스로 고백하듯이 율법과 조상들의 유전에 대한 철저한 광신자였던 바울은 "모세가 우리에게 전하여 준 규례를 고치려는" 어떠한 움직임에도 강하게 반발했을 것임에 틀림없다.[4] 가말리엘은 인내와 관용을 가지라고 충고하겠지만, 바울이 보기에는 그런 식의 타협적인 조처를 취하기에는 사태가 너무 심각했다. 스데반이 사도들보다 더 분명하게 사태의 추이를 볼 수 있었다면, 마찬가지로 바울은 가말리엘보다 더 분명하게 사태의 추이를 볼 수 있었다. 스데반과 바울 모두의 눈에는 새 질서와 옛 질서는 양립할 수 없었다. 스데반이 "새 것이 왔다. 그러므로 옛 것은 사라져야 한다"고 주장했다면, 바울은 "옛 것은 계속되어야 한다. 그러므로 새 것은 사라져야 한다"고 주장했다. 그러므로 바울은 비타협적인 엄격한 태도로 교회를 핍박하는 일에 자신의 모든 것을 던질 수밖에 없었다.

바울은 한 가지 있을 법한 조건 아래서는 모세가 전하여 준 규례가 변경될 수 있다는 것에 동의했을 것이다. 바울은 메시야가 오셔서 규례들을 고치시고 율법을 폐기하실 것이라는 가르침을 받았을 가능성이 있다. 유대인들에게는 오래된, 아마도 바울시대 이전으로 거슬러 올라가는 시기 구분법이 있었다. 그들은 세계사를 각각 이천 년의 기간을 가진 세 시기로 구분했다 — 혼돈의 시대, (하나님이 시내산에서 모세에게 계시를 주신 사건을 기점으로 한) 율법의 시대, 메시야 시대. 이 세 시기가 다 지나가면 영원한 안식(sabbath rest)이 이어질 것이다.[5] 이러한 시기 구분법을 받아들인 사람들이라면 율법은 메시야 시대가 동터 오기까지만 지속되는 한시적인 것이라고 믿었을 것이다. 바울이 이 시기 구분법을 받아들이도록 교육 받았다면, 그는 메시야가 오셔서 새로운 질서로 율법을 대치하시기를 바랐을 것이다.

---

3) 신 17:7.
4) 행 6:14에 나오는 스데반에 대한 고소의 일부.

그러나 제자들이 주장하듯이 나사렛 예수가 유대인들이 대망하던 메시야라는 것은 바울에게 재고(再考)의 가치도 없는 엉터리 같은 주장이었다. 예수의 사회적 지위, 경력, 가르침은 바울이 생각하고 있던 메시야의 사회적 지위, 경력, 가르침과는 판이하게 달랐다 — 그러나 이것 때문에 바울이 확정적인 결론을 내린 것은 아니었다. 바울에게 확실한 것은 다지 이것이었다. 예수는 십자가에 못박혀 죽었다. 십자가에 못박힌 메시야라는 것은 말 자체가 모순이었다. 예수께서 십자가에서 돌아가신 것은 마땅한 일이었다든가 사법상의 실수라고 말하는 것은 핵심을 벗어난 논쟁이었다. 핵심은 그가 십자가에 못박혀 죽었고, 따라서 "나무에 달린 자는 하나님께 저주를 받았음이니라"는 신명기 21:23에 선포된 말씀에 해당되었다는 사실이었다.
　실제로 이 말씀은 범죄로 인하여 처형된 죄인의 시체를 나무로 만든 교수대(絞首臺)에 해질녘까지만 매달아 놓도록 하는 규정이었는데, 해석하는 과정에서 살아서 나무에 달린 사람의 경우까지도 포함하게 되었다.[6] 따라서 예수가 메시야일 수 없다고 추론하는 것은 정당했다. 실제로 정의에 의하면 메시야는 하나님의 축복을 한량없이 받는 분이었는데 반해 — "여호와의 신이 그 위에 강림하시리니"(사11:2) — 십자가에 매어 달린 자에게는 하나님의 저주가 부어진 것이 분명했다. 십자가에 못박힌 메시야라는 것은 모순되는 말 정도인 것이 아니라 그보다 더 기분 나쁜 것이었다. 바로 그러한 말을 입에 올린다는 것 자체가 말도 안되는 신성 모독이었다.
　나중에 바울은 십자가에 못박힌 메시야를 전하는 것은 "유대인에게는 거리끼는 것('스칸달론')"(고전1:23)을 전하는 것임을 인정하고, 신명기 21:23을 인용하면서 진정 메시야인 분이 왜 "율법의 저주"(갈3:13) 아래서 죽어야 했는가를 성경을 토대로 드러내 보여야 하는 것이 얼마나 절실한 것인지를 보여주었다.[7] 그러나 십자가에 못박힌 예수가 메시야라는 말을 공공연히 퍼뜨리고 다니는 사람들을 처음으로 보았을 때, 그가 취할 태도는 분명했다. 그들은 신성 모독죄를 범했고, 따라서 그에 걸맞는 벌을 받아야 마땅하다. 그들의 말이 맞다는 증거로 예수께서 죽은 자로부터 살아나셨고 그들에게 보이셨다는 사실을 제시했다는

---

5) 이러한 세 시대론에 대해서는 TB 산헤드린 97a를 참조하라. 영원한 안식일 안식에 대해서는 Mishnah 타밋 7:4을 참조하라. 이러한 가르침을 받아들이도록 교육받은 사람들에게 이 논거는 타당할 것이다. "'메시야의 날들'이 시작된다면, 토라의 날들은 막을 내리게 될 것이다. 반면에 율법 즉 토라가 아직 유효성을 지니고 있다면, 메시야는 아직 오지 않았다는 것을 반증해 주는 것이다"(L. Baeck, "The Faith of Paul", *Journal of Jewish Studies* 3 [1952], p. 106. cf. H. J. Schoeps, *Paul*, E. T. [London, 1961], pp. 171 ff.). 209쪽을 보라.
6) "살아서 매어 달리는 것"은 4QpNah frag. 4, ll. 5-8에서 십자가에 못박히는 것을 뜻하는 히브리 어구, 경건한 유대인들이 이러한 운명에 처해지는 것에 대한 공포를 잘 전달해 주는 어구이다.
7) 누가에 의하면, "교수대에 매어 달리는 것"(ξύλον, 칠십인역 신명기 21:22이하에서 사용된 헬라어 단어)은 이러한 처형 방식이 얼마나 종교적으로 충격적이었는지를 강조하는 듯이 초기에 사도의 설교에서 사용되었다(행5:30; 10:39).

것은 바울의 관심 밖이었다. 이런 주장을 하는 사람들은 사기꾼이거나 스스로 속고 있는 사람들이었다. 왜냐하면 예수가 메시야라는 것을 입증하기 위해 그들이 제시하는 어떤 논거도 다른 측면, 즉 십자가에 못박힌 자는 하나님의 택하신 자일 수 없다는 반박할 수 없는 논거 앞에서는 아무런 힘도 발휘할 수 없었기 때문이다.

제자들의 활동과 가르침은 율법과 규례들, 조상의 유전 등 유대교에서 소중하게 여기는 모든 것들을 위태롭게 하였다. 이 점 때문에 반감이 자라났고 이 반감은 근본적인 대수술을 불렀다. 이것은 바울에게 있어서 삶을 의미있게 하는 모든 것을 방어하는 일이었기 때문에 자신이 가진 모든 열심과 정력을 쏟아 부을 수 있었다. 대제사장들과 그 패거리들이 제자들에 대한 탄압을 개시하자 바울은 앞장서서 그들의 열성적인 부관(副官) 노릇을 했다. 바울의 동기는 전적으로 종교적이었지만 그들의 동기는 어느 정도 정치적이었을 것이다. 그러나 어쨌든 그들의 조치는 바울에게 율법을 보호할 기회를 주었다. 스데반파가 율법을 현저하게 위협하고 있음으로 무엇보다 먼저 그들을 공격하여 진압해 버려야 했다. 하지만 예수의 제자들은 겉으로 율법을 준수하고는 있었다 할지라도 십자가에 못박힌 그들의 스승을 메시야로 선포함으로써 율법을 손상시켰다.

2. 다메섹 특명(特命)

바울이 스스로 들려주는 얘기에 의하면 자신이 쓸어 버리려고 했던 그 신앙으로 개종하게 된 사건은 다메섹 또는 그 근방에서 일어났다:[8] 사도행전에는 바울이 다메섹으로 가게 된 경위가 나와 있다. 폭력적인 핍박을 피해 많은 제자들 특히 헬라파 사람들은 유대 밖으로 내몰리게 되었다. 그러나 그랬을지라도 산헤드린의 손이 그들에게 뻗치지 않는 것은 아니었다. 유대가 하스모니아가(家)의 지도로 독립을 쟁취했을 때, 로마인들 가운데는 유대를 후원하는 권세 있는 후원자들이 있었다. 이들은 유대 근방의 나라들에게 이 사실을 알리고 유대에게 범인 인도권을 비롯한 주권 국가의 권리와 특권을 허용하도록 압력을 가했다. 그래서 주전 142년 로마 사절이 애굽의 프톨레미 8세에게 전한 서신의 끝부분에는 다음과 같은 요구사항이 적혀 있었다. "만일 유다 나라에서 악질분자 노릇을 하던 자들이 당신 나라에 피신하거든 대제사장 시몬에게 넘겨 그가 자기네 법대로 그들을 벌할 수 있도록 해 주시기 바랍니다"(제1 마카비서15:21).[9] (유대가 더 이상 주권 국가는 아니었지만) 주전 47년 율리우스 가이사(Julius Caesar)는 유대 백성들 특히 대제사장에게 이러한 권리와

---

8) 갈 1:17, "다시 다메섹으로 돌아 갔노라"를 참조하라.
9) 이 서신의 저자는 "로마의 집정관 루기오"(제1 마카비서15:16)이다─아마도 주전 142년에 집정관이었던 L.Caecilius Metellus일 것이다(E. J. Bickermann, review of M. S. Ginsburg, *Rome et la Judee*, in *Gnomon* 6 [1930], pp. 358 f.).

특권이 있음을 다시 확인했다.[10] 기독교를 박멸해야 한다는 열심에 사로잡혀 있던 바울은 대제사장이 도망범에 대한 범인 인도권을 행사해야 한다고 결론짓고, 대제사장에게서 "만일 그 도를 좇는 사람을 만나면 무론 남녀하고 결박하여 예루살렘으로 잡아 오려고" "다메섹 여러 회당에 갈 공문"을 얻어냈다(행9:2).

다메섹에는 이미 '그 도'를 좇는 무리들의 공동체가 형성되어 있어서, 유대로부터 피신한 신자들이 피난처를 구하는 데 도움을 줄 수 있었던 것으로 보인다. 이 다메섹의 제자들은 바울이 지참한 범인 인도 요구서의 대상이 아니었다. 아마도 그는 거기에 제자들이 있다는 것조차도 몰랐을지도 모른다. 그가 체포하고자 했던 것은 도망자들이었다. 바울은 다메섹에서 이 목적을 성공적으로 수행한다면 다른 이방 도시들에서도 이런 일을 계속할 수 있을 것이라는 꿈에 부풀어 있었음에 틀림없다.[12] 그러나 바울이 다메섹에서 처음으로 만난 예수의 제자는 이 지방의 제자 공동체의 일원으로서 "율법에 의하면 경건한 사람으로 거기 사는 모든 유대인들에게 칭찬을 듣는 아나니아 하는 이"(행22:12)였다.

그러니까 기독교인으로 회심하는 바로 그 순간까지 바울은 (자기 말대로) "열심으로는 교회를 핍박하는" 자였던 것이다(빌3:6).

---

10) Josephus, *Ant.* xiv. 192-195. S. Safrai and M. Stern(ed.), *The Jewish People in the First Century*, i (Assen, 1974), p. 456를 보라.
11) 이것이 행 22:5에 나오는 부사 "거기로"가 담고 있는 뜻이다. "거기 있는 자들"은 "거기로 간 자들"이다.
12) 행 26:11, "외국 성까지도 가서 핍박하였고".

제 9 장

바울이 기독교인이 되다

1. 다메섹 도상(途上)에서

눈깜짝하는 사이에 교회를 핍박하던 자가 예수 그리스도의 사도로 되었다. 그는 몸을 구부려 이스라엘의 생명을 위협하는 전염병을 억제하면서 율법에 대한 광신자로서 한창 활동을 하고 있다가, 자신의 말을 빌면 "그리스도 예수께 잡힌 바"(빌3:12) 되어서 돌이켜 그 순간까지 멸절시키려고 애를 써왔던 주장(cause)을 앞장서서 주창하는 사람이 되지 않을 수 없었고, 그때부터 자신이 파괴하려고 최선을 다했던 것을 일으켜 세우는 데 헌신했다.

대체 무엇이 이와 같은 혁명적인 변화를 가져왔는가? 그가 계속해서 되풀이하는 설명은 십자가에 못박힌 예수께서 이제는 부활하신 주(Lord)로 높이 들리우셨음을 자기 눈으로 보았다는 것이다. 부활하신 그리스도가 그 모습을 나타내신 여러 경우를 열거한 후에 "맨 나중에 … 내게도 보이셨느니라"(고전15:8)라고 나중에 언급하는 것과 동일한 사건을 가리키면서, 그는 자신의 사도권(使徒權)을 의심하는 사람들에게 "내가 … 예수 우리 주를 보지 못하였느냐"(고전9:1)라고 힐문한다.

그는 자기에게 부활하신 예수께서 나타나신 사건은 부활 첫째날과 그에 근접한 날들에 베드로, 야고보, 다른 많은 사람들에게 부활하신 모습으로 나타나신 사건과 마찬가지로 실제적인 것이었다고 주장한다. 고린도후서 4:6에 나오는 "하나님께서 예수 그리스도의 얼굴에 있는 하나님의 영광을 아는 빛을 우리 마음에 비춰셨느니라"는 말 속에는 이와 동일한 사건, 특히 사도행전(9:3; 22:6; 26:13)의 증거에 의하면 그가 동료들과 함께 다메섹을 향해 가고 있을 때 그에게 비친 "햇빛보다 더 밝은 하늘로부터의 빛"에 대한 회상이 깃들어 있는 것 같다.

사도행전의 증거는 부활하신 그리스도를 보았다는 바울의 주장을 확증할 뿐만 아니라 그가 하늘로부터 나는 소리를 들었다는 것을 거듭거듭 강조한다. 그는 다메섹의 아나니아로부터 "우리 조상들의 하나님이 너를 택하여 너로 하여금 … 저 의인을 보게 하시고 그 입에서 나오는 음성을 듣게 하셨다"(행22:14, 참조, 9:17)는 말을 듣는다. 바울의 회심에 대해 누가가 기록한 세 기사가 조금씩 차이가 있다 하더라도, 바울이 다메섹을 향해 가고 있을 때 정오 무렵에 그가 "사울아 사울아 네가 어찌하여 나를 핍박하느냐 하시거늘 대답하되 주여 뉘시오니이까 가라사대 나는 네가 핍박하는 예수라"(9:4이하, 22:7이하, 26:14이하)는 소리를 들었다는 데에는 서로 일치하고 있다.

"내 어머니의 태로부터 나를 택정하시고 은혜로 나를 부르신 이가 '그 아들을 이방에 전하기 위하여' 그를 내 속에 나타내시기를 기뻐하실 때에"(갈1:15이하)라는 바울의 말 속에는 하늘로부터의 환상과 더불어 뭔가 말에 의한 의사소통이 있었음이 함축되어 있다. 이 계시는 객관적이었기 때문에 외적으로는 물론이고 내적으로도 경험되었다. 바울의 표현대로 이 계시는 "내게"만이 아니라 "내 속에" 경험되었다. 그는 마치 부르심과 위탁이 회심 체험의 일부인 것처럼 말한다.[1]

그리스도 사건을 제외하고는 기독교 역사에 바울의 회심과 위탁만큼 결정적인 영향을 미친 사건은 없었다. 다메섹 도상의 체험에 관한 바울 자신의 설명을 수긍하는 사람이라면 "사도 바울의 회심과 사도직 자체가, 정당하게 고찰되기만 한다면, 기독교가 하나님의 계시라는 것을 입증하기에 충분한 실물 증거였다"고 쓴 18세기 저술가의 말에 동의하지 않을 수 없을 것이다.[2]

어떠한 의식적인 노력과 준비를 하지 않았는데도, 돌연히 바울은 자신이 보고 들은 것에 의해 십자가에 못박힌 분, 나사렛 예수가 수난받으신 후에 살아나셨으며 하나님에 의해 신원되고 높이 들림을 받아 지금 자신을 부르셔서 그를 섬기도록 하고 계시다는 사실을 인정하지 않을 수 없게 되었다. 저항은 불가능했다. 지금까지 자신이 추구해 왔던 것과는 완전

---
1) 우리는 여호와의 영광을 보는 과정에서 깨끗케 되고, 사명을 위탁받았던 이사야(사6:1-9a) 또는 이와 비슷하게 환상을 보는 과정에서 소명을 받은 에스겔(겔1:4-3:11)과 비교할 수 있다—그렇지만, 이 두 선지자들은 이방 민족들이 아니라 이스라엘로 보내심을 받았다. 또한 바울의 말에는 예레미야가 부르심 받은 이야기에 나오는 "네가 태에서 나오기 전에 … 너를 열방의 선지자로 세웠노라"(렘1:5)는 여호와의 말씀이 나타나 있다. 160쪽 주 37을 보라.
2) G. Lyttelton, *Observations on the Conversion and Apostleship of St. Paul* (London, 1747), paragraph 1.
3) 이 은유(행26:14)와 비슷한 것들은 셈어가 아니라 헬라어, 라틴어 문헌에 나와 있지만, 이 은유는 어떠한 농경사회에서도 찾아볼 수 있는 표현법이다.

히 반대되는 방향으로 그를 내모는 이 회초리[3]를 발로 차버리는 것은 불가능했다. 그는 즉시 이 새로운 주인의 명령에 복종했다. 그는 자신의 의지와는 상관없이 항복당했지만,[4] 그 이후로는 일생동안 자발적이고 헌신적인 봉사자가 되었다.

바울의 체험을 생리학적 또는 심리학적으로 설명하려는 시도는 근거 없는 것이며, 바울이 자기에게 나타난 부활하신 그리스도 ― 그 순간부터 율법 대신에 바울의 삶과 사상의 한 복판을 차지하게 된 부활하신 그리스도께 건전한 지성과 사려 분별을 가지고 자신의 의지를 복종시켰다는 사실을 적절하게 고려하지 않는 그 어떠한 시도도 쓸모없는 것이 되고말 것이다.

"강한 빛에 눈이 멀어서" 사람의 손에 끌려 다메섹으로 들어가서 "직가(直街)라 하는 거리"(오늘날까지 다릅 알 무스타킴(Darb al-Mustaqim)에 그 이름이 남아 있다)에 있는 유다(Judas) 집에 머물게 되었다. 아마도 유다 집에는 그를 맞을 준비가 되어 있었던 것 같다. 거기로 그 지방의 예수 제자들 가운데 한 사람인 아나니아가 방문해서 바울을 형제요 같은 제자로 대우하여 인사를 했다. 곧 바울은 시력을 회복했고 예수 이름으로 세례를 받았다. 제자들을 심하게 핍박하려고 다메섹을 향하여 출발했던 사람 그 자신이 지금 그들의 환대를 받으며 교제하게 된 것을 발견했다.

2. 다메섹의 맹약자들(covenanters)

다메섹은 세계에서 가장 일찍부터 사람들이 거주하여 왔던 도시였다. 이 도시는 성경의 아브라함 이야기에 언급되고 있는데(창14:15, 15:2), 그가 이후의 헬라적 전승에서는 다메섹을 통치했었다고 한다.[5] 족장시대에 다메섹은 아모리족(族)의 본거지였지만 주전 1200년경 아람인들의 수중에 들어갔다. 히브리 왕국 시대에 다메섹은 이스라엘 왕국과 간헐적인 전쟁을 벌였던 아람 왕국의 수도였다가, 주전 8세기 말엽 이 두 왕국은 모두 앗수르인들에 의해 유린된 후 병합되었다. 다메섹은 앗수르, 바벨론, 바사, 그리스 - 마게도냐 제국에 차례차례 복속되었다. 주전 3세기 내내, 다메섹은 프톨레미 왕조와 셀류키드 왕조의 영역 사이에 있는 국경지대에 놓여 있었기 때문에 양측이 모두 자기 영토라고 주장하였다. 주전 200년 파네이온(Paneion)에서 승리한 셀류키드 왕조는 남쪽으로 애굽의 국경까지 영토를

---

4) 빌 3:12을 참조하라. 거기서 "내가 그리스도 예수께 잡힌 바 되었다"는 말은 최근에 나온 번역본에서 사용하는 의미가 약한 동사들이 아니라 κατελήμφθην의 의미를 우리에게 전달해 준다.

5) Josephus(Ant. i.159)에 의하면, 헤롯의 궁정사가인 다메섹의 니골라는 자신의 Histories의 제4집에서 아브라함(아브라메스)이 거기서 통치하였다고 기록했다. 3세기에 쓰여진 Justin의 Epitome 에는 라틴 저술가인 Pompeius Trogus(주전 20년경)에서 인용한 이와 비슷한 말이 실려 있다 (xxxvi.2.3).

넓힘으로써 다메섹은 결정적으로 그들의 손아귀에 들어가게 되었다.

셀류키드 제국이 급속히 붕괴되어가는 시기에는, 나바테야(Nabataea)왕 아레다(Aretas) 3세(주전 85년 경)가 다메섹을 점령하였다. 나바테야인들은 아랍인들이었다. 그들의 고향은 사해와 아가바만(灣) 사이의 지역이었고 수도는 페트라(Petra)였다. 주후 106년 나바테야 왕국은 로마 제국에 병합되어 아키바 속주로 되었지만, 그 전성기에는 팔레스틴의 하스모니아 왕조와 헤롯 왕조의 통치자들에게 끊임없이 위협을 가하는 만만치 않은 세력이었다. 나바테야인들은 다메섹을 오랫동안 보유하지 못했다. 미트리다테 전쟁의 와중에서 다메섹은 아르메니아의 티그라네스(Tigranes) 1세(주전 72-1년)에게 넘어갔다.

주전 66년 로마 제국에 넘어간 다메섹은 그후로 계속 (주전 40-39년에 잠시 바대인들(Parthian)이 수리아를 점령한 기간을 제외하고는) 수리아 총독의 관할 하에 데가볼리(Decapolis)[6]의 한 도시로 편입되었다. 로마의 지원을 요청한 하스모니아 왕조의 두 형제 히르카누스(Hyrcanus) 2세와 아리스토불루스(Aristobulus) 2세 사이의 내분(內紛)에 개입하기 위하여 폼페이의 부관 스카우루스(Scaurus)가 출발한 곳이 바로 이 다메섹이었다 — 결국 이로 인해 유대는 이듬 해에 폼페이에 의해 점령당했다. 디베료 황제 시절에는 다메섹의 영토는 확장되어 서쪽으로 시돈과 경계를 이루었다.

셀류키드 왕조 아래서 다메섹은 상당한 정도로 헬라화되었다. 디오니수스(Dionysus)가 다메섹의 수호신으로 되었고, 창건 설화에서 주요한 역할을 하는 인물로 등장하게 되었다. 다메섹은 힙포다무스(Hippodamus)의 격자무늬로 도시계획이 되어 있었으며 헬라적인 도시에 필수적인 설비들을 가지고 있었던 것으로 보인다. 예를 들면 헤롯대왕이 경기장(gymnasium)을 선물했을 때,[8] 이것은 아마도 이전의 경기장을 개축하는 것이었을 것이다. 바울 시대에 다메섹에서는 헬라어가 공용어로 사용되었던 것 같다. 그렇지만 거리에서 아람어를 들을 수 있었을 것인데, 아람어는 동쪽에 있는 사막에 거주하는 주민들만이 아니라 아마도 유대인 거주지의 주민들이 사용하는 언어였을 것이다. 유대인 거주지는 꽤 큰 것이었다. 10,000명 또는 18,000명이라는 요세푸스의 추정을 액면 그대로 받아들이지 않더라도, 주후 66년 유대인들은 다메섹에서 대량으로 학살당했다.[9]

이슬람교의 종말론적 전승에서 예수가 적그리스도를 무찌르기 위해 강림하시는 장소로서

---

6) 데가볼리는 약 10곳의 동맹 도시들을 포함하였다. 다메섹, 힙포스, 카나다, 라파나, 가다라, 필라델피아(지금의 암만), 거라사, 디온, 펠라, 스키토폴리스(벧샨) — 이 가운데 마지막 도시만이 요단강 서안에 있었다.
7) 도시 계획가인 밀레투스의 힙포다무스(주전 5세기)의 이름을 따서 그렇게 불렀다.
8) Josephus, *BJ* i. 422(그는 또 다메섹에 극장 하나를 지었다).
9) *BJ* ii. 561에 의하면(원형경기장에서) 대량 학살된 사람들의 수는 10,500명이었고, *BJ* vii. 368에 의하면 18,000명이었다.
10) A. J. Wensinck, *A Handbook of Early Muhammadan Tradition* (Leiden, 1927), p. 113을 참조하라.

중요한 역할을 하는 다메섹은[10] 기독교 전통의 한 흐름에서 이런 식으로 부각되었던 것 같다. 하지만 그러한 기독교 전통은 시기적으로 너무 늦어서 1세기와는 아무런 관련도 없는 듯하다. 하지만 유대인들에게 이와 같은 전통의 선례들이 있었을 가능성이 있다. 유대적 전승들 가운데 몇몇 흐름들에서도 다메섹 또는 그 주변지역이 이방의 통치가 최후로 분쇄될 장소로서 나타난다. 이 흐름들 가운데 대부분은 시기적으로 후대의 것임이 밝혀졌지만, 그 형성 연대가 기독교 이전 시기로 거슬러 올라가는 것이 한 가지 있다.[11]

주후 19세기 말에 포스타트(Fostat, 옛 카이로)의 고대 회당의 게니자(genizah)에서 발견된, 그 연대가 중세 초기로 추정되는 불완전하게 보전된 두 문서들은 잠정적으로 사독문서(*Zadokite Work*) 또는 다메섹의 맹약서(*the Book of the Covenant of Damascus*)로 불리는 저작의 사본들로 밝혀졌다.[12] 1947년과 그 이듬 해에 쿰란 사본들이 발견됨으로써 이 저작이 다른 사본들과 마찬가지로 동일한 공동체에서 연유했음을 알게 되었다. 이 저작의 내용이 몇몇 쿰란 사본들의 내용과 일치했을 뿐만 아니라, 카이로 사본보다 수세기 앞선, 이 저작에 속하는 다른 단편들이 쿰란에서 발견된 문서들 가운데서 확인되었다. 사람들은 이 저작이 사독과 그의 가문(이스라엘의 합법적인 대제사장 가문)을 높이고 있다 하여 사독문서라 불렀다.

이 저작은 "다메섹 땅에서 새로운 언약에 참여하는 사람들"[13] 즉 "율법의 해석자"의 지도 아래 "유대 땅을 나와 다메섹 땅에 살게 된 이스라엘의 회개한 자들"에 관하여 쓰고 있기 때문에 다메섹의 맹약서라고도 불리게 되었다.[14] "다메섹 땅"은 분명히 이 언약 공동체가 초창기에 얼마 동안 머물렀던 곳이었다. 또한 다메섹은 당시에 널리 유포되어 있었던 종말 기대에서 주목을 받는 도시였다. 왜냐하면, 당시에 다윗 가(家)의 메시야[15]를 동반한 또 한 사람의 "율법 해석자"가 다메섹에 나타날 것이라는 기대가 사람들 사이에 퍼져 있었기 때문이다.[16]

---

11) N. Wieder, *The Judaean Scrolls and karaism*(London, 1962), pp. 5-14. "The 'Land of Damascus' and Messianic Redemption", *Journal of Jewish Studies* 20(1969), pp. 86-88를 참조하라.
12) 이 문서는 S. Schechter, *Fragments of a Zadokite Work*, i(Cambridge, 1910)로 처음 간행되었다.
13) CD 6, 1.19. 8, 1. 21; cf. 20, 1. 12.
14) CD 6, ll. 5-7.
15) CD 7, ll. 18 f.
16) 민수기 24:17의 "별"이 장래에 오실 "율법의 해석자"로 해석되듯이, "모든 회중의 왕"으로 불렸고 "홀"과 동일시 되었다(CD 7,1.20). 또 J. Danielou, "L' etoile de Jacob et la mission chretienne a Damas", *Vigiliae Christianae* 11(1957), pp. 121-138을 참조하라.
17) 예를 들면 T. H. Gaster, *The Dead Sea Scriptures*(Garden City, N.Y., ^{3}1977), pp.5,27 ff를 보라. 그러나 쿰란으로 이주하는 것을 "유대 땅"을 떠나 "북쪽의 땅"으로 가는 것으로 말하지는 않을 것이다(CD 5,1.5. 7,ll.12-14).

몇몇 학자들은 "다메섹"은 이 공동체가 망명 생활을 할 장소를 나타내는 암호라고 주장했다.[17] — 그들은 자신들의 이주(移住)가 "내가 너희 왕의 성막과 너희 우상의 대좌(臺座)를 내 장막으로부터 다메섹으로 추방하였다"고 이상한 형태로 인용된 아모스 5:26이하의 예언을 성취하는 것으로 해석하였기 때문에 이러한 암호를 사용했다고 한다.[18] 그러나 그 해석은 말할 것도 없고 인용문의 형태가 너무 이상하기 때문에 이미 이루어진 일에 예언을 고의로 갖다 맞췄다는 느낌을 감출 수 없다. 즉 해석자들은 자신들이 다메섹으로 이주하는 것을 설명할 수 있는 적절한 본문을 찾다가 아모스 5:26이하를 찾아내게 된 것이었다.[19]

맹약자들은 이제는 살아있지 않은 "의(義)의 교사"를 자신들의 공동체를 조직한 최초의 지도자로 생각했다. 다메섹을 문자 그대로 받아들인다면, 이 공동체와 쿰란 공동체의 관계에 관한 문제가 발생한다. 쿰란 공동체도 의의 교사를 최초의 지도자이자 창립자로 받들었기 때문이다. 이 공동체의 역사를 재구성할 만한 자료가 너무 부족하기 때문에 단정적인 대답은 불가능하다.[20] 아마도 이 공동체 전체는 수년 동안 "다메섹 땅"에 머물렀던 것 같다. 한때는 이 공동체가 주전 1세기 말엽에 아마도 바대인의 침입으로 쿰란 본거지를 포기하고 삼십년 이상 다메섹에 머물렀다는 매혹적인 제안도 있었으나, 고문서학을 통해 사독 문서가 쿰란사본보다 수십년 앞선다는 것이 밝혀졌다.

또 이 공동체의 주류가 쿰란에서 살고 있는 동안 한 갈래가 다메섹에 살았을 가능성도 있다. 그 역사적 배경은 알렉산더 얀네우스의 핍박이 있을 때일 가능성이 크지만 분명한 증거는 없다. 하지만 다메섹으로 갔던 사람들은 "거기서 메시야의 출현이나 메시야 시대의 개막을 기대하면서" 다메섹으로 갔다는 것은 거의 틀림없는 듯하다.[21]

3. 다메섹의 제자들과 함께

스데반의 죽음 후에 유대로부터 피신자들이 들어오기 전에 다메섹에는 이미 예수 제자들의 공동체가 있었다는 것을 누가의 기록으로부터 추론하는 것이 올바르다면, 우리는 그 공동체의 기원에 관해서 뭔가 알기를 원한다. 그런데 애석하게도 우리에게는 그러한 것을 추측이라도 해볼 만한 실마리조차 없다. 어떤 학자는 이 공동체를 세운 사람들은 예수의 거룩한 가족, 형제들, 친척들 가운데 몇몇이었을 것이며 그들은 예수께서 다메섹에 영광 중에 속히 나타나실 것을 기대했기 때문에 거기에 정착했을 것이라는 추측을 과감하게 하기도 했

---

18) CD 7, 1. 15.
19) J. T. Milik, *Ten Years of Discovery in the Wilderness of Judaea* (London, 1959), p. 91를 참조하라.
20) H. H. Rowley, *The Zadokite Fragments and the Dead Sea Scrolls* (Oxford, 1952); "The History of the Qumran Sect", *BJRL* 49(1966-67), pp. 203-232를 참조하라.
21) N. Wieder, *The Judaean Scrolls and Karaism*, p. 3.

다.[22] 이같은 추측은 옳지 않다고 증명해 보일 수도 없고 — 누가 이 추측이 옳지 않기를 바라겠는가 — 옳다고 증명해 보일 수도 없다. 기껏 말할 수 있는 것은 갈릴리(예수에게는 유대에 있었던 때보다 갈릴리에 있을 때 더 많은 제자들이 있었다)가 지리적으로 다메섹과 다른 데가볼리 도시들에 가깝게 위치하고 있는 것으로 보아, 이 공동체를 세운 사람들은 유다 사람들이 아니라 갈릴리 사람일 것이라는 것이다. 한 두 세대 후에 데가볼리 근방에는 유대 기독교인들의 거주지가 몇 군데 있었지만, 이것보다 훨씬 이전에 있었던 다메섹의 기독교인들과는 거의 상관이 없는 일이다.[23]

다메섹의 예수 제자들과 사독 문서로 그 존재가 입증된 맹약자들 사이에 어떤 접촉이 있었다거나 서로 영향을 끼쳤을 가능성은 한층 더한 억측이다. 바울이 처음으로 기독교적 교제를 가진 이 새로운 친구들이 바울의 사상에 어느 정도 영향을 미쳤을까 라는 질문만큼 황당무계한 억측은 없을 것이다. 학자들은 쿰란 사본들과 바울 서신들에는 모두 하나님의 의의 이중적 개념 — 즉, 하나님 자신의 의와 하나님이 자기를 믿는 자들에게 값없이 주시는 의의 지위(the righteous status)[24] — 이 나와 있다는 점을 지적하곤 했다. 하지만, 이와 같은 것은 같은 방향으로의 발전의 결과라고 보아야 할 것이다. 앞으로 살펴보겠지만, 바울의 교리는 자신의 극히 보기드문 율법과 은혜의 체험으로부터 형성되었다. 육과 영의 대립 구조도 바울과 쿰란에 공통적인 것이지만, 이것도 바울에 의해 독자적으로 발전된 것이다.[25]

바울 신학의 기본적인 요소들은 다메섹의 제자들을 비롯한 그 어떤 곳에 있는 제자들의 도움도 받지 않은 것이었다. 이 점에서 자신이 전하는 복음에 관하여 바울 자신이 한 말은 안심하고 받아들일 수 있다. "내가 사람에게서 받은 것도 아니요 배운 것도 아니요 오직 예수 그리스도의 계시로 말미암은 것이라"(갈1:12). 물론 이 계시 전체를 한꺼번에 일시에 깨닫게 된 것은 아니었다. 하지만 바울이 이해하고 있듯이, 이 계시는 모두 다메섹 도상의 계시 안에 함축되어 있었다. 바로 이 계시가 바울이 이전에 쌓은 모든 경험과 교육에 새로운 빛을 비춰주었다. 이전에 바울의 삶과 사상의 모든 요소들은 율법이라는 구심점을 중심으로

---

22) E. Lohmeyer, *Galiläa und Jerusalem*(Göttingen, 1936), pp. 54 ff; 또한, H. J. Schoeps, *Theologie und Geschichte des Judenchristentums*(Tübingen, 1949), pp. 270 ff. 기독교가 발생한 후 3-5년 동안에 확장되어 간 과정에 관한 증거들을 좀더 학문적이고 사료에 근거해서 검토한 것을 보려면 M. Hengel, "Zwischen Jesus und Paulus", *ZTK* 72(1975), pp.172-206를 보라.
23) 하지만 누가는 바울이 다메섹에서 받은 세례(행9:18; 22:16)는 예루살렘에서 행한 세례와 마찬가지로 유효하였다는 것을 함축하고 있다.
24) H. Braun, *Qumran und das Neue Testament*, ii(Tübingen, 1966), pp.170 ff; W. Grundmann, "The Teacher of Righteousness of Qumran and thequestion of justification by faith in the theology of the Apostle Paul", in *Paul and Qumran*, ed. J. Murphy-O'Connor(London, 1968), pp.85-114를 참조하라.

조직되어 있었다.

홀연한 빛 가운데서 예수 그리스도의 계시가 바울에게 율법의 파산(破産)을 보여주었을 때, 율법은 더 이상 모든 요소들을 끌어모아서 아름다운 모습을 이루는 자석이 될 수 없었다. 부활하신 주가 율법 대신에 즉시 구심점으로 등장하지 않았다면, 자석이 제거됨으로써 이 요소들은 흩어져서 분해되고 말았을 것이다. 바울의 삶과 사상은 부활하신 주를 중심으로 재구성되어 새로운 모습을 띠었던 것이다. 이러한 재구성에 포함된 의미 전체를 충분히 생각하는 데는 시간이 필요했다 — 사실, 스스로 가장 고상하다고 말한 "내 주 예수 그리스도를 아는 지식"(빌3:8)을 충분히 추구하기에는 바울의 남은 생애는 너무 짧았다.

그러나 적어도 그는 "예수는 부활하신 주시다" 또는 "예수는 하나님의 아들이다"라는 말로 자신의 새로운 신앙을 밝힐 수는 있었다. 실제로 곧 바울은 완전히 다른 목적으로 대제사장의 신임장을 받고 파견된 곳인 다메섹의 여러 회당에서 그렇게 자신의 신앙을 밝혔다고 누가는 말한다.[26] 바울은 자기가 계시를 받은 후 "혈육과 의논하지 않고" "오직 아라비아로 갔다가 다시 다메섹으로 돌아갔노라"(갈1:16이하)고 말한다. 따라서 아마도 그가 다메섹의 여러 회당에서 전도한 것은 아라비아에서 돌아온 후였을 것이다(누가는 아라비아 여행에 대해서는 아무런 언급도 하지 않는다).

왜 바울은 아라비아에 갔는가? 누구나 하는 대답은 바울은 이 새롭게 닥친 상황을 깊이 생각해 보기 위하여, 아마도 지난 세월에 모세와 엘리야가 하나님과 친교를 나누었던 "하나님의 산, 호렙" 근처에서 하나님과 친교를 나누기 위하여 사막에 갔다는 것이다.[27] 이것은 바울이 아라비아에 간 목적 가운데 일부였을지도 모른다. 하지만 다메섹에서 눈이 멀어 있었던 삼일만으로도 자신의 마음을 가다듬는 데 충분했을 것이다. 바울 자신의 말 속에는 아라비아 방문이 이방인 가운데 그리스도를 전하는 바울의 소명(召命)과 밀접하게 관련되어 있다는 것이 함축되어 있다. 갈라디아 성도들에게 보내는 편지에서 이 사실을 언급한 목적은 바울이 예루살렘에 가서 사도들을 만나기 전에 이 소명을 수행하기 시작했다는 것, 따라서 아무도 바울에게 이방인의 사도직을 위임한 것은 사도(또는 땅에 있는 어떤 권세들)였다고 말할 수 없다는 사실을 강조하기 위함이었다.

이 문맥에 나오는 "아라비아"는 다메섹에서 아주 쉽게 다녀올 수 있었던 나바테야 왕국이었을 것이라고 생각하는 것이 자연스럽다. 당시에 나바테야 왕국은 아레다(Aretas) 4세(주전 9년—주후 40년)가 통치했다. 바울이 아레다의 신민(臣民)들에게 복음을 전하였다면, 십자가에 못박힌 예수를 하나님께서 신원하시고 만유(萬有)의 주로 높이셨다는 메시지를 그들이 관심을 가지고 들을 수 있도록 하는 사고(outlook)의 접촉점을 바울이 어디서 발견할 수

---

25) W. D. Davies, "Paul and the Dead Sea Scrolls:Flesh and Spirit", in *The Scrolls and the New Testament*, ed. K. Stendahl(London, 1958), pp.157-182를 참조하라.
26) 행 9:20. 132쪽 이하를 보라.
27) 출 3:1. 왕상 19:8을 참조하라.

있었을까 하는 의문을 갖게 된다. 하지만 우리는 바울의 역량(resourcefulness)과 능변(能辯, versatility)을 과소 평가하지 않아야 한다.

그의 서신에 나오는 한 증거를 보면, 바울은 조용하게 묵상하기 위하여 아라비아를 찾은 것이 아니었던 것으로 보인다. 나중에 바울은 신앙을 가진 초기에 당한 치욕적인 경험을 회상하면서 이렇게 말한다. "다메섹에서 아레다왕의 방백이 나를 잡으려고 다메섹 성을 지킬새 내가 광주리를 타고 들창 문으로 성벽을 내려가 그 손에서 벗어났노라"(고후11:32이하). 알렉산드리아에 있던 유대인 거주민들이 방백을 임명하여 그곳의 시당국과 제국의 관리들 앞에서 자신들을 대표하고 대변하도록 했던 것처럼, "아레다왕의 방백"은 아마도 다메섹에 거주하고 있었던 왕의 신민들의 대표자였던 것 같다.[28]

그러나 바울이 아라비아에서 조용하게 묵상을 하고 지냈다면, 왜 나바테야의 방백이 바울에 대하여 이렇게 적대적인 조처를 취했겠는가? 반면에 아라비아에서 복음을 전하는 일을 했다면, 바울은 한바탕 소동을 일으켰을 것이고 당국자들의 비우호적인 주목을 받았을 것이다. 나바테야의 영토는 거의 다메섹의 성벽에 닿아 있었기 때문에, 방백은 그 성을 빠져 나가는 바울을 체포하기 위하여 자기 백성들의 도움을 받아 외부에서 성문을 지켰을 것이다. 하지만 친구들의 도움을 받아 바울은 방백의 눈을 피해 다메섹을 빠져 나왔다.[29] 바울이 회심 후 최초로 예루살렘을 방문한 것은 기독교인들을 붙잡으러 다메섹으로 출발한 지 삼년째 되는 해였다.

---

28) Josephus, *Ant.* xiv. 117에서 인용한 Strabo; 여기서 ἐθνάρχης"라는 말은 Philo, *Flaccus* 74에 나오는 γενάρχης의 상당어일 것이다.
29) 누가는 바울이 다메섹의 유대인들의 적대감 때문에 피신할 수밖에 없었다고 말한다(행9:23-25).

제 10 장

바울과 예루살렘 전승

1. 바울이 예루살렘에 올라가다

　바울이 예루살렘에 올라가기 훨씬 전에 바울이 회심했다는 소문은 예루살렘에 퍼져 있었음에 틀림없다. 하지만 믿을 수 없는 소문이었다. 기독교인들을 박해하는 일에 선봉장이었던 사람이 기독교인이 되는 것보다 에디오피아인이 피부색을 바꾸고 표범이 점무늬를 없애는 편이 훨씬 더 쉬운 일이라고 생각했기 때문이다. 그것은 기독교인들에게 더 효과적으로 치명타를 가하기 위하여 기독교인들의 모임에서 신임을 얻으려는 치밀한 전략이지 않을까? 순진하고 따스한 마음을 가진 다메섹의 제자들은 감정에 이끌려 바울을 제자로서 환대했을지 모르지만, 그가 예루살렘에 왔다면, 진실(bona fides)이 남김없이 밝혀질 때까지 그를 멀리하는 것이 상책일 것이다.
　누가에 의하면, 바나바의 주선으로 바울과 예루살렘 교회의 지도자들이 서로 만나게 되었다. 바울은 이에 관해 아무런 얘기도 하지 않고 있지만, 누군가가 중재자 역할을 했을 가능성은 충분히 있다. 그리고 우리가 알고 있는 바나바는 그러한 중재를 하기에 적당한 사람이었다. 바나바는 초기의 예루살렘 교회에 설치된 공제기금(共濟基金)에 아낌없이 재산을 헌납한 사람으로 누가의 기록에 처음으로 등장한다. 그는 남을 위로하고 권면하는 일을 잘 했기 때문에 사도들이 (원래 이름인 요셉 외에) 바나바라는 별명을 붙여주었다고 한다.[1] 사

---
1) 행 4:36이하.

도의 증언을 보면, 바나바는 그 평판에 걸맞게 살았다. 어떤 사람 또는 어떤 일을 권면하고 위급해야 할 필요가 있을 때마다, 그는 자기가 할 수 있는 모든 권면과 위로를 다했다.

바울의 회심이 진실이라는 것을 그가 어떻게 확신하게 되었는지는 확실하지 않지만, 바나바는 다메섹에 피신했던 헬라파 신자들을 만나보았을 것이다. 어쨌든 바울을 위하여 예루살렘에서 중재를 담당하는 일은 바나바에게 적격(適格)이었다. 다메섹에서 바울에게 몹시 친구가 필요했을 때, 아나니아가 그 역할을 담당했던 것처럼, 바울이 예루살렘에서 비슷한 처지에 있을 때 바나바가 도와주었다.

바울의 옛 동료들은 이제 그를 변절자로 낙인찍고 의절한 상태이고, 자신이 너무 지나치게 박해한 공동체에서 새 동료들을 얻는 것은 어려운 과제였다. 누가 여기서 바나바를 상당히 구체적으로 등장시키고 있는 것으로 보아서, 이것은 바울이 예루살렘을 방문한 사건을 전체적으로 요약하는 가운데서 일부분을 차지하는 에피소드에 불과한 것이 아닌 듯하다. 누가는 "바나바가 데리고 사도들에게 가서"(행9:27)라고 말할 때 정확한 정보에 의거해서 말하고 있기 때문이다.

바울은 실제로 사도들을 모두 만난 것은 아니었다. 누가는 바울이 누구누구를 만났는지를 구체적으로 밝히고 있지 않지만, 바울은 사도들 가운데 두 사람만을 만났다는 것을 분명히 하고 있다. "내가 게바를 심방하려고 예루살렘에 올라가서 저와 함께 십오일을 유할 새 주의 형제 야고보 외에 다른 사도들을 보지 못하였노라"(갈1:18이하)고 바울은 말한다. 그런 다음 그는 자기의 말이 틀림없다는 것을 엄중하게 확약하는 말을 덧붙인다. "내가 너희에게 쓰는 것은 하나님 앞에서 거짓말이 아니로라"(갈1:20). 예루살렘에서의 바울의 행적(行跡)에 관하여 구구한 추측과 억측들이 갈라디아 교인들 사이에 유포되고 있었음이 틀림없는데,[2] 바울은 자신의 설명이 틀림없는 사실이라고 맹세한다.

2. 바울이 베드로와 야고보를 만나다

게바(Cephas) — 아람어 '케파'("반석" 또는 "돌")에 헬라어 어미 s가 붙은 형태 — 는 우리에게 베드로(즉, 아람어 '케파'에 해당하는 헬라어 '페트로스')로 더 잘 알려진 사도를 가리킬 때 바울이 흔히 쓰던 호칭이다. 이때 바울이 예루살렘에 간 목적은 지도적인 사도를 만나 교제하고 몇 가지 사항을 묻기 위해서 였다(바울이 사용하는 동사 '히스토레사이'는 바로 그런 의미이다).[3] 왜냐하면 이제는 바울이 알아야 할 문제들, 즉 예수의 사역과 예수로부터 연유하는 가르침의 "전승"에 관한 상세한 내용을 가장 잘 알려줄 사람은 베드로였기

---

2) O. Linton, "The Third Aspect:A Neglected Point of View", *Studia Theologica* 3 (1949), pp. 79이하에서는, 이 조금 다른 기사는 누가가 사도행전 9:1-30 에 인용하고 있는 기사라고 주장한다.

때문이다. 몇몇 진영에서는 바울이 이런 류의 정보를 얻으려 했다는 생각에 상당한 저항감을 표시한다. 하지만 바울이 그러한 관심을 갖고 있지 않았다면(말도 안 되는 이야기지만), 베드로와 함께 십오일을 있을 이유가 무엇이겠는가?

베드로는 야고보보다 바울이 원했던 정보를 훨씬 더 많이 알려 줄 수 있었다. 그러나 베드로나 야고보가 자기에게 나눠 줄 수 없는 것이 한 가지 있었다고 바울은 주장한다. 그것은 바울의 사도직이었다. 그는 다메섹 도상에서 부활하신 주로부터 이미 직접 사도직을 받았기 때문이다. 그가 예루살렘에 올라간 목적은 모(母)교회의 지도자들과 유대를 돈독히 하는 교제를 나누고 다른 곳에서는 얻을 수 없는 정보를 그들로부터 얻는 것이었다.

바울이 어떤 정보를 얻었는지는 잘 모르지만 최소한 두 가지 사실은 알 수 있다. 바울이 고린도에 있는 성도들에게 편지하면서 부활하신 예수께서 언제 어떻게 나타나셨는지를 보여 주는 목록을 열거한 것은 이미 살펴보았다.[4] 그 목록에서 부활하신 그리스도를 본 사람들 가운데 구체적으로 이름이 거명된 사람은 오직 두 사람 뿐이다, "게바에게 보이시고", "야고보에게 보이셨으며"(고전15:5,7). 이들이 회심 후 바울이 예루살렘에 최초로 올라가서 만나 본 두 사도라는 것은 우연한 것이 아니다.

베드로에게 부활하신 예수께서 나타나셨다는 사실은 누가복음 24:23에서 입증된다. 야고보에게 부활하신 예수께서 나타나신 사건은 히브리복음에서 전설적으로 윤색이 되어 다시 나타나지만,[5] 그렇게 윤색된 전승은 바울에게서 나온 것이 아니다.

야고보는 예수의 다른 가족들과 마찬가지로 예수의 죽음 이전에는 그의 제자였던 것 같지 않다. 실제로 가족 전체는 예수의 공적인 활동을 적대감은 아닐지라도 냉담한 태도로 보았던 것 같다. 그런데 예수의 부활 후에 그의 어머니와 형제들은 사도들 및 다른 제자들 가운데 모습을 드러낸다. 형제들은 대체적으로 교회에서 주목받는 인물들이 되었으며, 특히 야고보는 예루살렘 교회에서 점점 더 영향력 있는 지위를 차지했다. 그들이 예수에 대한 태도를 갑자기 바꾼 이유를 굳이 설명하자면, 예수께서 부활하신 후 야고보에게 나타나셨다는 기록이 많은 것을 시사해 준다고 할 수 있다.

---

3) 이 동사에 관한 다른 논의들에 관해서는 G. D. Kilpatrick, "Galatians 1:18 ἱστορῆσαι κηφᾶν" in *New Testament Essays ... in Memory of T. W. Manson*, ed., A. J. B. Higgins (Manchester,1959),pp. 144 ff.; W. D. Davies, *The Setting of the Sermon on the Mount*(Cambridge, 1964), pp. 453 ff를 참조하라.
4) 75쪽 이하를 보라.
5) Jerome(*De uiris illustribus*, 2)에 의하면, 히브리복음에는 이렇게 기록되어 있었다. "주께서 세마포를 제사장의 종에게 준 후에 야고보에게 가셔서 그에게 나타나셨다. 야고보는 주의 잔을 마신 그 시로부터 자기가 주님께서 죽은 자로부터 부활하시는 것을 볼 때까지는 그 어떤 것도 먹지 않겠다고 맹세했기 때문이었다. (그리고 잠시 후에) '식탁과 떡을 가져 오너라'고 주께서 말씀하셨다. (곧 이어서) 그는 떡을 잡고 축사하시고 떼어서 의인 야고보에게 주시면서 말씀하셨다. '형제여, 떡을 먹으라. 인자가 잠자는 자들로부터 살아났노라'."

베드로와 야고보는 초기의 예루살렘 교회 내부에 있었던 서로 다른 두 집단의 지도자였던 것으로 보인다. 베드로가 이끄는 집단은 요한 마가의 어머니 마리아의 집에서 모임을 가졌다. 이 집단은 이로부터 수년 후 베드로가 예기치 않게 헤롯 아그립바(Herod Agrippa)의 감옥에서 탈출했을 때 찾아간 집단이었다. 그는 그들을 떠나면서 "야고보와 형제들에게 이 말을 전하라"(행12:17)고 말했다 — 아마도 여기서 형제들은 야고보와 더 가깝게 교제했던 형제들을 의미하는 듯하다.

그러므로 바울이 베드로와 함께 십오일을 예루살렘에 있는 동안 야고보를 방문하여 부활하신 예수께서 자기에게 나타나신 이야기를 들었다는 결론이 나온다. 베드로가 어떻게 부활하신 주님이 자기에게만이 아니라 "열두 제자"에게와 "오백여 형제에게 일시에" 나타나셨는가를 바울에게 들려주었다면, 야고보는 어떻게 주님이 자기에게만이 아니라 "모든 사도"에게 나타나셨는지를 바울에게 말해 주었다. 바울은 "열두 제자"만이 "모든 사도"라고 생각하지 않았다. "주의 형제 외에 (게바는 제외하고) 다른 사도들을 보지 못하였노라"는 갈라디아 1:19을 살펴보면, 바울은 야고보를 사도로 보고 있음을 알 수 있다.[6] 부활하신 주님에 의해 위탁을 받는 것이 사도의 자격 요건이었다면, 바울과 마찬가지로 야고보도 분명히 이러한 호칭으로 불릴 자격이 있었다.

바울은 "성경대로 그리스도께서 우리 죄를 위하여 죽으시고 장사 지낸 바 되었다가 성경대로 사흘 만에(제삼일에) 다시 살아나사"(고전15:3 이하)라는 말과 아울러 부활하신 주님이 나타나신 일련의 사건목록을 "전해 받았다"고 하면서, "내가 받은 것을 너희에게 전하였다"고 말한다.[7] 1세기의 교회에서 전승은 살아서 자라가는 것이었다. 바울이 전한 전승은 자신이 받은 것보다 더 풍부해졌다. 그는 부활하신 주님이 나타나신 사건들에 관한 기록을 자신의 개인적인 증거를 덧붙여 더 풍성하게 할 수 있었기 때문이다: "맨 나중에 만삭되지 못하여 난 자 같은 내게도 보이셨느니라"(고전15:8).[8] 이상에서 말한 것이 바울이 전승을 통해 전해 받았다고 말하는 것의 전부는 아니다 — 이 전승에는 역사적 예수의 말씀과 활동에 관한 이야기(특히 성찬을 제정하시면서 예수께서 하신 말씀과 행위)와 기독교인의 행실

---

6) L. P. Trudinger, "A Note on Galatians i. 19", *Novum Testamentum* 17(1975), pp. 200 ff에서는 ἕτερον δὲ τῶν ἀποστόλων κτλ를 "사도들 외에 나는 주의 형제 야고보 외에는 아무도 만나 보지 않았다"라고 번역한다—그러나 이런 번역은 헬라어 본문을 해석하는 방식으로는 의심스러운 방식이다.

7) F. F. Bruce, *Tradition Old and New*(Exeter, 1970), pp. 29 ff를 보라.

8) 자기를 "만삭되지 못하여 난 자"—조산(早産, ἔκτρωμα)—라고 할 때, 바울은 사람들이 부활하신 예수께서 자기에게 나타나셨으며 사도의 직임을 주셨다는 자신의 주장을 "어림없는 수작"으로 몰아부쳐서 퍼부은 비난의 말을 인용하고 있는 것일 가능성이 많다. A. Fridrichsen, "Paulus abortivus", in *Symbolae philologicae O. A. Danielsson dicatae*(Uppsala, 1932), pp. 79 ff.; G. Bjӧrck, "Nochmals Paulus abortivus", *Coniectanea Neotestamentica* 3(1938),; pp. 3ff. J. Munck, "Paulus tamquam abortivus" in *New Testament Essays ... in Memory of T. W. Manson*, ed. A. J. B. Higgins, pp. 180. ff를 보라.

에 관한 몇몇 지침들과 원리들이 포함되어 있었다[9] — 하지만, 그것은 현대의 신학용어를 사용한다면 초기 기독교 설교의 개요, 케리그마의 개요로서 특별한 중요성을 갖고 있다. 바울의 설교와 예루살렘 지도자들의 설교 사이에 어떤 차이점이 있다 할지라도, 이 점만은 동일했다. "내나 저희나 이같이 전파하매 너희도 이같이 믿었느니라"(고전15:11)라고 바울은 이야기 말미에 고린도에 있는 성도들에게 말하고 있다.

3. 계시와 전승

바울이 이 이야기의 개요를 들은 것은 분명히 예루살렘에 머물렀던 십오일 동안이었을 것이다. 그렇다면 문제가 생긴다. 바울은 갈라디아 1:12에서 자기는 복음을 사람에게서 "받은" 것이 아니라 "예수 그리스도의 계시로 말미암은 것"이라고 말하면서도, 고린도전서 15:3(과 다른 곳)에서는 "내가 받은 것"이라고 말하고 있기 때문이다. 두 곳에서 "받은"으로 번역된 헬라어 동사는 '파라람바노'인데, 이 단어는 특히 비슷한 말인 '파라디도미'(자신이 전해받은 것을 다시 전해 주는 것을 의미한다)라는 동사[10]와 함께 사용될 때 전승을 통해 전해 받는 것을 의미한다. 분명히 바울은 전승을 통해 전해 받은 것과 전해 받지 않은 것을 알고 있었다. 그렇다면 바울에게서 계시로서의 복음은 무엇이고 전승으로서의 복음은 무엇이며 이 둘의 관계는 어떠한 것이었는가?

바울을 회심시킨 것은 계시로서의 복음이었다. 바울이 회심하기 이전에 다른 사람들은 예수를 부활하신 주로 고백했었다. 그러나 그들의 증언은 바울을 회심시키지 못했다. 오히려 그들의 증언은 바울을 자극하여 전심전력으로 그들을 반대하도록 만들었다. 그들의 증언은 바울의 귀에는 신성모독으로 들렸던 것이다. 바울로 하여금 예수가 진실로 부활하신 주라는 것을 확신케 할 수 있었던 유일한 사건은 다메섹 도상의 계시였다. 부활하신 주님이 바울에게 개인적으로 나타나셔서 자신을 예수라고 밝히셨다. 이것이 그 이후로 그가 전한 복음의 핵심이었다. 그가 이 복음을 아는 데 지상의 어떤 증인도 도움을 주지 못했고 "예수 그리스도의 계시"만이 유효했다.[11]

바울이 차차 이 계시의 꾸러미를 풀어감에 따라 거기에는 복음의 수많은 독특한 내용물들이 많이 쌓여 있음을 알게 되었고, 바로 그 내용을 선포했던 것이다. 예를 들면, 교회는 그리스도의 몸이요 개개 기독교인들은 그 몸의 지체(肢體)라는 바울의 사상은 "네가 어찌하여 나를 핍박하느냐"라는 부활하신 주님의 힐문에 이미 함축되어 있다. 또한 "그리스도 안

---

9) 120쪽 이하를 보라.
10) 고전 11:23에서와 마찬가지로.
11) "예수 그리스도의"라는 속격은 의미상으로 목적격이다. 그가 말했듯이 하나님께서 "그를 내 속에 나타내시기를 기뻐하신"(갈1:16) 회심 체험을 가리키고 있다.

에서"라는 말을 통해 표현된 기독교인의 실존에 대한 바울의 이해 — 즉, 인간 가족 내부에 있던 사회적 인종적 장애를 비롯한 모든 장애들이 제거된 기독교인의 실존은 이와 결부되어 있었다.

바울의 눈에는 이 모든 장애 가운데서 유대인과 이방인이라는 장애가 가장 심각했다. 회심 전에 이 차별은 어떠한 희생을 치르고서라도 지켜야 할 것이라고 생각했던 바울이 회심 후에는 이 차별을 없애려고 일생을 바쳤다. 이 일은 근본적으로 십자가 위의 그리스도에 의해 수행되었던 일이었다.[12] 그런데 이러한 일의 실마리는 바울이 회심할 때 받은 소명 즉 그리스도를 이방인 가운데 전하라는 소명에 이미 함축되어 있었다. 날 때부터 유대인인 바울이 율법의 행위를 통해서가 아니라 믿음을 통하여 그리스도 안에서 새 생명을 얻은 것처럼, 마찬가지로 날 때부터 이방인인 사람들도 율법의 행위를 통해서가 아니라 믿음을 통하여 그리스도 안에서 새 생명을 얻어서 자신 및 다른 믿는 유대인들과 함께 구속된 공동체에서 동등한 지위를 누릴 수 있었다.

바울은 "만세와 만대로부터 옴으로 감취었던" "비밀" — 바울이 골로새에 있는 성도들에게 "너희 안에(유대인 신자뿐만 아니라 너희 이방인 신자 안에) 계신 그리스도, 영광의 소망"이라는 메시지로 요약해 말했던 그 비밀을 자신의 사역 내내 충분히 드러내었다(골1:26 이하). 달리 말하면, 바울은 그리스도 안에서 온 세상에 드러난, 인간을 구원하고자 하시는 하나님의 뜻이 자신의 사역을 통하여 그리스도 안에서 이루어지고 적절한 시기에 만유가 그리스도 안에서 화해되고 하나되도록 하기 위하여 자신이 하늘의 은혜로 택함받았다고 생각했다.

그러므로 우리는 대체로 바울의 사역에서 그에게만 특유한 측면들은 계시로서의 복음에 속하는 반면에 다른 이들과 함께 공유하는 요소들(바울이 어떤 사람의 도움도 받지 않고 예수를 하나님의 아들로 알았다는 것을 제외하고)은 전승으로서의 복음, 무엇보다도 회심한지 삼년째 되는 해에 베드로에게 뭔가를 묻기 위해 예루살렘에 올라가서 얻은 정보에 속한다고 말할 수 있다.

우리는 이미 스스로 전해 받았다고 말하고 있는 — 예루살렘을 최초로 방문했을 때 전해 받은 것이 틀림없는 — 부활하신 그리스도의 현현(顯現) 기사를 살펴보았다. 그런데 이 일련의 부활하신 주님의 현현 기사 앞에는 자기가 전해 받아서 고린도에 있는 성도들에게 "먼저" 전했다고 말하는 내용에 속하는 세 구절이 나와있다 — ① "성경대로 그리스도께서 우리 죄를 위하여 죽으시고", ② "장사 지낸 바 되었다가", ③ "성경대로 사흘만에(제삼일에) 다시 살아나사". 이 세 구절 하나하나가 네번째 구절("게바에게 보이시고 … ")과 마찬가지로 "that"이라는 접속사로 시작하고 있다는 사실은 바울이 이 내용들을 자신의 자료에서 연속적으로 인용한 인용문들이라는 것을 보여준다.

---

12) 엡 2:14-16을 참조하라.

① "성경대로 그리스도께서 우리 죄를 위하여 죽으시고". 이 구절 전체가 전승에 속하는 것이냐 아니면 바울이 전승을 해석한 내용이 일부 들어있느냐? "성경대로"라는 말은 복음서 이야기에 나오는 아주 초기의 강조(强調), 신약에 나오는 모든 분야 — 바울서신, 그외의 서신, 사도행전, 네 복음서를 구성하고 있는 모든 흐름들 — 의 가르침에서 찾아볼 수 있는 강조와 일치한다. 예를 들면 가장 초기의 복음서는 예언서에서 인용된 인용문들로 시작되며, 예수께서 "이는 성경을 이루려 함이니라"(막1:2이하. 14:49)라는 말씀을 하시고는 자신을 잡으러 온 사람들에게 순순히 응하신 것으로 묘사한다.

그리스도께서 "성경대로" '죽으셨다' 는 것은 초기에 사도가 행한 증거(witness)의 일부였다. 예루살렘의 성전 재판소에서 예수를 죄인으로 정한 것에 관하여 언급하면서 "하나님이 모든 선지자의 입을 의탁하사 자기의 그리스도의 해 받으실 일을 미리 알게 하신 것을 이와 같이 이루셨느니라"(행3:18)라고 말한 베드로의 말은 누가의 고유한 용어로 요약되어 있긴 하지만 초기의 신앙을 표현하고 있는 것이다.

만약 우리가 그리스도께서 해 받으실 것이 예언서 어디에 예언되어 있느냐고 묻는다면, 자기 백성들에게 권위를 인정받지 못한 "그 종 예수를", "우리 조상의 하나님이 영화롭게 하셨느니라"는 선포로 시작되는 이와 동일한 답변을 듣게 될 것이다 — 이 답변은 이사야에 나오는 네번째 종의 노래를 되풀이하고 있는데, 거기에서는 "멸시를 받아서 사람에게 싫어 버린 바 된" 종이 하나님에 의해 "받들어 높이 들려서 지극히 존귀하게" 된다(사52:13, 53:3, 참조, 행3:13).[13]

그러나 그리스도께서 "우리 죄를 위하여" 죽으셨다는 말은 어떻게 된 것인가 — 그것도 바울이 전해 받은 전승 특히 예루살렘 전승에 속하는가? 사도행전의 앞부분에 나오는 강론들이 예루살렘 전승을 나타내고 있다면, 그리스도의 죽음이 가지고 있는 속죄의 의미는 그 강론들 가운데서 두드러진 특징이 아니라는 지적이 있다. 실제로 사도행전에서 그러한 의미가 들어 있는 유일한 강론은 "하나님이 자기 피로 사신 교회를 치라"는 권면을 담고 있는 에베소 교회의 장로들을 향한 바울의 강론이다.[14]

분명히 바울은 고린도인들에게 편지하면서 자기가 전해 받은 것을 스스로 강조하고 싶은 부분을 강조하는 가운데 자신의 언어로 재현했을 것이다. 그러나 그리스도의 죽음에 속죄적 의미를 부가한 것은 바울만이 아니었다. 히브리서 기자(記者)는 자기를 드림으로써 "죄를 정결케 하는 일"(히1:3)을 하신 제사장이자 희생제물로 그리스도를 묘사한다. 베드로전서에는 "너희가 구속된 것은 그리스도의 보배로운 피로 한 것"(벧전1:18이하)이라는 사실을 독

---

13) T. W. Manson, *The Servant-Messiah*(Cambridge, 1953), pp. 72 ff,; J. Jeremias in W. Zimmerli and J. Jeremias, *The Servant of God*, E. T.(London, 1957), pp. 79 ff 를 참조하라. 이 견해에 대한 비판에 관해서는 M.D. Hooker, *Jesus and the Servant*(London, 1959)를 보라.
14) 369쪽 주 15를 보라.

자들에게 일깨워 준다.

요한일서는 독자들에게 "예수의 피가 우리를 모든 죄에서 깨끗하게 하실 것"(요일1:7)임을 확신시키며, 밧모섬의 선견자(先見者)는 그리스도에 대해 "우리를 사랑하사 그의 피로 우리 죄에서 우리를 해방"하신 분이라고 말한다(계1:5).[15] 무엇보다도 가장 초기의 복음서는 예수께서 제자들에게 "인자의 온 것은 자기 목숨을 많은 사람의 대속물로 주려 함이니라"(막10:45)고 말씀하신 것으로 기록하고 있다. 이 말씀이 "그 영혼을 속건제물로" 드림으로써 "많은 사람을 의롭게"(사53:10이하) 하는 종에 관한 선지자의 말을 재현하고 있는지 아닌 지는 모르겠지만, 이 표현은 당시 유대적 배경에서는 유대인들의 죄를 속죄한다는 의미를 띠고 있다.[16]

그래서, 누가가 십자가의 신학(theologia crucis)이 아니라 영광의 신학(theologia gloriae)을 제시하고 있다고 주장하는 사람들의 말이 옳다 할지라도, 신약의 저작들에 십자가의 신학이 폭넓게 존재하고 있다는 사실은 그것이 바울에게만 특유한 것이 아니라 바울 이전으로 거슬러 올라간다는 것을 보여준다. 아니 실제로는 예수께서도 자신의 죽음을 그렇게 이해했을 것이다.

하지만 사도행전의 앞부분에 나오는 강론들에는 죄사함은 그리스도에 대한 믿음과 연결되어 있다. "저에 대하여 모든 선지자도 증거하되 저를 믿는 사람들이 다 그 이름을 힘입어 죄사함을 받는다 하였느니라"(행10:43)고 베드로는 고넬료의 집에서 말한다. 이 말 속에는 예수의 죽음이 사람들의 죄를 속(贖)하는 효력을 갖고 있다는 것이 분명하게 표현되어 있지 않다고 하더라도, 죄사함은 일반적인 회개가 아니라 특별히 십자가에 못박히시고 높이 들리신 예수에 대한 믿음을 통해 이루어진다고 말한 사람들의 생각에 그러한 내용이 들어있지 않을 리가 없다. 예수를 이사야에 나오는 여호와의 종으로 보았던 사람들이 종이 "자기 영혼을 버려 사망에 이르게 하여" "많은 사람의 죄"(사53:12)를 졌다는 구절로부터 바로 이것이 예수께서 하신 일이었다는 결론을 끌어내었다는 것은 자연스러운 일이다.

그러므로 우리는 "우리 죄를 위하여"라는 구절은 "그리스도께서 죽으시고"라는 말을 부연 설명하기 위하여 덧붙인 바울의 용어이며, 그가 전해 받은 전승에 속했던 것이 아니라고 너무 쉽게 단정하지 않아야 한다.

---

15) 마태복음 26:28에 나오는 거룩한 친교를 제정하는 기사에서, "많은 사람을 위하여 흘리는 바 나의 피 곧 언약의 피니라"(참조, 막14:24)라는 말에는 "죄사함을 얻게 하려고"라는 설명 어구가 부가되어 있다.
16) 마가복음 10:45의 또 다른 배경의 가능성에 대하여는 C. K. Barrett, "The Background of Mark 10:45", in *New Testament Essays... in Memory of T. W. Manson*, ed. A. J. B. Higgins, pp. 1 ff를 보라. 73쪽 이하를 보라.
17) 이 히브리어로 된 구절은 빌립보서 2:7이하에서 헬라어로 번역되어 있다. 거기에는 그리스도는 "자기를 비어 죽기까지" 했다고 쓰여 있다. 이 구절이 바울 이전이든 아니든, 바울은 그 구절을 사용하여 자신의 사상을 피력하고 있다. 146쪽 주 25와 139쪽 주 33을 보라.

몇몇 학자들은 "성경대로 그리스도께서 우리 죄를 위하여 죽으시고"라는 헬라어 본문의 근저(根底)에 있는 셈어(더 구체적으로는 아람어)를 찾아내려고 하였다.[18] 이에 대해 어떤 학자들은 "성경대로"라는 헬라어에 해당하는 아람어가 없다는 우스꽝스러운 근거를 들면서 이를 반대한다. 이러한 것들은 불확신하고 순요치 않은 문세들이다. 바울이 전승을 어떤 언어로 전해 받았던지, 그가 이방 신자들에게 헬라어로 전했을 때는 아람어 어법을 아무런 부담감도 갖지 않고 헬라어로 재현했다.

헬라어 근저에 있는 셈어에 관한 논쟁에서 들고 나오는 한 가지 사항은 "그리스도"라는 단어 앞에 헬라어 정관사가 없다는 것이다.[19] 그러나 실제로 그와 같은 것은 어쨌든간에 아무 것도 입증하지 못한다. 그것보다 훨씬 더 중요한 것은 관사가 있든 없든 "그리스도"라는 호칭을 사용했다는 점이다. 초기부터 복음에서는 예수를 메시야로 선포했다. 이방인이 "그리스도가 죽었다"고 말했다면 ― 예를 들면, 타키투스가 "그리스도는 처형되었다"라고 말하는 것처럼[20] ― 그것은 신학적인 의미를 내포하는 선언이 아니라 단순한 사실 진술에 불과했을 것이다. "그리스도"는 예수를 지칭하는 또 하나의 이름에 불과했을 것이다. 그러나 1세기의 유대인이 "그리스도께서 죽으셨다"라고 말하는 것은 죽은 사람에 대한 평가 즉 예수는 주의 기름부음 받은 자였다는 인정을 포함하고 있다. 따라서, 바울이 전해 받은 이 첫번째 구절에는 세 가지 신학적인 명제들이 소중하게 간직되어 있다. 예수는 메시야였다는 것, 그는 자기 백성의 죄를 위하여 죽으셨다는 것, 그가 이렇게 죽은 것은 성경을 성취하기 위함이었다는 것.

② "그리스도께서 … 장사 지낸 바 되었다가". 네번째 구절("게바에게 보이시고 … ")이 세번째 구절("성경대로 사흘 만에(제삼일에) 다시 살아나사")의 보충이듯이, 이 두번째 구절은 첫번째 구절("성경대로 그리스도께서 우리 죄를 위하여 죽으시고")의 보충으로 볼 수도 있다.[21] 그럴지라도 장사(葬事)되었다는 것이 독립적인 구절로 나와 있다는 사실은 그것이 전승에서 독립적인 요소였음을 보여준다. 왜 그랬을까? 장사되었다는 사실은 때때로 죽음이 현실적으로 일어났으며 종결되었음을 강조하기 위하여 특별히 언급된다. "다윗이 죽어

---

18) J. Jeremias, *The Eucharistic Words of Jesus*, E. T.(Oxford, 1955), pp. 129 ff.; B. Klappert, "Zur Frage des Urtextes von 1 Kor. xv. 3-5", *NTS* 13(1966-67), pp. 168 ff 를 참조하라. 이와 반대의 논증에 대하여는 H. Conzelmann, "Zur Analyse der Bekenntnisformel 1 Kor. 15, 3-5", *Ev. Th.* 25(1965), pp. 1 ff를 보라.
19) J. Jeremias, "Artikelloses Χριστός", ZNW 57(1966), pp. 211 ff.; "Nochmals: Artikelloses Χριστός", ZNW 60(1969), pp. 215 ff.; 그 반대에 관해서는 P. Vielhauer, "Ein Weg zur ntl. Christologie;" *Ev. Th.* 25(1965), pp. 24ff.; 특히 pp. 57 f를 참조하라.
20) Tacitus, *Annals* xv. 44. 4.
21) E. Schweizer, "Two New Testament Creeds Compared", in *Current Issues in New Testament Interpretation: Essays in honor of O. A. Piper*, ed. W. Klassen and G. F. Snyder(London, 1962), pp. 166 f.; R. H. Fuller, *The Formation of the Resurrection Narratives*(London, 1972), pp. 9 ff를 참조하라.

장사되어 그 묘가 오늘까지 우리 중에 있도다"(행2:29)라고 베드로는 오순절에 말한다. 그러나 이보다 더한 의미가 현재의 문맥 가운데 함축되어 있다. 장사를 지낸다는 것은 분명히 죽음을 봉인하는 것이지만, 그것은 또한 부활의 배경을 이루는 것이다.

부활은 죽음과 장사(葬事)를 뒤엎는 것이었으므로, 바울이 장사되었다는 사실을 따로 언급한 것은 빈 무덤을 강조하기 위함이다. "그가 고린도전서 15장에서 예수의 부활에 관하여 말하는 것을 보면, 그는 주의 몸이 무덤 속에 남아 있었다는 것을 믿지 않았음이 분명하다. 하지만 무덤이 비어 있었다는 사실을 언급하지 않은 것은 바울이 그것을 부활의 증거라고 생각하지 않았음을 보여준다"고 후크(S. H. Hooke)는 말했다.[22] 무덤이 비어 있었다는 것은 단지 몸이 어디론가 옮겨졌다는 것을 의미할 뿐이다. 그러나 제자들이 부활하신 주님이 자기들에게 나타나셨다고 아무리 확신있게 주장한다 할지라도, 주님의 몸이 여전히 무덤에 남아 있었다면, 그것은 부활을 반박할 수 있는 충분한 근거가 되었을 것이다. 그래서 "장사 지낸 바 되었다"는 구절을 따로 떼어 밝혔다.

③ "그리스도께서 성경대로 사흘 만에(제삼일에) 다시 살아나사". 이 세번째 구절은 그리스도의 부활에 관하여 두 가지 사실을 말해 준다. 첫째, 부활은 "사흘 만에" 일어났다는 것. 둘째, 부활은 "성경대로" 일어났다는 것.[23] 실제로 그렇다면, 우리는 사흘 만에(제삼일에) 부활할 것을 예언한 구약의 말씀을 찾아내지 않아도 된다. 그러한 구절들은 제시되어 왔지만, 적절한 증거인지는 의심스럽다. 사람들은 흔히 호세아 6:2을 인용한다. "여호와께서 이틀 후에 우리를 살리시며 제삼일에 우리를 일으키시리니 우리가 그 앞에서 살리라"—그러나 이것이 메시야의 부활을 적절하게 예언한 증언(testimonium)이라고 하기는 힘들다. 이사야가 히스기야에게 한 확약(確約)은 그러한 전거가 되기는 더욱 부적합하다.

"네가 삼일 만에 여호와의 전에 올라가겠고"(왕하20:5). 요나가 큰 물고기 뱃속에서 "밤낮 사흘"을 있었던 것이 바울 이외의 문맥에서 부활에 대한 전거(testimonium)로 채택되고 있지만, 요나가 큰 물고기의 뱃속에서 "사흘 만에(제삼일에)" 나왔다고 하지는 않는다(마12:40). "안식일 이튿날"(레23:9-21) 하나님 앞에 첫 열매를 흔드는 것은 "그리스도께서 죽은 자 가운데서 다시 살아 잠자는 자들의 첫 열매가 되셨도다"(고전15:20)는 바울의 말에 영향을 미쳤을 것이다.[24] 그러나 이것은 이 주제에 대한 바울 자신의 해석의 일부이다. "안식일 이튿날"이 반드시 유월절 후 "제삼일"이지는 않았기 때문이다(예수께서 죽으시

---

22) S. H. Hooke, *The Resurrection of Christ*(London, 1967), p. 114.
23) B. M. Metzger, "A Suggestion concerning the Meaning of 1 Cor. xv.4b", *JTS*, n.s. 8(1957), pp. 118 ff를 참조하라.
24) B. W. Bacon, *The Apostolic Message*(New York, 1925), pp. 134 f를 참조하라. "안식일 이튿날"에서, "안식일"은 성전 역법(曆法)을 규제했던 대제사장의 해석에서 매주의 안식일로 이해되었다. 하지만 주후 70년 이후 표준이 된 바리새파의 해석에서 이 안식일은 무교병(unleavened bread)을 먹는 절기일이어서 오늘날 정통 유대력에서 오순절은 성전 역법과는 달리 일요일에 해당되지 않는다. Mishnah 므나홋 10; 3; Tosefta 므나홋 10:23(528); TB 므나홋 65 a를 보라.

고 부활하신 그 해에는 그랬을지도 모르지만).

만약 "사흘 만에(제삼일에)"라는 말이 "성경대로"라는 구절과 분리되어 있다고 한다면, 전승이 전거로 삼았을 구약의 구절들을 찾아내는 데 어려움을 겪지 않아도 될 것이다. 네번째 종의 노래를 그리스도의 죽음에 대한 전기(testimonium)로 삼을 수 있다면, 부활에 대한 전거로도 삼을 수 있다(물론 그리스도의 승귀(昇貴)의 전거로도). "산 자의 땅에서 끊어진" 종에게 "그 날은 길 것이요", "자기 영혼의 수고한 것을 보고 만족히 여길 것"[25](사 53:8, 10이하)이라는 약속이 주어진다. 사도행전의 연설들 속에는 다른 전거들(testimonia)이 있다. 예를 들면, "내 영혼을 음부에 버리지 아니하시며 주의 거룩한 자로 썩지 않게 하실 것임이니이다"(시16:10, 행2:27, 13:35에서 인용하고 있다). 사도들은 다윗의 이러한 확신이 다윗의 자손 메시야의 부활에서 성취되었으며, 하나님은 이 부활을 통해 자기 백성들에게 "다윗의 거룩하고 미쁜 은사"(행13:34, 사55:3을 인용하고 있다)를 주셨다고 설교했다.[26] 예수를 다윗의 자손으로 보는 것을 바탕으로 한 이러한 전거들은 예루살렘 전승의 특징이다.

그리스도께서 "사흘 만에(제삼일에)" 부활하셨다는 말은 구약이 아니라 역사적 사실을 근거로 한 말이다. 부활 사건 이전에 부활 예고에서 사용된 ("밤낮 사흘"이 아니라) "사흘 만에(after three days)"라는 표현(예를 들면, 막8:31)은 "짧은 기간 안에"라는 일반적인 의미였을 것이다. 그런데 부활 사건이 일어난 후 우리는 그러한 표현이 "제삼일에(on the third day)"라는 표현으로 일관되게 사용된다는 것을 발견한다. 무덤이 비어 있음을 발견하고 베드로와 다른 사람들이 예수를 부활 후 처음으로 만난 것은 실제로 제삼일이었기 때문이다. 그리스도께서 부활하셨다는 것을 입증하는 것은 바로 예수께서 부활의 모습으로 나타나신 사건들이었다. "초기의 기독교인들은 예수의 시신이 없어졌다고 하여 부활을 믿은 것이 아니었다. 그들은 실제로 살아있는 그리스도를 만나 보았기 때문에 믿었다".[27]

예루살렘은 바울이 전해 받은 전승의 수원지(水源池)로서 사람들의 마음을 끈다. 바울이 다메섹이나 다른 곳에서 들은 그 어떠한 말도 그 권위에 있어서 베드로와 야고보가 전해 준 전승과 비교할 수 없었다. 바울의 활동 후기에 예루살렘 지도자들과 긴장 관계가 생기기도 했지만, 바울의 눈에 예루살렘은 신앙의 본거지로 남아 있었다. 그 도성(都城)에 있는 교회는 모교회였고 그러한 대우를 받아야 마땅했기 때문이다. 그리스도께서 높이 들리우신 후에

---

25) "빛"이라는 명사는 전승의 어느 단계에서 분명히 맛소라 본문에서 탈락되었다. 하지만 그것은 칠십인역에는 보전되었으며 쿰란 제1 동굴(1QIS^{a}과 1QIS^b)에서 발견된 기독교 이전 시기의 히브리어 사본들에 의해 입증된다.
26) 바울은 그의 서신들에서 다윗의 약속들을 전거(Testimonia)로 드는 일이 드물며(그 한 예가 로마서 5:12인데, 거기에서는 이사야 11:10의 "이새의 뿌리"에 관한 예언이 이방인 선교와 관련하여 인용된다) 부활과 관련해서는 결코 전거로 들지 않는다.
27) C. T. Craig, *The Beginning of Christianity*(New York, 1943), p. 135.

처음으로 그리스도의 영을 받은 이들은 바로 예루살렘에 있는 제자들이었다.

바울이 다메섹에서 동일한 성령을 받았다면, 그것은 바울을 최초로 성령 세례를 받은 공동체와 더 밀접하게 묶어 놓았다. 바울이 성령을 받은 것은 다메섹 도상과 그 직후의 몇 날 동안에 그에게 동터왔던 계시의 한 측면이었지만, 그는 자기에 앞서 사도가 되었던 사람들이 예루살렘에서 자기에게 전해 준 전승을 성령의 교제 안에서 잘 이해할 수 있었다.

지금까지 계시로서의 복음과 전승으로서의 복음에 관하여 여러 가지를 이야기했는데, 바울에게 복음은 한 묶음의 사실 확인 또는 사실 기록보다 더한 의미를 가지고 있었음을 덧붙여야겠다. 복음은 "사람들이 그 '안에' '있거나' '서 있을' 수 있는 지속적인 실체"(참조, 고전15:1)이며, 믿는 자들을 구원하기 위한 하나님의 권능 있는 매개 수단(참조, 롬1:16)이었다. 복음은 "하나님이 사람들의 생명에 접하기 위해 활동하는 장(場)"이었다.[28] 복음은 피조물 전체를 구속하기 위한 하나님의 포괄적인 계획이었다(참조, 롬8:19-23). 복음은 그리스도 사건 자체였다.

바울 자신이 바로 이러한 복음의 힘의 장(field of force) 안에 서 있었다. 바울은 복음을 섬기도록 자신이 부르심 받아 성별되었다는 것을 알고 있었다.[29] 바울은 사람들을 구원하는 복음의 권능에 참여했고, 이러한 참여는 응분의 보상을 가져 왔다(참조, 고전9:16-23).

4. 바울이 수리아와 길리기아를 향해 떠나다

예루살렘에서 십오일 동안 머문 다음에 바울은 "수리아와 길리기아 지방"(갈1:21) ― 즉, 자기가 태어난 곳(수리아 - 길리기아로 통합된 속주)을 향해 떠났다고 한다. 누가는 이에 대해 더 자세하게 설명을 한다. 짧은 방문기간 동안에 헬라파들과 이전에 스데반과 다른 사람들을 핍박했던 옛 동료들은 바울의 생명을 위협했다. 바울을 변절자로 보았기 때문이다. 바울은 예루살렘을 방문하는 동안 베드로의 숙소에 숨어 지내지 않았다. 사도행전 22:17-21에 나와 있는 바울의 성전 방문이 이때 있었다고 보는 것이 가장 자연스러운데, 성전을 방문한 바울에게 부활하신 주님이 다시 나타나셔서 그의 사명은 예루살렘에 있는 동포 유대인들이 아니라 이방인들을 향한 것임을 다시 한 번 확인시켜 주셨다.[30] 아마도 기독교인이 되어 예루살렘으로 돌아온 바울은 이전에 자신의 동료들이었던 사람들에게 복음을 전하고자 하는 불타는 열망으로 가득차 있었을 것이다. 하지만 그는 그들이 자기의 증언을 들을 사람

---

28) J. H. Schütz, *Paul and the Anatomy of Apostolic Authority*(Cambridge, 1975), pp. 43 ff., 53.
29) 그는 자신의 복음 사역을 "제사장 직무"(롬15:16)라고 말한다.
30) 160쪽을 보라.

들이 아니라는 것을 확인하게 되었다. 그때 바울의 새로운 동료들은 그를 가이사랴로 데리고 가서 다소로 가는 배를 태워보냈다(행9:29이하).

 바나바에 대한 언급과 마찬가지로 이 자세한 내용은 여기서 누가가 개략적으로 요약한 이야기의 일부인 것 같지 않다. 어쨌든 바울의 세 동료들은 바울이 탄 배가 지평선 너머로 사라져가는 것을 보았을 때 안도의 한숨을 쉬고 편안한 마음으로 예루살렘으로 돌아왔을 것이다. 기독교인들을 핍박하던 때의 바울은 그들의 육체에 가시였었다. 그런데 그들은 기독교인이 된 바울 역시 골치 아픈 존재로서 그가 예루살렘을 방문할 때마다 분란이 일어날 가능성이 항상 잠재해 있다는 것을 알게 되었다. 그러나 어쨌든 현재로는 누가의 말대로 "교회가 평안"하였다(행9:31).[31]

---

31) "온 유대와 갈릴리와 사마리아 교회가 평안하여"(행9:31)라는 말은 바울의 회심 이야기에서 팔레스틴의 지중해 연안이 복음화 되어가는 기사로 넘어가기 위한 연결어일 것이다. 하지만 신약성경에서 갈릴리에 있는 교회를 언급하고 있는 유일한 대목이라는 점에서 주목할 가치가 있다.

제 11 장

바울과 역사적 예수

바울은 다메섹 도상에서 자신을 "나는 네가 핍박하는 예수라"고 소개한 분을 삼년 전쯤 십자가에 못박히셨던 나사렛 예수와 동일한 분인 높이 들리우신 하나님의 아들로 알아차렸다. 앞서 예수께서 부활 후 자신의 모습을 나타내신 사람들은 지난 세월에 그를 잘 알고 있었던 사람들이었다. 그후로 그들이 부활하신 주님이자 구주로 인정하게 되었던 그분은 예전에 갈릴리의 선생으로서 그들이 잘 알고 있었던 분이었다. 바울은 십자가 사건 이전에는 예수를 몰랐었다. 그는 예수를 부활하신 주님으로 처음 알게 되었다.

따라서 "역사적 예수"에 대한 바울의 관점은 원래의 제자들과는 다를 수밖에 없었다. "역사적 예수"에 관하여 논의함에 있어서 우리는 오늘날의 몇몇 학자들이 그러듯이 진정한 예수의 모습과 역사과학의 방법론을 통해 알 수 있는 예수의 모습을 구별하려고 하는 것이 아니다.[1] 그러나 가능한 한도 내에서 바울이 나사렛 예수의 삶과 가르침에 관하여 어느 정도의 지식과 관심을 가지고 있었는지를 살펴보는 것은 흥미로운 일이다.

1. 역사적 예수에 대한 바울의 언급들

예수께서 팔레스틴에서 공생애를 사시는 동안 바울은 예루살렘의 사도들과는 달리 예수

---

1) J. M. Robinson, *A New Quest of the Historical Jesus*(London, 1959), pp. 26 f.를 참조하라.

를 따르던 사람이 아니었다는 이유로 바울의 사도직을 부인하는 사람들이 있기도 했지만, 그런데도 바울은 역사적 예수에 관하여 우리가 가지고 있는 가장 초기의 전거(典據)이다. 바울은 복음서들에서 다루고 있는 것과 비교하면 역사적 예수에 관하여 많은 것을 말해 주지는 않지만 예수께서 태어나셔서 사시다가 돌아가셨다는 단순한 사실보다는 더 많은 것을 우리에게 말해 준다.

바울은 말한다. 예수는 유대의 율법 아래 살았던(갈4:4) 아브라함(갈3:16)과 다윗(롬1:3)의 자손이었다. 그는 배신을 당했고, 배신당하던 날 밤에 떡과 포도즙으로 행하는 기념 성찬을 제정하셨다(고전11:23-25). 그는 로마의 처형 방법인 십자가형(刑)에 의해 죽임을 당하셨는데(갈3:1 등), 그의 죽음에는 유대 당국자들도 어느 정도 책임이 있었다(살전2:15). 그는 장사지내졌다가 제삼일에 부활하셨으며, 그후 여러 번, 한 사람에서 오백 명에 이르기까지 (그때마다) 다른 수의 목격자들에게 부활의 모습으로 나타나셨는데, 그 가운데 대다수는 살아 있어서 25년 전의 사건을 확증하였다(고전15:4-8).

바울은 예수의 사도들과 형제들을 알고 있었는데, 게바(베드로)와 요한을 예수의 죽음 후 15년 내지 20년 된 예루살렘 교회의 "기둥"이라고 말하고, 야고보에 대해서도 "기둥"이라고 말한다(갈2:9, 참조, 1:19). 그는 사도들과 주의 형제들 가운데 많은 사람이 기혼자였음을 알고 있다. 게바(베드로)가 결혼했다는 사실을 특별히 언급하고 있는데(고전9:5), 이것은 예수께서 베드로의 장모를 고치셨다는 복음서 이야기와 우연히 일치한다(막1:30이하). 때때로 바울은 예수의 말씀들을 인용하는데, 이 가운데 몇몇에 대해서는 더 자세히 살펴보고자 한다.

예수의 말씀들을 실제로 인용하고 있지 않은 곳에서도 바울은 예수께서 말씀하신 것의 실질적인 내용들을 많이 알고 있음을 보여준다. 사도 바울이 스승의 가르침에 얼마나 철저히 젖어있는가를 알려면, 바울이 신자들의 삶에서 복음이 어떠한 실제적인 의미들을 가지고 있는지를 상세히 설명하고 있는 로마서의 윤리적 권면 부분(12:1-15:7)과 산상수훈을 비교해 보기만 하면 된다. 게다가 로마서를 비롯한 다른 모든 곳에서 바울이 윤리적 교훈의 주된 논거로 삼고 있는 것은 예수의 모범이다. 바울이 이해한 예수의 성품은 복음서에 묘사된 예수의 성품과 일치한다. 바울이 "그리스도의 온유와 관용"(고후10:1)을 말하는 부분을 읽게 될 때, 우리는 예수가 "마음이 온유하고 겸손"(마11:29)하다는 마태복음 기자의 말을 생각하게 된다.

복음서에 나오는 자기를 부인하는 예수의 모습은 "그리스도께서 자기를 기쁘게 하지 아니하셨나니"(롬15:3)라는 바울의 말과 부합한다. 복음서에 나오는 예수께서 자기를 따르는 자들에게 자기를 부인하라고 권면한 것처럼, 사도 바울은 "연약한 자의 약점을 담당하고 자기를 기쁘게 하지 아니" 하는 것이 그리스도를 따르는 우리들의 마땅한 도리라고 역설한다(롬15:1). 바울이 빌립보 성도들에게 "종의 형체"를 가지신 "그리스도 예수" 안에 있는 마음을 그들 가운데 품으라고 권면할 때, 우리는 누가에 의하면 최후의 만찬에서 제자들에게

"나는 섬기는 자로 너희 중에 있노라"(눅22:27)라고 말씀하셨던 그분, 요한에 의하면 제자들의 발을 씻김으로써 겸손한 섬김의 모습을 보여주셨던(요13:3이하) 그분을 생각하게 된다.

간단히 말하면, 역사적 예수의 삶과 가르침에 관하여 바울이 말하고 있는 바는 신약 특히 네 복음서에 나와있는 내용과 부합한다는 것이다. 바울은 다른 사도들이 전한 것과 동일한 사실에 근거하여 복음을 전한다는 것을 힘주어 강조한다(고전15:11) — 이러한 바울의 주장은 그가 지상(地上)의 예수나 원래의 사도들의 동반자가 아니었고 그들로부터 자신이 독립되어 있음을 거듭 강조하기 때문에(갈1:11이하. 2:6), 더욱 더 주목할 만하다.

하지만 동시에 예수에 관하여 익히 알고 있는 사실들 가운데 바울의 서신들에서 결코 배울 수 없는 것들이 몇몇 있다. 예수는 평소에 비유로 가르치셨다는 것, 그는 병자들을 고치시고 다른 "이적들"을 행하셨다는 것. 바울의 서신들에서 우리는 예수의 수세(受洗)와 시험(試驗), 갈릴리 사역, 가이사랴 빌립보에서의 전환점, 변화산 사건, 최후의 예루살렘 방문에 관하여서는 아무 것도 알 수 없다. 우리는 바울의 서신들에서 예수의 십자가 사건에 대한 거듭되는 분명한 언급들을 볼 수 있다. 하지만 예수의 십자가 사건이 있기까지 일어난 일련의 사건들에 관해서는 바울 서신들에서 얻을 수 있는 것이 없다.

2. 새로운 전망(展望)

그리스도 사건이 구원의 역사에서 신기원을 이루었다는 것은 바울과 복음서 기자들에게 공통된 토대가 되고 있다. 마가에 의하면, 예수는 "때가 찼고 하나님 나라가 가까왔으니"(막1:15)라는 선포로 갈릴리 사역을 개시했다. 바울에 의하면, "때가 차매 하나님이 그 아들을 보내사 우리로 아들의 명분을 얻게 하려 하심이라"(갈4:4이하). 이 두 선포의 실질적인 내용은 동일하지만, 사건을 바라보는 전망(perspective)에 있어서는 변화가 있다. 성 금요일(Good Friday)과 부활절(Easter Day)이 함께 짜여져 있고, 본래 설교자였던 분이 설교되는 대상이 되어 있다.[2]

이러한 전망의 변화는 예수 자신의 가르침에 미리 예고되어 있다. 예수의 사역에서 하나님 나라가 동트기는 하였지만 활짝 꽃이 핀 것은 아니었다. 예수께서 수난의 "세례"를 받을 때까지 하나님 나라는 일정하게 제한되어 있었다(눅12:50). 하지만 인자의 수난과 승리를 통해 이러한 제한들은 제거되고, 어느 땐가 청중들에게 말씀하신 것처럼 그들 가운데 몇몇은 살아서 "하나님 나라가 권능으로 임하는 것"(막9:1)을 볼 것이었다.

---

2) A. Schweitzer, *The Mysticism of Paul the Apostle*, E. T. (London, 1931), p.113을 참조하라. 우리는 예수와 바울을(Martin Buber가 자기의 책 제목에서 표현하고 있듯이) *Two Types of Faith*, E. T. (London, 1951)로 보아서는 안 되고 신앙의 두 '세대(*ages*)'로 보아야 한다.

바울에게 권능으로 임한 것은 성취된 사실이었다. 예수는 "성결의 영으로는 죽은 가운데서 부활하여 '능력으로' 하나님의 아들로 인정"되셨다(롬1:4). 예수를 죽은 자로부터 일으키신 하나님의 능력은 내주하시는 성령을 통해 그들에게 전달되어서 예수를 따르는 사람들 가운데서 지금 활동하고 있다. 이 내주하시는 성령은 그들에게 아주 순조롭게 시작된, 만유를 새롭게 하시는 사역이 성공적으로 완성될 것이라는 확신을 준다. 이미 힘을 못쓰게 된 적대적인 영의 세력들은 멸망당해야 한다. 맨 나중에 멸망받을 원수인 사망을 멸한 후에 다가오는 부활, 영광의 시대가 이루어질 것이다(고전15:25이하). 하지만 그리스도와 믿음으로 하나된 사람들은 성령을 통하여 지금 여기에서 그러한 축복들을 누리게 된다(고후5:5). "그런즉 누구든지 그리스도 안에 있으면 새로운 피조물이라 이전 것은 지나갔으니 보라 새 것이 되었도다"(고후5:17)라고 바울은 말한다.

그러므로 이러한 전망의 변화를 두 가지 점에서 고찰할 수 있다. 이 변화는 세계사의 견지에서 주후 30년 경에 객관적으로 일어났다. 이 변화는 어떤 사람이 "그리스도 안에" 있게 될 때 경험하게 된다. 그리고 이러한 변화가 한 개인에게 일어나면, 그의 전망 전체가 혁명적으로 바뀌게 된다. "그러므로 우리가 이제부터는 아무 사람도 육체대로 알지 아니하노라 비록 우리가 그리스도도 육체대로 알았으나 이제부터는 이같이 알지 아니 하노라"(고후5:16).

이 말은 예수에 대한 바울의 관계와 태도를 논의하는 과정에서 끊임없이 결정적인 역할을 해왔다. 이제는 바울과 그의 동료 기독교인들에게 과거지사(過去之事)가 되어버린 일이지만, 그리스도를 "육체대로" 안다는 것은 무엇을 뜻하는 것인가?

오늘날에는 금세기 초에 요한네스 바이스(Johannes Weiss)가 주창했던 노선을 따르는 사람은 찾아보기 힘들다. 그는 바울이 쓰는 말에는 "직접 개인적으로 접해서 받은 인상(impression)"이 나타나 있는 것으로 보아, 바울은 틀림없이 성 주간(Holy Week) 동안 예루살렘에서 예수를 보았으며 그의 말씀을 들었을 것이며, 바울이 "성령을 따라" 받은 새로운 지식과 대비하여 하찮게 보고 있는 것은 바로 그때 얻은 지식이라고 생각했다.[3]

바울이 십자가 사건 이전에 예수를 보거나 들었느냐는 것은 여기서 문제가 되지 않는다.[4] 문제가 되는 것은 고린도후서 5:16에 나오는 바울의 말에 그런 식으로 예수를 보거나 들었다는 언급이 나오느냐는 것이다. 이에 대해 루돌프 불트만(Rudolf Bultmann)은 가장 적절한 말을 하고 있다. "그(바울)가 예수를 보고 깊은 인상을 받았다는 것을 고린도후서 5:16에서 읽어낸다는 것은 오직 환상을 통해서만이 가능하다."[5] 그러나 불트만이 말은 이렇게 하고 있지만, 이 본문에 대한 불트만 교수 자신의 해석에는 은연중에 그러한 전제가 깔려 있다. 불트만에 있어서 바울이 하찮게 여기는 "육체대로" 그리스도를 아는 것은 역사적

---

3) J. Weiss, *Paul and Jesus*, E. T. (London, 1909), pp. 47 f.
4) 예루살렘은 바울이 소년시절을 보내고 양육받은 도시였다는 *Tarsus or Jerusalem*, E. T. (London, 1962)에서의 W. C. van Unnik의 주장을 받아들인다면, 그가 예수를 보았을 가능성이 높다. 56쪽을 보라.
5) R. Bultmann, "Paul", E. T. in *Existence and Faith* (London, 1964), p.133.

예수에 대한 관심과 동일한 것이기 때문이다. "'메시야 의식'을 가진 '역사적 예수'를 재구성하기 위하여 케리그마를 '자료'로 사용하여 케리그마의 배후를 들여다 보는 것은 온당치 못하다. 그것은 더 이상 존재하지 않는 '육체대로의 그리스도'일 뿐이다."[6]

이러한 관점은 특히 독일에(아마도 불트만의 영향 아래) 널리 퍼져 있기 때문에 오늘날 우리는 "바울은 역사적 예수에 관심이 없었다(고후5:16!)"는 것과 같은 말들을 흔히 듣는다. 그러나 고린도후서 5:16을 전거로 들고 느낌표로 강조한 이 말의 핵심이 그 자체로는 아무리 타당하다 할지라도 바울이 여기서 말하고 있는 것의 핵심은 아니다. 바울이 높이 들리우신 주님에 대한 자기의 현재 지식과는 대조적으로 예수의 공생애 사역 동안 그와 함께 다님으로써 열두 사도가 얻게 된 예수에 관한 지식을 폄하(貶下)하려고 애쓰는 것은 더욱 아니다.[7] 열두 사도와 바울 사이에 어떤 차이점이 있다 할지라도, 바울과 마찬가지로 그들도 지금 "그리스도 안에" 있었다.

바울이 인정하지 않을 수 없듯이, 바울과 마찬가지로 그들도 지금 성령을 받았다. 여기서 바울이 대비하고 있는 것은 그리스도와 일반적으로 세상에 대한 자신의 이전 태도와 현재의 태도이며, 지금은 자기가 "그리스도 안에" 있다는 것이다. 이 점은 신영역성서(the New English Bible)에 훌륭하게 표현되어 있다. "그러므로 우리에게는 어떤 사람을 평가하는 데 있어서 세상적인 표준이 더 이상 중요하지 않게 되었다. 전에는 세상적인 표준이 우리가 그리스도를 이해하는 데 있어서 중요했을지라도 이제는 더 이상 그렇지 않다."

그러나 한 가지 의문이 더 생긴다. 바울이 이전에 "육체대로" 그리스도를 알았다고 말할 때, 그는 이제는 예수를 메시야로 인정하게 됨으로써 근본적으로 변하게 된 이전의 메시야관(觀)을 가리키는 것인가 아니면 이제는 사랑으로 대치되었지만 이전에 바울이 갖고 있던 나사렛 예수와 그의 제자들에 대한 적대감을 가리키는 것인가?

아마도 이전에 바울이 갖고 있던 메시야관은 "세상적"이었고 잘못된 것이었는데, 이제는 십자가에 못박히고 부활하신 예수가 메시야라는 것을 알게 됨으로써 메시야관이 근본적으로 변화되었다는 것을 뜻할 것이다. 이제 바울의 메시야관에서 예수라는 인물은 구체적인 배역을 얻게 되었다.

이것은 윌리엄 브레데(William Wrede)의 견해와 정반대이다. 그에 의하면, 바울은 "이 세상을 초월한 신적 존재"라는 메시야관을 이전에 갖고 있었는데 회심 후에도 이러한 메시야관은 지속되었다는 것이다. 바울은 역사적 예수와 그의 진정(眞正)한 말씀에 관해 아무 것도 몰랐으며 관심도 없었고, 오직 다메섹 도상의 체험을 통해 감동을 받아 그때까지

---

6) R. Bultmann, "The Significance of the Historical Jesus for the Theology of Paul", E.T. in *Faith and Understanding*, i(London, 1966), p. 241. H. J. Schoeps, *Paul*, E. T. (London. 1961), pp. 57, 72, 79를 참조하라.
7) S. G. F. Brandon, *Jesus and the Zealots*(Manchester, 1967), p. 183을 참조하라.

이상(理想)으로서의 메시야에 부여했던 모든 특징들을 환상(vision)의 예수에게 전가했다는 것이다.[8] 반대로, 바울이 다메섹 도상의 체험을 통해 예수가 주님이시며 메시야라는 것을 알게 되자 그때로부터 이전에 "육체대로" 알았던 "그리스도"를 자신의 사고에서 없애버렸다고 한다. 물론 이와 아울러 역사적 예수에 대한 바울의 평가도 비록 이 점이 고린도후서 5:16에서 핵심적인 것은 아니지만 완전히 달라졌다.

예수와의 첫번째 만남은 이어 계속된 만남과 마찬가지로 예수가 부활하신 주님이라는 인상을 바울에게 강하게 심어 주었기 때문에, 이러한 측면은 계속해서 바울의 뇌리에 가장 중요한 것으로 남아 있었다. 그런데도 바울의 마음속에서는 자기가 직접적인 교제를 통하여 알게 된 부활하신 주님은 자기가 직접적으로 교제할 수 없었던 역사적 예수와 동일하였다. 그래서 아마도 바울은 "그리스도 예수"라는 특색있는 어순(語順) — 십자가에 못박히신 예수이기도 한 즉위(卽位)하신 그리스도 — 을 사용하는 듯하다.

3. 복음서 전승

바울이 갈라디아 1:12에서 표현하고 있는 직접적인 '계시'로서의 복음의 토대를 이루는 것은 회심 이래로 부활하신 주님과 직접적인 교제를 통하여 얻은 지식이다. 반면에 그가 다른 곳에서 말하고 있는 자기보다 먼저 "그리스도 안에" 있었던 사람들에게서 "전해 받은" '전승'으로서의 복음은 역사적 예수에서 시작되는 메시지를 말한다. "전승"의 최선봉에 서 있는 십자가에 못박히신 그리스도에 관한 설교에 더 이상의 차원들이 있을지라도, 어쨌든 그리스도의 십자가 사건은 예수를 역사 안에 굳게 뿌리박게 해준다.

이러한 "전승"의 한 예는 고린도전서 11:23-25에 나와 있는 "주께서 잡히시던 밤에" 예수께서 성찬식을 제정하시는 이야기이다. 여기서 바울은 고린도 교인들에게 자기가 오년 전에 교회를 세우면서 "전해 주었던" 어떤 것을 일깨워 준다. 비록 전승 경로는 서로 다르지만, 바울의 이 이야기는 궁극적으로 마가복음 14:22-25에 나오는 성찬을 제정하는 이야기와 동일한 출처로까지 거슬러 올라간다. 기록 연대만을 비교한다면, 바울의 이야기는 마가의 것보다 약 10년 이전의 것이다. 그렇더라도 마가의 것이 뭔가 더 오래된 특징들을 보전하고 있다. 그래서 마가복음 14:25에 나오는 "내가 포도나무에서 난 것을 하나님 나라에서 새 것으로 마시는 날까지 다시 마시지 아니하리라"는 예수의 말씀은 고린도전서 11:26에서 "(그가) 오실 때까지"라는 바울 자신의 말로 변형되거나 요약될 수 있었다.

---

8) W. Wrede, *Paul*, E. T. (London, 1907), pp. 147 ff. 여기서 브레데는 바울이 예수의 메시지의 핵심을 진정으로 이해했음에 틀림없다고 주장하는 J. Wellhausen, A. Harnack 등을 비롯한 당시의 학자들과 첨예하게 논쟁하고 있다.

또 "이것을 행하여 나를 기념하라"는 명령과 같은 바울의 이야기 가운데 몇몇 특징들은 누가복음 22:17-20의 더 긴 내용과 유사하다 — 이것은 성찬의 유래와 관계가 있는 흥미로운 본문비평의 문제이지만 여기에서는 별로 중요하지 않음으로 생략한다. 바울의 본문은 자신이 최초로 접한 기독교인의 공동체에서 사용되고 있었던 것이었을 가능성이 높다. 그것은 "주 예수"께서 행하시고 말씀하셨던 것과 관련된 것이었기 때문에, 그것은 결국 "주께 받아" 바울이 이방 신자들에게 전해 준 전승이었다. 이야기의 핵심은 거의 변함없이 보전되었을 것이다. 이 이야기는 기독교인들이 "이 떡을 먹으며 이 잔을 마실 때"만큼이나 자주 있었던 교회 모임에서 수난 이야기 전체와 함께 끊임없이 되풀이되었기 때문이다. "주의 죽으심을 전하는 것이라"고 바울은 말한다(26절).[9]

수난 이야기는 성찬을 거행할 때마다 되풀이 되었을 뿐만 아니라 복음의 선포에서 되풀이 되었기 때문에 일찍부터 확고하게 정립된 내용을 가지고 있었다. 바울에 의하면, 복음을 전할 때마다, "그리스도께서 죽은 자 가운데서 다시 살아나셨다"(고전 15:12)고 전파할 때마다, "예수 그리스도께서 십자가에 못박히신 것"이 밝히 설명되었다(갈3:1).

십자가에 못박히시고 부활하신 그리스도를 이렇게 전하는 것은 바울과 사도들이 공유했던 전승에 속했다는 것은 이미 살펴본 대로 부활하신 그리스도께서 사람들에게 나타나신 사건들을 바울이 요약한 고린도전서 15:3-11에 비추어볼 때 분명하다.[10] 그것 이외에도, 빈 무덤과 부활 후 나타나신 사건은 역사적 예수로부터 높이 들리우신 그리스도로 옮겨가는 경과(經過)를 보여준다. 전승으로서의 바울의 복음은 이 둘 사이에 놓여져 있다고 느껴지는 간격을 연결시켜 준다. 왜냐하면 그것은 이 둘 모두를 자신의 범위 내로 포괄함으로써 이 둘의 연속성과 동일성을 확증해 주기 때문이다.

4. 예수의 가르침

바울이 예수의 가르침에 의존하고 있다는 것을 보여주는 한 측면은 예수의 비유들의 메시지와 바울의 칭의(稱義, justification by faith) 교리의 관계이다.

예수 그리스도 안에 구원이 있다는 것은 바울과 유대교적 경향을 가진 그의 반대자들이 함께 동의했던 명제였다. 구원이 오직 예수 그리스도 안에만 있다는 데에도 그들은 동의했을 것이다. 그러나 오직 그리스도 안에서 발견되는 구원을 어떻게 해야 얻을 수 있는가? 이것은 중대한 문제였다. 의심할 여지없이 바울은 장로들의 유전에 아주 냉담했다.[11] 하지만 이방인들이 제자들의 모임에 참여하기 위한 조건으로 장로들의 유전을 지키는 것이 문제

---

9) 바울의 성찬관에 대해 더 알기 원하면 307쪽을 보라.
10) 75쪽, 102쪽 이하를 보라.
11) 막 7:1-23을 참조하라.

가 되었을 때, 바울 또는 그 누구가 할례는 필요 없다는 자신의 발언을 입증하는 증거를 제시할 수 있었을까? (초대교회가 성장하면서 할례가 중요한 문제였다는 것을 생각할 때, 우리는 이편 또는 저편이 자신의 주장이 옳다는 것을 입증하는 전거로서 들만한 주의 말씀을 찾아내려는 시도가 복음서 전승 기운데 없다는 것에 깊은 인상을 받는다.) 바울은 예수의 가르침의 정신이나 복음의 논리적 귀결을 전거로 삼았을 것이다.[12] 그러나 그의 반대자들은 '축자적으로' 몇장 몇절에 나와 있다는 것을 확인하지 않고는 승복할 수 없었을 것이다. 그런데 그런 것은 가능하지 않았다.

주인공들이 잘 알고 있었던 상황의 많은 요소들을 우리는 모르지만 천구백 년의 간격이 있는 오늘에 와서 볼 때, 우리는 자신이 전한 메시지는 진정한 그리스도의 복음이라는 바울의 주장을 밑받침하는 객관적인 논거를 제시할 수 있다. 논거는 이렇다. 바울이 특히 강조했던 두 가지 — 구원은 하나님의 은혜를 통해 주어진다는 것과 믿음은 그 은혜를 받는 수단이라는 것은 복음서 전승의 여러 다른 흐름들에도 불구하고 예수의 사역 특히 그의 비유들 속에서 거듭거듭 강조되고 있다. 바울이 예수의 비유들을 알고 있었다는 증거가 바울 서신에 거의 완벽하게 발견되지 않는다는 것을 생각할 때,[13] 우리는 어떻게 바울이 스승의 메시지의 핵심을 그토록 정확하게 파악할 수 있었는지 놀랄 뿐이다. 바울의 회심 체험의 핵심이었던 "예수 그리스도의 계시"에 이미 그러한 이해가 함축되어 있었던 것은 아닐까.

사람들이 믿음으로 행한 행위는 예수의 칭찬을 받았는데, 특히 그 사람이 이방인이었을 때는 이러한 칭찬은 두드러졌다.[14] 믿음은 예수의 도움과 축복을 얻는 확실한 수단이었다. 반면에 믿음 없는 모습을 보았을 때, 예수는 자비와 권능의 역사(役事) 베풀기를 거절하셨다.[15] 예수께서 보고자 하셨던 것은 "겨자씨 한알 만한 믿음"[16]이었지만, 제자들 가운데서조차도 이러한 기대는 헛되이 끝난 적이 너무도 많았다.

예수의 비유들 속에 나타난 가르침에서 우리가 말하고자 하는 요지(要旨)를 서로 완전히 다른 두 전승에 속하는 자료 — 누가의 특수자료와 마태의 특수자료에서 예시할 수 있다.

누가복음에 나오는 탕자의 비유(눅15:11-32)에서, 아버지는 둘째 아들의 재기(再起)를 위해 예수께서 (찬성을 표시하며) 말씀하셨던 것과 다른 수단을 택하는 것이 좋았을 수도 있다. 가족의 두통거리가 불명예스러운 모습으로 집에 왔을 때, 아버지는 아비의 심정을 가지고 있는 까닭에 그에게 한번 더 기회를 주는 데 동의하는 게 당연했을 것이다. 미리 주의 깊게 준비한 아들의 자세한 이야기를 듣고 아버지는 이렇게 말했을 것이다. "그래, 됐다,

---

12) 갈 3:2-5; 4:4-7 등을 참조하라.
13) 골로새서 1:6에서 복음이 온 천하에서 "열매를 맺어 자라는도다"라고 묘사한 것은 네 종류의 흙의 비유를 재현하고 있는 것으로 생각되어 왔다(참조, 막4:8).
14) 마 8:10/ 눅 7:9 을 참조하라.
15) 막 6:5/ 마 13:58 을 참조하라.
16) 마 17:20; 눅 17:6.

애야. 전에도 그럴듯한 네 이야기를 많이 들었다. 네가 진짜로 그럴 생각이 있다면, 전에와는 달리 열심히 일할 수 있을 것이니 그렇게 해봐라. 네가 하는 일에서 나오는 소득은 네 것으로 하마. 하지만 먼저 네가 그렇게 할 수 있다는 것을 보여야 한다. 지난 일을 아무 일도 없었던 것처럼 그냥 지나갈 수는 없지 않니." 이 정도만 해도 관대한 것이다. 이와 같은 조치는 둘째 아들에게 좋은 환경을 제공해 주는 것이고 맏아들도 둘째를 시험해 보는 데 만족했을 것이다.

그러나 예수와 바울에 있어서 하나님의 은혜는 그런 것이 아니었다. 하나님은 회개하는 죄인들이 어떻게 하나 보기 위하여 시험해 보지 않으신다. 하나님은 그들에게 어떠한 조건도 달지 않고 환대하며 참된 아들의 자격을 부여한다. 예수와 바울에 있어서 모든 주도권은 언제나 하나님의 은혜에 있었다. 그는 화해 또는 구속을 수여한다. 사람들은 그것을 받는다. "나를 품꾼의 하나로 보소서"라고 탕자가 아버지께 말한다. 그러나 아버지는 그를 "이 내 아들"이라고 부른다. 그래서 바울은 "이후로는 종이 아니요 아들이니 아들이면 하나님으로 말미암아 유업을 이을 자니라"(갈4:7)라고 말한다.

마태복음에 나오는 포도원 품꾼의 비유(마20:1-16)에서 마지막으로 고용된 품꾼들은 포도원 주인과 품삯에 대하여 약정을 하지 않았다. 한 데나리온이 하루의 품삯으로 적정한 것이었다면, 마지막 한 시간 밖에 일하지 않은 사람들은 그 가운데 아주 작은 일부만을 기대했을 것이다. 그런데, 그들은 "상당하게 주리라"는 약속을 받아들였고 결국 온 종일 일한 사람들과 마찬가지로 한 데나리온을 받았다. 하나님의 은혜는 각 사람의 공로에 따라 구분되고 조정되는 것이 아니다. 맨슨(T. W. Manson)이 지적했듯이, 한 데나리온의 1/12의 가치를 가진 주화(鑄貨)가 존재했었다. "그것은 '폰디온'이라 불렀다. 그러나 하나님의 은혜를 1/12로 나누는 것 같은 일은 있을 수 없었다."[17]

이것은 바울이 복음을 이해한 것과 정확히 일치한다. 하나님이 율법을 토대로 사람들을 받으신다면, 한 개인의 공과(功過)를 면밀하게 셈하는 것은 아주 중요한 일이 된다. 그러나 복음의 엄청난 축복들은 바울의 이방인 신자들에게 율법의 행위가 아니라 믿음 — 사랑으로써 역사하는 믿음[18]을 통해 왔었다. 우리가 사랑의 견지에서 말할 때는, 우리는 율법이 설 땅이 없는 곳에 있는 것이다.

윙엘(Eberhard Jüngel)은 「바울과 예수」라는 책에서 바울의 칭의 교리를 예수께서 선포하신 하나님 나라와 비교하였다.[19] 특히 예수의 비유들에는 하나님 나라가 표현되어 있

---

17) T. W. Manson, *The Sayings of Jesus*(London, ² 1949). p. 220. 마태에 특수한 자료의 몇몇 군데에서 매우 다른 강조점이 있다는 것을 간과해서는 안 된다. 이것들로 인하여 몇몇 주석자들은 "이 계명 중에 지극히 작은 것 하나라도 버리고 또 그같이 사람을 가르치는" 자에 대한 마 5:19에서의 비판과 같이 직접적으로 반(反) 바울적인 해석을 하게 되었다(이에 관해서는 또 T. W. Manson, *The Sayings of Jesus*, pp. 25, 154를 보라).
18) 갈 3:2,5; 5:6.
19) E. Jüngel, *Paulus und Jesus*(Tübingen, 1962).

는데, 이 비유에 대하여 청중들이 반응하는 것은 하나님 나라에 대하여 반응하는 것이라고 그는 주장한다. 예수의 비유를 통한 가르침은 단순한 가르침 이상이다. 그것은 윙엘의 스승인 에른스트 푸크스(Ernst Fuchs)의 용어를 빌리면 "언어를 통한 사건(Sprache-reignis)"이다.[20] 즉, 비유를 통한 가르침은 그 자체가 청중들에게 다가 가서 하나님 나라의 요구에 대하여 긍정적인 응답을 하도록 도전하는 사건이라는 것이다.

푸크스와 윙엘은 비유들에는 자기 자신에 대한 예수의 기독론적 증언이 베일에 싸인 형태로 담겨져 있다고 본다. 공생애를 사시는 동안 예수의 행위와 태도는 믿음으로 응답하는 사람들에게 비유들의 의미를 충분히 전달해 주는 생생한 주석이었다. 나중에야 교회는 말로 된 주석을 덧붙일 필요가 있음을 느꼈다. 비유들에서 풍겨 나오는 종말론적 분위기는 칭의에 관한 바울의 가르침에서도 느낄 수 있다. "율법이 우리를 그리스도에게로 인도하는 몽학선생이 되어 우리로 하여금 믿음으로 말미암아 의롭다 함을 얻게 하려 함이니라 믿음이 온 후로는 우리가 몽학선생 아래 있지 아니하도다 너희가 다 믿음으로 말미암아 그리스도 예수 안에서 하나님의 아들이 되었으니"(갈3:24-26)라고 바울은 말한다.

다른 말로 하면, 바울이 로마 성도들에게 말하듯이, "그리스도는 모든 믿는 자에게 의를 이루기 위하여 율법의 마침이 되시니라"(롬10:4).[21] 윙엘은 "율법의 마침(텔로스)"을 그리스도 안에서 '에스카톤(종말)'이 이르렀다는 사실과 관련시킨다. 그는 예수의 설교와 바울의 가르침이 종말론과 역사의 관계를 동일하게 파악하고 있고, 율법의 마침에 대해 동일하게 강조하고 있으며, 믿음을 동일하게 요구하고 있다고 말한다. 다만 차이점이 있다면 그것은 예수는 '에스카톤'을 가까운 미래에 둔 반면에 바울에게 '에스카톤'은 현재적인 것이었다는 점이다.

더 정확히 말한다면, 바울이 살고 있었던 시대는 아직 절대적인 의미에서 '에스카톤' 또는 '텔로스'(참조, 고전15:24)가 아니었고 종말의 입구에 들어선 시대였다 — 그리스도의 백성들 가운데 성령이 내주하고 계시다는 것이 그들에게 하나님의 아들로서의 지위와 유업을 확증해 주는 "과도기"였다(갈4:6). "우리가 성령으로 믿음을 좇아 의의 소망을 기다리노니"(갈5:5). 그러나 이미 그리스도께서 오셔서 구속사역을 끝마치셨기 때문에 하나님의 백성들에게 율법의 시대는 종말을 고했다.

바울이 그리스도를 "율법의 마침"이라고 하는 것은 일종의 신학적인 통찰이다. 하지만 이 통찰은 건전한 역사적 사실에 바탕을 두고 있었다. 예수께서 사역하시는 동안 그와 논쟁을 벌인 바울의 동료 바리새인들 가운데 많은 사람들은 실용적인 수준에서 예수의 행동과 가르침에는 "율법의 마침"이 포함되어 있었음을 느꼈을 것이다 — 단지 예수께서 그들의 구전

---

20) E. Fuchs, *Studies of the Historical Jesus*, E.T. (London, 1964), pp. 125 f; G. Ebeling의 이와 비슷한 조어(造語) *Wortgeschehen*("word event")에 대해서는 *The Nature of Faith*, E.T. (Lodon, 1966), pp. 182 ff를 참조하라.
21) 208쪽 이하를 보라.

전승을 거부했다는 점 때문만이 아니라 안식일 제도와 음식 규제법같은 성문 율법에 속하는 것들에 대해서도 주권적으로 다루었기 때문이다. 사실 우리가 이미 살펴본 대로, 예수는 할례 문제에 관하여 어떠한 선언적인 말씀도 하지 않으셨던 것으로 보인다.

그러나 어떻게 예수께서 율법 전체를 하나님 사랑과 이웃 사랑이라는 가장 기본적인 요구와 관련시켰으며, 마음을 다하는 것, "내면적인 진실", 의와 사랑과 믿음이 가장 중요하다고 역설하셨다는 것을 생각할 때,[22] 예수는 율법의 더 중한 것에 할례를 포함시킬 생각이 없으셨다는 결론을 피하기 어렵다. 예수께서 할례에 관하여 하신 말씀이 남아 있지 않았다면(요한복음 7:22이하에서 안식일 논쟁을 하는 가운데 우연히 특정한 문제와 관련하여(ad hominem) 잠깐 나오는 논증을 제외하고), 그것은 단지 예수께서 사역하시는 상황에서는 할례가 문제가 되지 않았기 때문이다. 후에 이방인 선교의 상황에서 이 문제가 일어났을 때, 바울의 입장은 경건의 외형적인 것들에 대한 예수의 일반적인 태도와 부합했다는 것을 부인하기 어렵다.

바울은 예수와 마찬가지로 율법을 목적 자체가 아니라 목적을 위한 수단으로 취급해야 한다고 주장하고, 경건한 사람들이 하나님 앞에서 자기 자신의 경건을 보장책(保障策)으로 삼으려는 것을 거부하며, "경건치 아니한 자를 의롭다 하시는"(롬4:5) 하나님의 이름으로 장애물들을 헐어버리고, 국외자(outsider)를 위한 복음의 메시지를 전파함으로써 이스라엘 율법의 수호자들에게 충격을 주었다. 이 모든 것 속에서 바울은 당대의 기독교인들보다 더 분명하게 예수의 가르침의 참 뜻을 꿰뚫어 보았다.

5. 우연한 일치들

그러나 복음서 여기저기에 기록되어 있는 예수의 말씀들과 상당히 유사한 구절들이 바울 서신들에 우연히 많이 나타난다. 1904년에 아놀드 레쉬(Arnold Resch)는 그러한 구절들을 에베소서에 133개, 목회서신에 100개를 비롯하여 아홉개의 바울서신에서 925개를 찾아낼 수 있다고 생각했다.[23] 이와는 정반대로 루돌프 불트만(Rudolf Bultmann)은 "역사적 예수의 가르침은 바울에서(그리고 요한에서) 아무런 영향도 미치지 못하고 있다"고 주장

---

22) 마 23:23. 참조, 눅 11:42.
23) A. Resch, *Der Paulinismus und die Logia Jesu = Texte und Undersuchungen* 27 (Leipzig, 1904). 또한 그는 사도행전에 나오는 바울의 연설들 속에서 64개의 예수의 말씀을 찾아낸다. 하지만 그가 바울서신들 속에서 다른 곳에 기록되어 있지 않은 주의 말씀을 12개나 찾아내었다고 주장하는 등 신뢰도를 떨어뜨리는 요소가 있다. 우리는 고린도전서 13:2에 나오는 "산을 옮길 만한 믿음"을 마가복음 11:23이나 마태복음 17:20과 결부시킬 수 있다. 그러나 명확하게 주의 말씀에 속하는 표현들은 흔치 않다.
24) R. Bultmann, *Theology of the New Testament*, E.T., i(London, 1952), p. 35.

했다.[24] 그는 몇몇 주의 말씀이 바울의 권면들 속에 재현되어 있음을 시인하고, 그러한 말씀을 교회생활을 위한 지침들에서 찾아낸다(고전7:10이하, 9:14). 게다가, 데살로니가전서 4:15-17에 나오는 파루시아와 부활에 관한 "주의 말씀" 배후에는 적어도 내용에 있어서는 예루살렘 교회의 전승이 있다. 하지만 바울이 전승을 통해 전해진 말씀을 여기서 인용하는 것인지 아니면 높이 들리신 주님께서 그에게 수신 계시를 전거로 삼아 인용하는 것인지는 확실치 않다.[26]

여기서 우리는 불트만 교수처럼 망설이지 않을 수 없다. 하지만 교회생활을 위한 바울의 지침들 속에 나오는 예수의 가르침의 두 인용문을 좀더 살펴보기로 하자.

① **이혼과 재혼.** 결혼에 관한 고린도 교인들의 질의에 대답하면서, 바울은 제자들에게 이혼에 관한 구속력 있는 예수의 말씀을 인용한다. "혼인한 자들에게 내가 명하노니(명하는 자는 내가 아니요 주시라) 여자는 남편에게서 갈리지 말고(만일 갈릴지라도 그냥 지내든지 다시 그 남편과 화합하든지 하라) 남편도 아내를 버리지 말라"(고전7:10이하).

이것은 '축자적인' 인용은 아니지만, 이 인용이 마가복음 10:2이하와 관련되어 있다는 것은 분명하다. 예수께서 남편이 어떤 이유로 자기 아내와 이혼할 수 있느냐는 질문을 받았을 때, 그는 이혼을 허용하고 있는 신명기 24:1-4에서 더 거슬러 올라가 사람의 창조와 혼인제도에 관한 창세기의 기록을 전거로 들어 "그러므로 하나님이 짝지어 주신 것을 사람이 나누지 못할지니라"고 결론을 맺으셨다.[27] 하지만 바울이 재현하는 것은 후에 제자들이 더 자세한 설명을 요청했을 때 예수께서 하신 더 분명한 대답이다. "누구든지 그 아내를 내어 버리고 다른 데 장가 드는 자는 본처에게 간음을 행함이요, 또 아내가 남편을 버리고 다른 데로 시집가면 간음을 행함이니라"(막10:11이하).

아내가 먼저 제기하는 이혼소송이 이방선교의 상황에서 후대에 추가된 것인지 아니면 (그럴 가능성은 희박하지만) 예수께서 갈릴리 사역을 하고 계실 때 온 땅을 떠들썩하게 만들었던 헤로디아의 사건을 가리키는지를 생각하느라 시간을 뺏길 필요는 없다.[28] 바울이 (주의 이름으로) 남편이 자기 아내와 이혼하는 것을 금하기에 앞서 아내가 자기 남편과 갈라서는 것을 금한다는 것은 주목할 만하다. 아마도 고린도 교인들이 이 점에 대하여 질문을 한 순서대로 바울이 답했을 가능성이 많다. "기독교인인 아내가 자기 남편에게서 갈라서야 하는가?" 아니, 그래서는 안 된다. 아내로서 남편과 함께 계속 살아야 한다. "하지만 아내가 이미 남편과 갈라섰다면 어떻게 해야 하는가?" 그런 때는 계속 혼자 살든가 다시 남편과 합치든가 해라. 아마도 아내는 결혼생활 아니 적어도 지금 남편과의 결혼생활에 염증을 느

---

25) 예를 들면 롬 12:14(마 5:44). 13:9 f.(막 12:31). 16:19(마 10:16). 고전 13:2(막 11:23) (*Theology of the New Testament*, i, p. 188).
26) *Theology of the New Testament*, i. pp. 188 f.
27) 헬라어 Χωρίζειν 이 동사는 고전 7:10에서 수동형으로 나온다. "여자는...갈리지 말고 (Χωρισθῆναι)".
28) F. F. Bruce, *New Testament History*(London, ²1971). pp. 26 f.를 참조하라.

졌기 때문에 갈라섰을 것이다. 하지만 혼자 사는 것이 지긋지긋하다는 것을 알게 된다면, 그녀가 딴 사람과 혼인할 것이 틀림없다. 그러므로 전 남편에게 돌아가도록 해라. 자기에게 편지한 사람들에게 아주 심각했을 문제를 다루면서, 바울은 예수의 말씀 가운데서 실질(實質)을 담고 있는 구절을 반복하고 있다. 남편은 자기 아내와 이혼해서는 안 된다.[29]

② 일군이 삯을 얻는 것이 마땅하다. 고린도 교인들은 바울이 다른 교회들로부터는 재정적인 지원을 받으면서도 자기들로부터는 받기를 거절하는 이유를 이해할 수 없었다. 바울이 이렇게 행동한 이유는 고린도교회로부터 돈을 받는다면 그의 반대자들에게 바울이 돈을 바라고 활동한다는 비난할 빌미를 줄 것이라고 염려했기 때문이다. 그러나 바울의 생각은 빗나갔다. 바울이 그러한 빌미를 주지 않자, 그들은 바울이 돈을 받지 않으려고 하는 것은 자신의 사도직을 확신하지 못하고, 영적으로 돌보는 사람들의 덕분으로 생계를 꾸려가는 베드로와 그 동료들, 예수의 형제들이 누리는 특권을 받을 만하지 못하다고 스스로 느꼈기 때문이라고 주장했다.

바울은 자기가 참된 사도이며 — 고린도교회가 존재한다는 것 자체가 그 충분한 증거이다 — 자기도 자신의 신자들의 덕분으로 살아갈 권리가 있지만 그 권리를 사용하지 않는 것이라고 대답한다. 이 권리는 실제로 자연법과 거룩한 율법을 바탕으로 주장하는 권리이지만 특히 다름아닌 "주께서도 복음 전하는 자들이 복음으로 말미암아 살리라 명하셨느니라"(고전9:14)는 말씀을 바탕으로 하는 권리라고 대답한다. 이 "명령"은 복음서 전승 가운데 마태복음에서 열두 제자를 파송하시면서 "일꾼이 저 먹을 것 받는 것이 마땅함이니라"(마10:10)는 말씀과 누가복음에서 칠십인을 파송하시면서 "일꾼이 그 삯을 얻는 것이 마땅하니라"(눅10:7)는 말씀에 나타난다.[30] 이 두 형태 가운데서 바울이 언급하는 "명령"에 의미상으로 더 근접하는 것은 후자이다. 바울이 고린도에 있는 성도들의 집에서 '먹을 것' 받기를 거절했다는 것을 보여주는 구절은 아무 데도 없다. 그가 사양한 것은 먹을 것이 아니라 지급되는 돈, 즉 '삯' 이었다.

최근에 아주 가치 있는 연구에서 데이비드 던간(David Dungan) 박사는 왜 바울이 주님의 이 "명령"을 인용하면서도 고의로 그 명령을 따르지 않는지를 상당히 길게 논술하고 있다. 그는 바울이 자유롭게 사용할 수 있었던 "이 규례를 처음으로 허용 규정으로 바꾸어 놓았거나" "이미 변화된 것을 단지 이어 받았을" 것이라고 결론을 내린다. 어찌되었든, "이러한 변화는 이 규례가 더 이상 모든 경우에 적절한 것이 아니라는 인식에 기반을 두고 있다."[31] 하지만 오히려 이 "규례"는 처음부터 "허용 규정"이라는 성격을 갖고 있었다고 해야 한다. 바울은 토라를 가르치는 일이 생계수단이나 부귀공명의 수단이 되어서는 안 된다는

---

29) 291쪽 이하를 보라.
30) 마태의 "먹을 것"은 τροφή이고, 누가의 "삯"은 μισθός이다. 누가복음 10:7에 나오는 명령은 디모데전서 5:18의 비슷한 문맥에서 축자적으로(verbatim) 인용된다.
31) D. L. Dungan, *The Sayings of Jesus in the Churches of Paul*(Oxford, 1971), p. 32.

교육을 받으면서 자랐다. 힐렐은 "토라의 관(冠)을 세상적으로 사용하는 사람은 말라 비틀어질 것이다"라고 말했다.[32] 그래서 힐렐학파였든지 아니든지 바울은 손으로 장막을 짓는 직업을 가지고 있었다. 그러나 바울은 스스로는 취하지 않았던 그 권리를 다른 사람들을 위해서는 주장했다. "가르침을 받는 자는 말씀을 가르치는 자와 모든 좋은 것을 함께 하라"(갈 6:6).

힐렐의 말은 마태의 기사에 의하면 열두 제자를 파송하시면서 예수께서 하신 명령과 매우 비슷하다는 점을 지적해 두고자 한다. "너희가 거저 받았으니 거저 주어라"(마10:8).[33] 바울이 이 명령을 알았다면, 자신의 행동을 변호하기 위하여 그것을 인용했을 것이다. 다른 교회들과의 관계에 있어서도, 바울은 개인적으로 돈을 받는다는 것이 매우 당혹스러운 일이라는 것을 알고 있었다.

③ 너희 앞에 차려 놓는 것을 먹으라. 고린도 교인들이 바울에게 보낸 서신 가운데는 이방신들에게 바쳐진 짐승의 고기를 먹는 것에 관한 문제가 포함되어 있었다. 그러한 음식에 대하여 양심에 거리낌이 있는 기독교인이라면 그러한 음식을 자기 집에서는 금할 수 있을 것이지만, 밖에 나가서 먹을 때는 어떻게 해야 하는가? 이 문제에 대하여 직접적으로 대답해주는 가르침이 예수의 말씀 가운데 있을 것이라는 기대는 하지 않을 것이다. 이와 같은 문제는 이방인들 가운데 살 때에만 부딪치는 문제이기 때문이다. 바울은 이렇게 대답한다. "불신자 중 누가 너희를 청하매 너희가 가고자 하거든 너희 앞에 무엇이든지 차려 놓은 것은 양심을 위하여 묻지 말고 '먹으라'"(고전10:27). 그런데 여기에서도 우리는 예수의 말씀이 재현되고 있음을 본다. 누가복음 10:8에서 칠십인의 제자들에게 명령하시면서, 예수는 "어느 동네에 들어가든지 너희를 영접하거든 '너희 앞에 차려 놓는 것을 먹고'"라고 말씀하신다.[34]

예수께서 열두 제자를 파송하시는 기사가 복음서에 세 번 나오는데 위에서 말한 명령은 한번도 나오지 않는 반면, 칠십인을 파송하는 장면에서는 비록 다른 용어들을 사용하긴 하지만 두 번이나 나온다(참조, 눅10:7. "그 집에 유하며 주는 것을 먹고 마시라"). 열두 제자의 선교가 이스라엘에 국한되어 있었다는 것은 마태복음 10:5이하에 분명하게 나타나 있고 마가복음 6:7-11과 누가복음 9:1-5에 함축되어 있다. 그러나 누가복음에 특유한 칠십인의 선교는 누가가 자신의 두번째 책에서 기록하고 있는 더 광범위한 이방선교를 어렴풋이 예시하고 있다고 흔히 생각되어 왔다. 열둘은 이스라엘의 지파의 수였던 반면에, 칠십은 유

---

32) 피르케 아봇 1:13; 4. 7.(뒤의 구절은 또 R. Zadok의 비슷한 격언을 인용한다. "토라를 자신을 영화롭게 하는 관이나 땅을 팔 삽으로 만들지 말라". 이 두 말에서 다음과 같은 추론이 가능하다. "토라의 말씀을 자신의 이익을 위해 사용하는 자들은 스스로를 파멸시키고 있다".)

33) 이것은 마 10:10의 τροφή가 "먹을 것"을 뜻하며 돈을 포함하지 않는다는 것을 매우 분명하게 보여준다.

34) 헬라어 ἐσθίετε τὰ παρατιθέμενα ὑμῖν, 고린도전서 10:27의 πᾶν τὸ παρατιθέμνον ὑμῖν ἐσθίετε와 아주 비슷하다.

대적 전승에서 세계 열방의 수였다.[35]

여기서 바울이 칠십인에 대한 예수의 지시사항으로부터 인용하고 있다면, 그는 특정한 경우로부터 계속 반복되는 상황으로 일반화시키고 있는 것이다. 그리고 이미 살펴보았듯이, 바울이 복음을 전하는 자는 복음으로 생계를 꾸려갈 권한이 있다는 원리를 옹호하기 위하여 이 동일한 전승을 전거로 삼고 있다는 사실은 그가 실제로 이 명령들 — 적어도 예수의 제자 파송에 관한 전승으로부터 인용하였을 가능성을 더욱 짙게 만든다.

④ 공세를 받을 자에게 공세를 바치라. 이미 살펴본 대로 예수께서 이혼 문제에 관하여 말씀하신 것은 "그를 시험하여" 바리새인들이 한 질문에 대한 대답이었다(막10:2에 의하면). 이 복음서 기자는 나중에 비슷한 동기로 예수께 던져진 또 하나의 질문을 기록하고 있다. "선생님이여 가이사에게 세를 바치는 것이 가하니이까 불가하니이까"(막12:13이하).

바울은 논란이 많은 구절인 로마서 13:1-7에서 공세를 바치는 문제를 다룬다. 하지만 여기서 그는 이혼이나 선교자를 위한 재정적 지원의 문제와는 달리 주님의 권위를 빌지 않고 있다. 게다가 공세 문제에 관한 예수의 대답은 가이사의 것은 가이사에게 하나님의 것은 하나님께 바치라고 구별을 하는 데 반해, 바울은 가이사에게 가이사의 공세를 바치는 것은 하나님께 바쳐야 하는 것을 하나님께 바치는 것의 한 형태로 보고 있다. 왜냐하면 세속의 권세들은 하나님의 사자들이고 그들에게 저항하는 것은 하나님께 저항하는 것이기 때문이다. 그러므로 바울은 "모든 자에게 줄 것을 주되 공세를 받을 자에게 공세를 바치고 …"(롬13:7)라고 말한다.

여기서 바울이 예수의 말씀들을 언급하고 있지 않다 할지라도 마음속으로는 그 말씀들을 생각하고 있었을까? "모든 자에게 줄 것을 주되"라는 바울의 말은 마가복음 12:17에 나오는 예수의 대답 — "가이사의 것은 가이사에게 하나님의 것은 하나님께 바치라" — 을 일반화시킨 것으로 볼 수도 있다.[36] 그러나 바울의 말이 예수의 대답을 일반화시킨 것이라고 한다면, 이 장에서 살펴본 예수의 다른 말씀들과 비교해 볼 때 너무 지나치게 일반화시킨 것이 아니냐는 생각을 하게 된다. 로마서 13:1-7의 배후에 함축되어 있는 질문 — "일반적으로 가이사의 신민(臣民)인 로마와 제국에 있는 기독교인들은 가이사와 그에 속한 신하들에게 복종하고 공세를 바쳐야 하느냐?" — 에 대하여, 바울은 "그렇다. 가이사와 그 신하들은 하나님의 지명에 의해 권세를 행사하고 있고, 법을 보호하고, 범법자들을 처벌하는 등 법과 질서를 유지함으로써 하나님을 섬기고 있기 때문이다"라고 대답한다.

---

35) A. R. C. Leaney, *A Commentary on the Gospel according to St. Luke*(London, 1958), p. 176을 참조하라. 물론 우리가 "칠십이"라는 다른 읽기를 채택한다면, 상징의 해석은 달라진다. B.M. Metzger, "Seventy or Seventy-two Disciples?" in *Historical and Literary Studies, Pagan, Jewish and Christian*(Leiden/Grand Rapids, 1968), pp. 67 ff를 참조하라.

36) 막 12:17과 롬 13:7에서 "바치라"는 "돌려주라"이다.

그러나 이것과 주후 6년 갈릴리 사람 유다의 폭동과 그의 이상(理想)을 이어받은 반체제 운동을 배경으로 예루살렘에서 예수에게 던져진 질문이 함축하고 있는 것에 대답하는 것은 전혀 별개의 문제였다. 유다와 그의 추종자들은 하나님의 백성이 자기 땅에서 이방 지배자에게 공세를 바침으로써 이방 지배자의 주권을 인정하는 행위는 이스라엘의 하나님에 대한 엄청난 변절이라고 주장했다. 예수에게 질문을 던진 사람들은 딜레마의 뿔로 그를 옴쩍 못하게 하려 했다. 바울은 그러한 딜레마에 부딪치지 않았다. 바울에게는 문제가 명확했다. 그는 사도로서 활동하면서 로마 당국의 후의(厚意)를 절실히 느낄 기회가 많았다. 그는 제국의 권세들이 하나님의 율례를 위반하거나 기독교인들이 결코 복종할 수 없는 칙령들을 발하지 않을 것이라고 생각할 만큼 순진한 사람이 아니었다. 물론 바울은 여기서 그러한 문제를 제기하지는 않는다. 하지만 여기에서도 바울은 세상의 권력들에 대한 복종 의무는 현재의 "밤" 동안에만 지속되는 일시적인 것이고, "가까이 다가온" "낮"에는 "성도가 세상을 판단할" 새 질서가 도래할 것임(롬13:12; 고전6:2)을 분명히 하고 있다.

6. 그리스도의 법

바울은 가말리엘학파에서 온 율법이 이웃 사랑의 법에 담겨져 있다고 가르침을 받았을 가능성이 있다. 더 이른 시기에 힐렐이 어떻게 온 율법을 요약했는지를 다시 떠올려 보자. "스스로 싫은 것을 남에게 하지 말라."[37] 그러나 바울이 서로의 짐을 져서 "그리스도의 법"(갈6:2)을 성취하라고 말할 때, 그는 그리스도께서 레위기 19:18 — "이웃 사랑하기를 네 몸과 같이 하라" — 을 어떻게 적용하셨는지를 알고 있었다고 보아야 한다. 더욱이 "짐을 서로 지라"는 명령은 바로 앞에 나와 있는 말을 일반화시켜 확대한 듯이 보인다. "사람이 만일 무슨 범죄한 일이 드러나거든 신령한 너희는 온유한 심령으로 그러한 자를 바로잡고"(갈6:1). 이것은 제1복음서 기자만이 보존하고 있는 일련의 공동체 규칙들에 나오는 예수의 말씀들을 확연하게 생각나게 한다. "네 형제가 죄를 범하거든[38] 가서 너와 그 사람과만 상대하여 권고하라 만일 들으면 네가 네 형제를 얻은 것이요"(마18:15).

이미 살펴본 대로 산상수훈과 아주 유사한 정신을 가진, 신실하고 실제적인 사랑에 대한 권고들을 담고 있는 로마서 12:9-21에서도 "그리스도의 법"의 특징들을 찾아낼 수 있다. 믿는 형제들 사이에서 서로 사랑하고 동정하고 존중하는 것은 당연히 예상되는 것이다. 그런데 이 부분에서는 외부 사람들 특히 원수들과 핍박하는 자들에 대한 사랑과 용서를 명령하고 있다. "너희를 핍박하는 자를 축복하라 축복하고 저주하지 말라"(롬12:14)는 말은 누

---

37) TB 샤밧 31a. 62쪽을 보라.
38) NEB와 같이 "죄(ἁμαρτήσῃ)" 다음에 "너에 대하여(εἰς σέ)"는 아마도 생략되어야 한다.

가복음 6:28을 재현하고 있다. "너희를 저주하는 자를 위하여 축복하며 너희를 모욕하는 자를 위하여 기도하라." 그래서 바울은 자신이 행한 것을 이렇게 말할 수 있었다. "후욕을 당한즉 축복하고 핍박을 당한즉 참고 비방을 당한즉 권면하니"(고전4:12이하).

"아무에게도 악으로 악을 갚지 말고"(롬12:17)라는 말에서는 마태복음 5:44과 누가복음 6:27과 동일한 숨결이 느껴진다. "너희 원수를 사랑하며 너희를 핍박하는 자를 위하여 기도하라." 로마서 12:20에 나오는 잠언 25:21이하의 인용문도 마찬가지이다. 거기서는 바울이 원문의 마지막 절을 빼버리고 있다는 점이 중요하다. 그는 "네 원수가 주리거든 먹이고 목마르거든 마시우라 그리함으로 네가 숯불을 그 머리에 쌓아 놓으리라"고 말한다 — 하지만 그는 "여호와께서는 네게 상을 주시리라"는 말을 생략해 버린다. 아마도 "숯불"이라는 비유는 원래 강렬한 보응(報應)을 의미했을 것이지만, 이 새로운 문맥에서는 더 고상한 의미를 갖게 된다. 네 원수를 친절하게 대하라. 그렇게 하면 그는 자신의 적대적인 행실을 부끄럽게 여기고 회개하게 될 것이기 때문이다. 달리 말하면, 원수를 제거하는 가장 좋은 방법은 그를 친구로 만들어서 "선으로 악을 이기는" 것이다(롬12:21).

이 주제는 권세들에 대한 기독교인의 의무를 말한 다음에 로마서 13:8-10에서 다시 계속된다. 권세들과 관련하여 "모든 자에게 줄 것을 주되 존경할 자를 존경하라"(롬13:7)고 말한 후에, 그는 더 일반화시켜 이렇게 계속한다. "피차 사랑의 빚 외에는 아무에게든지 아무 빚도 지지 말라 남을 사랑하는 자는 율법을 다 이루었느니라"(롬13:8). 그리고는 이 모든 것을 밑받침하기 위하여 모든 계명들을 총괄하는 것으로서 레위기 19:18("이웃 사랑하기를 네 몸과 같이 하라") 인용한다 — 이렇게 하여 바울은 예수의 전승 안에 있음이 분명해진다. 왜냐하면 예수는 이 계명을 신명기 6:5("너는 네 하나님 여호와를 사랑하라") 다음에 놓고 나서 이렇게 말씀하셨기 때문이다.

"이 두 계명이 온 율법과 선지자의 강령이니라"(마22:37-40, 참조, 막12:28-34). 여기서 바울은 첫째 계명이 아니라 둘째 계명을 인용하고 있는데, 그것은 이웃에 대한 기독교인의 의무가 당면(當面)문제이기 때문이다. 로마서 13:9에서 대부분 인용하고 있는 십계명의 두 번째 돌판에 새겨진 계명들은 어떤 식으로든 이웃에게 해끼치는 것을 금한다. 사랑은 남에게 해를 끼치지 않기 때문에, "사랑은 율법의 완성이니라"(롬13:10).

다음 단락(롬13:11-14)에서 바울이 곤경에 처해 있을 때의 기독교인의 삶에 관하여 말할 때, 그는 또 다시 예수의 가르침을 재현한다. 예수께서는 제자들에게 인자가 오시기 전에 일어날 중요한 사건들에 관하여 이렇게 말씀하셨다. "이런 일이 되기를 시작하거든 일어나 머리를 들라 너희 구속이 가까왔느니라"(눅21:28). 그러므로 "인자 앞에 서기를" 바라는 사람들은 깨어 있어야 한다(눅21:36). 바울은 말한다. "너희가 이 시기를 알거니와 자다가 깰 때가 벌써 되었으니 이는 이제 우리의 구원이 처음 믿을 때보다 가까왔음이니라"(롬13:11). 주후 57년 초에 바울은 다음 십여 년에 일어날 결정적인 사건들이 벌써 그림자를 드리우고 있다는 것을 알고 있었다.

이 사건들의 경과와 결과를 상세하게 내다볼 수는 없었다. 하지만 "나중까지 견디는 자는 구원을 얻으리라"(막13:13)는 예수의 말씀은 이 재난들을 겪는 자기 백성들의 체험 속에서 실증될 것이었다. 시험당할 즈음에 피할 길을 내신다(고전10:13). 그 동안에 빛의 아들들은 모든 "어두움의 일"(롬13:12)을 버리고 다가오는 날을 준비하며 살아야 한다.

바울이 이와 동일한 주제를 다루고 있는 또 한 경우에서, 그는 독자들에게 그들이 빛의 아들들이기 때문에 "밤에 도적같이" 이를 주의 날이 급작스럽게 그들에게 임하지 못할 것이라고 말한다(살전5:2-5). 이 말도 예수의 가르침의 색조를 띠고 있다. "집주인이 만일 도적이 어느 때에 이를 줄 알았더면 그 집을 뚫지 못하게 하였으리라 이러므로 너희도 예비하고 있으라 생각지 않은 때에 인자가 오리라"(눅12:39이하).[39]

로마서 13장에 나오는 바울의 권면은 "주 예수 그리스도로 옷 입으라"는 14절의 명령으로 끝난다. 이 말은 그가 다른 곳에서 "새 사람"을 입었다고 말하고 있는 것을 더 직접적으로 표현하는 말이다(골3:10, 엡4:24).[40] 기독교인의 은혜들 — 바울이 신자들에게 그들을 유혹하는 중생치 못한 욕심들을 벗어버리고 그 대신에 입으라고 말하는 "빛의 갑옷"을 이루고 있는(롬13:12) — 은 예수 안에서 조화로운 완전(perfection)을 이루었을 때 드러나는 은혜들이다. 바울은 우리와 달리 글로 쓰여진 복음서들을 알지 못하였지만, 그의 전승은 동일한 윤리적 특질들을 복음서에 묘사된 예수에게 돌렸다.[41] 그리고 그는 이 특질들을 하나하나씩, 어떤 때는 포괄적으로 이방 신자들과 이후의 세대들을 위한 모범으로 권면하고 있다.

---

39) 마 24:43 f; 계 3:3; 16:15 (또한 벧후 3:10)을 참조하라.
40) "입으라"는 초대교회에서 세례문답의 여러 장들을 구성하고 있던 몇몇 표제들 가운데 하나였다. 갈 3:27("누구든지 그리스도와 합하여 세례를 받은 자는 그리스도로 옷입었느니라"). 골 3:12을 참조하라.
41) R. Bultmann(*Theology of the New Testament*, i, p. 188)에 의하면, "그가 그리스도를 모범으로 말할 때, 그는 역사적 예수가 아니라 선재하는 예수를 생각하고 있는 것이다". 이 말은 자신의 견해를 뒷받침하기 위해 인용하는 바울 서신의 본문들 가운데 두 경우—그리스도께서 자기를 부인하여 사람이 된 것이 주제가 되고 있는 본문(빌 2:5이하.; 고후 8:9)—에는 사실이다. 하지만 지상에서의 삶 동안 하나님을 위하여 굴욕을 감수하는 것을 이야기하고 있는 세번째의 경우(롬 15:3)와 기독교인들에게 많은 덕목들을 권면하고 있는 다른 경우들에 있어서는 사실이 아니며 선재하는 그리스도와 아무 관련이 없을 것이다.

제 12 장

바울과 높이 들리우신 그리스도

앞에서 말했듯이 "빈 무덤과 예수께서 부활의 모습으로 나타나신 것이 역사적 예수로부터 높이 들리우신 그리스도로 넘어가는 과도기를 나타낸다"면,[1] 거기에는 높이 들리우신 그리스도가 역사적 예수와 연속성이 있으며 동일하다는 뜻이 함축되어 있다. 바울은 이러한 연속성과 동일성을 주장했다. 바울은 역사적 예수를 소문과 전승을 통해서 알았지만, 높이 들리우신 그리스도와는 개인적으로 깊이 직접적인 교제를 가졌다고 주장했다.

1. 그 빛의 광채

바울은 다메섹 도상에서 자기에게 나타났던 높이 들리우신 그리스도의 모습을 설명하려고 하지 않는다. 아마도 말로 표현하기가 어려워서 그랬을 것이다. 바울이 그 사건을 회상할 때 그리스도의 모습 가운데 가장 두드러진 특징은 광채였다. 예를 들면 자기에게 맡겨진 새 언약의 사역에 관하여 말할 때, 그는 복음과 관련된 사라지지 않을 광채를 모세의 얼굴에 나타난 사라질 광채 보다 위에 놓음으로써 모세에게 맡겨진 열등한 사역과 새 언약의 사역을 대비시킨다.[2] 그는 믿음이 동터오는 것을 "하나님의 형상(에이콘)"인 "그리스도의 영광(독사)의 복음의 광채"를 보는 것이라고 설명한다. 그리고 이어서 이렇게 말한다. "어두

---

1) 116쪽을 보라.
2) 고후 3:7-16. 219쪽 이하와 300쪽을 보라.

운 데서 빛이 비춰리라 하시던 그 하나님께서 예수 그리스도의 얼굴에 있는 하나님의 영광을 아는 빛을 우리 마음에 비춰셨느니라"(고후4:4, 6). 옛 창조가 "깊음 위에 있는" 흑암을 내쫓는 빛이 비췸으로써 개시되었듯이(창1:2이하), 새 창조도 불신앙의 어두움을 내쫓는 빛을 비췸으로써 개시되었다. 바울이 이 비유를 택한 것은 아마도 스스로 경험했던 체험 때문이었을 것이다. 우리는 사도행전 9:3에 다메섹 도상에서 "저를 둘러 비추는" "하늘로서 빛"에 대한 언급이 나와 있음을 기억한다. 이 체험에 관한 병행기사인 사도행전 22:11에서 바울은 스스로 "그 빛의 광채를 인하여" 볼 수 없게 되었다고 말한다. 그리고 사도행전에는 이 사건이 세 번 기록되어 있는데 그 모두를 살펴볼 때 그 빛 가운데서 부활하신 그리스도께서 그에게 나타나셨음이 분명하다(9:17, 22:14, 26:16).

바울은 지상(地上)의 예수와 하늘의 그리스도가 동일한 인물임을 의심하지 않았으면서도 하늘의 그리스도의 존재 양식은 지상의 예수와 다르다는 것도 아울러 의심하지 않았다. 바울은 "혈과 육은 하나님 나라를 유업으로 받을 수 없고"(고전15:50)라고 — 즉 부활의 질서를 말하면서 이 원리는 주의 백성뿐만 아니라 주님에게도 적용된다는 것을 분명히 하고 있다. 지상의 예수는 여자에게서 태어나 실제로 죽음을 겪은 사람이었다. 하지만 부활하신 그리스도는 여전히 사람이긴 하지만 이제는 현세와는 다른 하늘의 인성(人性)을 부여받았다. "첫 사람은 땅에서 났으니 흙에 속한 자이거니와 둘째 사람은 하늘에서 나셨느니라"(고전15:47). 창세기 2:7의 창조 이야기는 어떻게 "첫 사람 아담이 산 영이 되었는지"를 말해 주고 있으며, 새 창조의 성격은 "마지막 아담은 살려 주는 영이 되었나니"라는 선언 속에 드러나 있다(고전15:45). 부활하신 그리스도는 이제 혈과 육으로 된 몸이 아니라 "신령한 몸"으로 존재한다(고전15:44).

믿음으로 말미암아 부활하신 그리스도와 연합한 사람들은 죽을 몸으로 지상에 살고 있다 할지라도 그들에게 전해진 이 새로운 존재양식을 어느 정도 갖게 된다. 이것은 현세에서 사람들을 함께 묶는 것들과는 다른 종류의 연합이다. 이 세상에서 가장 긴밀한 사람들간의 연합은 남자와 여자의 연합이다. 창조 이야기에서는 그들이 "한 몸"을 이룬다는 말로 표현하고 있다(창2:24) — 바울은 "주와 합하는 자는 한 영이니라"(고전6:17)라고 말한다. 부활 후 예수의 존재 양식이 된 "살려 주는 영"을 주의 백성에 내주하는 생명의 성령과 분리하기 어렵듯이, 위에서 말한 '한 영'을 모든 그리스도의 백성들을 하나되게 하여 그리스도와 한 몸이 되게 하는 "한 성령"과 분리하기 어렵다. 이 점에 대해서 후에 다시 살펴보겠다.

죽을 몸을 갖고 있을 때조차 그리스도를 믿는 자들이 그리스도와 "한 영"이 된다면, 부활 때 이 하나됨은 더 충만하게 경험될 것이다. 부활하신 주님이 입으신 "신령한 몸"은 그의 부활을 공유하여 현재의 비천한 몸이 변화되어 그의 영광의 몸을 닮게 될 그의 백성을 위한 원형(原型)이기 때문이다(빌3:21). 바울은 "우리가 흙에 속한 자의 형상을 입은 것같이 또한 하늘에 속한 자의 형상을 입으리라"(고전15:49)고 말한다. 예수는 "하늘에 속한 자"로서 영광의 몸을 입고 다메섹 도상에서 바울에게 나타났다. 그러나 자기가 본 것을 설명하려 할 때 바울이 사용할 수 있는 유일한 말은 빛이라는 말이다.

바울은 영광 가운데 나타나실 그리스도의 파루시아를 대망(待望)했다. 그러나 파루시아 때 그리스도의 모습은 다메섹 도상에서 나타나신 모습 그대로일 것이다. 다만 순간적으로 비춰는 빛이 아니라 지속적으로 비치는 빛일 것이라는 점, 이미 죽은 사람들의 부활이든 그때까지 살아있는 사람들의 변모(變貌)이든 그의 백성들이 한꺼번에 영화롭게 되는 사건을 수반할 것이라는 점만이 다를 뿐이다. 하나님의 아들이 나타나실 때 "하나님의 아들들의 나타나는 것"(롬8:19)이 동시에 일어날 것이다 — 썩어짐과 허무함의 종노릇에서 해방되는 것, 양자될 것, 우리 몸의 구속이라는 말로 표현되는 전망(展望)(롬8:20-23). 이것은 그들의 구원의 정점이요 그들을 향하신 하나님의 은혜의 영원한 뜻의 완성이다.

"우리가 소망으로 구원을 얻었으매 만일 우리가 보지 못하는 것을 바라면 참음으로 기다릴지니라"(롬8:24이하)고 바울은 말한다. 이 장에서 다루는 주제는 이 소망의 현재 시기 — 그리스도의 죽음과 부활이라는 과거의 사건과 그의 파루시아라는 미래의 사건 사이에 놓여 있는 기간 — 와 관련되어 있다.

2. 높이 들리우신 주님

바울은 메시야의 시대는 현세와 내세를 갈라놓는 기간, 즉 부활의 시대라고 교육을 받았을 것이다.[3] 그러나 회심 전에 이러한 신념을 품었든지 아니든지, 이제 그리스도 사건의 논리적 연장선 상에서 바울은 그러한 신념을 갖지 않을 수 없었다. 단지 다른 것이 있다면, 메시야의 시대에 메시야는 그의 조상 다윗의 위(位)와 같은 지상의 위(位)에서 다스리는 것이 아니라 하나님의 우편에서 다스리신다는 것이었다. 시편 110:1의 예언의 말씀 — "내가 네 원수로 네 발등상 되게 하기까지는 너는 내 우편에 앉으라" — 은 가장 초기의 기독교적 증언(testimonia)의 하나이다. 많은 사람들이 생각하듯이 이 예언의 말씀이 메시야를 두고 말한 것이라면,[4] 예수는 그를 따르는 자들의 눈에는 메시야였기 때문에 이 예언의 말씀은 예수 안에서 성취되었다.

바울은 하나님의 우편이라는 표현을 그리 자주 사용하지 않는다. "죽으시고 죽은 자 가운데서 살아나시며 하나님 우편에 앉아" 계신 그리스도에 대한 신앙을 고백하는 경우처럼 기독교인들이 이미 친숙하게 사용하는 경우에 바울은 그러한 표현을 쓴다 — 바울이 로마서 8:34에서 그 표현을 사용할 때, 분명 그것은 그러한 신앙고백을 인용하고 있는 것이다. (이 구절은 바울의 "주요한" 서신들 속에서 그러한 표현이 나오는 유일한 곳이다. 또한 골 3:1

---

3) 84쪽, 208쪽을 보라.
4) 막 12:35-37을 참조하라.

과 엡 1:20 에도 나온다. 바울은 자신의 혈육인 유대인들과 마찬가지로 "하나님 우편"이라는 말이 최고의 권세를 뜻하는 은유라는 것을 잘 알고 있었다. 하지만 그는 이방인 청중들이나 독자들이 그 말을 유형적이거나 장소적인 의미로 받아들일 것을 염려하여 그 표현을 삼가해서 사용했던 것이다. 물론 장소적인 심상(心象)을 사용하지 않고 승귀(昇貴, exaltation) 또는 최고권(supremacy)을 표현하거나 생각한다는 것은 어려운 일이나, 역사적으로 유명한 신조들을 암송하는 기독교인인 천체 물리학자들이 삼층으로 된 우주라는 용어를 사용했다 하여 이율배반적인 인간이라고 비난을 받지 않는다. 이 용어는 초월 또는 하나님과 인간 사이의 상호교통을 표현하는 데 쓸모있는 은유이기 때문이다. 1세기에도 분별있는 많은 사람들은 이 용어가 은유라는 것을 알았는데, 바로 이 분별있는 사람들 속에는 바울도 끼여 있다.

바울은 그리스도께서 하나님 우편에 앉아 있다고 하는 대신에 "모든 이름 위에 뛰어난 이름"을 수여받고 지극히 높이 들리우심을 받았다(highly exalted)[5]고 말한다(빌2:9).[6] "모든 이름 위에 뛰어난 이름"은 "주(Lord)"라는 칭호를 가리킨다. "모든 입으로 예수 그리스도를 주라 시인하는" 것이 하나님의 뜻이라고 바울(또는 그가 인용한 자료)은 말한다. 바울이 사용하는 헬라어는 '퀴리오스'인데, 이 단어는 칠십인역(Septuagint) 덕분에 다행히도 높이 들리우셨다는 의미를 갖게 되었다. 칠십인역에서 이 단어는 '아돈'("Lord")이라는 히브리어를 번역할 때 뿐만 아니라 이스라엘의 하나님의 말로 나타낼 수 없는 이름 — 우리는 보통 여호와로 표현한다 — 을 번역할 때에도 사용한다.

그래서 칠십인역은 시편 110:1에서 '퀴리오스'를 두 번 사용한다 — "'퀴리오스'께서 내 '퀴리오스'에게 말씀하시기를." 대부분의 영역성경에서도 "주"를 사용한다 — "주께서 내 주께 말씀하시기를." 그러나 히브리 본문은 "내 주(아돈)에 대한 여호와의 예언의 말씀"을 뜻한다. 시편 기자가 "내 주"라고 말하는 사람은 아마도 다윗가(家)의 왕이었을 것이기 때문에 나중에 메시야적 해석은 부적절한 것이 아니었다.[7] 그러나 칠십인역에서는 이 예언의 말씀에 나오는 사람을 여호와와 동일한 단어로 지칭하고 있다. 그런 의미에서 그는 "모든 이름 위에 뛰어난 이름"을 공유한다.

빌립보서 2:10이하는 여호와께서 스스로를 두고 맹세하는 이사야 45:23에 바탕을 두고 있다. "내게 모든 무릎이 꿇겠고 모든 혀가 맹약하리라."[8] 하지만 여기서 모든 사람이 무릎을 꿇는 대상은 예수의 이름이며, 모든 입이 고백하는 것은 예수의 주되심(lordship)이다.

---

5) 아마도 ὑπερύψωσεν이라는 복합동사는 이사야 52:13의 헬라어본에서 여호와의 종에 관하여 사용된("높이 들려서")를 나타내고 있는 듯하다(참조, 엡1:20-22).
6) 빌립보서 2:6-11의 구절은 바울 이전의 것일 가능성이 크지만, 바울은 그것을 자신의 것으로 만들고 있다. 146쪽 주 25를 보라.
7) A. R. Johnson, *Sacral kingship in ancient Israel* (Cardiff, 1955), pp. 120 ff.; H. Ringgren, *The Messiah in the Old Testament* (London, 1956), pp. 13 ff 를 참조하라.
8) 바울은 로마서 14:11에서 "우리 각인이 자기일을 하나님께 직고하리라"고 한다(즉, 그의 심판대 앞에서).

'퀴리오스'를 여호와의 동의어로 사용하는 구약의 구절을 예수에게 적용하는 예가 신약에서 이 한 곳만 있는 것이 아니다.[9] 어쨌든 이 단어가 가지고 있는 의미 가운데서 가장 존귀한 의미로서의 주라는 호칭은 부활하시고 높이 들리우신 예수를 가리키는 데 특별하게 사용되고 있는데, 바울만 그런 것은 아니다. 누가의 증언도 동일한 의미이다. 누가는 오순절에 예루살렘에서 베드로가 행한 연설을 기록하면서 시편 110:1의 인용문과 이를 바탕으로 하여 이스라엘의 온 집으로 하여금 하나님이 십자가에 못박히신 예수를 "주와 그리스도"가 되게 하셨다는 것을 확실히 알도록 요구하는 결론으로 글을 맺는다(행2:34-36).

하지만 바울과 다른 초대교회 교인들에게 예수를 이 단어가 가지고 있는 의미 가운데서 가장 존귀한 의미에서의 주(Lord)로 고백하는 것은 결코 우연한 언어의 일치가 아니었다. 또한 그것은 단지 메시야의 직무를 가리키는 호칭인 것도 결코 아니었다. 주라는 호칭은 바울과 그의 동료 신자들이 예수의 위격과 업적, 만유를 복주시려는 하나님의 뜻을 수행하는 데 있어서의 예수의 결정적인 역할을 이해하고 인식하게 되었던 것을 표현하기에 가장 적절한 용어였다.[10]

아람어를 사용했던 가장 초기 단계의 교회 생활에서 "주"라는 호칭을 이렇게 사용했던 것이냐고 묻는다면 그렇다고 대답해야 한다. 헬라어 '퀴리오스'에 해당하는 아람어는 '마르'인데, 헬라어로 번역되지 않은 채 헬라어를 사용하는 기독교인들의 용어가 되어버린 — 특히 성찬식에서(십이사도의 교훈10:6)[11] — '마라나타(우리의 주여 오시옵소서)'라는 기원문에서 그 단어를 찾아볼 수 있다. '마르'가 ('퀴리오스'처럼) 이스라엘의 하나님을 가리키는 데 사용될 수 있었다는 것은 샷다이에 해당되는 말로 '마레'를 사용하는 쿰란 제11동굴에서 나온 탈굼역 성서 욥기, 하나님을 지칭하는 용어로 '마라나'(9:4)와 그 강조형인 '마르야'(10:9)를 사용하고 있는 제4동굴에서 나온 제1에녹서의 아람어 단편들에서 알 수 있다.[12]

부활하신 예수에게는 독특한 의미에서 "하나님의 아들"이라는 호칭도 주어진다. 그는 "성결의 영으로는 죽은 가운데서 부활하여 능력으로 하나님의 아들로 인정되셨다"(롬1:4). 물

---

9) 또 다른 예는 베드로전서 3:15인데, 거기서 이사야 8:13, "만군의 여호와(칠십인역 κύριον αὐτόν) 그를 너희가 거룩하다"하고는 "너희 마음에 그리스도를 주로 삼아 거룩하게 하고"로 변용되어 있다.
10) F. F. Bruce, "Jesus is Lord", in *Soli Deo Gloria. New Testament Studies in Honor of William Childs Robinson*, ed. J. McD. Richards(Richmond, Va., 1968), pp. 23-36, and *Paul and Jesus*(Grand Rapids, 1974), pp. 81-91을 참조하라.
11) H. Lietzmann, *Mass and Lord's Supper*, E. T. (Leiden, 1953 ff.), p. 193. C. F. D. Moule, "A Reconsideration of the Context of *Maranatha*", *NTS* 6(1959-60), 307 ff.를 참조하라. 79쪽 이하를 보라.
12) M. Black, "The Christological Use of the Old Testament in the NewTestament", *NTS* 18(1971-2), 10. "The Maranatha Invocation", in *Christand Spirit in the New Testament. Studies in Honour of C. F. D. Moule*, ed. B. Lindars and S. S. Smalley (Cambridge, 1973), pp. 189 ff를 참조하라. 그리고 가장 최근에 씌어진 *The Books of Enoch: Aramaic Fragments of Qumran Cave 4*, ed. J. T. Milik(Oxford, 1976), pp. 171, 175를 보라. '마르야'라는 형태는(헬라어) 제1에녹서 10:9에서 ὁ κύριος에 해당한다.

론 바울은 예수가 부활을 통해서 비로소 하나님의 아들이 되었다고 생각하지 않았다. 바울은 예수께서 세상에 오신 사실에 관하여 "하나님이 그 아들을 보내사 여자에게서 나게 하시고"(갈4:4)라고 말한다. 그러나 굳이 비교해서 말하자면, 예수께서 지상에 계시는 동안에는 "연약한"[13] 하나님의 아들이셨는데 부활하신 주님은 "권능 있는"[14] 하나님의 아들이시다.

"주"라는 호칭과 마찬가지로 "하나님의 아들"이라는 호칭도 예언의 말씀에 그 선거(*testimonium*)를 갖고 있다 — 여호와께서 기름부음 받은 자에게 하시는 말씀인 시편2:7, "너는 내 아들이라 오늘날 내가 너를 낳았도다."[15] 그러나 주(Lord)라는 호칭과 마찬가지로 "하나님의 아들"도 바울에게는 메시야로서의 예수가 직무상(*ex officio*) 갖고 있는 명칭 이상의 의미를 갖는다.[16] 이 호칭은 예수와 하나님의 독특한 관계를 표현하는데, 예수에 있어서도 실제로 그랬던 것 같다.[17]

누가는 하나님의 아들이라는 예수의 호칭이 바울의 사역에서 특별한 위치를 가지고 있었다는 것을 알고 있는 듯하다. 왜냐하면 누가는 초기의 사도적 메시지를 전하는 다른 설교자들은 예수를 주와 메시야로 선포하였다고 하는 반면에 바울의 가장 초기의 공중 앞에서의 예수에 대한 증언을 요약할 때 "예수의 하나님의 아들이심을 전파"했다고(행9:20) 하기 때문이다. 바울이 자신의 소명과 위탁을 스스로 설명할 때 사용하는 말, 즉 "그 아들을 이방에 전하기 위하여 그를 내 속에 나타내시기를 기뻐하실 때에"(갈1:16)라는 말은 예수를 하나님의 아들로 인식한 것은 이미 그의 회심 체험에서 비롯되었음을 보여준다.

바울은 "하나님의 우편"이라는 은유를 드물게 사용하지만, 시편 110:1에 나오는 예언의 말씀을 메시야에 대한 증언(*testimonium*)으로 진지하게 받아들인다. 그리고 실제로 고린도전서 15:24-28에서 그는 신약의 다른 어떤 기자보다도 더 자세하게 그 구절을 해설하고 있다. 그 예언의 말씀은 "내가 네 원수로 네 발등상되게 하기까지 너는 내 우편에 앉으라"인데, 바울은 여기서 원수들이 누구인지를 밝혀 준다. 이 원수들은 혈과 육으로 된 원수들

---

13) 고린도후서 13:4a를 참조하라.
14) 그가 "능력으로 하나님의 아들로 인정된" 것과 마가복음 9:1에 나오는 "권능으로" 하나님의 나라가 임하는 것 사이에는 밀접한 관련이 있다. 예수께서 지상에서 사역하실 동안에는, 하나님 나라는 제한적이었다(참조, 눅12:50). 156쪽을 보라.
15) 시편 110:1의 예언의 말씀처럼, 이 예언의 말씀도 다윗 왕의 대관식을 원래의 삶의 자리로 하고 있었을 것이다. "너는 내 아들이라"는 구절은 마가복음 1:11에 나오는 예수의 수세 이야기에서 예수에게 하늘에서 들려오는 소리의 일부이다(참조, 요1:34, "내가 보고 그가 하나님의 아들이심을 증거하였노라"). 누가복음 3:22의 병행구에 대한 서방본문(the Western text)에는 하늘에서 들려온 소리가 더 긴 형태로 재현되어 있다. "너는 내 아들이라 오늘날 내가 너를 낳았노라".
16) A. D. Nock, " 'Son of God' in Pauline and Hellenistic Thought", in his *Essays on Religion and the Ancient World*, ed. Z. Stewart, ii(Oxford, 1972), pp. 928-939. M. Hengel, *The Son of God: The Origin of Christology and the History of Jewish-Hellenistic Religion*, E.T. (London, 1976)를 참조하라.
17) Q어록 마11:27/ 눅10:22을 참조하라. 그러나 예수께서 '아바'를 사용했다는 증거는 많다. 227쪽 이하를 보라.

이 아니다. 그들은 하나님의 뜻과 사람들의 복(福)을 방해하는 우주적 세력들, "정사와 권세"들이다. 바울은 고린도전서에서 이 세력들을, 자기 백성의 영광을 위하여 하나님이 만세 전에 미리 정하신 감춰진 지혜를 모르고서 영광의 주를 십자가에 못박은 "이 세대의 관원들"이라고 했다(고전2:6-8). 본디오 빌라도를 비롯한 다른 사람들은 예수를 십자가에 못박는 데 역사적으로 중요한 역할을 했을 것이다. 하지만 깨닫지 못하는 사이에 그들은 영적인 영역에서 이 적대적인 세력들의 하수인이 되었던 것이다. 이제 십자가의 승리와 부활하신 주님의 통치 덕분으로 이 세력들은 점차로 힘을 잃어가고 있다. 이 세력 가운데서 가장 처리하기 어려운 마지막 원수는 사망인데, 이 사망은 그리스도의 부활을 이어 성도들이 부활할 때 멸망받을 것이다.

"내가 네 원수로 네 발등상 되게 하기까지 너는 내 우편에 앉으라"고 예언의 말씀에는 기록되어 있다 — 그래서 바울은 "저가 모든 원수를 그 발 아래 둘 때까지 불가불 왕노릇하시리니"(고전15:25)라고 말한다. 그러나 사망을 비롯한 모든 원수들이 복속될 때, 그리스도의 통치는 하나님의 영원한 통치로 흡수된다. 그래서 그리스도의 통치, "메시야 시대"는 현세와 영원한 내세 사이에 있는 과도기이다. 또는 어떤 관점에서는 그것은 현세와 내세가 겹치는 시기, 현세가 아직 완전히 끝나지 않고 내세가 아직 완전히 이루어지지 않은 시기라고 볼 수 있다.

여기서 정사와 권세에 관하여 몇 마디 더 할 필요가 있다. 이에 대한 바울의 말을 더 자세히 살펴보면, 바울은 이 세력들이 주로 사람들의 마음을 지배하는 기본적인 세력들로서 사람들이 그 세력들을 믿고 연합할 때는 강력한 힘을 발휘하게 된다고 생각한다. 그러나 그들의 마음이 십자가에 못박히시고 부활하신 그리스도에 대한 믿음을 통하여 해방될 때, 이 세력에 의해 지워진 멍에는 깨뜨려지고, 이 세력의 능력은 잃어지며, 이 세력은 원래 그들의 모습인 "약하고 비천한" 하잘것없는 존재로 드러난다. 가장 강력한 세력 가운데 두 가지에 관하여 말해 보자. 죄의 힘과 죽음의 공포는 사람들의 삶을 강력하게 속박할 수 있었다. 그러나 그리스도께서 주신 해방을 맛본 사람들은 죄는 더 이상 그들을 지배할 수 없으며 장차 올 부활 이전에도 죽음은 순전한 이득으로 맞을 수 있다는 것을 알았다. 정사와 권세를 멸하는 것은 비유적인 언어로 표현되지만, 신자들은 실제로 내적으로 속박에서 놓여나고 자유케 되는 체험을 하게 된다.[18]

이미 인용했던 로마서 8:34에서 바울은 초대교회의 신앙고백을 재현하여 "죽으실 뿐 아니라 다시 살아나신 이는 그리스도 예수시니 그는 하나님 우편에 계신 자요"라고 하고 있는데, 여기에 다음과 같은 구절을 덧붙인다. "우리를 위하여 간구하시는 자시니라." 즉 이 세

---

18) 또한 F. F. Bruce, "Galatian Problems, 3. The 'Other' Gospel", *BJRL* 53(1970-1), pp. 266-70을 보라. 이 기본적인 세력들을 "약하고 천한" 것으로 특징짓는 것에 대해서는 갈라디아서 4:9를 보라. 200쪽 이하와 441쪽 아하를 보라.

상을 통치하시는 그리스도는 자기의 원수들을 발등상이 되게 하겠다는 아버지의 약속을 그저 기다리고 계시는 것이 아니다. 그리스도는 자기 백성을 위하여 적극적으로 참여하고 계시다. 바울은 신앙고백의 말들을 구약에서 반복적으로 나오는 주제(motif)를 본따서 법정 용어를 사용하여 표현한다[19]. 그는 "누가 능히 하나님의 택하신 자들을 송사하리요"라는 도전으로 시작해서 그 누구도 구약의 '사탄'의 역할을 맡아서 하늘의 법정에 신자들을 송사하려 하지 못할 것이라고 말한다. 하나님 자신이 신자들을 의롭다 하시는 분이시며 죽었다가 살아나신 그리스도께서 신자들을 위하여 간구하는 자로서 계시기 때문이다.

하늘에 오르신 그리스도께서 중보기도 사역을 하신다는 사상은 이사야 53:12에 바탕을 두고 있다. 거기에서는 낮아지셨다가 신원되신 주의 종이 "범죄자를 위하여 기도하였느니라"고 하고 있다.[20] 그것은 신약의 기자(記者)들 가운데서 바울에게만 특유한 것이 아니다. 요한일서 2:1에는 "의로우신 예수 그리스도"가 "아버지 앞에서 우리에게 대언자"가 된다고 하고 있고, 히브리서 기자는 예수를 "자기를 힘입어 하나님께 나아가는 자들을 온전히 구원하실 수 있으니 이는 그가 항상 살아서 저희를 위하여 간구하시는"(히7:25) 위(位)에 오르신 대제사장으로 묘사하고 있다.[22]

달리 말하면, 자기 백성을 위한 그리스도의 적극적인 관심은 백성들을 위하여 죽으심으로 끝난 것이 아니라는 말이다. 그는 새로운 존재 양식 속에서 자기 백성들의 다양한 필요를 충족시키기 위하여 영적으로 붙들어 주는 일을 계속하면서 여전히 그들의 친구요 조력자로 계시는 것이다.

3. 주(the Lord)와 성령(the Spirit)

그러나 바울이 그리스도의 백성들의 현재적인 영적인 필요를 채워주는 이러한 사역에 관하여 이야기할 때, 그는 그 대부분의 사역을 성령의 활동으로 묘사하고 있기 때문에, 하늘에 오르신 그리스도의 사역에 관하여 그가 말하고 있는 상당 부분은 그가 성령의 사역에 관하여 말하고 있는 것과 비슷하다. 예를 들면, 성령이 신자들의 마음에 부어주시는 사랑은 추상적인 것이 아니다(롬5:5). 고린도전서 13장에서는 이 사랑을 거의 인격적인 견지에서

---

19) 이사야 50:8이하에서 여호와의 종의 항의를 참조하라.
20) 스가랴 3:1-5에서 대제사장 요슈아를 하늘의 궁정에서 고소하려는 헛된 시도를 참조하라.
21) 이 중보기도는 칠십인역에서는 모호하게 나와 있지만, 요나단의 탈굼은 이 주제를 네번째 종의 노래의 다른 곳에 도입하고 있다. 예를 들면 이사야 53:4, 11("그들의 죄를 위하여 그는 간구할 것이다"), 12("그는 많은 사람의 범죄를 인하여 간구할 것이다"). 79쪽을 보라.
22) E. G. Rupp, "The Finished Work of Christ in Word and Sacrament", in The Finality of Christ, ed. D. Kilpatrick(Nashville/New York, 1966), pp. 175 ff.를 참조하라.

묘사한다. 그래서 마치 그리스도의 인품을 묘사하고 있는 것이 아닌가 생각할 정도이다. 마찬가지로, 고린도후서 3:18에서 신자들의 삶에서 성령의 역할은 신자들의 삶을 변화시켜 점차로 그리스도를 닮아가게 하는 것이다. "영광으로 영광에 이르니 곧 주의 영으로 말미암음이니라(the Lord who is the Spirit)."

"주의 영으로 말미암음이니라(the Lord who is the Spirit)"는 구절은 바울이 이 구절 직전에 쓰고 있는 출애굽기 34:29-35의 이야기에 대한 미드라쉬의 해석에 바탕을 두고 있다. 모세는 하나님의 영광을 대면해서 빛나게 된 얼굴의 광채를 자기 동포인 이스라엘 사람들에게 보이지 않기 위하여 수건을 썼다. 하지만 그는 "여호와 앞에 들어가서"는 수건을 벗었다. 바울은 이 예를 들면서 모세가 하나님 앞에 갈 때마다 하나님의 영광으로 "다시 충전되었는데" 그 앞을 물러나올 때는 얼굴을 수건으로 가렸기 때문에 이스라엘 백성들은 이 영광이 장차 없어질 영광이며 반복적인 갱신(renewal)이 필요하다는 사실을 알지 못하였다는 것을 말하려 한다. 이미 살펴본 바대로 한정된 기간 동안만 유효하고 결국 사라질 율법의 열등한 영광과 "영의 직분(dispensation)"(고후3:8)인 복음의 이루말할 수 없는 영광을 대비하고 있듯이, 모세의 얼굴에 있는 결국 없어질 영광을 "그리스도의 얼굴에 있는 하나님의 영광"(고후4:6)즉, 없어지지 않을 영광과 대비하고 있다.

그러나 출애굽기 이야기 가운데에도 복음의 시대가 어렴풋이 나타나있음을 바울은 알고 있다. 모세가 "여호와 앞에 들어갈" 때 얼굴에서 수건을 벗었듯이(출34:34), "언제든지 주께로 돌아가면 그 수건이 벗어지리라 주는 영이시니 주의 영이 계신 곳에는 자유함이 있느니라"(고후3:16 이하).[23] 즉 출애굽기에서 "여호와"는 이 새 질서에서는 성령에 대응한다. 그래서 주의 영이 계신 곳에는 "수건을 벗은 얼굴로" 하나님의 존재에 다가갈 수 있는 자유함이 있다.[24] 이 말 속에는 율법의 시대에 하나님께 나아가는 것은 어려웠으며 많은 제한과 금지로 가로막혀 있었다는 뜻이 들어있다. 성령의 시대(dispensation)에 하나님께 나아가는 것은 자유로우며 제약이 없다.

주이신 그리스도와 하나님의 성령은 동일하다는 것을 확증하는 증거로 "주는 영이시니"라는 말을 인용하곤 하는데, 이것은 바울이 의도한 바가 아닐 것이다. 오히려 이 말은 모세가 하나님 앞에 들어가는 것을 해석한 것이거나 모세의 경험을 새 언약 아래 있는 신자들의 경험에 변용시킨 것이라고 보는 것이 좋을 듯하다. 여호와와 모세의 관계는 성령과 신자들

---

23) J. D. G. Dunn, "2 Corinthians iii. 17-'the Lord is the Spirit'", *JTS* n.s. 21(1970), 309 ff,. C.F.D. Moule, "2 Cor. 3:18b, *Kathaper apo kuriou pneumatos*", in *Neues Testament und Geschichte, Oscar Cullmann zum 70. Geburtstag*, ed. H. Baltensweiler and B. Reicke(Zürich/Tübingen, 1972), pp. 231 ff.를 참조하라.

24) 고린도후서 3:12에서 바울이 παρρησία를 사용하는 것을 참조하라. W. C. van Unnik, "The Christian's Freedom of Speech", *BJRL* 44(1961-2). pp. 466 ff., and "With Unveiled Face", *Novum Testamentum* 6(1963), pp. 153 ff.를 보라.

의 관계와 같다. 그런데도 "주는 영이시니"라는 말과 "주의 영(the Lord who is the Spirit)" ― 문자적으로는 'the Lord the Spirit" ― 이라는 말 속에서 바울은 하늘에 오르신 그리스도와 신자들 속에 내주하시는 성령이 실제로 동일하지는 않지만 아주 긴밀하게 관련이 있음을 내비쳐주고 있다. 19세기 스코틀랜드의 신학자인 조지 스미튼(George Smeaton)의 용의주도한 말을 빌면, 바울의 말을 통해서 "우리는 바울이 그리스노와 성링의 협동사역을 얼마나 잘 이해하고 있으며 성령없이 그리스도를 알 수 없으며 그리스도 없이 성령을 알 수 없다는 것을 얼마나 강조하고 있는지를 알 수 있다."[25] 오늘날 케제만(Ernst Käsemann)은 용의주도하지는 않지만 단도직입(單刀直入)적인 말로 성령을 "높이 들리우신 주님의 지상적 존재(praesentia)"라고 말한다.[26]

그러나 케제만 교수의 논평은 "주의 영"에 대한 것이 아니라 이미 우리가 살펴보았던 말씀, 즉 부활하신 예수는 "살려 주는 영"(고전15:45)이 되었다는 것에 대한 논평이다. "주는 영이시니"에 대해 무엇이라고 하든간에, "마지막 아담은 살려 주는 영이 되었나니"라는 구절은 얼핏 보기에는(prima facie) 부활하신 그리스도와 성령이 동일하다는 것을 확증하는 듯이 보인다. 다른 곳에서 바울은 오직 하나 뿐인 살려 주는 성령을 알고 있다. 이 성령은 "그리스도 예수 안에 있는 생명의 성령"(롬8:2), 신자들 속에 내주하면서 죽을 몸을 깨워 일으키는 권능을 가진 성령(롬8:11), 죽이는 효력을 발휘하는 율법과 대조적으로 살리는 속성을 갖고 있는 성령(고후3:6), 겉사람은 후패하나 신자들의 속사람을 날로 새롭게 하는 성령(고후4:16), 신자들이 하늘에 속한 썩지 않는 몸을 덧입을 것이라는 것을 보증하기 위하여 하나님께서 우리에게 주신 성령(고후5:5)이다.

실제로 바울은 창세기 2:7에서 첫 사람 아담을 묘사한 말인 "산 영"과 적절하게 균형을 이루는 말을 찾으려는 마음에서 마지막 아담에 대하여 "살려 주는 영"이라는 구절을 사용했을지도 모른다. 그러나 마지막 아담을 묘사하기 위해 바울이 선택한 구절은 바울이 거듭거듭 강조하고 있는 두 개의 중요한 신조(信條)에 비추어 보아 매우 적절하다. ① 그리스도는 죽은 자로부터 부활함으로써 모든 그의 백성들이 함께 할 부활의 첫 열매라는 것, ② 신자들이 결국 그리스도의 부활 생명과 부활 영광에 참여할 것이라는 사실을 확증하고 맛보게 하기 위하여 성령을 지금 여기에서 그의 백성들에게 주셨다는 것. 지금 여기에서 "주와 합하는 자는 한 영이니라"(고전6:17). 이 말은 남자와 여자가 결혼을 통해 연합하여 "한 몸"(창2:24)이 된다는 것과 균형을 맞추기 위하여 바울이 선택한 어구이다.

그러나 단지 문체적 이유 때문에 이 어구를 선택한 것은 아니다. 이 어구는 바울의 사상에서 계속 반복되는 주제를 표현한다. 믿음으로 말미암아 "주와 합하는 자"는 현세에서 영

---

25) G. Smeaton, *The Doctrine of the Holy Spirit*(Edinburgh, 1882), p.57.
26) E. Käsemann, *Religion in Geschichte und Gegenwart* ³, ii(Tübingen, 1958), col. 1274 (*s. v.* "Geist").

원한 생명과 다가올 영광에 관한 소망을 주로부터 받는다. 그러나 이 생명과 소망은 성령을 통하여 중개되기 때문에, "주와 합하는 자"는 주 및 주와 합하는 모든 자들과 "한 영"이 된다.

4. 하나님의 형상

이미 살펴보았듯이 바울은 "그리스도의 영광의 복음의 광채"를 그리스도가 "하나님의 형상"이라는 사실과 결부시킨다. 앞 구절이 바울의 다메섹 도상의 체험을 생각나게 한다면, 뒷 구절은 도대체 무엇인가? 부활하신 그리스도께서 나타나신 때에 그리스도가 하나님의 형상이라는 인상을 바울에게 준 어떤 요소가 있었던 것일까? 예를 들면, "여호와의 영광의 형상"을 본 에스겔처럼 바울이 "사람의 모양"을 보고 그가 한 말을 듣고 예수라는 것을 알았던 것일까(겔1:26,28)? 알 수 없는 일이다. 바울에게 "하나님의 형상"이라는 표현이 어떠한 의미를 가지고 있었는지를 알기가 어렵기 때문이다. 그런데도 바울이 "예수 그리스도의 얼굴에 있는 하나님의 영광을 아는 빛"에 관하여 이야기할 때, 그는 실제로 그리스도에게서 하나님의 형상을 본다는 것을 의미하는 어법을 사용한다.[27]

그리스도를 이런 용어들로 묘사하는 것은 바울 이외에도 신약의 기자들 가운데 있다. 요한복음 기자는 성육신한 말씀의 사역을 통해 십자가에서 정점에 달하는 하나님의 계시가 점차적으로 계시되는 것을 기록하고 있다. 히브리서 기자는 하나님의 아들에 대하여 "하나님의 영광의 광채시요 그 본체의 형상"(히1:3)이라고 말한다. 그러나 그리스도의 백성들이 내주하시는 성령의 능력으로 말미암아,[28] 결국 하늘에 속한 사람의 형상을 나타낼 사람들 가운데서 땅에 속한 형상이 아무 것도 남아있지 않을 때까지 계속해서 변화시킨다는 말과 함께 그리스도를 하나님의 형상으로 아주 자세하고 일관되게 묘사하는 것은 바울이다.[29]

구약에 의하면, 사람은 하나님의 형상을 따라(창1:26이하) 하나님의 영광을 위하여(사43:7) 지음받았다. 창조 질서 가운데서 사람은 "하나님의 형상과 영광"(고전11:7)이라고 바

---

27) 나의 제자 가운데 한 사람인 김세윤 박사는 바울이 회심 체험에서 그리스도를 하나님의 형상으로 이해하게 된 기초에 대하여 깊은 관심을 보였는데, 다메섹 도상의 그리스도의 현현이 바울의 복음에 미친 영향에 대한 그의 연구는 이 주제 및 이와 관련된 주제들에 대한 나의 생각에 고무적인 자극을 주었다.
28) 고린도후서 3:18(229쪽을 보라). 참조, 갈 4:19.
29) 고린도전서 15:49.
30) 바울은 ἀνήρ(남자)를 사용하는데, 창세기 1:26이하에서는 ἄνθρωπος(사람)로 되어 있다. 그러나 그는 창세기 1:26이하를 2:18이하의 견지에서 읽고는 사람이 하나님의 모양대로 지음받은 것은 처음에 남자의 모습으로 였다고 결론지었다. "하나님께서 남자와 여자를 창조하시고"를 "먼저 남자를 그 후에 여자를" 창조하셨다는 것으로 받아들인 것이다.

울은 말한다.[30] 바울이 부활하신 그리스도를 둘째 사람, 마지막 아담으로 묘사하는 것은 그리스도를 하나님의 형상이며 하나님의 영광을 드러내는 분으로 보는 것과 뗄래야 뗄 수 없는 관계에 있다. 첫째 사람이 불완전하게 옛 창조에 존재했었지만, 그리스도는 새 창조 ― 부활 질서 ― 에서 완전하게 존재한다.
 더 나아가 바울의 기독론의 또 다른 측면을 그리스도를 하나님의 형상으로 이해하는 것과 관련시켜 보는 것도 흥미로울 것이다. 분명히 바울이 알고 있었던 알렉산드리아의 지혜서는 지혜를 의인화하고 있을 뿐만 아니라 하나님의 선하심의 "형상(에이콘)"으로 묘사한다.[31]
 확실한 것이 한 가지 있다. 바울은 다른 몇몇 신약 기자들과 함께 그리스도를 하나님의 지혜로 보고 구약의 지혜문학에서 인격화된 지혜의 속성으로 돌려졌던 어떤 활동들을 그리스도의 속성으로 생각했다는 것. 예를 들면, 바울이 "한 주 예수 그리스도께서 계시니 만물이 그로 말미암고 우리도 그로 말미암았느니라"(고전8:6)라고 말하거나 "만물이 다 그로 말미암고 그를 위하여 창조되었다"는 점에서 그리스도를 "보이지 아니하시는 하나님의 형상"(골1:15이하)이라고 묘사하는 말들 속에는 그리스도를 하나님의 지혜로 보는 관점이 깔려있으며, 마찬가지로 "만물이 그(즉, 성육신한 말씀)로 말미암아 지은 바 되었으니"라는 요한복음 1:3의 말씀과 "저(하나님의 아들)로 말미암아 모든 세계를 지으셨느니라"는 히브리서 1:2의 말씀 속에도 그러한 관점이 깔려 있다.[32] 그러나 여기서 바울이 생각하고 있는 그리스도는 '부활하신' 그리스도가 아니라 영원한 그리스도이다. 이 영원한 그리스도께서 인간 세상에 오신 것은 "그는 근본 하나님의 본체시나 자기를 비어 종의 형체를 가져"(빌2:6이하).[33] "부요하신 자로서 너희를 위하여 가난하게 되심은"(고후8:9)에서 처럼 타의에 의한 것이 아니라 자의(自意)에 의한 겸손의 행위였다.
 바울의 기독론의 이러한 측면을 하나님의 형상인 그리스도를 본 바울의 체험이 아니라 그후 계속된 바울의 그리스도 체험과 결부시키는 것은 적절치 못한 것 같다. 아마도 회심 전에 바울은 토라를 위해 세상을 지으신 것이 아니라면 적어도 하나님께서 세상을 지으실 때 사용하셨던 "바람직한 도구"[34]인 토라와 하나님의 지혜를 동일시했을 것이다.[35] 회심 후에 바울의 사상과 삶에서는 토라 대신에 그리스도가 중심을 차지하게 되었고, 이전에 토라

---

31) 지혜서 7:26. 거기에서 지혜는 "영원한 빛의 광채(ἀπαύγασμα, 참조, 히1:3, 여기서 아들은 하나님의 영광의 ἀπαύγασμα이다), 하나님의 사역을 흠없이 비쳐 주는 거울"('거울'에 대해서는 고후3:18의 '거울을 보는 것'과 고전13:12의 '거울로'를 참조하라).
32) 요한계시록 3:14을 참조하라. 거기에서는 그리스도를 "아멘... 하나님의 창조의 근본"이라고 말한다―지혜를 "조화(造化)의 시작", 창조에서 '아몬(巨匠)'이라고 말하는 잠언 8:22, 30을 반영하고 있다.
33) 여기서의 구문법은 칠십인역이 아닌 다른 헬라어역에서 이사야 52:13-53을 반영하고 있다(칠십인역에서는 여기와는 달리 δοῦλος가 아니라 παῖς를 사용한다). ἐκένωσεν ἑαυτὸν...εἰς θάνατον은 "그가 자기 영혼을 버려 사망에 이르게 하며"(사53:12)를 반영한다. 146쪽 주 25와 104쪽 주 17을 보라.
34) 피르케 아봇 iii. 19에서 랍비 아키바를 참조하라.

의 속성들과 활동들이라고 생각했던 모든 것을 그리스도께 돌렸을 것이다. 그러나 그럴 가능성은 희박하다. 그리스도는 바울이 사물을 보는 눈에서 토라를 대신했지만, 그리스도를 토라와 동등하게 보지는 않았다. 그리스도는 바울에게 "율법의 마침"(롬10:4)이었기 때문이다.[36] 그러나 그리스도는 하나님의 지혜의 마침은 아니었다. 그는 바로 하나님의 지혜를 구현(具現)한 분이었기 때문이다.

하지만 바울이 부활하신 그리스도를 성령과 결부시키고 있지만 선재하시는 그리스도를 성령과 결부시키고 있지 않다는 사실은 중요한 것 같다. 바울에게 성령은 무엇보다도 "성결의 영으로는 죽은 가운데서 부활하여 능력으로 하나님의 아들로 인정"되신 그리스도와 관련하여 이해할 수 있게 된 새로운 시대를 알리는 표지(sign)이다. 바울이 통상적으로 사용하는 "성령"이 아니라 "성결의 영"이라는 어구를 여기서 사용하는 이유는 더 연구해 보아야 할 문제이지만, 이 어구는 "거룩한 영"이라는 뜻의 히브리어를 축자적으로 옮긴 것이다.[37] 따라서 그리스도의 백성의 삶에 거하여 그들의 부활을 확증해 주는 역할을 하는 "예수를 죽은 자 가운데서 살리신 이의 영"과 의미에 있어서 다르지 않다(롬8:11).

알버트 슈바이처(Albert Schweitzer)의 표현을 빌면, 그리스도의 성령은 "그의 메시야적 인격의 생명원리(life-principle)이다."[38] 살아계신 그리스도야말로 자기 백성의 영광의 소망이요 바로 그리스도 안에서 그 소망이 이루어질 것이기 때문이다. "우리 생명이신 그리스도께서 나타나실 그 때에 너희도 그와 함께 영광 중에 나타나리라"(골3:4)고 바울은 말한다. 부활하신 그리스도의 백성들이 높이 들리우신 주님의 형상을 완전히 공유할 때, 성령의 현재적 사역은 성취된 것이다. 그러나 이 현재적 사역을 성취하는 성령은 예수를 따르는 자들에게 임하기 전에 예수께 임했던 바로 그 성령이다. 달리 말하면, 바울에게 있어서 내주하시는 성령을 통하여 자기 백성들에게 부활의 생명과 부활의 능력을 주시는 높이 들리우신 주님은 사람들 가운데 종으로 사신 분, 십자가에 못박히신 분, 역사적 예수 바로 그분이다.

---

35) *Genesis Rabba* 1:4(창1:1에 대한)에서 랍비 반나아를 참조하라.
36) 119쪽과 208쪽 이하를 보라.
37) 히브리어. '루아흐 학코데쉬'.
38) A. Schweitzer, *The Mysticism of Paul the Apostle*, E.T. (London, 1931), p. 165.

제 13 장

헬레니즘 세계에 대한 바울의 선교

1. 바울이 헬라 세계로 돌아오다

"수리아와 길리기아 지방"으로 돌아온 후 바울은 헬레니즘 세계에 헌신했다. 바울의 부모들은 바울이 헬레니즘 세계의 영향을 받지 못하도록 어린 시절에 예루살렘에 보내 거기서 교육을 받게 했다. 바울의 부모들은 (바울이 태어나기 한 세대 전에 현자 압탈리온(Abtalyon)이 말했듯이) 헬레니즘 세계는 "물이 나쁜 곳"이어서 그 물을 마시는 자들은 죽게 되고 하나님의 이름을 욕되게 하는 그런 곳이라고 생각했기 때문이다.[1] 지금 바울은 자기의 새 주인을 그 지역과 주민들에게 전하기 위하여 이 불길한 지역에 돌아왔다.

유대 그리고 예루살렘조차도 헬레니즘 세계의 일부였다.[2] 그 거룩한 도성에서도 아람어(그리고 아마도 히브리어)와 함께 헬라어가 사용되었으며[3] 이미 살펴본 대로 헬라어로 성경을 봉독하고 예배를 드리는 헬라파 유대인들의 회당도 있었다. 바울이 교육을 받았던 학파

---

1) 피르케 아봇 1:11.
2) I. H. Narshall, "Palestinian and Hellenistic Christianity:Some Critical Comments", *NTS* 19(1972-73), pp. 271-287을 참조하라.
3) J. N. Sevenster, *Do you know Greek?*(Leiden, 1968)을 참조하라. 히브리어를 사용하였을 가능성에 관해서는 M. H. Segal. *A Grammar of Mishnaic Hebrew*(Oxford, 1927), pp. 14-19. T. W. Manson, *The Teaching of Jesus*(Cambridge,² 1935), pp. 46 ff를 참조하라.

에서는 헬레니즘의 이방적인 영향력을 배제하였지만, 현자들조차도 헬라어를 알았으며 문도(門徒)들에게 헬라어와 헬라 문명의 위험성을 예방하는 과정들을 가르칠 수 있었다. 가말리엘의 아들인 시므온에게는 토라를 공부하는 많은 문도들과 마찬가지로 "헬라인들의 지혜"를 배우는 많은 문도들이 있었다고 한다.[4]

가말리엘에게도 그러한 문도들이 있었음에 틀림없다. 바울이 가말리엘 학파에서 헬라 학문의 초보를 익혔을 가능성이 크다. 그러나 다소로 돌아온 후부터 바울의 활동기 전체를 통하여 바울은 이 도시 저 도시로 다니면서 헬라적인 생활 방식에 맞닥뜨리게 되었다. 그는 더 이상 온상에 갇힌 화초같은 삶이 아니라 복음을 받아들이는 이방인들을 얻기 위하여 이방인들 가운데서 한 이방인으로 대부분의 삶을 살아가야 했기 때문이다.[5] 바울 서신들이 보여주는 헬라의 문학과 사상에 관한 지식은 당대의 헬레니즘 세계에서 교육받은 사람들이 통상적으로 갖고 있는 것이었다. 이것은 헬라의 선생들로부터 정식 교육을 받았다는 것을 나타내지는 않는다. 바울의 신앙과 삶의 방향은 지금까지 너무도 확고하게 정립되어 있었기 때문에 — 처음에는 유대인으로의 양육을 통해, 그 다음에는 예수를 주로 모심으로써 — 헬레니즘은 그의 마음에 결정적인 영향력을 발휘할 수 없었다.

우리는 바울의 저작들에서 당시에 떠돌아다니던 사조들을 자유롭게 채택하여 기독교적 의미로 변용한 것들 특히 스토아 철학에서 유래한 개념과 표현들을 찾아볼 수 있다.[6] 바울은 순수한 헬라인들에게도 복음을 전하였지만, 그가 전한 복음은 결코 헬라화된 복음은 아니었다. 바울은 십자가에 못박힌 그리스도를 통한 구원과 생명을 선포하였기 때문에 그의 복음은 헬레니즘의 기존의 가치관과 근본적으로 충돌했으며, 바울이 말한 소위 "세상의 지혜"(고전1:20 이하)를 가지고 복음을 평가한 청중들의 눈에는 복음이 "미련한 것"으로 보였다.

다소로 다시 돌아온 지 약 10년 동안 바울의 행적은 거의 알려져 있지 않다. 바울이 복음 전도를 위해 이 기간을 보냈다는 것은 분명하다. 이 기간에 유대 교회들은 이전에 자기들을 핍박하던 자가 "전에 잔해하던 그 믿음을 지금 전한다"(갈1:23)는 말을 들었다.[7] 자신의 설명대로 (갈1:22) 이 교회들이 — 예루살렘 교회도 예외일 수 없다 — 바울을 개인적으로 잘 알지 못했다면, 그 이유는 바울이 이전에 주로 헬라파 제자들을 핍박했고 그들 가운데 유대

---

4) TB 소타 49b. 가말리엘 1세와 가말리엘 2세는 모두 시므온이라는 이름을 가진 아들이 있었다. 가말리엘이라 불리운 랍비들은 언제나 명확히 구별되는 것은 아니었다. 여기에 언급되고 있는 사람은 가말리엘 2세의 아들(주후140년 경)일 가능성이 있다. 하지만 이것은 가말리엘 1세가 실제로 그랬을 가능성에 영향을 미치지 못한다.
5) 고린도전서 9:19-23에 나오는 이 문제에 대한 자신의 설명을 참조하라.
6) M. Pohlenz, *Paulus und die Stoa*(Darmstadt, 1964)를 참조하라. 바울이 더 오래된 철학적 방법론에 영향을 받았을 가능성(특히 고후 10-13에서)은 H. D. Betz, *Der Apostel Paulus und die sokratische Tradition*(Tubingen, 1972)에서 논의되고 있다.
7) 83쪽을 보라.

에 남아 있는 사람들이 거의 없었기 때문이었다.

이 기간 동안에 바울은 곤경을 겪었을 가능성이 많은데, 바울이 어떠한 곤경에 처했는지는 나중에 고린도후서 11:22-27에 사도적 위탁을 뒷받침 해주는 신임장으로 열거되어 있다. 예를 들면 그가 "유대인들에게 사십에 하나 감한 매를 다섯 번 맞았으며"라고 말할 때[8] — 이 가운데 그 어느 것도 바울 자신이나 누가에 의해 다른 곳에서 언급되지 않는다 — 이 일들은 바울이 기독교인이면서 여전히 회당의 치리에 복종하고 있었을 때 일어났음에 틀림 없다. 아마도 그는 자신이 로마 시민이라는 이유로 이 치리에서 면제되어야 한다고 주장했을 것이지만, 그것은 실제로 자신의 유대인됨을 부인하고 회당을 자신의 기본적인 활동의 근거지로 삼으려는 자신의 방침을 포기하는 것을 의미했을 것이다. 자신이 방문하는 성읍들에서 율법을 준수하는 유대인으로서 회당을 방문하기를 계속하는 한에 있어서, 그는 회당과 결별하기 전까지는 회당의 치리를 받아들이지 않으면 안 되었다. 바울이 사십에 하나 감한 매를 맞은 것은 바로 바울이 길리기아에서 활동하던 시기였을 것이다. 이 문맥에서 언급하고 있는 수 없이 매 맞은 것과 다른 곤경들이 이 시기에 속하는지는 확실히 말할 수 없다.

2. 유대교의 선교활동

주후 1세기 초반에 유대교에서 이방인들을 개종시키는 활동이 상당히 활발했었다는 증거가 있다.[10] 힐렐은 "동료 인간들을 사랑하고 그들을 토라로 이끌어라"고 말했다.[11] 주후 40년 티그리스 강의 동편에 있는 아디아베네(Adiabene)의 유명한 가문이 유대교로 개종한 사건은 이 시대에 일어난 것으로 우리에게 알려져 있는 가장 두드러진 개종의 예로써 때때로 낯설은 곳에 가서 선교하는 유대인들의 활약상을 보여준다.[12] 주후 30년 오순절을 지키기 위해 예루살렘에 모여든 디아스포라들을 누가가 열거하는 대목에는 "로마로부터 온 나그네 곧 유대인과 유대교에 들어온 사람들"(행2:10)이 들어있다. 초기의 예루살렘교회에서 헬라파에 속하는 일곱 지도자들 가운데 한 사람은 "유대교에 입교한 안디옥 사람 니골라"(행

---

8) 성문 율법은 매를 최대한 40대까지 때릴 수 있는 것으로 규정하고 있다(신25:3). 본의 아니게 이를 범할 가능성을 배제하기 위하여 "율법의 둘레에 울타리를 친다"는 원리를 바탕으로 매를 설흔아홉 대까지 때리는 것이 전통이었다(미슈나 막코트 3:10-15).
9) 여기에는 방금 언급한 다섯 경우와 매를 맞은 세 경우—아마도 빌립보에서처럼 로마 당국자들에 의해(행16:22)—가 포함된다. 241쪽을 보라.
10) 이에 대해 주의할 점에 대해서는 J. Munck, *Paul and the Salvation of Mankind*, E. T. (London, 1959), pp. 264 ff.; 또한 A. D. Nock, *Essays on Religion and the Ancient World*, ii(Oxford, 1972), p. 929를 참조하라.
11) 피르케 아봇 1: 12.
12) Josephus, *Ant.* xx. 17 ff.

6:5)였다.[13] 헬라파 지도자 가운데 한 사람인 빌립은 예루살렘으로 순례를 다녀서 본국으로 돌아가는 에디오피아 개종자 또는 하나님을 경외하는 사람에게 세례를 주어 "흔연히 길을" 가게 했다(행8:27-39).

그 즈음에 베드로는 가이사랴에 머물고 있었던 로마의 백부장, 하나님을 경외하는 고넬료와 그 권속에게 세례를 주었다.[14] 하나님을 경외하는 사람들이란 완전히 개종자가 되지 않고도 여러 수준에서 유대적인 예배와 생활방식에 참여하는 이방인들이었다. 완전한 개종자, 회심을 통해 유대인의 종교 공동체의 성원이 되기 위해서는 이방인 남자는 보통 세례의식("개종 세례")을 받고 희생제사를 드리고 모세의 율법을 지킬 의무를 지는 것과 아울러 할례를 받아야 했다.[15] 이런 이유 때문에 이방인 여자들이 개종자가 되기가 더 쉬웠다. 여자에게는 할례를 제외한 나머지 세 가지 사항만이 요구되었기 때문이다. 그러나 로마 제국의 속주들 전체를 통하여 개종자들 특히 하나님을 경외하는 자들이 많이 있었기 때문에, 그들은 바울이 이 도시 저 도시로 다니면서 세워 놓은 교회들의 핵(核)이 되었다.

속주들에 이렇게 개종자들과 하나님을 경외하는 자들이 있게 된 것은 이방인들을 대상으로 유대인들이 자신의 종교를 증거하고 선교한 활동 덕분이었다. 이러한 활동에 참여한 유대인들은 세상에서 여호와의 증인이 되어 여호와의 찬송을 열방 가운데서 부르라는 위로의 예언을 통해 선포된 이스라엘의 사명을 진지하게 받아들였다(사43:10-12, 21). 바울도 회심 전에 이러한 활동에 주도적으로 참여하여 이방인들을 율법에 복종시키려는 소원을 품고 있었다고 주장하는 사람들도 있다.[16] 하지만 그 주장을 입증할 수는 없다. 그러나 이 주장이 사실이라면, 이방인들에게 그리스도를 전하는 바울의 새로운 사명을 위한 배경으로 이해할 수 있을 것이다 ― 그의 삶에서와 마찬가지로 그의 선교 계획에서도 율법은 십자가에 못박히시고 높이 들리우신 예수로 대치되었다.

3. 복음이 수리아의 안디옥에 전해지다

바울은 당시에 수리아와 길리기아에서 선교하던 유일한 기독교 전도자는 아니었다. 스데반의 죽음 후에 일어난 격심한 박해로 인해 예루살렘과 유대는 어떤 것으로도 막을 수 없는

---

13) 80쪽을 보라.   14) 행 10:47 이하.
15) H. H. Rowley, "Jewish Proselyte Baptism and the Baptism of John", in *From Moses to Qumran*(London, 1963), pp. 211-235. T. F. Torrance, "Proselyte Baptism", *NTS* 1(1954-55), pp. 150-154를 참조하라.
16) "기독교인이 되기 전에 '힐렐학파' 인 바울이 유대교 전도에 헌신했을 가능성을 진지하게 고려하여야 한다"(M. Hengel, "Die Ursprünge der christlichen Mission", *NTS* 18 [1971-72], p. 23. 참조, H. J. Schoeps, *Paul*(London, 1961), pp. 219 ff. 이것은 갈라디아서 5:11에 나오는 바울의 말의 배경일 것이다. "내가 지금까지 할례를 전하면…".

하나님의 보응(報應)을 받을 것이라고 생각하면서 그들의 발에서 그곳의 먼지를 떨어버렸던 헬라파 제자들은 주변 지역에 정착해서 거기에서 자신들의 신앙을 전파하기 시작했다.[17] 그들은 예루살렘의 거룩성을 높이 평가해서 그들의 원 고향을 떠나 예루살렘으로 와서 정착했기 때문에, 그 거룩한 도성이 그들을 쫓아냈을 때 실망감은 이루 말할 수 없었다.

그들이 이방적인 또는 반(半)이방적인 환경 속에서 하나님을 섬기고 그리스도 안에서 하나님의 구원하시는 행위를 증거할 수 있는 더 큰 자유를 가질 수 있음을 알게 된 지금, 하나님의 계획 속에서 이러한 환경이 가지는 위치를 재평가해야 했다. 예루살렘교회에서 스데반의 죽음 후 그를 이어 헬라파의 지도자가 되었던 것으로 보이는 스데반의 동료 가운데 한 사람인 빌립은 사마리아의 한 성읍에서 아주 성공적으로 기독교 선교를 시작한 후에 주로 가이사랴 마리티마(Caesarea Maritima)라는 이방인 성읍에 머물렀다.[18] 예루살렘에서 피신한 헬라파 기독교인들은 그보다 더 멀리 갔다 — 알렉산드리아와 구레네가 원래 고향이었던 사람들은 그 곳으로 돌아갔을 것이고, 그들 가운데 일부는 누가가 우리에게 구체적으로 말해주고 있듯이 안디옥보다 훨씬 북쪽에 있는 뵈니게(Phoenicia)와 수리아까지 이르렀다.

셀류키아 피에리아(Seleucia Pieria) 항구로부터 상류 쪽으로 약 30킬로미터 지점에 있는 실피우스(Silpius)산 기슭의 오론테스(Orontes) 강 유역에 있는 안디옥(Antioch, 현재 터키의 하타이 주에 있는 안타캬)은 셀류키드 왕조의 최초의 통치자인 셀류쿠스 니카토르(Seleucus Nicator)에 의해 주전 300년에 건설되었는데 그의 아버지인 안티오쿠스(Antiochus)의 이름을 따라 명명되었다. 셀류키드 제국의 수도로서 안디옥은 급속히 주요한 성읍으로 발전했고, 주전 64년 수리아가 로마의 속주가 되었을 때, 안디옥은 행정의 중심지, 로마에서 파견된 관리들의 거주지였다.[19] 주전 25년 동부 길리기아가 수리아에 병합된 후에도 안디옥은 계속 속주의 수도였다. 이때에 안디옥은 로마 제국에서 세번째로 큰 성읍이었는데 성읍 전체는 격자 모양으로 정비가 되어 있었고 인구는 로마와 알렉산드리아 다음으로 많았다.

율리우스 가이사(Julius Caesar), 아구스도(Augustus), 디베료(Tiberius)는 안디옥을 확장하는 동시에 아름답게 도시를 꾸몄고, 헤롯 대왕은 주요 간선도로 양쪽에 열주(列柱)를 세우고 광택나는 돌로 도로를 깔았다.[20] 안디옥은 정치적으로 수도인 동시에 상업의

---

17) M. Hengel, "Zwischen Jesus und Paulus" *ZTK* 72(1975), pp. 196이하 참조.
18) 행 8:5-40.
19) B. M. Metzger, "Antioch-on-the-Orontes", *Biblical Archaeologist* 11(1948), pp. 70-88; G. W. Elderkin, R. Stillwell, F. O. Waage, D. B. Waage, *Antioch-on-the-Orontes*, I-IV/2(Princeton and Oxford, 1934-52). G. Downey, *A History of Antioch in Syria from Seleucus to the Arab Conquest*(Princeton, 1961) and *Ancient Antioch* (Princeton, 1963)을 참조하라.
20) Josephus. *Ant.* xvi. 148을 참조하라.

중심지였다. 수리아에서 나는 산출물들은 안디옥을 거쳐 지중해 도시들로 보내졌다. 안디옥은 그리스 - 로마 세계와 동방세계가 접하는 접경 지대에 가까이 있었기 때문에 대부분의 헬레니즘적인 성읍들보다 더 국제적인 성읍이었다.

유대가 안디옥의 통치(주전 2세기 전반 동안)를 받기 전에도 안디옥이 건설된 때부터 유대인들은 그 곳에 살고 있었다. 주전 145년 유대인들은 정착민과 상인이 아닌 다른 역할로서 이 도시와 관련을 갖게 되었다. 셀류키드 왕위를 놓고 정적(政敵)과 내란을 벌이게 된 데메트리우스(Demetrius) 2세는 안디옥의 대부분을 정적에게 점령당한 후 하스모니아가(家)의 요나단의 군대 가운데서 삼천 명의 지원을 얻었는데, 이들은 시가전에서 탁월한 실력을 보여주었고 이 도시를 지나치게 파괴하긴 했지만 도시를 탈환하는 데 공을 세웠다.[21] 기독교 시대의 초기에 유대교로 개종한 사람들은 특히 안디옥에 많이 있었다고 요세푸스는 말한다.[22] 그들 가운데 니골라는 예수를 믿는 자로 개종한 사람이었는데 위에서 언급했듯이 예루살렘 교회에서 헬레파의 지도자들 중의 한 사람으로 열거되고 있다.[23]

그후 누가가 말해 주듯이 구브로(Cyprus)와 구레네(Cyrene)가 원래 고향이었던 몇몇 사람들을 비롯하여 예루살렘에서 피신한 헬라파 사람들 가운데 일부가 안디옥에 이르렀다.[24] 예루살렘에서 피신한 사람들은 자신들의 신앙을 열렬히 전파하는 사람들이었다. 그들은 대부분 동료 헬라파 ― 헬라어를 사용하는 유대인들 ― 에게 전도했지만, 구브로와 구레네 출신의 사람들이 안디옥에 왔을 때, 그들은 그 지방의 헬라인들이 비록 이방인이긴 하지만 자신들의 복음에 함께 할 수 있다는 생각을 품게 되었다. 이 헬라인들 가운데 상당수는 자신들의 필요를 꼭 채워주는 것으로서 복음을 두 손들어 환영했다. 이 큰 도시에는 많은 제의(祭儀)들과 신비 종교들이 있어서 험난한 세상에서 악한 세력 또는 소외감에서 구원을 줄 것이라고 선포했다. 이 방문자들이 그리스도로 말미암는 구원의 좋은 소식을 전했을 때, 그들이 전하는 말은 청중들에게 완전히 낯설은 것은 아니었을 것이다.

그러나 그들이 구원자로 말한 그리스도에 관한 일은 특히 매혹적인 것이었으며 다른 제의들 속에 나오는 주나 구원자와는 다른 것이었다. 아마도 그들은 그리스도를 사람으로 이 땅에 오기 전부터 하나님의 형상으로 계셨던 분, 사람으로서 굴욕과 죽음을 받아들이신 분, 이에 따라 하나님에 의해 모든 피조물 위에 높임을 받으시고 가장 높은 의미로서 "주(퀴리오스)"라는 호칭을 받으신 분으로 전했을 것이다. 이 가능성은 바울이 빌립보서 2:5-11에서

---

21) 제1마카비서 11:41-51.
22) Josephus, *BJ* vii. 45.
23) 행 6:5(143쪽을 보라).
24) 행 11:20.
25) E. Lohmeyer, *Kyrios Jesus: Eine Untersuchung zu Phil. 2, 5-11* (Heidelberg, 1928,² 1961). E. Käsemann, "A Critical Analysis for Philippians 2: 5-11" (1950), E. T. in *Journal for Theology and Church* 5(1968). pp. 45-88. D. Georgi, "Der vorpaulinische Hymnus Phil. 2, 6-11", in *Zeit undGeschichte: Dankesgabe an R. Bultmann*, ed.

구체적으로 표현하고 있는 바울 이전에 널리 믿어졌던 그리스도를 위한 찬가가 수리아의 안디옥에서 헬라파의 선교활동 당시에 통용되고 있었다는 견해가 옳은 지의 여부에 달려 있다.[25] 어쨌든 이 찬가는 이미 살펴보았듯이 초기의 예루살렘 교회에서 기독론적 사고의 중요한 흐름을 일으켰던 네번째 종의 노래까지 거슬러 올라간다.[26]

이방인들이 안디옥에서 예수를 따르는 사람들을 "그리스도인"으로 맨처음 불렀다는 것은 당연하다. 복음서에서 헤롯(Herod)을 추종하는 사람들을 헤롯당(Herodians)이라고 불렀듯이,[27] 그리스도인(christians, '크리스티아노이')은 그리스도를 따르는 사람들이었다(사람 이름의 어간에 라틴어 접미사 -ianus를 덧붙인 꼴). 당시에 헬라어를 사용하는 유대인들은 예수를 그리스도라고 부르지 않았을 것이다. 그리스도는 여전히 하나의 직함이었고(셈어 '메시야'에 해당하는 '크리스토스', "기름부음받은" 자),[28] 예수를 그렇게 부르는 것은 예수를 메시야로 인정하는 것이었을 것이기 때문이다.

그러나 이방인들의 귀에는 그리스도는 단지 예수를 가리키는 다른 이름에 불과했다. 이방인들에게는 유대인들이 가지고 있었던 그러한 연상작용이 없었기 때문이었다. '크리스토스'는 당시에 노예에게 흔한 이름이었던 '크레스토스'(라틴어로 '크레스투스')와 발음이 정확히 같아서, 헬라인들과 로마인들 가운데는 이 두 단어와 '크리스티아노이'와 '크레스티아노이'의 철자를 혼동하는 일이 흔했다.[29] "제자들이 안디옥에서 비로소 그리스도인이라 일컬음을 받게 되었더라"고 하고 있는 사도행전 11:26에서조차, [일차 사료인 '시내산 사본 (Codex Sinaiticus)'을 비롯한] 헬라어 사본들에는 '크리스티아누스' 대신에 '크레스티아누스'(복수 4격)로 되어 있다. 누가는 분명히 전자로 썼겠지만, 후자는 안디옥 사람들이 무엇을 생각하고 있었나를 보여준다.

이때에 예루살렘 교회의 지도자들은 복음을 인접 지역으로 전파하는 데 있어서 일반적인 감독이나 통제를 수행했던 것으로 보인다. 예를 들면, 빌립이 사마리아의 한 성읍에서 전도를 통해 많은 수의 신자들을 얻었을 때,[30] 베드로와 요한이 예루살렘에서 와서 이 새 신자

E. Dinkler(Tübingen, 1964),pp. 263-293; R. P. Martin, *Carmen Christi:Philippians ii. 5-11 in Recent Interpretation and in the Setting of Early Christian Worship* (Cambridge, 1967); I. H. Marshall, "The Christ- Hymn in Philippians 2: 5-11", *Tyndale Bulletin* 19(1968), pp. 104-127; C. F. D. Moule, "Further Reflexions on Philippians 2. 5-11", in *Apostolic History and the Gospel*, ed. W. W. Gasque and R. P. Martin(Exeter, 1970), pp. 264-276; M. D. Hooker, "Philippians 2: 6-11", in *Jesus und Paulus: Festschrift für W. G. Kümmel*, ed. E. E. Ellis and E, Grässer(Göttingen, 1975), pp. 151-164; O. Hofius, *Der Christushymmus Philipper 2, 6-11*(Tübingen, 1976)을 참조하라.

26) 78쪽 이하와 103쪽 이하를 보라.
27) 막 3:6. 12:13을 참조하라.
28) 히브리어 '마쉬아흐', 아람어 (절대상태) '므쉬하' - '마샤호', '므샤흐' (기름 붇다)의 동사적 형용사.
29) Suetonius, *Life of Claudius* 25. 4(*impulsore Chresto*)를 참조하라.

들이 메시야적 모임에 들어온 것을 환영하였다.[30] 안디옥의 이방인들에게 복음이 급속하게 전파되고 있다는 소식이 예루살렘에 전해졌을 때, 그들은 그와 비슷한 상황에 처하게 되었다. 적절한 지도를 하지 않는다면 조잡한 혼합주의가 안디옥에서 발전하지 않으리라는 보장이 어디 있겠는가?

이에 따라 그들은 사태를 살펴보기 위하여 안디옥에 사절을 보냈다. 사절을 잘못 선발하여 보냈다면, 그 결과는 엄청난 재앙을 몰고 왔을지도 모른다. 그런데 다행히도 사절로 보내진 사람은 "권위(勸慰)하는 자", 바나바였다.[32] 의심할 여지없이 안디옥의 진보적인 활동들은 예루살렘 교회의 몇몇 성원들을 상당히 당혹시키는 특징들을 드러냈다. 하지만 바나바는 그보다 더 많은 만족스러운 결과를 발견했다. "저가 이르러 하나님의 은혜를 보고 기뻐하여" 안디옥에 머물면서 헬라파 전도자들과 신자들에게 그들이 필요로 하는 격려와 지혜로운 지도를 행하였다. 오래지 않아 안디옥에는 크고 성장해 가는 교회 — 헬라인 주민들 가운데 복음이 급속히 전파되면서 곧 유대인 혈통의 신자보다도 이방인 혈통의 신자들이 더 많아지게 된 교회가 세워졌다.

이러한 상황에서 바나바는 이 새로운 교회의 생활과 활동을 감독할 책임을 나누어 가질 동역자가 있어야겠다는 생각을 하게 되었고, 그의 마음은 바울에게 쏠렸다. 그는 이방인들을 복음화하는 바울의 사명을 알고 있었고 아마도 바울이 길리기아에서 하고 있었던 활동을 이따금 소문으로 들었을 것이다. 자기가 들은 모든 것을 종합해 보았을 때 안디옥에서 자기와 동역하기에 적합한 사람은 바울밖에 없었으므로, 바나바는 다소로 가서 바울을 만나 자기와 함께 안디옥으로 돌아올 것을 권했다.

그래서 주후 45년 바울이 기독교 활동의 주류(主流)로 돌아왔다고 우리가 말한다면, 바울은 반드시 이에 동의하지는 않을 것이다. 자신이 있는 그 곳이 바로 그때 그의 눈에는 주류였을 것이기 때문이다. 그러나 그는 '기록된' 기독교적 활동(기록이 현존하는 한에 있어서)의 주류로 들어오게 되었다. 왜냐하면 바울이 예루살렘에서 베드로를 잠시 방문하고 다소로 떠난 후에 누가의 이야기에 다시 등장하는 것은 바로 이때이기 때문이다. 전승에 따라 누가가 안디옥 출신이라면, 안디옥의 복음화와 그곳으로부터 기독교가 확장되어 나가는 도정(道程)에 누가가 특별한 관심을 기울였을 것이다.[33]

---

30) 145쪽을 보라.
31) 이 두 사도가 사마리아 새 신자들에게 안수했을 때, 그들은 성령을 받았다(행8:17).
32) 97쪽을 보라.
33) 누가가 수리아 안디옥 출신이라는 최초의 언급은 2세기 후반 누가복음에 대한 반(反) 마르키온적인 서문의 처음에 나타난다. Eusebius(Hist. Eccl. iii. 4)와 Jerome(De uiris illustribus, 7)은 이 증언을 되풀이한다. 이 전승은 사도행전 11:28을 "우리" 구절로 표현하고 있는 서방 본문의 한 형태에서 입증된다. 안디옥 교회에(167쪽을 보라) 대한 아가보의 예언은 이렇게 시작된다. "우리가 함께 모였을 때 우리 가운데 한 사람이 아가보가 말하기를...". J. Smith는 이 전승의 견지에서 예루살렘 교회에서(143쪽을 보라) 임명된 헬라파 일곱 집사들 가운데 오직 한 사람만이 출신지가 언급된다는 사실을 중요하게 본다—"안디옥사람 니골라"(행6:5). 그는 이와 비슷한 예를 드는데 1812년에 나폴레옹이 러시아를 침공한 이야기를 쓴 여덟 사람 가운데서—프랑스인 세 명, 영국인 세 명, 스코틀랜드인 두 명—오직 두 명의 스코틀랜드인만이 러시아 장군 바클레이 드 톨리가 스코틀랜드 혈통이라는 사실을 기록했다는 점을 상기시킨다(The Voyage and Shipwreck of St. Paul [London, ⁴1880], p. 4).

제 14 장

환상을 보는 사람, 행동하는 사람

1. 이상한 체험

 다소로 돌아간 때부터 안디옥으로 부름받은 때까지 자신의 행적이 기록되지 않은 상당한 공백 기간이 끝나갈 무렵, 바울은 자신의 나머지 생애에 뚜렷한 흔적을 남긴 이상한 체험을 했다. 바울은 이 체험의 일부를 고린도후서 12:2-10에 기록하고 있다. 이 기록에서 바울은 그 체험이 서신을 쓰기 십사 년 전에 있었다고 말한다. 고린도후서를 쓴 연대가 주후 56년 경이기 때문에, 바울이 이 체험을 한 시기는 주후 42년 또는 43년일 것이다. 이 체험은 보통 황홀경(ecstasy)이라고 부르는 범주에 속한다. 하지만 바울이 아주 모호한 말로 설명하고 있기 때문에 그 체험이 어떤 것인지를 명확하게 단정하여 말하기는 어렵다. 바울은 "몸 안에 있었는지 몸 밖에 있었는지"는 모르지만 "낙원", "세째 하늘"이라 불리는 외계(外界)에 이끌려가서 말로 표현할 수 없고 말해서도 안 되는 것들을 들었다고 한다.[1]
 바울이 이런 식의 말로 표현한 이런 유의 체험은 바울 당시의 세계에서 유례가 없는 것이 아니었다. 에녹의 몸이 천계(天界)로 들려 올라갔다가 다시 현세로 돌아온 이야기 속에서 우리는 문학적인 유사성을 본다(제1에녹서 12:1이하, 참조, 71:1이하). 그러나 에녹은 자

---

1) "낙원"(παράδεισος)은 페르시아에서 유래한 단어로써 칠십인 역(창2:8이하)과 후기 유대교에서는 원시의 에덴을 지칭할 때 이 단어를 사용하였다. 바울이 "세째 하늘"을 가장 높은 하늘로 생각했든지 아니든지—칠층으로 된 하늘이라는 사상은 당시에 아주 흔한 것이었다(참조. *Testament of Levi* 2:7

기가 보고 들은 것에 관하여 아주 자세하게 이야기하고 있지만, 바울은 그렇게 자세하게 말하지 않는다. 그가 들은 것은 전하기 불가능한 것이었다. 이 체험을 설명하면서 바울은 제3자의 입장에 서서 그 체험이 마치 다른 사람 — 그가 이전에 알고 있었던 "그리스도 안에 있는 한 사람" 또는 더 모호하게 "이런 사람" — 에게 일어났던 것처럼 말한다. 이상한 체험이 끝나고 다시 정상적인 상태로 돌아와 그 다음을 설명할 때에야, 그는 일인칭 단수로 이야기를 계속한다.

묵시문학이 아니라 실제의 삶에서 이와 유사한 이야기를 찾자면 낙원에 갔다 온 네 명의 랍비에 관한 이야기를 들 수 있다 — 벤 앗자이(Ben Azzai), 벤 조마(Ben Zoma), 엘리샤 벤 아부야(Elisha ben Abuyah), 아키바(Aqiba) (이들은 모두 주후 2세기 초반에 명성을 떨쳤던 사람들로서 바울보다 두 세대 이후 사람들이었다). 벤 앗자이는 낙원을 보고 죽었고, 벤 조마는 낙원을 보고 정신 이상이 되었으며, 엘리샤 벤 아부야는 배교자가 되었다. 아키바만이 낙원을 본 체험 이후에도 아무런 해(害)를 받음도 없이 생존하였다.[2] 그들이 낙원에 갔다 왔다고 하는 것이 정확히 무엇을 의미하는지는 논란의 대상이 되겠지만, 어쨌든 그들이 바울과 마찬가지로 신비체험을 했던 것만은 확실한 것 같다. 이 이야기의 요점은 그러한 체험은 위험하며 그러한 체험을 한 사람은 지울 수 없는 상처를 입기가 쉽다는 것이다.

바울도 해를 받지 않은 것이 아니었다. 하지만 바울은 그 불유쾌한 결과를 긍정적으로 받아들였기 때문에 그것은 바울에게 저주가 아니라 축복이 되었다(고후12:7-10).

여러 계시를 받은 것이 지극히 크므로 너무 자고하지 않게 하시려고 내 육체에 가시 곧 사단의 사자를 주셨으니 이는 나를 쳐서 너무 자고하지 않게 하려 하심이니라 이것이 내게서 떠나기 위하여 내가 세번 주께 간구하였더니 내게 이르시기를 "내 은혜가 네게 족하도다" 이는 내 능력이 약한 데서 온전하여짐이라 하신지라 이러므로 도리어 크게 기뻐함으로 나의 여러 약한 것들에 대하여 자랑하리니 이는 그리스도의 능력으로 내게 머물게 하려 함이라 그러므로 내가 그리스도를 위하여 약한 것들과 능욕과 궁핍과 핍박과 곤란을 기뻐하노니 이는 내가 약할 그 때에 곧 강함이니라.

---

ff,; *Ascension of Isaiah* 6: 13; 7: 13 ff,; TB *Hagigah* 12b)-–이곳은 분명히 낙원이 있는 하늘이었다. 누가복음 23:43에 의하면 낙원은 죽음 후에 가는 지복(至福)의 장소였다. 요한계시록 2:7에서 그 곳은 종말론적 에덴이다.
2) TB 하기가 14b-15b. 이 체험은 '메르카바(병거)' 신비주의의 초기 형태이었던 것 같다. 이 신비주의에서는 에스겔 1장과 10장에 기록된 하나님의 병거-보좌에 관한 환상(vision)을 보기 위하여 명상 기법들을 사용 하였다. G. Scholem, *Jewish Gnosticism, Merkabah Mysticism and Talmudic, Tradition* (New York, ²1965), pp. 14-19; J. W. Bowker, "'Merkabah' Visions and the Visions of Paul", *Journal of Semitic Studies* 16(1971), pp. 157-173을 보라.

바울은 신비체험을 하고 난 후에 괴롭고 치욕스러운 만성적인 육체적 질병(ailment)에 시달렸다. 그는 처음에 이 질병이 효율적인 사역을 하는 데 장애가 될까봐 염려했지만 사실은 그의 자만심을 여지없이 무너뜨리고 그로 하여금 끊임없이 하나님의 힘을 의지할 수 있도록 함으로써 장애가 아니라 도움이 된다는 것을 알게 되었다. "육체에 가시"가 무엇이냐에 대해 많은 추측들이 있었다. 이 추측들이 부성하다는 사실은 "육체에 가시"가 무엇이냐를 분명히 밝히는 것이 불가능함을 보여준다.

이 가운데 그럴듯한 추측은 간질이라는 견해이다 — 이것이 입증된다면 바울은 율리우스 가이사(Julius Caesar)와 나폴레옹(Napoleon)과 같은 활동가의 부류에 들 것이다 — 하지만 이것은 단지 추측에 불과하다.[3] "육체에 가시"가 무엇이었든간에, 그것은 갈라디아 교인들을 처음으로 방문했을 때 바울이 겪은 "육체의 약함(bodily ailment)" — 바울에게와 갈라디아 교인들에게 "시험(trial)"이 되었던 질병, 바울은 이 질병에 대하여 그들이 혐오감을 보이거나 혐오감으로 침을 뱉을 것이라고 생각했지만, 그들은 반대로 "하나님의 천사"와 같이 바울을 영접하였다(갈4:13이하) — 이었을 것이다.

이 질병을 없애 달라고 바울이 세 번 기도했을 때, 이에 대한 응답은 그 질병을 제거해 준 것이 아니라 그것을 견딜 만한 — 단지 그것을 지니고 살 뿐만 아니라 오히려 감사하게 된 — 충분한 은혜를 받은 것이었다. 이 육체의 약함에도 불구하고 바울의 사역이 매우 효과적으로 수행되었다면, 그 사역에 작용한 초월적인 능력은 바울 자신의 것이 아니라 하나님의 것임이 명백했다.[4] 바울은 그러한 육체의 약함이 자기를 통하여 부활하신 그리스도의 능력이 나타나는 데 도움이 되기만 한다면 사도로서 감수해야 하는 다른 고난들과 마찬가지로 이와 같은 육체의 약함도 환영할 수 있었다. 바울은 이 육체의 약함으로 인해 자기 자신의 부적당함보다는 오히려 자신이 개인적으로 가장 약할 때 자신을 가장 강하게 하는 그리스도의 온전함을 끊임없이 깨닫게 되었다.

2. 바울의 "신비주의"

위에서 말한 기록을 보면 바울을 신비주의자라고 할 수 있는가 하는 문제가 아주 자연스

---

3) W. Wrede, *Paul*, E.T.(London, 1907), pp. 22 ff.를 참조하라. 안염(眼炎)(예를 들면, J. T. Brown, "St. Paul's Thorn in the Flesh", in *Horae Subsecivae*, ed. J. Brown (Edinburgh, 1858)), 파상열(波狀熱)(예를 들면, W. M. Alexander, "St. Paul's Infirmity", *Expository Times* 15 (1903-4), pp. 469 ff., 545 ff.), 말라리아(예를 들면, W. M. Ramsay, *St. Paul the Traveller and the Roman Citizen*(London, [14] 1920). pp. 94 ff.; 신경쇠약증(예를 들면, H. Lietzmann, *The beginnings of the Christian Church*, E.T.(London,[2] 1949), p. 113), 언어장애(참조., 고후10:10). 이들 가운데는 그럴듯한 것들이 없는 것은 아니지만 어쨌든 모두 추측일 뿐이다

4) 고린도후서 4:7.

럽게 제기된다. 신학세계에서 유례없는 중량감을 갖고 있는 바울과 그의 저작을 연구하는 사람들은 바울을 신비주의자라고 할 수 있다고 믿으며 또 그렇게 단언한다. 알버트 슈바이처(Albert Schweitzer)의 「사도 바울의 신비주의(The Mysticism of Paul the Apostle)」[5], 요한네스 슈나이더(Johannes schneider)의 「바울의 수난신비주의(Die Passionmystik des Paulus)」[6]와 같은 저작들의 제목만 보아도 그러한 것을 알 수 있다 — 후자의 용어는 아돌프 다이스만(Adolf Deissmann)에게서 빌려온 것인데, 그는 기독교인의 실존을 그리스도와 함께 죽고 함께 부활한다는 견지에서 해석하는 바울의 경향성을 이런 용어로 표현한다. 다이스만은 'Mystik(신비주의)'라는 용어를 "추론적인 사고의 매개없이 내적인 체험을 통해 하나님을 찾아가는 길을 발견하는 모든 종교적 경향성"에 적용한다.[7]

이블린 언더힐(Evelyn Underhill)은 신비주의를 더 적극적으로 신비주의란 "하나님 사랑의 완전한 완성, 지금 여기에서 인간에게 있는 불멸의 유산의 성취를 포함하는 유기적인 과정을 일컫는 것"라고[8] 정의했다. 바울에게 있어서 하나님의 사랑은 "우리 주 그리스도 예수 안에"(롬8:39)서 중재되고 구현되었다는 사실을 잊어버리지만 않는다면, 바울의 종교적 체험은 이런 정의에 포함될 수 있을 것이다.[9]

알버트 슈바이처에 의하면, 바울의 신비주의는 그 높은 지성적 수준에도 불구하고 하나님과의 직접적인 연합이 아니라 그리스도와의 연합이라는 형태를 띠고 있기 때문에 독특하다. 그는 이렇게 말한다. "바울에게는 하나님 신비주의가 없고 오직 그리스도 신비주의를 통하여 하나님과 관련을 맺게 된다. '그리스도 안에 있는 것'은 바울의 가르침 가운데 제일의 수수께끼이다. 일단 그것을 파악하게 되면 나머지 전체를 이해할 수 있게 된다."[10]

슈바이처는 바울에게 "하나님 신비주의"가 없다고 말하면서 바울이 아덴의 아레오바고 언덕(the Athenian Areopagus)에서 행한 설교에서 인용한 에피메니데스(Epimeni

---

5) Die Mystik des Apostels Paulus(Tübingen, 1930)의 W. Montgomery(London, 1931)에 의한 영문 번역판.
6) Leipzig, 1929.
7) Deissmann, Paul: A Study in Social and Religious History, E. T.. (London, 1926). p. 149.
8) E. Underhill, Mysticism(London, [12] 1930), p. 81(여기서 그녀는 신비주의를 "절대자와 관계를 맺고 그를 인식하는... 기술"로 정의하기도 한다). Rufus M. Jones는 "정상적인 신비주의"를 "신적 존재와 인격적인 관계에 있음을 직접적으로 인식하는 특징을 갖고 있는 신앙의 한 유형"이라고 설명한다(Studies in Mystical Religion (London, 1909), p. xviii). 또한 R.C. Zaehner, Mysticism, Sacred and Profane(Oxford, 1957); D. Knowles, What is Mysticism? (London, 1967); G. Parrinder, Mysticism in the World's Religions(London, 1976)를 참조하라.
9) 이후에 인용되는 R. C. Tannehill의 정의를 보라(163쪽을 보라).
10) The Mysticism of Paul the Apostle, p. 3.

des)의 말 — "우리가 그를 힘입어(in him) 살며 기동하며 있느니라"(행17:28) — 을 인용한 것은 그 말에 찬성했기 때문이 아니라고 결론짓는다.[11] 이에 대하여 두 가지를 살펴보자. 첫째, 소위 바울 서신의 신비주의는 새 창조, 구속의 질서에 속한다. 아레오바고 광장에서 바울이 염두에 두고 있는 것은 옛 창조의 질서에서 하나님에 대한 인간의 관계이다. 둘째, 에피메니데스가 전치사 "in"을 어떠한 의미로 사용했든지 상관없이, 누가는 바울이 에피메니데스의 말을 인용하여 하나님이 모든 인간의 창조자이시며 따라서 인간은 하나님의 자녀라는 것을 입증하려 한 것으로 묘사한다.

이것은 실제로 모종(某種)의 "하나님 신비주의"가 아니며 어떤 경우에도 구속의 질서 안에서 또는 그가 표현한 대로 "그리스도 예수 안에서" 믿는 자들은 "다 믿음으로 말미암아, 하나님의 아들"(갈3:26)이라는 바울의 말과 모순되지 않는다. 더욱이 "하나님 안에서"라는 표현은 바울에게 생소한 말이 아니다. 우리는 "하나님 아버지와 주 예수 그리스도 안에 있는 데살로니가인의 교회"(살전 1:1, 살후 1:1)라는 이중적인 언급, 에베소서 3:9에서 "영원부터 만물을 창조하신 하나님 속에 감춰었던 비밀"에 대한 언급을 생각해 볼 수 있다 — 이 후자의 언급을 "하나님 신비주의"의 관점에서 이해해서는 안 되고 "하나님의 마음(또는 뜻) 안에"라는 뜻으로 이해해야 한다.[12]

그러나 "그리스도 예수 안에"(위에서 인용한) 또는 "그리스도 안에" 또는 "주 안에서"라는 구절들은 바울이 사용하는 특징적인 표현들이다. 그리고 사람들은 바로 이 구절들을 통하여 말하고자 하는 것이 "바울의 신비주의"의 핵심이라고 생각한다.

이 표현들에 신비적인 의미가 담겨 있다면, 그것들은 공동체적 또는 집단적인 신비주의를 나타낸다. "일대 일의 고독한 비상(飛翔)(the flight of the alone to the Alone)"의 기미가 있는 구절은 바울 저작들에 거의 없는 것 같다.[13] 바울이 고린도후서 12:2-10에 묘사한 이상한 개인적 체험을 "그리스도 안에 있는 한 사람"에 빗대어 말하고 있을 때조차도, 그는 다른 모든 기독교인들에게 적용될 수 있는 어구를 사용함으로써 자기 자신은 그들과 튼튼한 유대 관계로 묶여 있음을 보여준다.

"그리스도 안에서" 및 이와 유사한 어구들이 공동체적인 의미를 갖는다는 것은 신영역성서(New English Bible)에서 잘 드러난다. 신영역성서는 이러한 의미를 나타내기 위하여 가끔씩 "합동의", "협동의"라는 말들을 사용하기 때문이다. 달리 말하면, "그리스도 안에서" 및 이와 유사한 표현들은 바울이 다른 곳에서 기독교인들을 그리스도의 몸에 속한 같은 지체(fellow-members)라고 말함으로써 표현하려고 하는 것과 동일한 사상 — 바울은 자신의 신선하고 영향력 있는 노선을 따라 이러한 사고 양식을 발전시키고 있다 — 을 전달

---

11) 267쪽을 보라.
12) 로마서 5:11에 나오는 "하나님 안에서 즐거워하느니라"라는 말을 신비적인 의미로 이해해서는 더더욱 안 된다.
13) Plotinus, *Ennead* vi. 9. 11(φυγή μόνου πρὸς μόνον).

한다. 비록 이러한 사상을 그리스도의 "신비의" 몸의 견지에서 묘사하는 것이 타당하냐에 대해서 의문을 제기하는 사람도 있다.

그리스도의 몸(신자들의 공동체 전체)은 개별 지체들과 함께 부활하신 그리스도의 생명을 통해 살아 움직이며 그리스도의 성령에 의해 능력을 공급받는다. 이 몸에 붙어 있는 것은 그리스도에 대한 믿음을 통해 효력이 발생되며, 세례를 통해 인봉되고 성찬식을 통해 지탱된다.[14] 세례는 신자가 그리스도와 함께 죽고 함께 사는 것을 상징하는 것이라고 바울은 생각했다. "우리 옛 사람"(롬6:6)이 그리스도의 죽으심 안에서 죽었고, 그리스도의 형상을 닮은 "새 사람"이 그리스도의 부활 안에서 살아났다. 물로 몸을 씻는 세례는 내적이고 영적인 세례를 상징한다. "우리가 유대인이나 헬라인이나 종이나 자유자나 다 한 성령으로 세례를 받아 한 몸이 되었고 또 다 한 성령을 마시게 하셨느니라"(고전12:13).[15]

하지만 바울에게 있어서 그리스도와 함께 죽고 사는 것은 성례 신학이나 교회 교리의 문제만이 아니라 개인적인 체험의 문제였다는 것은 분명하다. 그는 자기가 기독교인의 삶으로 들어간 것을 이런 식으로 생각했다. "내가 그리스도와 함께 못박혔나니"라고 바울은 갈라디아 교회들에게 편지하면서 이렇게 덧붙인다. "그런즉 이제는 내가 산 것이 아니요 오직 내 안에 그리스도께서 사신 것이라 이제 내가 육체 가운데 사는 것은 나를 사랑하사 나를 위하여 자기 몸을 버리신 하나님의 아들을 믿는 믿음 안에서 사는 것이라"(갈2:20).

그리스도의 자기 희생을 통하여 인류에게 나타내신 사랑을 이렇게 개인적으로 소유하고 있다는 사실은 개인적인 믿음을 통하여 그리스도와 연합되었다는 사실 및 그 믿음을 통한 연합이 기독교인으로서의 자신의 삶의 원천(源泉)이라는 사실을 아는 것만큼 실제적인 것이었다. 바울은 사도직을 가진 자기 자신을 "항상 예수 죽인 것을 몸에 짊어짐은 예수의 생명도 우리 몸에 나타나게 하려 함이라 우리 산 자가 항상 예수를 위하여 죽음에 넘기움은 예수의 생명이 또한 우리 죽은 육체에 나타나게 하려 함이니라"(고후4:10 이하)는 말로 힘주어 설명한다.

3. 메시야의 고난에 참예하며

바울이 자기 자신을 "그리스도 안에 있는 한 사람", 그리스도의 몸의 한 지체라고 생각하는 경우는 대개 같은 몸의 동료 지체들에 대한 그의 특별한 책임을 진지하게 고려하는 때였다. 바울이 보기에는 메시야의 고난(랍비적 대망(待望)의 한 특징)은 메시야가 져야 했던 고난이었다. 이에 따라 예수는 지상에서 고난을 당했고 자기 백성을 영적인 멍에에서 해방하기 위하여 십자가의 죽음을 감내하였다. 이제 높이 들리우신 상태에 있게 된 예수는 당연

---

14) 고전 10:16이하. 11:20-34a. 304쪽 이하를 보라.
15) 229쪽을 보라.

히 지상에서 겪었던 고난들로부터 놓여 났다. 그런데도 (바울이 다메섹 도상에서 알아차렸듯이)[16] 예수는 여전히 자기 백성이 자기를 위하여 받는 고난을 자기의 고난으로 여겼다. 누가의 기록에 의하면, 부활하신 주님은 새로이 회심한 바울에게 "그가 내 이름을 위하여 해를 얼마나 받아야 할 것을 내가 그에게 보이리라"(행9:16)고 말씀하셨고, 바울 자신의 설명을 통해 그가 사도직을 수행하면서 얼마나 많고 엄청난 고초를 겪었는지를 우리는 확증할 수 있다. 그는 이러한 것들에 대하여 분개하지 않았다. 그는 "우리가 환난 중에도 즐거워하나니"(롬5:3)라고 말했다. 환난은 인격을 성숙시키는 능력이 있기 때문만이 아니라 환난을 통하여 바울은 "어찌하든지 죽은 자 가운데서 부활에 이르려 하노니"(빌3:11)라는 말처럼 그리스도의 고난에 참예하려는 그의 열망을 실현할 수 있었기 때문이다.

바울이 그리스도의 고난에 참예하는 것을 기꺼이 받아들인 동기는 순전히 자기를 위한 것이 아니었다. 자기가 이 고난에 더욱 더 많이 참예하면 할 수록 동료 기독교인들이 감내해야 하는 고난은 그만큼 적어진다는 생각을 했기 때문이었다. 그는 골로새 교인들에게 이렇게 쓴다. "내가 이제 너희를 위하여 받는 괴로움을 기뻐하고 그리스도의 남은 고난을 그의 몸된 교회를 위하여 내 육체에 채우노라"(골1:24).[17] 이와 동일한 취지로 바울은 고린도 교인들에게 "우리가 환난 받는 것도 너희의 위로와 구원을 위함이요"(고후1:6)라고 말한다. 예수께서 하나님의 뜻에 따라 자기에게 가해진 모욕들을 "많은 사람의" 대속물로 드렸듯이, 바울은 자기에게서 복음을 받은 자들과 동료 신자들이 자기와 같은 고난을 당하지 않도록 하기 위해 자기에게 닥친 모욕과 시련들을 받아들였다. "그런즉 사망은 우리 안에서 역사하고 생명은 너희 안에서 하느니라"(고후4:12)라고 바울은 말한다.

4. 성령 안에 있는 생명

신약에서 하나님의 영 또는 성령을 사람들에게 부어주시는 사건은 주로 이 성령 세례를 새로운 언약의 시대와 결부시키는 구약 약속들의 성취로 본다는 의미에서 종말론적 현상이다. 예를 들면, 포로기 동안에 에스겔은 하나님께서 자기 백성을 회복하실 때 그들에게 새 영, 자신의 영을 주셔서 그들은 도덕적이고 종교적인 더러움에서 깨끗케 되고 마음을 다하여 자신의 뜻을 행할 것이라고 선포한다(겔11:16-20, 36:24-27). 포로기 이후의 예언의 말씀에서는 회복의 때에 하나님이 자기 영을 "모든 육체"(겔2:28이하)에 부어주실 것이라고

---

16) "네가 어찌하여 나를 핍박하느냐"라는 말에 담겨진 뜻은 누가의 저작들의 다른 곳에서 쉽게 그 병행을 찾아볼 수 없지만 그것은 바울의 신학과 완전히 조화를 이루고 있다.
17) 이 구절에 대한 최근의 연구들 가운데서는 R. Yates, "A Note on Colssians 1: 24", EQ 42 (1970), pp. 88 ff,; L. P. Trudinger, "A Further Brief Notice on Colossians 1:24", EQ 45(1973), pp. 36 ff.; R. J. Bauckham, "Colossians 1; 24 Again; The Apocalyptic Motif", EQ 47(1975), pp. 167 ff.를 보라.

말한다. 이 문맥에서 "모든 육체"는 궁극적으로는 더 넓은 범위를 포괄하겠지만 일차적으로는 이스라엘을 가리키는 것으로 보인다. 이 문맥에 의하면 여호와의 영이 부어짐으로써 일어나는 결과는 자유자는 말할 것도 없고 남종과 여종까지도 예언의 은사를 유례없이 행할 것이라는 것이다.

기독교 시대가 동터오기 직전에 쿰란 공동체는 이러한 대망(待望)을 가지고 있었다. 성결의 영(또는 성령)을 위한 "토대"를 준비하는 것은 새 시대를 맞기 위한 공동체의 준비 가운데 일부였다. 그들은 자신들의 공동체를 살아있는 성전이라고 생각했다. 평신도들은 외곽 즉 성소이고, 제사장들은 내부의 성역, 즉 지성소이다. 사람들은 이 살아있는 성전이 옛 질서의 희생제사 대신에 순종의 삶과 찬양하는 입술의 제사가 하나님께서 받으실 만한 제사가 된[18]성결의 영을 위한 거소(居所)라고 생각하였던 것 같다.

그뿐 아니라 공동체에서 성결의 영은 지식의 샘이었다. 이전에 예언자들, 하나님께서 자기 백성을 가르치기 위해 사용하셨던 "기름부음 받은 자들"을 통하여 말씀하셨던 성령은[19] 이제 공동체 전체에 거하실 뿐만 아니라 개개 성원들 안에 거하셔서 그들에게 특히 그 지도자들에게 예언자들의 말씀의 해석과 임박한 종말시기에 성취될 하나님의 감추진 뜻이 이루어질 방식을 알게 하신다. 감사의 찬가(Hymns of Thanksgiving) 가운데 하나에는 이렇게 쓰여있다. "나는 가르치는 자로서 내 안에 계신 영을 통하여 오 하나님 당신을 알게 되었나이다. 당신의 거룩한 영으로 말미암아 나는 당신의 기이하고 비밀한 권고를 충직하게 들었나이다."[20]

복음서 이야기에서 예수는 다른 사람들에게 성령으로 세례를 주는 것을 포함하는 메시야적 사역을 위한 필수적인 자질로서 수세(受洗)시에[21] 성령을 받는다.[22] 공관복음 전승에는 예수께서 팔레스틴에서 사역하는 동안에 자기가 어떤 한계들 아래서 활동하고 있음을 알았다는 암시들이 있다.[23] 그리고 이 점은 제4복음서의 다락방 강화(講話)에서 더 분명하게 볼 수 있다. 거기에서는 예수께서 떠나시는 것은 성령이 오셔서 예수를 따르는 자들에게 권능을 줌으로써 예수 자신이 했던 것보다 더 큰 일들을 이루게 하는 것을 뜻한다고 하고 있다.[24] 이렇게 해서 누가가 설명하고 있는 최초의 기독교적 오순절에 일어난 성령강림 사건 — 예

---

18) 호세아 14:2(참조, 히13:14)를 암시하고 있는 1 QS col. 9, ll. 4 f.
19) 쿰란 사본들의 몇 곳에서는(예를 들면 1 QM col. 11, ll. 7f.; CD 2,1.12.;6,1.1) 앞에서 말한 시편 105:15과 마찬가지로 선지자들을 하나님의 "기름부음 받은 자들"로 부른다.
20) 1 QH col. 12, ll. 11 ff.
21) 막 1:9이하. 참조, 요 1:32.
22) 마 3:11/ 눅 3:16에는 오실 자가 "성령으로" 세례를 베푸실 것이라는 세례 요한의 예언을 "성령과 불로"로 덧붙이고 있다. 참조, 마 3:12/ 눅 3:17의 은유에서 바람과 불의 활동.
23) 예수께서 자기가 "세례"를 이룰 때까지는 제한된 상태에 있는 것이라고 말씀하시는 누가복음 12:50을 참조하라.
24) 참조, 요 14:12.; 16:7.

수의 사역 동안에 보았던 것보다 더 큰 규모의 새 시대의 표적들을 동반한 — 은 예비되고 있었다.[25]

바울은 성령의 임재(臨在)와 권능에 관한 이러한 일반적인 이해를 전제하고 있다. 바울에게 있어서 성령은 이미 오셨다. 그리스도의 백성들은 공동체적 또는 개인적으로 성령의 내주를 경험하고 있다. 교회와 개개 신자는 모두 성령이 거하시는 성전이라고 말할 수 있다.[26] 그리고 이 개념은 단순히 '신학화된 개념(theologumenon)'이 아니다. 그것은 강렬하게 경험되어 사람들의 현 존재에 엄청난 영향을 미치는 어떤 것이다. 성령은 하나님의 사랑을 신자들의 가슴속에 부어주며[27] 그들로 하여금 점점 더 그리스도의 성품을 닮아가게 한다. 바울은 이렇게 말한다. "주의 영이 계신 곳에는 자유함이 있느니라 우리가 다 수건을 벗은 얼굴로 거울을 보는 것같이 주의 영광을 보매 저와 같은 형상으로 화하여 영광으로 영광에 이르니 곧 주의 영으로 말미암음이니라"(고후3:17b, 18).

이 "형상"이 실제 체험에서 의미하는 것은 갈라디아서 5:22 이하에서 말하고 있는 아홉 가지 "성령의 열매"이다 — "사랑, 희락, 화평, 오래참음, 자비, 양선, 충성, 온유, 절제." 이 열매들은 역사적 예수의 특징을 이루고 있었던 것으로써, 바울은 이러한 성품들이 신자들에게 물론 자기 자신에게도 이루어지는 것을 보기를 원한다. 이 특질들은 저절로 이루어지는 것이 아님을 그는 잘 알고 있었다. 또한 그는 기독교인의 삶을 힘든 훈련 — 달려가야 하는 경주, 싸워야 하는 싸움(특히 자기자신에 대하여)[28] — 으로 묘사하기를 좋아했다 — 왜냐하면 우리는 승리가 그에게 "갑자기 순식간에" 왔다고 생각하기 때문이다.[29]

바울이 (시간적으로) 현세에서와 (영적으로) 내세에 동시에 사는 동안에는 — 즉, 죽을 몸을 가지고 지상에 사는 동안에는 이 긴장 관계는 완전히 해소될 수 없었다. 그러나 그는 해방하시는 "그리스도 예수 안에 있는 생명의 성령의 법"(롬8:2)에서 승리의 비결을 발견했다. 이 "성령의 법"의 중심적인 원리는 그리스도 안에서 하나님의 사랑 — 첫째로는 수직적으로 내려와 성령으로 말미암아 우리들의 가슴속에 심겨져서, 다음으로는 다른 사람들의 삶 속으로 흘러 넘치는 하나님의 사랑 — 이다. 고린도전서 13장에 나오는 사랑의 송가(頌歌)는 이 진리를 웅변적으로 찬양하고 있다.

---

25) 마가복음 9:1이 주요하게 말하는 바가 무엇이든간에 최초의 기독교적 오순절은 "하나님 나라가 권능으로 임하는" 것을 보았다. 바로 그 한 날에 예수는 지상에서의 사역 동안에 자기를 따랐던 사람들보다 훨씬 더 많은 사람들을 얻었다. 초기 사도시대의 "표적"에 대해서는 행 2:43; 5:12; 갈 3:5; 히 2:4 등을 참조하라.
26) 고전 3:16이하. 6:19.
27) 롬 5:5.
28) 고전 9:24-27.
29) F. W. H. Myers, *Saint Paul*(London, 1867), stanza 15. 참조, 빌 3:12-14.

5. 모임과 "비밀들"

　바울의 사상에서 "공동체적인 신비주의"에 관하여 말하였음에도, 사실 일반적으로 알고 있듯이 신비주의자는 스스로의 종교적 생활에 자족하는 경향이 있거나 최소한 주변 환경이 여의치 않을 때 그렇게 할 수 있다. 평소에 그는 사교적이며 호의적일 수 있다. 그는 모임에서의 생활을 매우 중요하게 생각할 수 있지만, 자신을 종교적으로 지탱하는 것은 그러한 것들이 아니다. 바울은 지체들이 서로 관련을 맺고 서로 의존하면서 각자 다른 사람들과 전체 공동체의 선에 기여하는, 그리스도의 몸 안에서의 공동 생활을 힘주어 말했다.[30] 그런데도 어쩔 수 없는 사정에 처하게 되면, 그는 사람이든 물질이든 외부적인 도움없이 영적인 삶을 영위해 갈 수 있었다.
　그는 말한다. "어떠한 형편에든지 내가 자족하기(아우타르케스)를 배웠노라"(빌4:11). 그러나 이 자족(아우타르케이아)은 스토아적인 자족(自足)이 아니다. 자족은 자기 안에 사시는 그리스도를 철저히 의뢰하기 때문에 다른 모든 것은 상대적으로 부차적인 것에 불과하게 된다. 바울은 "내가 모든 것을 할 수 있느니라"라는 말에 "내게 능력주시는 자 안에서"를 덧붙인다(빌4:13). 아울러 그는 동료들의 행복이 자기 자신의 행복보다 더 중요했다는 것을 분명히 하고 있다. 데살로니가 교인들이 "주 안에 굳게 (서있는)" 것을 아는 것은 바울에게 생명처럼 소중한 것이다(살전3:8). 그는 고린도 교인들에게 "너희로 우리 마음에 있어 함께 죽고 함께 살게 하고자 함이라"(고후7:3)고 말한다. 바울은 누구보다도 기쁜 마음으로 그리스도의 날을 기다렸다. 그 때가 되면 자기에게 사도직을 위탁하신 주께 자기의 책임을 다 수행했다는 눈에 보이는 증거로서 자기에게서 복음을 받은 자들을 내놓을 수 있다는 소망이 있었기 때문이다. "우리의 소망이나 기쁨이나 자랑의 면류관이 무엇이냐 그의 강림하실 때 우리 주 예수 앞에 너희가 아니냐"(살전2:19).[31]
　바울이 서신 가운데서 특별히 언급하고 있는 방언과 같은 현상들은 신비주의와 반드시 결부되어 있지는 않다. 방언은 신비주의 없이도 존재할 수 있다. 바울이 방언으로 말하는 사람들은 "그 영으로 비밀을 말함이니라"고 말할 때, 그 사람이 특별한 계시들을 전하고 있다는 것을 의미하지 않는다. 실제로 그 사람은 아무 것도 전하고 있지 않은 것이다. "이는 알아 듣는 자가 없기" 때문이다(고전14:2). 이 마지막 구절은 실제로 그가 "비밀을 말함이니라"는 말을 다른 식으로 표현한 말이다. 바울도 방언을 할 수 있었지만, 그가 방언을 할 수 없었다면 고린도교회에서 이것 및 이와 비슷한 현상들을 다루면서 그 진상을 밝혔을 것이라고 추측해서는 결코 안 된다. 그는 방언의 기세를 억누르기 위하여 방언의 정체를 드러낸다.[32] 분명히 그는 방언을 거의 가치가 없거나 중요치 않은 것으로 보았다. 바울의 사고

---
30) 고전 12:14이하. 롬 12:4이하.
31) 참조, 빌 2:14-16.
32) 고전 14:18 .

방식으로는 진정 중요한 것은 방언이 "영감을 받은" 말이라는 사실 자체가 아니라 그 말이 담고 있는 내용과 그 원천이다. 그는 이방 종교에도 이와 같은 현상이 있을 수 있음을 알고 있었다. 그러므로 방언을 통해 말하고 있는 내용을 이해하는 것이 반드시 필요했다.[33]

반면에 바울은 "비밀들" — 새 계시들 — 을 나누어 줄 때 남이 알아들을 수 있는 말로 한다. 그가 이 비밀들을 어떻게 받았는지는 그렇게 분명하지 않다. 단지 기독교적 신앙과 삶의 문제들에 대하여 심사숙고함으로써 그러한 비밀들을 얻은 것은 아니었다. 심사숙고를 통해서 얻은 결과들을 말할 때, 바울은 비밀을 나누어 준다고 하지 않는다. 그래서 바울은 다가올 부활에 관한 새로운 가르침을 시작할 때 "보라 내가 너희에게 비밀을 말하노니"(고전15:51)라고 말할 수 있었다 — 부활 때에 죽은 자들만이 썩지 않는 몸을 입고 일으키심을 받는 것이 아니라 살아있는 자들도 새 질서의 환경에 적응하기 위하여 썩을 것에서 썩지 않을 것으로 변화될 것이라는 "비밀" 또는 계시. 그러나 그가 계속해서 죽음과 부활 사이에서 개개인(더 구체적으로는 자기 자신)의 상태에 관하여 말하게 되었을 때, 그는 확실하고 곧 닥칠 죽음으로 보였던 것에 직면한 경험에서 우러나온 자기 자신의 확신을 표현하지만 — "아노니(we know)"(고후5:1,6) — 그는 성도들에게 나누어 줄 어떤 계시도 어떤 "비밀"도 가지고 있지 않다.[34]

바울이 성령을 통하여 부활하신 주님으로부터 받은 직접적인 전언(傳言)으로 취급하는 그의 "비밀들"은 환상이나 황홀경 체험을 하는 동안에 그에게 주어졌을 가능성이 있다. 그러나 그가 우리에게 말해 주는 바가 없기 때문에, 확실히 알 수는 없다. 그래도 어느 정도 우리에게 자세하게 들려 주는 이런 유의 한 체험 이야기를 살펴보면, 그가 들었던 것은, 이미 살펴본 대로, 말로 전달할 수 없는 것이었다. 자기에게 허용된 "비밀들"은 자기 자신의 영적인 풍성함을 위한 사적인 체험들이 아니었다. 그것들은 전체 기독교인의 모임에 덕을 세우고 건강하게 기능할 수 있도록 그들에게 나누어 주어야 할 하나님의 뜻과 그 성취에 관한 계시들이었다.

6. 사도행전의 증거들

바울 서신에서 사도행전의 증거로 우리의 눈을 돌리면, 서신들이 우리에게 준 인상은 대체로 확증된다. 바울의 편력(遍歷)에 관한 누가의 설명에는 "주의 환상과 계시"(고후12:1에 나오는 바울의 말을 인용한다면)가 없지 않다. 바울은 서신들에서 자신의 회심 체험과 그 체험의 핵심인 부활하신 주님의 나타나심을 거듭거듭 언급하기는 하지만 최소한도로만 이야기하고 있다. 사도행전에서는 이 체험을 세 번에 걸쳐 더 길고 생생하게 설명하고 있는

---

33) 참조, 고전 12:2이하.
34) 337쪽을 보라.

데,[35] 세세한 내용에서는 차이가 있지만 핵심적인 내용에 있어서는 일치하는 이 기사들은 바울이 부활하신 주님을 '보았다'는 사실을 분명히 언급하면서 주님을 증거하고 널리 알리는 소명을 바울이 받았다는 사실에 주안점(主眼點)을 두고 있다.

사도행전에 나오는 회심 이야기를 생리학적 특징들을 통해 설명하려는 시도들이 있었으나 황홀경 가운데 세째 하늘에 이끌려 올라간 체험과 그 결과로서 생긴 "육체에 가시"를 설명하려는 시도보다도 더 설득력이 없다. 이 사건에 관한 누가의 세 번에 걸친 설명을 신비주의에 관한 우리의 정의 안에 포함시킬 수 있다면, 이렇게 묘사해도 바울이 본 환상과 그가 들은 소리의 객관적인 실재(實在)에 이의를 제기하는 것이 아니라면, 바울의 회심을 신비적 체험이라 부를 수 있을 것이다.

바울이 회심 후 예루살렘을 다시 방문했을 때, 이방인들을 복음화하는 바울의 소명은 또 한 번의 부활하신 주님의 환상을 통하여 확증되었다. 그는 이렇게 말한다(행22:17 이하). "성전에서 기도할 때에 비몽사몽간에 보매 주께서 내게 말씀하시되 속히 예루살렘에서 나가라 저희는 네가 내게 대하여 증거하는 말을 듣지 아니하리라 하시거늘 내가 말하기를 주여 내가 주 믿는 사람들을 가두고 또 각 회당에서 때리고 또 주의 증인 스데반의 피를 흘릴 적에 내가 곁에 서서 찬성하고 그 죽이는 사람들의 옷을 지킨 줄 저희도 아나이다.[36] 나더러 또 이르시되 떠나가라 내가 너를 멀리 이방인에게로 보내리라 하셨느니라."[37] 다시 한 번 사도행전에서 바울이 여기서 묘사하고 있는 체험은 서신서들에서 얻은 인상과 결코 부합하지 않는 것이 아니다. 바울이 고린도에서 사역의 중대한 위기에 봉착했을 때 보는 것과 듣는 것을 포함하는 사건이 있었던 것처럼, 여기에서도 보는 것과 듣는 것이 함축되어 있다. "밤에 주께서 환상 가운데 바울에게 말씀하시되 두려워하지 말며 잠잠하지 말고 말하라 내가 너와 함께 있으매 아무 사람도 너를 대적하여 해롭게 할 자가 없을 것이니 이 성 중에 내 백성이 많음이라 하시더라"(행18:9 이하).

마찬가지로 바울이 마지막으로 매우 위험한 예루살렘 방문을 하는 동안 신변 보호를 위해 구금(拘禁)되었을 때, "주께서 바울 곁에 서서 이르시되 담대하라 네가 예루살렘에서 나의 일을 증거한 것같이 로마에서도 증거하여야 하리라 하시니라"(행23:11). 주님은 아니었

---

35) 행 9:1-19. 22:3-16. 26:4-18(이 가운데 첫번째 구절은 삼인칭으로 되어 있으며, 두번째와 세번째 구절은 바울 자신의 입을 통해 일인칭으로 말하고 있다).
36) 그가 말하는 의미는 이런 것인 듯하다. 그들은 내가 당신과 당신의 백성들에게 얼마나 적대적이었는지를 알고 있다. 그러므로 그들은 내 마음이 변한 것은 가장 확실한 증거가 있었기 때문이라는 것을 알 것이고 따라서 나의 증언을 진지하게 받아들일 것이다.
37) 사도행전 9:5에 의하면 바울의 사도직 위탁은 원래 이방인과 마찬가지로 유대인들을 향해 있었다(참조, 행26:17,20). 사도행전의 기록과 갈라디아 1:16에 나오는 바울의 증언과의 관계에 대해서는 O. Betz, "Die Vision des Paulus im Tempel vom Jerusalem", in *Verborum Veritas, Festschrift für G. Stählin*, ed O. Böcher and K. Haacker(Wuppertal,1970),pp. 113-123을 보라. 그는 누가의 기사는 이사야의 성전 환상(사6:1이하)의 본을 따라 구성되었다고 결론을 내린다. 108쪽을 보라.

지만 (바울의 표현을 빌면) "나의 속한 바 곧 나의 섬기는 하나님의 사자"가 아시아에서 몰타까지의 모험에 찬 여행을 하던 마지막 날 밤에 바울 곁에 서서 "바울아 두려워 말라 네가 가이사 앞에 서야 하겠고 또 하나님께서 너와 함께 행선하는 자를 다 네게 주셨다"고 말했다(행27:23 이하). 사도행전은 바울 서신들과는 달리 바울의 영적인 삶의 내밀한 원천(源泉)들을 드러내주지는 않지만 바울과는 다른 종교적 체험의 형태 — 뉴먼(F. W. Newman)과 윌리엄 제임스(William James)가 사용한 특별한 의미에 있어서 "거듭 태어난" 신앙 형태에 대비되는 "한번 태어난" 신앙형태 — 를 가지고 있던 동료들과 그를 존경하던 사람들의 눈에 비친 그 원천들의 면모들을 보여준다.[38] 그런데도 누가가 바라보는 관점은 바울이 직접 쓴 저작들 속에서의 자화상(self-portrait)과 모순되지 않는다.

7. 환상과 사도직

그러니까 바울의 기독교적 삶은 부활하신 주님께서 그에게 나타나셔서 말씀하신 체험으로 시작되었고 그 이후의 삶도 이와 비슷한 체험들로 이어졌다는 것이 바울 자신과 누가에 의해 입증되었다.

바울이 최초에 "환상"을 통하여 기독교적 인생 경로를 걷기 시작했다는 점은 다른 사람들로 하여금 자신의 사도직에 대한 바울의 주장을 의심하게 했지만 바울에게는 그러한 체험이 사도직에 대한 자신의 주장의 토대였다. 바울의 눈에는 시간이 경과되었다는 사실을 제외한다면 자기에게 부활하신 주님이 나타나신 사건과 그 이전에 원래의 사도들에게 부활하신 주님께서 나타나신 사건 사이에는 아무런 차이도 없었다. 그는 자신이 행한 이방인 선교의 놀랄만한 성과와 그리스도께서 자기를 통하여 이루신 공적(功績)을 자신의 사도직을 '확증하는 증거'로 들 수 있었고 실제로 그렇게 했다.[39] 하지만 그것은 '상황에 맞춰 행한(ad hominem)' 논증이었다. 스스로 생각할 때는 자기를 사도로 만든 것은 바로 부활하신 그리스도의 개인적인 부르심이었다.[40] 바울의 선교 활동이 성공적이지 못하였다면 스스로 이 점에 대하여 의심을 품었을 수도 있지 않겠는가 하고 생각할 수도 있지만, 그것은 가정일 뿐이다. 바울의 소명은 예레미야를 예언자의 사역으로 부르신 이야기를 생각나게 하는 용어들로 기록되어 있지만, 예레미야가 자기의 메시지가 백성들에게 전혀 먹혀들지 않는 것을 확인하고 회의했던 것과는 달리 바울은 결코 자기가 "속임을 당했다"는 생각을 해볼 기회가 없었던 것으로 보인다.[41] 하나님이 자기를 이방 가운데 그리스도를 전파하는 필생의 과업을

---

38) F. W. Newman, *The Soul; its Sorrows and its Aspirations*(London,³ 1852), pp. 89 ff.; W. James, *The Varieties of Religous Experience*(London, 1902), pp. 80 ff., 166 ff.
39) 롬 15:18. 참조, 고전 15:10.   40) 고전 9:1. 15:8이하   41) 89쪽을 보라.

위해 "내 어머니의 태로부터"(갈1:15) 택정하셨다고 말할 때, 그는 예레미야를 부르시는 예언의 말씀(oracle)을 재현하고 있음을 이미 살펴보았다. 사람들이 바울의 사도직을 의심했을 때, 예레미야가 그와 비슷한 상황에서 말했듯이 바울도 "여호와께서 진실로 나를 보내사 이 모든 말을 너희 귀에 이르게 하다"(렘26:15)고 말한 것은 당연했다.

더욱 더 인상적인 것은 여호와의 종이 섬들과 원방 백성들에게 자기가 선포하는 것을 들으라고 초청하는 내용을 담고 있는 이사야 49:1-6과 바울의 말이 비슷하다는 점이다.

> 여호와께서 내가 태에서 나옴으로부터 나를 부르셨고
> 내가 어미 복중에서 나옴으로부터 내 이름을 말씀하셨으며 …
> 나를 태에서 나옴으로부터 자기 종을 삼으신
> 여호와께서 말씀하시니라 …
> 네가 나의 종이 되어 야곱의 지파들을 일으키며
> 이스라엘 중에 보전된 자를 돌아오게 할 것은 오히려 경한 일이라
> 내가 또 너로 '이방의' 빛을 삼아 나의 구원을 베풀어서 땅 끝까지 이르게 하리라

사도행전 13:47에서 바울과 바나바가 비시디아 안디옥(Pisidina Antioch)의 회당에서 자기들이 복음을 들고 이방인들에게 가는 것에 대한 근거로서 이 마지막 두 행(行)을 인용하는 것은 우연이 아니다.[42] 바울에 있어서 다른 이들은 이스라엘과 관련된 종의 사명을 수행할 것이었다. 그는 자신이 도처에서 이방인들 가운데 하나님의 구원의 빛을 전하는 종의 사명을 수행하도록 부르심 받았다는 것을 알고 있었다.

그러므로 바울은 하나님이 위탁하신 소명에 대한 확신을 품고 자신의 계획에 착수하여 소아시아 중부지역, 에게해 연안, 일루리곤(Illyricum)을 거쳐 로마와 (최소한 계획상으로) 서바나(Spain)에 이르기까지 자신의 계획을 착착 수행해 나갔던 것이다. 많은 사람들이 이방인 복음화에 참여했지만, 바울이 품고 있었던 원대한 전략적 계획과 엄청난 힘(energy)으로 광범위하게 복음화를 수행해 나간 사람은 한 사람도 없었다. 이 힘은 자기는 종말론적 의미를 띤 인물이며 구원사의 과정에서 주요한 대리인이며, 모든 이스라엘의 궁극적인 구원과 세상의 구속을 향한 하나님의 뜻의 완성을 위한 필수조건인 이방인들을 믿어 순종케 하는 일을 위해 주님의 손에 붙잡힌 택함 받은 도구라는 바울의 확신에서 비롯되었다. 이 확신과 그것을 낳은 체험을 신비주의라 부를 수 있다면, 그것은 매우 이례적인 부류의 신비주의이다.

아마도 탠너힐(R. C. Tannehill)이 그 해답을 가지고 있는 것 같다. 신비주의를 "어떤 개인이 본질적으로 일상적인 삶의 체험들과는 다른 주관적인 체험을 통하여 하나님과 직접적으로 접촉할 수 있다는 주의"로 정의하면서 그는 이런 말을 덧붙인다. "이 정의에 의하면

---

42) 184쪽을 보라.

바울을 그 무엇보다도 '신비주의자'(참조, 그의 환상들, 고후12:1-4)라고 말할 수 있을 것이지만 그에게는 신비적인 신학은 없다."[43] 이 마지막 말이 중요하다.

바울의 신학은 신비적이라고 말할 수 있는 체험들에 근거를 두고 있지 않다. 바울의 신학은 하나님의 구원 약속과 뜻을 성취하는 자, 예수에 근거를 두고 있다. 십자가에 못박히시고 높이 들리우신 주님, 예수. 하나님의 지혜이신 예수 ― 그 안에서 하나님은 만유를 창조하시며 붙드시며 완성하신다. 지금 여기에서 그의 영으로 말미암아 자기 백성들 안에 살아계시는 예수. 예언서들만이 아니라 랍비의 주석들과 초대교회의 전승은 이 바울의 신학의 뜻을 드러내는 데 도움을 준다. 하지만 이 모든 것들은 융합되어서 바울이 열정적으로 품고 있는 "가장 고상한" "내 주 그리스도 예수를 아는 지식"(빌3:8)의 증류기 안에서 새로운 화합물로 되어 나온다. 그리고 바울이 이 지식을 얻게 되었을 때, 그는 명상적인 정적주의(靜寂主義, quietism)에 빠지지 않았다. 오히려 그 지식은 일생을 건 활동을 향한 불굴(不屈)의 부르심을 만들어 내었던 것이다.

---

43) R. C. Tannehill, *Dying and Rising with Christ*(Berlin, 1967), p. 4, n. 7.

제 15 장

예루살렘 교회 지도자들과의 협의

1. 안디옥 교회의 지도자들

수리아의 안디옥에 있는 기독교 공동체는 그 규모가 예루살렘 교회와 맞먹는 거대한 교회로 급속히 자라갔다. 예루살렘 교회가 전체 기독교인들의 모(母)교회였다면, 안디옥 교회는 특히 이방 기독교인들의 모교회였다.

안디옥 교회의 지도자들에 관하여 우리가 알고 있는 조그만 지식으로만 보아도 그들은 흥미로운 내력(來歷)을 가진 사람들이었음을 알 수 있는데, 그래서 이들에 대하여 좀더 알아보고 싶은 마음이 생기지 않을 수 없다. 그래봤자 우리는 기껏해야 여러 가지 추론들을 통하여 추측해 볼 수밖에 없다. 누가는 바나바와 바울외에 안디옥 교회의 지도자로 세 명을 더 들면서 이 다섯 명 모두를 "선지자들과 교사들"(행13:1)이라 부른다. 나머지 세 명은 니게르(Niger)라 하는 시므온과 구레네 사람 루기오와 분봉왕 헤롯의 젖동생 마나엔이었다.

시므온에 관하여 말하자면 그의 라틴식 별명 니게르("검둥이")로 보아 동료인 루기오와 함께 아프리카 출신일 가능성이 크다. 신약에는 이 이름을 가진 한 사람의 아프리카인이 나온다 — 예수를 구경하다가 로마 병정에 의해 강제로 예수의 십자가 형틀을 처형 장소까지 운반하게 된 구레네 시몬(시므온의 헬라화된 형태). 복음서 기자인 마가는 이 이야기를 들려주면서 다음 세대의 독자들 특히 로마에 있는 독자들을 위하여 구레네 시몬을 "알렉산더와 루포의 아비"(막15:21)로 소개한다. 우리는 주후 57년경 로마의 기독교 공동체에 있었던 한 사람의 루포에 관하여 알고 있다 — 바울은 로마서 16:13에서 "주 안에서 택하심을 입은 루포"에게 문안 인사를 전한다. 이것으로 보아 로마서 16장의 인사는 (많은 사람들이 주장하듯이) 에베소 교인들이 아니라 로마 교인들에게 보내졌음이 틀림없다.[1]

그러나 바울의 친구 루포가 로마에 살았다면, 구레네 시몬의 아들 가운데 한 사람과 우연히 이름이 같았다는 것은 '단순한' 우연 이상의 의미가 있을 것이다. 그렇다면 바울이 루포에게만이 아니라 "그 어머니"에게 문안 인사를 드리고 있다는 사실에는 어떤 의미가 숨겨져 있는 것일까? 이 말에 담겨 있는 뜻은 루포의 어머니가 바울에게 어머니가 되었던 때가 있었다는 것이다. 역사소설을 쓰는 작가라면 바울이 안디옥에 있는 수년 동안 일명 니게르라 하는 시므온 즉 시몬의 집에 머물면서 그 집주인의 부인이 그를 어머니처럼 돌봐주었다고 묘사했을 것이다.[2] 그러나 소설을 쓰려고 하지 않는 사람이라면 가능성들만을 지적하고 감질나리만치 적은 증거이긴 하지만 그 증거를 넘어서서 단언하는 일을 피해야 한다.

니게르라 하는 시므온의 출신지가 불분명한 반면에, 구레네 사람 루기오는 그 출신지가 명확하게 나와 있다. 그가 안디옥에서 이방인 복음전도를 시작했던 구브로와 구레네 사람들 가운데 한 사람이었다고 생각하는 것은 증거를 넘어서는 일이 아니다. 루기오라는 이름은 신약에서 다른 한 곳, 즉 로마서 16:21에 또 나오는데, 여기서 바울은 루기오의 문안 인사를 그의 독자들에게 대신 전하면서 루기오를 그의 "친척" 가운데 포함시키고 있는 바 "친척"은 나면서부터 유대인 동료 기독교인들을 의미했을 것이다.

이 루기오가 구레네 사람 루기오와 동일 인물일 가능성이 있다. 그러나 이를 입증할 방도는 없다. 아마도 그는 골로새서 4:14에서 "사랑을 받는 의원 누가"로 표현된 바울의 동료 누가(Lucas), 전통적으로 제3복음서와 사도행전의 저자와는 다른 인물일 것이다. 아마도 누가는 안디옥 출신이었을 것이며 그의 이름은 루기오(Lucius)의 다른 형태일 수도 있다.[3] 하지만 그의 이름이 언급된 골로새서 4:14의 문맥을 살펴볼 때, 그는 유대 기독교인이 아니라 이방 기독교인이었음에 틀림없다.[4] 그런데도 아주 초기에 구레네의 루기오와 복음서 기자 누가를 동일한 인물로 보는 견해가 있었으며[5] 오늘날에도 몇몇 학자들은 그렇게 주장하

---

1) 412쪽 이하를 보라.
2) 이런 일이 있을 수 있을까 하고 관심있게 살펴본 사람이라면 피부가 검은 사람이 빨간 머리의 아들을 가질 수 있는 것인지를 물을 것이다(루포라는 이름은 틀림없이 니게르를 지칭하는 호칭으로 주어졌을 것이기 때문이다). 하지만 소설가라면 즉시 루포의 어머니가 적갈색 머리를 가지고 있었다고 설명할 수 있을 것이다.
3) W. M. Ramsay, *The Bearing of Recent Discovery on the Trustworthiness of the New Testament*(London, 1915), pp. 374 ff.를 참조하라.
4) 골로새서 4:10이하에서 바울은 "나의 동역자들 가운데서 하나님 나라를 위하여 할례를 받은 유일한 사람들"이라고 부르는 세 명의 동역자들을 대신하여 독자들에게 문안 인사를 전한다. 곧 이어서 또 다른 세 명의 동역자들의 문안 인사를 대신 전하고 있는데 이 세 사람 즉 에바브라, 누가, 데마는 나면서부터 유대인이 아니었다고 추론하는 것이 자연스럽다.

고 있다.[6]

　안디옥 교회의 지도자들 가운데, 주전 4년에서 주후 39년 폐위될 때까지 갈릴리와 베뢰아의 분봉왕이었던 헤롯 안티파스(Herod Antipas)의 젖동생이 끼여 있었다는 것은 우리의 상상력을 자극시키는 사실이다. 마나엔과 헤롯 안티파스의 관계를 나타내는 데 누가가 사용하는 단어(쉰트로포스)는 "친한 친구" 또는 "조신(朝臣)"이라는 의미이다.[7] 그런데 사본 1611을 보면 그가 "분봉왕 헤롯과 함께 키워졌었다"는 의미로 해석하는 것이 옳다. 안티파스는 헤롯 대왕의 막내 아들이었고, 마나엔은 헤롯 대왕이 잘 알고 있는 가문(家門)의 아들이었는데 대왕이 그를 궁정으로 데려와서 왕자와 함께 키우면서 왕자의 놀이 친구와 교우(校友), 때로는 대신 매맞는 아이로 삼았을 가능성이 많다. 마나엔이 속한 가문(家門)을 알아내기 위해서는 증거가 없기 때문에(니게르라 하는 시므온의 경우와 마찬가지로) 추측에 의존해야 한다. 마나엔은 므나헴이라는 히브리식 이름의 헬라식 철자이다. 학자들의 입에 오르내렸던 추측 가운데 하나는 마나엔은 자기가 왕위에 오를 것을 예언했다하여 헤롯 대왕으로부터 존경을 받았던 므나헴이라는 한 에세네파 사람의 손자였다는 것이다.[8] 어쨌든 누가복음과 사도행전의 저자가 당시에 안디옥 교회의 성원이었다면, 헤롯 안티파스의 옛 동료가 지금 그 교회에서 영향력 있는 지위에 있었다는 사실은 이 저자가 헤롯 왕조와 그 측근들에 관한 특별한 정보를 얻어낼 수 있었다는 것을 보여준다.

2. 유대의 기근

　예루살렘 교회와 안디옥 교회는 상당한 차이점들이 있었지만 그럼에도 그들은 공통의 끈으로 묶여 있다는 사실을 알고 있었고 그들 사이에는 상당한 교류(交流)가 있었다. 어느 때에 예루살렘 교회에 속한 일단의 선지자들이 사절단으로 안디옥을 방문했다. 그들 가운데 한 사람인 아가보(Agabus)가 예언의 영에 사로잡혀서 로마 세계 전역에 걸쳐 큰 기근이 있을 것이라고 예언했다. 누가는 "글라우디오 때에 그렇게 되니라"(행11:28)고 덧붙인다. 그리고 실제로 수에토니우스(Suetonius)의 증언에 의하면 글라우디오(Claudius, 주후41-54) 치세 때 가뭄과 흉작이 계속해서 일어났다고 한다.[9] 이에 따른 기근이 유대에 특히 심

---

5) Ephrem Syrus(주후 4세기)는 자신이 쓴 사도행전 주석에서 사도행전 12:25에 나오는 "마가" 다음에 "그리고 구레네 사람 누가"를 덧붙이면서 "이들은 모두 복음서 기자들이었다"고 말한다.
6) H. J. Cadbury, "Lucius of Cyrene", in BC i, 5(London, 1933) pp. 489 ff를 참조하라.
7) J. H. Moulton and G. Milligan, The Vocabulary of the Greek Testament(Edinburgh, 1930), p. 615를 참조하라.
8) Josephus, Ant. xv. 373-378를 참조하라.
9) Suetonius, Life of Claudius 18. 2.

했다.

바로 이때에 — 쿠스피우스 파두스(Cuspius Fadus)와 그의 후계자인 디베료 율리우스 알렉산더(Tiberius Julius Alexander, 주후 46년 경)가 총독(procurator)으로 있을 때에 아디아베네(Adiabene)의 황태후이자 유대교로 개종한 사람인 헬레나(Helena)는 애굽에서 곡물을, 구브로에서 무화과를 사서 유대에 있는 동료 종교인들을 구제했으며 그녀의 아들인 이자테스(Izates) 왕은 가난한 자들에게 나누어 주도록 예루살렘에 있는 유대 당국에 돈을 보냈다.[10] 이와 동일한 시기에 안디옥 교회는 아가보의 예언을 들은 이래로 꾸준히 모아왔던 연보금(捐補金)을 예루살렘 교회의 지도자들에게 보냈다. 그들은 예루살렘에 있는 형제들이 이런 기근 상태에서 자기들의 도움 없이는 비싼 돈을 지불하고 곡물을 살 수 없을 것이라는 사실을 알고 있었다. 연보금을 전달하는 일은 바나바와 바울이 맡았다.[11]

이후에 예루살렘 교회에 재정적인 지원을 하기 위하여 이방 기독교인들을 조직하는 것은 바울의 주요한 관심사였다.[12] 안디옥에서 이 일을 조직하는 데 주도적인 역할을 바울이 했다는 것은 어쩌면 당연한 것인지도 모른다. 이것이 예루살렘 교회의 지도자들이 바나바와 바울에게 특별한 요청을 했다고 바울이 전할 때 바울이 한 말의 핵심일 것이다.

3. 예루살렘 교회 지도자들과의 면담

이 전언(傳言)은 바울이 자기와 바나바가 안디옥에서 예루살렘으로 올라갔던 이야기를 기록하고 있는 갈라디아서 2:1-10의 끝부분에 나온다. 아마 이때가 누가가 말하는 기근에서 구제하기 위하여 연보금을 가지고 그들이 방문한 때일 것이다. 하지만 이를 입증할 수는 없다. 바울의 설명에는 이번이 자신이 회심한 후 두번째 예루살렘 방문이라는 뜻이 내포되어 있다. 첫번째 방문은 회심한 지 "삼년 후에" 예루살렘에 가서 베드로의 집에서 두 주간을 머물렀던 일이었다(갈1:18). 두번째 방문은 "십사년 후에" 있었다(갈2:1). 첫번째 방문 후 십사년 후라는 말인가 아니면 회심 후 십사년 후라는 말인가? 여기서 또 다시 우리는 어려움에 부딪친다. "십사년 후에"라는 어구의 구문법은 "삼년 후에"라는 어구의 구문법과 다르다. 하지만 이러한 구문법의 차이가 어떤 의미를 가지는지는 분명하지 않다.[13] 바울의 이 야기에서 한 가지 확실한 것이 있다. 그는 예루살렘 교회 지도자들과의 관계에서 물질적인

---

10) Josephus, *Ant.* iii. 320 f., xx. 51-53, 101을 참조하라. 헬레나가 나실인 서원을 했던 것은 기근 구제와 관련하여 예루살렘을 방문하고 있을 동안이었을 것이다(Mishnah 나지르 3:6).
11) 행 11:27-30.
12) 345쪽 이하를 보라.
13) 갈라디아서 1:18에서 바울은 "그후(μετά) 삼년 만에"라고 말하고, 2:1에서는 "십사년 후에(διά)"라고 말한다. 최근의 논의에 대해서는 J. A. T. Robinson, *Redating the New Testament* (London, 1976), pp. 36 ff.를 보라.

면을 빠뜨리고 있지 않으며, 갈라디아서에 분명하게 연대를 밝혀 기록하고 있는 두 번의 방문 사이의 기간에 예루살렘을 방문했을 가능성은 없다. 그는 자신의 회심과 이 서신을 쓰고 있는 때 사이에 있는 어떤 시점에서도 예루살렘 교회 지도자들이 자기가 부활하신 그리스도의 직접적인 위탁으로 말미암아 이미 가지고 있는 권위 이외의 어떤 권위를 자기에게 부여한 적이 없었다는 것을 논증하는 것이 주된 관심사였다. 만약 그가 이전의 일을 회고하면서 그 중간에 있었던 예루살렘 방문을 빠뜨렸다고 한다면, 분명히 누군가가 그 빠뜨린 부분을 지적하면서 그로부터 부정적인 결론을 끌어내었을 것이기 때문이다. 십사년 후에 그는 이렇게 말한다(갈2:1이하).

  내가 바나바와 함께 디도를 데리고 다시 예루살렘에 올라갔노니 계시를 인하여 올라가 내가 이방 가운데서 전파하는 복음을 저희에게 제출하되 유명한 자들에게 사사로이 한 것은 내가 달음질하는 것이나 달음질한 것이 헛되지 않게 하려 함이라.

  바울이 "계시를 인하여" 예루살렘에 올라갔다고 말할 때, 그가 아가보의 예언을 염두에 두고 있었을 리가 없다. 사도행전의 바울은 자기 자신에게 불리한 영향을 미치는 다른 사람들의 예언에 그렇게 민감하게 반응한 사람이 아니었으며,[14] 서신서의 바울 ― 적어도 이 서신의 바울은 그리스도께서 자기에게 다른 사람의 손을 거치지 않고 직접 위임하신다는 사실을 늘 잘 알고 있었기 때문에 그가 계시를 인하여 어떤 것을 했다고 했을 때 그 계시는 바울이 직접 받은 것이라고 결론을 내리는 것이 자연스럽다. 이 방문이 예루살렘 교회 지도자들을 만나는 것 외에 다른 목적이 있었는지는 바울이 말하지 않는다. 그는 자기와 바나바가 교회 지도자들, 즉 "유명한 자들"[15] ― 이들은 주의 형제 야고보와 베드로, 요한이었음을 나중에 밝힌다 ― 과 사사로이 논의했다고 말한다.

  바울은 자기가 이방인들에게 전했던 복음을 그들 앞에 내어놓고 논의를 했는데 그렇게 한 이유를 잠시 후에 그는 이렇게 말한다. "내가 달음질하는 것이나 달음질한 것이 헛되지 않게 하려 함이라." 경주(競走)의 비유를 사용하고 있다고 해서 놀랄 것은 없다. 바울은 자기의 사도직을 달려가야 할 경주로 묘사하는 경우가 종종 있기 때문이다.[16] 그러나 자기가

---

14) 아가보를 통하여 계시가 왔을 때에조차도 그렇게 하지 않았다(참조, 행21:10-14).
15) 헬라어로 οἱ δοκοῦντες. 이 문맥에서 바울은 예루살렘 교회의 지도자들을 지칭하기 위하여 이러한 형태의 단어('처럼 보이다'의 현재분사형)를 사용한다. 여기서나 9절("기둥같이 여기는 사람들")에서 이 단어를 사용한 것에는 본질적으로 깔보거나 빈정거리는 의미는 전혀 없다. 그러나 바울이 그들을 "유명하다는 이들"이라고 말하면서 "본래 어떤 이들이든지 내게 상관이 없으며 하나님은 사람의 외모를 취하지 아니하시나니"라는 말을 덧붙이고 있는 6절에서, 적어도 바울은 예루살렘 교회 지도자들의 권위(아마도 그들의 역사적 예수와의 관련 때문에)와 대비해서 자신의 사도로서의 권위를 의심스럽게 생각하는 사람들에 대하여 강력하게 반발하고 있다.
16) 참조, 빌 2:16. 또 딤전 6:12. 딤후 4:7 이하와 아울러 고전 9:24-27을 참조하라.

전한 복음이 진정한 복음이라는 것을 예루살렘 교회 지도자들이 인정해 주지 않았다면 자기의 사도직은 헛되었을 것이며 앞으로도 헛될 것이라는, 그의 말 속에 담겨진 뜻을 보게 되면 확실히 놀랄 만하다. 물론 인정을 받지 못했다면 바울은 자기가 전한 복음에 관한 스스로의 생각을 바꿨을 것이라거나 복음을 제시하는 방식을 바꿨을 것이라는 뜻이 그의 말에 담겨 있는 것은 아니다. 어떤 인간적인 권위를 고려하여 직접적인 계시로 말미암아 받은 복음을 수정할 수는 없다. 바울이 관심을 가지고 있었던 것은 자기의 복음의 타당성이 아니라 실제적인 운용(運用)의 문제였다. 바울에게 사도직을 위탁한 것은 예루살렘 교회가 아니었다. 하지만 예루살렘 교회와 원만한 관계를 맺지 않는다면 사도직을 효과적으로 수행할 수 없었다. 자기의 이방 선교와 예루살렘의 모교회 사이에 분열이 생긴다면, 그것은 복음의 진보를 위해 불행한 사태일 것이었다. 그리스도를 선포하는 내용이 서로 다르게 되고, 바울이 지금까지 이방인들에 대한 사도직을 수행했고 계속해서 수행하려던 그 모든 헌신들은 좌절되고 말 것이다.

4. 선교 구역의 분할

하지만 우리가 알고 있듯이 이 논의에서 모든 것은 순조롭게 잘 진행되었던 것 같다. 예루살렘 교회 지도자들은 바울의 복음이 진정한 복음이라는 것뿐만 아니라 바울의 사명은 그들과는 달리 이방인들에게 복음을 전하는 것임을 인정했다. 바울은 이렇게 말한다(갈2:6-9). 유명한 자들은

> 내게 더하여 준 것이 없고 도리어 내가 무할례자에게 복음 전함을 맡기를 베드로가 할례자에게 맡음과 같이 한 것을 보고 베드로에게 역사하사 그를 할례자의 사도로 삼으신 이가 또한 내게 역사하사 나를 이방인에게 사도로 삼으셨느니라 또 내게 주신 은혜를 알므로 기둥같이 여기는 야고보와 게바와 요한도 나와 바나바에게 교제의 악수를 하였으니 이는 우리는 이방인에게로 저희는 할례자에게로 가게 하려 함이라.

예루살렘 교회 지도자들은 "기둥들"로 일컬어졌다 — 이것은 아마도 예수께서 세우리라고 말씀하신 산 돌들로 이루어진 새로운 성전에 있는 기둥들로서 예루살렘 교회에서의 그들의 지위에만 국한된 것이 아니라 그리스도의 이름을 부르는 모든 곳에서 특별한 주목을 받을 만하다는 것을 나타내는 영예로운 칭호였다.[17] 바울이 그들을 열거하는 순서로 보아 야

---

17) C. K. Barrett, "Paul and the 'Pillar' Apostles", in *Studia Paulina in honorem J. de Zwaan*, ed. J. N. Sevenster and W. C. van Unnik(Haarlem, 1953), pp. 1 ff.를 참조하라. 아마도 원래는 네 명이 "기둥들"로 인정을 받았을 것인데 그 가운데 한 사람(세베대의 아들 야고보)이 순교당함으로써 제외되었을 것이다(행12:12).

고보는 당시에 적어도 예루살렘 교회에서는 열두 사도들을 능가하는 제1의 지위를 얻고 있었음을 알 수 있다. 바울이 예루살렘을 처음으로 방문했던 이야기를 들려주는 기사(記事)에서와는 달리 야고보는 더 이상 베드로와 나란히 서열에 대한 어떠한 고려도 없이 언급되고 있는 것이 아니다.[18]

바울이 "기둥들"로서의 그들의 지위를 받아들이고 있는지를 명확히 밝히지 않는다. 하지만 그는 그들이 자기에게 "더하여 준 것이 없다" — 자기의 복음의 주제나 복음을 전하는 자기의 권위에 — 고 단언한다. 이 논의에서 결정된 것은 선교 구역을 둘로 나누는 데 우호적인 합의가 있었다는 것이다. 그런데 이 합의를 설명하면서 바울은 이례적인 어법을 사용한다. 그는 보통 사도들 가운데 우두머리를 가리킬 때 게바라는 아람어식 이름을 사용하는데, 이 설명에서는 헬라어식 이름인 베드로(페트로스)가 두 번 나오고 이어 "게바"가 나온다. 이러한 어법상의 특징에 대한 가장 유력한 설명(결코 확실한 설명이라고 말할 수는 없지만)은 "베드로"라는 형태를 포함하고 있는 구절은 이 협의의 어느 정도 공식적인 문서에서 발췌해 낸 구절로서, 바울을 가리키는 말은 인용문을 문맥에 맞추기 위하여 일인칭 대명사로 바꿔놓고 있다는 것이다.[19] 이 설명을 받아들인다면, 처음에 바울이 변용한 인용문은 다음과 같다.

그들은 '베드로'에게 할례자를 향한 복음이 맡겨졌던 것처럼 나에게 무할례자를 향한 복음이 맡겨졌다는 것을 알았다(할례지를 향한 선교에서 '베드로'를 통하여 역사하셨던 분이 또한 이방인들을 위하여 나를 통하여 역사하셨기 때문이다).

이어서 바울은 자기 자신의 말로 동일한 상황을 이렇게 반복한다. 내게 주신 은혜를 그들이 알았을 때 기둥들로서 유명한 자들 야고보와 '게바'와 요한은 우리는 이방인에게로, 저희는 할례자에게로 가게 하려고 나와 바나바에게 교제의 악수를 청했다. 이 두 구절에서 베드로의 이름만이 차이가 나는 것은 아니다. 앞 구절에서는 바울과 베드로가 서로 대등한 상대방으로 등장하지만, 뒷 구절에서는 이방인들을 복음화하는 소명을 인정받은 사람은 바울 한 사람이 아니라 바울과 바나바이며, 유대인들에게 사도직을 수행할 사람은 베드로 한 사람이 아니라 야고보, 게바, 요한이다. 이에 대하여 제기되고 있는 한 가지 추측은 공식 문서에서 발췌한 구절은 협의 당시의 상황을 보여주고 있고 그 다음에 이어지는 바울이 재구성한 말과 "유명한 자들"이라는 그의 일반적인 어투는 협의를 한 때와 이 서신을 쓴 때 사이에 있었던 기간 동안에 변화된 상황을 보여주고 있다는 것이다.[20] 이 협의의 결과 베드

---

18) 갈 1:18이하. 98쪽을 보라.
19) O. Cullmann, *Peter. Disciple-Apostle-Martyr*, E. T. (London, 1953), p. 18와 *TDNT* vi(Grand Rapids, 1968), *s. v.* πέτρος, p. 100, n. 6.; E. Dinkler. "Der Brief an die Galater", in *Verkündigung und Forschung*, 1953-55, pp. 182 f.를 참조하라. J. Munck는 이상하게도 그 반대 견해를 선호했다."아마도 우리는 9절이 논증의 인용이고 7절이하가 바울의 표현이라고 말해야할 것이다"(*Paul and the Salvation of Mankind*, E. T. (London, 1959), p. 62. n, 2).

로만이 아니라 세 사람 모두가 유대인들에 대한 선교를 지도하고 수행할 책임을 맡게 되었고, 야고보는 점점 더 제1인자(primus inter pares)가 되어서 베드로조차 복종하지 않으면 안되었던 지시(指示)를 내리게 되었다.[20]

선교 구역을 둘로 분할하는 데 합의한 것이 중요했기 때문에 이후에 바울과 예루살렘 교회 사이에 갈등이 있게 되었을 때에야 분명하게 밝혀질 수 있었던 한 두 가지 모호한 점들이 해결되지 않은 채 남겨지게 되었다.

첫째, 분할의 기준은 명확했나? 그 기준은 지리적으로 해석되어야 하나 아니면 공동체의 성격으로 해석되어야 하나? 어떤 경우일지라도 선교 구역의 경계를 명확히 확정짓는 것은 어려웠을 것임에 틀림없다. 유대인들과 이방인들은 지중해 세계의 동부지역에 있는 모든 성읍에 살고 있었다. 예루살렘 교회 지도자들이 에베소나 고린도나 로마에 사는 유대인들을 복음화하는 것을 금한다는 것은 상상할 수 없었다. 그러나 이 성읍들에 적절한 절차를 거쳐 설립된 교회들은 유대인과 이방인 신자들을 모두 포괄했기 때문에, 두 영역의 선교활동이 서로 얽히고 설키거나 중복되는 것은 피할 수 없었다. 또한, 바울이 이방 성읍들에 있는 회당들을 방문하는 것을 금한다는 것도 상상할 수 없었다. 사도행전에 의하면, 보통 바로 이 회당들에서 바울은 자기 교회들의 핵심인자(核心因子)를 찾아냈기 때문이다 — 주로 관례상 회당의 예배 의식에 출석했던 하나님을 경외하는 이방인들, 그러나 합의를 맺은 두 집단 사이에 완전한 상호 신뢰가 유지되지 않는다면, 이것은 오해의 소지를 충분히 갖고 있는 불씨일 수 있었다.

다음으로, 이 협의에 관한 바울 자신의 설명으로부터 오해는 생겨날 수 있었다. 바울의 설명을 듣고 누군가가 바울에게 "그러니까 당신은 예루살렘 교회 지도자들의 승인을 받은 것이지 않느냐!"는 말을 했음직하다. 이에 대하여 바울은 아마도 이렇게 말했을 것이다. "당신은 마치 그러한 승인이 없었던 그 이전의 나의 사도직 위탁은 결함이 있었던 것처럼 말하고 있는데 내가 예루살렘으로부터 받은 것은 그런 식의 승인이 아니었다. 그들은 내가 이미 이 사역으로 부르심을 받았다는 것을 인정했을 뿐, 그 어떤 의미로도 이 사역을 수행할 권한을 내게 수여한 것이 아니었다." 바울과 바나바는 수년 동안 있는 힘을 다하여 이방인 복음화에 힘을 쏟았다. 그러나 바나바가 예루살렘 교회의 위탁으로 안디옥에서 이 사역을 수행하였던 것에 비하여 바나바가 바울을 안디옥으로 데려와 같이 동역하기 오래 전부터 바울은 이 일에 참여하고 있었다. 바울이 예루살렘 협의에서 받았던 승인의 성격은 여러 형태의 승인을 구별할 수 없거나 구별하기 싫어하는 사람이 오해하거나 잘못 설명하기 쉬운 것이었다. 아마도 예루살렘 교회 지도자들은 이 승인의 성격에 대하여 바울이 설명했던 것과 정확히 똑같이 설명하지 않았을 것이다. 더 복잡한 시대에 살고 있는 우리는 다른

---

20) G. Klein, "Galater 2, 6-9 und die Geschichte der Jerusalemer Urgemeinde", in *Rekonstruktion und Interpretation*(München, 1969). pp. 107 ff.를 참조하라.
21) 참조, 갈 2:12(193쪽 이하를 보라).

합의들과 마찬가지로 교회적인 합의에 있어서도 계산된 애매모호한 표현을 사용하는 책략(策略)에 익숙해 있다. 그러나 예루살렘에서 합의된 것에 내재해 있던 모호성은 고의적인 것이 아니라 무심코 일어났던 것이다. 그럴지라도 우리의 이야기가 진행되어감에 따라 그 모호성으로 인해 일어나는 오해를 볼 수 있게 된다.

바울이 바나바의 위탁과 자기의 위탁은 서로 다르다는 것을 알고 있었을 것이라는 점은 이미 언급했다. 그런데도 바울은 그 어디에서도 바나바의 위탁을 깎아내리는 말을 한 번도 하지 않는다. 그가 관심을 갖고 있는 것은 자신의 사도직이 진정하고 사람의 손을 거치지 않은 직접적인 것임을 확실히 하는 것이었다. 나머지 사람들에 대하여 그는 누가가 의미하는 것보다 더 넓은 의미로 "사도들"이라는 호칭을 사용한다.[22] 그는 바나바를 사도라고 명확히 부르는 것은 아니다. 하지만 그는 자신의 사도직을 단호하게 옹호하는 구절에서 함축적으로 그렇게 하고 있다. 바울은 바나바와 자기를 "다른 사도들과 주의 형제들과 게바"(고전9:5 이하)와 대비한다.

누가는 거의 전적으로 열두 사도들을 가리킬 때만 "사도"라는 호칭을 사용한다. 누가가 바울에 대하여 사도라는 호칭을 사용하는 경우가 한 번 있는데, 이것은 예외로 보이지만 실은 예외가 아니라 이 준칙(準則)을 오히려 입증하고 있는 것이다. 왜냐하면 거기서 누가는 안디옥 교회로부터 위탁받은 자들이라는 의미로써 "두 사도 바나바와 바울"(행14:14)이라는 말을 사용하기 때문이다 — 실제로 이때 두 사람은 사도(보내심을 받은 사)였다(참조, 행13:3). 분명히 바울이 서신서에서 자기가 이룬 성과를 들면서 자신의 사도직이 타당함을 주장할 때, 사도행전에는 그의 논증을 확증하는 풍부한 여러 증거들이 나와 있다.[23] 그런데도 누가는 그 어디에서도 바울 스스로 주장하는 의미로서의 "사도"라는 호칭으로 그를 부르고 있지 않다 — 이와 같은 사실은 우리에게 어떤 단어를 선택해 썼느냐 보다 그 단어에 부가된 의미가 더 중요하다는 사실을 일깨워 준다.

---

22) K. H. Rengstorf의 획기적인 논문인 *ἀπόστολος* in *TWNT* i(Stuttgart, 1933)-그 영역본 *TDNT* i(Grand Rapids, 1964), pp. 407-447가 씌어진 이래로 신약의 사도직에 관한 논쟁은 오랫동안 계속되었다. 이 문제의 형세(形勢)에 관한 사려깊은 평가에 대해서는 R. Schnackenburg, "Apostles before and during Paul's Time", in *Apostolic History and the Gospel*, ed. W. W. Gasque and R. P. Martin(Exeter, 1970), p. 287-303;W. Schneemelcher and others, "Apostle and Apostolic", etc., in *New testament Apocrypha*. E.T., ed. E. Hennecke, W. Schneemelcher and R. McL. Wilson(London, 1965), pp, 25-87;J. A. Kirk."Apostleship since Rengstorf: Towards a Synthesis", *NTS* 21(1974-75), pp. 249-264를 보라.

23) 터툴리안은 바울의 사도로서의 권위를 인정하는 하나의 독자적인 증거를 인정치 않으면서도 바울을 예수 그리스도의 유일하게 참된 사도로 인정하는 마르키온주의자들을 비웃는다. "사도행전을 거부하는 자들에게 여기서 한마디 해주고자 한다. 당신들이 우리에게 보여주어야 할 것 가운데서 가장 중요한 것은 바로 사도가 되기 전에 바울이 누구였으며 어떤 사람이었는가 그리고 어떻게 그가 사도가 되었는가 하는 것이다 — 다른 문제들에 있어서 그들이 바울을 너무도 많이 활용하고 있기 때문이다"(*De praescriptione haereticorum*, 23).

5. "가난한 자들을 생각하라"

다시 예루살렘 협의회로 돌아가자. 바울은 세 명의 "유명한 자들"이 바나바와 자기에게 간곡히 부탁했던 한 가지 사항을 언급함으로써 이 협의회에 관한 설명을 끝마친다(갈2:10).

다만 우리에게 가난한 자들 생각하는 것을 부탁하였으니 이것을 나도 본래 힘써 행하노라.

이 문장에는 두 개의 동사가 있다. 앞에 나오는 "생각하는"이라는 동사는 헬라어에서 현재 접속법으로서 계속되는 행위를 나타낸다. 뒤에 나오는 "힘써"라는 동사는 미완료 직설법으로서 문맥에 따라(이 문장도 이에 속한다) 영어의 과거완료로 해석할 수 있다.[24]

"다만 가난한 자들을 앞으로도 계속 기억해 주시요"라고 그들은 말했다. 그리고 사실 나는 바로 이 문제에 각별한 관심을 쏟아 왔었다.

이러한 해석이 올바르다면, 이 두 사람이 기근을 맞은 예루살렘의 형제들을 위해 안디옥 교회가 모아 놓았던 연보금(捐補金)을 전달했다는 누가의 기사(記事)는 예루살렘 교회 지도자들이 바울과 바나바에게 앞으로도 계속 "가난한 자들"을 기억해달라는 부탁을 했다는 사실에 뭔가 해석의 실마리를 던져 준다. "가난한 자들"이라는 어구는 예루살렘 교회의 가난한 신자들을 가리킬 것이다. 한편 그것은 예루살렘 교회 전체를 가리키는 호칭이었을 지도 모른다.[25] 후대에, 흩어진 예루살렘 교회를 대표한다고 주장했던 일단의 유대 기독교인들이 있었는데, 이들은 에비온파(the Ebionites)로 불렸다. 이 호칭은 히브리어 '하에비요님(가난한 자들)'에서 유래한다. 바울이 예루살렘 교회 지도자들의 말을 그대로 재현하고 있다면 갈라디아서 2:10에서 사용된 헬라어 어구의 밑바탕에는 바로 이 말이 깔려 있을 가능성이 높다.[26] 바울이 얼마나 진지하게 계속해서 "가난한 자들을 기억하였는지"는 그 이후의 행적에서 분명히 알 수 있다. 그러나 여기에도 오해의 소지는 있었다. 기독교인의 자선과 교제의 일환으로써 자발적으로 행한 바울의 행위가 모교회의 눈에는 이방인들 가운데 있는 자(子)교회가 자기들에게 바치는 당연한 공물(供物)로 비쳤을 것이다.[27]

---

24) C. W. Emmet. "The Case for the Tradition", in *BC* i, 2 (London, 1922), p. 279를 참조하라.
25) K. Holl. "Der Kirchenbegriff des Paulus in seinem Verhältnis zu dem der Urgemeinde", in *Gesammelte Aufsätze* ii(Tübingen, 1928), pp. 44 ff., 특히 pp. 58 ff.를 참조하라.
26) 초기에 쿰란 사람들은 스스로를 "가난한 자들(하에비요님)"이라고 불렀고, 그후에 "무리 가운데 가난한 자들"을 자처했던 분리주의자 기독교인 집단이 있었다(참조, 스가랴 11:7,11, 여기서 맛소라 본문은 '에비요님'으로 되어 있지 않다).

6. 할례 문제

예루살렘 협의회에서 제기되었을 것으로 예상되는 한 가지 문제를 아직 언급하지 않았다. 그것은 바로 이방인 신자들의 할례 문제인데, 이 문제는 곧 활발한 논쟁거리가 되었다. 예루살렘 협의회에서 이 문제는 제기되었는가? 이 질문에 대한 답변은 분명치 않다. 바울은 이 문제를 언급하고 있으며, 바울이 하는 말의 배경을 어느 정도 알고 있었던 갈라디아 교인들은 그가 말하는 뜻을 남김없이 파악했겠지만, 오늘날의 독자들은 그렇게 하기에 어려움을 느낀다. 이것은 부분적으로 우리가 최초의 독자들보다 그 배경에 관하여 잘 알지 못하기 때문이고, 부분적으로는 바울의 구문(構文)이 훼손되어 있기 때문이며 부정어("not")를 생략함으로써 그 의미를 완전히 바꾸어 놓는 다른 읽기(a variant reading)가 있기 때문이다.[28]

"내가 달음질하는 것이나 달음질한 것이 헛되지 않게 하려" 자기가 예루살렘 교회 지도자들에게 어떻게 자신의 복음을 제출했는지를 설명한 직후에, 바울은 계속해서 이렇게 말한다 (갈2:3-5).

그러나 나와 함께 있는 헬라인 디도라도 억지로 할례를 받게 아니하였으니 이는 가만히 들어온 거짓 형제 까닭이라 저희가 가만히 들어온 것은 그리스도 예수 안에서 우리의 가진 자유를 엿보고 우리를 종으로 삼고자 함이로되 우리가 일시라도 복종치 아니하였으니 이는 복음의 진리로 너희 가운데 항상 있게 하려 함이라.

그런 다음 바울은 "유명한 자들"로 다시 돌아가서 그들이 자기에게 "더하여 준 것이 없음"을 단언한다.

바울을 수행하여 안디옥에서 예루살렘으로 온 기독교인 헬라인 디도는 "억지로 할례를 받게 아니하였다." (디도가 할례를 받았는지 안 받았는지를 잘 알고 있었던) 바울의 최초의 독자들과는 달리 우리에게 이 말은 아주 모호하다. 이 말은 ① 디도가 할례를 받지 않았다는 것을 의미할 수도 있고, ② 디도는 강제에 의해서가 아니라 자발적으로 또는 바울의 임시적인 용인(容認) — 아마도 '이보 전진을 위한 일보 후퇴(reculer pour mieux sauter)'의 원칙을 바탕으로 — 에 의해 할례를 '받았다'는 것으로도 해석이 가능하다. 바울 서신들에 대한 서방 본문들을 편집한 사람들은 이 본문을 후자로 이해했던 것으로 보인다.

---

27) K. Holl, *loc. cit.*
28) 갈라디아서 2:5의 서방 본문은 πρός ὥραν앞에 οὐδέ를 생략한다. 그렇게 하면 바울이 아마도 의도했던 것과는 정반대의 뜻이 되어 버릴 것이다.

서방 본문들에서는 바울이 "우리가 일시 그들(거짓 형제)에게 복종하였으니 이는 복음의 진리로 너희 가운데 항상 있게 하려 함이라"로 읽고 있기 때문이다. 이방인 신자들의 할례를 어떤 식으로 처리해야 다른 이방인 신자들을 위하여 값없는 은혜의 복음을 보전하는 데 도움이 되는 것인지를 바울이 어떻게 생각했는지는 아무도 알 수 없다. 버키트(F.C. Burkitt)는 "갈라디아서 2:3-5의 구문(構文)을 조내 버린 것은 비로 실제로 디도의 할례에 사용했던 칼이었다는 것을 누가 의심할 수 있는가"고 묻는다[29] — 하지만 "누가 의심할 수 있는가"라는 수사적 의문을 사용하는 많은 사람들에 대해서와 마찬가지로 이 물음에 대하여 가장 효과적인 대답은 "나는 의심할 수 있다"라는 말이다. 그리고 분명히 이 구절을 다룬 많은 주석가들도 그럴 수 있다. 버키트의 주장에 대해 맨슨(T.W. Manson)은 이렇게 논평했다. "그가 할례를 받았다면, 바울의 반대파들은 갈라디아 교회에서 이 사실을 널리 선전했을 것이고, 이 구절들에 있는 골치아프고 거침돌이 되는 군더더기 말은 그 혐오스러운 사실을 위장하는 것으로써 소용없을 뿐만 아니라 더 악영향을 끼쳤을 것이다."[30]

맨슨은 갑자기 거짓 형제에 대한 언급이 나오는 것을 더 만족스럽게 이해하는 방법을 제시했다. 그것은 후대에 진전된 상황을 가리키는 삽입구로서 바울이 디도를 언급함으로써 그 이후의 사태 진전이 생각나서 여기에 삽입하였다는 것이다.[31] 예루살렘에서 협의회를 할 당시에는 할례의 문제가 어떠한 난점도 아니었기 때문에 헬라인 디도가 바나바와 바울과 함께 예루살렘에 있었지만 그로 하여금 할례를 받게 하라는 압력이 없었다고 바울은 말한다. 그는 주된 본문이 아닌 삽입구에서 할례 문제는 나중에 이방인 교회에 슬며시 들어와서 교인들이 누리고 있던 기독교인으로서의 자유 대신에 율법의 멍에를 짊어지우려고 했던 "거짓 형제들" 때문에 첨예한 문제로 되었다고 덧붙인다.

이와 같은 이후의 사태 진전은 사도행전 15:1에 나오는 누가의 말과 관련이 있을 것이다. "어떤 사람들이 유대로부터 〔안디옥에〕 내려와서 형제들을 가르치되 너희가 모세의 법대로 할례를 받지 아니하면 능히 구원을 얻지 못하리라 하니."[32] 바로 이렇게 슬며시 들어온 자들에게 바울은 신자들의 복음의 자유를 손상시키지 않기 위하여 한치의 양보도 할 수 없었다. 바울은 이러한 어조로 삽입구를 맺은 뒤에 다시 자기가 잠시 비껴나갔던 원래의 본문으로 돌아와서 예루살렘 협의에서 어떤 일이있었는가를 계속 설명해 나간다.

---

29) F. C. Burkitt, *Christian Beginnings*(London, 1924), p. 118; 또한 S. C. Neill, *Jesus Through Many Eyes*(London, 1976), pp. 55f.

30) T. W. Manson, *Studies in the Gospels and Epistles*(Manchester, 1962), pp. 175 f.

31) T. W. Manson, *ibid,.*; 그는 삽입구가 4절과 5절이라고 말한다. B. Orchard, "A New Solution of the Galatians Problem", *BJRL* 28(1944), pp. 154 ff 는 비슷한 해석을 취하고 있지만 삽입구에 3절을 포함시킨다. 그의 "The Ellipsis between Galatians 2, 3 and 2, 4", *Biblica* 54(1973), pp. 469-481과 "Once Again the Ellipsis between Galatians 2, 3 and 2, 4", *Biblica* 57(1976), pp. 254 f.를 참조하라.

32) 193쪽을 보라.

바울이 예루살렘에 협의차 방문한 동안에 디도 또는 다른 어떤 이방인 신자의 할례 문제는 제기되지 않았다는 것은 사도행전의 증거와 상당히 부합한다. 유대로부터 온 사람들이 신자들에게 할례를 강력히 주장하기 전에 이미 안디옥에서의 이방 선교는 수년 동안 계속되고 있었다. 마찬가지로 가이사랴의 로마 백부장인 고넬료와 그의 권속들이 복음을 믿어 성령을 받았을 때 세례는 받았지만, 어느 누구도 그들이 할례를 받아야 한다고 말했던 것 같지는 않다. 베드로가 예루살렘으로 돌아가서 그들을 자기가 방문한 것을 변호했을 때, 그의 변호를 받아들인 동료 사도들은 "잘 했소, 그들이 할례를 받아들인다면 더할 나위 없겠소." 라고 말했다는 기록은 없다.[33]

갈라디아서에서와 마찬가지로 사도행전에서도 이방인 신자들의 할례 문제는 나중에서야 발생했다. 이 문제가 발생했을 때, 바울 및 그와 함께 복음의 진리가 율법주의의 침투로 말미암아 흐려지는 것을 허용할 수 없었던 다른 사람들이 이 문제를 제기했던 사람들에게 진중(珍重)하게 저항했다. 그러나 갈라디아서 2:1-10에 기록된 협의에서 그 문제가 제기되지 않았다면, 그 협의는 할례가 주요 문제로 되어 논란되었던 사도행전 15:6-29에 기록된 예루살렘 회의(the Council of Jerusalem)와 같은 것일 수 없다. 단언할 수는 없지만, 이 문제에 있어서 갈라디아서 2:1-10의 협의가 사도행전 11:30에 나오는 기근을 구제키 위한 방문과 부합한다는 것은 어쩌면 당연한 일일 것이다. 할례가 불꽃튀는 논쟁거리가 되기 전에 이방 선교는 좀더 뻗어나갔다.

---

33) 참조, 행 10:34-11:18.

제 16 장

구브로와 소아시아에서 확장되는 교회

1. 바나바와 바울의 구브로 선교

바나바와 바울의 안디옥 사역은 안디옥 성내 또는 교회에 국한되지 않았다. 안디옥은 광활한 후배지(後背地)를 갖고 있었는데, 이 지역은 안디옥과 마찬가지로 복음화를 기다리는 무르익은 지역이었다. 안디옥에 최초로 복음을 전파한 전도자들은 안디옥으로 가는 길목에 있는 수리아(Syria)와 뵈니게(Phoenicia)에 복음을 전했다. 바나바에게 이끌려 안디옥으로 오기 전에 바울은 길리기아에서 복음을 전했었다. 그러나 길리기아 외에도 소아시아의 중심부를 이루고 있는 광대한 지역이 있었는데 에베소(Ephesus)에서 서방에 이르는 도로가 소아시아를 관통하고 있었다. 그리고 안디옥에서 서남서 방향으로 지중해에서 약 150킬로미터 떨어진 곳에 구브로(Cyprus)라는 섬이 자리잡고 있었다.

안디옥의 복음화에 중요한 역할을 담당했던 구브로 사람들은 자신들의 고향 섬을 소홀히 하지 않았지만, 안디옥에 그 섬을 더 조직적으로 복음화하기 위한 시도를 계획한 구브로 출신의 한 사람이 있었는데, 그는 바나바였다. 바울은 이미 마음속으로 소아시아에 복음을 전파하고 확장할 수 있는 가능성을 생각하고 있었는데, 그와 바나바가 헤어져서 바나바는 고향 구브로로 가고 바울은 소아시아와 그보다 더 서쪽에 있는 지역들로 향할 기회는 올 것이었다. 하지만 먼저 그들은 자신들의 선교 계획을 함께 수행했다. 누가는 안디옥 교회의 지도자들이 어떻게 성령의 지시하심을 받아 — 아마도 예언을 통하여 — 바나바와 바울을 그들의 소명인 선교 사역을 위해 파송하였는가를 설명한다. 이 두 사람은 온 교회와 그 지도자들의 축복 속에서 실루기아(Seleucia) 항구로 내려가서 구브로 행(行) 배를 탔다.[1] 안디옥 교회는 그들을 자신이 파송한 사람들이요 위탁한 사람들로 생각했다. 안디옥 교회는 본부(home base)였고, 그들은 자기들에게 맡겨진 일들을 다 수행하고 다시 이 교회로 돌아와서 "하나님이 함께 행하신 모든 일"(행14:27)을 보고했다.

그들은 선교 여행을 출발하면서 바나바의 젊은 조카인 예루살렘의 요한 마가를 수행원으로 삼았다. 요한 마가의 어머니 마리아의 집은 예루살렘 교회의 한 집단 — 베드로가 이끌었던 집단의 모임 장소였다.[2] 바나바와 바울은 기근을 구제키 위한 예루살렘 방문을 마치고 마가를 안디옥으로 데려왔다. 특히 바나바는 마가에게 기독교 선교에 유익을 끼칠 수 있는 자질이 있다고 생각했다.

옛날부터 구브로에는 뵈니게인(Phoenicians)과 헬라인들이 정착해 살았다. 뵈니게인들의 정착촌 가운데 하나인, 섬의 남동쪽 해안에 위치해 있는 키티온(Kition, 현재의 라르나카)에서 깃딤(Kittim)이라는 이름이 유래했는데 히브리인들은 이 이름으로 그 섬을 불렀다. 주전 6세기 이래로 구브로는 특히 바사인(the Persians)과 프톨레미 왕조의 지배를 받았다. 주전 58년에 로마는 구브로를 병합하여 2년 후에 길리기아 속주(屬州)에 편입시켰다. 많은 변화를 거쳐 구브로는 주전 27년 별개의 제국 직속의 주(州)가 되어 황제 직속의 총독(legatus pro praetore)이 다스렸다. 그러나 5년 후에 아구스도는 구브로를 로마 원로원의 관할로 넘겼는데, 그때부터 다른 원로원 직속의 주(州)와 마찬가지로 지방총독(proconsul)이 다스렸다. 바나바와 바울이 구브로를 방문했을 당시 총독은 몇 대에 걸쳐 공직 생활을 한 로마의 귀족 가문 출신인 서기오 바울(Sergius Paullus)이었다.

예를 들면 우리는 글라우디오 치세 아래서 티베르 강의 치수 담당관이었던 루기오 서기오 바울(Lucius Sergius Paullus)이라는 인물을 알고 있다.[3] 또 우리는 한 세대 후에 갈라디아에서 중요한 직책(아마도 그 속주의 총독직)을 맡고 있었던 같은 이름을 가진 또 한 사람(아마도 그의 아들)과[4] 주후 150년과 168년 두 차례에 걸쳐 로마에서 통령(consul)이었던 같은 이름의 또 한 사람을 알고 있다.[5] 구브로의 총독은 아마도 이 가운데 첫번째 사람과 동일 인물이었을 것이라는 추측이 널리 받아들여지고 있지만,[6] 그는 북부 구브로의 키

---

1) 행 13:1 ff. 2) 참조, 행 12:12. 3) CIL vi. 31545.
4) 그의 이름은 W. M. Ramsay와 J. G. C. Anderson이 1912년에 비시디아 안디옥에서 발견한 라틴어 명문에 적혀 있었다. The Bearing of Recent Discovery on the Trustworthiness of the New Tesetament(Lodon, 1915), pp. 150-152를 보라.
5) CIL vi. 253에는 그의 이름은 전임자인 토르쿠아투스 아스프레나스와 나란히 '통령의 대리자(consul suffectus)'로 적혀 있다. Galen은 그의 이름을 두 번 언급한다(De anatomicis administrationibus i. 2. ; De praenotione2).
6) E. Groag, in Pauly-Wissow a RE, s. v. "sergius" No. 34와 (가설로) K. Lake in BC i, 5, p. 458의 예가 있다.

드라이아(Kythraia)에서 발견된 헬라어로 된 명문(銘文)의 단편에서 해독된 퀸투스 서기오 바울(Quintus Sergio Paullus)과 동일 인물일 가능성이 더 높다.[7]

전도단은 주전 6세기에 세워져서 오랫동안 구브로의 중심적인 성읍이었던, 동부 해안에 있는 헬라인 정착촌인 살라미(Salamis)에 도착했다. 대부분의 다른 구브로의 성읍들과 마찬가지로, 살라미에는 유대인 공동체가 있었다. 바나바와 바울은 살라미의 회당들을 찾아가서 복음을 전했는데, 그 결과는 기록되어 있지 않다. 회당에서 복음을 전하는 것은 주로 성경의 가르침들을 그 약속들이 기독교를 통하여 성취되었다는 관점에서 해석하는 일이었을 것이다.

그들은 살라미에서 그 섬의 남부 해안을 따라 나있는 길로 행하여 총독의 관저가 있는 신 바보(New Paphos)에 이르렀다(신 바보는 헬라 정착촌이었다. 원래 뵈니게인의 정착촌이었던 구 바보는 남동쪽으로 약 12킬로미터 떨어진 곳에 있었다. 구 바보는 전통적으로 아프로디테를 모시는 제의(祭儀)의 중심지였는데, 그들은 "바보인들"로 불렸다).[8] 여기서 그들은 그들의 활동이 공공질서에 아무런 위협이 되지 않는다는 것을 확인하기 원했던 서기오 바울 앞에 불려갔다. 당시에 제국의 몇몇 지역에서 떠돌아다니는 선동가들에 의한 소요가 유대인 공동체들에서 일어나고 있었기 때문이다.[9] 분명히 이 점에서 총독은 마음을 놓았을 것이다. 실제로 그의 측근 가운데 한 유대인이 그들에게 좋은 대우를 하지 말도록 권고하였음에도, 그는 전도자들과 그들의 메시지에 호의적인 인상을 받았다.[10] (누가는 이 유대인을 "거짓 선지자"로 묘사하는데, 이것은 단순히 그가 복음을 거슬러 말했기 때문일 수도 있지만, 누가가 이어서 그를 '박수(magos)'로 부르고 있다는 사실을 보아서는 그는 어떤 형태의 비의적(秘儀的)인 지혜로 이름이 나있었던 것 같다.)[11]

2. 복음이 브리기아에 이르다

---

7) *IGRR* iii. 935. 그의 공직 명칭은 빠져있지만 글라우디오 치세에서 공직을 맡았다고 한다. 구브로의 북쪽 해안에 있는 솔리(Soli)에서 출토된 또 다른 명문(銘文)(*IGRR* iii. 930)은 바울(Paullus)이라는 이름을 가진 총독이 아마도(글라우디오(?)) 10년째 되는 해에 공직을 맡았다고 말한다. T. B. Mitford, *Annual of the British School at Athens* 42(1947), pp. 201-206를 참조하라.
8) 주로 시인들에 의해 그러나 상당수의 명문(銘文)에서도 나온다. 이 여신은 키프리스("구브로 사람")로 불리기도 했다. 바보에서 이 여신을 숭배한 것은 아마도 뵈니게인들(Phoenician)에게서 유래했을 것이다. 헤로도투스(*History* i.105)는 앗수르의 아스칼론(Ascalon), 파우사니아스(Pausanias)에서 유래했다고 한다(*Description of Greece* i. 14. 6).
9) 참조, 행 17:6이하, 245쪽을 보라.
10) "총독이 그렇게 된 것을 보고 믿으며 주의 가르치심을 기이히 여기니라"고 누가는 말한다(행13: 12).
11) 아마도 누가는 ὁ μάγος를 거짓 선지자의 이름 엘리마스(Elymas)와 같은 것을 나타내려고 사용했을 것이다. 엘리마스는 아람어 '알림'("지혜로운", "학식있는")과 어원이 같은 셈어였을 것이다. 자세한 내용은 A. D. Nock, "Paul and the Magus", in *BC* i, 5, pp. 164 ff.를 보라.

전도단은 구브로에서 북북서쪽으로 항해하여 소아시아의 중심부(中心部)인 시데(Side) 항구, 아니면 그보다 훨씬 서쪽에 있는 앗달리아(Attaleia, 현재의 안탈야)를 거쳐, 에베소에서 다소에 이르는 해변길을 따라 내륙으로 약 10킬로미터 안쪽에 있는 버가(Perga)라는 성읍에 도착했다. 이곳은 (다소 구역과 지중해 사이에 있는 지역인) 밤빌리아(Pamphylia) 제1의 성읍이었는데, 당시에 이곳은 서쪽으로 접해 있던 루기아(Lycia)와 함께 로마의 속주를 이루고 있었다. 밤빌리아에는 유대인 정착촌들이 있었기 때문에, 이곳을 누가가 언급한 것으로 보아 버가에서 어떤 복음전도 활동이 있었던 것 같다. 하지만 누가는 요한 마가가 거기서 두 사도를 떠나 예루살렘으로 돌아간 사건만을 유일하게 기록하고 있을 뿐이다. 마가가 바나바와 바울을 떠나 예루살렘으로 돌아간 이유는 밝혀져 있지 않지만, 아마도 마가는 이제 바울과 바나바가 시작하려고 한 갈라디아 속주의 고지(高地)로의 더 긴 여정(旅程)을 탐탁치 않게 생각했었기 때문인 것 같다.

로마의 속주인 갈라디아는 소아시아 중심부에서 넓은 지역을 차지하고 있었다. 갈라디아라는 이름은 주전 3세기에 소아시아 반도를 침입하여 이전에 브리기아에 속했던 영토에 정착했던 갈라디아인 또는 갈리아인들이 세운 갈라디아 왕국에서 유래했다. 그후 갈라디아 왕들은 로마의 동맹자들이 되었다. 주전 25년 마지막 왕 아민타스(Amyntas)는 북 타우루스(Taurus)로부터 온 침입자들과의 싸움에서 져서 몰락한 후, 아구스도는 이 왕국을 제국 직속의 속주로 삼으면서 민족적으로 갈라디아에 속해 본적이 없었던 남부지역의 상당한 영토 — 동 브리기아(Phrygia), 비시디아(Pisidia), 이사우리카(Isaurica), 서 루가오니아(Lycaonia) — 를 갈라디아에 병합시켰다. 이전 갈라디아 왕국의 주요한 성읍들은 로마 속주로 된 이후의 갈라디아에서 북부지역에 속하게 되었다. 서쪽으로 페시누스(Pessinus), 동쪽으로 타비움(Tavium), 그 중간 지점에 왕국의 수도였고 그후 속주의 수도였으며 오늘날에는 터키 공화국의 수도인 앙키라(Ancyra, 지금의 앙카라)가 있었다. 바울이 이러한 북부 성읍들을 방문했는지를 확인할 방법은 없다. 다만 아구스도가 이 왕국을 인수했을 때 아민타스 왕의 영토에 병합시켰던 남부 갈라디아의 성읍들에 바울이 관심을 가지고 있었다는 증거는 많이 있다.

바울과 바나바가 버가에서 북쪽으로 160킬로미터도 더 여행하여 도착한 곳이 바로 이 성읍들 가운데 한 곳, 비시디아 안디옥(Pisidian Antioch)이었다. 스트라보(Strabo)는 비시디아 안디옥을 더 정확하게 "비시디아 근방의 안디옥"이라고 지칭한다. 이 성읍은 실제로 비시디아의 경계를 넘어 브리기아 지역에 위치해 있었다. 당시에 옛 브리기아 왕국은 로마의 속주인 아시아(Asia)와 갈라디아로 분할되어서 편입되어 있었다. 비시디아 안디옥은 갈라디아의 브리기아(아시아의 브리기아와 구별하기 위하여 이렇게 부른다면)에 있었다. 이 성읍은 해발 약 1,000미터의 고원(高原)에 있는 얄바치(Yalvc) 근처에 있다. 윌리엄 램지(William Ramsay) 경은 바울이 밤빌리아(Pamphylia)에서 말라리아에 걸려서 이 고원지역에서 건강을 회복하려고 하였다고 추정했다. 그는 바울이 자기가 처음으로 갈라디아 교인들에게 복음을 전하러 갔을 때 "육체의 약함을 인하여"(갈4:13) 그렇게 하였다고 회상하고 있다는 사실을 이러한 추정의 근거로 들었다.[12] 이 추정을 확인할 수는 없다.

그 이름이 보여주듯이, 비시디아 안디옥은 셀류키드 왕조의 근거지(주전 3세기 초)였다. 물론 이곳에는 셀류키드 시대 훨씬 전부터 사람들이 살고 있었다. 셀류키드인들은 이 성읍을 국경 요새로써 잘 활용하였는데, 이러한 전략적 요충지로써의 장점으로 인해 주전 6년 아구스도는 이 성읍을 콜로냐 가이사랴(Colonia Caesarea)로 이름을 바꾸어 붙이고 로마의 식민시(植民市)의 지위를 부여하였다. 이곳에 정예 부대가 지방 주민들 가운데 주둔함으로써 이 성읍은 주변 지역에서 군사 중심지가 되었으며, 이 지역에 좀더 효율적으로 로마의 문화를 보급하기 위하여 비시디아 깊숙이까지 도로를 새로 닦았다. 비시디아 안디옥이라는 성읍명은 이 성읍이 로마의 제국주의 정책을 수행하는 데 두드러진 역할을 했음을 보여준다.

로마의 식민시는 로마인 아닌 주민들 즉 토착민(incolae)이 사는 지역에서 로마의 이익을 지키고 증진시키기 위하여 정책적으로 로마 시민들을 이주시킨 로마 시민들의 정착촌이었다. 로마의 식민시의 행정은 로마시를 본떠서 매년 선출된 두 명의 행정장관이 관장했다. 비시디아 안디옥과 그 근방에서 나온 비문을 보면 이 식민시의 주요한 로마인 가문(家門) 가운데 하나는 카리스타니우스 프론토(Caristanius Fronto)라는 이름을 갖고 있었음을 알 수 있다. 우리가 관심을 갖고 있는 시기에서 약 15년 후가 되는 때에 이 가문(家門) 출신의 한 사람이 서기아 바울라(Sergia Paulla)라는 로마 처녀와 결혼을 했는데, 아마도 이 처녀는 속주의 행정에서 책임 있는 지위를 맡고 있었던 루기오 서기오 바울(Lucius Sergius Paulus)의 딸이었을 것이다.[13]

브리기아의 다른 성읍들과 마찬가지로 비시디아 안디옥에는 안티오쿠스 3세(주전 223-187년)의 치세 이래로 상당한 규모의 유대인 공동체가 있었다.[14] 유대인 공동체들이 있는 성읍에서 늘 하던 대로 바나바와 바울은 그 성읍에 도착한 후 첫번째 맞는 안식일에 비시디아 안디옥의 회당을 찾았고, 그 회당의 지도급 인사들의 초대를 받아 제1일과 제2일과 후에 예배자들에게 "권면의 말" 또는 설교를 행했다.[15] 여기서 누가는 바울이 행했다고 하는 설교를 요약해 싣고 있는데, 이 설교 요약은 아마도 유대인들과 하나님을 경외하는 이방인

---

12) *St. Paul the Traveller*, pp. 94 ff. 150쪽을 보라.
13) G. L. Cheesman, "The Family of the Caristanii at Antioch in Pisidia", *JRS* 3 (1913), pp. 253 ff, 특히 pp. 261-265를 참조하라. W. M. Ramsay는 한정된 명각(銘刻)의 증거를 분방한 상상력으로 보충하면서 서기오 바울은 구브로의 총독이었던 조상으로부터 신앙을 물려받은 기독교인이었을 것이라고 주장했다(*The Bearing of Recent Discovery on the Trustworthiness of New Testament*, pp. 152 ff.) — K. Lake가 표현하듯이 "매우 착상이 좋지만설득력있는 요소들을 결합한 것이 아닌" 논증(*BC* i, 5, p. 458).
14) 비시디아 안디옥은 안티오쿠스 3세에 의해 유대인들이 정착하게 된 브리기아에서 "요새와 요충지" 가운데 하나였을 것이다(Josephus, *Ant*. xii. 149).

들을 포함한 회당의 회중들에게 그들이 잘 알고 있는 이스라엘 역사의 배경과는 다른 복음을 바울이 제시했던 방식을 요약하고 있는 것인 듯하다. 바울은 아마도 그날 일과(日課)로서 읽은 성경 구절의 내용을 언급하면서 청중들에게 출애굽기에서 다윗의 치세에 이르기까지 구약에 나오는 하나님의 권능있는 행위를 일깨워 준 후에 나아가 이렇게 말한다. "하나님이 약속하신 대로 이 사람의 씨에서 이스라엘을 위하여 구주를 세우셨으니 곧 예수라"(행13:23). 바울의 회고는 모세와 출애굽기로부터 시작하고 있지만 율법에 대한 언급은 없다. 여기서 바울이 강조하는 것은 약속의 성취(成就)이다 — 비록 그것이 아브라함에게 행한 약속(갈3:6-18에서처럼)이 아니라 다윗에게 행한 약속이긴 하지만, 바울은 로마서의 서문에서 다윗과 예수의 관련성을 언급한다. 거기서 바울은 예수를 "육신으로는 다윗의 혈통에서 나셨고"(롬1:3)라고 소개한다.[16] 다윗에서 예수로 곧장 나아간 후에 바울은 구원사(salvation-history)의 정점(頂点)을 상세히 설명한다 — 주의 길을 예비하는 세례 요한의 증거, 시편과 예언서를 성취하면서 부활로 극치(極致)를 보여준 그리스도 안에서의 하나님의 권능있는 행위들 등.

바울이 비시디아 안디옥에서 설교한 내용과 베드로가 최초의 기독교적 오순절에 예루살렘에서 설교했다고 하는 내용 사이에는 그렇게 많은 차이가 없다고 사람들은 말한다. 확실히 그렇다. 하지만 아마도 실제로는 유대인 청중들에게 베드로와 바울이 복음을 전한 내용에는 실질적인 차이가 거의 없었던 것같다. 바울이 디아스포라 유대인의 회당에서 누가가 비시디아 안디옥에서 바울이 행했다고 하는 설교처럼 말하지 않았다면, 바울이 어떻게 말했을 지를 한 번 얘기해 보라. 사실 이 설교에서 예수의 죽음을 설명하면서 바울은 유대인에게든지 이방인에게든지 바울이 복음을 전했다고 했을 때 우리가 기대하는 것보다 "십자가의 신학"을 덜 포함시키고 있다. 사도행전의 바울이 부활하신 그리스도가 "갈릴리로부터 예루살렘에 함께 올라간 사람들에게 여러 날 보이셨으니 저희가 이제 백성 앞에 그의 증인이라"(행13:31)고 말할 때, 역사적 바울은 분명히 "맨 나중에, 내게도 보이셨느니라"(참조, 고전15:8)라는 말을 덧붙였을 것이다.

그러나 이 설교의 끝부분에 바울의 특성이 나타난다. 사도행전에 나오는 다른 설교자들은 예수를 통하여 "죄사함"을 받을 수 있다고 선포하고 있는데 반해(참조, 행2:38, 10:43), 바울은 비시디아 안디옥에서 "이 사람을 힘입어 죄사함을 너희에게 전한다"고 말하면서 "모세의 율법으로 너희가 의롭다 하심을 얻지 못하던 모든 일에도 이 사람을 힘입어 믿는 자마다 '의롭다 하심'을 얻는 이것이라"(행13:38 이하)는 말을 덧붙인다. 이 말만을 가지고는

---

15) "권면의 말"(λόγος παρακλήσεως)은 자신의 "서신"을 지칭하기 위하여 히브리서 기자가 사용했던 표현이다(히13:22) — 글로 된 훈계. 제1일과는 율법에서 취해졌고, 제2일과는 선지서에서 취해졌다 (F. F. Bruce, *New Testament History* [London, ² 1971], pp. 136 f.를 보라).
16) 이 말들은 바울이 당시의 신앙고백문에서 인용한 것이라고 널리 생각되고 있다. 이러한 생각은 "사람들이 생각하는 것만큼 확실하지는 않지만 그럴 가능성이 높은 듯하다"(C. E. B. Cranfield, *The Epistle to the Romans*, ICC, i [Edinburgh, 1975], p. 57).

믿음으로 말미암아 의롭게 된다는 바울의 가르침을 이끌어낼 수는 없지만,[17] 이 말들은 로마서 3:20-26에 나오는 바울의 가르침, 즉 "율법의 행위로 그의 앞에 의롭다 하심을 얻을 육체가 없나니" 하나님은 "예수 믿는 자를 의롭다 하신다"는 것과 맥을 같이 하고 있다. 모세 율법이 할 수 있는 모든 것을 다 해서 더 이상 할 것이 없어졌을 때 그리스도에 대한 믿음이 인간의 구원을 위한 책임을 떠맡게 되었다는 뜻으로 사도행전 13:39의 말을 해석해서는 안 된다 — 이러한 해석은 정말 바울적이지 못한 생각이며 또한 누가가 의도하고 있는 바도 아니다.[18]

이 회중 가운데 있던 하나님을 경외하는 자들은 바울의 메시지에 특히 끌렸고, 동료 이방인들에게 이 소식을 널리 퍼뜨렸다. 그 결과 일주일 후에 회당 예배에는 유대인보다도 이방인들이 더 많이 모여들었다. 유대인 공동체의 지도자들은 기분이 나빠서 두 전도자에게 불쾌감을 표시했다. 그러나 많은 이방인들은 이 전도자들이 전한, 그리스도를 믿음으로 말미암는 구원을 받아들였고 회당과는 별도로 기독교인 모임 — 최초의 갈라디아 교회 — 을 이루었다.

전도자들은 비시디아 안디옥을 떠나 동남동쪽으로 약 150킬로미터를 여행하여 오늘날 교통의 요충지인 이고니온(Iconium, 지금의 콘야)으로 옮겨갔다. 크세노폰(Xenophon, 주전 400년경)은 이 성읍을 "브리기아의 최후의 성읍"으로 불렀으며,[19] 주후 2-3세기에 그 주민들은 스스로를 브리기아인들로 생각했지만,[20] 이 성읍은 루가오니아 평원(Lycaonian Plain)의 서쪽 끝에 자리잡고 있었으며 브리기아와 루가오니아의 접경지대에 아주 가까이 있었기 때문에 당시의 몇몇 헬라와 로마의 저술가들은 그곳을 루가오니아의 성읍으로 잘못 언급하고 있다.[21] 글라우디오 황제는 얼마 전에 이 성읍이 자기에게 경의를 표하는 의미에서 그의 이름을 성읍명의 접두사로 사용하는 것을 허락하였기 때문에 그 성읍은 한동안 클라우디코니움(Claudiconium)으로 불리웠다(영어로 된 몇몇 지역 이름에 접두사 "King's"나 접미사 "Regis"를 사용하는 것을 생각해 보라).

전도자들이 이고니온에서 겪은 것은 거기에서는 다른 성읍에서 보다 더 오래 머무를 수 있었다는 것을 제외하고는 거의 비시디아 안디옥에서 겪은 것의 복사판이었던 듯하다. 마침

---

17) RSV와 NEB는 "의롭게 된"이 아니라 "자유롭게 된"이라고 번역한다. 그러나 누가는 아마도 사람들이 그 말을 바울적인 의미로 이해하기를 원했을 것이다.
18) B. W. Bacon, *The Story of St. Paul*(London, 1905), p. 103를 참조하라.
19) Xenophon, *Anabasis* i. 2. 19.
20) 2세기에 쓰여진 유스틴 행전(Acts of Justin(ch. 4))에는 순교자 유스틴과 함께 로마에서 기소된 기독교인 가운데 한 사람인 히에락스(Hierax)라는 노예는 자기가 "브리기아의 이고니온에서 끌려왔다"고 말한다.
21) 예를 들면 Cicero, *Ad Familiares* xv, 4. 2, and Pliny, *Nat. Hist.* v. 95. 그러나 후자에 대해서는 W. M. Ramsay, "The 'Galatia' of St. Paul and the 'Galatic territory' of Acts", in *Studia Biblica et Ecclesiastica* iv(Oxford, 1896), pp. 15 ff. 특히 pp. 46-55를 보라.

내 그들을 반대하는 상당히 강력한 폭동이 일어나서 그들은 이고니온을 떠나 접경 지역을 가로질러 루가오니아에 이르게 되었는데, 그런 사건이 벌어지기 전에 이미 비시디아 안디옥에서와 마찬가지로 거기에도 기독교인 공동체가 생겨났다(?). 특히 바울에 대한 기억은 이고니온 사람들의 뇌리에 깊이 새겨졌다. 이고니온은 한 세기 후에 쓰여진「바울과 데클라의 행전」(Acts of Paul and Thekla)에서 이야기하는 가공(架空)의 모험담의 중심지로 등장한다.[22]

3. 이방인 선교의 문제점

바나바와 바울이 예루살렘 교회 지도자들과 만난 자리에서 이방인들을 향한 두 전도자들이 자신들이 방문한 성읍들에 있는 회당을 찾아가지 않아야 한다는 것은 아마도 합의 사항이 아니었던 것 같다. 그러나 어느 편에서도 두 전도자들이 비시디아 안디옥과 이고니온에서 회당을 찾아가 선교했을 때 문제가 발생함으로써 하나님을 경외하는 이방인들을 그들이 출석하는 회당에서 분리시켜 별도의 회중을 구성할 필요가 있을 것이라는 예상을 하지 못했을 것이다.

분명히 유대인보다 훨씬 더 많은 이방인들이 바울의 설교를 듣고 기독교로 개종했다. 그러나 바울이 언제나처럼 회당을 자신의 활동 근거지로 삼았다면, 아마도 이방인보다 더 많은 유대인들이 이 성읍 저 성읍에서 처음에 바울이 전하는 복음에 귀를 기울였을 것이다. 바울 스스로 복음이 "첫째는 유대인에게"(롬1:16) 제시되어야 한다는 것을 당연한 것으로 여겼다. 몇몇 회당에서 온 회중이 바울의 설교에 긍정적으로 반응할 가능성은 없었는가? 예루살렘 교회 지도자들은 이것을 적어도 의미상으로 합의 사항을 깨뜨린 것으로 보지 않았을까?(이삼 년 후에 마게도냐의 베뢰아에 있는 회당 회중들은 바울의 말에 호의적으로 귀를 기울였다. 하지만 이 경우는 이례적인 사건이었다는 것이 그 말 속에 담겨 있다). 바울은 유대인들이 복음을 받아들인다면 그런 행위 자체가 이웃의 이방인들을 복음화하는 길이라고 말했을지도 모른다. 그러나 사실 바울은 이방인들을 직접적으로 전도하는 것이 자기의 일차적인 사명임을 알고 있었다. 누가에 의하면, 바울과 바나바는 비시디아 안디옥에서 이 점에서 그들은 여호와께서 그 종에게 맡기신 위탁을 수행하고 있다고 주장했다(사49:6).

> 내가 또 너로 이방의 빛을 삼아
> 나의 구원을 베풀어서 땅 끝까지 이르게 하리라.

---

22) 2세기에 쓰여진 바울행전(Acts of Paul)에 나오는 매우 유명한 일화(499쪽을 보라).

비시디아 안디옥과 이고니온에서 유대인 지도자들이 두 전도자들에게 적대적인 반응을 보였다는 누가의 보도는 "우리를 쫓아내고 하나님을 기쁘시게 아니하고 모든 사람에게 대적이 되어 우리가 이방인에게 말하여 구원 얻게 함을 저희가 금하는"(살전2:15 이하) 유대인들에 관한 바울 자신의 말과 일치한다.[23]

바울은 자기가 이방인의 사도로 무르심 받았다는 사실을 알고 있었기 때문에 회당에 출석하던 하나님을 경외하는 자들을 하나님이 섭리를 따라 더 넓은 이방세계로 가는 교두보로 예비해 놓으신 것으로 보았다. 성경을 봉독하고 해설하는 것을 들음으로써 이 이방인들은 "살아계신 참 하나님"을 예배하는 것을 알게 되었고 어떤 의미로 이스라엘의 소망에 친숙하게 되었다. 그러나 그들은 유대인 친구들의 기대에 부응하여 유대교로 개종하지 않는다면 이 소망에 참여하거나 하나님 백성의 특권에 함께 할 수 없었다. 그런데 이제 바울은 이 이방인들에게 이스라엘의 소망은 예수로 말미암아 성취되었으며 예수를 믿는 믿음으로 말미암아 그들도 유대인 신자들과 마찬가지로 하나님의 구원의 은혜를 받아 유대인과 이방인이라는 종교적 차별이 제거된 하나님 백성의 새로운 메시야적 모임의 성원이 될 수 있다는 확신을 심어 주었다.

이 점에서 유대인들이 복음의 축복들을 싫어하는 것이 당연했듯이, 이 점에서 하나님을 경외하는 이방인들이 복음의 축복들을 힘있게 껴안았다는 것은 당연했다. 회당을 방문함으로써 바울은 이 하나님을 경외하는 자들을 접촉할 수 있었지만, 바울의 행동 방침으로 회당과의 불화는 거의 피할 수 없는 결과였다. 이방인 선교에 온 힘을 쏟았던 사람이 동시에 유대인들을 효과적으로 선교하기는 불가능했을 것이다. 그런 의미에서 예루살렘 협의회에서 선교 구역을 분할한 것은 지혜로운 결정이었다.

바울은 이러한 상황을 받아들이기로 했지만 받아들이기가 쉽지는 않았다. 그는 자기가 하나님에 의해 이방인의 사도로 부르심을 받았다는 것을 알았지만, 그의 마음에는 일가 친척의 구원이 너무도 절실했다. 나중에 로마서에서 스스로 말하고 있듯이, 자기를 희생해서 그들을 구원할 수 있다면, 그는 기꺼이 그 대가를 지불하겠다고 말한다 — " 나의 형제 곧 골육의 친척을 위하여 내 자신이 저주를 받아 그리스도에게서 끊어질지라도 원하는 바로라"(롬9:3). 하지만 때가 되자 바울은 이방인의 복음화를 위한 자기의 활동이 바로 간접적으로 그의 동포 유대인들의 구원을 촉진시키는 것이라는 소망을 다시 한 번 확신케 되었다. 하나님이 반역하는 자기 백성들에게 "나도 백성이 되지 아니한 자로 그들의 시기가 나게 하며"(신32:21)라고 말씀하고 있는 모세의 노래에 있는 한 구절이 바울에게 생각이 났다. 그[24]

---

23) 데살로니가전서 2:13-16은 반(反)유대적인 개작이라는 주장에 대해서는 H. Boers, "The Form-Critical Study of Paul's Letters: 1 Thessalonians as a Case Study", NTS 22(1975-76), pp. 145-153를 참조하라. 그러한 주장은 그것을 뒷받침하는 본문 증거 없이는 성립하기가 어렵다.

24) 히브리어 '로 암'은 바울과 같은 성경 해석자에게는 호세아 1:9의 '로암미'(내 백성이 아니다)를 쉽게 연상시켰다(참조, 롬9:25이하). 359쪽 이하를 보라.

러자 그는 새로운 복음의 상황에 비추어 그 구절을 해석했다. "백성이 되지 아니한 자"는[24] 이방인이었다. 바울의 사역을 통하여 이방인들이 이스라엘의 메시야께서 인류에게 가져다 준 점점 더 풍성해지는 축복들 — 하나님이 이스라엘의 조상들에게 주셨던 약속들을 성취한 축복, 본래 "먼저 유대인에게" 이루어졌던 축복 — 을 누리게 된다면, 이러한 광경을 보는 유대인들은 시기심으로 어쩔 줄 몰라할 것이다. 이방인들이 그토록 열렬하게 누리고 있는 그 축복들은 원래 자기들에게 우선권이 있었다는 것을 그들은 갑자기 깨달을 것이고 그 축복에 동참할 자신들의 권리를 주장하게 될 것이다. 따라서 하나님의 뜻의 전개 과정에서 이방인들이 모여드는 것은 궁극적으로 이스라엘의 구원이라는 결과를 가져올 것이다. 그래서 바울은 이방인들을 "믿어 순종케" 하는 직접적인 효과를 넘어서서 훨씬 더 광범위하게 미치는 결과로 인해 "자신의 사역을 찬미하게" 되었다(롬10:19, 11:13-27, 16:26).

4. 루가오니아의 성읍들

바나바와 바울이 갔던 루가오니아의 첫번째 성읍은 이고니온에서 남남서로 약 30킬로미터 지점에 있는, 지금의 하툰사라이(Hatunsaray) 근방에 있는 조스테라(Zostera)의 작은 산인 루스드라(Lystra)였다.[25] 비시디아 안디옥과 마찬가지로 아구스도는 루스드라를 로마의 식민시(市)로 삼았다. 이 두 식민시는 이고니온을 통과하지 않는 군사 도로를 통하여 연결되어 있었으며, 비록 160킬로미터나 떨어져 있었지만 서로 친선의 관계를 유지하고 있었던 것으로 보인다.

루스드라에는 얼마간의 유대인 거주자들이 있었고 두 전도자는 이들을 만났다 — 예를 들면, 유대인 어머니와 헬라인 아버지 사이에서 태어난 디모데는 이때 개종한 사람들 가운데 한 사람이었던 것 같다[26] — 그러나 누가는 바나바와 바울이 그 식민시의 로마 시민이 아니라 토착민(incolae)들인 이방 루가오니아인들을 직접 접촉한 사건만을 기록하였다. 이 토착민들은 바울이 나면서부터 앉은뱅이인 사람을 고치는 것에 감명을 받고 사람의 형상을 한 두 신들이 자기 성읍에 왕림하는 은혜를 입었다고 결론을 내렸다. "바나바는 쓰스(Zeus)라 하고 바울은 그 중에 말하는 자이므로 허메(Hermes)라 하더라"(행14:12). 이들이 이 두 신 곧 아나톨리아(Anatolia)의 두 신을 함께 섬겼다는 사실은 소아시아 지역의

---

25) 1885년 J. R. S. Sterrett는 거기서 발견된 라틴 비명(CIL iii.6786)에 그곳을 Col(onia) Iul(ia) Felix Gemina Lustra 라고 명명하고 있다는 사실을 바탕으로 그렇게 주장했다. W. M. Ramsay. Historical Geography of Asia Minor(London, 1890), p. 332를 참조하라.
26) 참조. 행 16:1이하.
27) 전설에서 이를 가장 입증하고 있다고 알려진 것은 빌레몬과 바우키스의 이야기인데, 거기서 그들은 알지못하는(incognito) 두 신의 방문을 받았다고 하고 있다(Ovid, Metamorphoses viii. 626 ff.). 루스드라 근방에서는 그들을 공동으로 예배했다는 증거가 명문(銘文)에 나와 있다. 이를테면

제16장 구브로와 소아시아에서 확장되는 교회 187

전설과 명각(銘刻)에서 여러 모로 입증된다.[27] 이 성읍의 성문을 마주하고 서 있었던 제우스 신전의 제우스 밀랍상(蜜蠟像)을 모시는 그 지방의 제사장은 이 두 방문자들을 기려서 희생제사를 드렸다. 한동안 그들은 어떤 일이 벌어지고 있는지를 깨닫지 못했다. 왜냐하면 모든 사람들이 그들이 알아들을 수 없는 루가오니아어(語)로 말하고 있었기 때문이다(물론 그들은 이 말이 얼마 전에 이고니온에서 늘었던 브리기아어(語)와 나르나는 것은 알았겠시만). 그러나 사태의 진전을 깨닫자 그들은 깜짝 놀라서 (헬라어를 할 줄 아는 사람들에게) 황급히 이런 일을 그만두라고 간청을 하였다(행14:14-17).

여러분이여 어찌하여 이러한 일을 하느냐 우리도 너희와 같은 성정을 가진 사람이라 너희에게 복음을 전하는 것은 이 헛된 일을 버리고 천지와 바다와 그 가운데 만유를 지으시고 살아 계신 하나님께로 돌아오라 함이라 하나님이 지나간 세대에는 모든 족속으로 자기의 길들을 다 니게 묵인하셨으나 그러나 자기를 증거하지 아니하신 것이 아니니 곧 너희에게 하늘로서 비를 내리시며 결실기를 주시는 선한 일을 하사 음식과 기쁨으로 너희 마음에 만족케 하셨느니라.

누가가 비시디아 안디옥의 회당 예배를 설명하면서 유대인들과 하나님을 경외하는 자들에게 바울이 어떻게 복음을 제시했는가 하는 표본을 우리에게 보여주었다고 한다면, 여기서 누가는 교육받지 못한 이방인들에게 어떤 식으로 접근했는지의 표본을 좀더 요약된 형태로 보여주었다(나중에 누가는 바울이 아덴(Athenes)에서 "교육받은" 이방인들에게 접근한 방식의 표본을 보여준다).[28]

바나바와 바울은 루스드라 사람들에 대한 항의를 통해 그들을 고유한 종교 관행 가운데서 끌어내어 더 가치 있는 예배 형태 ― 즉, 만유를 창조하시고 인간의 필요를 채워주시는 살아계신 하나님을 예배하는 것을 보여준다. 하나님을 창조주로 제시하는 것은 수 세대 동안 이방인들을 향한 유대인의 증언에서 사용되어 왔다. 풍랑에 시달리는 선원들에게 선지자 요나(Jonah)는 "나는 히브리 사람이요 바다와 육지를 지으신 하늘의 하나님 여호와를 경외하는 자로라"(욘1:9)라고 말했다. 시편 기자는 "모든 육체에게 식물을 주신 이에게 감사하라 그 인자하심이 영원함이로다"(시136:25)라고 말했다.

이 경우에는 나중에 바울이 아덴에서 그랬던 것과는[29] 달리 창조주와 제우스를 동일시하

세다사(Sedasa)에서는 루가오니아식 이름을 가진 몇몇 사람들이 주후 250년 경 제우스에게 해시계와 함께 헤르메스의 동상을 봉헌했고(W. M. Calder, "A Cult of the Homonades", *Classical Review* 24 [1910], pp. 77 ff.), 거기에 인접한 다른 지역에서는 "기도를 듣는 분"(Ἐπήκοος) ― 아마도 제우스와 헤르메스-에게 돌 제단을 바쳤다고 한다(*MAMA* viii [Manchester, 1962], No.1). 또한 W. M. Calder, "Zeus and Hermes at Lystra", *Expositor*, series 7, 10(1910), pp. 1 ff.와 "The Priest of Zeus at Lystra", *ibid.*, pp. 148 ff.를 참조하라.
28) 행 17:22이하, 260쪽 이하를 보라.
29) 사도행전 17:28에 나오는 시적인 인용문들 속에서.

는 일은 일어나지 않았다. 루스드라에서 숭배되었던 제우스는 너무 신인동형론(神人同形論)적으로 인식되었기 때문에 스토아 학파에 속한 시인들과 철학자들이 제시했던 유일신론 (monotheism)과 접촉점을 가질 수 없었다. 제우스와 헤르메스를 모두 하늘과 땅을 지으시고 매년 때를 따라 비를 내려주시며 결실을 맺게 하시는 하나님으로 대치하여야 했다.

누가가 기록한 요약에는 분명하게 기독교적 특징을 나타내는 구절이 눈에 띄지는 않지만, 하나님이 "지나간 세대에는" 모든 족속으로 자기의 길들 — 즉, 자기의 종교적 방식들을 사용하는 것 — 을 다니게 묵인하셨다고 말함으로써 복음의 길을 예비하고 있다. 이제 변화 — 그리스도의 구속 사역으로 말미암아 이루어진 변화가 일어났다는 뜻이 이 말에 담겨있다. 이 요약문에서 함축적으로 이야기되고 있는 내용은 나중에 바울의 아덴 연설에서 분명하게 언급되며, 바울은 그것을 로마서에서 더 길고 분명하게 이야기한다. 로마서에서는 이방세계를 우상숭배의 결과들에 내어버려 두었던 하나님이[30] 그리스도의 자기 희생으로 말미암아 자기에게 오는 새로운 길을 열어 놓으셨고, 유대인과 마찬가지로 이방인들도 하나님이 오래 참으시던 기간에 범했던 죄들을 사함받고 예수를 믿는 모든 자들에게 열려 있는 의로운 지위를 누릴 수 있게 하셨다고 하고 있다.[31]

루스드라에서 바나바와 바울이 얻은 개종자들이 이 두 전도자를 신으로 떠받들려고 했었다면, 나중에 바울이 데살로니가에서 이방인 개종자들에게 말했던 것처럼 "너희가 어떻게 우상을 버리고 하나님께로 돌아와서 사시고 참되신 하나님을 섬기는가(살전1:9)를 그들에게 말해 주었을 것이다.

바나바와 바울은 자기들이 처음에 열렬히 환대받았던 것만큼 자기들에 대한 루스드라의 여론이 악화되고 있음을 알아차렸다. 두 전도자가 전한 복음을 믿었던 사람들을 제외하고는 그들에게 희생제사를 드리고자 했던 사람들은 자기들의 예배가 거절당하자 화가 났음에 틀림없다. 비시디아 안디옥과 이고니온에서 전도자들을 괴롭혔던 사람들 가운데 몇 사람이 루스드라에 도착했을 때, 그들이 이러한 루스드라 사람들의 불만감을 이용하는 것은 어렵지 않았다. 이어 일어난 폭동에서 특히 바울은 심하게 행패를 당했다. 수년 후에 바울이 고린도 교인들에게 "한번 돌로 맞고"(고후11:25)라고 말한 것은 바로 이 사건을 염두에 두고 한 말이었다. 바울을 돌로 친 사람들이 그가 "죽은 줄로 알고 성 밖에 끌어 내쳤다"(행14:19)고 한 것으로 보아 바울은 의식을 잃었음에 틀림없다.

새로운 개종자들이 바울을 돌보려고 그의 주위에 둘러섰을 때에야 비로소 바울은 의식을 되찾아서 그들과 함께 성(城)으로 되돌아왔다. 육체적으로 어떤 손상을 입었던지간에, 바울은 특이하게 강인하고 회복이 빠른 체질과 놀라운 지구력(持久力)을 가지고 있었다. "거꾸러뜨림을 당하여도 망하지 아니하고"(고후4:9 에서 그가 부연 설명하고 있듯이). 바울이 자

---

30) 롬 1:18 이하.
31) 롬 3:21-26.

기 몸에 "예수의 흔적" — 때때로 노예의 몸에 소유자의 이름이 새겨진 낙인을 찍었듯이(갈 6:17)자기의 주인이 누구인가를 보여주는 '성흔(聖痕, stigmata)'을 지니고 있다고 말할 때, 그는 루스드라에서 당한 지워지지 않는 상처들을 그 흔적들 가운데 포함시켰을 것이다.

이튿날 바나바와 바울은 루스드라에서 남동쪽으로 약 100킬로미터 떨어진 케르티 휘이윽 (Kerti Hüyük)의 작은 구릉지대 또는 (어떤 학자들이 생각하듯이) 케르티 휘이윽에서 약 4킬로미터 떨어진 데브리 세리(Devri Sehri)에 위치해 있는 더베(Derbe)를 향해 떠났다.[32] 사전편찬자인 비잔티움의 스테파누스(Stephanus)에 의하면, 더베라는 이름은 "로뎀 나무"를 뜻하는 루가오니아어(語)에서 유래했다고 한다. 이고니온과 마찬가지로 더베는 글라우디오에 경의를 표하는 접미사를 갖고 있었다. 적어도 2세기에 접어들면서 이 성읍은 클라우디오더베(Claudioderbe)로 사람들에게 알려졌다.

이 성읍은 로마의 속주인 갈라디아와 속국인(주후 41년부터 72년까지 로마의 동맹자인 안티오쿠스 4세가 통치한) 콤마게네(Commagene) 왕국 사이의 변경지대, 루가오니아의 옛 영토를 둘로 분할한 변경지대 가까이 — 아마도 너머에[33] — 있었다. 이곳은 바나바와 바울의 선교여행에서 가장 원방(遠方)에 있는 활동 무대였다. 더베에서 전도를 통하여 몇몇 개종자들을 얻고 나서 그들은 오던 길을 다시 밟아나가면서 루스드라, 이고니온, 비시디아 안디옥에 새로 세워진 교회들의 신자들을 방문하고 격려했다.

그들이 이때 각 교회들에 "장로들을 택하였다"(행14:23)는 누가의 말에 대하여, 그러한 일은 목회서신에서처럼 교회 행정이 더 발전한 단계에서 일어나는 것이라 하여 의문을 제기하는 사람들이 있어왔다.[34] 누가는 목회서신에 나오는 용어를 사용하긴 하지만, 바울이 수년 후에 데살로니가 교회에게 "너희를 다스리며 권하는 자(leaders and counsellors)" (살전5:12이하)에게 그에 걸맞는 존경을 드리라고 권면하며 고린도 교회에게 "하나님의 백성을 특별히 섬기기" 때문에 인정받을 가치가 있는 몇몇 사람들을 말하고 있는 것으로 보아 (고전16:15-18), 바나바와 바울이 첫 선교여행 때 남 갈라디아에 새로 세워진 교회들에서 지도력을 발휘하기 시작했던 사람들에 관하여 적절한 조치를 취하지 않아야 했을 이유가 없

---

32) M. H. Ballance, "The Site of Derbe:A New Inscription", *Anatolian Studies* 7(1957), pp. 147-151. "Derbe and Faustinopolis", *Anatolian Studies* 14(1964), pp. 139 f를 보라. 이전 논문에서 그는 Kerti Hüyük을 주장했고, 나중에는 Devri Sehri를 주장했다. 그러나 후자가 근거로 삼고 있는 비명의 출처에 대해 상반되는 증거가 있는 것을 감안할 때 "Kerti Hüyük은 고대에 더베가 있던 곳으로서 그렇게 속히 배제해 버릴 수 있는 곳이 아니다"(B. Van Elderen, "Some Archaelolgical Observations on Paul's First Missionary Journey", in *Apostolic History and the Gospel*, ed. W. W. Gasqueand R. P. Martin [Exeter, 1970], pp. 156-161).

33) G. Ogg, "Derbe", *NTS* 9(1962-63), pp. 367-370. B. Van Elderen, loc.cit., pp. 159 f.에 의하면 아마도 너머에 있었던 것 같다.

34) E, Haenchen, *The Acts of the Apostles*, E.T. (Oxford, 1971), p. 436를 참조하라.

다.
 이 점에서 그들에게 도움이 되는 조치를 취함과 동시에 그들은 신자들에게 새로이 갖게 된 신앙에 굳게 서서 역경과 핍박이 와도 절망하지 말도록 권면했다. 이 시대에 역경과 핍박은 기독교인으로 산다는 것과 뗄래야 뗄 수 없었기 때문이었다. "우리가 하나님 나라에 들어가려면 많은 환난을 겪어야 할 것이라"(행14:22).
 그런 후에 그들은 해변으로 여행을 계속해서 버가를 거쳐 앗달리아에 이르러 거기서 배를 타고 오론테스 강 하구(河口)를 향하여 항해하여 수리아 안디옥으로 되돌아갔다. 이들이 착수했던 선교 계획 덕분에, 수리아 안디옥 교회는 이제 주로 이방인들을 구성원으로 하는 몇몇 흥왕하는 자(子)교회를 거느린 당당한 모(母)교회가 되었다.

제 17 장

이방인 문제

1. 예루살렘 교회의 반발

　이방 기독교가 확장되고 있다는 소식을 듣고 안디옥 교회가 기뻐한 것은 당연했다. 하지만 예루살렘 교회는 이 소식을 접하면서 아주 미묘한 감정을 느끼게 되었다. 분명히 그토록 많은 이방인들이 예수를 주님으로 인정하게 되었다는 것은 좋은 소식이었다. 그러나 예루살렘 교회 지도자들이 바나바와 바울과 교제의 악수를 했을 때, 그들은 이렇게 급속히 이방인 신자들이 늘어날 줄은 거의 상상도 하지 못했었다. 지금까지 그들은 확장되어 가는 기독교 선교에 대하여 어느 정도 통제권을 행사하여 왔었지만, 이제부터 그런 식으로 통제하는 것은 점점 더 어려워질 것이 뻔했다. 바나바와 바울이 구브로와 남 갈라디아에 대한 최근의 선교에 관하여 예루살렘 교회 지도자들의 의견을 특별히 물었던 것 같지는 않다.[1]
　예루살렘 교회 지도자들이 이 일에 대하여 관심을 가지고 있었다는 것을 단지 교권을 장악하기 위한 욕심으로 해석해서는 안 된다. 그들은 근본적인 원칙에 관한 중요한 문제가 현안(懸案)으로 대두되고 있음을 알았다. 틀림없이 머지 않아 유대 기독교인들의 수를 앞지를 정도로(이미 그렇게 되어있을지도 모르지만) 이방 기독교인의 수가 급속히 증가함에 따라, 어떻게 하여야 교회의 윤리적 표준을 지켜나갈 수 있을 것인가? 유대인들은 일반적으로 이

---

1) T. W. Manson, *Studies in the Gospels and Epistles*(Manchester, 1962), pp. 176 f.은 이것이 갈라디아서 2:1-10에 나오는 바나바와 바울의 예루살렘 방문의 목적이었다는 의견을 제시한다.

방인들의 도덕성을 높이 평가하지 않았는데,[2] 교회의 윤리적 표준은 유달리 벅찬 예수의 요구 사항들을 바탕으로 하고 있었다. 예수는 음식 규제나 안식일 준수와 관련된 것들과 같은 유대적 전통에서 윤리와 관계 없는 많은 규정들을 완화했을지 모르지만, 윤리 규정들에 관한 한 그 규정들을 더 첨예화시켜서 단순한 말과 행위를 넘어서서 그 근저에 숨겨진 핵심적인 동기(motives)와 취지(emotions)를 끄집어내어 "율법의 더 중한 바 의와 인과 신"(마 23:23)을 힘주어 강조하셨다. 제자들은 "서기관과 바리새인"보다 더 나은 의를 행하라는 가르침을 받았는데(마5:20), 그것은 결코 쉬운 일이 아니었다. 그러나 이방인들은 특히 남녀간의 문제에 있어서 자신들의 습관을 서기관과 바리새인은 차치하고 평범한 유대인 수준까지만이라도 끌어올려야 하는 어려운 과제를 안고 있었음에 틀림없다. 기독교적 표준을 유지하기 위하여 어떠한 조치를 취하여야 하는가?

바나바와 바울이 이방인 복음화를 위해 선두에 서서 나아가는 것은 정말 바람직한 일이었지만, 그 동안에 예루살렘 교회 지도자들은 동포 유대인들에게 복음을 권하는 그들 나름의 책임을 다해야 했다. 그런데 상당한 수의 이방인들이 아주 쉬운 요구 조건들에 의거해서 새로운 모임에 들어오고 있다는 소문들이 들리면서 이 책임을 수행하는 것이 더욱 더 어려워졌을 것이다. 당시 예루살렘의 상황에서는 이방인들을 가까이 하는 문제 전체가 아주 미묘한 문제로 되어 있었다. 헤롯 아그립바(Herod Agrippa)가 유대인의 왕으로서 통치하던 짧은 기간 동안에 적어도 예루살렘 교회의 한 분파를 핍박하는 단기간이지만 격심한 정책이 행해졌는데, 이전에 스데반의 죽음에 이어 일어났던 핍박 기간에 무사했던 사도들이 이때에는 주요한 공격의 표적이 되었다. 세베대의 아들 야고보는 처형되었고 베드로는 감옥에서 탈출하여 은신하지 않았더면 똑같은 신세가 되었을 것이었다.[4] 이렇게 사도들을 박해한 것은 베드로가 가이사랴에 있는 고넬료를 방문한 것과 같은 이방인 복음화에 첫발을 내디딘 것 — 사도들은 매우 조심스럽게 행했지만 분명히 이로 인해 사도들은 이전에 예루살렘에서 누렸던 대중들의 호의를 많이 잃었다 — 과 무관하지 않았다.[5]

헤롯 아그립바의 박해는 주후 44년 그가 갑자기 죽음으로써 끝이 났지만, 교회의 새로운 역경은 또 다른 진영으로부터 생겨났다. 유대는 로마의 지방총독의 관할로 다시 되돌아갔고, 총독이 통치하기 시작한 후 8년 동안 일반적으로 젤롯당이라 부르는 사람들 — 물론 그들 스스로는 결코 이러한 명칭을 사용하지 않았다 — 의 주도로 일련의 무장 투쟁들이 있었다. 요세푸스는 무례하게도 그들을 불한당(不汗黨) 또는 협잡꾼이라 불렀다.[6] 이 반체제운

---

2) 로마서 1:18이하에서 이교 관습(paganism)에 대한 바울의 비판은 당시의 유대 문헌에서 흔한 것이다. 참조, 지혜서 13:1이하(특히 14:12); 아리스테아스의 편지(*Letter of Aristeas*) 134-138.
3) 참조. 마 5:21이하.
4) 행 12:1이하.
5) 행 10:1-11:18.
6) 요세푸스는 젤롯당을 주후 66-67 겨울에 예루살렘에 있던 반체제 운동가들 가운데 과격파로서 처음

동의 지도자들 가운데 가장 중요한 인물은 갈릴리 사람 유다의 두 아들인 야고보와 시몬이 있는데, 이들은 붙잡혀서 디베료 율리우스 알렉산더(주후 46-48년 경의 총독)에 의해 십자가 위에서 처형당했다.[7] 이러한 반체제 운동가들은 로마인들에 대해서만 격렬히 저항한 것이 아니라 로마인들에게 부역(附逆)한다고 생각되는 유대인들에게도 적대감을 보였다.[8] 이 두번째 점에서 주요한 대상이 된 사람들은 대제사장을 중심으로 하는 패거리들이었지만, 예루살렘 교회와 같은 겸손하고 경건한 유대인 집단들조차도 그들이나 다른 곳에 있는 그들과 관련된 사람들이 이방인 세계와 접촉을 하고 있다는 혐의가 잡히면 가차없이 젤롯당의 분노의 대상이 되었을 것이다.

그러므로 종교적 정치적 이유로 이방인 선교는 예루살렘 교회와 그 지도자들에게 문제를 일으키지 않을 수 없었다. 예루살렘 교회의 몇몇 지체들은 단순한 해결책을 제시했다. 기독교로 개종한 이방인들은 유대교로 개종한 이방인들과 동일한 요구 조건을 따라야 한다 — 즉 그들은(남자라면) 할례를 받아야 하고 모세의 율법을 준수하는 의무를 져야 한다. 그렇게 한다면 교회로 들어오는 이방인들의 수를 제한할 수 있을 뿐만 아니라 교회에 들어온 사람들이 공인된 윤리 표준을 지키는 것을 보증해 줄 것이다. 젤롯당조차도 이러한 조건 아래서 이방인들이 들어오는 것을 반대할 타당한 명분을 찾지 못할 것이다.

하지만 이 제안을 받아들인다면, 그러한 요구 조건 없이 이미 기독교인의 모임에 들어왔던 가이사랴, 안디옥, 그리고 더 먼곳에 있는 수많은 이방인들을 당황하게 할 것이다. 그런데도 이 제안은 많은 사람의 호응을 얻었고, 특히 바리새파와 관련을 갖고 있던 몇몇 사람들은 그 제안을 강력하게 지지했다. 그들이 어느 정도까지 예루살렘 교회의 지도력이 받아들여질 수 있다고 생각했는가는 확실치 않다. 이러한 매파들(rigorists)은 이미 사도들을 의심하는 눈초리로 보기 시작했지만, 경건과 자기 부인(self-denial)으로 모든 사람들의 존경을 한 몸에 받고 있었던 의인 야고보(James the Just)가 자기들의 주장에 동의해 줄 것을 기대했을 것이다.[9]

2. 안디옥에서의 충돌

이 사람들 가운데 몇몇이 안디옥을 방문하여 거기에 있던 이방 기독교인들에게 자기들의 방침을 강요하려 하였다. "너희가 모세의 법대로 할례를 받지 아니하면 능히 구원을 얻지

언급하고 있지만(BJ ii. 651), 그 젤롯당은 주후 6년의 갈릴리 사람 유다의 폭동 이래로 그가 "강도들"(λῃσταί)이라는 경멸적인 호칭으로 부르는 사람들과 동일한 사람들이라는 것을 분명히 밝힌다 (Ant. xviii. 8).
7) Josephus, Ant. xx. 102.
8) Josephus, BJ ii. 254 ff.; Ant. xx. 186 f.
9) 참조. Josephus, Ant. xx. 200.

못하리라"(행15:1). 바로 이 사건을 두고 바울은 "거짓 형제"들이 "그리스도 예수 안에서 우리의 가진 자유를 엿보고 우리를 종으로 삼고자" 이방 기독교인의 모임에 가만히 들어왔다고 말한다(갈2:4). 또 이 사건은 바울이 갈라디아서 2:11-14에서 설명하고 있는 사건이 일어난 배경을 이룬다.

게바가 안디옥에 이르렀을 때에 책망할 일이 있기로 내가 저를 면책하였노라 야고보에게서 온 어떤 이들이 이르기 전에 게바가 이방인과 함께 먹다가 저희가 오매 그가 할례자들을 두려워하여 떠나 물러가매 남은 유대인들도 저와 같이 외식하므로 바나바도 저희의 외식에 유혹되었느니라 그러므로 나는 저희가 복음의 진리를 따라 바로 행하지 아니함을 보고 모든 자 앞에서 게바에게 이르되 네가 유대인으로서 이방을 좇고 유대인답게 살지 아니하면서 어찌하여 억지로 이방인을 유대인답게 살게 하려느냐 하였노라.

바울이 여기서 베드로가 늘 하던 행동에 관하여 묘사하고 있는 것은 누가가 사도행전에서 묘사하고 있는 것과 일치한다. 욥바(Joppa)에 있는 피장(皮匠) 시몬의 집 지붕에서 본 환상과 가이사랴(Caesarea)에서 고넬료와 그 권속들을 통한 체험을 겪고 난 후에 베드로는 "아무도 속되다 하거나 깨끗지 않다 하지 말아야"(행10:28) 함을 알게 되었다. 이전의 관습을 과감히 깨뜨리고 가이사랴에서 이방인들과 식사를 함께 한 이후로 베드로는 기회가 있을 때마다 이방인들과 식사를 함께 했다. 그래서 어느 땐가 아마도 바나바와 바울이 소아시아에서 돌아온 이후에 수리아 안디옥을 방문했던 베드로는 아무 어려움 없이 거기 있는 이방 기독교인들과 함께 식사를 하며 교제를 나누었다. 기독교인들이 주님을 기념하며 주님의 몸에 함께 참여한다는 표지로서 행했던 빵과 포도주의 성찬만이 아니라 일상적인 교제를 위한 식사에서도 베드로는 그렇게 행했다. 실제로 교제를 위한 식사를 하는 중간에 성찬을 행하는 것이 보통이었기 때문에 이 둘 사이에는 아무런 구별도 없었다.

베드로가 이방 기독교인들과 식사를 같이 하면서 교제하다가 물러가서 유대 기독교인과만 식사를 함께 했을 때, 바울이 "외식(hypokrisis)"이라고 비난한 것은 바로 베드로가 늘 하던 행동과 다르게 행동했기 때문이다. 이방인 신자들도 할례를 받아야 한다고 주장하는 확신있는 유대주의자(Judaizer)를 만났다면, 바울은 다른 관점에서 그를 책망했을 것이다. 하지만 그를 외식한다고 비난하지는 않았을 것이다. 왜냐하면 그러한 사람은 비록 그의 행실이 "그리스도의 복음을 왜곡시키는" 역할을 하긴 하지만 자신의 진정한 확신을 따라 행하고 있는 것이기 때문이다. 그러나 베드로는 유대주의자가 아니었다. 그는 이방 기독교인들 속에서 이방인처럼 사는 것이 진정 행복했다. 그런데 왜 베드로는 갑자기 태도를 바꾸었는가?

바울의 설명과 아울러 이 사건에 대한 베드로 자신의 설명이 남아있다면 이 질문에 대하여 더 공평하게 답할 수 있을 것이고, "야고보에게서 온 어떤 이들"이 어떤 역할을 했는지를 알 수만 있다면 더 구체적으로 답할 수 있을 것이다. 이 사람들은 바울이 유감스럽게 생각하는 가만히 들어온 "거짓 형제"들과 동일한 사람들이 아니다. 오히려 이들은 야고보가 베드로에게 보내는 사신(私信)을 전하러 왔던 사람들인 것 같다. 실제로 어떤 사본에서는 단수형으로 "야고보에게서 온 어떤 이"라고 읽고 있다.[10] 베드로에게 전해진 사신(私信)은 이런 취지를 담고 있었을 것이다. 베드로가 안디옥에서 이방인들과 자유분방하게 교제하고 있다는 소식이 예루살렘에 알려져서 유대인들을 대상으로 한 야고보와 다른 형제들의 선교 활동을 곤란하게 만들고 있는 것은 말할 것도 없고 많은 선한 형제들에게 걸림돌이 되고 있다.[11] 사도들 가운데 제1인자의 행동이 전해지자 기독교에 호의적이지 않았던 서기관들과 바리새인들은 유대에서 일어나고 있는 기독교 운동에 타격을 주기 위하여 그러한 소문을 악용하고 있었고, 비(非)유대인과 우호적인 관계를 맺는 것을 반역으로 정죄했던 반체제 투사들의 격렬한 보복을 불러일으켰을 것이다.[12]

베드로의 곤경(困境)을 헤아리기는 어렵지 않다. 또 그가 자신의 태도 변화를 어떻게 변호했을지를 짐작하기도 그리 어렵지 않다. 바울의 다재다능에 필적할 수는 없었지만 베드로도 복음을 위하여 "여러 사람에게 여러 모양"이 되려고 애쓰고 있었다.[13] 바울과 마찬가지로 베드로에게도 복음에 유익되는 일을 하는 것은 무엇보다 중요했고, 자기가 안디옥에서 행한 일로 인하여 유대에서 복음의 유익에 손상을 가져왔다면, 그는 기꺼이 자기의 행동과 태도를 바꿀 용의가 있었다. 바울과 마찬가지로 그의 눈에도 본래 "부정(不淨)한" 것으로 간주되는 음식과 같은 윤리와 무관한 영역은 아무 것도 아니었다.

하지만 그는 바울이 나중에 말하고 있듯이 "고기도 먹지 아니하고 포도주도 마시지 아니하고 무엇이든지 네 형제로 거리끼게 하는 일을 아니하기"로 마음 먹었을 것이다(롬14:13-21). 이방인들과 함께 식사하는 일을 반대하는 유대인들의 주요한 논거는 그렇게 함으로써 유대의 음식 규제법을 어길 가능성이 높다는 것이다.[14] 그러므로 안디옥에서의 베드로의 행동거지가 꼼꼼하고 율법에 구애를 받는 양심을 가진 예루살렘 교회의 신자들에게 걸림돌이

---

10) 헬라어로는 τινας 대신에 τινα. D. W. B. Robinson, "The Circumcision of Titus and Paul's 'Liberty'", *Australian Biblical Review* 12 (1964), pp. 40 f. 은 τινα를 중성 복수형—"어떤 것들"—으로 보고 이것은 사도행전 15:28 이하에 나오는 예루살렘 교회의 공교(公敎)의 내용을 가리킨다고 말한다. 202쪽을 보라.
11) T. W. Manson, *Studies in the Gopels and Epistles*, pp. 179-181를 참조하라. 베드로에게 이방인들과의 식탁 교제를 그만두도록 하는 말이 야고보의 사신(私信)에 들어 있었을 가능성은 있지만 그랬을 것 같지는 않다.
12) R. Jewett, "The Agitators and the Galatian Congregation", *NTS* 17(1970-71), pp. 198 ff.를 참조하라.
13) 고전 9:22이하. 그래서 Tertullian은 이렇게 말했다. "바울이 모든 사람들을 얻기 위하여 여러 사람에게 여러 모양으로 행했기 때문에, 베드로도 자기가 가르친 것과 약간 달리 행하면서 그러한 생각을 가지고 있었을 지도 모른다"(*Against Marcion* iv. 3.3).
14) 더 나쁜 것은 이방 신들에게 제물로 바쳐진 음식을 먹을 위험이 있었다는 것이다. 203쪽 이하, 294쪽 이하를 보라.

었다면, 그가 그들을 위하여 자신의 이전의 행동을 그만두는 것이 좋겠다고 생각한 것은 당연하다.

바울도 마찬가지로 이 사건에 있어서 복음의 유익을 지키고 동료 기독교인들 앞에 걸림돌을 놓지 않으려는 마음이 있었다. 복음에서 바울이 무엇보다도 가장 관심을 갖고 있던 것은 이방인 선교였고, 동료 기독교인들 가운데서 바울은 누구보다도 이방 기독교인의 유익을 가장 마음에 두고 있었다. 베드로가 태도를 바꾼 동기가 무엇이던, 바울은 이방인 선교가 잘 진행되고 이방 기독교인이 잘 자라가는 것에 비교하면 그런 동기쯤은 무시할 수 있는 것이라고 생각했을 것이다. 베드로의 행동 자체보다도 그의 모범(example)이 다른 유대 기독교인들에게 미치는 영향이 더 문제였다.

사람들이 최후의 보루로 믿었던 바나바조차도 이에 현혹되어 이방인들과 함께 식사하는 것을 그만두고 물러갔을 때, 이방 기독교인들은 무슨 생각을 했겠는가? 그들이 생각할 수 있는 결론은 하나였다. 그들이 할례를 받지 않은 채로 있는 한, 그들은 기껏해야 새로운 공동체에서 이등(二等) 시민일 뿐이라는 것. 이러한 경우에 그들은 (바울의 말에도 불구하고) 그들을 나면서부터 유대인 동료 신자들과 비교하여 열등한 지위에 놓는 메시지를 거부하거나 (바울의 말에도 불구하고) 개종자가 되기 위한 모든 절차를 거치고 할례를 받아들여 일등 시민 대우를 받는 것이 상책(上策)이라고 생각할 것이다. 그들이 후자의 경로를 밟는다면, 그것은 베드로가 "이방인을 유대인답게 살게 하려" 했다고 말한 바울의 말의 의미일 것이다. 어느 쪽이던 예루살렘 협의회에서 분명하게 얻어졌던 좋은 결과가 실행되는 것은 아니다. 복음의 진리는 어이없이 흐려지고 말 것이다. 이 세상에 어떠한 차별이 있다 할지라도, 그리스도 안에서는 "유대인이나 헬라인"의 차별이 없다(갈3:28)고 바울은 믿었고 또 그렇게 역설했다. 그들을 갈라놓는 중간에 막힌 담은 그리스도의 사역으로 말미암아 무너졌다.

바울은 그것이 종교적인 것이던 사회적인 것이던 장애물이 다시 세워지는 것을 팔짱끼고 보고 있지 않을 것이다. 이러한 차별을 사회적 장애물로서 유지하는 것을 합리화시켜 주는 유일한 근거는 그 차별이 종교적 장애물로서 계속해서 타당하기 때문일 것이다. 그리고 단지 겉으로 드러난 행동에서 일지라도 그러한 지속적인 타당성을 인정하는 것은 하나님의 은혜를 무효로 만들어 버리는 일일 것이다. 하나님의 구속의 은혜를 모세 율법을 지킴으로써가 아니라 믿음으로 말미암아 받는 것이라면, 유대인과 이방인은 동일한 조건으로 그 은혜를 받아야 했다. 따라서 베드로와 몇몇 사람들이 했던 것처럼 유대인 신자와 이방인 신자를 실제 생활에서 차별하는 것은 실제로 복음을 부인하는 것이었다.

바울과 베드로가 이렇게 대치함으로써 직접적으로 어떤 결과가 빚어졌는지를 확실하게 알 수는 없다. 아마도 이 사건과 관련하여 바울이 언급한 갈라디아 교인들은 그 귀추(歸趨)를 알고 있었을 것이다. 아마도 바울이 이 서신을 쓰고 있을 때에도 상황은 유동적이었을 것이다. 이 일 후에 베드로에 관하여 우리가 흘끗 볼 수 있는 정보들을 종합해 보면 그가 이렇게 "식탁을 따로 했던" 일시적인 몸짓(charade)을 오랫동안 지속했던 것으로 보이지 않는다. 베드로가 바울보다 더 보수적이었다는 것은 틀림없지만, 마음으로는 기본적으로 바울의 말에 공감을 하고 있었기 때문에 그는 아마도 안디옥에서의 위축된 상황이 과거지사(過去之事)가 되었을 즈음 예전의 자기 모습, 아니 더 자유로운 모습으로 되돌아갔을 것이다. 어쨌든 여기서 바울은 베드로가 자기의 책망에 어떠한 반응을 보였는지를 말하지 않는다. 왜냐하면 바울은 갈라디아 독자들의 유익을 위하여 이 사건에 포함된 더 일반적인 원리들을 말하느라 그럴 여유가 없었기 때문이다.

3. 갈라디아서

신약에서 갈라디아서보다 더 확실하게 바울의 저작으로 확인된 서신이 없기 때문에 이 서신을 기록한 연대는 말할 것도 없고 이 서신의 수신자가 "갈라디아 여러 교회들"이라는 사실에서도 의견 일치가 이루어져 있지 않다는 사실은 조금 이상하게 생각된다. 의견 일치가 없다면, 그 이유는 증거가 모호하기 때문임에 틀림없다. 바울은 갈라디아 교인들에게 어떤 "어지럽게 하는 자들(trouble-makers)"을 경계하도록 할 목적으로 이 서신을 썼다.[15] 이들은 바울이 갈라디아 교인들에게 전했고 교인들이 받아들였던 복음을 손상시키는 가르침과 행위를 교인들에게 강요하고 있었고, 바울은 이를 알고 있었다. 그러나 이 "어지럽게 하는 자들"이 어떤 성격의 사람들이었으며 그들이 주장한 바가 무엇인지에 대해서는 의견이 분분하다.

여기서 채택된 견해는 ─ 확정적이 아니라 잠정적으로 ─ 안디옥에서 충돌이 있은 직후 이 서신은 바나바와 바울이 남 갈라디아의 여러 성읍들에 최근에 세워진 교회들에게 보내졌으며, "어지럽게 하는 자들"은 안디옥에서처럼 이 교회들을 방문하여 이방인 신자들도 할례를 받아야 한다고 주장하는 사람들이었다는 견해이다. 이 서신을 한번 쭉 훑어보기만 해도 할례는 이 "어지럽게 하는 자들"의 종교적 지반(地盤)에 있어서 중요한 발판이었다는 것을 분명히 알 수 있다. 갈라디아 교인들은 할례와 아울러 절기를 지키는 것과 같은 유대적 관습들을 받아들이기 시작하고 있었다. 그러므로 "어지럽게 하는 자들"은 유대주의자들이었다고 생각하는 것은 당연한 귀결이고 사실 이러한 견해가 일반적이었다.

최근에는 "어지럽게 하는 자들"은 일종의 영지주의를 가르치고 있었다는 의견이 몇몇 학자들에 의해 대두되었다.[16] 영지주의라는 단어는 상당히 넓은 의미를 가진 용어이다. 엄밀하

---

15) 갈 1:7; 5:12.
16) W. Schmithals, *Paul and the Gnostics*, E. T. (Nashville/New York, 1972), pp. 13 ff.를 참조하라. 이보다 더 이전의 연구인 W. Lütgert, *Gesetz und Geist* (Gütersloh, 1919)와 J. H. Ropes, *The Singular Problem of the Epistle to the Galatians* (Harvard Theological

게 말하면 이 단어는 기독교의 가르침을 한쪽 방향으로 지나치게 지적으로 추구함으로써 생겨난 경향을 가리키는 것으로 주후 2세기에 번성했다. 하지만 갈라디아서가 쓰여진 연대가 1세기임을 감안할 때, 그들이 가르친 것은 초기의 영지주의라고 말할 수 있다. 고린도전서[17]와 골로새서[18]에서는 그러한 초기의 영지주의를 언급하면서 비난하고 있다. "어지럽게 하는 자들"은 갈라디아에서 청중들에게 자기들이 그들에게 하나님에 관한 진정한 지식(그노시스)을 나누어 주겠다고 말했을 가능성이 있다. 이것이 아마도 갈라디아 4:9에서 바울이 한 말의 핵심일 것이다. "이제는 너희가 하나님을 알 뿐더러 하나님의 아신 바 되었거늘". 그러나 이 서신에서 식별되는 초기의 영지주의는 "어지럽게 하는 자들"의 주장의 일부였다기보다는 현대의 해석자들이 바울의 논증들 가운데 일부를 오해함으로써 일어난 것일 가능성이 크다.[19]

"어지럽게 하는 자들"이 유대주의자들이었다면 — 또는 영지주의자였다 할지라도 — 그들의 가르침에 대한 최초의 반응은 "이것은 우리가 가르침 받은 것이 아닌데!" 였을 것이다. 그러한 반응이 나왔을 때 "누가 너희를 가르쳤느냐?"는 질문이 있었을 것이고, 갈라디아 교인들은 "바나바와 바울이었다"고 대답했을 것이다. 그러자 그들은 예루살렘의 권위가 바나바와 바울보다 더 우월하다 — 사실 바나바와 바울은 예루살렘 교회의 지도자들이 부여한 권위 외에는 어떤 권위도 갖고 있지 않다고 말했을 것이다.

루스드라 사람들은 바울을 "말하는 자(the chief speaker)"(행14:12)로 인정했는데, 남 갈라디아 성읍들에 있는 사람들도 이러한 생각에 공감했을 것이다. "어지럽게 하는 자들"은 특히 바울의 권위를 갈라디아 교인들의 눈에서 제거해야 한다는 것을 알았을 것이다. 그랬다면 그들은 수리아 안디옥에서의 바나바의 최근의 활동을 알지 못하였을지라도 지혜로웠다고 할 수 있다. 어쨌든 바나바의 권위가 어디서부터 나왔는지에 대해 뭐라고 하든간에 바울은 자기의 권위를 사람들의 손을 거치지 않고 부활하신 그리스도로부터 직접 받았다고 주장했기 때문에 이 서신에서 바울은 자신의 권위를 변호했다.

바울은 이 서신의 상당 부분을 자전적(自傳的)인 이야기에 할애하고 있는데, 그가 말하고자 하는 핵심은 자기가 회심한 후부터 이 서신을 쓰는 날까지 그 어느 때에도 예루살렘 교회 지도자들이 자기에게 어떠한 권위를 수여할 기회가 없었다는 것을 입증하는 것인 듯하다. 오히려 예루살렘 교회 지도자들은 바울이 이미 가지고 있던 권위, 바울이 그 권위 덕분에 수년 동안 사도로서의 사역을 활발하게 수행했다는 것을 인정했다. 이것을 보면 "어지

Studies, 14(1929)), 사려깊은 검토를 하고 있는 R. McL. Wilson, "Gnostics-in Galatia?" in *Studia Evangelica* iv, ed. F. L. Cross = *Texte und Untersuchungen* 102 (Berlin, 1968), pp. 358-367를 보라.

17) 285쪽을 보라.
18) 473쪽 이하를 보라.
19) Schmithals에 대한 비판적인 견해는 R. McL. Wilson, "Gnostics - in Galatia?" p. 361를 보라.

럽게 하는 자들"이 바울의 권위가 예루살렘으로부터 '나왔으며' 따라서 그의 권위는 예루살렘에 종속되어 있다고 주장했음을 알 수 있다. 그러나 그들이 유대주의자들이었다면, 그들은 바울이 예루살렘으로부터 복음을 가져왔다고 주장하면서 그 복음을 흠잡을 수 있었을까? 그들의 주장대로 바울이 예루살렘 교회 지도자들로부터 복음을 받았고 그 복음을 그들이 비판했다면, 그들이 예루살렘 교회 지도자들의 권위를 거부했다는 것을 의미하는데, 그렇다면 그들은 유대주의자들이 아니라 영지주의자일 가능성이 더 크지 않는가?

그러나 반드시 그렇지는 않다. 그들의 주장은 아마도 다음과 같은 방향으로 진행되었을 것이다. "바울은 예루살렘으로부터 받은 것을 제외하고는 자기에게 고유한 어떤 권위, 어떤 복음도 가지고 있지 않다. 그런데 그는 예루살렘에서 가져온 복음을 그대로 다 너희들에게 전하지 않았다. 예루살렘 교회 신자들은 그 지도자들과 함께 모세의 율법을 존중한다. 그들 모두는 할례를 받았다. 물론 그들은 예수를 메시야로 받아들이면서 할례를 받은 것은 아니다. 이미 그전에 할례를 받았기 때문이다. 그러나 너희들은 복음을 믿었을 때 아직 할례를 받지 않고 있는 상태였다. 너희가 예루살렘 교인들과 마찬가지의 길을 걸어가고 그들로부터 구원을 함께 상속받을 자, 하나님의 동일한 백성으로 인정받으려면, 너희도 할례를 받아야 한다. 바울이 너희에게 다른 식으로 말했다 하더라도, 그는 그렇게 말할 권한이 없는 사람이다. 그가 전한 복음은 그러한 결함만을 제외한다면 그런대로 좋다. 우리가 말한 바를 이행해서 즉시 그 결함을 개선하도록 하라".

할례 문제에 대한 바울의 입장은 단호했다. 그 문제에 관하여 충분히 생각했기 때문이었다. 예루살렘 교회 지도자들은 아직까지는 그 문제를 충분히 생각할 기회가 없었기 때문에 그들의 입장은 그리 분명하지 않았다. 그들은 고넬료의 회심이나 안디옥에서 이방인 신자들이 모여드는 것을 미봉책(ad hoc basis)으로 처리했었다. 현재의 소동으로 인해 그들이 그 문제를 충분히 생각하지 않을 수 없게 되었을 때, 그들은 바울과 마찬가지로 이방 기독교인들에게 할례를 억지로 시켜서는 안 된다는 결론에 도달하였다. 바울은 그리스도의 오심으로 말미암아 개시된 새로운 상황을 알았으므로 할례는 더 이상 어떤 의미도 없었다. 할례를 받은 사람이던 받지 않은 사람이던 그것은 하나님과의 관계에서 아무런 차이도 없었다.[20] 바울이 반대했던 것은 종교적 의무로서의 할례를 이행함으로써 사람이 하나님 앞에서 인정을 받을 수 있다는 생각 자체였다.

마찬가지로 절기와 날이나 여러 가지 음식 규제들을 지키는 것은, 그렇게 준수함으로써 하나님의 인정을 받을 수 있다는 생각만 하지 않는다면, 이래도 좋고 저래도 좋은 것이었다. 이러한 것들은 이제는 새로운 은혜의 질서로 대치된 옛 율법의 질서의 특징이었다. 이전에 바울은 이러한 것들과 여러 가지 율법을 준수하는 것을 하나님 앞에서 자신의 의로 여겼었다. 그러나 이제는 더 놀라운 길을 찾았다. 그러나 이 사람들이 주장하듯이 "만일 의롭게 되는 것이 율법으로 말미암으면 그리스도께서 헛되이 죽으셨느니라"(갈2:21). 사실 율법

---

20) 갈 5:6, 6:15, 참조. 고전 7:19(234쪽 주 14를 보라).

이 의롭게 되는 길로서 여전히 힘을 발휘하고 있다면, 메시야 시대는 아직 도래하지 않은 것이고 예수는 메시야일 수 없을 것이다.[21] 바울이 이러한 결말로 이끄는 메시지를 퍼뜨리는 사람에게 저주를 선포한 것은 놀라운 일이 아니다. 그것을 무엇이라 부를지라도 그러한 메시지는 복음이 아니었다. 그것은 진정한 복음을 왜곡시켜 놓은 희화(戱畵)였다.

더우이 의롭게 되는 것이 율법으로 말미암는다면, 그것은 율법 전체를 지킴으로써 가능할 것임에 틀림없다. 육체에 할례를 행하는 것 따위로 율법의 요구들을 충족시킬 수 있다고 생각한다면 오산(誤算)이다. 어떤 사람이 종교적 의무로서 할례를 받았다면, 일단 의무를 지키기로 한 이상 그는 율법 전체를 지켜야 했다. 바울은 경험을 통해 그것이 무엇을 뜻하는지를 잘 알고 있었다. 갈라디아 교인들은 그러한 사정을 전혀 알지 못하고 있었으며 그들에게 할례를 행하라고 강요했던 방문자들도 진정한 의미에서 율법 전체를 지키지 못하고 있었다. 율법의 계명들 가운데서 일부를 골라서 준수한다는 것은 있을 수 없는 일이었다. 계명들 전체를 지키던지 아무 것도 지키지 않던지 양자택일(兩者擇一)만이 그들 앞에 놓여 있었다. 율법은 전체로서 율법을 지키지 못하는 모든 사람들에게 분명한 어조로 저주를 선포했다.[22] 복음은 자신의 죽음을 통하여 그 저주를 온 몸으로 흡수해 버린 그리스도를 믿는 믿음으로 말미암아 사람들이 어떻게 그 저주로부터 구속될 수 있는지를 보여주었다.[23]

율법이 오랫동안 시행되었다는 이유로 최근에 선포된 복음보다 더 존중을 받아야 한다고 생각해서는 안 된다. 복음은 율법보다 수 세기 앞선 아브라함에 대한 하나님의 약속을 성취하신 것이었다. 하나님에 대한 믿음으로 말미암아 의롭다 여기심을 받은 아브라함은 믿음으로 말미암아 의롭게 된 모든 이들의 원형(原型)이었다.[24] 율법은 일시적인 목적에 기여하기 위하여 도입된 과도기적인 섭리였으므로, 이제 약속들과 그 성취를 실현한 그리스도, 진정한 아브라함의 자손이 오심으로써 율법은 쓸모없게 되었다.

갈라디아인들은 자기들이 권유받고 있는 것이 어떠한 성격의 퇴보(退步)인지를 깨닫지 못했다. 그것은 자유에서 속박으로, 성숙함에서 유치함으로, 아들의 지위에서 종의 지위로 물러나는 퇴행(退行)이었다. 그들은 그리스도 안에서 성년(成年)이 되었다. 그들은 왜 어머니의 치마끈을 붙잡고 다니는 시절로 되돌아가려고 하는가? 그들의 기독교적 삶은 성령의 임재와 권능의 나타나심으로 시작되었다. 그들은 지금 왜 성령이 아니라 육(肉)과 관련된 낡아빠진 구체제의 계명들 안에서 기독교적 삶의 완전을 추구하려고 하는 것인가?

그러나 갈라디아 교인들은 대다수가 우상숭배를 하다가 개종한 사람들이었기 때문에 한 번도 유대 율법 아래 살아 본 적이 없었다. 그런데 어떻게 그들이 율법의 멍에를 짊어지려고 하는 것을 이전 상태로 되돌아가는 것이라고 말할 수 있었을까? 이 질문에 대한 대답은 이전에 온 몸을 바쳐 헌신했던 그 율법에 대한 바울의 태도가 얼마나 근본적으로 달라졌는

---

21) 83쪽, 130쪽, 208쪽을 보라.
22) 신 27:26—갈라디아서 3:10에 인용되어 있다.
23) "나무에 달린 자마다 저주 아래 있는 자라"(신21:23, 갈라디아서 3:13에 인용되어 있다).
24) 창15:6—갈라디아서 3:6에 인용되어 있다.

지를 다른 어떤 것보다도 더 뚜렷하게 보여준다. 율법 아래 놓인다면 갈라디아 교인들은 이전에 이방인으로 살았던 때와 동일한 "초등학문(stoicheia)"에 묶여 살게 될 것이다. 그래서 바울은 자기 자신을 우상숭배로부터 개종한 신자들과 똑같이 취급하여 "우리도 어렸을 때에"(즉, 우리가 그리스도를 믿는 믿음을 통하여 영적인 성년에 이르기 전에), "이 세상 초등학문(stoicheia) 아래 있어서 종노릇하였다"고 말한다. 그러나 그는(그들이 영적으로 성년이 된 지금) "어찌하여 다시 약하고 천한 초등학문으로 돌아가서 다시 저희에게 종노릇 하려 하느냐"고 반문한다(갈4:3, 9).

그런 다음 그는 즉시 자기가 의미하는 것의 예를 든다. "너희가 날과 달과 절기와 해를 삼가 지키니"(갈4:10). 종교적 의무로서 그러한 특별한 날들을 지키는 것이 초등학문에 종노릇하는 것의 일종이었다면, '스토이케이아'로서 먼저 떠오르는 것은 역법(曆法)을 규제하는 천체들이다. 창조 이야기에 의하면, 하나님은 하늘의 광명들로 하여금 세상에 빛을 비추도록 했을 뿐만 아니라 "징조와 사시와 일자와 연한이 이루라"(창1:14)고 명하셨다. 이방 종교에서는 주로 하늘의 광명들을 신으로 모셨다. 유대교에서는 그것들을 창조주의 뜻을 드러내는 도구로 보았다. 그러나 이 광명들에 의해 규제되는 역법(曆法)을 특별히 존중하지 않으면 안 된다고 생각하는 사람들은 실제로 이방인들이 그것들을 기본적인 권능들로 생각했던 것과 맥을 같이 하고 있었다.

사실 사람들의 마음을 사로잡고 있는 한에 있어서 그것들은 낡아빠진 전통의 무게나 현재 통용되고 있는 견해의 압력과 같이 그와 동일한 효력을 발휘하는 다른 힘들과 함께 실제로 기본적인 권능들이었다. 그러나 복음으로 말미암아 그러한 것들의 지배에서 벗어난 사람들은 그와 같은 영향을 끼치는 것들은 본질적으로 "약하고 천한" 것이어서 그 지배를 허용하지 않는 곳에서는 지배권을 행사할 수 없다는 것을 잘 알고 있었다. 그러나 왜 복음의 은혜로 말미암아 해방을 맛본 사람들이 그러한 초보적인 권능들에 또 다시 복종하려 하는가? 그러한 속박에 동의하는 것은 은혜에서 떨어지고 그리스도와 자유케 하시는 복음에서 끊어지는 것이었다. "그리스도께서 우리로 자유케 하려고 자유를 주셨으니 그러므로 굳세게 서서 다시는 종의 멍에를 메지 말라"(갈5:1).

이방인 선교 지역에서 보통 그렇듯이, 우상숭배로부터 개종한 사람들이 복음의 자유를 자기들이 하고 싶은대로 할 자유, 잘 살펴보지도 않고 이전 버릇들에 빠져도 괜찮은 자유를 의미하는 것으로 잘못 해석하는 경향을 바로 잡아줄 필요가 있었다. 이 서신에도 그러한 사람들을 위한 훈계의 말씀이 나오지만, 그것은 여담(餘談)에 불과하다. "형제들아 너희가 자유를 위하여 부르심을 입었으나 그러나 그 자유로 육체의 기회를 삼지말고 오직 사랑으로 서로 종노릇하라"(갈5:13). 하지만 이 서신의 취지는 기독교인의 자유를 율법의 속박으로 바꾸려는 것에 대한 경고이다. 이것이 당시 갈라디아 교회들에서 주요한 위험이었다. 바울은 신앙으로 새로 태어난 어린아이들을 향하여 절절하고 애정어린 관심을 쏟고 있으며, 그들을 혼란에 빠뜨리고 어그러진 길로 인도하고 있는 사람들에게 격한 진노를 쏟아붓고 있으며, 때로는 그들이 너무도 쉽게 현혹되는 것에 당혹감을 보이고 있다. 바울은 굉장한 지성을 갖춘 사람이었기 때문에 너무도 뻔히 보이는 논리적인 추론을 다른 사람들이 볼 수 없다는 사실을 이해하기가 어려웠다. 특히 그들은 바울에게서 배운 전제(前提)들을 분명히 알고 있었는데도 말이다. 바울은 당혹스러워서 "누가 너희를 꾀더냐"라고 묻는다(갈3:1).[25]

4. 사도의 공교(公敎)

우리는 이 서신이 갈라디아의 교회들에 직접적으로 어떤 영향을 끼쳤는지를 모른다. 그러나 수리아 안디옥 교회에서 할례를 주장하는 사람들로 말미암아 일어난 소동으로 안디옥 교회는 급기야 이 문제를 가능하다면 단번에 해결하기 위하여 예루살렘 교회에 사절단을 파견하게 되었다. 예루살렘에 있던 사도들은 야고보와 예루살렘 교회의 동료 장로들과 더불어 모임 — 일반적으로 예루살렘 회의(the Council of Jerusalem)라 부르는 — 을 갖고 이 문제를 논의하고 결정을 내렸다. 누가가 사도행전 15:6-29에서 설명하는 예루살렘 회의는 안디옥 교회에서 파견된 사절들이 참석했음에도 여러 교회가 모인 모임은 아니었다. 그것은 예루살렘 교회 지도자들의 모임이었다. 그 누구도 이 모임에서 어떤 결정이 이루어질지 예상할 수 없었다. 예루살렘 교회의 몇몇 성원(成員)들은 이방인 개종자들도 할례를 받아야 한다는 것을 강력하게 주장했다. 그러나 베드로가 동료들에게 고넬료를 방문하게 된 경위를 해명하면서 자신의 입장을 천명하고 야고보가 사려깊게 문제의 핵심을 요약한 덕분에 예루살렘 교회 지도자들은 이전 관행을 추인했고 이러한 결정 사항을 안디옥 교회와 그 자(子)교회인 수리아와 길리기아 교회들에 보낼 문서 — 흔히 사도의 공교(the apostolic decree)라 부르는 — 로 공식적으로 표현하였다. 이방인 개종자들은 할례를 받지 않아도 된다.

> 성령과 우리는 이 요긴한 것들 외에 아무 짐도 너희에게 지우지 아니하는 것이 가한 줄 알았노니 우상의 제물과 피와 목매어 죽인 것과 음행을 멀리 할지니라 이에 스스로 삼가면 잘 되리라 평안함을 원하노라.[26]

이방 기독교인들에게 할례를 부과하지 않기로 한 결정은 안디옥 교회, 적어도 바울에게는 대단히 만족스러운 결과였음에 틀림없다. 바울은 결정이 어떤 방향으로 내려졌던지 자기의 실천 또는 방침을 바꾸려고 하지 않았을 것이다. 하지만 예루살렘 교회가 이방인들도 할례를 받아야 한다는 결정을 공포하였다면 바울의 사역은 엄청나게 더 큰 어려움을 겪게 되었을 것이다. 이제 더 이상 "어지럽게 하는 자들"이 바울이 세운 교회들을 찾아 다니면서

---

25) Rosemary Haughton, *The Liberated Heart*(London, 1975), pp. 100 f.를 참조하라.
26) 행 15:28이하.

이방인 신자들도 할례를 받아야 한다는 것이 예루살렘 교회의 공식 입장이라고 주장할 수 없게 되었고,[27] 이 문제는 이제 일단락 되었다. 실제로 이 책에서 채택하고 있듯이 갈라디아서의 기록 연대를 더 이르게 추정하는 논거는 누가가 보도하고 있는 예루살렘 회의가 이 서신을 쓰기 전에 이미 개최되었었다면 이 서신의 주요 논쟁점이 되고 있는 문제에 대한 회의의 결정을 바울이 언급하지 않았을 리가 없었을 것이라는 점이다. 사실 바울은 예루살렘 교회의 권위를 들먹일 생각은 없었을 것이다. 하지만 회의의 결정을 역사적 사실로서 단지 언급하기만 해도 바울 자신이 변호하고 있는 주장을 아주 유리하게 관철시킬 수 있는 효과적인 논거가 되었을 것이다.

사도의 공교(公敎)에는 이방인 신자들에게 할례를 부과하는 조항은 없었지만 이방인 신자들이 지켜야 할 몇 가지 사항들을 규정해 놓았다. 이 사항들을 지키도록 요구한 의도는 유대 기독교인들과 이방 기독교인들의 사귐을 쉽게 하기 위함이었을 것이다. 몇몇 이방인들의 행위들은 특히 유대인의 신경을 거스렸는데, 이러한 행위들을 버린다면 유대 기독교인들은 이방 형제들과의 식탁 교제를 가로막는 걸림돌이 제거되었다고 생각할 것이다. 요구 사항들 가운데 세 가지는 음식 규제법의 성격을 갖고 있다.[28] 네번째 사항 — 음행을 멀리하라는 것 — 은 분명히 윤리적인 문제이다. 윤리적인 문제와 윤리와 무관한 문제에 관한 요구 사항들을 이런 식으로 함께 병렬해 놓는 것은 우리에게 생소해 보일지 모르지만, 유대 기독교인들에게는 생소하지 않았을 것이다. 유대 기독교인들은 율법에서 (우리에게) 이질적으로 보이는 그러한 요구 사항들을 병치(倂置)하는 것에 익숙해 있었다.

하지만 아마도 공교(公敎)에서 음행이란 말은 일반적인 성적인 문란을 뜻하지 않고 더 전문적인 의미를 갖고 있는 것 같다. 이교(異敎)에서 개종한 사람들을 대상으로 한 가장 기본적인 가르침에는 거의 언제나 음행 및 그와 유사한 행위들은 기독교인의 생활방식과 양립할 수 없다는 점이 분명하게 강조되었다. 그럴지라도 예루살렘 교회 지도자들은 이 점을 공교에서 강조해도 어떤 해(害)도 없을 것이라고 생각했을지도 모른다. 그러나 음행은 일정한 촌수의 혈족이나 인척 관계에 있는 사람들이 서로 결혼해서는 안 된다는 히브리의 "성결법" (레18:6-18)의 규정을 의미하는 더 전문적인 의미를 갖고 있었을 가능성이 많다.[29] 신약에는 음행이란 말이 이런 전문적인 의미로 사용된 예가 한 두 군데 더 있다 — 이를테면 자기를 따르는 자들에게 이혼을 금하는 예수의 명령에 마태는 "음행한 연고 없이"라는 단서 조항을 덧붙이고 있다(마5:32, 19:9). 이방의 관습으로 볼 때는 아무 문제가 없었지만 유대인

---

27) 빌립보서 3:2에서 바울이 "손할례"당을 삼가라고 경고한 것과 골로새서 2:11에서 참된 할례는 내면에 영적으로 하는 것이라고 주장하는 것은 예루살렘 교회의 몇몇 사람들이 이방 기독교인들에게 가한 압력과는 무관하다.

28) (a) 우상 제물이었던 것, (b) 목매어 죽인 짐승의 고기, (c) 피가 들어있는 고기를 먹는 것을 금하는 것. 이것들 가운데서 두번째는 세번째에 포함된다. 사도행전 15:20, 29 (참조. 21:25)의 서방 본문에는 이 세 가지는 둘 즉, 우상숭배와 피(아마도 살해된 것이라는 의미)로 축소되어 있다. 음행의 금지와 함께 이것들은 삼중의 윤리적 금제(禁制)를 이루고 있다.

들의 눈에는 거슬리는 몇몇 결혼 행태들이 당시에 행해지고 있었을 것이다.

음식을 규제하는 사항들은 두 가지로 분류해 볼 수 있다. 이방 기독교인들은 이방 신들에게 희생제물로 바쳐진 짐승의 고기와 완전히 피를 빼지 않은 고기를 먹는 것이 금지되었다(권위있는 사본들에 빠져있는 "목매어 죽인 것"이라는 어구는 단지 짐승 안에 피가 여전히 들어있는 고기를 가리킨다). 유대인들에게 피를 먹는 것은 금기(禁忌)였다. 레위기 17:10-14에서는 그것을 분명하게 금지하고 있고, 그보다 더 이전에는 하나님이 노아와 그 가족들에게 명하신 계명들 가운데 그 조항이 들어있다(창9:4).[30]

유대적 생활방식 속에서 자란 사람들은 이방인 식탁에 그러한 음식이 올라오는 것을 용납할 수 없었다. 이방 신전에 희생제물로 드려졌던 짐승의 고기를 먹는 것은(우회적이긴 하지만) 우상숭배에 참여하는 것으로 여겨졌다. 그러므로 이런 것도 해서는 안 되었다. 유대 기독교인들이 이방인 가정에서 자기 앞에 차려진 고기 또는 교제를 위한 식사나 애찬(love-feast)에서 이방 기독교인과 함께 먹는 고기가 그렇게 더럽혀진 것이었다면, 유대 기독교인과 이방 기독교인이 같은 식탁에서 함께 식사하기는 불가능할 것이다. 많은 이방 기독교인들은 이런 유의 양보를 할 용의를 충분히 가지고 있었다. 실제로 기독교 세계의 넓은 지역에 걸쳐서 사도의 공교(公敎)에서 규정한 사항들은 수 세기 동안 기독교인의 생활양식에 필수적인 것으로서 지켜졌다.[31]

바울은 어떠했는가? 복음의 본질과 관계 없는 문제에 있어서는 바울은 누구보다도 가장 협조적인 사람이었다. 그는 자유롭고 강한 양심을 가진 기독교인들에게 기독교적 자비를 발휘하여 자기 자신의 개인적 자유를 억누를 정도까지 자기들보다 양심에 더 구애를 받는 동료 기독교인들을 특별히 배려하라고 되풀이해서 강력히 권면했는데, 이러한 견지에서 바울은 그들에게 좋은 모범을 보여주려고 신중하게 처신했다. 바울은 이방인 신자들의 입에서 들려오는 주장, 즉 성적인 활동은 전적으로 육체의 영역에 속하기 때문에 참으로 "영적인" 사람들에게 그것은 음식과 마찬가지로 도덕적으로나 종교적으로 가치 중립적인 것이라는 주장을 익히 알고 있었다.[32]

---

29) 이에 해당하는 히브리어 '즈누트'는 CD 4, 11, 17, 20 ff에서 쓰이고 있다(일부다처제 특히 삼촌과 조카 사이의 결혼에 관하여).
30) 창세기 9:1-7의 계명들은 유대인은 물론 이방인까지 노아의 모든 자손들을 구속한다고 랍비들은 가르쳤다. 그러나 이 가르침의 가장 오래된 형태를 따르면, 이 일곱 가지의 "노아를 위한 율례" 가운데 여섯 가지는 이미 아담에게 명해진 것이었다. 오직 고기를 피째로 먹지말라는 명령만이 노아에게 처음으로 주어졌다(신명기 4:41에 대한 *Deuteronomy Rabba* 2; 25. TB 산헤드린 59b). 214쪽 주 19를 보라.
31) 이것들은 아시아의 일곱 교회에 보내는 편지에서는 의무적인 것으로 여겨졌고(계2:14, 20), 주후 177년 론(Rhone) 계곡의 교회들(Eusebius, *Hist. Eccl.* v. 1. 26)과 그보다 10년 후 터툴리안은 그것들을 구속력이 있는 것으로 생각하였다(*Apology*, 9). 9세기 후반 알프레드 대왕은 그것들을 영국의 법전에 편입시켰다.
32) 고전 6:13(285쪽을 보라).

그러나 그는 이와 같은 주장을 일축했다. 개인적인 관계들 특히 성적인 결합과 같은 아주 깊은 수준의 관계를 둘러싼 모든 것들은 도덕적으로나 종교적으로 지극히 중요한 문제들이며 음식 문제와는 차원을 달리 하는 것이었다. 음행에 관한 한 바울의 가르침은 사도의 공교와 완전히 일치했다. 음행이 일반적으로 매춘부와의 성적 교섭이든 아니면 더 전문적인 의미로 수넌 후에 고린도 교회의 한 남자 신노가 공공연히 자기 아버지의 부인과 동거하고 있었던 사건과 같은 경우이든(고전5:1) — 이 경우는 허용된 친족 범위를 어긴 것으로써 이방 관습으로조차도 용납되지 않았다 — 교회는 이런 유의 행위를 지속하는 사람들을 용납해서는 안 된다.

음식 규제법에 관해서는 바울의 양심은 완전히 자유로웠다. 그는 예수의 가르침을 통해 어떤 종류의 음식도 종교적으로 부정(不淨)하거나 그 자체로 더러운 것은 없다는 사실을 잘 알고 있었다.[33] 어떤 음식을 부정하다 하거나 더럽다고 하는 것은 음식 자체가 그런 것이 아니라 사람들의 마음에서 그러한 것이었다. 그러나 그는 자기와는 달리 이와 같은 것에 더 구애를 받는 사람들을 혼란에 빠뜨리지 않으려고 마음을 썼다. 그는 사도의 공교에 규정된 음식 규제법으로 인해 기독교인들간의 교제가 원활하게 된다면 얼마든지 그러한 것들을 받아들였을 것이고, 똑같은 이유에서 다른 사람들에게도 그러한 것들을 받아들이도록 권유했을 것이다.

그러나 그것을 받아들이는 것은 자발적인 것이어야지 강제적이어서는 안 되며, 기독교적 자비가 명령하는 바를 바탕으로 한 지성적인 것이어야지 어떤 종류의 음식은 '그 자체 안에' 잘못된 것이나 허용될 수 없는 어떤 것이 들어있다는 생각을 바탕으로 해서는 안 된다. 나중에 바울에게 이 문제를 판단해 달라고 요청했을 때, 그는 처음의 원칙들을 근거로 들었을 뿐 결코 사도의 공교(公敎)를 전거로 들지 않았다는 것은 주목할 만하다.

바울은 자신이 한 판단의 토대를 이루고 있는 기독교적 자비의 명령을 "그리스도의 법"으로 요약하는데, 이를 이루기 위해서 그의 백성들은 무엇보다도 "너희가 짐을 서로 지라"는 명령을 실천해야 한다(갈6:2). 바울이 갈라디아 교회들의 몇몇 신자들에게 기독교인의 자유를 "육체의 기회"로 이용하지 말라고 경고하면서 "오직 사랑으로 서로 종노릇하라"는 올바른 방법을 가르쳐 준다(갈5:13). "그리스도의 법"은 레위기 19:18에 나오는 명령을 되풀이하고 있는 말씀인 "네 이웃 사랑하기를 네 몸같이 하라"(갈5:14)이다.[34]

그러나 "법"을 이런 의미로 사용한다면 그것을 "율법적으로" 이해할 수는 없다. 사랑의 법은 외부적 권위가 부과하거나 강요할 수 있는 성질의 것이 아니기 때문이다. 오히려 그것은 삶에서 그리스도의 성령에 의해 규제되는 자발적인 생각과 행위의 원리이다. 사랑의 법은 신자들에 의해 기꺼이 받아들여지고 기꺼이 실천된다. 바울은 성령으로 말미암은 자유는 이 세상의 어떠한 계명과 칙령보다도 사람들로 하여금 선한 삶을 살도록 자극하는 더 강력한 자극제라는 것을 믿었다.

---

33) 롬 14:14.　34) 참조, 막 12:31(71쪽을 보라).

제 18 장

"율법이 할 수 없는 그것"

1. 바울이 겪은 율법

　어떤 의미로 바울의 다메섹 도상의 체험에는 그 자체 안에 자신의 사도적 메시지가 모두 담겨 있었다. 그러나 바울은 거기에 담긴 모든 메시지의 상세한 내용들을 즉시 저절로 파악할 수 있었던 것은 아니다. 그후에 계속된 "주의 계시"를 통하여 바울은 하나님이 "그 아들을 내 속에 나타내시기를 기뻐하셨던" 그 중대한 사건의 의미를 더 충분히 깨닫게 되었다. 그리스도를 알아가면 갈수록 바울은 우리의 영광을 위하여 만세 전에 미리 정하셨다가 이제는 복음에 밝히 드러난 "비밀 한 가운데 있는 하나님의 지혜"를 점점 더 깨달을 수 있었다 (고전2:7). 다메섹 도상의 계시에는 이방인 가운데서 복음을 전하는 바울의 소명이 포함되어 있긴 하였지만, 바울이 이방 선교에 본격적으로 착수해서야 이 소명이 무엇을 의미하는지를 이해할 수 있었다. 안디옥에서 베드로와 바나바와의 예기치 않은 사건, 갈라디아 교회에서 논쟁에 휘말려든 사건을 통하여 바울은 그런 일이 없었다면 알지 못했을 많은 것들을 배웠다. 이 사건들이 바울이 전한 복음의 핵심에 영향을 끼친 것은 아니지만, 복음을 효과적으로 제시하고 변증하는 방식들을 배움으로써 복음에 대한 바울의 이해는 풍부해졌다. 갈라디아서에서 그토록 강조했던 칭의(稱義) 교리는 이미 바울의 회심 사건에 함축되어 있었지만, 이제 그 교리는 바울의 손에서 전투적인 교리 — 즉 단순히 변증하고 전파하는 주의(主義, principle)가 아니라 적과 싸우는 병기(weapon)가 되었다.

자신의 이전의 상태와 대비해서 현재의 기독교인으로서의 지위에 관하여 말하면서, 바울은 "내가 가진 의는 율법에서 난 것이 아니요 오직 그리스도를 믿음으로 말미암은 것이니 곧 믿음으로 하나님께로서 난 의라"(빌3:9)고 말한다. 자기가 이전에 추구했던, 율법을 행함으로써 하나님 앞에서 의롭게 되려고 했던 길을 버리고 하나님께서 우리를 받아들이시는 복음에 제시된 길을 택했다는 사실은 바울이 그의 이전의 추구가 부적절하다는 것을 알게 되었음을 보여준다. 그러나 자신이 이전에 추구했던 길이 잘못되었다는 것을 바울이 깨달은 것은 환상에서 점차적으로 깨어나는 과정을 통하여 된 것이 아니고 갑자기 환하게 비춰는 빛 속에서 순식간에 일어난 일이었다.

율법 전체를 지키는 것은 결코 쉬운 일이 아니었다. 하지만 그것이 불가능한 것도 아니었다. 어렸을 때부터 십계명에 나와있는 모든 계명들을 지켜왔다고 예수께 말했던 부자 청년은[1] 위선자가 아니었으며, 바울이 기독교인이 된지 20-30년 된 때에 자기의 이전의 삶을 돌아보면서 "율법의 의로는 흠이 없는 자"(빌3:6)라고 말할 때도 결코 거짓말을 하는 것이 아니었다.

율법은 하나님의 율법이었다. 율법은 하나님의 뜻을 드러내는 것이었다. 율법을 지키는 것은 하나님의 뜻을 행하는 것이었다. 율법 아래서 태어난다는 것은 말할 수 없이 귀중한 특권이었다. 이 특권을 가지지 못한 이방인들과는 달리 "율법의 교훈을 받은" 유대인은 하나님의 뜻을 알고 "지극히 선한 것을 좋게 여길" 수 있었다. 유대인은 "소경의 길을 인도하는 자요 어두움에 있는 자의 빛이요 어리석은 자의 훈도요 어린아이의 선생"이 될 자격이 있었다(롬2:18-20). 이러한 말들은 모두 바울이 한 말인데, 그는 자신의 경험을 바탕으로 이런 말들을 했다. 그런데도 바울은 이러한 말들을 쓰고 있을 당시에 이와는 다른 한 길을 걷고 있었다. 그는 이제 더 이상 율법을 의지하거나 자기가 유대인으로 태어남으로써 하나님과 맺게 된 관계를 자랑하지 않았다. 그는 이제 더 이상 율법을 지킴으로써 하나님 앞에서 얻는 의를 추구하는 것을 인생의 목표로 삼고 있지 않았다. 바울은 그리스도를 믿는 믿음으로 말미암은 의(義)라는 새로운 길을 찾았던 것이다.[2] 의문(儀文)에 헌신했던 바울은 이제 진실로 의문(儀文)일 뿐만 아니라 생명의 길인 한 인격과 하나되는 길을 택하였다.

초대교회에서 예수의 많은 제자들은 그리스도를 믿는 믿음과 율법의 준행을 통한 의의 추구를 결합하는 것이 가능할 뿐만 아니라 진실로 바람직하다는 생각을 갖고 있었다. 하지만 바울은 이러한 태도를 있을 수 없는 타협으로 여겼다. 바울만큼 헌신적으로 율법을 지켰던 사람은 없었다. 그런데 율법은 하나님 앞에서 그의 의를 보장해 주기는 커녕 그를 죄로 이끌었다. 바울이 교회를 그토록 심하게 핍박했던 것은 바로 이러한 율법에 대한 열심 때문이었다. 그가 교회를 핍박한 열심은 율법에 대한 그의 열심의 한 측면에 불과했다. 그는 선

---

1) 막 10:20과 그 병행구.
2) 빌 3:9.

한 양심을 가지고 교회를 핍박했다. 부활하신 그리스도를 급작스럽게 만나는 바로 그 순간까지도 자기가 하고 있는 일은 하나님을 기쁘시게 하는 일이라는 생각에 한 점의 의심도 없었던 것 같다.

그러나 다메섹 도상에서 계시를 받은 후에 바울은 예수가 메시야라는 것을 알게 되었다. 십자가에 못박히신 예수는 부활하신 주님이었다. 그러니까 결국 예수를 따르던 자들은 옳았고 바울은 엄청나게 잘못되었다는 것이 밝혀진 셈이다. 자기가 생각했듯이 자기가 의의 길을 따랐던 것이 아니라 비록 고의는 아니었다 하더라도 엄청난 죄 — 즉 메시야를 증거하는 자들을 공격하고 그들을 통하여 메시야 자신을 공격하는 죄를 집요하게 범했던 것이다. 그러나 그는 율법에 의지했었다! 율법이 있었고 또 율법을 지키려는 바울의 열정적인 결단이 있었는데, 바울이 그외의 다른 길로 갈 수 있었을까? 율법에 대한 열심으로 말미암아 자기가 도달한 지점이 어떤 곳인가를 깨닫고 율법에 대한 환상에서 벗어났던 때의 상태를 바울은 이렇게 표현하고 있다. "내가 율법으로 말미암아 율법을 향하여 죽었나니 이는 하나님을 향하여 살려 함이니라"(갈2:19).[3] 율법에 대한 바울의 태도는 아주 독특해서 당시의 일반적인 랍비의 태도와는 완전히 달랐다고 지적한다면, 우리는 그러한 말에 동의하지 않을 수 없다. 그러나 그의 체험은 독특한 것이었다.

2. 율법의 마침이신 그리스도

바울은 그리스도께서 본질적인 면에서 율법을 폐하였다고 믿었으며 또 그렇게 가르쳤음이 분명하다. "그리스도는 모든 믿는 자에게 의를 이루기 위하여 율법의 마침이 되시니라"(롬10:4)고 그는 말했다. 인류에 대한 하나님의 경륜 가운데서 과도기 이상의 의미를 갖고 있지 않은 율법의 시대(갈3:19, 롬5:20a)는 새로운 시대로 대치되었는데, 이 새로운 시대는 그리스도께서 하나님 우편에서 다스리신다는 점에서 "그리스도의 시대"라 부르기도 하고(시편110:1을 인용한 고전15:25) 부활 후의 삶에서 영원한 유업을 받을 것이라는 약속의 보증으로서 이 땅에 사는 그리스도의 백성들 안에 성령이 내주하신다는 점에서 "성령의 시대"라고도 부른다(롬8:10이하). 바울이 이러한 결론을 내리지 않을 수 없도록 만든 것은 순전히 다메섹 도상의 사건으로 인한 충격이었는가 아니면 바울은 그 이전의 훈련 속에서 그러한 결론에 이르도록 어느 정도 준비되었던가?

바울은 그러한 준비가 되어 있었다고 주장하는 학자들도 있다. 특히 랍비 레오 벡(Leo Baeck)은 학계에 중요한 영향을 미친 논문에서 바울은 율법의 시대는 메시야의 시대가 동

---

[3] 하지만 여기에서 단지 바울의 개인적인 체험만을 표현하고 있다고 생각한다면 그것은 잘못이다. 이 구절들의 문맥에 관한 해설은 R. C. Tannehill, *Dying and Rising with Christ*(Berlin, 1967), pp. 55 ff.를 보라.

터옴으로써 종언을 고할 것이라는 가르침을 포함하고 있었던 세계 역사를 세 시대로 구분하는 교리를 받아들이도록 교육을 받았었다고 주장했다.[4]

세 시대론은 엘리야 학파 — 바허(W. Bacher)에 의하면 할라카에서 "시내산에서 유래한 모세의 계명"이라는 표현과 비슷한 의미와 위치를 나타내는 학가다에서의 표현 — 의 가르침이있다고 한다 — 이 두 표현은 모두 그 가르침이 아주 오래되었음을 시사한다.[5] 어쨌는 이 가르침은 바울 당시보다 훨씬 이전에 유포되어 있었다.

그러나 사실 우리는 바울이 이러한 가르침을 받아들이도록 교육을 받았었는지를 알 수 없다. 만약 바울이 그러한 가르침을 받았고 또 받아들였다면, 그의 생각은 이렇게 정립되었을 것이다. 메시야의 시대가 시작되었다. 그러므로 율법의 시대는 지나갔다. 그러나 그가 그러한 가르침을 받아들이지 않았다고 하더라도, 그가 개인적으로 처한 상황으로 인해 그는 이렇게 추론했을 것이다. 예수는 메시야로 나타나셨고, 예수는 바울을 위하여 및 바울 안에서 율법이 성취했던 것 이상의 어떤 것을 이루셨다. 율법은 바울 자신도 모르는 사이에 하나님의 뜻을 거스르는 길로 바울을 이끌었던 반면에, 예수를 메시야와 주로 믿는 바울의 새로운 믿음은 하나님 앞에서 의롭게 되고 하나님과 화목케 되는 지위로 스스로 자각하는 가운데 바울을 이끌었다. 하나님을 향한 바울의 이전의 열심은 아무 것도 모르고 한 맹목적인 열심이었다. 바울이 "하나님의 의"를 모르고 자기 의를 세우려고 했을 때, 그는 사람들을 자기와 올바른 관계에 놓고자 하시는 하나님의 길에 복종할 수 없었다. 그러나 이제 "그리스도는 모든 믿는 자에게 의를 이루기 위하여 율법의 마침이 되시니라"는 사실을 바울은 알게 되었다(롬10:2-4).

사람들은 "그리스도는 율법의 마침이 되시니라"는 명제를 여러 가지로 이해하여 왔다. "마침(텔로스)"이라는 단어는 "목표"를 의미할 수도 있고 "종착지"를 의미할 수도 있다. 그런데 여기서는 이 두 가지 의미를 모두 지니고 있을 것이다. 바울에게 율법은 아브라함에게 하신 약속을 성취할 아브라함의 자손이 오시기까지 하나님이 도입하신 잠정적인 섭리였다는 의미에서 그리스도는 율법의 목표였다. 다른 말로 하면 율법은 "우리를 그리스도로 인도하는 몽학선생이 되어 우리로 하여금 믿음으로 말미암아 의롭다 함을 얻게 하려 함이니라"(갈3:19,24). 그러나 그리스도는 바로 그러한 이유로 율법의 종착지이기도 하였다. 바울이 말한 대로 율법은 잠정적인 섭리였고, 그리스도의 오심으로 말미암아 율법의 유효 기간은 이제 끝났다.

몇몇 바울 연구가들은 이 말의 경직성을 완화해 보려고 하기도 했고, 어떤 이들은 이 말의 적용 범위를 확대하려고 시도하는 등 그 말을 더 엄격하게 해석하려고 하기도 했다. 유대 기독교인들이 율법에 규정된 여러 가지 관습들을 자신들이 물려받은 생활 양식의 일부로

---

4) L. Baeck, "The Faith of Paul", *Journal of Jewish Studies* 3(1952), pp. 93 ff. 85쪽 주 5를 보라.
5) L. Baeck, "The Faith of Paul", pp. 105 f.에 인용되어 있는 W. Bacher, *Tradition und Tradenten*(Frankfurt, 1914), pp. 25 ff., 233 f.

써 계속해서 지켜나갔다면 바울은 결코 반대를 하지 않았으리라는 것은 분명하다. 바울은 때때로 그러한 관습들을 지키는 것이 적절하다고 생각했을 때는 이러한 관습들을 받아들였다.[6] 그러나 바울이 "그리스도는 율법의 마침이 되시니라"는 말을 하면서 관심을 갖고 있는 것은 사람이 하나님께 나아가는 데 있어서 율법이 차지하고 있는 위치이다. 이 말이 담고 있는 분명한(prima facie) 의미는 이것이다. 이제 그리스도께서 오셨기 때문에 사람이 하나님께 나아가는 데 있어서 율법이 할 수 있는 역할은 아무 것도 없다는 것이다. 많은 사람들의 생각에는 이 말은 너무 지나친 말이여서 도덕 폐기론자로 비난받기에 딱 알맞는 말이었다 — 실제로 바울은 당시에 이러한 비난을 받았는데 바울은 그러한 비난을 한 마디로 일축해 버렸다.[7]

전통적인 루터파의 가르침에서는 율법의 삼중적(三重的) 효용을 이렇게 설명한다. ① 보존(preservation)의 수단, ② 회개로의 부름, ③ 교회의 삶의 지침.[8] 첫번째 효용에 관원들이 악을 억제하고 선한 질서를 유지하기 위하여 율법을 운용하는 것이 포함된다면, 이것은 복음의 한 측면이 되지 않는다. 이러한 문제에 관하여 바울이 말하고자 하는 것은 로마서 13:1-7에 잘 나와있다. 두번째 효용은 바울이 체험적 사실로 인식하고 있다 — "율법으로는 죄를 깨달음이니라"(롬3:20) — 그러나 복음을 전하는 데 도움을 주는 수단이 되지는 않는다. 율법과의 만남은 죄인들로 하여금 자신의 힘으로는 어찌할 수 없다는 사실을 인정하고 하나님의 자비에 자신을 맡기도록 하여 주는 유익한 수단이라는 주장도 있는데, 이것은 목회 신학의 한 원리가 되고 있다.

그러나 바울이 자신의 사도적 설교에서 율법을 이런 식으로 활용했다는 증거는 없다. 유대인이든 이방인이든 바울의 청중들은 속박 상태에 있었으며, 바울은 해방의 메시지를 전했다. 실제로 갈라디아 교회들에 있는 이방인 신자들에게 "다시는 종의 멍에를 메지 말라"(갈 5:1)고 말하는 바울의 권면에는 그들이 율법의 멍에를 메게 되면 이전의 이교도로서 겪었던 것과 동일한 종류의 속박으로 되돌아가게 될 것이라는 뜻이 담겨져 있다. 율법을 베푸는 데 관여한 천사들(갈3:19)은[9] 유대인이든 이방인이든 그리스도 밖에 있는 사람들의 마음에 멍

---

6) 참조, 고전 9:20. 행 16:3. 21:20-26.
7) 참조, 롬 3:8. 6:1이하.
8) *Formula of Concord*(1576), article 6, in P. Schaff, *The Creeds of Christendom*, iii. *The Evangelical Protestant Churches*(New York, 1878),pp. 130-135를 참조하라. 루터는 자신의 추종자들과는 달리 율법의 두 가지 효용만을 가르쳤다. '신학적 효용(usus theologicus)' (때때로 '영적 효용(usus spiritualis)'이라 부르기도 한다)과 '정치적 효용(usus politicus)' (때로는 '시민적 효용(usus civilis)'이라 부르기도 한다). (루터에 관한 이정보는 제임스 앗킨슨(James Atkinson) 교수가 제공해 주었다.)
9) 율법의 수여가 천사들의 중보를 통하여서 된 것이라는 것에 대해서는 행 7:53. 히 2:2을 보라. 또한 요벨서(Jubilee) 1:29; *Mekhilta*(논문 *Bahodes* 5) on Exodus 20: 18. *Sifre* 102 on Numbers 12:5. *Pesiqta Rabbati* 21을 참조하라. 더 일반적인 중보나 중보 기도는 천사들의 역할로 생각되고 있다. Philo, *On Dreams* i, 141 ff.; *Testament of Dan* 6:2을 보라.

예를 지우는 "세상 초등학문(elemental spirits of the world)" (갈4:3,8)과 동일한 실체인 듯하다.[10]

율법의 세번째 효용에 관해서 말한다면, 바울은 교회의 지침으로 삼아야 할 것에 대해 말하면서 때때로 "율법"이라는 말을 통하여 그것을 표현하긴 하지만, "성령의 법"이나 "그리스도의 법"이라고 바울이 말할 때 "(율)법"이라는 말 속에는 전혀 율법적인 의미가 담겨져 있지 않다.[11]

제네바에서 유래한 개혁파 전통에서는 그리스도 안에 있는 사람은 구원의 수단으로서의 율법 아래 사는 것은 아니지만 율법을 여전히 삶의 준칙으로 삼는다고 흔히 말해 왔다.[12] 이러한 구별은 그 자체로 기독교 신학과 윤리학의 한 원리로써 유력하게 주장할 수 있다. 하지만 그러한 주장이 바울의 권위에 근거한 것이라고 생각해서는 안 된다. 바울에 의하면, 신자는 삶의 준칙으로써 율법 아래 있지 '않다' — 물론 여기서 말하는 율법이 사랑의 법을 가리킨다면 문제는 달라진다. 사랑의 법은 의문(儀文)에 순종함을 통해서가 아니라 내면에 있는 능력이 흘러나옴으로써 성취되는 전혀 다른 종류의 법이기 때문이다. 바울이 "죄가 너희를 주관치 못하리니 이는 너희가 법 아래 있지 아니하고 은혜 아래 있음이니라"(롬6:14)고 말할 때, 바울이 염두에 두고 있는 것은 최초의 칭의(稱義) 순간만이 아니라 지속적인 기독교인의 삶의 과정이다 — 이 점은 바울이 그 다음 절에서 인용하고 있는 도덕 폐기론자의 반문을 볼 때 분명히 알 수 있다. "그런즉 어찌하리요 우리가 법 아래 있지 아니하고 은혜 아래 있으니 죄를 지으리요"(롬6:15).

또 사람들은 종종 그리스도는(희생제사만이 아니라 할례, 절기의 준수를 포함하는) 의식법(儀式法)의 마침이지 도덕법(道德法)의 마침은 아니라는 말을 한다.[13] 다시 한 번 이러한 주장은 전적으로 타당하며 어느 정도는 명확하고 신학적이고 윤리적인 구별이다. 하지만 이러한 주장은 바울을 해석하는 데 끼여들 여지가 없는 주장이다. 그것을 바울의 주장인 양 해석해서는 안 된다. 바울은 그러한 구별을 하지 않고 있기 때문이다.

그리스도가 율법의 마침이라는 바울의 확언(確言)을 극단으로 밀고 나가는 경우를 생각

---

10) 골 2:8, 20을 참조하라. 200쪽 이하, 442쪽 이하를 보라.
11) 205쪽 이하, 219쪽 이하를 보라.
12) J. Calvin, *Institutio Christianae Religionis* (Edinburgh, 1874 (1559)), ii. 7. 12-15를 참조하라.
13) Calvin, *Institutio* ii. 7. 17을 참조하라.
14) K. Barth, *The Epistle to the Romans*, E.T. (Oxford, 1933), pp. 37("종교의 오만이 제거될 때에야 비로소 하나님에게서 나오는 인식이 자유롭게 활동할 수 있다"), p. 238("그러나 종교가 죽어야 한다. 우리는 하나님 안에 있음으로써 종교에서 벗어났다"), p. 374("모든 인간의 종교는 그 위에 있는 '종착지(end)'를 향해 있다(3:21). 그리고 이 '종착지'는 그리스도이다"). 하지만 바르트는 다른 곳에서는 로마서 10:4에 나오는 τέλος를 "율법의 '목표', 내용, 실체, 총계, 율법의 의미, 그 성취 방식"을 의미한다고 역설한다. 그는 마태복음 5:17과 비교하고 있다(*A Shorter Commentary on Romans*, E.T. (London, 1959), p. 126).

해 볼 수 있는데, 그리스도는 종교(religion)의 마침이라는 칼 바르트(Karl Barth)의 주장(여기서 "religion"이라는 애매한 단어를 어떻게 이해하느냐에 따라 이 주장을 받아들일 수도 있고 거부할 수도 있다),[14] "그리스도는 '역사'의 마침" — '종말(eschaton)' 자체이신 그리스도는 믿음을 위하여(특히 구속사를 포함한) 역사의 종결과 참된 삶의 시작이 되신다는 의미로 — 이라는 에른스트 푸크스(Ernst Fuchs)의 말이 그런 것이라고 볼 수 있다.[15] 그러나 이것은 아무리 근거가 있는 말일지라도 바울이 의미하는 바를 넘어서는 것으로써 복음에 대한 실존주의자의 해석일 뿐이다.[16]

3. 율법 아래 있는 사람

앞에서 우리는 로마서 6:14, "죄가 너희를 주관치 못하리니 이는 너희가 법 아래 있지 아니하고 은혜 아래 있음이니라"를 인용했었다. 이 말 속에 담겨져 있는 뜻은 1세기에서와 마찬가지로 오늘날 전통적인 기독교 윤리학을 위해서도 놀라운 것이다. 율법 — 모세의 율법만이 아니라 하나님의 율법 — 아래 있다는 것은 죄의 지배 아래 있다는 것을 의미한다. 은혜 — 그리스도 안에서 얻을 수 있게 된 하나님의 은혜 — 아래 있다는 것은 율법의 규율과 죄의 지배에서 동시에 해방되는 것이다. 바울은 자신의 삶에서 이러한 것들을 입증해 보였다.

죄와 율법이 밀접하게 연관되어 있다는 바울의 사상은 노예 시장(롬6:12-23)과 결혼에 의한 속박(롬7:1-6)이라는 유비(類比)를 통해 잘 드러난다. 전자의 유비에서 노예는 자기 주인에게 복종해야 한다. 그러나 노예가 죽거나 다른 주인에게 팔려간다면, 그의 전 주인의 뜻은 더 이상 그 노예를 구속하지 못한다. 후자의 유비에서 아내는 남편이 살아있는 동안에는 법에 의해 자기 남편에게 묶여 있게 된다. 그러나 남편이 죽으면 아내는 더 이상 남편에게 묶여 있지 않게 되고 법적으로 다른 사람과 결혼할 수 있다. 전자의 유비에 나오는 두번째 주인과 후자의 유비에 나오는 새 남편은 그리스도이다. 그러나 전자의 유비에서 전 주인은 (의인화된) 죄인 반면에, 후자의 유비에서 전 남편은 (의인화된) 율법이다. 단 한 번의 존재 이전(transition)을 통하여 영혼은 죄의 속박과 율법의 멍에로부터 해방된다. 나아가 바울이 "율법이 죄냐"(롬7:7)라고 반문하는 사람을 등장시키는 것은 이상한 일이 아니다. 바울은 율법이 하나님의 율법이며 그 계명들 하나하나는 "거룩하며 의로우며 선하도다"(롬

---

15) E. Fuchs, "Christus das Ende der Geschichte", *Evangelische Theologie* 8(1948/9), pp. 447 ff. = *Gesammelte Aufsätze* ii(Tübingen, 1960), pp. 79 ff.; 참조, 푸크스의 *Studies of the Historical Jesus*, E. T. (London, 1964), pp. 40, 176 ff.; R. Bultmann, *History and Eschatology*(Edinburgh, 1957), p. 43("그리스도가 율법의 마침이기 때문에 역사는 그 종말에이르렀다"). 또 267쪽 이하, 361쪽을 보라.
16) O. Cullmann, *Salvation in History*, E. T. (London, 1967), pp. 40-63를 참조하라.

7:12)라는 말에 동의하지 않을 수 없다. 그런데도 우리는 이러한 반론을 던지는 사람이 바울의 논증을 어떤 식의 결론으로 이끌어갈 것인지를 뻔히 내다볼 수 있다. 바울에 의하면 율법은 단지 죄를 밝혀줄 뿐만이 아니다. 율법은 실제로 죄를 금한다. 그러나 율법은 자신이 금하는 바로 그죄를 사람들이 행하도록 자극한다. 그래서 바울은 실제로 "죄의 권능은 율법이라"(고전15:56)고 말한다.

로마서 7:1-6에 나오는 결혼에 의한 속박의 유비(類比) 다음에는 해석에 있어서 바울 서신에서 가장 논란되는 문제에 속하는 것이 나온다. 로마서 7:7-25에서 바울은 율법이 한 사람의 삶 또는 일반적으로 인간의 삶에 미치는 영향을 묘사하면서 계속해서 일인칭 단수를 사용한다. 일인칭 단수를 사용함으로써 이 구절들은 표면상 자전적인 듯이 보인다. 그런데 이 구절은 진짜 자전적인가? 바울은 인류의 체험을 더 생생하게 묘사하기 위하여 "나"라는 일인칭 단수를 극적인 효과를 생각하면서 사용하는 것인가? 아니면 인류의 체험을 자기 자신의 체험의 견지에서 묘사하려는 취지로 "나"를 대표적인 의미로 사용하는 것인가? 맨슨(T. W. Manson)은 후자의 견해를 선호했다. "우리는 원한다면 이것을 자전적 설명이라고 할 수도 있다. 하지만 여기서 바울의 자전적 설명은 모든 사람 각자(Everyman)의 전기(傳記)이다."[17]

이 구절은 두 단락으로 나누어진다. ① 일인칭적 체험이 과거 시제로 표현되는 7-13절. ② 일인칭적 체험이 현재 시제로 표현되는 14-25절.

바울의 자전적 설명이 모든 사람 각자의 전기라는 말은 이 두 단락 가운데서 첫번째 단락에 특히 해당된다. 이런 의미에서 "모든 사람 각자"라는 말은 구약의 "아담"과 동일하며, 사실상 바울은 창세기의 타락 이야기를 일인칭 단수로 다시 이야기하고 있는 것이다. 바울은 "전에 법을 깨닫지 못할 때에는 내가 살았더니 계명이 이르매 죄는 살아나고 나는 죽었도다 … 죄가 기회를 타서 계명으로 말미암아 나를 속이고 그것으로 나를 죽였는지라"(롬7:9,11)고 말한다. 아담과 그의 아내는 선악을 알게 하는 나무의 열매를 따먹지 말라는 계명을 통하여 하나님이 그들을 시험하기 전까지는 태평한 삶을 살았다. 유혹하는 자가 등장하여 바로 그 계명을 그들에게 일깨워 주었을 때 그들은 그 계명으로 말미암아 금지된 열매를 주목하게 되었고 그 열매가 너무도 탐스러웠기 때문에 그들은 그 열매를 먹게 되었다. 바울의 설명에서 의인화되어 나타나는 죄는 창세기 이야기에서는 뱀이라는 구체적인 모습을 띠고 등장한다. 이브가 "뱀이 나를 꾀었다"(창3:13)라고 불평하듯이, 바울은 "죄가 나를 속였다"고 말한다. 금지된 열매를 따먹으면 죽는다는 사실은 미리 선포되었으며 — "네가 먹는 날에는 정녕 죽으리라"(창2:17) — 바울은 죄가 살아났을 때 자기는 "죽었다"고 말한다. "죄가 나를 죽였는지라". 이 부분에서 바울이 특별히 언급하고 있는 구체적인 죄는 탐심이

---

[17] T. W. Manson, in *Peake's Commentary on the Bible*, ed. M. Black and H. H. Rowley(London and Edinburgh, ²1962), p. 945.

다 — "죄가 기회를 타서 계명으로 말미암아 내 속에서 각양 탐심을 이루었나니"(롬7:8), 여기서 말하는 "계명"은 십계명 가운데 마지막 계명이다. "탐내지 말지니라"(출20:17. 신5:21). 타락 이야기에서 금지된 열매를 따먹는 것을 금한 명령은 모세의 율법에 속한 것은 아니지만 탐심을 금하는 계명을 미리 보여준 본보기로 보는 것이 좋을 것이다. 그리고 탐심은 죄들 가운데서 진수(眞髓)에 해당한다고 할 수 있다.

더욱이 바울은 타락 이야기가 모세 율법의 공표 이전과 이후의 인류의 삶의 모습 — 그러한 모습은 로마서 5:12-21에 묘사되어 있다 — 을 개략적인 형태로 상당 부분 보여주고 있다고 본다.[18] 사람들은 율법이 공표되기 전에도 본질적으로 죄를 행하고 있었지만, 율법이 없는 까닭에 죄를 죄로 여기지 아니하였다. 분명하게 죄를 규정하고 있는 법 없이는 어떠한 형벌도 없다, 즉, 사람은 오직 분명하게 죄를 규정하고 있는 법을 범할 때에만 처벌할 수 있다(nulla poena sine lege). 율법의 도입은 죄를 깨닫게 하고 죄로 유인하는 결과를 가져왔을 뿐만 아니라 죄를 죄로 여기고 그에 따라 죄에 대하여 선고되는 사형선고를 받을 가능성을 높이는 결과를 가져왔다. "계명이 이르매 죄는 살아나고 나는 죽었도다"(롬7:9). 율법이 없이도 죄된 인간은 하나님의 은혜가 필요했다. 그러나 율법은 인간으로 하여금 그러한 필요를 깨닫도록 해주는 역할을 했다.

그러므로 로마서 7:7-13에서 바울은 타락 이야기와 율법 이전과 율법 아래서의 더 일반적인 인류의 역사를 동시에 개인의 체험의 견지에서 재현하고 있다. 바울을 이해하기 위해서 우리는 출애굽기 이전에 있었던 고대 근동의 법전들에 관한 우리의 지식을 모두 잊어야 한다. 바울이 접근할 수 있었던 모세 이전의 역사에 관한 모든 내용은 창세기와 출애굽기의 처음 부분에 담겨 있었다. 성경에 기록된 율법이 없다는 의미에서 모세 시대 이전에는 율법이 없었다(하나님이 노아에게 주신 창세기 9:1-7의 계명들 — 이것은 유대인은 물론 이방인에게도 구속력이 있는 것으로 생각되었다 — 이 랍비 사상에서 차지하는 위치를 기억한다면, 우리는 그 계명들이 바울의 사고 구도(構圖)에서 어떤 역할을 하는지를 질문해 볼 수 있다. 현존하는 바울의 저작 가운데 그 어디에도 그 계명들에 대한 언급은 물론 노아에 대한 언급조차 없기 때문에 우리는 그 계명들이 거의 또는 아무런 역할도 하지 못했다고 결론 내릴 수 있다).[19]

그러나 로마서 7:7-13에 나오는 바울의 설명에 순전히 개인적인 체험을 회상하는 어떤 요소가 들어 있는가? 그는 청소년 시절에 율법을 지켜야 하는 개인적인 의무를 알게 되었을 때 일어난 어떤 것을 회상하는 것인가? 자신의 논증을 예시하기 위하여 인용하고 있는 십계명 가운데 한 계명이 외부적인 행위나 말이 아니라 내면의 태도 또는 성향 — 탐심 — 을 금하는 계명이라는 사실에는 바울 개인과 관련된 어떤 의미가 있는 것인가? 이러한 질문들

---

18) 또한 M. D. Hooker, "Adam in Romans i", NTS 6(1959-60), pp. 297 ff.를 참조하라.
19) C. K. Barrett, From First Adam to Last(London, 1962), pp. 23-26를 참조하라. 바울의 눈에는 이방 세계의 경건치 않음은 '창조' 명령에 대한 불순종에 있었다(롬1:18이하). 204쪽 주 30을 보라.

에 대하여 긍정적인 답변을 한다 할지라도, 우리는 확실함에 가까운 어떤 것을 우리에게 제공해 줄 만한 바울의 성장기에 관한 어떤 기록도 갖고 있지 않다. 기독교인이 되기 전에 율법이 요구하는 의의 표준을 흠 없이 유지했다고 강조하는 바울의 말을 보면[20] 우리는 율법 전체를 지켜야 할 자신의 의무를 깨달았을 때 그의 최초의 반응이 무엇이었든지 그는 그 의무를 지고 살면서 하나님 앞에서 흠 없는 양심을 보존하는 법을 재빨리 익혔을 것이라고 결론내릴 수 있다.

이 마지막 고찰이 옳다면, 우리는 바울이 서술 양식을 과거 시제에서 현재 시제로 바꾸고 있는 로마서 7:14-25에 관한 일반적인 해석 — 바울이 교회를 핍박하고 있었을 때 점점 더 양심에 가책을 느끼게 되었다는 해석 — 이 성립될 여지가 없다고 할 수 있다. 이 부분은 세계 문학에서 둘로 나뉜 마음에 관한 고전적인 묘사 가운데 하나로 자주 인용되고 있다[21] — 자신의 힘보다 더 센 힘, 자기가 옳다고 생각하고 행하기를 원하는 선은 하지 않고 자기가 미워하고 행하기를 원치 않는 악을 행하는 자신 속에 거하는 죄의 힘에 의해 강제되고 있는 자신의 모습을 보고 있는 어떤 사람의 마음. 이것은 실제로 율법이 요구하는 것들이 선하다는 것을 인정하면서도 그 요구들을 행동으로 옮기는 데는 율법이 무력하다는 것을 탄식하는 율법 아래 사는 사람에 관한 묘사이다. 그러나 이것은 바울이 직접 율법 아래 살고 있었을 때 그의 마음을 묘사해 놓은 것은 아니다. 회심 전에 바울이 여기서 묘사하고 있는 것과 같은 내면의 갈등으로 괴로워했다는 어떠한 암시도 없다. 오히려 모든 증거들은 그 반대의 상황을 보여준다. 바울이 자신들의 상태를 너무도 직접적이고 생생하게 말하고 있다고 어거스틴과 루터가 증언함으로써, 그들이 겪었던 것과 같은 정신적인 갈등을 바울도 회심 전에 겪었음에 틀림없다는 생각이 널리 퍼지게 되었고[22] 크리스터 스탕달(Krister Stendahl) 교수가 표현하고 있듯이 이 "서방의 내성적(內省的)인 양심"을 바울에 속한 것으로 생각하게 되었다.[23] 회심 전에 바울의 잠재의식에 잠복해 있었다고 하더라도, 이것은 현존하는 기록들에 아무런 흔적도 남기지 않았다. 바울이 다메섹 도상에서 들었던 것처럼 아무리 발로 차도 소용없는 몰이 막대기는 교회를 핍박하는 자신의 활약에 대한 양심의 가책이 아

---

20) 빌 3:6, 행 23:1을 참조하라.
21) 이와 비슷한 구절들을 헬라와 라틴 문헌에서 예시되었다(예를 들면, Euripides, *Medea* 1078-80; Ovid, *Metamorphoses* vii. 20 f.; *Amores* iii. 4.17; Horace, *Epistles* i. 8. 11. Epictetus, *Enchiridion* ii. 26. 4). 하지만 그것들의 문장 구성이 아무리 유사하다 할지라도 바울이 말하는 것과 동일한 의미를 갖고 있는 것은 하나도 없다.
22) 루터의 내적인 갈등은 영적인 것이었고 어거스틴의 갈등은 도덕적인 것이었지만 바울은 회심 전에 그 어느 측면에서도 갈등을 겪은 적이 없었던 것으로 보인다.
23) K. Stendahl, "The Apostle Paul and the Introspective Conscience of the West", *Harvard Theological Review* 56(1963), pp. 199 ff. 또한 스탕달을 비판하고 있는 견해에 대해서는 E. Käsemann, *Perspectives on Paul*, E. T. (London, 1969), pp. 60 ff.를 참조하고 이에 대한 스탕달의 반박에 대해서는 *Paul among Jews and Gentiles* (Philadelphia, 1976), pp. 129 ff.를 보라.

니라 그때 이후로 좇아가게 된 길 즉 지금까지 왔던 것과 반대 방향으로 그를 내몰고 있었던 새로운 힘이었다. 리(E. K. Lee)의 말에 의하면 바울은 "죄의 진정한 의미를 가말리엘의 문하에서가 아니라 십자가 밑에서 발견하였다".[24]

바울은 말한다(개인적으로든 상징적으로든). 시편 기자가 "내가 주의 법을 어찌 그리 사랑하는지요"(시119:97)라고 노래하듯이 내 속 사람으로는 하나님의 법을 인정하고 즐거워하기까지 한다. 그런 후에 그는 이렇게 덧붙인다. "내 지체 속에서 한 다른 법이 내 마음의 법과 싸워 내 지체 속에 있는 죄의 법 아래로 나를 사로잡아 오는 것을 보는도다"(롬7:23). 이 문장에서 "법"이라는 단어가 세 번 쓰이고 있다. 첫번째와 두번째 단어는 바울 안에서 싸우는 두 개의 상반되는 요소(principle) — 유대적 인간학에서 악한 성향과 선한 성향에 비견될 수 있는 — 를 의미한다. 그러나 한 다른 법이 그를 사로잡아 오는 곳인 "죄의 법"은 도대체 무엇인가? 아마도 그것은 이전 장(章)에서(이미 살펴본 대로) 노예와 주인으로 의인화된 바 있는 죄의 지배 또는 지시일 것이다. 이것은 바울이 로마서 7:14의 내용을 요약하고 있는 말을 고려해 볼 때 더욱 가능성이 있는 해석이다. "그런즉 내 자신이 마음으로는 하나님의 법을 육신으로는 죄의 법을 섬기노라"(25b). 여기에서는 죄의 법과 하나님의 법이 첨예하게 대비되고 있다.

그런데도 우리는 "죄의 법"이 하나님의 법의 한 측면일 가능성은 없는지 물어보아야 한다. 바울은 7장의 처음 부분에서 율법에서 자유케 되는 길에 관하여 말했었는데 이제 8:2에서 그 주제로 되돌아간다. "그리스도 예수 안에 있는 생명의 성령의 법이 죄와 사망의 법에서 너를 해방하였음이라". 본질상 거룩한 하나님의 법을 "죄와 사망의 법"으로 묘사할 수 있는가? 그렇다. 그것이 죄를 자극하고 죄인에게 죽음을 선고하는 한에 있어서는 그러하다. 바울이 초기 서신에서 말하고 있듯이, "의문(儀文)은 죽이는 것이요 영은 살리는 것임이니라"(고후3:6). 이것은 "그리스도 예수 안에 있는 생명의 성령"과 "죄와 사망의 법"을 대비하고 있는 로마서 8:2의 재판(再版)이 아니고 무엇이겠는가? 바울이 "그리스도 예수 안에 있는 생명의 성령의 '법'"이라고 한 것은 다른 무엇보다도 "죄와 사망의 법"과 대구(對句)를 만들기 위해서이다. 성령의 '법'은 생명을 불어넣는 성령의 원리 또는 권능이다.

그의 묘사가 진실로 자전적이라고 할 때[25] 로마서 7:7-25에서 바울이 하고 있는 것은 과거 시제로 말하고 있는 전반부에서든 현재 시제를 사용하고 있는 후반부에서든 율법 아래

---

24) E. K. Lee, *A Study in Romans*(London, 1962), p. 27.
25) W. G. Kümmel은 *Römer 7 und die Bekehrung des Paulus*(Leipzig, 1929)에서 로마서 7:7-25을 심리적이고 자전적으로 해석하는 견해에(치명적인 것은 아니지만) 심대한 타격을 가함으로써 그러한 해석은 "이제 어리석은 주석들을 모아 놓는 박물관에 보내졌다"는 말을 들을 정도였다 (P. Démann, "Moïse et la loi dans la pensée de saint Paul", in *Moïse, l'homme de l'alliance* (Paris,1954), p.229). 큄멜은 "나"를 상징적 의미로 보고 율법 아래 있는 모든 유대인들의 상태를 가리키는 것으로 해석한다.

있는 자기의 존재에 대한 기독교적 관점을 표현하고 있는 것이다. 모리스 고겔(Mourice Goguel)이 후반부에 있는 탄식, "오호라 나는 곤고한 사람이로다"(롬7:24a)를[26] "추상적인 논증이 아니라 고뇌하는 영혼의 개인적 체험을 반영한 것"이라고 말하면서 이 부분의 체험을 바울의 회심 직후의 기간에 일어난 것으로 돌리는 것은 올바른 듯하다.[27] 바울과 같은 오만한 열심을 가지고 있는 사람이라면 경솔한 말, 미성숙한 판단, 자신이 섬기고 있는 영역을 남들이 침해하는 데 대한 분노를 극복하는 것이 쉽지 않았으리라고 생각해 볼 수 있다. 이러한 것들은 율법이 구체적으로 금하고 있는 것은 아니었다. 바울은 이러한 것들이 죄악되다는 것을 그리스도의 표준으로 말미암아 알게 되었다. 그가 동료들을 "그리스도의 온유와 관용으로"(고후10:1) 대할 수 있게 된 것은 저절로 된 것이 아니었다. "내가 남에게 전파한 후에 자기가 도리어 버림이 될까 두려워"(고전9:27) 자기 훈련의 중요성을 알게 된 사람, "그리스도 예수 안에서 하나님이 위에서 부르신 부름의 상"(빌3:14)을 얻기 위하여 혼신의 힘을 다하여 달려간 사람은 "썩지않는 화관(花冠)"은 "먼지와 땀으로" 얻어지는 법이라는 것을 알았다.[28] 그러나 율법 아래서 또는 자신의 힘으로 얻고자 했을 때 자기를 피해 교묘하게 달아났던 그 승리는 바울이 성령의 도움에 의지했을 때 속히 얻을 수 있었다.

로마서 7:14-25에 표현되어 있는 긴장은 "두 시대 사이에" — 즉 두 시대(aeon)를 동시에 사는 사람들이라면 반드시 겪게 되는 긴장이다.[29] "이 악한 세대"에 잠시 살아가는 사람이 어떻게 거기서 벗어나서 지금 여기에서 내세의 삶을 살 수 있는가? 그같은 것은 내주하시는 성령의 도움으로 말미암아 가능하다. 성령은 그리스도의 수난(受難)으로 인한 구원의 선물이 신자 안에서 효력을 발휘하게 만들 뿐만 아니라 신자들로 하여금 내세의 축복들을 미리 맛보게 해준다.

4. 율법으로부터의 해방

그러므로 "죄와 사망의 법"에서 우리를 해방하는 것은 바로 "그리스도 예수 안에 있는 생명의 성령의 법"이다(롬8:2). "왜냐하면 율법이 작용하는 인간 본성이 무력하기 때문에 율법이 할 수 없었던 것을 하나님이 하셨기 때문이다. "육신을 좇지 않고 그 영을 좇아 행하

---

26) 그 다음에 나오는 말씀인 "이 사망의 몸에서 누가 나를 건져내랴"에서 "사망의 몸"은 (육을 따라) 존재하는 연약한 인간 본성이다.
27) M, Goguel, *The Birth of Christianity*, E. T. (London, 1953), pp. 213 f. ; 참조. C. H. Dodd, *The Epistle of Paul to the Romans*(London, 1932), p. 107("사람은 그와 같이 이상적인 생각대로 움직여지는 것이 아니다").
28) J. Milton, *Areopagitica* (1644).
29) A. Nygren, *Commentary on Romans*, E. T. (London, 1952), pp. 291 ff.를 참조하라.

는 우리에게 율법의 요구를 이루어지게 하려" 다른 방법으로는 도저히 이룰 수 없었던 역사, 인간으로서 인간을 위한 역사(役事)를 하나님이 그 아들을 보내어 이루셨다. 율법은 옛 시대, 사람이 영적으로 무력했던 시대에 속한다(바울은 이것을 자기의 독특한 용어인 "육"으로 표현한다). 성령은 새 시대를 보증하는 것이다. 성령 안에서 사람들은 옛 시대 아래서 피할 수 없었던 속박에서 해방되어서 "마음으로 하나님의 뜻을 행"할 수 있으며(엡6:6),[30] 바울이 표현하듯이 "성령의 열매"(갈5:22이하)를 맺을 수 있다.

옛 시대에서 새 시대로 옮겨가는 것 — "육"의 연약함에서 성령의 권능으로 옮겨가는 것은 그리스도의 오심으로 말미암아 일어난다. 율법이 효력을 발휘하지 못하는 것은 율법을 지키기에 "육" — 약한 인간 본성 — 이 부적절하기 때문이다. 그러나 이런 인간 본성으로, "죄 있는 육신의 모양으로"(롬8:3) 하나님의 아들은 이 세상에 오셨다. 그는 여자에게서 난 참 사람으로 오셔서 "율법 아래"(갈4:4)사셨지만, 다른 사람들이 실패한 바로 이곳 세상에서 승리하셨다. 그는 마음으로 하나님의 뜻을 행했을 뿐만 아니라(그럼으로써 새 언약을 구현하였다) 남들을 위하여 율법을 범하는 자들에게 율법이 내리는 저주를 감내(甘耐)하심으로써(율법에 따라 하나님의 저주를 받은 죽을 몸을 입으심으로써), 율법 아래 있는 자들을 그 저주에서 속량하셔서 믿음으로 말미암아 약속하신 성령을 받게 하시고 하나님의 권속이 되게 하셨다(갈3:10-14, 4:4-6).

그래서 그리스도의 성육신과 다른 사람들의 죄를 위하여 자신을 드리심을 통하여 하나님은 "육신에 죄를 정하셔서"(롬8:3) — 죄를 인간의 본성 전체에 정하셔서 — 영적인 자유를 가져온 새 시대, 새 언약의 시대를 오게하셨다. 로마서 8:1-4에서 바울은 예레미야 31:31-34에 나오는 새 언약에 관한 하나님의 말씀(oracle)을 문자 그대로는 아니지만 그 의미를 재현하고 있다. 이 하나님의 말씀에서 이스라엘이 옛 언약 아래서 지키지 못했던 율법과 하나님이 그후로 자기 백성 가운데 두시고 "그 마음에 기록"하실 율법 사이에는 내용상으로 실질적인 차이가 없다. 차이점은 그들이 전에는 율법을 외면적인 의문(儀文)으로 알았는 데 반해 이후로는 내면의 원리로 알 것이라는 데 있다. 그래서 바울에게 "육신을 따라" 살아가는 사람들이 지킬 수 없는 "율법의 요구"와 "영을 따라" 살아가는 자들에게서 성취된 율법의 요구는 내용에 있어서 실질적인 차이가 없었다. 차이점은 이제 새로운 내면의 권능이 사람들에게 나누어져서 신자들로 하여금 자기가 이전에 할 수 없었던 것을 이룰 수 있도록 한다는 사실에 있었다. 하나님의 뜻은 변하지 않았다. 그러나 그것이 이전에는 돌판에 새겨져 있었지만 지금은 사람의 마음에 새겨졌으며, 외부적인 강제로 할 수 없었던 것을 내면에서 추동되는 힘이 이루어내었다. 율법에 적힌 요구들에 관한 한 기독교인이 되기 전의 바울은 그 요구들을 세심하게 지켰었다. 하지만 바울이 율법의 요구들을 지킨 것은 마음으로 하나

---

30) 바울에 있어서 "육체를 따라" 사는 것은 "율법 아래"(즉 옛 속박의 시대) 사는 것을 의미한다. "영을 따라" 사는 것은 "은혜 아래"(즉 새로운 자유의 시대) 사는 것을 의미한다.

31) 신 21:23.

님의 뜻을 행하는 것에 포함되지 않았다. 왜냐하면 모든 계명들은 사랑 안에 포함되어 있으며 이 사랑은 하나님의 사랑이 성령으로 말미암아 그의 마음에 부어졌을 때만 그에게 가능하게 되었기 때문이다(롬5:5). 성령을 언급하고 있는 것으로 보아 여기서의 바울의 가르침은 예레미야의 "새 언약"의 성취만이 아니라 자기 백성 안에 새 마음과 새 영을 심어주겠다는 하나님의 약속을 기록하고 있는 에스겔 11:19 이하와 36:25-27의 예언의 말씀이 성취되었음을 보여 주고 있다.

새 시대의 메시지가 "살아계신 하나님의 영으로 한 것이며 또 돌비에 쓴 것이 아니요 오직 육의 심비에 한 것이라"(고후3:3)고 바울이 말할 때 그가 가리키는 것은 이 새 마음, "부드러운 마음"(겔11:19, 36:26)이다. 글로 쓰여진 율법전(律法典)은 하나님의 뜻을 전하기에 부적합한 도구였다. 그러한 형태로는 하나님의 뜻을 오직 일시적인 목적으로만 ─ 사람들에게 육을 따라 사는 사람들의 무능(inability)과 죄됨(sinfulness) 즉, 피조물로서의 연약함을 일깨워 주기 위한 목적으로만 전할 수 있었다. 하나님의 뜻을 행하는 것은 외면적인 준칙들을 지키는 문제가 아니라 성령으로 인한 내면적인 사랑을 드러내는 문제이다. 그러므로 바울은 "의문은 죽이는 것이요 영은 살리는 것임이니라"(고후3:6)고 말한다. 의문(儀文)은 하나님의 뜻을 행할 능력을 사람들에게 나누어 주지 않으면서도 하나님의 뜻을 선포하고 그것을 어기는 자들에게 죽음을 선고하기 때문에 의문은 죽이는 것이다. 성령은 생명을 줄 뿐만 아니라 하나님의 뜻을 행할 내면의 권능과 소원을 나누어 준다.

율법은 하나님의 뜻을 공표하는 것이기 때문에 "거룩하며 의로우며 선하도다"(롬7:12). 사람에게 미치는 효과의 측면에서 율법은 "죄와 사망의 법"(롬8:2)이라 말할 수 있다. 그러나 성령은 이 두 측면에서 모두 거룩하다 ─ 성령은 하나님의 영이며 사람 속에 거룩함을 창조한다. 하나님 백성의 마음을 새롭게 하여 하나님의 뜻 ─ 즉 "선하시고 기뻐하시고 온전하신"(롬12:2) 모든 것 ─ 을 인정할 뿐만 아니라 행하도록 하시는 분은 성령이시다. 성령이 신자들 속에 창조하는 거룩함은 하나님의 형상이신 그리스도를 닮은 모습으로 변화되는 것에 다름 아니다. 그리고 이것은 외부적인 강제를 통하여 이룰 수 있는 것이 아니다. "주의 영이 계신 곳에는 자유함이 있느니라"(고후3:17 이하). "하나님이 거룩한 것처럼 사람들도 거룩하여야 한다"(레11:44 이하)는 율법의 목적은 (바울에 의하면) 복음에서 실현된다.

이것이 바울이 로마서 3:31에서 의미하고 있는 바일 것이다. 거기서 바울은 유대인이나 이방인 모두에게나 믿음이라는 동일한 원리 위에서 죄인들을 의롭게 하시는 하나님의 방식을 제시한 후에 "그런즉 우리가 믿음으로 말미암아 율법을 폐하느뇨"라고 반문한 다음 "그럴 수 없느니라 도리어 율법을 굳게 세우느니라"고 스스로 답한다. 바울이 하나님께서 아브라함의 믿음을 그에게 의로 여기셨다고 하는 이야기(롬4:1-25)를 계속해서 설명하고 있는 직후의 문맥에서,[32] 믿음으로 말미암아 의롭게 되는 길을 보여주는 복음이 굳게 세우는 율법

---

32) 창 15:6.

은 넓은 의미의 토라 — 모세 오경, 더 구체적으로는 창세기의 아브라함 기사(記事)인 듯이 보일지도 모른다. 사실 그렇다. 하지만 바울은 더 나아가 하나님의 뜻을 구현하고 있는 것으로서의 더 엄밀한 의미의 율법은 하나님의 백성이 율법 아래 "매인 바 된"(갈3:23) 시대 곧 "믿음이 오기 전에" 가능했던 것보다도 믿음의 시대에 더 적합하고 굳게 세워지고 성취된다. 오직 영적인 자유가 있는 곳에서만 사람들은 하나님의 뜻을 적절하게 순종하고 하나님의 율법을 굳게 세울 수 있다.

5. 사랑의 법

성령의 법이 사랑의 법이면, 그것은 바울이 다른 곳에서 말하고 있는 "그리스도의 법"과 동일하다 — "너희가 짐을 서로 지라 그리하여 그리스도의 법을 성취하라"(갈6:2). 바울이 말하는 "그리스도의 법"은 그리스도께서 하나님 사랑과 이웃 사랑의 두 계명이 온 율법과 선지자의 강령이라고 말씀하실 때 "그리스도께서 예시하신 율법" 또는 "그리스도께서 규정하신 율법"이다(마22:40).[33] 바울이 율법을 이런 식으로 재해석한다는 것은 "온 율법은 네 이웃 사랑하기를 네 몸같이 하라 하신 한 말씀에 이루었나니"(갈5:14) 또는 "사랑은 이웃에게 악을 행치 아니하나니 그러므로 사랑은 율법의 완성이니라"(롬13:10)는 바울의 말 속에 잘 나타나 있다.

그러나 사랑의 법은 바울이 종노릇의 멍에라고 묘사하는 율법과는 전혀 다른 종류의 법이다. 사랑은 내면에서 자발적으로 생겨나는 것이지 형벌에 의한 강제에 의해서 강요될 수 없다. 위에서 루터파 전통에서 율법의 "세번째 효용" — 교회를 위한 지침을 주는 효용 — 에 대해 언급했었다.[34] 바울에 관한 한 교회를 위한 지침은 "의문에 속한 계명의 율법"(엡2:15)이 아니라 사랑의 법이 주는 것이다. 서신들에서 바울은 신자들에게 다른 사람들을 위한 지침을 흔히 명령법으로 규정하고 있지만, 이 지침들은 거의 대부분 인간관계에 관한 것이다. 예를 들면, 바울은 우상에게 제물로 드린 음식 문제를 다루면서 그 음식의 윤리적 및 종교적인 의미에 대해서는 관심을 갖지 않는다. 이 문제나 다른 행위에 있어서 문제가 되는 것은 나의 행위와 모범이 다른 이들에게 미치는 영향이다. 내가 그들의 진정한 유익을 무시한다면, 나는 "사랑으로 행치 아니"(롬14:15)하는 것이라고 바울은 말한다. 이와 동일한 원칙은 교회에서 성(性)과 관련된 생활이나 행위와 같은 여러 가지 문제들에 관한 바울의 가르침에서도 찾아볼 수 있다.[35]

세심한 준칙들과 규율들 대신에 사랑의 법을 역설하는 것을 듣고 바울 당시의 기독교인

---
33) 31쪽, 71쪽, 363쪽을 보라.
34) 211쪽을 보라.
35) 참조, 고전 6:12-20.; 11:17-22.

들 가운데 많은 수는 도덕 무관심주의(moral indifferentism)를 장려하는 것으로 오해했는데, 그 이후의 많은 기독교인들도 그러한 느낌을 가져왔다. 그러나 당시에 바울을 비판하던 자들과는 달리 바울 이래로 기독교적 도덕주의자들은 세심한 준칙과 규율을 고집하는 가운데 그들은 바울이 분명히 표현하고 있는 판단들 아니면 적어도 그의 가르침에 담겨진 뜻을 좇고 있다고 주장하는 경향이 있어 왔다.

그러나 우리는 바울이 주후 50년 경의 종교적인 사람들의 관습들에 동의하지 않았던 것처럼 오늘날의 종교적인 사람들의 관습들에 동의하지 않는다는 것을 알아야 한다. 바울을 바울되게 하는 것이 최선이다. 그리고 그렇게 할 때, 우리는 바울이 그리스도 안에 있는 사람은 영적인 성숙에 이르렀기 때문에 더 이상 어린아이 시절의 목줄(leading-string)에 속박당하지 않고 자유의 몸으로 태어난 하나님의 아들의 생득권(生得權)을 누려야 한다고 주장하는, 최고의 자유의지론자요 기독교인의 자유를 선포하는 위대한 포고자임을 알게 될 것이다.

여기서 어느 곳에선가 루터는 바울의 마음을 꿰뚫어보았다. "기독교인은 각자 아무에게도 속박당하지 않는 가장 자유로운 주인이다. 기독교인은 각자 모든 이들을 섬기는 가장 충순(忠順)한 종이다."[36] 기독교인의 자유라는 측면에서 "아무에게도 속박당하지 않는", 기독교인의 자비라는 측면에서 "모든 이들을 섬기는", 바울에게 있어서 이것은 그리스도의 길이었기 때문에 그리스도의 법이다. 그리고 바울은 바로 이런 길을 통하여서만 모세 율법의 근저에 있는 하나님의 목적은 그 정당성이 입증되고 구체적으로 실현될 수 있다고 생각했다.[37]

---

36) M. Luther, *Tractatus de libertate christiana*(1520), in *Luthers Werke*(Weimar edition), 7(1897), p. 49.
37) 또한 T. W. Manson, "Jesus, Paul and the Law", in *Judaism and Christianity*, iii: *Law and Religion*, ed. E. I. J. Rosenthal(London, 1938),pp. 125 ff.; C. F. D. Moule, "Obligation in the Ethics of Paul", in *Christian History and Interpretation. Studies presented to John Knox*, ed. W. R. Farmer, C. F. D. Moule, R. R. Niebuhr(Cambridge, 1967), pp. 389 ff,; E. P. Sanders, "Patterns of Religion in Paul and Rabbinic Judaism: A Holistic Method of Comparison", *Harvard Theological Review* 66(1973), pp. 455 ff.; D. P. Fuller, "Paul and 'The Works of the Law'", *Westminster Theological Journal* 38(1975-76), 28 ff,; C. E. B. Cranfield, "St Paul and the Law", *Scottish Journal of Theology* 17(1964), pp. 43-68; H. Hübner, *Das Gesetz bei Paulus*(Göttingen, 1978)를 보라.

제 19 장

육체와 영

1. 육체

바울에게 "율법 아래" 있는 것은 "육체 가운데" 있는 방식 가운데 하나이다. 바울이 사용하는 "육체(sarx)"라는 말은 그의 신학에서 중심적인 역할을 하기 때문에 그것을 주의깊게 검토해 볼 필요가 있다. 바울이 사용하는 용어의 배경을 이루는 것은 구약인데, 바울은 구약의 용례를 자기 나름대로의 특유한 노선을 따라 확장하여 사용한다.

구약에서 "육체"는 인간과 동물의 생명을 구성하고 있는 기본적인 물질이다. 이 단어가 일반적인 동물의 생명이라는 의미(창6:19)[1] 또는 사람이 먹을 수 있는 것이든 아니든 동물의 고기라는 의미(출12:8)로 사용되는 것과는 달리, 사람들은 "육체와 함께 거하지 아니하는 신들"(단2:11)과는 대조적으로 "육체"로 분류된다. 하나님이 인간 수명의 한계를 정하실 때 "나의 신이 영원히 사람과 함께 하지 아니하리니 이는 그들이 육체가 됨이라"[2] (창6:3)고 말씀하신다. 사실 사람은 생기를 불어넣는 육체이다. "모든 육체"는 "모든 인류"를 뜻한

---

1) 노아에게 "혈육 있는 모든 생물"의 암수 한 쌍을 방주로 이끌어 오도록 하는 명령에서. 또한 창세기 7:15이하를 보라. 이 외에 "생물이 다 죽었으니"(창7:21).
2) 이것이 가장 유력한 의미이다(참조, NEB: "그가 죽을 육체임이니라"). RV의 난외주에 있는 제안은 별로 타당한 것 같지 않다. "그들이 어그러진 길로 갔기 때문에 그들은 육체이다"(히브리어 '브샤감 후 바샤르').

다("모든 동물의 생명"이라는 더 넓은 의미를 가지는 몇몇 경우를 제외하고는). "육체"는 인간 본성의 약함(weakness)과 유한성(mortality)을 가리키기도 한다. "저희는 육체뿐이라"(시78:39). 또한 그것은 "몸을 물에 씻을 것이라"(예를 들면, 레14:9)는 명령에서와 같이 사람의 신체를 의미할 수도 있다. 그리고 시편 63:1에서 "내 육체가 주를 앙모하나이다"라는 어구가 그 앞 구절인 "내 영혼이 주를 갈망하며"와 동일한 뜻을 나타내는 대구법(對句法)으로 사용될 때처럼 인간 자체를 의미하기도 한다 — 여기서 "내 영혼(네페쉬)"과 "내 육체(바샤르)"는 모두 "나"라는 말을 달리 표현하는 말에 지나지 않는다.

그러면 이러한 구약적 배경과 바울의 용법이 어떻게 다른지 살펴보기로 하자.

첫째, 바울은 "육체"를 "사람의 신체"라는 평범한 의미로 사용한다. 그는 로마서 2:28에서 "마음에 하는" 할례인 영적 할례와 대비되는 문자 그대로의 할례(참조, 창17:11)를 말할 때 이 단어를 사용하며,[3] 고린도후서 12:7에서 자신의 육체적인 괴로움을 "육체에 가시"라는 말로 설명한다(참조, 갈4:13).[4] 더 일반적으로는 그가 갈라디아서 2:20에서 "이제 내가 육체 가운데 사는 것"이라고 말할 때 "육체 가운데"는 "죽을 몸 가운데"를 의미한다.

둘째, 바울은 "육체"를 자연적인 인간의 혈통 또는 혈연관계라는 의미로 사용한다. 그리스도는 "육신으로는"(롬1:3, 9:5) 다윗의 혈통에서 나셨다거나 이스라엘의 자손이라고 할 때, 아브라함을 "육신으로 우리 조상"(롬4:1)이라고 하면서 그의 생물학적인 후손들을 "약속의 자녀"와 대비되는 "육신의 자녀"라고 부를 때(롬9:8. 참조, 갈3:7, 4:23 이하), 바울이 유대인을 자기의 "골육(flesh)의 친척"(롬9:3) 또는 단지 "내 골육(flesh)"(롬11:14)이라고 말할 때 그러한 의미이다.[5]

셋째로, 바울은 "육체"를 "인류"라는 의미로 사용한다. 갈라디아서 2:16과 로마서 3:20, "율법의 행위로 그의 앞에 의롭다 하심을 얻을 육체가 없나니". 혹은 고린도전서 1:29, "이는 아무 육체라도 하나님 앞에서 자랑하지 못하게 하려 하심이라". 종종 그는 이와 동일한 의미를 갈라디아서 1:16, "내 곧 혈육과(즉 어떤 사람과도) 의논하지 아니하고"에서처럼 "혈육(flesh and blood)"이라는 어구로 표현하기도 한다.[6] 그러나 바울에게서 가장 특이한 것은 "육체"를 다음과 같이 "인간 본성"이라는 의미로 사용한다는 것이다.

① 연약한 인간 본성. 로마서 6:19에서 바울은 "너희 육신(즉, 너희의 자연적인 이해력)이 연약하므로" 일상생활의 유비(類比)를 사용하여 설명을 한다고 말한다. 로마서 8:3에서 바울은 율법이 "육신(즉, 율법이 작용하는 연약한 인간 본성)으로 말미암아 연약하기" 때문에 의를 이룰 수 없다고 말한다. 그는 고린도 교회의 교우들을 염려하느라 그의 "육체가 편치 못하였다"(고후7:5)고 말한다. 그는 이와 동일한 사정을 고린도후서 2:13에서 "내 심령

---

3) 참조, 신 10:16, 30:6. 렘 4:4, 빌 3:3.
4) 151쪽을 보라.
5) 참조, 삼하 5:1.
6) 95쪽을 보라.

(프뉴마)이 편치 못하여"라고 말한다 — 이것은 바울의 저작에서 보통은 대조적인 뜻으로 쓰이는 두 명사를 실제로 동일한 의미로 사용한 특이한 경우이다(바울의 저작에서만이 아니라 마가복음 14:38, "마음에는 원이로되 육신이 약하도다"에서도 대조적인 의미로 사용하고 있다).

② 그리스도의 인성(人性). 그리스도의 인성은 모든 인류의 인성과 같다. 하지만 죄가 우리의 삶에 교두보를 설치하고서 이를 통하여 인간의 상황을 지배하고 있기 때문에 우리의 인간 본성은 "죄있는 육체"이다. 그리스도는 진짜 육체로 오셨지만 — 그는 "육적 몸"(골1:22)으로 사셨고 죽으셨다[7] — 죄가 그의 삶에 발을 붙일 수 없었기 때문에 "죄있는 육체"로 오신 것은 아니었다. 그러므로 그리스도는 "죄있는 육신의 '모양'으로"[8] 오셔서 자신의 생명을 대속물로 드리셨고 하나님은 "육신에 죄를 정하셨다"(롬8:3) — 그리스도의 죄없는 인성 덕분으로 육신에 죽음을 선고하였다고 한다.

③ 거듭나지 못한 인간 본성. 바울은 때때로 "아담 안에서" 자기가 물려받은 것에 속하는 죄있는 성향(性向)을 "나의 육신"으로 부른다. 이런 의미의 "나의 육신"에는 선한 것이라고는 하나도 들어있지 않다. 그는(아마도 대표적인 의미로 말하고 있는 것이겠지만) "육신으로는 죄의 법을 섬기노라"(롬7:18,25)고 말한다.[10] 이것의 지속적인 영향력은 거듭난 사람들에게서도 찾아볼 수 있다. 예를 들면, 바울은 고린도 교인들을 "육신에 속한 자"라고 부른다. 왜냐하면 그들은 성령을 받았음에도 여전히 세상적인 지혜의 표준에 따라 서로 시기하고 싸우고 판단하고 있었기 때문이다(고전3:1-4). 갈라디아서 5:19-21에서 "성령의 열매"와 대조하여 열거하고 있는 "육체의 일"에는 음행과 술취함과 같은 감각적인 죄악들만이 아니라 시기, 분냄, 당짓는 것과 같은 정신적인 태도가 포함되어 있다.

하지만 "그리스도 예수의 사람들은 육체와 함께 그 정과 욕심을 십자가에 못박았느니라"(갈5:24) — 로마서 6:6과 비슷한 말씀, "우리 옛 사람이 예수와 함께 십자가에 못박힌 것은 죄의 몸('아담 안에서' 우리의 것이었던 죄의 지배를 받는 본성)이 멸하여 다시는 우리가 죄에게 종노릇하지 아니하려 함이라".[11] "육"이 그리스도와 함께 못박혔으면서도 여전히 신자에게 위협적인 존재일 수 있다는 것은 바울 저작에서 계속 반복되는 모순의 한 측면이

---

7) 참조, 골 2:11. 이에 해당하는 히브리어는 1 Qp Hab. 9,1.2에 나온다.
8) 문자적으로는 "죄의 육체의 모양으로". A. Nygren, *Commentary on Romans*, E.T. (London, 1952), pp. 313 ff.; C. E. B. Cranfield, *The Epistle to the Romans*, ICC, i(Edinburgh, 1975), pp. 379 ff를 참조하라. 218쪽을 보라.
9) 356쪽을 보라.
10) 216쪽을 보라.
11) 하지만 R. H. Gundry, "*Soma*" *in Biblical Theology*(Cambridge, 1976), p. 39를 참조하라. "죄의 몸"은 "죄 또는 육체가 지배하는 몸"이라는 점에서 바울은 "죄의 몸"과 "육체"를 구별한다. 죄의 몸이 멸하는 것은 그 몸의 "장래의 소멸"과 부활의 몸에 의한 대치라고 그는 말한다 (*ibid.*, pp. 57f.).

다. 신자들은 "옛 사람을 벗어버리고 새 사람을 입었다"(골3:9 이하)고 하면서도 다른 곳에서 바울은 그들에게 바로 그와 같은 것 — "옛 사람을 벗어버리고" "새 사람을 입는" 것을 하라고 권면한다(엡4:22, 24). "옛 사람"은 이전에 "아담 안에" 있었을 때의 그들의 모습으로서 거듭나지 못한 인간 본성의 화신(化身)이다. "새 사람"은 현재 "그리스도 안에" 있는 그들의 모습으로서 새로운 인간 본성의 화신이다. 그러므로 "새 사람을 입는 것"은 "그리스도를 입는 것"이다. 바울이 말한 대로 그리스도와 합하여 세례를 받은 자들은 모두 "그리스도로 옷입은"(갈3:27) 것이라면, 그러한 사람들은 또한 "주 예수 그리스도로 옷입은"(롬13:14) 것이며 따라서 실제로 하나님의 부르심으로 말미암아 이미 그리스도로 옷입고 있는 것이다.

바울이 표현하듯이 "나의 육신"은 여전히 신자들에게 하나의 현실적인 문제이긴 하지만, 신자는 더 이상 그러한 의미로서 "육신에" 있지 않는다. 그러한 의미로서 "육신에" 있다는 것은 거듭나지 못했다는 것이며, 여전히 "아담 안에" 즉 "하나님을 기쁘시게 할 수 없는"(롬8:8) 상태에 있다는 것이다. 신자들은 이전에 "육신에"(롬7:5) 있었지만, 하나님의 영이 실제로 신자들 안에 거하신다면 지금 그들은 "육신에 있지 아니하고 영에 있다" — 하나님의 영이 신자들 안에 거하지 않는다면 그들은 바울에 의하면 그리스도의 사람이라 불릴 자격이 없다(롬8:9).

그러므로 신자들은 더 이상 "육신에" 있지 아니하고 "영에" 있기 때문에 그들은 더 이상 "육신을 좇지 않고" "영을 좇아" 살아야 한다(롬8:4이하, 12이하). 그들은 거듭나지 못한 생각("육신의 생각")을 하나님의 자녀에 합당한 생각("영의 생각")으로 바꾸었다. 그러므로 "정욕을 위하여 육신의 일을 도모하지 말라"는 것은 신자들의 의무이다(롬8:5-7, 13:14).

"육체"는 죄와 사망의 법에 종속되어 있으며 따라서 죽음의 선고 아래 있다. "너희가 육신대로 살면 반드시 죽을 것이로되"(롬8:13). "자기의 육체를 위하여 심는 자는 육체로부터 썩어진 것을 거두고"(갈6:8). 어떤 종류든 죄는 "육체의 일"이며 죽음이라는 결과를 가져온다.

때때로 "몸(body)"이라는 단어가 "육체(flesh)" 대신에 사용된다. 갈라디아서 5:19에서 "육체의 일"이라 부르는 것은 로마서 8:13에서 "몸의 행실"이라고 불린다.[12] 그래서 "죄의 몸"(롬6:6)은 로마서 8:3의 "죄있는 육신"(문자적으로 "죄의 육체")과 거의 동일한 뜻이다. 우리는 벗어나기를 간절히 원하는 바 로마서 7:24의 "이 사망의 몸"과 비교해 볼 수 있다.[13] 반면에 로마서 8:10의 "죄로 인하여 죽은" "몸"은 부활 때에 "신령한 몸"(고전15:44)으로 바뀔 혈과 육으로 된 죽을 몸을 가리킬 뿐이다.[14] 바울에 있어서 "몸"은 "육체"와는 달리 고

---

12) "몸의 행위들은 직접적으로는 '소마'에서 유래하는 것이지만 그 궁극적인 근원은 '소마'를 지배하고 그럼으로써 그것과 구별될 수 없는 '사륵스'이다"(R. H. Gundry, *op. cit.*, p. 39).

13) "그러나 여기서 사망의 몸은 죄 자체라는 의미에서의 '육체'는 아니다. 그것은 그 지체들 안에 죄와 사망의 법이 거하기 때문에 죽을 운명을 가지고 있는 신체이다"(Gundry, *op. cit.*, p. 40).

상한 의미를 띤 단어이다. 바울이 "몸은 주를 위하며 주는 몸을 위하시느니라"고 말하면서 신자의 몸을 "성령의 전"이라고 부르고 고린도 신자들에게 "너희 몸으로 하나님께 영광을 돌리라"고 권면할 때(고전6:13,19,20), 그는 육체의 부활이 아니라 몸의 구속(롬8:23 에서와 같이)을 이야기하고 있기 때문에 "몸"을 "육체"로 바꾼다면 그의 용법과 불일치하게 될 것이다. 바울에게 특유한 의미에서 육체는 결국 죽을 수밖에 없으나, 몸은 영원히 살도록 예정되어 있다.

2. 영

신약에서처럼 구약에서도 "영"은 "육체"와 대비되는 말이다. "애굽은 사람이요 신이 아니며 그 말들은 육체요 영이 아니라"(사31:3). 하나님은 함축적으로 영이다(참조, 요4:24). 그럴 뿐만 아니라 하나님의 영은 사람들에게 생기를 불어넣고 사람들에게 육체적인 힘, 정신적인 능력, 영적인 통찰(특히, 예언에서 두드러지게 나타나는)을 나누어 준다 — 하나님의 영이 아니라면 사람들이 가질 수 없는 것들. 그래서 바울에 있어서 "육체"와 대비되는 말은 "영" — 인간의 영이라기보다는 하나님의 영 — 이다. [15]

구약 예언자들은 하나님의 영이 활동함으로써 이전 시대와는 특별한 방식으로 구별될 다가올 시대를 예언했다. 이러한 대망(待望)의 두 가지 흐름은 특히 중요하다. 한 흐름에서는 성령의 활동은 이스라엘과 이방을 위해 자비와 심판의 사역을 수행하기 위하여 성령으로 기름부음 받으실 인물 — 다윗 계열의 이상적인 통치자(사11:1 이하), 겸손하고 자기를 희생하는 주의 종(사42:1 이하) 등 여러 가지로 묘사된 — 과 결부되어 있다. 또 하나의 흐름에서는 다가올 날들에는 "모든 육체"에게 성령이 부어져서 선택받은 소수가 아니라 많은 사람들이 예언의 은사를 행할 것이라는 약속을 하고 있다(욜2:28 이하). [16]

이 두 가지 흐름의 대망(待望)은 신약에서 예수의 공생애의 시작에서 결합되어 있다. 예수께서 세례를 받으실 때 성령이 그에게 내려오심으로써 그는 이사야 61:1이하의 화자(話者)와 자기 자신을 동일한 인물로 말할 수 있었다. "주의 성령이 내게 임하셨으니 이는 가난한 자에게 복음을 전하게 하시려고"(눅4:18이하). 이와 동시에 세례 요한은 예수를 가리켜 성령으로 세례를 베푸실 오실 자(the Coming One)라고 말했다(막1:8, 요1:32-34). 그런 후에 예수는 특별히 하나님의 영을 받고 그 다음에는 이 성령을 다른 이들에게 나누어

---

14) Gundry, op. cit., pp. 43-45를 참조하라.
15) 고린도후서 7:1, "우리가 육과 영의 온갖 더러운 것에서 자신을 깨끗케 하자"에서 "영"은 사람의 영이다.
16) 63쪽, 73쪽, 457쪽 이하를 보라.
17) 문자적으로 "성령은 아직 오지 않았다". 참조, 요 16:7(다락방에서 행한 예수의 보혜사에 대한 약속 가운데 하나). "가면 내가 그를 너희에게 보내리니".

준다.

예수께서 언제 어떻게 성령을 다른 이들에게 나누어 주셨는가 하는 것은 논란되고 있는 문제이지만, 복음서 기자들 가운데 두 사람은 분명하게 그 시기가 예수의 수난(受難)과 승리에 좌우된다고 보고 있다. 제4복음서 기자는 예수의 예루살렘 사역을 이야기하면서 "예수께서 아직 영광을 받지 못하신고로 성령이 아직 저희에게 계시지 아니하시더라"(요7:39)고 말한다. 누가복음과 사도행전의 저자는 신약에서 가장 두드러진 "의도적이지 않은 우연의 일치"의 예를 보여주는데, 그는 최초의 기독교적 오순절에 높이 들리우신 예수께서 성령을 부어주시는 사건을 이야기하면서 아울러 그 성령 강림의 결과로서 일어난 일들을 실제로 요한복음 14-16장의 다락방 강화(講話)에서 예수께서 약속하신 성령을 구체적으로 성취한 증거로서 기록하고 있다.[18] 성령의 임재(臨在)와 활동에 관한 사도행전의 묘사는 아마도 초대 교회의 일반적인 체험 또는 적어도 예루살렘에 있던 원래의 신자 공동체와 관련이 있었던 상당수의 신자들의 체험과 똑같았을 것이다. 성령으로 말미암아 제자들은 죄를 깨닫게 하는 효력을 갖고 있는 복음을 증거하고 선포하며 예수의 이름으로 표적과 기사(奇事)를 행할 수 있었다.[19] 성령은 교회에서 선지자들을 통하여 말씀하신다.[20] 사도들과 그 동료들이 공통된 생각에 이를 때, 성령의 생각은 그 생각을 공표하는 데 있어서 가장 중요한 권위로 인용된다.[21] 선교 활동을 지도하는 분은 성령이시다.[22]

바울은 자신의 서신 전체를 통하여 이러한 묘사를 전제하고 있고 그 위에 독특한 강조점들을 덧붙이고 있다. 제4복음서의 다락방 강화(講話)에서 성령은 제자들의 마음에 예수의 가르침을 생각나게 하고 그 의미를 분명하게 해줄 뿐만 아니라 그들을 모든 진리 가운데로 이끌며 그들에게 장래에 될 일을 보여주는 것이라면,[23] 바울에게 있어서 성령은 부활하신 그리스도의 생명과 권능을 자기 백성들에게 전해 준다. 누가와 요한과 마찬가지로 바울에게 있어서 눈으로 볼 수 있는 형태를 가지신 예수께서 이 땅을 떠나신 다음에 오는 시대는 성령의 시대이며, 성령의 시대는 율법의 시대를 대신한다. 율법은 속박을 의미하는 반면에 성령은 자유를 가져다 준다. "의문은 죽이는 것이요 영은 살리는 것임이라"(고후3:6).

성령이 오신 덕분으로 이전에 어린아이 시절에 율법의 목줄로 속박되어 있었던 하나님의 백성들은 이제 성인이 되었다. 바울은 "너희가 만일 성령의 인도하시는 바가 되면 율법 아래 있지 아니하리라"(갈5:18)고 말한다. 성령의 인도는 제한하고 속박하는 힘이 아니라 자

---

18) 행 2:1이하. 참조. W. F. Lofthouse, "The Holy Spirit in the Acts and the Fourth Gospel", *Expository Times* 52(1940-41), pp. 334-336.
19) 행 2:43. 4:8, 31. 5:32(참조, 요 15:26 이하) 등.
20) 행 11:28. 13:1이하. 20:23. 21:4, 10 이하.
21) 행 15:28.
22) 행 13:4. 16:6-10.
23) 요 14:26. 16:12-15.

유케하는 힘이다. "하나님의 영으로 인도함을 받는 그들은 곧 하나님의 아들이라"(롬8:14). 그러므로 성령을 "양자의 영(the Spirit of sonship)", 신자들로 하여금 부활의 때에 완전히 이루어질 "양자될 것" ─ 모든 피조물이 고대(苦待)하는 "하나님의 아들들의 나타나는 것"을 기다리면서 하나님의 장성한 아들로서의 지위를 주장하고 누릴 수 있게 해주는 성령이라 부른다. 그 날에 피조물은 "썩어짐의 종노릇한 데서 해방되어 하나님의 자녀들의 영광의 자유에 이르게" 될 것이라고 바울은 말한다(롬8:21).

그러나 하나님의 자녀들은 내주하시는 성령의 능력으로 말미암아 지금 여기에서 그 자유를 누리며 기뻐하고 즐거워한다. 바로 그 동일한 성령의 능력으로 인하여 그들은 확신에 차서 자발적으로 하나님을 아버지라 부를 수 있다. "너희는 아바 아버지라 부르짖느니라 성령이 친히 우리 영으로 더불어 우리가 하나님의 자녀인 것을 증거하시나니"(롬8:15 이하). 사실 신자들로 하여금 하나님을 "아버지"라 부를 수 있게 하고 예수를 "주"라 부를 수 있게 하시는 분은 동일한 한 분 성령이시다(참조, 고전12:3). 그러나 "아바"는 아버지를 뜻하는 말로서 예수께서 사용하셨던 독특한 단어였다(참조, 막14:36). 기독교인들이 ─ 헬라어를 사용하는 기독교인들조차도 ─ 이 셈어를 전해 받아 기도에서 그 말을 사용했다는 것은 하나님이 그들의 마음에 보내신 성령은 "양자(sonship)의 영"일 뿐만 아니라 "그 아들의 영"(갈4:6)이며, 예수 안에 내주하셔서 능력을 공급해 주었던 영이라는 징표이다.

바울에게 있어서 "영에" 있는 것은 "육신에" 있는 것의 반대이다. 그에 의하면 모든 신자들은 "영에" 있다. 그는 로마에 있는 기독교인들에게 "만일 너희 속에 하나님의 영이 거하시면 너희가 육신에 있지 아니하고 영에 있나니 누구든지 그리스도의 영이 없으면 그리스도의 사람이 아니라"(롬8:9)고 말한다. 그 다음에 나오는 두 문장은 "또 그리스도께서 너희 안에 계시면"과 "예수를 죽은 자 가운데서 살리신 이의 영이 너희 안에 거하시면"(롬8:11)이라는 조건절로 시작한다. 그러므로 신자의 체험이라는 측면에서 볼 때는 성령의 내주와 부활하신 그리스도의 내주(內住)는 아무런 차이도 없는 듯이 보인다. 물론 이것은 바울이 부활하신 그리스도와 성령을 직접적으로 동일한 것으로 보았다는 것을 의미하지는 않는다. 그 둘은 실질에 있어서는 동일하지만,[24] 그럼에도 그 둘은 구별된다.

성령은 그리스도의 부활 생명을 신자들에게 전해주며(이것이 성령을 그리스도의 영이라고 부르는 이유일 것이다), 그렇게 함으로써 성령은 그들이 그리스도의 부활을 본받아 일으키심을 받을 것이라는 확신 ─ "그리스도 예수를 죽은 자 가운데서 살리신 이가 너희 안에 거하시는 그의 영으로 말미암아 너희 죽을 몸도 살리시리라"(롬8:11)는 확신을 전해준다. 이것은 성령에 관한 바울의 가장 독특한 통찰 가운데 하나이다. 바로 이런 이유로 바울은 성령을 부활 생명의 "처음 익은 열매"(롬8:23), 신자들이 장래 받을 영광의 유업의 "봉인

---

24) 참조, 고전 15:45, "마지막 아담(즉, 부활하신 그리스도)은 살려주는 영이 되었으니"(앞에서 언급한 캐제만의 논평과 아울러).

(seal)" 또는 "보증" — '아라본' 또는 할부금의 첫 불입금(拂入金) — 으로 묘사한다(고후 1:22, 5:5. 엡1:13 이하).[25] 성령은 그리스도의 구속 사역의 유익들을 신자들 안에서 효력있게 할 뿐만 아니라 그들로 하여금 내세의 유익들을 미리 소유하고 누릴 수 있게 해준다.

그러므로 그들은 현재에서 소망 가운데 살지만, 그들의 소망은 그들 안에 개인적인 "영광의 소망"(골1:27)으로 거하시는 살아계신 그리스도에 뿌리를 두고 있기 때문에 살아있고 확실한 소망이며 성령의 능력에 의해 지지(支持)되고 있다. 아울러 성령은 마음속 깊은 곳에 있는 우리가 알지 못하는 열망을 해석하여 그것들을 중보기도 사역을 통하여 하나님께 드림으로써 신자들의 기도를 돕는다.[26] 성령은 하나님을 사랑하는 자들에게는 모든 것이 합력하여 선을 이루도록 하신다.[27] 즉, 그들로 하여금 하나님의 자녀로서 합당하게 살아가도록 하시며 "이 세대"의 자녀들을 지배하고 있는 죄와 사망의 법에서 그들을 해방하신다.[28]

성령은 신자들의 삶을 성결하게 하시는 힘(agency)이다. 성령은 육체와 끊임없이 싸우지만 육체보다 더 강력하여서 육체의 지배에 굴복하는 사람들의 삶에서 육체가 점차로 활동하지 못하게 할 수 있다. 신자들은 "영이신 주"로 말미암아 "수건을 벗은 얼굴로 주의 영광을 보매 저와 같은 형상으로 화하여 영광으로 영광에 이른다"(고후3:17).

자기 백성의 삶에서 그리스도의 형상을 이루는 이것은 성령에게 가장 적합한 사역으로서 그들의 참 생명이신 그리스도께서 나타나시고 그들 또한 "하늘에 속한 자의 형상"(고전15:49)을 입고 "그와 함께 영광 중에 나타날"(골3:4) 그 날을 준비하는 것이다.

성령의 사역은 신자들 개인의 삶에만 국한되는 것은 아니다. 성령은 그들을 그리스도와 하나되게 함으로써 그들 사이에서도 하나를 이루게 한다. 교회를 그리스도의 몸이라고 설명하는 바울의 사상은 그의 성령론과 뗄래야 뗄 수 없는 관계에 있다. "우리가 유대인이나 헬라인이나 종이나 자유자나 다 한 성령으로 세례를 받아 한 몸이 되었고"(고전12:13). 사도행전은 오실 자가 성령으로 세례를 베푸실 것이라는 세례 요한의 약속이 오순절에 성취된 것으로 본다. 실제로 오순절 성령 강림의 근거로 부활하신 그리스도가 인용되고 있다(행1:5, 11:16). 사도행전에서는 오순절 이후로 교회가 "모였다는 사실"을 강조하면서(참조, 2:44, 4:32), 그것은 바울의 가르침을 위한 길을 열어놓은 것이라는 식으로 말하고 있다.

그러나 모든 신자들은 인종이나 사회적 지위와 상관없이 한 몸에 속한 같은 지체들로서

---

25) 성령에 관하여 "봉인"과 "보증"(헬라어 ἀρραβών)이라는 서로 대체될 수 있는 의미를 가진 말을 사용한다는 것은 고린도후서 1:22과 에베소서 1:13이하를 보면 명백하다. ἀρραβών은 뵈니게의 상업 용어에서 유래했는데 히브리어는 '에라본'으로 표현된다. 채무 변제의 "서약" 또는 "보증"을 의미하는 '에라본'이 히브리 성서에 등장하는 첫번째 경우에 채무자의 "봉인"(히브리어. '호탐')이 서약의 중요한 요소라는 것(창38:18, 25)은 우연의 일치일지는 모르지만 주목할 만하다.
26) 롬 8:26 이하.
27) 롬 8:28. 359쪽 주 22를 보라.
28) 롬 8:2.
29) 135쪽을 보라.

공동운명체로서 그 공동체적 존재와 통합의 끈의 원천이자 원리인 성령으로 인하여 하나되어 있으면서 각 지체가 능력을 공급해 주시는 성령께서 그들에게 나누어 주신 직임(職任)을 전체의 선(善)을 위하여 수행한다는 사상을 독특하게 표현한 사람은 바울이다. "각 사람에게 성령의 나타남을 주심은 유익하게 하려 하심이라"(고전12:7).[30] 그러나 바울에게 있어서 개개 신자와 신자들의 공동체에 내주하시는 성령의 일차적인 기능은 몸 전체가 "그리스도의 장성한 분량이 충만한 데까지"(엡4:13) 이를 때까지 자기 백성 안에서 그리스도의 형상이 이루어지도록 하는 것이다.[31]

---

30) 참조, 롬 12:4-8. 때때로 바울은 이 공동체적 연합을 몸이 아니라 성전으로 표현한다. 참조. 고전 3:16("너희가 하나님의 성전인 것과 하나님의 성령이 너희 안에 거하시는 것"). 몸에 비유한 것은 바울에게 독창적인 것인 듯한데, 성전의 비유는 이전에 전례가 있었다. 예를 들면 쿰란 공동체는 자기들의 공동체를 살아있는 성전으로 여겨서 일반 평신도들이 성소이고 내부의 평의회는 지성소를 이루고 있다고 생각했다(1QS 8,11.5이하). (바울도 개개 신자들에 대해서도 성전의 비유를 사용한다. 고전 6:19, "너희 몸은...너희 가운데 계신 성령의 전인 줄을").

31) E. Schweizer's *TDNT* articles πνεῦμα(vi [1968], pp. 332-455), σάρξ and σῶμα (vii [1971], pp. 98-151, 1024-1094)에는 풍부한 주석 자료들이 나와 있다. 또한 A. Sand, *Der Begriff "Sarx" in den paulinischen Hauptbriefen* (Regensburg, 1967); M. E. Isaacs, *The Concept of Spirit*(London,1967)를 보라. J. D. G. Dunn, *Jesus and the Spirit* (London, 1975), pp. 97-114, 199-342에는 바울의 성령론이 특히 공감이 가도록 해설이 되어 있다.

제 20 장

안디옥에서 빌립보까지

1. 바울과 실라가 소아시아를 향해 떠나다

 바울이 두번째로 소아시아를 향하여 안디옥을 출발했을 때 동행한 사람은 바나바가 아닌 또 다른 동역자였다. 누가의 설명에 따르면, 바울과 바나바 사이에 이전의 선교 여행에서 함께 세웠던 교회들을 다시 방문하러 함께 가겠다는 말이 오고 갔으나, 요한 마가를 이번에 데리고 가는 것에 대한 문제에서 두 사람의 의견이 끝까지 달랐기 때문에 이 계획은 좌절되었다. 바울은 마가가 이전 여행에서 버가에서 그들을 떠나 고향으로 돌아감으로써 그들의 기대를 저버렸다고 생각했다. 바나바는 마가에게 다시 한 번 기회를 주어야 한다고 생각했다. 의견차를 좁힐 수 없었기 때문에 그들은 따로따로 행동해야 했다. 바나바는 마가를 데리고 구브로로 돌아갔다.[1] 결국 이것은 아마도 최선의 방법이었을 것이다. 마가는 친척의 격려 덕분으로 생각지도 않은 성품과 유용한 자질들을 계발할 수 있었고, 바울은 이후에 마가의 존재와 도움을 인정하는 말을 할 수 있었다.[2]
 그러나 이러한 불화가 없었을지라도 바울과 바나바가 이전처럼 서로를 동행으로 삼는 데 만족했을지는 의심스럽다. 바울이 말하고 있는 한 사건, 즉 안디옥에서 이방 기독교인들과 교제하는 데서 물러난 베드로의 본보기를 "바나바도" 따른 사건으로 말미암아 둘 사이에 있

---

1) 행 15:36-39.
2) 골 4:10. 참조, 몬 24. 딤후 4:11.

었던 이전의 신뢰 관계는 금이 갔을 것임에 틀림없다.³⁾ 그 이후로 두 사람의 관계는 예전과 같지 않았을 것이다. "즐겁고 확신에 찬 아침은 다시 오지 않는다". 바울이 이 일 후에 바나바를 언급할 때는 따뜻한 옛 우정이 배어있긴 하지만,⁴⁾ 그럼에도 변화는 이미 어쩔 수 없었다.

바울은 바나바 대신에 새로운 동행자를 선택했다 — 예루살렘 교회의 교인인 실라(Silas) 또는 실루아노(Silvanus). 실라는 기록에서 안디옥에 사도의 공교(公敎)를 담은 서신을 전달하는 임무를 띠고 예루살렘 지도자들에 의해 보내진 두 사자(使者) 가운데 한 사람으로 처음 등장한다.⁵⁾ 이것으로 보아 실라는 아마도 이방 기독교인들 사이에서 평판이 좋은 인물 (*persona grata*)이었던 것 같다. 바울에게는 실라를 평가하고 그가 자기 마음에 드는 사람임을 확인할 수 있는 기회가 있었다. 실제로 예루살렘 기독교인을 자신의 동행으로 삼은 것에는 외교적인 이점(利點)들이 있을 것이었다. 누군가가 예루살렘에서 사도들이 말한 것과 행한 것을 물음으로써 바울을 궁지에 몰아넣으려고 했다면, 여기 일차적인 정보에 바탕을 둔 답변을 해줄 예루살렘 교회 출신의 사람이 있었다. 더욱이 사도행전의 이야기가 함축하고 있듯이 실라는 바울과 마찬가지로 로마 시민이었다면,⁶⁾ 바울은 스스로를 위해 시민의 권리들을 주장할 수 있는데 그의 동행은 그렇게 할 수 없는 아주 난처한 상황에 빠질 염려가 없었을 것이다. 실라의 두 이명(異名), 실라와 실루아노는 바울에게 있어서 사울과 바울이라는 이름의 관계와 동일한 관계를 가지고 있었을 것이다 — 즉, 전자는 유대의 가계(家系) 이름이고 후자는 로마식 별명(*cognomen*)이다.⁷⁾

그래서 두 사람은 안디옥 교회의 축복을 받으면서 길을 떠났는데 처음에는 북쪽으로 여행하여 수리아의 알렉산드리아(지금의 이스켄데룬)를 통과한 후에 서쪽으로 방향을 틀어 몹수에스티아(Mopsuestia), 아다나(Adana), 다소로 통하는 길을 따라 길리기아로 들어갔다. 이때 그들이 지나간 성읍들 가운데서 얼마나 많은 성읍에 그들이 복음을 전했는지는 모르지만, 그들이 세운 기독교인 공동체들에게는 예루살렘 공교(公敎)의 사본을 전달했다. 이 서신의 수신자는 안디옥은 물론 수리아와 길리기아 전역에 걸쳐 있는 이방 형제들로 되어 있었고, 실라는 그 서신을 전달하도록 지명된 사자(使者)들 가운데 한 사람으로 거기에 적혀 있었다.⁸⁾ 분명히 실라는 바울과 함께 길리기아를 떠날 때까지 이 책임을 계속 수행했다. ⁹⁾ 그들은 다소에서 북쪽으로 방향을 바꿔서 길리기아 관문(關門)을 끼고 길리기아 구역을 가로질렀다. 그들이 이 관문들을 통과했을 때, 그들은 길리기아를 벗어나 갑바도기아(Cap-

---

3) 갈 2:13.
4) 참조, 고전 9:6.
5) 행 15:22, 32 이하.
6) 참조, 행 16:37.
7) 참조, 살전 1:1, 살후 1:1, 고후 1:19.
8) 행 15:27.
9) 이 서신이 남 갈라디아의 교회들에게도 전달되었다는 것은 행 16:4에 함축되어 있다. 그러나 A. S.

padocia)로 접어들었다. 그들은 서쪽으로 방향을 바꿔서 로마의 도로를 따라 로마의 동맹자인 안티오쿠스 왕의 영토에 이르러, 이윽고 그들이 남 갈라디아를 반대 방향에서 횡단했을 때 바울과 바나바가 도달한 가장 동쪽에 있는 지점인 더베(Derbe)에 이르렀다.[10]

2. 디모데가 전도단에 합류하다

더베와 루스드라에서 바울은 교우들과 신자들에게 문안 인사를 할 수 있었고, 루스드라에서 바울은 이전에 알았던 한 젊은 청년과 새롭게 교제를 나누게 되었는데, 이 청년은 그 후로 바울의 인생 여정과 뗄래야 뗄 수 없는 관계를 갖게 되었다. 이 청년은 인종이 서로 다른 부모에게서 태어난 디모데(Timothy)였다. 그의 어머니는 유대인이었는데 디모데를 유대 신앙으로 키웠다.[11] 그러나 그의 아버지는 헬라인이었기 때문에 디모데는 할례를 받지 않았다. 아마도 디모데는 바나바와 바울이 루스드라를 방문했을 때 기독교인이 되었던 것 같으며, 지금 루스드라와 이고니온에서 연륜 있는 기독교인들이 그의 영적인 성장을 입에 침이 마르도록 칭찬했고 전도(前途)가 유망한 청년으로 그들 가운데서 주목을 받고 있었다. 이러한 자질과 은사를 가진 이 청년은 자신이 가지고 있는 다른 야심(野心)들을 포기하고 바울의 사도적 사역에 합류하기로 마음만 먹는다면 바울의 훌륭한 제자(apprentice)가 될 것이었다. 바울은 디모데에게 매료당해서 그러한 사람을 조력자(aide-de-camp)로 삼을 수만 있다면 천하를 잃어도 좋다고 생각했음에 틀림없다. 목회서신들에는 디모데가 이 길을 걷는 것이 하나님의 뜻이라는 것을 분명하게 보여준 예언의 말씀이 있었으며 이 예언의 말씀이 행해질 때 디모데가 특별한 영적인 은사를 받음으로써 이 예언을 확증시켜 주었다는 것을 보여주는 암시들이 있다.[12]

디모데가 연장자인 바울의 나머지 생을 위하여 헌신적으로 바울을 밑받침하면서 도왔음을 바울이 마음 깊이 감사했다는 많은 증거들이 있다. 바울이 수년 후에 빌립보 교회에 자기를 대신하여 그를 보내면서 그에 관하여 어떻게 말하고 있는지를 보기로 하자(빌2:19-22).

뜻을 같이 하여 너희 사정을 진실히 생각할 자가 이 밖에 내게 없음이라 저희가 다 자기 일

Geyser, "Paul, the Apostolic Decree and the Liberals in Corinth", in *Studia Paulina in Honorem J. de Zwaan*, ed. J.N. Sevenster and W. C. van Unnik(Haarlem. 1953), pp. 124 ff.를 보라. 거기에는 이 절의 삭제에 관한 문제가 논의되고 있다.
10) 188쪽 이하를 보라.
11) 그녀의 이름은 디모데후서 1:5에 유니게라고 나와 있다.
12) 참조, 딤전 4:14. 딤후 1:6.

을 구하고 그리스도 예수의 일을 구하지 아니하되 디모데의 연단을 너희가 아나니 자식이 아비에게 함같이 나와 함께 복음을 위하여 수고하였느니라.

바울은 디모데가 내성적인 기질을 갖고 있다는 것을 알고 있었다. 예를 들면 바울은 상당히 거친 고린도 교회에 자기를 대신하여 디모데를 보낼 때, 그는 거기에 있는 동료들에게 디모데를 멸시하지 말고 그로 하여금 편안한 마음을 갖게 하고 두려움을 갖지 않도록 해달라고 요청해야 했다(고전16:10 이하). 그러나 바울은 디모데에게 책임이 무겁고 미묘한 문제를 안고 있는 임무를 맡길 때 그를 굳게 믿었다. 디모데는 바울의 의사(意思)대로 틀림이 없이 임무를 수행할 것이라는 것을 바울은 잘 알고 있었다.

그러나 바울은 디모데가 자기를 이런 식으로 가장 효과적으로 돕기 위해서는 할례를 받아야 할 것이라는 판단을 하게 되었다. 바울이 루스드라와 인접 성읍에 있는 "유대인을 인하여 그를 데려다가 할례를 행하니 이는 그 사람들이 그의 부친은 헬라인인 줄 다 앎이러라"(행16:3)는 누가의 말은 뭔가 아리송한 말이긴 하지만 사람들이 때때로 생각하듯이 믿을 수 없는 말은 아니다.[13] 갈라디아서를 쓴 사람이 그런 식으로 행동했다는 것은 정말 놀라운 일이지만(그 서신의 기록 연대를 언제로 보든), 여기서 바울의 일관성을 찾으려고 한다면 그것은 핵심을 잘못 짚은 것이다. 바울을 잘 아는 사람들은 바울은 일관성과는 거리가 먼 사람이라는 것을 잘 알고 있었다.

디모데는 실제적인 의미에서 이방 기독교인이 아니었다. 유대인 어머니의 아들로 태어나 종교적인 훈육(訓育)을 받고 자란 디모데는 주지하다시피 할례라는 외형적 징표를 제외하고는 모든 점에서 유대인이었다. 주위의 이방인들에게 디모데는 유대인이었을 것이지만, 유대인들의 눈에는 그가 할례를 받지 않는 한 유대인일 수 없었다. 자신이 처한 장소와 시기에 있어서의 사회적 배경으로 볼 때 그는 유대인도 아니었고 이방인도 아니었다. 그래서 바울은 디모데로 하여금 할례를 받게 함으로써 그의 위치를 바로 잡아주기로 결심했다. 이제 디모데는 유대인들의 눈에 정통으로 인정을 받았으며 유대 기독교인이라는 지위를 바울과 함께 갖게 되었다. 바울의 조치(措置)가 현명했는지의 여부는 지금 우리가 알 수 있는 것보다 좀더 자세하게 할례에 관한 지식을 알 때에만 판단할 수 있는 문제이다. 하지만 바울의 행

---

13) 누가가 디모데의 할례에 관한 말을 사도행전 15:22-29에 나오는 예루살렘 공교회에 관한 기사 다음에 놓은 것은 정말 놀라운 일이다―따라서 그만큼 누가는 매우 확실한 증거 없이는 그렇게 하지 않았을 것이다.

14) 참조, 고전 7:19("할례받는 것도 아무 것도 아니요 할례받지 아니하는 것도 아무 것도 아니로되 (but) 오직 하나님의 계명을 지킬 따름이니라"). 이 구절에서 J. W. Drane은(별로 설득력도 없이) "그러나"로 시작되는 구절을 볼 때 바울은 갈라디아서에서보다 고린도전서에서 율법의 원칙에 대하여 더 긍정적인 태도를 보여주고 있음을 알 수 있다고 한다(Paul: Libertine or Legalist? (London, 1975), p.65). 바울이 여기서 말하고자 하는 것은 할례를 받든 아니받든 그것은 하나님의 뜻을 행하는 것과는 아무런 상관이 없다는 것이다.

동이 바울 자신의 행동 원칙에 어긋나는 것은 없었다. 갈라디아 교인들에게 편지하면서 바울은 할례나 무할례는 그 자체로 아무 것도 아니라는 말을 두 번이나 역설한다(5:6, 6:15).[14] 어떤 사람이 "율법 전체를 행할 의무를 가지는"(5:3) 것은 율법의 의무로서 할례를 받을 때뿐이다. 또 이 갈라디아서에는 바울이 갈라디아 교인들에 대하여 채택했던 할례에 내린 강경 노선을 항상 견지하지 않는다 하여 비난을 받았다는 것이 함축되어 있다. 어떤 사람들이 갈라디아 교인들에게 바울은 당신들에게 하듯이 언제나 할례를 반대한 것은 아니었다고 말하지 않았다면, "형제들아 내가 지금까지 할례를 전하면 어찌하여 지금까지 핍박을 받으리요"(5:11)라는 수사(修辭) 의문문의 의미는 도대체 무엇이란 말인가?[15]

바울의 행동과 동기를 고찰할 때는 흔히 높은 차원에서의 일관성과 낮은 차원에서의 일관성을 구별할 필요가 있다. 바울의 높은 차원에서의 일관성은 율법에서 자유로운 복음을 변증(辨證)하고 주창(主唱)할 때 나타나는데, 이때는 이를 위하여 많은 낮은 차원의 일관성은 무시된다. 어떤 사람이 율법주의에서 완전히 해방되었고 바울이 어떤 좋은 목적을 위하여 그 자체로는 윤리적으로 중립적인 의식(儀式) 행위를 그가 행하기를 원한다면, 그는 강제에 의해서가 아니라 자유롭게 그 행위를 할 것이다. 아마도 그의 헬라인 아버지가 그가 아기일 때 할례를 받는 것을 허락하지 않았기 때문에 할례를 제외한 모든 면에서 유대인인 어떤 사람이 복음에 더 큰 유익을 끼치기 위하여 할례를 받는 것이 좋다면, 바울은 그로 하여금 할례를 받게 했을 것이다. 그러한 경우에 할례는 실용적인 목적을 위하여 행한 하찮은 외과적(外科的) 수술에 지나지 않는다. 바울 당시의 많은 사람들이 그러한 것들을 자발적으로 행하는 것과 종교적 의무로서 행하는 것의 차이를 알지 못했기 때문에 바울을 언행에 일관성이 없는 사람이라고 비난했다는 것은 어쩌면 당연한 것인지도 모른다.[16]

그러나 바울 자신의 표현을 빌면 "여러 사람에게 여러 모양이 된 것"에도 올바른 방법과 아울러 그릇된 방법도 있다(고전9:22).[17] 갈라디아서의 기록 연대와 수신지에 관한 우리의 추정이 올바르다면, 특히 디모데와 관계가 깊은 루스드라와 이고니온에 있는 교회들은 단지 수 개월 전에 이 서신을 받아보았을 것이다. 그들은 바울이 할례에 관하여 자기들에게 그토록 강경한 어조로 말한지 채 얼마 되지도 않아서 디모데로 하여금 할례를 받게 한 것에 대하여 어떻게 생각하였을까? 디모데가 할례를 받았다는 사실은 그들에게 비밀로 부쳐졌다는 것은 모든 것을 살펴볼 때 말도 되지 않는 얘기다. 아마도 바울의 행동은 누가가 말하고 있

---

15) 이것은 아마도 바울이 기독교인이 되기 전에 선교 활동을 하면서 이교로부터 개종하는 사람들에게 할례를 강요했던 것을 가리키는 것 같다(144쪽을 보라).
16) R. W. Emerson: "어리석은 일관성은 소인배 정치가나 철학자, 점쟁이들이 숭앙하는 것으로써 좁은 마음의 요귀(妖鬼)이다"("Essay on Self-Reliance", in *Essays, Lectures and Orations* (London, 1848), p. 30). 또한 F. J. Foakes-Jackson, *Life of St. Paul*(London, 1927), p. 15 를 보라.
17) H. Chadwick, "All Things to all Men", *NTS* 1(1954-55), pp. 261 ff.를 참조하라.

는 대로 "그 지경에 있는 유대인을 인하여"서만 행해진 것이 아니라 율법의 의무를 지고 있지 않은 사람들이 율법에 대한 순종을 표현하는 행위로서 할례를 행하는 것과 대부분 이례적인 경우에 행해지는 실용적이고 종교적으로 중립적인 편의상의 목적으로 행하는 할례의 차이를 그 근방에 있는 이방 기독교인들에게 실물 교육(object-lesson)을 통해 교훈을 주기 위해서 였다. 그렇다면 그들은 이 교훈을 마음에 새겨 두었을까?

3. 마게도냐로의 부르심

바울의 선교 계획은 남 갈라디아에 있는 신자들을 방문한 후에 에베소로 향하는 서쪽 길을 따라 가는 것이었다. 아마도 바울은 이미 이 성읍을 광활한 아시아(Asia) 속주를 복음화시키는 기지(基地)로 삼을 생각을 하고 있었을 것이다. 그러나 이 계획을 실행할 수는 없었다. 누가에 의하면, 바울과 두 명의 동행(실라와 디모데)은 "성령이 아시아에서 말씀을 전하지 못하게 하시거늘 브루기아와 갈라디아 땅으로 다녔다"(행16:6). 이 말에는 예언의 말씀 — 아마도 루스드라에서 들었던 예언 가운데 하나[18] — 은 그들이 어디로 가야 하는지를 말해 주지는 않고 단지 어디로 가지 말라는 지침만을 주었다는 뜻이 내포되어 있다. 그들에게 가능한 한 경로는 북쪽으로 향하여 니케아(Nicaea)와 니코메디아(Nicomedia)라는 성읍들이 있는, 소아시아의 북서쪽에 있는 속주인 비두니아(Bithynia)로 가는 길이었다.

루스드라에서 소극적인 지침이 주어졌다면, 그들은 어쨌든 계속해서 이고니온으로 가야 했다. 이때에 그들이 비두니아를 생각했다면, 그들은 비시디아 안디옥을 벗어나 브리기아 파로레이오스(Phrygia Paroreios, 술탄 다우 산맥의 북쪽과 남쪽에 있는 지역)로 가는 길을 택하거나 계속해서 비시디아 안디옥으로 가다가(최근에 거기에 세워진 교회로 인하여 아마도 그들은 이 길을 택했을 것이다) 거기에서 술탄 다우 산맥을 넘어서 북 브리기아 파로레이오스에 도착할 수 있었다. 어느 길을 택하든 그들은 필로멜리움(Philomelium, 지금의 악쉐히르)에 이르를 것이었다.

그러나 "브루기아와 갈라디아 땅" — "브리기아와 갈라디아 모두에 속한 지역"을 의미하는 듯한 어구 — 이라는 누가의 말은 무엇을 뜻하는가? 십중팔구 이 말은 로마의 속주 갈라디아에 속했던 일부 브리기아 지역, 이고니온과 비시디아 안디옥이 자리잡고 있는 지역[19] 즉, 브리기아 갈라디카(Phrygia Galatica)라 불리는 지역(이것이 이 지역의 공식 명칭이었다는 직접적인 증거는 없지만)을 의미한다.[20] 이 어구를 다른 식으로 해석하게 되면, 특히 이때에 그들이 갈라디아 속주의 북부 지역에 있는 원래의 갈라디아에 속한 하나 이상의

---

18) 233쪽을 보라.
19) W. M. Calder, "The Boundary of Galatic Phrygia", *MAMA* vii (Manchester, 1956), pp. ix ff를. 참조하라.

성읍들(페시누스, 앙키라, 타비움)을 방문했다고 해석하게 되면 난점들이 생기게 된다.

필로멜리움을 떠나 북서쪽으로 향했을 때 그들은 곧 아시아 속주에 속한 브리기아 지역으로 접어들어 얼마 동안 가다 보면 중요한 교통의 요충지인 도릴라에움(Dorylaeum)에 도착했을 것이다. 북쪽으로는 비두니아 속주와 경계를 이루고, 서쪽으로는 아시아 속주의 북서 지역인 미시아(Mysia)가 있었다. 그러나 그들이 비두니아로 건너갔을 때, "예수의 영이 허락지 아니하셨다"(행16:7). 이것은 또 다른 예언의 말씀을 가리킬 수도 있지만, 앞의 예언의 말씀과 단어에 있어서 약간의 변화가 있는 것으로 보아 또 다른 방식을 통한 고지(告知) — 아마도 금(禁)하고 있다는 내면의 느낌 — 일 가능성이 크다. 이제 가야 할 길은 하나밖에 없었다. 그들은 비두니아로 가는 북쪽 길을 택할 수 없었기 때문에 서쪽으로 방향을 잡아 미시아 땅의 가장자리를 따라 진행하여 에게해 연안의 알렉산드리아 드로아(Alexandria Troas, 지금의 케스탐불)에 이르렀다.[21]

알렉산드리아 드로아는 이전에 시게이아(Sigeia)라는 헬라 성읍이 있었던 터에 자리잡고 있었다. 드로아는 알렉산더 대왕의 후계자인 안티고누스(Antigonus)에 의해 (안티고니아 드로아라는 명칭으로) 건설되었고, 그를 뒤이어 트라키아(Thrace, 주전 300년 경)의 왕인 리시마쿠스(Lysimachus)에 의해 (알렉산드리아 드로아라는 명칭으로) 개칭되어 자유시의 지위를 가지고 있었다. 신약에서는 이 성읍을 단순히 드로아(Troas)라 부르고 있는데, 드로아는 또한 그 주변 지역인 드로아(Troad, 고대 성읍 트로이를 본따서 붙여진 지역 이름)의 이름이기도 하다. 율리우스 가이사는 이 성읍을 제국의 수도로 삼을 생각으로 이 궁리 저 궁리를 했다고 한다[22] — 이로부터 삼세기 반 후에 콘스탄틴 대제도 그와 같은 생각을 했지만 결국 아시아로부터 유럽을 나누고 있는 좁은 바다들의 유럽 쪽에 붙어있는 성읍을 선택했다. 아구스도는 이곳에 로마인 식민시를 설치함으로써 드로아의 중요성을 그가 알고 있었다는 것을 보여주었다.

이로부터 수년 후에 드로아에는 교회가 있었다.[23] 그 교회가 이때에 세워졌는지 아니면 그후에 세워졌는지는 확실치 않다. 그러나 바울과 두 동행이 그곳에 도착했을 때 두 가지 사건이 일어났다. 네번째 동행이 그들과 합류하게 되었으며, 마침내 그들의 다음 행선지(行

---

20) F. F. Bruce, "Galatian Problems: 2. North or South Galatians?" *BJRL* 52(1969-70), pp. 246-258를 보라. 브리기아 갈라디아로 생각되는 곳은 *CIL* iii. 6818에 갈라디아 총독(legate)이 지배권을 행사하는 지역들 가운데 하나로 나와 있는(본도 폴레모니아쿠스(Pontus Polemoniacus)와는 구별되는) 본도 갈라티쿠스(Pontus Galaticus)이다.

21) 에스키 이스탄불(Eski Istanbul, 구 이스탄불)로부터. C. J. Hemer, "Alexandria Troas", *Tyndale Bulletin* 26(1975), pp. 79-112를 참조하라. 거기에서는 "드로아는 복잡한 국제적인 교통로들이 교차하는 지점이었다"고 지적한다(p. 91). 또한 W. Leaf, *Strabo on the Troad* (Cambridge, 1923), p. 238; J. M. Cook, *The Troad* (Oxford, 1973), pp. 16 ff를 보라.

22) 참조. Suetonius, *Life of Julius Caesar* 79. 3(거기에는 "일리움(Ilium, 트로이)"과 나란히 언급된 "알렉산드리아"는 당연히 알렉산드리아 드로아이다).

23) 참조, 행 20:5-12.

先地)에 관한 지시를 받았다는 것이다.

네번째 동행은 사도행전의 저자 — 더 치밀하게 구별하자면 사도행전에 들어있는 여행일지의 저자였다.[24] 그가 바울 일행에 합류하게 된 사건은 가장 눈에 거슬리지 않는 방식 — 삼인칭 "그들"에서 일인칭 복수 "우리"로 갑자기 서술 양식을 바꾸는 것 — 으로 표현되고 있다. 사도행전에는 일인칭 복수로 이야기하고 있는 부분이 세 곳 있는데, 재미있는 것은 이 세 부분은 주로 바다를 이용한 여행과 관련되어 있다는 것이다.[25]

바울에게 다음 행선지에 대한 구체적인 지시는 밤중의 환상(vision)를 통하여 왔다. "마게도냐 사람 하나가 서서 그에게 청하여 가로되 마게도냐로 건너와서 우리를 도우라 하거늘"(행16:9). 몇몇 저술가들이 그랬듯이 그 사람이 마게도냐 사람이라는 것을 바울이 어떻게 알았느냐고 물어볼 필요는 없다. "마게도냐로 건너와서 우리를 도우라"는 그 사람의 초청만으로 충분했기 때문이다. 바울은 자기가 본 환상을 일행들에게 이야기했다. 그리고 "우리가 곧 마게도냐로 떠나기를 힘쓰니 이는 하나님이 저 사람들에게 복음을 전하라고 우리를 부르신 줄로 인정함이러라"(행16:10)고 해설자는 말한다.

4. 복음이 빌립보에 이르다

그들은 마게도냐를 향하여 떠난 그 이튿날 빌립보의 항구인 네압볼리(Neapolis, 지금의 카왈라)에 닿았다. 바울 일행이 탄 배는 산이 많은 섬인 사모드라게(Samothrace)에서 하루 밤을 보냈다. 그들 가운데 몇 사람이 칠년 내지 팔년 후에 이 동일한 항로(航路)를 반대 방향으로 여행했을 때는 닷새가 걸렸던 것으로 보아[26] 분명히 그들은 순풍(順風)을 타고 항해를 했음에 틀림없다.

에게해와 보스포루스(Bosporus)를 아드리아해와 연결시키고 있었던 유명한 로마의 군사 도로인 비아 에그나티아(Via Egnatia)는 네압볼리에서 바다와 만났다. 이 도로를 따라 북서쪽으로 16킬로미터를 가서 그들은 빌립보(Philippi)에 도착했다. 빌립보라는 명칭은 예전에 크레니데스(Krenides)의 정착지였던 곳에 주전 356년 이 성읍을 건설한 마게도냐의 빌립 2세(알렉산더 대제의 부왕)의 이름을 따서 붙여졌다. 누가는 이 성읍을 "마게도냐 지경 첫 성"(로마의 정복자 루키우스 아에밀리우스 파울루스(Lucius Aemilius Paullus)에 의해 주전 167년 마게도냐를 네 구역으로 분할한 것과 관련하여)이라고 묘사한다.[27] 그

---

24) 내 판단으로는 동일한 사람. C. K. Barret과 비교해 보라. "아무리 보아도 누가(전체 작품의 저자)가 바울을 개인적으로 알았다고 할 수는 없다"("Acts and the Pauline Corpus", *Expository Times* 88 (1976-77), p. 4).
25) 행 16:10-17; 20:5-21; 18; 27:1-28. 이 세 단락은 각각 바울을 해설자와 다른 바울의 동행과 구별하는 말로 끝난다.
26) 행 20:6(367쪽을 보라).

런 다음 그는 이 성읍이 로마의 식민시였다고 덧붙인다(행16:12). 신약에 나와있는 몇몇 성읍들이 실제로 로마의 식민시였지만, 빌립보는 신약 기자가 분명하게 식민시라고 부르는 유일한 성읍이다. 누가는 빌립보에 특별한 관심을 갖고 있었음에 틀림없다.[28] 율리우스 가이사의 정치적 후계자들인 안토니우스와 옥타비아누스(후에 아구스도)가 가이사 암살 사건의 주범(主犯)인 브루투스(Brutus)와 카시우스(Cassius) 일당을 무찌른 빌립보 진투 이후 주전 42년에 이 성읍은 로마의 식민시가 되었다. 이 전투의 승리자들은 이곳에 상당수의 정예 부대를 주둔시켰고, 이 새 식민시를 콜로냐 빅트릭스 필립펜시움(Colonia Victrix Philippensium)이라 불렀다. 이십 년 후에(이때는 이전의 동맹자였으며 그후에 정적(政敵)이 된 안토니우스를 무찌른 후) 옥타비아누스는 상당수의 안토니우스 추종자들을 빌립보에 이주시키고 이 식민시를 자기 이름을 따서 콜로냐 율리아 필립펜시스(Colonia Iulia Philippensis, 주전 27년 그가 아구스도라는 칭호를 받았을 때 아우구스트라(Augustra)라는 명칭이 이에 더해졌다)라 명칭을 바꿨다.

빌립보에는 이렇다 할 유대인 공동체가 없었기 때문에 회당도 없었던 것 같다. 합법적으로 회당을 구성하기 위해서는 성인 남자 열 명의 유대인이라는 '미니안' 또는 정족수(定足數)를 필요로 했다.[29] 그러나 성문 밖 강기테스(Gangites) 강가에는 일단의 여자들 — 하나님을 경외하는 자들과 아마도 몇몇 유대인 여자들 — 이 안식일과 성일(聖日)에 모임을 갖고 지정된 회당 기도와 감사 기도를 드리는 비공식적인 예배 처소(處所)가 있었다.[30] 네 명의 전도자들은 빌립보에 도착한 직후 어느 안식일 아침에 이 모임 장소를 발견하고는 그곳에 앉아서 여자들과 이야기하면서 자기들이 가지고 온 복음을 나누어 주었다. 이 여자들 가운데 지도자는 아시아 속주의 두아디라(Thyatira) 성에서 꼭두서니(madder) 뿌리의 즙에서 나오는 자주색 염료 — 그녀의 고향 지역은 호머(Homer) 시대에도 이 염료로 잘 알려져 있었다 — 를 파는 상인으로서 하나님을 경외하는 사람인 루디아(Lydia)였다.[31] 두아디라에는 유대인 거류지가 있었기 때문에, 루디아는 아마도 거기에서 하나님을 경외하는 사람

---

27) 이 본문은 오직 몇몇 라틴 사본들과 이를 토대로 한 두 개의 중세 유럽 사본에만 남아 있다. 이 사본들은 대부분의 사본들이 (μερίδος, "성읍"과 맞추어서) πρώτη라고 읽는 반면에(πόλις, "지경"과 맞추어서) πρώτης라고 하고 있다. 그래서 E. Haenchen, *The Acts of the Apostles*, E. T. (Oxford, 1971), p.494에서는 정확하게 H, Conzelmann, *Die Apostelgeschichte*(Tübingen, 1963), p. 91에서는 모호하게 이 본문을 택하고 있다.
28) 사도행전에서 첫번째 "우리" 단락은 빌립보에서 끝나고(16:17), 두번째 단락은 빌립보에서 시작된다(20:6). 그 기간 동안에 해설자는 빌립보에 머무르면서 예루살렘 교회를 위한 구제 기금을 빌립보 교인들이 모으는 일에 대한 책임을 맡았다고 단순하게 추론할 수 있다(366쪽을 보라).
29) 참조, Rabbi Halafta in *Pirqê Abôt* 3: 7. 이러한 관행은 쿰란 공동체(1 QS 6,1.3)와 에세네파(Josephus, *BJ* ii. 146)에서 통용되었다.
30) ἐνομίζετο προσευχή εἶναι (참조. AV. "기도하기 위하여 갔던 곳")이라는 비잔틴 사본의 읽기는 초기의 훼손을 고치려고 시도했음을 분명하게 보여주는 초기 사본들의 읽기와는 달리 원래의 읽기일 가능성이 많다.

이 되었을 것이다. 루디아는 복음을 듣고 그것이 진리임을 확신했기 때문에 그녀의 권속과 함께 세례를 받았다.[32] 그런 후에 루디아는 전도자들이 빌립보에 머무르는 동안 자기 집에 머무를 것을 강권하였다.

이런 말을 들으면 루디아의 경우와 같이 자기 집을 유숙할 곳으로 제공하는 경우가 아닐 때 전도자들은 평상시에 어떻게 하였는가 하는 의문이 생길 것이다. 바울에게 있어서 대답은 분명했다. 바울은 "장막을 만드는 일"로써 자기 자신, 필요하다면 동행들의 필요를 채워 주었다.[33] 많은 랍비들은 돈을 받지 않고 가르침을 베풀기 위해 스스로 직업을 가졌다.[34] 바울은 부분적으로는 자신의 행동 원칙의 문제로서, 부분적으로는 신자들에게 모범을 보이기 위해서, 부분적으로는 자기를 비난하는 자들에게 자기가 이(利)를 위해서 사역한다는 말을 할 빌미를 주지 않기 위해서, 기독교 설교자로서 이 전통을 굳게 지켰다. 하지만 위에서 루디아의 경우처럼 자발적으로 접대를 하고자 했을 때 바울은 기꺼이 그것을 받아들였다. 거절한다면 그것은 남의 호의를 무시하는 일이었을 것이다.

그들이 빌립보에 머물러 있을 때를 묘사하는 누가의 기사(記事)에는 헬라 세계에 있는 로마 식민시의 생활의 면모들이 나타나 있다. 로마 시민들은 로마인이라는 것을 대단히 자랑스러워 했으며 두 명의 행정장관들은 "집정관(Praetors)"[35]이라는 영예로운 칭호를 받으며 로마시의 두 집정관(Consul)처럼 릭토르(Lictor)들을 대동하고 다녔다. 릭토르들은 관직의 표시로써 그들이 섬기는 행정장관(magistrate)의 권위를 나타내는 막대기 다발 사이로 도끼를 끼운 속간(束桿, fasces)을 지녔다.[36] 빌립보의 두 집정관과 릭토르들은 점치는 여종의 사건에서 모습을 드러낸다. 이 여종은 "점치는 귀신" — 아마도 델피 신전에서 아폴로의 무녀를 사로잡아 잠시 동안 아폴로의 대변자로 만드는 영을 애매하게 묘사한 말인 듯하다 — 이 들려 점을 쳤다.[37]

이 여종이 바울과 동행들을 이리저리 끈질기게 따라다니면서 부탁하지도 않은 증거(testimonial)를 계속 소리치자 바울은 이 빌립보 여종으로 하여금 점을 칠 수 있게 해준 귀신

---

31) 참조. Homer, Iliad iv. 141 f, "몇몇 매오니아(Maeonia)[루디아] 및 카리아(Caria) 여인들이 상아를 자주빛으로 염색하고 있을 때". "루디아"는 "루디아 여인"을 의미한다. 그것은 그녀의 원래 이름이 아니었을지도 모른다.
32) 아마도 그녀의 "핵" 가족(그녀가 결혼했는지의 여부는 알 수 없다)만이 아니라 친척들, 종들, 부양 가족들을 포함한 권속(familia).
33) 316쪽을 보라.
34) 122쪽 주 32를 보라.
35) 그들의 공식 명칭은 '두오 위리(duo uiri)' ("2인 연대의 관원")였지만, 카푸아(Capua) 식민시의 2인 연대의 관원들처럼 그들은 "집정관(praetor)이라 불리기를 원했다"(Cicero, De lege agraria, ii. 93).
36) 헬라어로 릭토르들은 '랍둑코이(ῥαβδοῦχοι)' (매를 지닌 자)로 불린다(행 16:35에서처럼).
37) 복화술사(ἐγγαστρίμυθος)는 보통 자신의 말을 의식적으로 조절하는 데 비해 빌립보의 여종은 그렇지 않았다는 점만을 제외한다면, 그녀의 예언은 일종의 복화술(腹話術)이었던 것으로 보인다.

을 쫓아내버렸다. 여종의 주인들은 자기들의 소득원(所得源)이 사라져 버린 것을 보고 화가 나서 바울과 실라를 달갑지 않고 불법적인 주의 주장(propaganda)으로 이 로마인의 성읍에 소동을 일으키고 있는 떠돌이 유대인이라고 집정관들에게 고소했다.[38]

바울과 실라는 전도단의 지도자들이었을 뿐만 아니라 완전한 유대인이었고 아마도 그렇게 보였을 것이다(누가는 이방인이었고 디모데는 빈(半) 이방인이었다). 그래서 그들은 자연히 반(反) 셈족 감정의 대상이 되었다. 고소의 이유도 묻지 않고 집정관들은 이 두 사람을(릭토르의 매로) 몹시 쳐서 그 밤에 옥에 가두라고 명령했다 — 그들은 이튿날 빌립보에서 추방될 참이었다. 그러나 릭토르들이 아침에 그들을 끌어내어 추방하려고 옥에 갔을 때, 그들은 바울과 실라의 항의 — 전날에 했을 것이지만 군중들의 흥분 속에 파묻혀서 들리지 않았거나 그냥 지나쳐버렸던 항의에 부딪쳤다. 바울과 실라는 이렇게 항의했다. "로마 사람인 우리를 죄도 정치 아니하고 공중 앞에서 때리다".[39]

평범한 속주민들은 약식 재판으로 처리될 수 있었지만, 로마 시민들은 법적인 권리들을 가지고 있었고 이 권리들을 침해받았을 때는 상급기관에 소청(訴請)을 할 수 있었다. 집정관들은 직접 와서 그들에게 사과하여야 했지만, 그럴지라도 그들은 바울과 실라에게 성에서 떠나기를 요청했다. 이 두 로마 시민들에 대한 그 성읍 사람들의 반감이 워낙 거세었기 때문에 이들을 보호하기 위한 조치로 어쩔 수 없었을 것이다.

바울과 실라는 디모데와 함께 이 성읍을 떠났다. 그러나 그들이 그 성읍을 떠날 때쯤 빌립보에는 장래가 유망한 교회의 싹이 이미 움터 있었다. 그곳을 떠나기 전 그들이 얻은 최후의 개종자는 그 성의 간수(看守)와 그 권속이었다. 바울 일행은 누가를 빌립보에 남겨놓았던 것 같다. 누가는 이 시점에서 사도행전의 이야기에서 사라져서 수년 후 빌립보에 다시 나타난다.[40]

빌립보서(또는 어쨌든 빌립보 교회에 관련있는 부분)가 이 기간 동안에 쓰여졌다면,[41] 바울이 "복음에 나와 함께 힘쓰던" 유오디아(Euodia)와 순두게(Syntyche)가 "주 안에서 같은 마음을 품도록" 돕고 "또한 글레멘드와 그외에 나의 동역자들을 도우라"고 누가에게 요청할 때 누가의 이름을 부르지 않고 "참으로 나와 멍에를 같이 한 자"라고 한 것은 어쩌면 당연한지도 모른다(빌4:2 이하). 바울은 유오디아, 순두게, 글레멘드라는 이름만을 우리에게 말해 주고 있지만, 바울이 빌립보에 있는 많은 신자들의 활약을 높이 평가하고 그들과의

---

38) 로마 시민들의 개종은 형식상으로는 금지되어 있지 않았지만 공공연하게 제약을 받았다. 그런데도 개종은 널리 행해졌다. A. D. Momigliano, *Claudius the Emperor and his Achievement* (Oxford, 1934), pp. 29 ff.; A. N. Sherwin-White, *Roman Society and Roman Law in the New Testament*(Oxford, 1963), pp. 78 ff.를 보라.
39) 행 16:36.
40) 즉, 누가가 "우리" 단락의 해설자라면. 238쪽을 보라.
41) 324쪽, 417쪽을 보라.

친분을 소중하게 생각했다는 것은 분명하다.

  빌립보에 있는 신자들도 그들의 사도에게 따뜻한 애정을 가지고 있었으며 때때로 그에게 개인적인 선물들을 보냄으로써 그러한 애정을 표현했다. 바울은 신자들로부터 그러한 선물들을 받는 것에 관하여 그렇게 달가워하지 않았다. 그러나 빌립보 교회의 동료들의 관대함이 너무도 한결같고 자발적이었기 때문에 바울은 그 선물들을 주는 성의(誠意)를 보아서 그것들을 받지 않을 수 없었으며 그 선물들을 그들의 신앙과 사랑을 밖으로 표현한 것, 즉 자기에게 주는 선물일 뿐만 아니라 하나님이 받으실 만한 제물로 여길 수 있었다.[42]

---

42) 참조, 빌 4:10 이하.

제 21 장

데살로니가의 기독교

1. 빌립보에서 데살로니가로

바울과 실라와 디모데는 빌립보를 떠나 비아 에그나티아(Via Egnatia)를 따라 서남서 방향으로 여행하여 (마게도냐의 첫 구역의 수도인) 암비볼리(Amphipolis)와 아볼로니아(Apollonia)를 거쳐 빌립보에서 150킬로미터 떨어진 데살로니가(Thessalonica)에 이르렀다.

데살로니가 성(城)과 항구는 칼케돈 반도의 서부지역에 있는 테르메 만(the Thermaic Gulf—지금의 데살로니키 만)이라는 명칭을 낳은 옛 테르메 성 가까이에 있었다. 데살로니가는 주전 315년 마게도냐 왕 카산더(Cassander)에 의해 건설되었는데, 그는 이 성읍을 빌립 2세의 딸이자 알렉산더 대제의 배다른 누이인 자기 아내 데살로니가의 이름을 따라서 붙였다. 이 성읍에 원래 살던 사람들은 옛 테르메 성과 그 주변에 있던 스물다섯 개의 다른 성읍들의 주민들이었다. 카산더는 그들을 자기가 새로 세운 성읍에 강제로 이주시켰던 것이다. 주전 167년 로마인들이 마게도냐를 네 구역으로 나누었을 때, 데살로니가는 두번째 구역의 수도가 되었다. 주전 146년 로마인들이 마게도냐를 속주로 만들었을 때, 데살로니가는 속주 행정의 중심지가 되었다.

주전 42년부터 이 성읍은 스스로 세운 읍장들(politarchs)을 중심으로 생활해 나가는 자유시의 지위를 누렸다 — 읍장이란 직함은 마게도냐 성읍들의 주요한 행정장관들에게 붙여졌던 특유한 직함이었던 것처럼 보인다. 이 명칭은 헬라 문헌들에는 데살로니가의 행정 책임자라는 의미로 사용된 사도행전 17:6을 제외하고는 그 어디에도 나오지 않지만 데살로니가와 다른 마게도냐 성읍들에서 발견된 이 시대에 속하는 것으로 알려진 비명(碑銘)들에서는 많이 보인다.[1] 비아 에그나티아는 북서 방향에서 남동 방향으로 관통하는 도로로서 이 성읍을 지나고 있었는데, 오늘날에도 이 길을 따라 뚫려 있는 도로는 부분적으로 그때와 동일한 이름을 갖고 있다.

이 마게도냐에서 가장 큰 성읍에 유대인 거류지와 회당이 있었다는 것은 당연했다. 그러므로 바울과 두 동행(同行)은 회당으로 발길을 향해서 세 안식일에 걸쳐 회중들에게 성경을 풀어주면서 성경의 말씀들이 예수 안에서 성취되었다고 주장했다. 회중 가운데 몇몇 사람들은 바울이 전한 말씀을 믿었다. 데살로니가에 있는 동안 세 전도자들을 접대했던 야손(Jason)은 아마도 이들 가운데 한 사람이었을 것이다(야손이라는 헬라식 이름은 헬레니즘 시대에는 요슈아 또는 예슈아라는 히브리 이름을 가진 유대인들이 곧잘 사용했던 이름이었다).[2] 아리스다고(Aristarchus)도 분명히 그들 가운데 한 사람이었을 것이며[3] 세군도(Secundus)도 마찬가지였을 것이다.[4] 또 바울을 좇았던 사람들 가운데는 몇몇의 하나님을 경외하는 자들이 있었다. 이들 가운데는 데살로니가의 유력한 시민들의 부인들이 포함되어 있었다.[5]

그들이 더 이상 회당에서 환영받지 못하게 되었을 때, 전도자들은 데살로니가의 이방인들을 상대로 복음 전도 활동을 계속한 결과, 그들이 이 성읍을 떠날 즈음에는 그들이 모아놓은 기독교 공동체에는 상당수의 이방인들이 포함되었던 것으로 보인다. 이러한 추론은 그 후 얼마 되지 않아 그들을 수신자로 하는 데살로니가전서 1:9에서 아주 쉽게 끌어낼 수 있다. "너희가 우상을 버리고 하나님께로 돌아와서 사시고 참되신 하나님을 섬기며"(살전1:9). 그러나 수 주일이 흐르고 난 후 전도자들은 소동에 휘말리게 되었다. 그 성의 유력한 시민들은 자신들의 부인들이 회당에 출석하는 것을 용납해 왔을 것이다. 사실 이 당시에 회당에 출석하는 것은 로마 제국의 많은 성읍들 특히 로마시에 있는 명문가(名門家)의 부인들 가운데 상당히 유행을 이루고 있었다.

그러나 그들은 그들의 부인들이 도대체 어디로부턴가 그들의 성읍에 온 백해무익(百害無益)한 이 수상한 사람들에 의해 최면술이 걸린(그들에게는 그렇게 보였다) 광신자들의 이상한 집단과 관련을 맺는 것을 이전과는 전혀 다른 눈빛으로 보았을 것이다. 그들이 추구하는 것은 부(富)였거나 그보다 더 불명예스러운 어떤 것이었다. 그러한 이야기들이 오고갔다는

---

1) E. D. Burton, "The Politarchs", *American Journal of Theology* 2(1898), pp. 598 ff.를 참조하라.
2) 이전 시기(주전 174-171년 경)에 시몬 2세의 아들이자 예루살렘에서 마지막 사독 계열의 대제사장이었던 야손을 참조하라.
3) 참조, 행 19:29; 20:4; 27:2; 골 4:10(여기서 그가 유대 기독교인이었다는 사실이 분명해진다).
4) 참조, 행 20:4.
5) 사도행전 17:4의 서방 본문은 새신자들 가운데 "적지 않은 유력한 인사들의 부인들"을 포함시키고 있다.

것은 데살로니가전서 2:3-12에 나와있는 바울의 변증을 보면 분명하다. 거기에서 바울은 자기들이 전한 것은 "간사에서나 부정에서" 난 것이 아니며 아첨의 말이나 "탐심의 탈"을 쓰지 아니하였다는 증거로써 바울의 동료들과 자기에 대한 신자들의 개인적인 기억에 호소한다. 그렇게 하기는커녕 바울은 "우리의 수고와 애쓴 것을 너희가 기억하리니 너희 아무에게도 누를 끼치시 아니하려고 밤과 낮으로 일하면서 너희에게 하나님의 복음을 전파하였노라"고 말한다. 그리고 바울은 신자들에게 너희 믿는 자들을 향하여 자신들의 행위가 얼마나 "거룩하고 옳고 흠없었는"가 — 실제로 신자들에게 기독교인의 생활 방식의 모범을 보여주기 위하여 — 를 다른 사람들에게 증거하도록 요청한다.

2. 체제 전복의 죄명으로 고소되다

회당 책임자들도 사회적으로 유력한 남녀 인사(人士)들이 회당 예배에서 빠져나간 것에 대하여 화가 났을 것이다. 그리고 이 수상한 방문자들을 미심쩍어하는 통치자들의 마음을 충동질하여 자신들의 분노를 행동으로 옮기는 것은 그리 어렵지 않았다. 그들은 저자거리 또는 '아고라'를 배회하는 건달들을 동원하여 소동을 일으켰다. 소동을 일으킨 사람들은 방문자들을 잡아내어 재판에 부치려고 했지만 찾아낼 수가 없어서 방문자들을 접대했던 야손과 다른 몇몇 신자들에게 행패를 부리는 것으로 만족했다. 그들이 방문자들에게 덮씌웠던 죄명은 엄청나게 중대한 — 실제로 흠정역(the King James Version)의 전통적인 번역보다 훨씬 더 중대한 죄명이었다. "천하를 어지럽게 하던 이 사람들이 여기도 이르매"(행 17:6). 이 말은 자주 반복해서 사용함으로써 그 심각한 의미가 많이 완화되었다. 설교자들(더 구체적으로 말한다면 아마도 젊은 설교자들)은 자신의 활동을 잘 보여주는 본문으로서 이 말을 사용해 왔다. 그러나 이 말에는 체제 전복이나 선동 활동을 하고 있다는 뜻이 내포되어 있다. "문명 세계를 어지럽게 하던 이 사람들이 지금 여기에 이르렀는데 야손이 그들을 맞아들였다. 그들의 활동은 명백히 가이사의 칙령을 어기고 있다. 그들은 또 하나의 황제(임금)[6] 예수를 선포하고 있기 때문이다."

이러한 고소는 로마 제국 전역에 걸쳐 유대인 공동체들에서 광범위하게 소요가 일어나고 있었던 당시의 상황 속에서 보아야 한다. 유대의 자유를 위하여 싸우는 자들은[7] 글라우디오

---

6) '바실류스(βασιλεῦς)'라는 헬라어는 임금(라틴어로는 '렉스(rex)')과 황제(imperator) 모두에 대하여 쓰인다. 여기서 예수가 가이사와 대등한 분으로 선포되었다고 하므로 "또 다른 황제"는 이치에 맞는 얘기이다(요한복음 19:15을 보면, "내가 너희 왕(βασιλεῦς)을 십자가에 못박으랴"라는 빌라도의 비꼬는 듯한 질문에 대제사장들은 "가이사 외에는 우리에게 왕(βασιλεῦς)이 없나이다"라고 말한다.)
7) 이 용어는 "테러리스트들"이라고 불린 사람들을 가리키는 완곡어법으로 받아들여지고 있기 때문에, 이 용어를 사용한다.

황제 치세 동안 유대 땅에서 특히 활발하였는데, 그들의 활동은 본토 내에서만 전개된 것은 아니었다. 호전적인 메시야 사상은 디아스포라 유대인들 사이에서 열병처럼 번져나갔고 제국의 속주와 성읍들에서 치안을 담당하는 관리들은 그러한 소요와 바울의 "메시야 사상"을 구별하지 못했다. 로마시에서도 아주 최근에 그러한 소요가 일어나서 그 결과 글라우디오는 유대인 공동체를 수도에서 추방하는 사건이 벌어지기도 하였었다.[8] 알렉산드리아에서 헬라인 공동체와 유대인 공동체 사이에 격렬하고 피비린내나는 분규가 일어난 사건이 있었을 때, 사건 직후에 글라우디오 황제는 그의 치세 초에 알렉산드리아의 시민들에게 엄중한 서신을 보냈다. 특히 유대인 공동체를 염두에 두고 있는 구절에서 그는 이러한 충고를 하였다.

> 수리아에서 알렉산드리아로 항해하거나 애굽의 다른 지역에서 나일강 하류로 항해하는 유대인들을 맞아들이거나 초청하지 말라. 만약 너희가 그렇게 한다면, 나는 그러한 행위를 매우 수상쩍게 여길 것이고, 전 세계에 걸쳐 만연되어 있는 전염병을 조성하는 행위로 보고 그들을 엄하게 처벌할 것이다.[9]

그가 언급하고 있는 이주해 오는 유대인들은 아마도 이웃 헬라인들의 이후의 공격이 있을 때 자신들의 힘을 보강할 목적으로 알렉산드리아의 유대인들이 자신들과 합류하도록 초청한 유대인들이었을 것이다. 그러나 "수리아"에는 유대 땅이 포함될 것이고, 몇몇 불법적인 이주자들은 다른 곳에서 제국의 평화를 위협했던 호전적인 메시야주의자들이었을 가능성이 있다. 이런 식으로 생각하면 "전 세계에 걸쳐 만연되어 있는 전염병"이라는 글라우디오의 말을 이해할 수 있다(그리고 우연히도 황제의 서신의 사본에 나오는 "세계"라는 헬라어는 사도행전 17:6에서 바울과 동료들에 대한 고소에서 사용되고 있는 '오이쿠메네'와 동일한 용어이다).

바울 자신은 제국의 법과 질서를 존중하라고 되풀이해서 가르치는 데 주의를 기울였지만, 바울이 가는 성읍마다 소동이 일어나지 않은 적이 드물었고 특히 그가 주권(主權)을 가진 주로 전하는 예수는 유대인의 왕을 참칭한다는 죄명으로 로마 재판소의 선고로 인하여 처형당했다는 것은 부인할 수 없는 사실이었다. 데살로니가 읍장들 앞에서 바울에게 덮어 씌워진 고소는 정말 교묘하게 짜여진 것이었다.

바울과 그의 동행들이 거역했다고 사람들이 주장한 가이사의 칙령들은 일반적이고 전체적인 의미로도 또는(더 가능성 있는 것으로는) 어떤 특정한 칙령들을 언급하는 것으로 생각

---

8) 참조. 행 18:2. 256쪽, 408쪽을 보라.
9) 'editio princeps'에 대해서는 H. I. Bell(ed.), *Jews and Christiansin Egypt*(London, 1924), pp. 1 ff. 를 참조하라.
10) 참조, E. A. Judge, "The Decrees of Caesar at Thessalonica", *Reformed Theological Review* 30(1971), pp. 1-7.

할 수 있다.[10] 소동을 일으킨 자들이 바울과 동료들을 그 앞으로 끌고 가고자 했던 데살로니가의 '데모스' 즉, 시민회(市民會)와 그들이 그 앞에서 불평을 터뜨렸던 읍장들은 제국의 여러 지역에 있는 다른 성읍들이 그랬듯이 황제에게 충성을 맹세하는 서약을 행했을 것이다. 그러한 서약으로 말미암아 그들은 바울 일행에게 행하고 있는 것과 같은 고소를 행할 힘을 받았을 것이고 또 그렇게 하도록 요구를 받았을 것이다.

더욱이 데살로니가에서 바울이 행한 설교에는 분명히 두드러지게 예언적인 요소가 있었다. 이제는 돌아와서 살아계시고 참되신 하나님을 예배하는 데살로니가 신자들은, 바울이 말하고 있듯이, "장래 노하심에서 우리를 건지시는 예수", "그의 아들이 하늘로부터 강림하심을 기다리는" 것을 배웠는데(살전1:10), 바울은 그들에게 예수의 파루시아에 이르기까지 세계사가 어떻게 전개될 것인지에 관한 내용을 아울러서 가르쳤던 것으로 보인다.[11] 당시에 예언 활동은 어느 황제나 금하고 있었던 활동이었다. 예언은 너무도 쉽게 정치적 무기로 사용될 수 있었기 때문이다. 주후 11년 아구스도는 예언을 금지하는 칙령을 내렸었다.[12] 주후 16년 디베료 황제는 이 칙령을 강화하여 그러한 활동을 하는 사람을 사형에 처하도록 했다.[13] 바울의 예언은 사람들이 로마에 있는 황제와 대등한 자로 바울이 제시하였다고 고소한 그 분에 집중되어 있었다.

3. 바울이 황급히 떠나다

읍장들이 이 중대한 죄명의 고소 사건을 듣고도 경악하지 않았다는 것은 그들이 건전했다는 것을 보여준다. 그들은 야손과 그 동료들로 하여금 전도자들 ― 더 구체적으로는 바울 ― 의 선량한 행위를 보증하도록 한다면 이 상황의 들끓는 열기를 식힐 수 있으리라고 생각했는데, 이러한 조치에는 바울이 즉시 조용하게 데살로니가에서 떠나는 것도 포함되어 있었다. 바울은 떠나기를 싫어했지만, 실제로 그 문제에 있어서 어떤 다른 방도도 선택할 수 없었던 동료들 때문에 어쩔 수가 없었다. 바울과 동행들이 이제 막 세워놓은 교회를 굳게 하기 위해서는 계속적인 지도와 가르침이 필요하다고 생각한 바울은 소동의 여파와 자신의 강제적인 추방으로 인해 교회가 앞으로 어떻게 되어갈지 마음을 놓을 수가 없었다. 이 교회의 교인들은 분명히 어느 정도 핍박을 받았을 것이다.

그 성읍에서 지도적인 위치에 있던 시민들이 이 새로운 집단에 가입했던 자기들의 부인들에게 어떻게 말했을까를 상상해 보는 것도 재미있을 것이다. "이 유대인 선동가들은 정말 운이 좋은 놈들이야! 그들은 여기 와서 당신들을 꾀어 회당에서 떠나 자기들을 따르도록 하

---

11) 251쪽 이하를 보라.
12) Dio Cassius, *History* lvi. 25. 5 f.
13) *Ibid.* lvii. 15. 8.

였다. 하지만 소동이 일어나자마자 그들은 당신 같은 얼간이들로 하여금 뒷일을 감당하도록 내버려두고 떠나버렸다!" 바울은 신자들이 그러한 비웃음거리가 되고 어떤 경우에는 그보다 더한 대우를 받을 것이라는 것을 잘 알고 있었다. 그래서 바울은 데살로니가로 다시 돌아와 그들을 격려하려고 한 두 번 시도를 하였지만 번번이 그러한 시도는 수포로 돌아가고 말았다. "사단이 우리를 막았도다"라고 그는 말한다(살전2:18).

드로아로 가는 길에서 있었던 것과 같은 장애물은 하나님의 지시의 징표이고 지금과 같은 장애물은 사단의 방해의 증거라고 말할 수 있는 근거가 무엇이냐고 묻는다면, 아마도 사도는 복음의 진보와 교회의 덕을 촉진하는 것으로 판명되는 것들은 전자에 속하고 그러한 것들에 해를 끼치는 것들은 후자에 속한다고 대답할 것이다. 실제로 바울이 황홀경 속에서 낙원에 다녀 온 후에 생긴 "육체에 가시"처럼 하나님께서 자신의 목적을 촉진시키기 위하여 채택하거나 거부하는 수단으로서 사단이 찾아왔다는 것을 알아차릴 수 있는 — 적어도 회고적으로는 — 경우가 종종 있다.[14] 그러나 이 경우에 사단의 방해가 병이거나[15] 그로 하여금 데살로니가를 떠나게 만들었던 정치적 상황들이 계속된 것이었거나, 그는 여기서 그러한 방해물들을 제거하시겠다는 하나님의 뜻을 발견할 수 없었던 것으로 보인다 — 적어도 이 말들이 나오는 서신, 즉 우리에게 데살로니가전서로 전해져 온 서신을 쓸 당시에는 그랬던 것 같다.

4. 데살로니가 교회에 보낸 서신

신약에는 "하나님 아버지와 주 예수 그리스도 안에 있는 데살로니가인의 교회"에 보내진 서신이 두 개 있다. 이 두 서신의 관계를 분명하게 말하기는 쉽지 않다. 두 서신은 주제에 있어서 상당한 공통점이 있지만, 공통 주제는 대부분 데살로니가전서에서 더 자세하게 다루어진다. 거의 묵시문학에 가까운 한 단락(살후2:1-12)을 제외하고는,[16] 데살로니가후서는 많은 독자들에게 데살로니가전서를 대충 재현한 것으로 생각되었던 것 같으며, 그래서 특히 독일 학자들 사이에서는 데살로니가후서를 진정성(眞正性)이 없는 것으로 보는 경향이 있어 왔다 — 그러나 누가 어떤 목적으로 그 서신을 편집했겠는가 하는 문제는 알기가 어렵다. 데살로니가전서는 데살로니가에 있는 이방 기독교인들을 위하여 쓰여졌고 데살로니가후서는 유대 기독교인들을 위하여 쓰여졌다는 견해도 있으며,[17] 두 서신의 표제에 "바울과 실루

---

14) 참조, 고후 12:7(150쪽을 보라).
15) T. W. Manson, *Studies in the Gospels and Epistles*(Manchester, 1962), p. 271.
16) 251쪽을 보라.
17) A. Harnack, "Das Problem des zweiten Thessalonicherbriefs", *Sitzungsberichte der königlichen preussischen Akademie der Wissenschaften*, 1910, pp. 562 f.를 따르고 있는 K. Lake, *The Earlier Epistles of St. Paul*(London, ²1914), pp. 83 ff.를 참조하라.

아노와 디모데"를 공저자(共著者)로 열거하고 있는 것으로 보아,[18] 그들 가운데 한 사람 이상이 이 서신을 쓰는 데 참여했을 것이라는 설도 있다. 두 서신에는 수신자가 다르다는 것을 보여주는 그 어떠한 증거도 없으며, 바울이 세운 교회에 유대인 분파와 이방인 분파가 각각 있었다는 생각은 근거가 없는 것이다. 데살로니가전서의 기자(記者)는 "내가 주를 힘입어 너희를 명하노니 모든 형제에게 이 편지를 읽어 주리라"(5:27)고 말한다 — 그러므로 이 서신을 교회 전체로 하여금 읽게 할 목적이었다는 것은 분명하다. 이 지시(指示)의 문법상의 주어인 "나"는 데살로니가전서 2:18의 "나 바울"임에 틀림없다. 데살로니가후서 3:17에 나오는 "나 바울은 친필로 문안하노니"라는 확인도 아울러 고려해 볼 때, 누가 대필을 했던간에 바울 자신이 두 서신의 내용을 구성했다고 하는 것이 자연스러운 결론이다.

또 다른 가능성은 데살로니가후서가 두 서신 가운데서 먼저 쓰여졌다고 하는 것이다.[19] 두 서신을 배열한 전통적인 순서는 두 서신의 선후(先後)관계에 관해서는 생각도 하지 않고 그렇게 한 것이다. 바울 서신은 주로 서신의 길이가 긴 순서부터 차례로 배열되어 있다. 데살로니가후서가 먼저 쓰여졌다고 주장하는 측의 논거 가운데 하나는 수신자들이 실제로 자신들의 신앙으로 인하여 핍박을 당하고 있는 것으로 묘사되고 있는 반면에(1:4이하), 데살로니가전서 1:6과 2:14에서는 그러한 핍박이 과거 시제로 언급되고 있다는 점이다.

데살로니가에 있던 바울의 동료들은 밤을 이용해서 바울을 데살로니가에서 서남쪽으로 약 100킬로미터 떨어진 곳에 있는 베뢰아(Beroea)로 무사히 보내주었다. 거기서부터 바울은 호위를 받고 아덴(Athens)으로 갔다. 아덴에서 바울은 실라와 디모데와 합류하였는데, 즉시 그들을 마게도냐 — 디모데는 데살로니가, 실라는 아마도 빌립보 — 로 다시 보냈다. 그들이 바울에게 돌아왔을 때는 바울은 아덴을 떠나 고린도(Corinth)로 옮겨가 있었다.[20] 디모데가 데살로니가후서를 데살로니가 교회에 전달했다면, 데살로니가전서는 디모데가 고린도에 있는 바울에게 가져온 소식과 데살로니가인들이 디모데의 방문 기간 동안에 제기했던 질문들 — 아마도 그 가운데는 디모데에게서 전해 받은 서신으로 말미암아 생긴 질문들도 있었을 것이다 — 에 답하기 위하여 쓰여졌을 것이다.

디모데가 데살로니가에서 가져온 소식을 듣고 바울은 매우 안심을 하고 즐거워했다. 데살로니가에 있는 새 기독교인들은 최근의 사건들로 인해 낙심하거나 환멸을 느끼기는커녕, 바울이 디모데로부터 소식을 듣고 고린도에서 쓴 서신에서 "너희가 마게도냐와 아가야 모든 믿는 자의 본이 되었는지라"(살전1:7)고 말할 정도로 스스로의 힘으로 복음을 전파하기 시

---

18) 참조, F. C. Burkitt, *Christian Beginnings*(London, 1924), pp. 128 ff.
19) 참조, J. Weiss, *Earliest Christianity*, E. T. i (New York, 1959),pp. 289 ff,; T. W. Manson, *Studies in the Gospels and Epistles*, pp. 286ff.; R. G. Gregson, "A Solution to the Problems of the Thessalonian Epistles", *Evangelical Quarterly* 38(1966) pp. 76 ff.
20) 참조, 살전 3:1이하,6; 행 17:14이하; 18:5. 이 두 기사의 관계에 관한 유용한 제안은 K. Lake, *The Earlier Epistles of St. Paul*, p. 74를 보라.

작했던 것이다. 그들은 갖가지 핍박들 — 그중에는 정도가 심한 것도 있었다 — 을 견디어 내야 했었는데, 이런 핍박들은 그들의 열심을 가라앉히지 못했다. "주의 말씀이 너희에게로부터 마게도냐와 아가야에만 들릴 뿐 아니라 하나님을 향하는 너희 믿음의 소문이 각처에 퍼진고로 우리는 아무 말도 할 것이 없노라"(살전1:8).

하지만 디모데가 가져온 소식을 듣고 바울은 자신이 그 성읍을 급히 떠나느라 제대로 가르칠 수 없었던 몇 가지 문제들에 대한 가르침을 데살로니가 신자들에게 더 분명하게 베풀어야 할 필요가 있음을 느꼈다. 데살로니가 신자들에게 성(性)의 순결을 지키는 것이 중요하다는 것과 결혼으로 인한 연합을 깨뜨려서는 안 된다는 것 — 헬라의 이교(異敎)에서 개종한 신자들이 알아듣기 어려웠던 가르침 — 을 일깨울 필요가 있었다.[21] 이방인 신자들에게까지 영향을 미쳤던 종말론적 열광으로 말미암아 일상적인 일들을 수행하기 싫어하는 등 지나친 현상들이 생겨나고 있었다. 현재 세상의 질서들이 곧 없어질 것이라면, 왜 그러한 일들에 신경을 써야 하나? 바울은 그들에게 자기의 모범을 말해 주면서 그들로 하여금 자기 생업을 하여 생계를 꾸려나가야 한다고 권면해야 했다. 그렇게 하지 않는다면 그들은 식객(食客)이 되어 외부 사람들의 존경을 상실할 것이다.[22]

파루시아에 관하여 바울이 충분히 가르치지 못함으로 인해서 또 다른 문제가 생겼다. 신자들 가운데 몇몇은 이미 죽었는데, 그들은 파루시아 때에 여전히 살아있는 신자들이 누릴 축복들을 누리지 못하게 되는가? 바울은 아니라고 말한다. 그들은 불리한 위치에 있기는커녕 우선권을 가질 것이다. 파루시아의 나팔이 울려퍼질 때 "그리스도 안에서 죽은 자들이 먼저 일어날"(살전4:16) 것이기 때문이다.[23] 파루시아에 대한 대망은 자신이 게으른 것에 대한 변명이 되어서는 안 되고 오히려 깨어있고 절제 있는 삶을 살아가야 할 토대가 되어야 한다. "주의 날이 밤에 도적같이 이를"(살전5:2) 것이기 때문이라고 바울은 (예수의 말씀을 재현하여) 말한다.[24]

5. 주의 날과 불법의 사람

반면에 이미 앞에서 언급한 대로 데살로니가후서 2:1-12에 나오는 묵시문학에 가까운 단

---

21) 참조, 살전 4:3-8.
22) 참조, 살전 4:9-12; 살후 3:6-12.
23) 330쪽 이하를 보라.
24) 바울이 말하고 있는 "주의 말씀"은 역사적 예수께서 하신 말씀인지 아니면 그의 이름으로 한 예언을 가리키는 것인지는 확실하지 않다. 127쪽 주 39를 보라. 121쪽 주 26을 보라.
25) 이러한 주장을 처음으로 한 사람은 J. E. C. Schmidt였다: *Philologisch-exegetische Clavis über das Neue Testament*, i. 2(Giessen, 1798); *Bibliothek für kritik und Exegese des Neuen Testaments*(Hadamar, 1801), pp. 385 f.; *Einleitung in das Neue Testament*(Giessen, 1804), pp. 256 f.

락은 주의 날이 이를 것을 알리는 어떤 징조들이 있을 것이라고 말한다. 이것은 너무도 첨예하게 모순을 포함하고 있어서 이 두 구절이 한 저자에게서 나왔을 가능성은 거의 없다고 생각되어 왔다.[25]

그러나 인자의 오심에 관한 예수의 가르침을 전하고 있는 복음서 기사(記事)들에서도 이와 동일한 분명한 모순이 발견된다는 것은 주목할 만하다. 누가복음 17:22-37에서 파루시아는 노아 시대의 홍수나 소돔과 그 자매 도시를 덮쳤던 비오듯 쏟아지는 불과 유황과 마찬가지로 번개와 같이 돌연히 이를 것이라고 하는 반면에, 마가복음 13:5-32에서는 파루시아가 이르기 전에 복음이 온 세상에 전파될 것이며 유례없는 환난의 때가 있을 것이라고 한다. 그런데도 후자의 구절 바로 뒤에는 "그 때가 언제인지 알지 못함"(막13:33-37)으로 주의하고 깨어있어야 한다는 말씀이 나오고, 전자의 구절은 "주검 있는 곳에는 독수리가 모이느니라"(눅17:37) — 이것은 심판의 때가 무르익은 곳에는 심판이 내려질 것이라고 말하는 것과 같다 — 는 속담으로 끝난다.[27] 영적인 눈과 귀가 열린 사람이라면 그러한 상황이 이르렀다는 것을 알아차리고 곧 다가올 심판에 대비할 것이다. 가장 초기 형태에 속하는 복음서 전승에는 이 두 흐름 — 파루시아가 돌연히 임하기 때문에 깨어있어야 한다는 것과 전조(前兆)들의 의미 — 이 서로 얽혀 있기 때문에 이 두 흐름이 바울의 가르침에서 그와 비슷하게 얽혀있다고 해서 놀랄 필요가 없다.

데살로니가후서가 데살로니가전서보다 이전에 쓰여졌다면, 주의 날은 그 전조가 되는 어떤 사건들이 일어난 후에야 이르리라는 말을 들은 데살로니가 교인들은 파루시아가 이르기 전에 죽은 신자들의 운명에 관한 관심이 고조되었을 것이다. 반면에 데살로니가전서가 먼저 쓰여졌다면, 이 서신은 다가올 그 날이 너무도 임박해 있으므로 그 날이 오기까지의 그 짧은 기간에 계획을 세우거나 어떤 일을 도모한다는 것은 부질없는 짓이라고 주장하는 사람들에게, 의도적인 것은 아니지만 그 주장을 유리하게 해주는 근거를 제공해 주었을 것이다. 그래서 바울은 이 건전치 못한 주장에 대처하기 위하여 "파루시아는 참으로 임박해 있다. 하지만 당장에 닥칠 정도로 그렇게 임박해 있는 것은 아니다. 어떤 일들이 먼저 일어나야 한다"(살후2:3-7)고 말하는 것이 당연했다.

> 먼저 배도하는 일이 있고 저 불법의 사람 곧 멸망의 아들이 나타나기 전에는 이르지 아니하리니 저는 대적하는 자라 범사에 일컫는 하나님이나 숭배함을 받는 자 위에 뛰어나 자존하여 하나님 성전에 앉아 자기를 보여 하나님이라 하느니라 내가 너희와 함께 있을 때에 이 일을

---

26) 아마도 이 구절은 마태복음 24:4-44과 짝을 이루고 있는 마가 본문(막 13:5-37)과 혼합된 "Q" 구절일 것이다.

27) 참조, 마 24:28. 이 말씀(the saying)이 속담이라면, 콘돌(vulture)이라는 표현이 사용되었을 것이다. 아마도 로마의 군단기(軍團旗, aquilae)를 암시적으로 표현하기 위하여 콘돌을 독수리라는 표현으로 바꾸었을 가능성이 있다. 주후 70년 예루살렘의 성전 구역을 습격한 로마인들은 동문 반대편에 있는 신성한 구역에 자신들의 군기를 세우고 거기에 제사를 드렸다(Josephus, *BJ* vi. 316).

너희에게 말한 것을 기억하지 못하느냐 저로 하여금 저의 때에 나타나게 하려 하여 막는 것을 지금도 너희가 아나니 불법의 비밀이 이미 활동하였으나 지금 막는 자가 있어 그 중에서 옮길 때까지 하리라 그 때에 불법한 자가 나타나리니 주 예수께서 그 입의 기운으로 저를 죽이시고 강림하여 나타나심으로 폐하시리라.

신약에서 이 구절만큼 다양하게 해석되는 구절은 거의 없다. 그런데도 역사적 배경에서 살펴볼 때 이 구절의 일반적인 의미는 꽤 분명하다. 여기에 나오는 말들이 보여주는 심상(心象)은 적그리스도의 출현에 관한 것이다.[28] 종말 때에 하나님과 그의 백성을 적대하는 적그리스도라는 인물 배후에는 태초의 혼돈의 용이 있다.[29] 하지만 헬레니즘 시대에 이 인물은 참되신 하나님께 대한 예배를 폐지하고 이방신의 예배로 대치하려고 한 안티오쿠스 에피파네스(Antiochus Epiphanes) — 그는 자신을 지상에 나타난 이방신으로 자처했다 — 의 시도와 함께 좀더 인격적인 특징을 갖게 되었다.

다니엘의 환상 속에서 안티오쿠스는 "스스로 높여 모든 신보다 크다 하는"(단11:36) 왕이었으며, 그가 성전에 설치해 놓은 이방적인 기구는 "멸망케 하는 미운 물건"(단11:31 등)이라는 조롱섞인 말로 불렸다.[30] 삼년 동안 신성모독이 범해진 후에 성전은 깨끗케 되어 원래의 모습으로 회복되었다. 그러나 안티오쿠스의 특성과 행위는 미래에 나타날 적그리스도의 모습을 보여주는 선구가 되었다.

주후 40년에 이 적그리스도가 모습을 드러내는 것처럼 보였던 때가 잠깐 있었다. 자신을 신격화하는 데 매우 열성적이었던 가이오(Gaius) 황제는 (서부 팔레스틴에 있는) 얌니아(Jamnia)의 유대인들이 헬라인들이 황제를 기려 세워놓은 제단을 모욕하는 행위를 했다 하여 그의 동상(銅像)을 예루살렘 성전에 세우도록 명령했다. 그리고 그는 수리아의 총독(legate)에게 그 명령이 시행되었는지를 살펴보고 폭동이 일어날 것에 대비하여 이 개 군단 병력을 이끌고 예루살렘으로 가도록 지시했다. 유대 땅과 온 세상의 유대인들은 소스라치게 놀랐다. 이것은 종말이었다. 유대인들은 각오를 단단히 하고 이 말도 되지 않는 칙령에 죽음을 불사(不辭)하고 저항했다.[31]

---

28) '안티크리스토스(ἀντίχριστος)'라는 단어는 신약에서 오직 요한 서신에만 나온다(요일 2:18,22; 4:3. 요이 7). 그러나 이러한 사상은 매우 친숙한 것이었다. F. F. Bruce, *The Epistles of John* (London, 1970), pp. 64 ff.를 참조하라.
29) 묵시문학적인 일곱 머리의 용(계 12:3이하)과 그의 하수인인 일곱 머리의 짐승, 즉 로마 제국(계 11:7. 13:1이하; 17:3이하)과 비교해 보라.
30) 참조, 제1 마카비서 1:54. 주전 167년 말엽에 예루살렘 성전에 안치된 올림푸스의 제우스는 수리아의 신인 '바알 샤멘'("하늘의 주", 히브리어로는 '바알 샤마임')과 동일시 되었다. 히브리인들은 이 '바알 샤멘'의 이름을 '식쿠스 므쇼멤'("멸망의 가증한 것")이라고 풍자적으로 불렀다. 참조, E. Nestle, "Zu Daniel, 2: Der Greuel der Verwüstung", *ZAW* 4(1884), p. 248.
31) 참조, Philo, *Embassy to Gaius* 203 ff.; Josephus, *BJ* ii. 184 ff.; *Ant.* xviii. 261 ff.

유대 기독교인들은 모든 유대인 형제들과 마찬가지로 이 일에 깊이 관심을 가졌다. 그들 가운데 몇몇은 이 위기 상황을 직접적으로 언급하여 말씀하셨다고 생각된 예수의 어떤 말씀들을 기억해 냈다. 성전의 파괴와 예루살렘의 황폐화를 가져올 장래의 난리에 관하여 말씀하시면서, 예수는 유대 땅에 있는 제자들에게 "멸망의 가증한 것이 서지 못할 곳에 선 것을 보거든 산으로 도망할지어다"(막13:14)라고 경고하셨다.[32] ["가증한 것"이라는 단어는 헬라어 중성 명사로 표현되어 있지만 사람을 가리키는 것으로 해석되어야 한다는 것은 그 단어를 수식하는 "선(standing)"이라는 분사가 이례적으로 남성형을 갖고 있다는 것으로부터 추론할 수 있다〕.[33] 이때에 예수의 이 말씀과 이와 비슷한 의미를 띤 다른 말씀들이 신실한 자들 가운데서 임박한 재난을 대비해야 한다는 것을 알리는 대자보(大字報)로 유포되었을 것 같다. 그랬다면, 그후 이 대자보는 마가복음에 편입되었을 것이다.

그러나 마침내 가이오로 인한 위기 상황은 예수께서 하신 예언의 성취가 아님이 밝혀졌다. 그 칙령은 마지막 순간에 철회되었기 때문이다. 삼십 년 이상이 지난 후에야 예루살렘과 그 성전은 황폐케 되는 순간을 맞이했다. 그러나 이 위기는 초대 교회의 사상에 깊은 흔적을 남겼고, 예수의 예언은 데살로니가후서에서 위에 인용한 구절을 포함하여, 이후의 수십 년간에 걸쳐 만들어진 기독교 문서들에서 발견되는 말씀의 양식을 제공했다. 이 위기로 말미암아 유대인들과 기독교인들 사이에서는 종말 기대(eschatological expectation)가 충천(衝天)했으며, 이 시기를 즈음하여 지중해 연안의 많은 유대인 공동체들 가운데서는 호전적인 메시야 사상이 모습을 드러내었다.

가이오가 실행하려고 시도했던 것을 또 다른 권력자(權力者)가 실제로 행할 날이 올 것이라고 바울은 말한다. 그 권력자는 성전에 자기의 상(像)을 세울 뿐만 아니라 몸소 성전에 있는 보좌를 차지하고서는 지극히 높으신 하나님이 나타나신 것이라고 주장하고 다른 어떤 신들에게 바쳐진 것보다 훨씬 더한 존귀를 자기에게 바치도록 강요할 것이다. 대다수의 사람들이 최면에 걸려 그에게 그가 요구하는 경배를 드릴 것인데, 그가 권력을 기세좋게 휘두르고 있을 때 그리스도의 파루시아로 말미암아 권좌에서 끌어내어지고 멸망당할 것이다. 이로써 메시야에 관한 옛 예언의 말씀이 성취될 것이다. "입술의 기운으로 악인을 죽일 것이며"(사11:4).

---

32) 이것이 유세비우스가 말하고 있는 신탁 즉 예루살렘 교회의 교인들은 주후 66년 전쟁이 발발하기 전에 멸망에 처해질 성을 떠나서 베뢰아의 성읍인 펠라(Pella)로 가서 살으라는 신탁을 받았다는 것과 관련이 있는지는 확실하지 않다(Hist. Eccl. iii. 5. 3); 펠라로 떠나는 것은 "산으로 도망하는 것"과 같은 것이 아니다. 유세비우스는 2세기의 저술가인 펠라의 아리스톤(Ariston of Pella)의 영향을 받아 이러한 기사를 썼을 가능성이 있다.
33) '헤스테코타(ἑστηκότα)'(남성)가 '브델뤼그마(βδέλυγμα)'(중성)를 수식하고 있다.

6. 억제하는 자

다른 기자(記者)들이 적그리스도라 부르는 이 사악한 존재를 바울은 "불법의 사람"이라 지칭한다. 그는 불법이나 무질서의 화신(化身)이기 때문이다. 불법의 "비밀" 또는 숨겨진 무질서의 세력은 아직 그 악의를 충분히 드러내지 않았다. 그 세력은 이미 이면(裏面)에서 활동을 하고 있으면서 데살로니가에서 복음의 진보를 가로막기 위하여 연합한 세력들에서처럼 때때로 표면으로 분출해 나온다. 하지만 지금 그 세력은 억제하는 자에 의해 제어되어 있다. 그러나 언젠가는 이러한 억제는 풀어질 것이고 그 때 "불법의 사람"이 나타날 것이다.

바울은 독자들이 자기가 무엇을 염두에 두고 있는지를 당연히 알 것이라고 생각하고 서신을 쓰고 있는 것으로 보아 바울이 그들과 함께 있을 때 이같은 것들을 그들에게 말한 적이 있었음이 틀림없다. 그러나 후대의 독자들에게 바울의 말은 수수께끼가 되었고, 오늘날에는 바울의 말이 무슨 의미인지에 관하여 의견이 분분하고 억제하는 자가 누구인가에 대해서는 특히 그러하다. 오스카 쿨만(Oscar Cullmann)이 처음으로 제안한 유력한 견해 가운데 하나는(전제로부터, *ex hypothesi*) 파루시아와 그에 수반되는 사건들이 일어나기 전에 마쳐져야 하는 바울 자신의 사도적 사역이었다는 것이다.[34] 그러나 사실이 그렇다면, 왜 바울은 명백하게 밝혀 말하지 않고 그렇게 암시적으로 이야기를 했겠는가?

이 억제는 황제를 통하여 구현되는 제국의 법과 질서로 인한 억제를 의미했을 가능성이 훨씬 더 크다 — "지금 막는 자가 있어". 바울은 적대적인 무질서의 세력들을 억제하는 등, 로마 제국의 조직과 행정으로 말미암아 복음에게 돌아오는 혜택을 잘 알고 있었다. 이것이 그의 말을 제대로 해석한 것이라면, 그가 서둘러서 이야기한 이유를 알기는 그리 어렵지 않다. 바울이 제국의 권력 또는 황제가 장래에 제거될 것이라는 것을 명시적(明示的)으로 이야기했다면, 이 서신이 들어가지 않아야 할 사람의 수중에 들어갔을 때 이로 말미암아 바울과 그 동료들에게 미칠 결과는 심각했을 것이다. 그러한 말을 바울이 했다면, 그것은 가이사의 칙령을 어기고 또 다른 황제를 선포하고 있다는 데살로니가 읍장들 앞에서의 고소를 확증하는 것처럼 보였을 것이다.

데살로니가 교인들에게 보낸 바울의 서신들에 나오는 이 구절을 비롯한 몇몇 구절들의 묵시문학에 가까운 심상(心象)은 바울 저작의 주요 부분에 나오는 특징이 아니다. 바울은

---

34) O. Cullmann, "Le caractêre eschatologique du devoir missionnaire et de la conscience apostolique de saint Paul", *RHPR* 16(1936), pp. 210 ff.; 참조. J. Munck, *Paul and the Salvation of Mankind*, E. T.(London, 1959),pp. 36 ff. Munck는 이 해석을 로마서 11:13-27에 대한 자신의 주석과 연결시켰다. 바울의 선교활동이 끝나면 곧 적그리스도가 발흥할 것이고 적그리스도의 기세는 그리스도께서 "시온에서 오는 구원자"로서 나타날 때 끝날 것이다.

35) 참조, 특히 고전 15:24-28; 롬 8:17-25.

후기에 속하는 서신들에서 때때로 이와 동일한 주제 — 부활, 장래의 영광, 모든 다른 권세들이 그리스도의 통치 아래 복속될 것 — 를 다루고 있긴 하지만 묵시문학이 아닌 다른 관점에서 다룬다.[35] 데살로니가 교인들에게 보낸 서신들은 현존하는 바울 서신들 가운데서 초기에 속하는 것 — 절대적인 것은 아니다 — 인 점으로 보아,[36] 바울은 묵시문학적 심상(心象)이 기독교적 소망을 표현하는 데 가장 적절한 수단이 아니라는 것을 점차로 느끼게 되었다는 것을 알 수 있다.

제국의 질서가 불법의 사람의 활동을 억제하는 효과를 가지고 있고 이것은 복음을 위하여 다행스러운 것이었지만, 십년 전에 겪은 가이오의 광기 어린 짧은 기간의 경험을 통해 바울은 황제가 자신을 신격화하는 일을 지나치게 수행했을 때 어떤 일이 벌어질 것인지를 알게 되었다. 이전에 일어났던 일은 또 다시 일어날 가능성이 있었고, 실제로 다시 일어날 것이다 — 가이오 치하에서보다도 더 결정적인 영향력을 미치면서. 글라우디오 황제의 이름과 억제라는 뜻을 가진 단어('claudere, 막다' 와 'claudicare, 절뚝거리다' 라는 라틴어 동사를 이용하여)를 가지고 바울이 은밀하게 말장난을 했다고 생각하는 학자들도 있지만, 바울이 구체적으로 글라우디오를 생각하고 있었다고 상상할 필요는 없다.[37]

억제가 풀어지는 것을 글라우디오의 의붓 아들이자 후계자인 네로(이때 단지 13살이나 14살이었다)와 연결시킬 필요는 더 더욱 없다. 바울은 자기가 직접 겪은 로마의 재판을 훨씬 더 염두에 두고 있었다. 바울은 바로 이 체험에 의거하여 이미 네로가 이년 이상 황제 자리에 있었을 때인 수년 후에 제국의 권세자들을 "하나님의 일꾼"(롬13:6)으로 묘사할 수 있었으며, 바로 이 체험에 의거하여 바울은 그로부터 이삼 년 후에 자신의 고소 사건을 유대 총독의 관할로부터 로마에 있는 황제의 법정으로 이송해 줄 것을 요청하였던 것이다.[38]

---

36) 갈라디아서는 더 이전의 것이다. 197쪽을 보라.
37) F. W. Farrar는 신중한 태도를 취한다. "그(글라우디오)의 이름이 '카텍코(κατέχω)' ("막다")라는 단어에 암시되어 있는지는 나로서는 아직 잘 모르겠다"(Life and Work of St, Paul, ii (London, 1879), p. 584〕.
38) 행 25:11. 390쪽을 보라.

제 22 장

바울과 아덴 사람들

1. 베뢰아 방문

바울은 빌립보에서 비아 에그나티아(Via Egnatia)를 따라 여행하여 데살로니가에 도착했었는데, 그런 후에 그는 데살로니가에서 서쪽으로 계속해서 그 길을 따라 갔다. 바울은 마게도냐로 부름을 받았고, 비아 에그나티아는 마게도냐를 거쳐 아드리아 해(海)에 있는 종착지인 디르하키움(Dyrrhachium)까지 뚫려 있었다. 그런데 바울은 주 도로(主 道路)를 떠나 거기에서 남쪽으로 상당히 떨어진 거리에 있는 베뢰아(Beroea)를 향했다. 키케로(Cicero)가 베뢰아를 "도로에서 떨어져 있는 성읍(oppidum deuium)"이라고 부른 것은 아마도 이 성읍이 비아 에그나티아에서 떨어져 있었기 때문일 것이다.[1]

아마도 바울은 이렇게 할 수 있는 것 이외에 다른 방도가 없었을 것이다. 데살로니가의 동료들이 바울과 실라를 보낸 곳이 베뢰아였기 때문이다. 그러나 바울이 동행들과 함께 비아 에그나티아를 따라 동쪽에서 서쪽으로 여행하기 위해 첫발을 내딛었을 때 바울은 그 길을 따라 디르하키움에 이른 다음 아드리아 해를 건너 이달랴(Italy)로 건너가서 로마로 향할 계획을 품고 있었다는 흥미로운 주장이 있어 왔다.[2] 이로부터 육칠 년 후에 쓰여진 로마

---

1) Cicero, *In Pisonem* 89. 이 성읍은 주전 168년 로마인들이 피드나(Pydna)에서 승리한 후 최초로 복속시킨 성읍이었다.
2) A. Harnack, *The Mission and Expansion of Christianity*, E. T., i(London, 1908), pp.

기독교인들에게 보내는 서신에는 그가 그들을 몇 번이나 방문하고자 했었으나 지금까지 그 길이 막혔었다는 말이 나온다(롬1:13; 15:22 이하). 이것이 그러한 경우들 가운데 하나였다면, 무엇이 그를 막았는가? 아마도 바울은 데살로니가에서 반역죄로 고소당한 여파가 사라지기 전에는 로마에 가기를 원치 않았을 것이다. 그러나 이때쯤 로마에서 유대인 공동체를 추방할 것을 명하는 글라우디오의 칙령(주후 49년 경)에 관한 소식이 그에게 전해졌다면 그것은 그가 자신의 계획을 바꾸는 데 있어서 더 결정적인 이유가 되었을 가능성이 있다. 이렇게 사태가 진전된다면 바울은 로마에 있는 자연스러운 활동 근거지를 잃어버릴 염려가 있었을 것이다. 반면에 글라우디오의 칙령은 간접적으로 바울 자신에게는 유익이 되었다. 왜냐하면 그로부터 한두 달 후 그가 고린도에 갔을 때, 최근에 로마에서 추방된 사람들 가운데 두 사람을 만나게 되었는데 그들은 곧 바울의 일생동안 변치않는 동역자들이 되었기 때문이다.[3]

하지만 바울은 베뢰아에 있었기 때문에 거기서 주어진 복음 증거의 기회들을 이용했다. 베뢰아에는 유대인 회당이 있었으므로 바울과 실라는 데살로니가에서와 마찬가지로 그곳을 찾아가서 회중들에게 복음을 전했다. 베뢰아의 유대인들은 그들의 말을 정중하고 편견 없이 들어주었다. 누가는 "베뢰아 사람은 간절한 마음으로 말씀을 받고 이것이 그러한가 하여 날마다 성경을 상고하므로"(행17:11)라고 말한다. 그 결과 베뢰아에서 몇몇 새 신자들을 얻을 수 있었는데 데살로니가에서와 마찬가지로 여기에서도 "헬라의 귀부인과 남자가 적지 아니하였다"(행17:12)는 언급이 특별히 나온다. 이때 베뢰아에서 신자가 된 사람들 가운데 적어도 한 사람의 이름을 우리는 알고 있다 ― 그는 부로(Pyrrhus)의 아들 소바더(Sopater)였는데, 그는 칠 년 후에 베뢰아 교회에서 파견한 사자(使者)의 자격으로 바울 일행을 예루살렘까지 수행했던 것으로 보인다(행20:4). 그가 로마서 16:21의 소시바더(Sosipater)와 동일 인물이라면(그럴 가능성이 높다), 바울이 거기서 그를 "나의 친척"이라고 부르고 있는 것으로 보아 그는 유대인 새 신자였음에 틀림없다.

그러나 데살로니가에서 바울을 둘러싸고 소동을 벌였던 사람들이 바울이 베뢰아에 있다는 소식을 듣고 달려와서 여기에서도 소동을 일으켰다. 이 지방에서 소동이 가라앉을 때까지 바울을 마게도냐에서 떠나 있게 하는 것이 상책(上策)이었음이 분명했기 때문에 베뢰아의 교우들은 바울을 해안으로 데리고 가서 바울과 동행하여(아마도 배로) 아가야(Achaia) 지방에 있는 아덴으로 갔다. 베뢰아와 아덴 사이에는 테살리(Thessaly) 지방이 있었지만, 베뢰아의 기독교인들은(사도행전 17:15에 관한 서방 본문이 어느 정도 분명히 보여주고 있

---

74 f.; H. J. Cadbury, *The Book of Acts in History*(NewYork, 1955), pp. 60 f.; G. Bornkamm, *Paul*, E.T.(London, 1971), pp. 51 ff.; E. A. Judge and G. S. R. Thomas, "The Origin of the Church at Rome," *Reformed Theological Review* 25 (1966), p. 90를 참조하라.

3) 행 18:2. 273쪽을 보라.

듯이) 데살리는 바울에게 안전한 장소가 아니라고 판단했기 때문에 바울을 아덴까지 데리고 갈 때까지 그를 놓아주지 않았다.[4] 그런 다음 그들은 실라와 디모데에게 자기와 합류하라는 바울의 지시사항을 갖고 되돌아 왔다.

2. 아덴에서

바울 저작을 연구하는 몇몇 학자들은 여러 가지 이유로 바울이 아덴에 머물러 있을 때에 관한 누가의 생생한 기사(記事) — 그 지방적 특색에 관한 극히 정확한 설명을 담은 — 를 미심쩍은 눈으로 바라보아 왔다. 다행히 바울은 다른 서신에서 자기가 아덴에서 얼마 동안을 지냈으며 그 기간 가운데 한 동안은 혼자 있었다는 사실을 확증해 주고 있다. 그는 데살로니가 교인들에게 어떻게 자기가 아덴에 기꺼이 홀로 남기로 하고 그들을 돕기 위하여 디모데를 돌려보내게 되었는가를 이야기한다(살전3:1). 우리는 다른 곳에서와 마찬가지로 아덴에서도 바울은 사도적 증거를 할 기회가 생겼는데 그 기회를 그냥 넘어가도록 둘 그런 인물이 아니라는 것을 잘 알고 있다. 누가는 바울이 얻은 몇몇 기회들을 말하고 있는데 그 가운데 하나를 상당히 자세하게 묘사한다.

헬라 세계에서 헬라인들이 가장 영예롭게 여긴 몇몇 특성에 있어서 아덴을 능가하는 성읍이 없었다. 민주주의의 요람인 아덴은 페르시아 침입을 막는 데 지도적인 역할을 한 결과 주전 5세기 초에 헬라의 성읍 국가 가운데서 제1의 지위를 획득했다. 다음 반 세기 동안 아덴은 부강한 해양제국을 통괄했으며, 펠로폰네소스 전쟁(the Peloponnesian War, 주전 431-404)에서 스파르타인들과 그 동맹국들에게 패한 후에도 예전의 영향력을 되찾는 데는 그리 오랜 시간이 걸리지 않았다.

4세기에 아덴은 마게도냐의 침입을 막는 데 지도적인 역할을 했는데, 케로네아(Chaeronea) 전투(주전 338년)에서 빌립에게 패한 후에도 빌립은 아덴을 관대하게 다루어서 아덴은 이전에 누렸던 자유를 거의 그대로 유지하였으며 이러한 상태는 주전 146년 로마가 헬라를 정복할 때까지 계속되었다. 로마인들도 이 도시의 영광스러웠던 과거를 고려하여 제국 내에서 자유시와 동맹시로서 아덴이 자기 나름대로의 조직과 법령을 실행해 나갈 수 있도록 해주었다. 주전 4-5세기 아덴의 조각, 문학, 수사학은 극치를 이루었다. 철학에서도 아덴은 지도적인 지위를 차지하고 있었는데, 이곳은 소크라테스와 플라톤의 고향이었고 아리스토텔레스, 에피쿠로스(Epicurus), 제논은 이곳을 제2의 고향으로 삼았다.

아덴, 헬라의 눈, 학문과 수사학의 어머니

---

4) "그는 그들에게 말씀을 전하지 말라는 명을 받았기 때문에 데살리를 지나쳤다"(참조, 행16:6-8). 데살리는 마게도냐 속주의 일부였다.

유명한 지혜들을 포근한 품 안에서
극진히 대접하는 성읍,
학문에 힘쓰는 자들이 이리저리 거닐고 쉬어가며
숨쉬는 거리.
보라 학당(學堂)이 있는 올리브 숲,
플라톤의 은거지,
거기서 아틱의 새(the Attic Bird)는
여름내내 진중한 음조로 읊조리고,
꽃이 핀 히메투스(Hymettus) 언덕에는 벌들의 소리가 끊임없이
윙윙거리며 학문에 힘쓰며 깊은 생각에 잠긴 사람들의 귀를 때린다.
일리수스는 부드럽게 속삭이며 흐른다.
담장 안으로는 옛 현인들의 학교들이 보인다.
알렉산더 대제를 키워 천하를 평정케 한 학교,
리케움(Lyceum). 다음으로는 스토아
철학은 소크라테스가 기거하는 집의 낮은 지붕 위로
하늘로서 내려와 현자의 말을 경청하고, 보라 그의 셋집,
누가 세상에서 가장 지혜로운 자에게 신탁을 주었는가.
그의 입에서 유려한 말들이
거침없이 흘러나와 고금(古今)의 모든 학문들을 적시웠는데,
소요학파, 에피쿠로스 학파, 엄격한 스토아 학파.[5]

  헬레니즘 시대에 아덴이 문화에 지속적으로 영향력을 행사했다는 것은 헬라어에서 처음에 이오니아(Ionic) 방언과 도리스(Doric) 방언에 비해 아주 좁은 지역에서 사용되었던 아티카(Attic) 방언이 '코이네'의 뼈대를 이루었다는 사실에서 잘 나타난다.
  누가는 바울이 유대적 유일신론과 십계명의 두번째 계명인 "우상을 섬기지 말라"는 원칙으로 양육받은 자의 눈을 통하여 아덴에 있는 신전들과 제단, 상(像)들을 본 것으로 묘사하고 있다. 바울은 "대저 이방인의 제사하는 것은 귀신에게 하는 것이요 하느님께 제사하는 것이 아니니"(고전10:20) "썩어지지 아니하는 하나님의 영광을 썩어질 사람과 금수와 버러지 형상의 우상으로 바꾼" 사람들은 "피조물을 조물주보다 더 경배하고 섬기기" 때문에 "하나님의 진리를 거짓 것으로 바꾼" 것이라고 주장했다(롬1:23, 25). 아크로폴리스(Acropolis) 언덕 기슭에 있는 '아고라(agora) 광장' — 이곳에서 아덴 시민들은 서로 만나 최근의 소식들을 교환했다 — 에는 신(神)의 본질에 관하여 바울과 기꺼이 논쟁할 준비가 되어 있는 사람들이 적지 않았다.
  그들 가운데 몇 사람은 스도이고(the Stoic) 학파와 에비구레오(the Epicurean) 학

---

5) John Milton, *Paradise Regained* iv. 240 ff.

파에 속해 있는 사람이었는데, 어느 누구도 "죽은 가운데서 부활하여 능력으로 하나님의 아들로 인정되신"(롬1:4) 예수에 관하여 진지하게 열정적으로 말하는 이 이상한 방문자와 타협할 수 없었다. 몇몇 사람들에게 바울은 잡다한 지식을 긁어모아 전하는 자(그들이 아덴의 속어(俗語)를 사용하여 바울을 지칭한 말, '스페르몰로고스')로 비쳤다.[6] 또 어떤 사람들에게는 바울은 이방 신들을 전하는 자로 비쳤기 때문에 그는 아레오바고(the Areopagus)라는 귀족회의(貴族會議)의 치리를 받아야 했고 바울은 이에 쾌히 응했다.

먼 전설적인 태고까지 거슬러 올라가는, 아덴의 제도들 가운데서 가장 훌륭한 이 조직체는 한때는 원로원의 기능들을 수행했었다. 아덴에 민주주의가 발전하면서 그 이전의 권력은 대폭 축소되었지만, 여전히 이 조직체는 상당한 특권을 보유하고 있었으며 종교와 도덕, 살인죄의 영역에서는 계속해서 책임있는 지위에 있었다. 이 귀족회의의 명칭은 원래 모임을 가졌던 장소가 아크로폴리스 언덕의 서쪽 기슭에 있는 아레오바고에 있었다는 사실에서 유래했다. 하지만 로마 시대에는, 귀족회의는 '아고라 광장'에 있는 '왕의 주랑(柱廊, stoa basileios)'에서 열렸다.

3. 아레오바고 연설

그래서 바울은 귀족회의 앞에서 자기의 가르침을 설명하도록 요청을 받았다. 바울이 왕의 주랑에서 연설을 했다고 보아야 하는지 아니면 아레오바고에서 했다고 보아야 하는지는 확실치 않다. 후자가 전통적인 견해이다. 오늘날 아덴을 방문하는 사람들은 이 언덕으로 오르는 비탈길의 기슭에서 동판(銅版)에 새겨진 바울의 연설문을 볼 수 있다.

> 아덴 사람들아 너희를 보니 범사에 종교성이 많도다 내가 두루다니며 너희의 위하는 것들을 보다가 알지 못하는 신에게 새긴 단도 보았으니 그런즉 너희가 알지 못하고 위하는 그것을 내가 너희에게 알게 하리라 우주와 그 가운데 있는 만유를 지으신 신께서는 천지의 주재시니 손으로 지은 전에 계시지 아니하시고 또 무엇이 부족한 것처럼 사람의 손으로 섬김을 받으시는 것이 아니니 이는 만민에게 생명과 호흡과 만물을 친히 주시는 자이심이라 인류의 모든 족속을 한 혈통으로 만드사 온 땅에 거하게 하시고 저희의 연대를 정하시며 거주의 경계를 한하셨으니 이는 사람으로 하나님을 혹 더듬어 찾아 발견케 하려 하심이로되 그는 우리 각 사람에게서 멀리 떠나 계시지 아니하도다 우리가 그를 힘입어 살며 기동하며 있느니라 너희 시인 중에도 어떤 사람들의 말과 같이 우리가 그의 소생이라 하니 이와 같이 신의 소생이 되었은즉 신을 금이나 은이나 돌에다 사람의 기술과 고안으로 새긴 것들과 같이 여

---

6) Demosthenes는 *De corona* 127에서 이 말을 에스키네스(Aeschines)를 욕할 때 사용했다. NEB는 이 단어를 전통적인 번역인 "말장이(babbler)"보다 원문에 더 충실한 의미인 "허풍떠는 협잡꾼(charlatan)"으로 번역하고 있다.

길 것이 아니니라 알지 못하던 시대에는 하나님이 허물치 아니하셨거니와 이제는 어디든지 사람을 다 명하사 회개하라 하셨으니 이는 정하신 사람으로 하여금 천하를 공의로 심판할 날을 작정하시고 이에 저를 죽은 자 가운데서 다시 살리신 것으로 모든 사람에게 믿을 만한 증거를 주셨음이니라.[7]

이 연설에 나타난 주제들 가운데 몇몇은 바나바와 바울을 신으로 떠받들려고 했던 루스드라 사람들을 향한 항의를 짧게 요약한 기사(記事)에 이미 나타났지만,[8] 아레오바고 연설(the Areopagitica)은 더 완전하고 자세한 내용으로 되어 있으며 아덴의 지적인 분위기에 맞춰서 윤색되어 있다. 이전에 루스드라에서 그랬던 것처럼 아덴에서도 사도행전의 바울은 청중들이 전혀 모르고 있었을 구약의 예언들을 직접적으로 인용하지 않고 있다. 그는 단지 헬라 시인들의 말을 인용하고 있을 뿐이다. 그러나 바울은 여러 헬라 철학체계의 토대를 이루고 있었던 "제1 원리"로부터는 어떠한 논증도 끌어오지 않는다. 바울은 성경의 계시를 토대로 자신의 메시지를 설명하고 변증하며, 구약의 사상과 때로는 구약의 어법까지도 재현하고 있다. 성경의 계시와 마찬가지로, 바울의 연설은 만유의 창조주이신 하나님으로 시작해서 만유를 붙드시는 하나님을 말하다가 만유의 심판자이신 하나님으로 끝난다.

4. 알지 못하는 신에 대한 지식

바울은 아덴 사람들의 풍부한 종교성 — 고대에 이 성읍을 방문했던 많은 사람들에게 깊은 인상을 심어주었던 자질 — 을 보여주는 제단의 헌제(獻題)에서 자신의 메시지와의 접촉점을 발견한다. 헌제는 이렇게 되어 있었다. "알지 못하는 신에게(아그노스토 데오)". 다른 저술가들도 아덴에서 알지 못하는 신들을 위한 제단들을 볼 수 있었다고 기록하고 있다.[9] "알지 못하는 신에게"(단수형으로)라고 새겨진 제단을 보았다고 말하는 사람들은 없었다고 지적하는 사람이 있다면, "알지 못하는 신에게"라는 두 개 이상의 헌제를 "알지 못하는 신들을 위한 제단들"(복수형으로)로 압축해서 표현한 것이 아니겠느냐고 말하는 것으로 충분할 것이다.
이러한 작자 불명의 헌제들을 설명하는 여러 가지 이야기들이 있었다. 한 이야기에 의하면, 그 헌제들은 이 연설에 인용되고 있는 시인들 가운데 한 사람이며 크레타(Crete)의 현자인 에피메니데스(Epimenides)의 지도로 세워졌다는 것이다.[10] 바울이 논제(論題)로 든

---

7) 행 17:22-31.
8) 행 14:15-17. 187쪽을 보라.
9) Pausanias, *Description of Greece* i. 1. 4; Philostratus, *Life of Apollonius* vi. 3. 5.
10) Diogenes Laertius, *Lives of Philosophers* i. 110.

헌제(獻題)의 원래의 배경이나 의도가 무엇이었든간에, 바울은 그것을 신의 본질에 관한 무지(無知)의 고백으로 해석하면서 자기가 온 목적은 그러한 무지를 벗겨주기 위함이라고 말한다.

그런 다음 바울은 그들에게 신론을 가르친다. 첫째, 하나님은 우주와 그 가운데 있는 만유를 지으셨다. 하나님은 천지의 주재(主宰)이시다. 이것은 바로 성경 계시의 용어이다. 지극히 높으신 하나님은 "천지의 주재"이시다(창14:19,23). "땅과 거기 충만한 것이 다 여호와의 것이로다"(시24:1). 헬레니즘적인 이교(異敎)에 대해서는 어떠한 양보도 없다. 지존자(至尊者, the Supreme Being)와 지존자가 너무 순수해서서 물질 세계와 접촉하여 타락하지 않기 위하여 자기 대신에 세상을 조성하도록 보낸 조물주 또는 "데미우르고스(demi-urge)"는 구별되지 않는다.

둘째, 하나님은 사람들의 손으로 지은 신전에 계시지 않는다. 스데반은 변증을 통하여 살아계신 하나님을 예배하기 위해 지은 예루살렘 성전과 관련하여 산헤드린 앞에서 이 점을 지적했다. 바울은 진짜 신이 아닌 신들에게 봉헌된, 아크로폴리스의 꽃이 웅장한 신전들이 한 눈에 바라보이는 아레오바고에서 그러한 사실을 사람들에게 인식시키는 것이 더할 나위 없이 적절하다는 것을 알 수 있었다. 실제로 높은 수준의 이교에서는 물질로 지은 구조물에 신을 모셔둘 수 없다는 것을 인정했다. 유리피데스(Euripides)는 "건축자들이 지은 집, 가로막힌 담장 안에 신적 존재를 담을 수 있겠는가?"라고 반문했다.[11] 그러나 바울의 용어 사용은 고전이 아니라 성경과 유사하다.

셋째, 하나님은 자신이 지으신 사람들에게서 아무 것도 바라지 않으신다. 여기서도 또한 바울의 논증과 유사한 것들이 고전 헬라 문헌에서 찾아질 수 있다. 플라톤의 「유디프로」를 떠올릴 수 있다. 그러나 바울은 예언자의 전통 안에 바로 서있다. 예언자들과 시편 기자들은 자신들이 살던 시대에 이스라엘의 하나님은 그의 백성과 그들이 드리는 것들에 어느 정도 의존한다는 사상을 논박하여야 했다. 그의 백성들의 운명은 하나님께 전적으로 달려있었다. 그래서 시편 50:9-12에서 하나님은 이러한 견지에서 자기 백성들의 희생제사를 거부한다.

> 내가 네 집에서 수소나 네 우리에서 수염소를 취치 아니하리니
> 이는 삼림의 짐승들과 천산의 생축이 다 내 것이며
> 산의 새들도 나의 아는 것이며 들의 짐승도 내 것임이로다
> 내가 가령 주려도 네게 이르지 않을 것은
> 세계와 거기 충만한 것이 내 것임이로다.

바로 이것이 바울이 하나님께서 사람들로부터 섬김을 받는다면, 그것은 그가 그것 없이

---

11) Euripides, fragment 968.
12) 사도행전 17:25에 대한 NEB는 아주 정확하게 이 말들의 의미를 전달하고 있다. "그가 사람들에게

는 지낼 수 없기 때문이 아니라고 밝히 말할 때 강조하고 있는 것이다.[12] 사람들이 하나님의 어떤 필요를 채워주기는 커녕 사람들의 모든 필요를 채워주시는 분이 하나님이시다.

5. 인간론

세상 만물의 창조주가 인간의 창조주이기도 하기 때문에, 바울은 신론에서 인간론으로 옮겨간다.

첫째, 인류는 하나이다. 헬라인들은 야만인들에 비하여 천부적으로 우월하다는 데 자부심을 갖고 있었을 것이다. 아덴 사람들은 다른 헬라인들과는 달리 자신들은 아티카 고향 땅에서 태어난 본토인이라는 것을 자랑스럽게 여겼을 것이다. 그러나 바울은 인류는 하나님에 의해 지음받고 공통의 조상을 모신 한 혈통이라고 역설한다. 하나님 앞에서 모든 사람은 평등하게 만난다.

둘째, 인류를 온 땅에 거하게 하시고 저희의 연대를 정하신 것은 인간의 행복을 위함이었다. 이것 또한 성경적인 통찰이다. 창세기 1장에 따르면, 하나님은 온 땅에 사람을 그 거주자로 들여오기 전에 땅을 사람의 처소로 만들어 놓으셨다. 더욱이 사람을 이 땅에 거주하게 하기 위하여 땅을 조성하는 일에는 거주의 경계를 정하여 인류의 생활 공간으로 삼고 "연대를 정하는" 일이 포함되어 있었다. 거주의 경계를 정하신 것에 대해서는 신명기 32:8에 나와있다.

> 지극히 높으신 자가 열국의 기업을 주실 때 인종을 분정하실 때에
> 이스라엘 자손의 수효대로 민족들의 경계를 정하셨도다.

"연대를 정하신" 것은 (루스드라의 연설에서처럼) 파종기와 추수기의 순서를 정하신 것으로 볼 수도 있고 (다니엘의 환상에서처럼) 인류 역사의 시기를 정하신 것으로 볼 수도 있다.

셋째, 하나님이 이러한 것들을 정하신 목적은 사람들이 자기를 찾아서 발견할 수 있도록 하기 위해서 였다 — 인류는 그의 자녀이고, 하나님은 자신이 바라는 것을 이루도록 사람들 가까이서 돕고 계신 까닭에 이것은 극히 자연스러운 기대이다. 바울의 연설에서 그 용어 사용이 헬레니즘 사상과 가장 유사성을 보이는 부분이 바로 이 대목이다. 그러나 바울은 여기서 이야기되고 있는 동일한 사상을 다른 부류의 청중들에게는 사람은 하나님의 형상대로 지음받은 하나님의 피조물이라고 말함으로써 표현할 수 있었다. 바울은 사람들과 지존자(the Supreme Being)의 관계를 제시하는 두 헬라 시인의 말을 인용함으로써 아덴 청중들에

섬김을 받는 것은 그에게 부족한 것이 있기 때문이 아니다 … " Euripides, *Hercules Furens* 1345 f.를 참조하라.

게 자신의 요지를 확증한다.

첫번째 인용문은 크레타 사람 에피메니데스의 작품으로 알려진 사행시(四行詩)의 넷째 행을 근거로 하고 있다. 이 시에서 그는 크레타에 가면 제우스의 무덤을 볼 수 있다고 주장하면서 동향 사람인 크레타 섬 사람들의 불경건함을 비난하고 있다.

> 오 거룩하고 높으신 분, 당신을 위해 그들은 무덤을 조성해 놓았나이다 —
> 크레타 사람들은 항상 거짓말장이이며, 악한 짐승이며, 게으른 배불뚝이들!
> 하지만 당신은 죽은 것이 아닙니다. 당신은 영원히 살아 거하시나이다.
> 우리가 당신을 힘입어 살며 기동하며 있기 때문입니다.[13]

두번째 인용문은 바울의 고향 길리기아 사람이자 스토아 철학에 깊이 영향을 받은 시인인 아라투스(Aratus)가 지은 「자연현상들(*Natural Phenomena*)」이라는 시에서 가져왔다. 이 시는 제우스 — 헬라 신화의 만신전(萬神殿, pantheon)의 우두머리인 제우스가 아니라 스토아 철학에서의 지존자인 제우스 — 에 대한 찬양으로 시작된다.

> 제우스로 시작하자.
> 오 사람들이여 결코 그를 모른 체 하지 말자.
> 사람들의 모든 길, 사람들이 만나는 모든 곳에는
> 제우스로 충만해 있다.
> 바다와 항구들은 그로 가득차 있다.
> 우리가 하는 모든 일에서 우리 모두는 이 제우스와 관련을 맺고 있다.
> 우리가 그의 소생이기 때문이다.[14]

(서신서의 바울은 말할 것도 없고) 사도행전의 바울이 하나님을 스토아 철학의 범신론의 관점에서 보았다는 암시는 전혀 없으며, 청중들이 권위자들로 인정하는 사람들이 바울의 논증을 강화시켜 줄 수 있는 말들을 사용했었다면, 바울은 늘 그렇듯이 그러한 말들에 성경적인 의미를 부여하면서 그 말들을 인용할 것이었다. 바울의 관심은 청중들에게 하나님이 생명의 숨을 불어넣은 하나님의 피조물로서 모든 인간의 책임을 인식시키고 하나님께 합당한 존귀를 드리는 데 있었다. 그리고 하나님의 본질을 물질적인 형태로 묘사할 때 하나님께는 이러한 존귀가 주어지지 않는다. 우리는 이방의 우상숭배를 설명하는 대목에서 다시 한 번 히브리 예언과 시편이 반영되어 있는 것을 본다(시115:4).

---

13) 메르브의 이쇼닷(Isho'dad of Merv)의 수리아 역에는 보전되어 있다. *Horae Semiticae* x, ed. M. D. Gibson(Cambridge, 1913), p. 40(Syriac)를참조하라. 사행시의 제 2행은 디도서 1:12에 인용되어 있다.

14) Aratus, *Phainomena* 1-5; Cleanthes, *Hymn to Zeus* 4를 참조하라.

> 저희 우상은 은과 금이요
> 사람의 수공물(手工物)이라…

마지막으로, 회개로의 부름이 나와 있다. 그들이 하나님의 본질을 알지 못하는 것은 죄악이었지만, 자비로우신 하나님은 그것을 허물치 아니하셨다. 루스드라 사람들에게 하나님이 지나간 세대에는 "모든 족속으로 자기의 길들을 다니게 묵인하셨다"고 말하면서 새로운 시작이 도래했다는 것을 함축적으로 이야기한 것처럼, 바울은 아레오바고 성원들에게 최근에 일어난 그리스도의 부활은 하나님이 정하신 사람으로 "천하를 공의로 심판할 날을 작정하신" 증거라고 말한다 ― 이것은 하나님이 "의로 세계를 판단하시며 공평으로 그 백성을 판단 하시리로다"(시98:9)라는 히브리 시편 기자의 선포를 다시 한 번 재현하고 있는 것이다. 이 심판을 수행하도록 하나님이 "정하신 사람"은 옛적부터 항상 계신 자에게서 온 세상의 권세를 받은 다니엘 7:13이하에 나오는 "인자 같은 이", 또 요한복음 5:27에 의하면 아버지에게서 "인자 됨을 인하여 심판하는 권세"를 받은 분과 동일 인물임을 쉽게 알 수 있다.

6. 아레오바고 연설에 나타난 바울 사상

이 연설에는 그것을 아주 자신있게 바울의 것이 아니라고 규정하게 한 많은 특징들이 있다. 캐드버리(H. J. Cadbury)는 "고전학자들은 바울의 아덴 연설 장면의 역사성을 가장 옹호하고 싶은 사람들 가운데 속한다"[15] ― 아레오바고 연설 등등 ― 고 지적했다. 그러한 고전학자들 가운데 뛰어난 학자는 에두아르트 마이어(Eduard Meyer)였는데, 그는 "어떻게 사람들이 이 장면을 꾸며낸 이야기라고 주장할 수 있는지" 도저히 이해할 수 없다고 말할 뿐만 아니라[16] 에두아르트 노르덴(Eduard Norden)을 설득하여 적어도 누가가 바울의 연설의 진정한 내용을 재현했을 가능성을 인정하도록 했다고 주장하기까지 했다.[17] 노르덴은 이 연설을 놀라우리만치 철저하게 분석한 작품인 「알지 못하는 신에게」(Agnostos Theos)(1913)라는 저서에서 이 연설의 진정성을 부인했었다. 이 구절에서 아티카 풍(風)의 냄새가 나는 것으로 보아, 이 연설은 외부의 모델을 참조하여 문학적으로 구성한 것이라고 그는 생각했다. 노르덴이나 마이어보다 더 뛰어난 고전학자인 고(故) 빌라모비츠(Wilamowitz)는 아레오바고 연설(the Areopagitica)에 나타난 종교적 정서는(이 연설의 편집자와는 달리) 직접적으로 어떤 종류의 헬라 교육도 받지 않았던 진정한 바울의 정서가 아

---

15) BC i, 5, p. 406.
16) E. Meyer, *Ursprung und Anfänge des Christentums*, iii(Stuttgart/Berlin, 1923), p. 105.
17) Meyer, *op. cit.*, p. 92, n. 4.
18) U. von Wilamowitz-Moellendorff, *Die griechische Literatur des Altertums*

니라고 결론을 내렸었다.[18]

그러나 아레오바고 연설이 서신서의 바울과 어떠한 관련성이 있을 여지를 매우 단호하게 차례차례 부인한 사람은 고전학자들이 아니라 신학자들이었다. 어떤 학자는 은혜로 말미암아 "그리스도 안에" 있다는 것을 강조하는 바울의 사상은 여기서 본성으로 말미암아 "하나님 안에" 있다는 것을 강조하는 이교 사상으로 대치되어 있다고 말한다.[19] 이 연설은 바울의 복음을 제시하는 것이 아니라 헬라의 시인들과 사상가들을 전거로 삼아 하나님에 관한 참된 지식을 확증하려고 했다는 점에서 2세기의 변증론자들의 합리주의를 보여준다고 말하는 학자도 있다.[20] 또 어떤 학자는 이 메시지의 배경을 이루고 있는 것은 구속사뿐만이 아니라 그보다 더 비(非)바울적인 세계사라고 말한다.[21] 또 어떤 학자에 따르면, "십자가의 도"는 "이방인에게는 미련한 것"으로 알려져 있었기 때문에 교묘하게 그것을 생략하고 있다고 한다(참조, 고전1:23).[22]

그런데도 바울의 로마서 처음 세 장을 쓴 저자가 아레오바고 연설의 핵심을 이루고 있는 몇몇 요지들을 언급했다고 상상하기가 그렇게 어려운 것은 아니다.[23] 로마서는 기독교인들을 대상으로 했고 이 연설은 이방인들을 대상으로 했다는 점을 기억한다면, 이 둘이 강조점에 있어서 약간의 차이가 난다는 것은 이해할 수 있는 문제이다. 로마서에서 바울은 하나님과 그의 "영원하신 능력과 신성"을 그의 만드신 만물에 분명히 보여 알 수 있게 된다고 하면서 사람들이 "하나님을 알되 하나님으로 영화롭게도 아니하며 감사치도 아니하고 오히려 그 생각이 허망하여지며 미련한 마음이 어두워졌기" 때문에 "핑계치 못할지니라"고 말한다(롬1:19-21).

그런데도 하나님은 오래 참으시는 중에 이러한 것들과 이전에 범한 다른 죄들을 간과하셨었다. 하지만 이제는 하나님이 "예수 그리스도를 믿음으로 말미암아 모든 믿는 자에게 미치는 의"의 길을 보여주셨기 때문에 복음을 받은 사람들에게는 새로운 책임이 짊어지워졌다(롬3:21-26). 아레오바고 연설에서 자기를 사람들에게 알리신 하나님의 목적은 사람들이 "하나님을 더듬어 찾아 발견케 하려 하심"이었다면, 로마서 2:4에서는 사람들을 회개로 이끌기 위하여 하나님은 인자하심과 오래 참으심을 보이셨다. 자기를 믿는 사람들에게 하나님의 용서와 의의 선물을 주시는 예수 그리스도는 바울의 복음에 의하면 다가올 날에 하나님

(Berlin/Leipzig,[3]1912), p. 232.
19) A. Schweitzer, *The Mysticism of Paul the Apostle*, E. T. (London, 1931), pp. 6 ff.
20) M. Dibelius, *Studies in the Acts of the Apostles*, E. T. (London, 1956), pp. 26 ff.
21) H, Conzelmann, "The Address of Paul on the Areopagus", in *Studies in Luke-Acts*, ed. L. E. Keck and J. L. Martyn(Nashville/New York, 1966), pp. 217 ff.
22) P. Vielhauer, "On the 'Paulinism' of Acts", in *Studies in Luke-Acts*, ed. Keck and Martyn, pp. 36 f.
23) 더 긍정적인 평가에 대해서는 B. Gärtner, *The Areopagus Speech andNatural Revelation* (Uppsala, 1955).

을 대신하여 "사람들의 은밀한 것을 심판하시는"(롬2:16) 분이시기도 하다.

이러한 말씀들을 한 저자를 아덴에 데려가 보라. 그에게 자기와 같은 신자들이 아니라 개화된 이방인들에게 자신의 가르침을 설명하도록 요청해 보라. 바울은 그때에 이미 수년 동안 이방 세계를 성공적으로 복음화하고 있었던 전도자였었다는 것을 기억하라 — 고린도전서 2:2-5에서 자신을 겸손하게 낮추고 있음에도 불구하고 이러한 사실로 보아 그는 의사 전달을 하기 위하여 꼭 필요한 청중들과의 최초의 공통의 지반을 찾아내고 활용하는 능력을 비롯하여 연설과 접근방식에 있어서 대단히 설득력있는 사람이었다는 것을 알 수 있다. 바울은 그러한 청중들에게 어떻게 자기의 뜻을 전하려 했을까? 그는 분명히 말을 시작하는 첫 부분에서 청중들에게 낯설은 말을 하지 않으려고 했을 것이다.

바울은 로마서 1-3장의 정수(精髓)를 사도행전 17:22-31에 나와있는 방식을 따라 이방인들에게 전할 수 없었을 것이라고 생각한다면, 그것은 "여러 사람에게 여러 모양"이 되는 바울의 능력과 능변(能辯)을 과소평가하고 있는 것이다. 사실 누가는 바울이 아레오바고에서 연설하는 것을 듣지는 않았지만 바울이 그러한 유의 청중들에게 자신의 '예비적 복음(praeparatio evangelica)'을 전달하는 방식을 알고 있었으므로 투키디데스(Thucydides)의 모범을 따라 "실제로 말해졌던 것의 대체적인 의미를 나타내려고"[24] 애를 썼다.

이것은 어쨌든 '복음(evangelium)'이라기 보다는 '복음의 예비(praeparatio)'라는 성격을 띠고 있었을 연설을 누가가 요약한 것이라는 점을 기억한다면, 내용의 진정성을 인정하지 않으려 하는 몇몇 반론들은 그렇게 타당한 주장이 아닌 것 같다. 이미 살펴보았듯이, "우리가 그를 힘입어 살며 기동하며 있느니라"는 인용문은 "하나님 신비주의"를 내포하고 있지는 않다.[25] 그것은 단지 하나님은 우리 삶의 원천이며 우리 삶을 지탱하고 계시는 분이라는 것을 확증하기 위하여 예증으로 인용한 것에 지나지 않는다. 은혜로 말미암아 "그리스도 안에" 있다는 사상을 이야기했다면, 이방인들은 그 말을 알아들을 수 없었을 것이다. 에피메니데스와 아라투스를 그들 자체로 고유한 권위를 갖고 있는 전거로써 인용하고 있는 것은 아니다.

하지만 그들이 말한 어떤 부분들은 하나님을 아는 지식을 가리키는 것으로 이해될 수는 있다. 그러나 이 연설에 제시된 하나님을 아는 지식은 결코 합리적으로 인식되거나 확정될 수 있는 성질의 것이 아니다. 그것은 히브리 예언자들과 현자들이 가르친 하나님을 아는 지식이다. 그것은 하나님에 대한 경외에 뿌리박고 있다. 그것은 진리, 선, 언약의 사랑과 동일한 계열에 속한다. 그것이 없다면 사람들은 망한다. 다가오는 하나님의 날에 그것은 "물이 바다를 덮음같이" 세상에 충만할 것이다(사11:9). 이 연설에서 찾아볼 수 있는 스토아

---

24) Thucydides, *History* i. 22. 1.
25) 153쪽을 보라.
26) J. H. Moulton and W. F. Howard, *Grammar of New Testament Greek*, ii(Edinburgh, 1929), p. 8, n. 3.

학파와 에피쿠로스 학파의 주장들에 대한 "교묘하게 끼워 넣어진 암시들"은[26] 이방 시인들로부터 인용한 글귀와 마찬가지로 청중과의 접촉점으로서의 역할을 한다. 그러나 바울은 그것들이 원래 속해 있는 사상 자체를 승인하지는 않는다. 후대의 몇몇 기독교 변증가들과는 달리 사도행전의 바울은 헬라인들에 대한 접근방식에서 성경적인 사상을 강조함으로써 성공률이 줄어드는 한이 있더라도 근본적으로 성경적인 토대를 잃어버리는 일이 없다.

바울 서신의 구속사가 그러한 것처럼 아레오바고 연설의 구속사의 절정은 그리스도이다.[27] 당연히 서신서의 구속사는 더 자세하고 포괄적이다. 인간의 죄악에 대하여 하나님이 점진적으로 응보하시는 것을 말하고 있는 로마서 1:18이하에 나와있는 개략적인 설명은 복음을 통하여 하나님이 은혜를 베푸시는 것의 배경이 되고 있다.

아브라함은 복음을 먼저 전해받았고 예언자들은 복음을 미리 예시하였는데 이 복음은 그리스도 안에서 성취되었다. 고린도후서 6:2의 "'지금은' 은혜 받을 만한 때요"는 아레오바고 연설의 "'이제는'... 다 명하사"에 해당한다. 세계사에 관해 말한다면, 세계사가 바울 서신들에서보다 이 연설에서 더 중요한 역할을 한다고 판단한다면 그건 오산이다. 서신과 연설 모두에서 인간의 삶은 창조와 심판이라는 두 축 사이를 움직인다. "태초에 하나님이"와 "종말에 하나님이"는 대응되어 있다.

사실 이 연설에는 "십자가의 도"가 없다. 이것은 사도행전에서 누가의 '영광의 신학(theologia gloriae)'이 바울의 '십자가 신학(theologia crucis)'을 압도하고 있기 때문임과 동시에 이 연설이 '복음(evangelium)'이라기 보다는 '복음의 예비(praeparatio)'라는 성격을 갖고 있기 때문일 가능성이 많다. 이 후자의 가능성을 바울이 아덴에서 고린도로 옮겨갔을 때 고린도 교인들 가운데서 "예수 그리스도와 그의 십자가에 못박히신 것 외에는 아무 것도 알지 아니하기로 작정하였다"(고전2:2)는 그의 고백과 결부시켜서 마치 바울이 자기가 아덴에서 사용한 전략이 현명치 못하였다는 것을 깨달아서 그런 작정을 한 것처럼 말하는 경향이 있었다. 그러나 이 당시 바울은 이방인 복음화에 있어서 신출나기가 아니었고, 어떤 방식이 가장 효과적인지를 알아내기 위하여 온갖 방법을 다 실험해 본 터였다. 고린도에서 바울이 그러한 작정을 한 것은 바로 그곳의 상황에 대한 자신의 평가를 토대로 한 것이었으리라.

7. 죽은 자의 부활

---

27) 바울의 구속사(Heilsgeschichte)에 대해서는 J. Munck, *Paul and the Salvation of Mankind*, E. T. (London, 1959); O. Cullmann, *Salvation in History*, E. T. (London, 1967), pp. 248 ff.. E. Käsemann, *Perspectives on Paul*, E.T. (London 1971), pp. 60 ff.를 보라.

"십자가의 도"가 이방인들에게 미련한 것이었기 때문에 아레오바고 연설에서 교묘히 그 것을 빠뜨렸다는 주장을 뒷받침하는 증거는 아무 것도 없다. 바울이 십자가를 언급했다고 해서 이 연설의 끝부분에 나오는 짤막한 말, 즉 죽은 자의 부활에 관한 언급 이상으로 이 이방인들에게 미련하게 보이지는 않았을 것이다. 하나님은 장래 심판을 수행할 분을 죽은 자 가운데서 일으키심으로써 장래에 심판의 날이 꼭 올 것임을 확증하셨다고 바울은 말한다.

이 연설이 사실적으로 다루어졌다면, 청중들 가운데 몇몇이 이 사람에 관하여 특히 죽은 자로부터 일으키심을 받은 분에게 어떤 일이 있었는지에 관하여 더 듣기를 원했던 것으로 묘사했을 것이다. 이 연설을 문체를 중시하는 관점에서 본다면, 적절한 결론으로 끝나고 있다고 할 것이다. 그러나 결론 부분의 내용은 대다수의 청중들에게 전혀 적합한 것이 아니었다. 바울이 영혼의 불멸을 이야기했더라면, 그는 에피큐로스 학파 사람들을 제외한 대다수의 청중들의 동의를 끌어낼 수 있었을 것이다. 그러나 부활 사상은 터무니없는 것이었다. 아덴의 비극 작가인 에스킬루스(Aeschylus)가 오백 년 전에 아덴의 수호신인 아테네(Athene)가 아레오바고라는 귀족회의를 만든 것을 묘사할 때, 아폴로(Apollo)가 이렇게 말했다고 쓰고 있다.

> 흙이 사람의 피를 빨아들이고
> 한번 사람이 죽은 후에는 부활은 없다.[28]

여기서 부활을 뜻하는 단어(아나스타시스)는 바울이 사용했던 단어이다. 모든 아덴 사람들이 다 가장 위대한 권위를 갖고 있는 사람의 말에 근거하여 부활이라는 것은 있을 수 없다는 것을 알고 있는데, 이 사람은 부활에 관한 이야기를 듣고 무슨 목적으로 아덴에 왔는가?

바울이 하나님을 아는 지식을 밝히 제시해 보였을 때 대다수의 사람들은 터놓고 비웃거나 슬며시 거절하는 반응을 보였다. 그런데 아레오바고 귀족회의의 한 성원이 바울의 메시지를 믿었다고 한다 — 디오누시오(Dionysius), 그는 바울과 함께 오늘날 아테네시에 그의 이름을 딴 거리가 있는 영예를 누리고 있는 사람으로서 주후 500년 경에는 신플라톤주의와 신비 신학에 관한 일군(一群)의 문헌들을 지은 사람이 이 이름을 필명으로 사용하기도 했다. 아덴에서 바울을 좇았던 몇 안되는 사람들 가운데 다마리(Damaris)라는 여자의 이름이 특별히 언급되고 있는데, 그 여자에 관해서 더 이상 알려져 있는 것은 없다.

데살로니가 새신자들과 마찬가지로 아레오바고 연설에 감명을 받고 적극적인 행동으로 나선 사람들에 대해서도 "너희가 어떻게 우상을 버리고 하나님께로 돌아와서 사시고 참되신

---

28) Aeschylus, *Eumenides* 647 f.

하나님을 섬기며 또 죽은 자들 가운데서 다시 살리신 그의 아들이 하늘로부터 강림하심을 기다린다고 말하니 이는 장래 노하심에서 우리를 건지시는 예수시니라"(살전1:9 이하)고 말할 수 있었을 것이다. 바울의 이 말 속에는 아레오바고 연설과 마찬가지로 '십자가 신학'에 대한 명백한 언급이 없다. 하지만 바울이 데살로니가에서 십자가에 관하여 아무런 말도 하지 않았다고 추론하는 것은 지레 짐작이 될 것이다. 그러나 우리는 사도시대에 아덴에 교회가 있었다는 말을 듣지 못했다. 바울이 "아가야의 첫 열매"라고 말할 때, 그가 가리키는 것은 고린도에 있는 한 가족이다(고전16:15).[29]

---

29) T. D. Barnes, "An Apostle on Trial", *JTS*, n.s. 20(1969), pp. 407-419 에는 아덴 사건의 전모가 잘 검토되어 있다.

제 23 장

고린도에 있는 하나님의 교회

1. 바울이 고린도에 이르다

바울은 낭패감을 느끼면서 아덴에서 고린도로 갔다. 아마도 마게도냐로 가는 바다를 건너서 남쪽으로 돌아 아가야 지방으로 들어갔을 때 고린도 방문 계획은 그의 일정에 없었을 것이다. 그러나 하나님이 그에게 마게도냐를 복음화하라고 부르셨음에도 바울은 마게도냐의 이 성읍 저 성읍에서 계속 쫓겨다니다 보니 한 동안 그 지방에 있을 곳이 없었다. 사실 바울의 마게도냐 전도는 열매가 없는 것이 아니었다. 그는 빌립보, 데살로니가, 베뢰아에서 새 신자들의 작은 모임을 이루어 놓았다. 그러나 그의 마음은 그들이 잘 지내고 있는지를 생각하며 걱정으로 꽉 차 있었다. 아덴에서는 바울에게 폭력을 행사하는 일은 없었지만, 그의 증거를 점잖게 즐기는 것은 차라리 폭력보다 더 견디기 어려운 일이었다. 폭력적인 반응이 있다는 것은 적어도 어떤 영향력이 그들에게 미치고 있다는 것을 보여주는 징표이기 때문이다. 그의 전도에 대한 긍정적인 반응만을 고려할 때는, 아덴은 마게도냐의 여러 성읍들보다 훨씬 성과가 미미했다.

그래서 그는 "내가 너희 가운데 거할 때에 약하며 두려워하며 심히 떨었노라"(고전2:3)고 말한다. 고린도가 마게도냐의 다른 성읍들보다 바울을 덜 괴롭게 할 것이라고 생각할 이유는 없었다. 당시에 에게해 세계를 여행하는 사람들은 누구나 고린도에 관한 평판을 잘 알고 있었음에 틀림없다. 이 성읍은 참으로 복음의 좋은 씨를 뿌리기에 좋지 않은 땅이었다. 그런데 결과적으로 바울은 고린도에 열여덟 달을 머물렀는데 — 수리아 안디옥에서 바나바와 헤어진 후 그가 머물렀던 어떤 성읍들보다도 더 오랜 기간 — 그가 고린도를 떠날 즈음에는 거기에는 불안정하긴 하지만 크고 활기찬 교회가 생겨나 있었다. 누가는 바울이 고린도에 도착한 직후 어느 날 밤 환상을 본 이야기를 우리에게 들려준다. 주께서는 그에게 "두려워하지 말며 잠잠하지 말고 말하라 내가 너와 함께 있으매 아무 사람도 너를 대적하여 해롭게 할 자가 없을 것이니 이는 이 성중에 내 백성이 많음이라"(행18:9 이하)고 말씀하셨다. 바울은 다시 확신을 가지게 되었고 그 약속은 성취되었다. 고린도는 바울의 계획에 들어있지 않았지만 그곳은 주님의 계획에서는 중요한 위치를 차지하고 있다는 것을 바울은 깨닫게 되었다. 고린도에 머문 기간과 고린도에서 떠나온 후 수년 동안 고린도 교회와 상대하여 겪은 체험들은 바울이 인간을 깊이 이해하고 자신의 목회적인 성숙도를 높이는 데 많은 공헌을 했다.

2. 고린도

고린도는 헬라의 고대 성읍이었다. 그 이름은 주전 10세기 초엽 도리아 헬라인들이 그곳에 이르기 전부터 있었다.[1] 고린도는 고린도의 이스트무스(Isthmus)에 자리잡고 있으면서 중부 헬라와 펠로폰네소스 반도를 잇는 육로를 장악했고, 이스트무스의 서쪽에 있는 레케움(Lechaeum) 항구와 동쪽에 있는 겐그레아(Cenchreae) 항구로 인하여 일찍부터 지중해 무역의 중심지가 되었다. 고린도는 해발 약 600미터 높이로 솟아 있어서 고린도인들을 지키는 성채가 있었던 아크로코린투스(Acrocorinthus) 산의 북쪽 사면에 건설되어 있었다. 이 산의 상류에 있는 페이레네(Peirene) 수원지는 성채에 물을 공급했고, 하류에 있는 같은 이름의 수원지는 고린도인들에게 충분한 물을 공급했다.[2]

교역의 중심지라는 이점으로 인하여 고린도는 고전 헬라시대에 엄청난 번영을 누렸다. 고린도는 사치로 유명했으며, 그 이름은 성적인 문란의 대명사가 되었다.[3] 이 성읍은 아프로디테(Aphrodite) 숭배의 중심지였는데, 신전은 아크로코린투스의 한 복판에 있었다. 이

---

1) '-nth-' 음을 갖고 있는 단어군(群)은 일반적으로 헬라시대 이전에 형성된 것이다. 고린도의 역사와 고고학에 대해서는 J. G. O'Neill, *Ancient Corinth*(Oxford, 1930); O. Broneer, "Corinth Center of St. Paul's Missionary Work in Greece", *Biblical Archaeologist* 14(1951), pp. 78-96 를 보라.
2) 고린도는 헬라 문헌 가운데서는 호머(*Iliad* ii. 570, xiii. 664에서. 그리고 vi. 152에서는 에피레 (Ephyre)라는 이름으로)에서 처음으로 나온다. 이 '이름'(그렇지만 다른 곳을 가리키는 것 같다)은 필로스(Pylos)의 미케네(Mycenae) 본문에서도 나온다.
3) 'κορινθιαξεσθαι'(문자적으로 "고린도인 행세를 하다")라는 동사는 주전 1세기부터 음행을 한다는 의미로 통용되었다.

여신의 상(像)은 전쟁의 신 아레스(Ares)의 군장(軍裝)으로 치장되어 있었는데 그의 투구는 여신의 발판이 되고 그의 방패는 여신의 거울 노릇을 하고 있었다. 성채의 기슭에는 뱃사람들의 수호신인 멜리케르테스(Melicertes)의 신전이 있었다. 이 이름은 두로(Tyre)의 주신(主神)인 멜카르트(Melkart)의 헬라식 명칭이다. 고린도가 주관하고 모든 헬라의 성읍국가들이 참가했던 이스트무스 축제는 2년에 한 번 열렸다.[4] 이 축제에서는 특히 바다의 신 포세이돈(Poseidon)을 모셨다. 바울의 말에 의하면 고린도는 "많은 신과 많은 주"를 숭배했다(고전8:5).

고린도는 헬라 역사의 많은 위기들을 넘기고 살아남았으나 주전 146년 큰 재난을 겪었다. 아가야 동맹이 로마의 지배권에 반기를 들고 일어난 폭동에서 고린도가 지도적인 역할을 했다는 이유로, 루키우스 뭄미우스(Lucius Mummius)가 이끄는 로마 군대가 이 성읍을 파괴하고 그 주민들을 노예로 팔고 그 영토를 로마에 병합해 버렸다. 헬라의 어떤 성읍도 오늘날에는 거의 그 자취를 찾아볼 수 없다. 다만 주전 6세기로 거슬러 올라가는 도리아식 아폴로 신전만이 예외적으로 건재해 있다고 할 수 있다.

이렇게 해서 고린도는 백년 동안 버려져 있다가 주전 44년 율리우스 가이사에 의해 '라우스 율리아 코린티엔시스(Laus Iulia Corinthiensis)'라는 이름의 로마 식민시로 재건되었다. 이곳은 식민시 행정을 관할하는 관청이 있었을 뿐만 아니라 주전 27년 이후로는 로마의 아가야 속주를 관할하는 행정관청의 소재지가 되었다.

로마의 고린도는 급속하게 예전의 영화(榮華)를 되찾았다. 이스트무스의 극히 일부 지역에 헬라인들이 '디올코스'라 부른 통나무로 된 일종의 철도가 부설되었다. 고린도인들은 이 철도를 서쪽의 고린도 만(灣)과 동쪽의 사론 만(the Saronic Gulf) 사이의 총 연장(延長) 약 6킬로미터 되는 거리에서 작은 배들을 이동하는 데 사용했다. 옛 영화와 함께 성적인 문란으로 유명한 옛 평판도 다시 찾게 되었다. 아프로디테 신전에는 천 명의 여자 노예들이 봉사를 했는데, 이들은 관광객의 눈길을 끌게 되었고 그럼으로써 이 성읍의 번영에 기여했다.[5] 이러한 배경은 바울이 고린도 교회에 보내는 서신들에 음행을 피하라는 말이 자주 나오는 이유를 이해하는 데 도움이 된다.

고린도는 로마의 식민시였기 때문에, 고린도의 시민들은 아마도 이탈리아에서 자유인이 된 로마인들이었을 것이지만, 주민들 가운데는 헬라인들과 레반트인들(Levantines)이 대단히 많았는데 후자 가운데는 상당수의 유대인 공동체가 포함되어 있었다. 로마의 고린도가 있던 터에 세워진 박물관에는 헬라어로 "히브리인들의 회당"이라고 새겨진 상인방(上引枋)

---

4) 한 전승에 의하면 이스트무스 축제는 멜리케르테스 신을 기려서 시작되었다고 한다(Thrasyllus, according to Clement of Alexandria, *Stromateis* i. 137. 1.).
5) Strabo, *Geography* viii. 6. 20-23; Pausanias, *Description of Greece* ii. 1. 1-5. 2를 참조하라.
6) B. Powell, "Greek Inscriptions from Corinth". *American Journal of Archaeology*,

으로 사용된 돌이 있다.[6] 서체를 살펴보면 이것은 사도시대보다 다소 후기의 것으로 생각되지만, 그 회당은 바울이 고린도에 도착한 직후에 찾아갔던 회당이 있던 자리에 있었을 것이다.

3. 브리스길라와 아굴라

바울은 늘 하던 대로 고린도에서도 자기 손으로 일을 하여 생계를 유지했는데, 거기서 그는 원래 본도 출신 유대인 아굴라(Aquila)와 그의 아내 브리스길라(Priscilla) 소유의 장막 제조회사에서 일자리를 얻었다. 이 부부는 최근까지만 해도 로마 ― 아마도 브리스길라의 출생지였을 것이다 ― 에 거주하고 있었는데[7], 로마에서 유대인 거류민들을 추방할 것을 명하는 글라우디오의 칙령 때문에 로마를 떠날 수밖에 없었다.[8] 그들은 유복한 부부였던 것으로 보이며, 그들의 장막 제조업은 몇몇 중심지에 지사(支社)를 두고 그들이 직접 거주하지 않았던 지사에는 책임자를 두어 경영을 맡겼던 것 같다. 그래서 그들은 로마, 고린도, 에베소를 아주 쉽게 왕래할 수 있었다. 고린도에서 그들을 처음 만난 후로 바울은 브리스길라와 아굴라만큼 충성스러운 교우나 조력자를 만나지 못했다. 몇년 후에 그는 "나뿐 아니라 이방인의 모든 교회도 저희에게 감사하느니라"(롬16:4)고 쓰고 있다.[9] 그들은 분명히 바울을 개인적으로 돕는 것보다도 훨씬 더 많이 교회와 복음을 위해 힘을 썼음에 틀림없다. 그들은 언제나 함께 언급되고 있는데, 그녀의 남편보다 브리스길라의 이름이 앞에 나오는 경우가 더 많다.[10] 이것으로 보아 브리스길라가 두 사람 중에서 더 인상에 남는 인물이었다는 것을 알 수 있다. 그들을 언급하고 있는 바울의 말 그 어디에도 그들이 바울로부터 복음을 전해받은 사람들이었다는 암시가 없다. 모든 증거들을 살펴볼 때 그들은 바울을 만나기 전에 이미 기독교인이었으며 따라서 로마에 살고 있었을 때도 기독교인이었다 ― 이러한 사실은 "크레스투스(Chrestus)의 선동으로" 끊임없이 폭동이 있어났기 때문에 글라우디오는 유대인들을 추방했다는 수에토니우스(Suetonius)의 말을 이해하는 데 빛을 던져 준다.[11]

---

series 2, 7(1903), pp. 60 f., No. 40; A. Deissmann, *Light from the Ancient East*, E. T. (London,[2] 1927), p. 16를 참조하라.

7) 그녀는 어떤 식으로든 브리스가 일가(*gens Prisca*)와 관련이 있었을 것이다. 누가는 그녀를 더 친숙한 이름인 브리스길라로 부르고 있지만, 바울은 그녀를 더 공식적인 이름인 브리스가로 지칭한다(예를 들면 고전 16:19에서처럼).

8) 256쪽, 408쪽을 보라.

9) 323쪽을 보라.

10) 누가(행 18:18, 26)와 바울(롬 16:3. 참조. 딤후 4:19) 모두. 사도행전의 서방 본문의 편찬자는 18:26에서 순서를 바꾸어 놓고 있는데, 이 편찬자는 곳곳에서 여자들의 우월성을 누그러뜨려 놓고 있다.

11) Suetonius, *Life of Claudius* 25. 4.

4. 고린도의 최초의 신자들

이전에 방문했던 여러 성읍들에서와 마찬가지로 고린도에서도 바울은 수 주 동안 회당의 안식일 예배에 출석하여 회당을 그의 처음 활동 근거지로 삼았다. 늘 하던 대로 바울은 예수가 히브리 예언을 성취한 분이라고 주장했으며, 사도행전 18:4의 서방 본문에 의하면 성경을 봉독하는 중간중간에 "주 예수의 이름을 끼워넣었다".[12] 얼마간의 유대인과 하나님을 경외하는 자들이 바울의 전도를 받아들였다. 유대인 가운데는 회당장 그리스보(Crispus)가 포함되어 있었고,[13] 후자에는 회당 옆 집에 살고 있던 디도 유스도(Titius Justus)가 끼어 있었다.[14] 디도 유스도가 바울이 "나와 온 교회 식주인 가이오"(롬16:23)라고 말하는 고린도 교인과 동일 인물이라면(아마도 그럴 가능성이 많다), 그의 완전한 이름인 가이오 디도 유스도(Gaius Titius Justus)는 그가 로마 시민이었음을 보여준다.[15] 바울은 자기가 직접 세례를 준 고린도 교인들을 말하면서 그리스보와 가이오, "아가야의 첫 열매"인 스데바나(Stephanas) 집 사람들 외에는 아무에게도 세례를 주지 않았다고 말한다.[16] 이것으로 보아 그들이 고린도의 최초의 신자들이었음이 틀림없다. 수 주 후에 실라와 디모데가 마게도냐에서 임무를 마치고 바울과 합류했음으로 바울은 새신자들에게 세례를 주는 일을 비롯하여 자신의 짐을 일부 덜 수가 있었다. 그들은 아마도 바울에게 몇몇 마게도냐 교우들의 선물을 전달한 것 같은데, 이로 말미암아 바울은 잠시 동안 장막 만드는 일을 쉬면서 전적으로 전도와 가르침에 전념할 수 있게 되었다.[17]

그러나 다른 곳에서와 마찬가지로 고린도에서도 조금 시간이 지나자 유대인 유력자들은 바울을 싫어하여 더 이상 회당을 사용하지 못하도록 했다. 바울에게는 아주 편리하게도 그의 친구이자 새 신자인 디도 유스도가 회당 옆에 있는 자기 집을 바울의 마음대로 자유롭게 사용하도록 했기 때문에 그는 회당에서 시작했던 자신의 사역을 계속해서 수행할 수 있었다. 이 집은 바울의 선교 본부였을 뿐만 아니라 고린도 교회의 최초의 모임 장소가 되었음이 분명하다. 여기서 바울은 십자가에 못박히신 그리스도를 통한 구원을 계속해서 선포했고 새로이 믿는 자들의 수는 급속하게 늘어갔다. 새로 믿는 자들 가운데는 유대인과 하나님을 경외하는 자들이 포함되어 있었을 뿐만 아니라 이방인들이 차지하는 비율도 점점 늘어갔다.

---

12) 문제가 되고 있는 성경구절들이 그를 가리키고 있다는 것은 분명하다. 예언서들에 대한 요나단의 탈굼역에서 이사야의 종의 노래(사42:1; 52:13)와 다른 곳(43:10)에서 적절한 위치에 "메시야"라는 말을 삽입하고 있는 것과 비교해 볼 수 있다.
13) 행 18:8; 고전 1:15.
14) 행 18:7.
15) E. J. Goodspeed, "Gaius Titus Justus", *JBL* 69(1950), pp. 382 f.를 참조하라.
16) 고전 1:15이하; 참조, 16:15.
17) 행 18:5; 참조, 고후 11:9.

이교에서 개종한 사람들 가운데는 고린도의 에라스도(Erastus)가 포함되어 있었을 것이다. 에라스도라는 이름은 바울의 친구들과 조력자들을 언급하는 가운데 사도행전(19:22)에서 한 번, 바울 서신에서 두 번(롬16:23, 딤후4:20) 나온다. 하지만 이 세 경우 모두 동일한 인물을 가리키고 있는지는 결코 확실치 않다. 하지만 고린도 사람 에라스도는 바울의 식주(食主)인 가이오(디도 유스도)와 나란히 로마서 16:23에서 바울이 문안인사를 드리는 사람으로 나와있으며, "이 성의 재무"(라틴어 '아르카리우스, arcarius'를 뜻하는 헬라어 '오이코노모스')로 지칭되고 있다.

1929년 4월 15일 아덴에 있는 미국인 학교에 머물렀던 고고학자들은 옛 고린도에서 "에라스도, 조영관(造營官)을 맡게 된 기념으로 이 도로를 자신의 비용으로 놓다"라는 의미의 라틴어가 새겨져 있는 석판(石版)을 발굴했다.[18] 주후 150년 경 이 도로를 수리할 때 이 글이 새겨진 석판은 원래의 위치에서 옮겨졌었다. 이 석판은 1세기 후반에는 처음 위치에 놓여있었을 것이다. 그 석판에 새겨진 에라스도가 바울의 고린도 친구와 동일 인물일 가능성이 있다 — 어떤 사람들은 그럴 가능성이 실제로 높다고 말한다. 그게 사실이라면 그가 성의 재무관(그가 주후 57년 초에 맡았던 직위) 직무를 대단히 만족스럽게 수행했기 때문에 20년 후 쯤에는 조영관(공공사업의 책임자)이라는 고위직으로 승진했으며 이 승진을 기념하여 그는 이 석판이 속한 도로를 닦아서 이 성읍에 바쳤다고 생각할 수 있다.[19]

바울이 고린도인들 가운데서 "예수 그리스도와 그의 십자가에 못박히신 것 외에는 아무 것도 알지 아니하기로 작정"(고전2:2)한 것은 이 성읍의 지적인 풍토를 고려했기 때문이다. 고린도인들이 당시에 유포되고 있었던 지혜를 존중하고 있음을 알게 되었을 때, 바울은 복음에는 그러한 세상 지혜들이 끼어들어갈 여지가 전혀 없다는 측면을 강조했다. 십자가에 못박히신 사람보다 더 어리석고 절망적인 모습이 세상에 또 어디 있을까? 십자가에 못박히신 메시야라는 말이 유대인들에게 거리끼는 신성모독의 일종이었던 것처럼, 십자가에 못박히신 구원자는 헬라인들에게 말 자체가 모순되는 것이었다. 그러나 바울이 예수를 십자가에 못박히신 구주며 우리 죄를 담당하신 분이라고 계속해서 전했을 때 예기치 않은 일이 일어났다. 유대인과 하나님을 경외하는 자들과 마찬가지로 이교도들도 그 메시지를 믿고 자신의 삶이 새로운 해방의 능력으로 말미암아 변화되었음을 알았는데, 이 능력은 이기심과 악의의 결박을 깨뜨리고 그들을 내면에서부터 깨끗하게 했다. 그래서 십자가에 못박히신 그리스도에 관한 메시지는 어떠한 헬라 철학의 가르침도 할 수 없었던 그 무엇을 이루었던 것이다.

---

18) T. L. Shear는 *AJA*, series 2, 33(1929), pp. 325 f.에서 이를 보고하고 있다.
19) H. J. Cadbury, "Erastus of Corinth", *JBL* 50(1931), pp. 42-58; P.N. Harrison, "Erastus and his Pavement", in *Paulines and Pastorals*(London, 1964), pp. 100-105를 참조하라. 명각(銘刻)에는 이렇게 쓰여있다: ERASTUS. PRO. AED. S. P. STRAVIT.

5. 갈리오의 "판결"

데살로니가와 베뢰아에서 그랬듯이 고린도에서도 바울을 둘러싸고 소동이 일어났다. 하지만 그 소동은 결국 대단치 않게 끝났다. 주후 51년 7월에(가능성은 희박하지만 아마도 열두날 후에)[20] 루기오 유니우스 갈리오(Lucius Junius Gallio)가 아가야 지방의 총독(proconsul)으로 임명을 받고 고린도로 부임해 왔다. 갈리오(원래 이름은 마르쿠스 안네우스 노바투스(Marcus Annaeus Novatus))는 스페인 혈통의 이름 있는 로마 가문(家門)의 일원이었다. 그는 수사학으로 유명한 마르쿠스 안네우스 세네카의 아들이었으며, 그의 동생 루기오 안네우스 세네카는 스토아 철학자로서 이 당시에 다음 황제가 될 네로(Nero)의 개인교사였다. 그가 가계(家系)의 이름을 바꾼 것은 그의 아버지의 친구인 루기오 유니우스 갈리오의 양자가 되었기 때문이었다.[21]

갈리오가 고린도에 부임해온 지 오래지 않아 이 지방의 유대인 공동체의 몇몇 사람들이 불법적인 종교를 전파하고 다닌다는 명목으로 바울을 그에게 고소했다. 이 사람들이 바울의 설교에 정치적인 내용이 담겨 있다고 고소했는지는 나와있지 않다. 아마도 그는 단지 로마법이 인정하지 않은 제의(祭儀)를 사람들에게 전파하였다는 이유로 고소되었을 것이다.[22] 어쨌든 갈리오는 이 고소 사건에서 자기가 조처를 취해야 할 어떤 요소가 없다고 신속하게 판단했다. 피의자는 고소인들과 마찬가지로 누가 보아도 유대인임이 분명했다. 그렇다면 이 사건은 유대의 율법과 신학에서 논란되고 있는 부분에 대한 해석의 문제였다. 범죄 및 제국의 안녕에 위협이 되는 행위라면 자기의 관할에 속하겠지만, 갈리오는 유대인들의 종교적인

---

20) 갈리오가 아가야의 총독직에 재임했던 시기는 글라우디오가 델피 신전의 사람들에게 보낸 칙서를 기록한 명각(銘刻)에서 분명하게 알 수 있다 (W. Dittenberger, *Sylloge Inscriptionum Graecarum* ii³, 801; E. M. Smallwood, *Documents illustrating the Principates of Gaius, Claudius and Nero*(Cambridge, 1967), p. 105, no. 376). 거기에서는 갈리오가 글라우디오가 황제(imperator)로 즉위한 지 26 주기가 되는 때 ― 이 시기는 다른 명각들(CIL iii, 476; vi. 1256)로부터 알 수 있는데 주후 52년의 처음 칠개월에 해당했다 ― 에 총독직을 맡고 있었다고 말한다. 총독들은 7월 1일에 임지에 부임하기 위하여 여행에 올랐다. 그렇다면 이 칙서가 문제가 되고 있는 기간의 말에 내려진 것이 아니라면(그 경우에도 갈리오는 주후 52년 7월 1일에 총독의 직무를 수행하고 있었다), 갈리오는 주후 51년 7월 1일에 자신의 속주에 도착했음에 틀림없다.
21) 갈리오는 총독직에 오랫동안 있었던 것 같지 않다. 그는 오래지 않아 열병을 고치기 위하여 여기저기 떠돌아다니기 시작한다(Seneca, *Epistulae morales* 104,1). 나중에 그는 총독을 역임한 후에(55 또는 56년) 심한 폐결핵으로 로마에서 애굽으로 여행을 떠나게 된다(Pliny, *Nat. Hist*, xxxi. 33). 주후 65년 그는 형제인 네로의 강요에 의해 세네카가 자살한 후에 또 다른 형제인 멜라(Mela)와 함께 네로에게 희생당했다(Dio Cassius, *History* lxii. 25. 3).
22) S. Applebaum은 *The Jewish People in the First Century*, ed. S. Safrai and M. Stern, i (Assen, 1974), p. 460에서 유대교를 "허용된" 결사라고 말한다. 바울과 그를 따르는 자들이 로마법으로 볼 때 유대와 다른 것이었다면, 그들의 모임과 활동은 사실상(*ipso facto*) "불법"이 되었을 것이다.

분쟁에까지 끼어들 마음은 없었다. 이에 따라 바울이 준비했던 변론을 듣기도 전에, 갈리오는 그들에게 재판자리에서 물러가라고 명했다.[23] (갈리오의 법정으로 사용되었을 돌로 된 단(壇)을 옛 고린도에서 지금도 볼 수 있다.) 그 광경을 지켜보고 있던 고린도 사람들은 유대인 공동체의 지도자들에게 가해진 냉대를 보고 즐거워하면서 회당장 소스데네(Sosthenes)를 붙잡아 재판자리 앞에서 때렸는데 갈리오는 이 일을 보고도 못본 체 하였다.[24] (이 소스데네가 바울이 고린도전서의 서문에서 언급한 소스데네라면, 그도 그의 이전의 동료인 그리스보와 마찬가지로 기독교인이 되었다고 하겠다.)

갈리오가 바울에 대한 고소를 받아들이지 않은 일은[25] 중요한 부정적인 전례가 되었을 것이다. 만약 갈리오가 이 고소를 받아들여서 고소된 죄명에 대하여 바울의 유죄를 인정했다면, 영향력 있는 통치자에 의한 이러한 불리한 판결은 로마 제국의 다른 곳에 있는 관원들이 전례로서 좇았을 것이고 바울의 사도적 사역은 심각하게 타격을 입었을 것이 분명하다. 갈리오의 직위는 빌립보의 집정관(praetor)들이나 데살로니가 읍장(politarch)들과는 달리 단순히 그 지방에 한정된 권위를 갖고 있는 것이 아니었다. 사실 갈리오가 이 문제에 대하여 아무런 조치도 취하지 않은 것은 바울이 전하고 있는 것은 로마법에 의해 인가된 결사(結社)인 유대교의 한 형태라는 판결이나 다름없었다. 주로 이방인의 사도로서의 바울 자신의 활약 덕분으로 어떤 로마의 관원들도 더 이상 기독교를 유대교의 한 형태로 여길 수 없게 되는 날이 빠르게 다가오고 있었다. 그러나 현재로서는 바울은 가이사의 대리자들로부터 어떠한 방해도 받지 않으면서 고린도를 비롯한 여러 지역에서 복음 사역을 수행할 수 있었다.

6. 바울이 고린도를 떠나다

아마도 주후 52년 봄에 바울은 브리스길라와 아굴라와 함께 고린도를 떠나 에게해를 건너 에베소로 갔다. 그는 에베소에 있는 회당들을 찾아갔다. 거기 있던 유대인들은 바울이 전한 말에 대단한 관심을 보이면서 더 듣기를 원했다. 그러나 바울은 급한 용무로 예루살렘에 가야 했기 때문에 이를 사양했다. 사도행전 18:21의 서방 본문에 따르면, 바울은 다가오

---

23) 사도행전 18:12의 '베마(βῆμα)'. 이 단어는 예수에게 사형선고를 내린 예루살렘의 빌라도의 재판자리에 대해서도 사용되고 있고(요 19:13), 바울이 "가이사의 재판자리"(행 25:10)라고 말한 가이사랴의 베스도의 재판자리에 대해서도 사용된다(행 25:6).
24) 이것이 행 18:17의 요지이다. "갈리오는 그것에 주의를 기울이지 않았다"(RSV); 이 점은 서방 본문에서 분명하게 나타난다 - "갈리오는 못 본 체했다".
25) 사도행전 18:14(RSV, "내가 너희 말을 들어주는 것이 가하다")에 나오는 '아넥세스다이(ἀνέχεσθαι)'는 재판의 문맥에서는 이러한 의미를 갖는다 [W. Bauer, W. F. Arndt, F. W. Gingrich, *A Greek-English Lexicon of the New Testament* (Cambridge, 1957), p.65를 보라].

는 절기 — 유월절이나 오순절 — 에 예루살렘에 도착해야 했다. 그가 예루살렘에 급히 가야 했던 것은 자기가 고린도에서 — 아마도 밤에 본 환상에서 주께서 자기를 지키시겠다고 하신 약속에 응답하여 — 행한 나실인 서원과 관련이 있었던 것 같다. 바울은 고린도를 떠난 직후 겐그레아(Cenchreae) 항구에서 배를 타기 전에 머리를 깎음으로써 그 서원의 일부를 실행했다.[26] 그러나 그 서원을 완전히 수행하기 위해서는 예루살렘에 있는 성전을 찾아가야 했다. 그래서 그는 에베소에서 브리스길라와 아굴라를 남겨두고 거기에서 팔레스틴 땅에 있는 가이사랴로 향하는 배를 탔다. 그는 예루살렘에서 해야 할 일을 마치고 모교회에 경의를 표한 다음 북쪽으로 향하여 수리아 안디옥에 이르러 거기에 있는 옛 친구들과 교제를 나눈 후에 에베소로 돌아왔다.

7. 아볼로와 "아볼로 파(派)"

그 동안에 또 한 사람의 유대인이 에베소의 회당에 이르러서 성경을 해석하는 데 탁월한 능력을 발휘했다. 바울과 마찬가지로 그도 역시 성경은 예수에 의해 성취되었다고 가르쳤다. 브리스길라와 아굴라는 대단한 관심을 가지고 그의 말을 들었다. 그들은 그가 말한 모든 것을 인정했지만, 그가 가진 복음에 관한 지식에는 어떤 부족한 점들(그들에게 그렇게 보였다)이 있음을 알게 되었다. 그는 예수의 이야기에 관해서는 정확히 알고 있었지만 예수의 이름으로 세례를 받는 것에 관해서는 아무 것도 모르고 있었다. 그가 알고 있었던 세례는 세례 요한이 베푼 세례(그리고 아마도 여전히 요한의 제자들이 베풀고 있는 세례)뿐이었다. 이에 따라 브리스길라와 아굴라는 그를 에베소에 있는 자기 집으로 초대하여 거기서 "하나님의 도를 더 자세히 풀어" 설명해 주었다(행 18:26).

이 방문자는 애굽의 알렉산드리아 출신의 유대인 아볼로(Apollos)였다. 누가는 그를 묘사하면서 '로기오스'라는 형용사를 사용했는데, 이 단어는 고전 헬라어에서는 "학식 있는" 또는 "개화된"이라는 뜻으로 사용되다가 헬레니즘 시대 이후의 헬라어에서는 "유창하게 말하는"이란 뜻이 추가되었다. 아마 이 후자의 의미가 누가가 말하고자 했던 의도일 것이지만 전자의 의미도 배제할 필요는 없을 것 같다. 누가는 또 그를 "성경에 능한 자"로 묘사하는 것으로 보아 그는 성경 본문을 잘 알고 있을 뿐만 아니라 성경 해석에도 아주 능했다는 것을 알 수 있다.

사도행전 18:25의 서방 본문에 따르면, 아볼로 〔그는 이 본문에서는 축약되지 않은 완전한 형태의 이름인 아폴로니우스(Apollonius)로 나온다〕는 주의 도에 관한 가르침을 고향(patris)인 알렉산드리아에서 받았다. 이것은 기독교가 주후 50년 경 알렉산드리아에도 이

---

26) 행 18:18. 375쪽을 보라.

르렀다는 것을 보여주는데, 이것은 서방 사본의 편집자가 본문에 이러한 말을 추가했을 때 어떤 증거를 이용했는지는 모르지만 대단히 신빙성이 있는 일이다.[27] 성경이 예수 안에서 성취되었다는 것을 밝혀내는 그의 능력 외에 아볼로의 능숙한 해석으로 보아 알렉산드리아의 유명한 유대인 철학자 필로(Philo, 그는 아마도 우리의 기록에서 아볼로가 출현하기 이삼 년 전에 죽었을 것이다)가 사용한 알레고리의 방법에 그가 상당히 능숙했는지의 여부에 대해서는 우리가 알 수 있는 방법이 없다. 이런 일은 있을 것 같지 않다고 해서도 안 되지만 당연한 것으로 받아들여서도 안 될 것이다.

아볼로가 예수의 이야기에 관하여 정확하게 알고 있으면서도 요한의 세례 이외에는 어떠한 세례도 몰랐다는 것이 말이 되느냐고 우리는 의문을 제기할 수도 있다. 이에 대하여 우리가 할 수 있는 말은 그가 전해받은 복음은(알렉산드리아에서 받았든 아니면 다른 곳에서 받았든) 사도행전의 본류에서 추적하고 있으며 바울 서신에 전제되어 있는 경로와는 다른 경로—즉, 예루살렘에서 시작되지 않은 경로—를 통하여 전달된 것이라는 말뿐이다. 팔레스틴의 여러 지역에서는(사마리아에도) 예수를 믿는 사람들의 집단이 꽤 있었다.[28] 그리고 이들 가운데 몇몇은 예루살렘 교회를 탄생시킨 오순절 사건을 경험하지 않은 채 선교 활동에 참여했을 것이다. 알렉산드리아 기독교는 그 탄생 연대와 상황이 무엇이든간에 수 세대 동안 예루살렘 교회(사도시대에)와 로마 교회(사도시대 이후)의 표준으로 보아 결함이 있는 것으로 여겨졌다.[29] 더 이상의 고찰은 쓸데없는 것이다. 하지만 아볼로가 브리스길라와 아굴라에게서 받은 더 정확한 가르침에는 예수의 이름으로 받는 세례와 세례의 결과로 성령으로 말미암아 새로운 공동체로 합체된다는 것(그들이 바울에게서 배운 것)에 관한 내용이 포함되어 있었을 것이다.

아볼로는 이 시기의 근동 역사에 나오는, 이곳 저곳으로 떠돌아다니면서 장사도 하고 종교적인 가르침도 베푸는 유대인 순회(巡廻) 상인들 가운데 한 사람이었던 것 같다.[30] 그는 에베소에서 볼 일을 다 마친 후에 에베소의 새로운 친구들이 고린도의 "제자들"에게 보내는 소개장을 휴대하고 에게해를 건너서 고린도로 갔다. 누가가 이 소개장을 받을 사람들을 고린도에 있는 "제자들"이라고 한 것으로 보아 그것은 회당이라기보다는 고린도에 있는 교회를 가리켰다. 하지만 아볼로는 자발적으로 회당을 찾아가서, 바울이 했던 것처럼 — 물론

---

27) 복음이 구레네에 일찍 전파되었다면, 알렉산드리아에도 일찍 복음이 이르렀을 것임에 틀림없다(146쪽을 보라).
28) 행 8:5-25을 보라.
29) W. Bauer, *Orthodoxy and Heresy in Earliest Christianity*, E. T.(Philadelphia, 1971), pp. 44 ff.; A. A. T. Ehrhardt, *The Framework of theNew Testament Stories* (Manchester, 1964), pp. 174 ff.; F. F. Bruce, *The 'Secret' Gospel of Mark*(London, 1974), pp. 13 ff.를 참조하라.
30) 아디아베네(Adiabene)의 이자테스(Izates) 왕이 유대교로 개종하는 데 주요한 역할을 했던 아나니아(Ananias)와 엘레아살(Eleazar)처럼(Josephus, *Ant.* xx. 34-48).

아볼로의 해석 방법은 바울의 방법과 달랐겠지만 ― 성경에 예언된 메시야는 바로 예수라고 주장했던 것 같다.

어쨌든 아볼로는 고린도의 기독교 운동에 크게 힘이 되는 인물임이 입증되었고, 고린도 교회의 많은 신자들은 그의 재능에 크게 감명을 받았고 몇몇 사람은 스스로를 그의 제자로 여긴 성도였다. 분명히 그외 시역에는 바울의 사역보다 그들에게 너 호소력이 있는 어떤 특성이 있었다. 아볼로의 능변(能辯)은 바울 스스로 인정했듯이 "시원치 않은" "말"(고후 10:10)과 비교되었을 것이고, 사람들은 아마도 아볼로의 상상력이 풍부한 알레고리적 해석을 "말과 지혜의 아름다운 것"(고전 2:1)을 일부러 삼가는 바울의 방식보다 더 선호했을 것이다.

또 다른 신자들은 바울에 대한 충성심에서 자기들이 자신들 교회의 창립자이며 자신들의 교사인 바울의 유일무이한 권한을 강조해야 한다고 생각했다. 이렇게 해서 자칭 아볼로 파에 대항하여 "나는 바울에게 속한 자라"는 표어를 내건 또 다른 무리들이 출현했다.[31] 바울 당(黨)과 아볼로 당 사이에는 원칙적인 문제에 있어서 아무런 차이점도 없었던 것으로 보인다. 바울이 이 문제를 언급할 때, 그는 단지 그러한 파당심(派黨心)이 있다는 것 자체를 통탄히 여길 뿐이다. "그런즉 아볼로는 무엇이며 바울은 무엇이뇨 저희는 주께서 각각 주신 대로 너희로 하여금 믿게 한 사역자들이니라 나는 심었고 아볼로는 물을 주었으되 오직 하나님은 자라나게 하셨나니"(고전 3:5 이하). 아볼로에 관하여 말할 때 바울은 아무런 단서도 달지 않는다. 바울은 아볼로를 언급할 때마다 그에게 호의와 신뢰를 보인다. 바울은 아볼로의 가르침을 인정했던 것이 분명하다.

주후 55년 봄 에베소에서 쓴 고린도전서의 끝부분에서 바울은 개인적인 용건을 적으면서 이렇게 말한다. "형제 아볼로에 대하여는 저더러 형제들과 함께 너희에게 가라고 내가 많이 권하되 지금은 갈 뜻이 일절 없으나 기회가 있으면 가리라"(16:12). 왜 아볼로의 방문이 연기되었는지에 관한 자세한 내용은 우리에게는 참으로 모호한 것이지만(사실 아볼로가 그때에 고린도에 가는 것을 방해한 것이 하나님의 뜻이었는지 아니면 아볼로의 뜻이었는지를 우리는 확실하게 말할 수 없다),[32] 이 말은 최근에 에베소에서 바울과 아볼로가 만났다는 사실을 보여준다. 아마도 아볼로는 바울을 잠재적인 경쟁 상대로 하는 파당의 지도자로서 떠받들어지는 것에 당황해서 고린도를 떠났을 것이다. 바울은 몇몇 기독교인 방문자들이 고린도에 가서 자기가 거기 있는 신자들에게 전해준 가르침을 더 풍부하게 하려 하는 것을 그리 달가워하지 않았지만 아볼로가 방문하는 것에 대해서는 전혀 염려를 하지 않았음이 분명하다.

---

31) 참조, 고전 1:12; 3:4.
32) 문제가 되고 있는 것이 누구의 뜻인지가 분명하게 나와 있지 않다. 헬라어를 사용하는 유대인들 가운데서는 "뜻"은 하나님의 뜻을 가리킨다(롬 2:18에서처럼). 아마도 바울의 강권에도 불구하고 아볼로 자신이 고린도로 돌아가기를 상당히 원하지 않았을 것이다.

8. "글로에의 집"을 통하여 들려온 소식

바울은 "글로에의 집"(고전 1:11) — 아마도 유복한 가문 또는 가정 교회의 성원들 — 이라고 불리는 에베소를 방문한 몇몇 기독교인들로부터 아볼로 "파"와 거기에 대항하여 자기를 지주(支柱)로 하고 있다고 주장하는 "파"가 각축을 벌이고 있다는 소식을 처음으로 듣게 되었다.[33] 그들은 바울에게 베드로(바울은 보통 그를 게바라 부른다)를 떠받드는 또 다른 파에 대해서도 들었다. 바울이 부재중인 동안 베드로가 고린도를 방문한 일이 있었던 것인가? 이것은 있을 수 있는 이야기이다. 베드로는 주후 50년 경 이후부터는 주로 여러 곳에 있는 유대인 공동체들을 다니면서(예루살렘 교회 지도자들과 바울, 바나바의 합의에 의거해서) 더 광범위한 지역에 걸친 사역을 시작했던 것으로 보인다.[34] 베드로가 고린도의 회당을 찾았다면, 틀림없이 그는 이교에서 개종한 신자들뿐만 아니라 유대교에서 개종한 신자들도 포함되어 있었던 그곳의 교회를 찾아 인사했을 것이다.

우리는 이미 유대인 선교지역과 이방인 선교지역을 명확히 구분하는 것이 불가능하다는 것, 합의 사항에는 양측 당사자 사이에서 오해가 일어날 소지가 많다는 것을 말했다. 아볼로는 사도의 신분을 가지지 않은 자유로운 활동가였으므로 그가 고린도나 바울의 선교지역의 어느 곳에서 활동한다 하더라도 바울의 권위에 위협이 되는 것은 아니었다. 그러나 베드로로 말한다면 이와는 사정이 달랐다. 마음먹기만 한다면 바울의 사도직은 얼마든지 의심을 받을 수 있었다 — 바울은 스스로의 설명에 의하면 그 누구와도 함께 하지 않은 어떤 환상을 통하여 사도직을 받았지만, 베드로의 사도직은 의심할 수 없는 확고부동한 것이었다.

베드로가 바울의 가르침과 다른 어떤 내용을 말했다면, 어느 쪽이 더 올바른 것으로 되었을까? 고린도 교인들이 베드로에게 각별한 관심을 가졌다는 사실은 바울이 "다른 사도들과 주의 형제들과 게바"(고전 9:5)[35]라고 말하면서 게바의 이름을 특별히 언급하고 있다는 데서 잘 드러난다. 여기서 말하고자 하는 핵심은 이 사람들은 바울과 달리 선교 여행을 할 때 아내를 데리고 다녔다는 것이다 — 베드로의 경우에 대해서는 고린도 교인들이 만나 보았기 때문에 잘 알고 있었을 것이다.[36]

---

33) 글로에(다른 것에 대해서는 아무 것도 알려져 있는 것이 없다)는 가문의 가장이었거나 그 집의 소유주였던 것 같다.
34) G. Edmundson, *The Church in Rome in the First Century*(London, 1913), pp. 80, 84에 의하면, 그는 주후 54년 10월 13일 글라우디오가 죽었다는 소식을 듣고 교회를 재건하는 일을 거들기 위하여 로마로 향하고 있었다. T. W. Manson, *Studies in the Gospels and Epistles* (Manchester, 1962), pp. 38-40를 참조하라.
35) 이 말을 통해서 볼 때 바울이 "게바"를 "사도"로 여기지 않았다고 추론하는 사람이 있다면, 그것은 이해하기 난감한 일이다. 그러나, W. Schmithals, *The Office of Apostle in the Early Church*, E. T. (London, 1971), pp. 80-82를 보라.
36) 이 본문은 베드로가 결혼한 사람으로 나오는 마가복음 1:30 이하와 "우연히 일치"하고 있다.

베드로가 몸소 고린도를 방문하지 않았다면, 몇몇 사람들이 베드로의 이름으로 이 성읍과 교회를 방문하여 베드로의 의도와는 달리 그의 권위를 신자들에게 지나치게 강조했었을지도 모른다. 고린도 교인들이 베드로의 권위를 바탕으로 어떤 것을 받아들이도록 강요받았는지는 확실치 않지만, 그들은 예루살렘 공교회에 나와있는 음식 규제에 관한 사항을 준수하도록 강요받았을 것이다.[37] 바울은 자기가 고린도 교회의 터를 닦았고 다른 사람들은 그 터 위에 여러 가지 것들을 세웠다고 말하면서 "각각 어떻게 그 위에 세우기를 조심할지니라"(고전 3:10)는 경고의 말을 덧붙인다. 사도의 신임장에 관한 한 고린도는 바울이 그 신임장을 제시할 필요가 전혀 없는 곳 중의 한 곳이다. 고린도 교회가 존재한다는 것 자체가 바울의 사도적 위탁의 충분한 증거이기 때문이다 — 바울은 그들에게 "나의 사도 됨을 주 안에서 인친 것이 너희라"(고전 9:2)고 말한다.

그러나 고린도 교회에는 높이 들리우신 그리스도의 주요한 종들의 이름과 결부된 사상보다 더 고상한 사상을 가졌다고 주장하는 또 다른 무리들이 있었다. 그들은 그리스도 자체 — 모든 기독교인들이 보통 그리스도라는 이름을 사용하는 의미가 아니라 강한 파당심이 내포된 의미로 — 를 지주로 삼는다고 주장하는 사람들이었다. 바울의 눈에는 이것은 너무도 터무니없는 파당심의 발로(發露)였다. 바울은 격분하여 "그리스도께서 어찌 나뉘었느뇨"라고 반문한다(고전 1:13). "나는 그리스도에게 속한 자"라고 주장하는 사람들은 도대체 어떤 사람들이었을까?

9. 고린도 교회의 "지식있는 자들"

고린도 교회는 복음이 이방인 세계에 심어졌을 때 사람들이 얼른 알아차리기 어려운 미묘한 변질을 얼마나 겪기 쉬운가를 보여주는 본보기이다. 원래는 하나의 의미를 가졌던 개념과 용어들이 새로운 환경에서 또 다른 의미를 띠게 되는 경향은 비일비재했다. 예를 들면 바울은 예수를 따르는 자들 안에 내주하시는 성령을 부활 때에 완벽하게 그들의 소유가 될 영광스러운 유업의 첫 열매로 파악했다. 반면에 고린도 교인들 가운데 몇몇은 하늘에 속한 것의 정수(精髓)인 성령을 소유하는 것을 극히 중요한 문제로 생각하였다. 예수께서 성령을 나누어 주시는 것은 그가 이루신 업적 가운데 꽃이었다. 예수께서 십자가에 못박히신 사건은 바울이 설명한 이유로 인하여서가 아니라 사람들에게 적대적이며 사람들이 하늘의 은사를 누리는 것을 방해하는 "정사와 권세"의 허를 찔러 승리하는 수단이 되었기 때문에 중요했다. 그러나 그들은 이미 하늘의 은사를 받았기 때문에 "이미 배불렀다".[38]

---

37) C. K. Barrett, "Thing Sacrificed to Idols" *NTS* 11(1964-65), pp. 138-153, 특히 pp. 149 f. 를 참조하라.

38) 참조, 고전 4:8.

바울이 말한 다가올 나라는 이미 그들의 것이었다.[38] 지금 여기에서 "신령한 사람"으로 자처하고 있는 사람들에게 육체적 부활의 소망이 지복(至福)을 누리는 데 있어서 무엇을 더 해 줄 수 있을까?[39] 바울이 장래의 육체적 부활에 대한 전통적인 유대적 신념을 여전히 견지하고 있다고 하여 그들이 이 신념을 바울에게서 물려받을 이유는 전혀 없었다. 그들은 더 철저하게 자유케 되었다. 바울이 때때로 신자들은 세례를 통하여 그리스도와 함께 죽고 함께 부활한다고 말한 것으로 보아 바울은 더 날카로운 통찰력을 가지고 있다는 것을 그들은 인정했다:[40] 이것만이 그들이 필요로 하는 부활의 모든 것이었다. 다른 사람들이 바울이나 아볼로, 베드로가 선포한 대로 높이 들리우신 그리스도를 알든지 말든지 그들은 어떠한 인간의 중재도 필요 없이 성령을 통하여 그리스도와 직접 만나고 있었다. 우리가 이렇게 주장하는 사람들을 고린도 교회의 "그리스도 파"와 동일한 인물들이라고 해도 그리 틀리지는 않을 것이다.[41]

이와 동일한 성향은 몇몇 고린도 교인들이 황홀경 속에서 일어나는 더 극적인 "신령한 것" 또는 '카리스마타' 특히 방언에 관하여 과장된 평가를 한 것에서도 나타난다. 바울은 방언이 성령의 감동으로 나타나는 현상이라는 것을 부인하지 않았지만, 그는 방언처럼 그렇게 인상적이지는 않지만 기독교인의 교제에서 덕을 세우는 데 훨씬 더 유용한 다른 '카리스마타(은사들)'가 있음을 고린도 교우들에게 확신시키려고 애를 썼다. 방언은 기독교에 특유한 것이 아니었다. 헬라인들은 델피 신전의 아폴로 신의 무녀들의 방언과 디오니수스(Dionysus) 숭배자들의 열광적인 주문들을 오랫동안 들어왔다. 그러므로 바울은 "방언"이나 예언하는 현상 자체가 아니라, 말하는 실제 내용이 성령의 임재와 활동의 증거가 되는 것이라고 역설한다. 자기가 말하고자 하는 것을 두 극단적인 예를 들어 설명하는 가운데 바울은 "예수를 주시라"고 하는 말은 성령으로 말미암아 하는 것이 분명하며, "예수를 저주할 자라" — 아마도 바울이 이전에 팔레스틴 신자들을 배교하게 만들려고 강요했던 말[42] — 고

---

39) 참조, 고전 15:12.
40) 참조, 롬 6:4이하 (하지만 여기에서 그리스도와 함께 일으키심을 받는 것은 현재 일어난 일이자 장래에 일어날 일이기도 한 것 같다). 골 2:11-13.
41) T. W. Manson, *Studies in the Gospels and Epistles*, p. 207를 참조하라. 그는 거기에서 그리스도파에 대한 획기적인 논문인 "Die Christuspartei in der korinthischen Gemeinde", *Tübinger zeitschrift für Theologie* 5(1831), Heft 4, p. 61-206(이 논문은 *Ausgewählte Werke in Einzelausgaben*, ed. K. Scholder, i (Stuttgart, 1963), pp. 1-76에 재수록 되었다)에서 F.C. Baur가 설명한 것과는 전혀 다른 설명을 하고 있다. 바우어는 그리스도파 (그는 고후 10:7에 또 한번의 언급이 있음을 발견했다)를 베드로와 그의 동료들을 사도로 지명하고 위탁했던 그리스도와의 관련성을 강조하기 위한 베드로를 추종하는 유대주의자들로 이루어져 있었다고 본다.
42) 행 26:11.
43) 고전 12:3. 몇몇 이방 기독교인들이 자신들이 성령으로 말미암아 그 임재를 누리고 있었던 하늘에 속한 그리스도에게 너무 지나치게 빠져있었기 때문에 그들은 비하(卑下)와 죽음을 겪은 지상의 예수에 대한 어떠한 것도 공식적으로 저주를 했다고 하는 설명이 있는데 근거는 희박하다.

하는 말은 전혀 다른 계통의 영으로 말미암아 하는 것이 분명하다고 지적한다.[43]

이 "신령한 사람들"을 영지주의자라고 부른다면 시대착오적인 말이 될 것이다. 영지주의자라는 말은 주후 2세기에 번성했던 여러 분파의 영지주의를 추종하던 사람들을 가리켜서 가장 적합하게 쓸 수 있는 용어이기 때문이다. 하지만 그들의 교리는 "초기의 영지주의" — 이런 날이 가능하다면 — 라고 말할 수 있을 것이다. 우리는 바울의 고린도 서신에서 고린도 교회가 "영지주의의 씨앗을 뿌리기에 얼마나 적합한 땅인가"를 알아차릴 수 있다.[44] 고린도 교회의 "신령한 사람들"은 분명히 지혜(소피아)와 지식(그노시스)과 같은 특질들을 (바울이 그들에게 말하고 있듯이) 보편적으로 통용되는 세속적인 표준을 따라 상당히 중시한 반면에, 바울은 그리스도의 복음에서 십자가에 못박히신 하나님은 이 표준들은 뒤집어 놓았고 그것들을 어리석게 보이도록 만들어버렸다고 주장했다. 그들이 추구했던 지식은 기독교적 사랑이 수반되지 않는다면 기독교 공동체에 덕을 세울 수도 그 모임을 힘있게 할 수도 없었다. 그들이 추구했던 지식은 덜 깨쳤다고 생각되는 동료 기독교인들을 멸시하고 음식과 성(性)과 같은 문제에 얽매이는 미성숙한 모습을 보이는 동료 기독교인들에 대하여 참을 수 없게 만드는 유혹을 가져왔다. 그들은 육체를 잠정적인 것으로 여겼고 몸으로 하는 행위들은 도덕적으로나 종교적으로 가치중립적인 것이라고 주장했다.

1세기 기독교인들 가운데서 가장 개방적이고 해방된 사람인 바울은 이 "지식있는 사람들"과 함께 먼 길을 갈 수 있었다. 그는 이방신들에게 제물로 드려졌던 짐승들의 고기는 그 자체로 결코 악한 것이 아니므로 기독교인들은 선한 양심을 가지고 감사함으로 그것을 먹을 수 있다는 그들의 주장에 동의했다. 그러나 그들과는 달리 바울은 그렇게 행동하는 것이 얽매임에서 덜 해방된 기독교인들의 양심에 해를 끼친다면 그러한 문제에 있어서 자신의 자유를 언제나 기꺼이 제한할 용의를 가지고 있었다.

음식 문제는 윤리적으로나 영적으로 가치중립적인 문제였지만, 반면에 성적인 문제들은 그렇지 않았다. 그것들은 거기에 관계된 사람들에게 깊고 지속적인 결과를 가져오기 때문이었다.[45] "지식있는 사람들"은 "식물은 배를 위하고 배는 식물을 위하나 하나님이 이것 저것 다 폐하시리라"고 말했다[46] — 그리고 그들은 그 당연한 결론으로서 이렇게 덧붙여 말하기를 좋아했다. "성(性)은 몸을 위하고 몸은 성을 위한 것이다". 그러나 바울에 의하면 그러한 결론은 용납할 수 없는 것이었다. 식물과 배는 모두 멸(滅)할 것이지만 — 이것은 사실이다 — 성적인 문제는 몸만이 아니라 인격 전체에 영향을 미치는데 그 인격은 죽을 몸과 운명을 같이 하지 않을 것이다. 바울은 고린도를 떠난 지 얼마 되지 않아서 거기에 있는 신자들에

---

44) R. Law, *The Tests of Life* (Edinburgh. 1909). p. 28.
45) D. S. Bailey, *The Man-Woman Relation in Christian Thought*(London, 1959), p. 10를 참조하라.
46) 고전 6:13. 아마도 "배는 식물을 위한다"까지만을 인용 부호로 둘러싸고 있는 RSV가 올바른 것 같다. 이렇게 하면 "그러나 하나님이 이것 저것 다 폐하시리라"는 그들의 말에 대한 바울의 논평이 된다.

게 서신을 보낼 기회가 있었는데, 지금은 없어진 그 서신(이것을 편의상 "고린도 A서"라 부르자)에서 바울은 그들에게 모임 내부에 있는 음행을 비롯한 다른 악들을 용납하지 말라고 강력히 촉구했었다.[47] 그러나 바울이 그들에게 계속적으로 보낸 서신들 속에서 일반적인 권면의 방식이 아니라 구체적인 사례들을 들어서 그러한 권면을 계속하고 있는 것을 보면, 그들은 바울의 권면을 실행에 옮기기가 어려웠음이 분명하다. 분명히 거듭난 기독교인들일지라도 그들이 거주하는 성읍 전체를 뒤덮고 있는 죄악에서 벗어나기란 쉬운 일이 아니었던 것 같다 — 특히 그들의 공동체의 몇몇 "개화된" 성원들이 그들에게 그것은 실제로 전혀 죄가 아니라는 확신을 심어주고 있는 상황에서는 더욱 그러했다.

이 "개화된" 사람들이 어느 정도까지 빗나갈 준비가 되어 있었느냐 하는 것은 에베소에 있는 바울을 방문한 고린도로부터 온 한 명 또는 그 이상의 방문자가 바울에게 들려준 사건에서 엿볼 수 있는데, 이 사건을 들은 바울은 대단히 격노했다. 고린도 교회의 한 신자가 자기 아버지의 부인과 동거생활을 시작했다. 아버지가 살아계셨는지 돌아가셨는지는 분명하지 않지만 성적인 문제에 있어서 개방적인 고린도에서조차도 그러한 일은 일반적으로 너무 지나친 것으로 여겨졌고, 그러한 일이 교회 신자들 가운데서 일어났다는 것은 반드시 교회의 평판을 악화시킬 것임에 틀림없었다.

이런 일을 저지른 당사자는 정말 악한 것은 말할 것도 없지만, 교회의 많은 신자들이 이러한 일을 유대인의 율법과 이방인의 관습에서 금하는 것들을 모두 철폐해 버리고 기독교인의 자유를 멋지게 선포한 사건으로 보고 이러한 상황을 오히려 자랑스럽게 생각하는 경향이 있었다는 사실은 그 악을 저지른 사람보다 실은 더 악한 것이었다. 적은 누룩이 온 덩어리에 퍼지듯이, 그러한 행위가 교회 내에서 용납된다면 모임 전체를 부패시켜 버릴 것이라고 바울은 말했다. 그런 죄를 범한 자는 교회의 건전한 성장과 그 사람의 궁극적인 구원을 위하여 교회의 지체됨을 박탈하고 쫓아내어야 한다.[48]

10. 고린도 교회의 "약한 자들"

바울이 고린도 교회에게 경계하도록 해야 했던 것은 기독교인의 자유를 방종으로 왜곡시켜버린 것만이 아니었다. 그 교회의 신자들 가운데 몇몇은 고린도에 만연되어 있던 부도덕한 삶에 대한 반작용에서인지 아니면 2세기의 금욕주의적 영지주의를 앞서서 보여주기라도 하려는 생각에서인지 결혼을 피하고 엄격한 금욕을 행하는 것이 가장 지혜로운 처신이라고 생각했다. 또 어떤 신자들은 우상에게 제물로 드려진 고기가 자기 앞에 나올 때는 주의깊게

---

47) 그것은 고전 5:9-11에 언급되어 있다.
48) 고전 5:1이하.

조사하고 의심이 있을 때는 먹지 않을 정도로 우상에게 제물로 드려진 짐승의 고기를 먹는 것에 관하여 거리낌을 갖고 있었다. 그러한 사람들은 그들이 음식과 관련된 이러한 문제들에 있어서 바울이 유감스러울 정도로 해이하다고 생각했던 것에 관하여 이제야 바울이 비판하는 것을 듣고는 공감을 표시하고 좋아했을 것이다.

바울은 기독교의 자비를 위하여 자신의 자유를 제한하는 데 앞장 서면서 이 점에서 사기의 모범을 신자들에게 권했지만, 그는 그러한 규제는 자발적으로 스스로에게 부과되는 것이어야 한다고 주장하면서 그러한 규제를 외부로부터 부과하려는 어떠한 시도도 복음의 은혜와 성령의 자유를 위협하는 것으로 보았다. 이에 관한 그의 태도는 자신이 에베소에서 사역하고 있는 동안 고린도 교회에서 자기에게 보내온 몇 가지 질문들에 대한 답변들 속에 표현되어 있다.

제 24 장

고린도 교회와 바울이 주고 받은 서신들

1. 고린도 교인들이 바울에게 보낸 서신들

바울은 우리에게 고린도전서라는 이름으로 전해져 오는 서신에서 글로에(Chloe)의 집 사람들과 다른 방문자들에게서 들은 소식들을 다루었다. 편의상 "고린도 A서"라고 부를 수 있는, 현존하지는 않지만 고린도전서보다 더 먼저 보낸 서신이 있었기 때문에,[1] 우리는 고린도전서를 어떤 목적을 위해서는 "고린도 B서"라고 부를 수 있다.

바울은 서신들을 보냈을 뿐만 아니라 그들로부터 서신을 받기도 했다. 그가 받은 서신들은 단 하나도 남아있지 않다. 이것은 우리에게 상당한 손실이다. 우리가 그 서신들을 접할 수 있었다면, 그 서신들은 바울 자신의 서신들 속에 언급된 인물들과 상황들에 대한 우리의 무지로 인해 우리에게 애매해 보이는 구절들을 해석하는 데 어떤 빛을 던져주었을 것이기 때문이다.

그러나 우리는 적어도 바울이 그들로부터 받았던 한 서신 ― 고린도 교회의 세 명의 교인들〔(스데바나(Stephanas), 브드나도(Fortunatus), 아가이고(Achaicus))〕이 에베소에 있는 바울에게 가져온 고린도의 교우들과 추종자들이 보낸 서신 ― 에 관해서는 어느 정도 알고 있다.[2] 이 서신에서 그들은 바울에게 그가 전해준 모든 "유전(traditions)"을 자기들

---

1) 참조, 고전 5:9-11(286 쪽을 보라)
2) 고전 7:1; 16:17.

이 지키고 있음을 다짐한 후에,[3] 일련의 질문들을 했다. 바울은 이 질문들에 대하여 고린도 전서의 두번째 부분(주요 부분, 7-16장)에서 하나하나 답하고 있다. 이 질문들 가운데 몇몇은 아마도 바울이 "고린도 A서"에서 말했던 것들 가운데서 의문나는 사항들에 관한 것이었을 것이다.[4]

(가) 유전을 지킴. 고린도 교인들이 바울에게 자기들이 계속해서 지키고 있다고 다짐한 "유전"에는 바울이 "받아서" 자기에게 복음을 들은 신자들에게 "전해준" 기본적인 신앙과 행위의 신조(信條)들이 포함되어 있었다[5](이와 같은 문맥에서 "받다"와 "전해주다"라는 동사는 실제적으로 한 개인이나 세대로부터 다른 개인이나 다음 세대로 전승이 전해지는 것을 뜻하는 전문적인 용어들이다). 이 전승들은 "그리스도의 유전"으로 요약되었는데,[6] 여기에는 (i) 그리스도의 죽음과 부활에 특별한 강조점을 둔 신앙고백문으로 표현되는 요약된 기독교 메시지. (ii) 그리스도의 여러 행위와 말씀. (iii) 기독교인들을 위한 윤리적 준칙들 및 절차에 관한 규례들이 포함되어 있었다. 위에서 이미 살펴보았듯이 바울은 회심 후 처음으로 예루살렘을 방문한 기간 동안에 이 가운데 많은 부분들을 전해받았고,[7] 이번에는 그에게서 복음을 받은 자들에게 그것들을 나누어 주었다.

고린도 교인들이 바울에게 자기들이 이 전승들을 지키고 있다고 말했을 때, 바울은 그들을 칭찬했지만, 그들이 잊어버리고 있는 어떤 것들이 있다는 것을 믿을 만한 소식통을 통하여 들었다는 말을 덧붙였다.[8] 그들 가운데 파당심이 자라고 있다는 것은 바울이 칭찬할 수 없는 일이었다. 이러한 파당심으로 인해 여러 사상을 가진 파당들이 생겨났다. 그뿐만 아니라 주의 식탁에서 특히 모양새 사나운 꼴을 보였던 교제의 균열로도 나타났는데, 이러한 모습은 주의 식탁에서 주님과 교제를 가지며 서로서로 친교를 나눈다는 그들의 주장을 세인(世人)의 비웃음거리로 만들어버렸다.

모든 교인이나 가족들이 각자 가져온 것을 모아 행하는 교제의 식사 가운데 주님을 기념하는 떡과 즙이 취해졌는데, 가져온 것을 서로 나누지 않고 부자들은 자기가 가져온 것을 먹었고 가난한 교인들은 자기들이 가져온 얼마 되지 않는 음식을 먹었으므로 바울이 말한 대로 "어떤 이는 시장하고 어떤 이는 취함이라"(고전 11:21)는 현상이 벌어졌다. 그러한 이기적인 행위는 신성한 의식(儀式)을 모독하는 짓이었다. 그러한 어처구니없는 파당심을 따라 행하는 사람들은 그렇게 함으로써 어떤 은혜를 받기는커녕 스스로의 죄를 먹고 마시고 있는 것이었다.

---

3) 고전 11:2.
4) J. C. Hurd, Jr., *The Origin of 1 Corinthians*(London, 1965)를 보라.
5) 참조, 고전 11:23; 15:3.
6) 참조, 골 2:6, 8.
7) 98쪽과 115쪽 이하를 보라.
8) 고전 11:17이하.

바로 이런 상황에서 바울은 현존하는 것 가운데서 가장 초기에 속하는 성찬을 제정하시는 주님의 말씀을 우리에게 전해준다(고전 11:23-26).

> 내가 너희에게 전한 것은 주께 받은 것이니 곧 주 예수께서 잡히시던 밤에 떡을 가지사 축사하시고 떼어 가라사대 이것은 너희를 위하는 내 몸이니 이것을 행하여 나를 기념하라 하시고 식후에 또한 이와 같이 잔을 가지시고 가라사대 이 잔은 내 피로 세운 새 언약이니 이것을 행하여 마실 때마다 나를 기념하라 하셨으니 너희가 이 떡을 먹으며 이 잔을 마실 때마다 주의 죽으심을 오실 때까지 전하는 것이니라.[9]

마지막 부분에 나오는 "오실 때까지"라는 어구는 바울이 "받은" 것에 속해 있었던 것이 틀림없다. 이 말씀은 예수께서 자기가 다음 번에는 완성된 하나님 나라에서 유월절 음식을 먹거나 포도나무의 열매를 마시겠다고 다락방에서 말씀하신 것에까지 거슬러 올라간다.[10] 그러나 어쨌든 이 말씀은 초대교회에서 성찬의 종말론적 의미를 보여준다. 초대교회는 성찬을 통하여 예수의 수난을 기념했을 뿐만 아니라 그의 파루시아를 대망했다. 실제로 성찬은 주의 식탁에서 기원했을 것으로 보이는 '마라나타' ("우리의 주님, 오시옵소서!")라는 기도의 성취를 확실케 하는 데 도움이 되는 "예언적 행위"로 여겨졌을 것이다.[11]

사실 바울은 고린도 교인들의 서신에 대한 답변을 하는 가운데 그의 저작들에서 발견할 수 있는 예수의 말씀들의 대부분을 인용하고 있다. 결혼에 관한 질문들에 대답하면서 바울은 이혼을 금하는 예수의 명령을 전거로 든다.[12] 자신이 취하는 사도적 자유를 옹호하면서 바울은 "복음전하는 자들이 복음으로 말미암아 살리라"는 예수의 명령을 전거로 든다.[13] 비기독교 가정에 식사 초대를 받은 기독교인에게 충고하면서, 바울은 그들을 반기며 접대하는 집에서 그들 앞에 놓인 것을 먹으라는, 예수께서 칠십인 제자들에게 하신 지시사항을 되풀이한다.[14]

바울이 고린도 교인들에게 전해주었던 전승 가운데는 그리스도께서 부활의 모습으로 여러 차례 나타나신 경우들에 대한 요약적 설명과 함께 그리스도의 죽음, 장사됨, 부활에 관한 복음을 설명하는 것이 포함되어 있었다. 바울은 장래의 부활과 같은 그러한 것들을 부인했던 고린도 교회의 교인들이 이 전승을 진지하게 받아들이고 있지 않다는 사실을 알고

---

9) 307쪽 이하를 보라.
10) 참조, 눅 22:16; 막 14:25.
11) 이것은 *Didache* 10:5에서 성찬의 배경을 갖고 있다. O. Hofius, "Bis dass er kommt", *NTS* 14(1967-68), pp. 439 ff.를 보라.
12) 고전 7:10이하(참조, 막 10:5-12). 121쪽을 보라.
13) 고전 9:14(참조, 마 10:9이하 /눅 9:3이하). 122쪽을 보라.
14) 고전 10:27(참조, 눅 10:8). 123쪽을 보라.
15) 332쪽 이하를 보라.

있었던 것이다.[15] 그들은 과거에 일어난 그리스도의 부활을 부인할 생각은 추호도 갖고 있지 않았다. 그러나 바울은 자기가 전해준 이 전승을 이런 식으로 다시 한 번 일깨워주면서 과거에 일어난 그리스도의 부활과 장래에 일어날 그의 백성들의 부활은 서로서로 뗄래야 뗄 수 없을 정도로 완벽하게 결합되어 있기 때문에 ― 그리스도의 부활은 첫 열매이고 그의 백성의 부활은 마지막 추수에 해당된다 ― 후자에 대한 믿음을 버리게 되면 논리적으로 전자에 대한 믿음도 버리게 되어 그 결과 기독교 신앙이 완전히 붕괴된다는 것을 힘주어 말한다.[16]

고린도 교인들이 보낸 서신에서 제기된 의문들은 넓은 범위에 걸쳐있는 것이었다. 결혼 및 그와 관련된 문제들, 우상에게 바쳐진 제물, 교회에서 일어나는 신령한 은사들의 문제, 바울이 예루살렘의 신자들을 위해 마련하고 있다고 그들이 들은 구제기금. 바울은 이러한 문제들 하나하나에 대한 답변을 "― 에 대하여는"이라는 어구로 시작하기 때문에 이러한 질문들은 쉽게 구별해 내어 식별할 수 있다.

(나) 혼인에 관한 질문들. 고린도 사람들의 생활의 일부가 되어 있었고 고린도 교회도 결코 깨끗치 못했던 성적인 문란을 본 몇몇 신자들은 합법적인 부부관계 내에서조차도 성적인 관계는 피하는 것이 가장 좋은 것이라는 생각을 하게 되었다. 이와 같은 사람들은 가족 생활을 책임진 사람들은 종말이 다가오기 때문에 가족 생활에 대한 장기적인 계획을 세울 필요가 없다는 생각으로 인해 더욱 더 자신들의 생각을 굳히게 되었을 것이다. 그들은 "남자가 여자를 가까이 아니함이 좋다"는 말로 자신의 견해를 요약했다[17] ― 그들 가운데 적어도 몇몇은 바울도 자기들의 견해에 당연히 동의할 것이라고 자신만만해 했다. 그들은 바울이 독신생활을 하고 있음을 알고 있었으므로 신자들의 이러한 선호를 칭찬하리라고 생각했다. 나중에 나온 전승에서는 실제로 바울은 이러한 신자들의 선택을 칭찬한 것으로 되어 있다. 외경인 바울행전에서 바울은 약혼한 여신도들이 결혼하기를 거부하거나 결혼한 여신도들이 남편과 정상적인 관계를 갖지 않는 일이 생김으로써 곤경에 처하게 된다.[18]

그러나 역사상의 바울은 그와는 전혀 다른 방침을 택한다. 바울은 마치 자기가 그것을 인정하기라도 하는 양 그들의 완전에 대한 권고를 인용한 다음에 곧 바로 그것을 논파하는 의미를 갖는 "그럼에도 불구하고"라는 어구를 덧붙임으로써 바울에게 서신을 보낸 고린도 교인들을 놀라게 한다. 그는 독신생활이 아니라 일부일처제가 기독교인들이 따라야 할 규준이

---

16) 고전 15:12-19.
17) 고전 7:1b. Origen, *Commentary on 1 Corinthians*, §121[ed. C. Jenkins, *JTS* 9 (1907-8), pp. 500 ff.]에 의하면 이것은 바울 자신의 말이 아니라 고린도 교회의 금욕주의자들의 태도를 바울이 인용한 것이라고 한다.
18) 예를 들면 이고니온의 처녀 데클라(Thekla), 아시아 총독의 부인인 아르테밀라(Artemilla)[*New Testament Apocrypha*, E. T., ed. E. Hennecke, W. Schneemelcher, R. McL. Wilson, ii (London, 1965), pp. 355-364, 370-373]. 500쪽 이하를 보라.
19) J. M. Ford, "St. Paul the Philogamist", *NTS* 11(1964-65), pp. 326ff.를 보라.

라고 말한다.[19] 물론 일부일처제에는 음행을 피하기 위한 동기 — 이것은 바울에게 서신을 보낸 사람들의 목적이기도 했다 — 이외에 더 고상한 동기가 없었다.〔이것은 당시 상황에 맞춘(ad hominem) 논증이라고 한다. 그것은 바울이 혼인에는 음행을 피한다는 것 이외에 더 고상한 동기가 없다고 생각했다는 것을 뜻하지는 않기 때문이다.〕[20] 독신생활에 대한 특별한 소명 — 바울은 그것을 '카리스마'라 부른다[21] — 을 받지 않은 사람이 이러한 독신 상태를 택한다면, 그들은 스스로 혐오하는 바로 그 유혹에 빠지게 될 것이다. 바울은 도저히 넘어서는 안 되는 지점에 이를 때까지 그리고 이전에 자신이 용인하던 것을 현저하게 제한하는 한이 있더라도 가능한 한 금욕적인 방향이든지 개방적인 방향이든지 그 어느 쪽으로나 신자들과 보조를 같이 한다.[22]

남편과 아내가 성적인 결합을 피해야 한다는 생각에 관해서 바울은 두 사람이 거기에 동의한다면 제한된 기간 동안 그렇게 할 수 있다는 것을 인정한다. 그는 배우자의 동의없는 일방적인 금욕을 장려하지 않을 것이다. 그러한 행위는 배우자의 권리를 빼앗는 것이 될 것이기 때문이다. 쌍방이 동의한 일정한 금욕의 기간이 지나면 그들은 정상적인 관계를 다시 가져야 한다. 그렇게 하지 않는다면 재난을 자초하게 될 것이다.

기독교인인 남편이나 아내는 이혼해서는 안 된다는 것이 그리스도의 법이다. 이 문제에 관한 주님의 재결(裁決)이 분명하기 때문에 여기서 바울은 자신의 판단을 표현할 필요조차도 없다. 사실 예수의 재결은 이혼 소송의 제기에 있어서 남성에게 특권이 주어져 있는 유대의 사회적 상황을 배경으로 랍비와의 논쟁 속에 나온다. 그러한 이혼소송을 반대하는 예수의 재결은 한편으로는 사회적으로 혜택을 받지 못하는 부인들을 보호하는 것이었다. 바울은 이방인적 정황에서 예수의 재결을 남편과 아내 모두에게 적용한다. 갈라서는 것이 아니라 화해하는 것이 기독교인들이 걸어야 할 길이다.

그러나 이방인을 선교하다 보면 예수의 팔레스틴 사역에서 전혀 예상치 못했던 상황에 자주 부딪치게 되고 이에 따라 예수의 재결이 시의적절하지 않게 되는 경우가 많았을 것이다. 남편이나 아내 가운데 한 사람만 기독교로 개종을 했고 다른 배우자는 여전히 이교도로 남아있는 상황에서는 어떻게 해야 하는가? 바울은 이교도인 배우자가 기독교인인 배우자와 계속해서 살기를 원한다면 그렇게 하는 것이 선하고 좋은 것이라고 말한다. 그러나 이교도와 함께 살므로써 기독교인이 더럽혀지는 것은 아닌가라는 의문이 생길 수 있다. 이에 대해 바울은 정반대로 답변한다. 기독교인과 계속해서 함께 살므로써 이교도가 "거룩하게 되고" 그들 사이에서 낳은 자녀도 "거룩하게 될 것"이다.[23] 아마도 바울은 유대인의 의식법(儀式

---

20) J. Klausner는 이 점에서 바울을 편파적으로 다룬다. 그는 바울이 결혼을 "필요악"으로 보았다고 말함으로써 크게 오해를 했다〔From Jesus to Paul. E. T. (London, 1944), pp. 570-572〕.
21) 고전, 7:7.
22) H. Chadwick. "All Things to all Men", NTS 1(1954-55), pp. 261 ff.를 참조하라.
23) 고전, 7:14.
24) Mishnah Yebamot 11:2.

法)에 있는 한 규례에 내재되어 있는 원리를 지침으로 삼아 그렇게 판단했을 것이다. "무릇 단에 접촉하는 것이 거룩하리라"(출29:37). 랍비문헌에서는 유대교로 회심한 개종자들은 "거룩한 상태에" 있다고 묘사한다.[24] 이교도인 배우자가 다른 사람의 증거를 통하여 복음을 받아들일 가능성도 있었다. 그러한 결혼은 선교적인 의미를 가졌다.[25]

반면에 이교도인 배우자가 기독교인과 함께 살기를 거부한다면 어떻게 해야 하는가? 바울은 그런 경우에는 비기독교인인 남편이나 아내에게 강제로 그대로 살게 하거나 다시 돌아오게 하거나 하지 말라. 이때는 서로 다투면서 함께 살기보다는 차라리 헤어지는 것이 더 낫다. 버림받은 배우자는 그 순간부터 더 이상 결혼 계약에 얽매이지 않는다.

이 "바울의 면책(免責)"에는 주님의 권위가 부여되고 있지는 않지만, 바울은 분명히 그러한 면책이 예수의 판단과 모순된다고 생각하지 않는다. 그는 지혜로운 목회자로서 신자들의 이익을 고려하고 "그리스도의 법"의 정신과 원리에 충실한 가운데 이러한 전례없는 문제들을 다룬다. 안식일과 마찬가지로 혼인도 사람을 위해 있는 것이요 그 반대(vice versa)는 아니다.

그러한 경우에 기독교인은 재혼을 해도 되는가? 이 질문에 대하여 바울은 아마도 과부들과 미혼 남녀들(동정을 지키면서 함께 살기로 결심한 부부들을 포함하여)에게 했던 것과 똑같은 대답을 했을 것이다.[26] "너희는 결혼하지 않는 것이 좋다. 하지만 너희가 결혼해야 한다면 결혼해라 그렇게 하는 것은 죄가 아니다!" 결혼하지 않은 사람들과는 달리 결혼한 사람들은 세상적인 염려를 해야 할 뿐만 아니라 임박한 핍박과 환난의 시기에 가족에 대한 책임을 맡고 있는 사람은 자신의 신앙으로 말미암아 자신만이 아니라 아내와 자녀들까지 해를 당할 것을 염려하기 때문에 그렇지 않은 미혼 남녀들보다 신앙에서 타협하려는 강력한 유혹을 받기 쉽다. 바울은 현세 질서의 종말의 전조가 되는 고난의 시기 동안에 식량 조달에 어려움이 있을 것이라고 말하고 있다. 예수는 다가오는 위기에 관하여 말씀하셨던 적이 있었는데, 그때에는 위기가 몰고올 재난들로 말미암아 자녀가 없다는 것이 정말 다행으로 여겨질 것이라고 하셨다.[27] 이러한 것들은 바울이 자기와 같이 독신에 적합한 사람들이 독신 생활을 한다면 많은 고난이 덜어질 것이라고 관념적으로 말한 것에 비하면 더 실제적인 논증이었다. 바울이 인정하고 있듯이, 독신 생활은 스스로 독신 생활로 부르심을 받았음을 아는 소수의 사람들에게나 가능한 것이었다.

바울이 사도직을 수행하는 동안 내내 독신이었다는 것은 분명하다. 그러나 바울은 실제

---

25) J. Jeremias, "Die missionarische Aufgabe in der Mischehe" in *Neutestamentliche Studien für R. Bultmann*, ed. W. Eltester, BZNW 21(1954), pp. 255 ff.를 참조하라.
26) 고린도전서 7:25이하("처녀에 대하여는 … ")에 관한 해석은 논란의 여지가 있지만 이 구절은 아직 결혼하지는 않았지만 지속적으로 약혼 상태에 있는 한 쌍들에 대한 것이라고 이해하는 것이 좋을 것이다.
27) 눅 23:29; 참조, 막 13:17.

로 배우자가 없었나? 그는 선교 여행에 부인들을 동반했던 베드로를 비롯한 다른 기독교 지도자들에 관하여 알고 있었고, 바울은 그들이 그렇게 할 자격이 충분히 있으며 교회들이 그들과 그들의 부인들을 부양하는 것은 옳은 일이라고 말했다. 실제로 그는 스스로도 그와 동일한 권리를 갖고 있다고 주장하면서 그렇지만 스스로 그 권리를 사용하지 않는 것이라고 말한다.[28]

이것은 바울에게 부인이 있었는데 이곳 저곳을 다니면서 사도직을 수행하는 동안에는 같이 다니지 않았다는 것을 뜻하지는 않는다. 우리는 바울이 빌립보의 자주 장사인 루디아와 결혼했으며 바울이 자신을 도와 복음 사역에 힘썼던 다른 빌립보 여자 신자들을 도와줄 것을 요청하고 있는 "나와 멍에를 같이 한 자"가 바로 루디아일 것이라는 낭만적인 환상을 거부한다(빌 4:3).[29] 그러나 바울이 사도로서 활동하는 시기 동안에는 결혼하지 않았다는 것은 그렇다고 치더라도 그는 전에 결혼한 적이 없었는가? 경건한 유대인들이 성년에 이르렀을 때 결혼은 당연한 것이었으며 실제로 결혼은 사람들에 의해 기대되었다는 점을 지적할 수 있다.[30] 사실 예수는 몇몇 예외들을 말씀하셨는데 ─ "천국을 위하여 스스로 된 고자도 있도다"(마 19:12)라는 그의 말씀에 해당되는 사람들 ─ 아마도 예수는 그들 가운데 세례 요한과 자기 자신을 포함시켰을 것이다.

그러나 바울은 기독교인이 되기 전에는 이런 유의 고려를 전혀 하지 않았을 것이다. 그렇다면 어떻게 된 것인가? 그는 홀아비였는가? 아마도 바울은 홀아비였을 것이다. 이 질문에 대해 예를 들면 예레미아스(Joachim Jeremias)는 긍정적인 답변을 하였다.[31] 바울이 기독교인이 되었을 때 그의 아내가 바울을 떠났다는 견해가 오히려 더 가능성이 있다. 바울이 그리스도를 위하여 "모든 것을 잃어버리고"라고 했을 때, 거기에는 아내를 잃어버린 것도 포함되어 있었다는 것이다. 물론 이 견해는 입증될 수 있는 성질의 것이 아니다. 하지만 이와 같은 일이 일어났다면 개종하지 않은 배우자가 기독교인이 된 남편이나 아내를 버리는 가정 문제에 바울이 특히 깊은 공감과 이해를 갖고 있다는 것을 설명할 수 있을 것이다. "형제나 자매나 이런 일에 구속받을 것이 없느니라"(고전 7:15). 바울은 어느 쪽으로도 "구속받지" 않았다. 그는 결혼의 속박 없이 자유롭게 산다면 훨씬 더 온 마음을 다하여 자기에게 맡겨진 사명을 성취할 수 있다는 것을 알고 있었다.

---

28) 고전 9:5(282쪽 이하를 보라).
29) S. Baring-Gould, *A Study of St. Paul*(London, 1897). pp. 213 ff.를 참조하라.
30) 후대(주후 2세기 후반)의 랍비인 유다 벤 테마(Judah ben Tema)는 청년의 결혼 적령기를 18세로 규정했다(Pirqe Abot 5:24).
31) J. Jeremias, "War Paulus Witwer?" *ZNW* 25(1926), pp. 310 ff.를 참조하라. 이에 대한 비판으로는 E. Fascher, "Zur Witwerschaft des Paulus und der Auslegung von 1 Cor 7" *ZNW* 28(1929), pp. 62 ff를 보라. J. Jeremias는 이에 대해 "Nochmals: war Paulus Witwer?" *ZNW* 28(1929), pp. 321 ff.에서 반박하고 있다.
32) 빌 3:8.

(다) 음식에 관한 질문들. 우상에게 바쳐진 음식에 관한 문제는 고린도와 같은 이방 성읍에서 다른 문제들로부터 따로 떼어서 고찰할 수 있는 문제가 아니었다. 그것은 우상숭배와 관련된 더 넓은 문제의 일부였다. 더 개화된 신자들은 "우상은 세상에 아무 것도 아니며 또한 하나님은 한 분 밖에 없는 줄"(고전 8:4)을 알고 있었기 때문에 이방 신전에 바쳐진 짐승의 고기라고 해서 특별히 더 좋은 것도 없고 더 나쁜 것도 없다고 주장했다. 바울은 이 말에 동의했다. 그럼에도 불구하고 그가 지적한 대로 덜 개화된 신자들에게는 우상은 실제로 존재하는 것이었다. 이들이 우상을 숭배하지 않고 싫어한다 할지라도 우상을 실재한다고 믿는 사람들에게 우상은 마귀 세력이었다. 그런 사람들의 눈에는 이런 음식은 우상과 관련됨으로써 어떤 의미로 더럽혀졌으며, 그들이 그 음식을 먹는다면 그들은 마귀에 붙잡히게 될 것으로 생각되었다. 바울은 이 "약한 형제들"을 상당한 정도로 불쌍히 여겼다.[33] 지식을 가진 많은 사람들과는 달리 바울은 우상이나 이와 비슷한 마귀적 존재를 믿는 사람에게 우상은 실제로 존재하며 힘을 발휘하는 세력일 뿐만 아니라 효력을 발휘하는 세력이라는 것을 알고 있었다.

고린도 교회의 "베드로 당(黨)"이 예루살렘 공교회를 고린도 교회에 부과하려 했었다면, 그것은 바울에게 이러한 질문을 하게 된 또 하나의 이유가 되었을 것이다.[34]

이방 교회들을 예루살렘의 권위에 복속시키는 것이 타당하느냐의 문제를 떠나서 어떤 준칙을 교회에 강제로 부과하는 것은 바울의 방식이 아니었고, 신자들로 하여금 기본적인 기독교적 원리들의 견지에서 그러한 문제들을 스스로 판단하게끔 도와주는 것이 바울의 방식이었다. 이러한 원리들 가운데 가장 중요한 것은 약한 형제들의 양심을 배려하여 그들로 하여금 자신들의 신앙에 포함되어 있는 것에 관하여 더 훌륭하고 더 개화된 인식에 이르도록 그들을 돕는 것이다. 달리 말하면 기독교인의 자유는 외부적인 규제들에 의해 손상되어서는 안 되었다. 기독교인들은 고기가 우상제물이었는지 여부를 꼼꼼하게 따지지 않고 고린도의 정육점에서 가정에서 먹을 목적으로 자기가 선택한 것을 살 자유가 있었다.[35] 마찬가지로 기독교인들은 이것 저것 가리지 않고 이방인 친구 가정의 식사 초대를 받아들일 자유가 있었다. 반면에 특정한 음식을 '신전제물(*hierothyton*)'[36]이라고 말하면서 내놓는 경우에는,

---

33) 고전 8:7, 9-12; 9:22. 롬 14:1이하.
34) 283쪽 주 37을 보라.
35) 고린도전서 10:25에서 바울이 정육점(시장)을 가리킬 때 라틴어(*macellum*)에서 유래한 단어인 '마켈론(μάκελλον)'을 사용하고 있는 것을 볼 때, 그가 고린도에 있는 정육점을 염두에 두고 있었다는 것을 알 수 있다. '마켈룸(*macellum*)'은 고린도의 아고라 광장의 북쪽에 있는 레케움(Lechaeum) 도로 근처에서 발견된 라틴어 명각(銘刻) 단편에 나와 있다. H. J. Cadbury, "The Macellum of Corinth", *JBL* 53(1934), pp. 134 ff.를 보라.
36) 바울(과 헬라어를 사용하는 유대인들)은 그것을 '에이돌로뒤톤(εἰδωλόθυτον)'("우상에게 바쳐진")이라고 불렀을 것이다. 더 경건한 용어인 '히에로뒤톤(ἱερόθυτον)'을 사용하고 있는 것으로 보아 이교도가 얘기한 것임을 알 수 있다(고전 10:28).

이러한 말에 대한 기독교인의 반응이 그의 기독교인으로서의 신앙고백을 시험하는 것이라면 그는 우상제물의 고기 먹기를 거절하는 것이 옳다.[37]

그러나 고린도 교회의 몇몇 신자들은 정육점에서 우상에게 바쳐진 제물의 고기를 산다거나 이방인 이웃 사람의 식탁에서 그것을 먹는 것뿐만 아니라 그보다 훨씬 더 급진적으로 행동했다. 그러한 이웃 사람이 연회를 이방 신전에서 열었을 경우 기독교인들은 초대를 받아들여야 하나?[38] 이때에는 고기가 그 신전에서 숭배되는 신에게 바쳐진 짐승으로부터 나온 것이 틀림없다는 것은 그리 중요한 문제가 아니었다. 이 연회 전체가 이방신의 후원 아래 진행되고 있으며 기독교인이 거기에 참석한다면 우상숭배와 어느 정도 타협함이 없이는 불가능한 분위기에 처한다는 것이 진짜 중요한 문제였다. 동일한 사람이 오늘 저녁에는 주의 식탁에 내일 저녁에는 귀신의 식탁에 참예하는 것이 있을 수 있는 일이냐고 바울은 반문한다.[39] 거짓된 신들은 진정으로 존재하는 것들이 아니지만 그것들을 숭배하는 자들에게는 이 신들은 마귀 세력이었으며, 그 신들 가운데 하나를 숭배하는 신전에서 열리는 연회에 참석한다면 나쁜 영향을 받는다는 것은 피할 수 없는 일이었다. 이 경우에서조차도 바울은 법을 규정하는 것이 아니라 어떤 것이 타당하냐는 독자들의 판단에 호소한다. "나는 지혜있는 자들에게 말함과 같이 하노니 너희는 내 이르는 말을 스스로 판단하라"(고전 10:15).

이방인 성읍에서 우상숭배와 관련된 모든 것을 피하기란 어려웠다. 그러나 전혀 그럴 필요가 없는데도 우상숭배와 관련된 것에 고의적으로 발을 들여놓는 것은 바보같은 짓이었다. 바울은 그들에게 이스라엘이 광야에서 유랑생활을 할 때 모압인들과 함께 바알브올을 섬기는 배교 행위에 연루되어 처참한 결과를 초래했다는 사실을 일깨운다 ― 그때처럼 지금도 그러한 우상숭배는 성적인 부도덕을 내포한다는 암시와 함께.[40] "이런 일이 우리의 경계로 기록하였느니라. 그런즉 선 줄로 생각하는 자는 넘어질까 조심하라"(고전 10:11 이하)고 바울은 말한다.

지식있는 사람들이 단언하듯이 모든 것들이 정당할 수는 있다. 하지만(바울은 이렇게 덧붙인다) "모든 것이 유익한 것은 아니다"[41] ― 이방 신전에서 열리는 우상숭배의 연회에 참석하는 것은 특히 그러하다.

---

37) 바울은 남들을 배려하여 자신의 자유를 자발적으로 제한했을 것이지만, 남들이 바울을 판단하고 그의 자유를 침해하거나 그들의 양심을 바울의 자유를 규제하는 표준으로 삼는 것을 용납하지 않았을 것이다. 이것이 고린도전서 10:29b, 30에 나와 있는 양심에 관한 그의 말의 요지이다.
38) 고린도전서 8:10에서 언급하고 있는 이러한 경우는 Oxyrhynchus의 몇몇 파피루스 편지들에 나와 있다. 예를 들면, "케레몬이 당신을 내일 15일 제9시에 사라피스 신전에서 열리는 사라피스 신의 식탁에 식사 초대합니다"(Papyrus 110; 참조. Papyri 523, 1484, 1755).
39) 고전 10:21.
40) 민 25:1-5; 시 105:28b.; G. E. Mendenhall, *The Tenth Generation*(Baltimore, 1973), pp. 105 ff.; A. T. Hansom, *Studies in Paul's Technique and Theology*(London, 1974), pp. 4 ff.를 참조하라.
41) 고전 10:23; 참조, 6:12.

(라) 신령한 은사에 관한 질문들. 몇몇 고린도 교회의 교인들은 내주하시는 성령이 나타나는 가장 중요한 현상은 방언을 말하는 것과 같은 극적인 현상이라고 생각했다. 그들은 이 문제에 대해서도 바울의 의견을 구했다. 다시 한 번 바울은 가능한 한 질문자들과 함께 보조를 맞춰서 이 문제에 대답하기를 시작한다. 방언에 관하여 그는 이렇게 말한다. 그래, 나는 사실 너희들 가운데 그 누구보다도 방언을 더 잘한다. "그러나 교회에서 네가 남을 가르치기 위하여 깨달은 마음으로 다섯 마디 말을 하는 것이 일만 마디 방언으로 말하는 것보다 나으니라"(고전 14:18 이하).

방언과 관련된 생리적 현상에 관해서는 바울은 아는 바가 없었다. 1861년 이래로 "브로카 부위(Broca's area)로 알려지게 된 제1 대뇌반구의 세번째 전뇌회(前腦回)에 있는 언어 중추를 적절하게 자극하면 방언은 발생한다는 사실이 밝혀졌다. 바울의 관심사는 방언을 신령한 은사로써 계발하는 것이었다. 방언이 그리스도의 영이 사용하는 수단이라는 것에 바울은 동의했다. 하지만, 방언을 해석하지 않는다면 사람들은 성령의 뜻을 알 수 없었고 성령을 해석하는 능력 자체도 신령한 은사였다. 오직 성령을 해석하는 사람이 있을 때에만 방언은 회중들에게 도움을 줄 수 있었다. 그렇지 않다면 방언의 가치는 개인적인 경건에만 도움이 될 뿐이었다(이 점을 바울은 자신의 체험 속에서 깨쳤을 것이다).[42]

반면에 예언은 큰 가치가 있는 '카리스마'였다. 바울은 예언을 하도록 노력하라고 다정하게 권면했다. 바울이 말한 예언은 예언하는 자와 청중들이 모두 알아들을 수 있는 언어로 성령의 권능으로 하나님의 뜻을 선포하는 것을 의미하는 듯하다 — 그 한 예로 사역을 더 확장하기 위하여 바울과 바나바를 교회에서 놓아주어야 한다는 지시를 전했던 안디옥에서의 예언을 들 수 있다.[43] 몇몇 사람들이 "방언"으로 말하고 있는 교회 모임에 낯선 사람이 들어온다면, 그는 이 사람들이 모두 미쳤다고 결론을 내릴 것이다. 그러나 낯선 사람이 신자들이 차례차례 예언을 하는 데 있다면, 그는 그들이 하는 말에 양심의 가책을 느껴 하나님이 계시다는 것을 인정할 것이다.[44]

바울은 "그리스도의 몸"인 교회에서 모두가 잘 되기 위하여서는 여러 가지 은사들과 사역들이 필요하다는 것을 보여주기 위하여 몸의 각 지체들이 기능을 잘 하여야 몸 전체가 건강하다는 사람 몸의 비유를 사용한다. 그러므로 모두에게 선을 이루기 위해서는 미미하고 굉장해 보이지도 않지만 그래도 가치있는 아주 많은 지체들이 필요한 데, 교회의 너무나 많은 지체들이 몇몇 인상깊은 '카리스마'를 행하는 데 온통 정신이 팔려있는 것은 어리석은 짓이었다. 이 몸의 비유는 교회와 부활하신 주님과의 관계에 관한 바울의 사상에서 점점 더 중요한 역할을 하게 되어 있었다.[45]

---

42) 고전 14:4a.
43) 행 13:2(177쪽을 보라).
44) 고전 14:23-25.
45) 고전 12:12-27. 449쪽 이하를 보라.

(마) 예루살렘 구제기금에 관한 질문들. 마지막 질문은 고린도 교회 내부에서 논란이 되고 있는 문제가 아닌 실제적인 문제를 다루었다. 그들은 바울이 예루살렘 교회를 위하여 이방인 선교지역에서 구제기금을 모으고 있다는 소식을 들었었다. 바울은 그들이 거기에 어떻게 기여하기를 원했는가? 너희 각 사람이 매주일 적절하게 저축을 하여 두라고 바울은 말했다. 그래서 내가 모금 현황을 보기 위하여 갈 때에 미리 준비되어 있어서 갑자기 연보를 하게 되는 불상사가 일어나지 않도록 하라는 것이다. 그들은 그 선물을 예루살렘에 전달하기 위하여 신임장을 가진 사절들을 임명해야 했다. 바울도 동일한 시기에 예루살렘에 갈지도 모르는데, 그렇게 되면 그들은 바울과 함께 갈 수 있었을 것이다. 바울은 갈라디아의 교회들을 비롯하여 이 기금을 모으는 교회들에게 이와 비슷한 지시를 하였었다.[46]

2. 고통스러운 방문과 엄중한 서신

바울은 이 서신 — 고린도전서 또는 "고린도 B서" — 을 발송하면서 곧 개인적으로 고린도 교회를 방문하려고 생각하고 있었다. 그는 최소한 오순절까지(아마도 주후55년) 적어도 수 주 동안은 에베소에 머무를 계획이었다. 그 동안에 바울은 디모데를 자기보다 앞서 보내면서 고린도 교인들에게 디모데가 그들 가운데서 마음 편히 지낼 수 있도록 배려해 줄 것을 요청하였다.[47] 오순절이 지나서 바울은 에게해를 건너 마게도냐로 가서[48] 거기 있는 교회들을 둘러보고 남쪽으로 여행하여 고린도에 도착해서 거기서 겨울을 보낼 생각이었다. 얼마 지나지 않아서 바울은 이 계획을 수정했고, 고린도 교인들에게 자기가 그들을 두 번 — 한 번은 마게도냐로 가는 길에, 또 한 번은 거기에서 돌아오는 길에 — 방문할 것이라고 알렸다.[49] 이렇게 두 번의 방문을 마친 후 봄이 되면 바울은 예루살렘 구제기금을 모으고 있었던 교회들이 선정한 사절들과 함께 팔레스틴으로 항해할 것이었다.

그러나 여러 가지 사정으로 이 수정된 계획은 실행에 옮겨질 수 없었다. 그 가운데 하나는 고린도 교회에서 계속해서 어려움에 빠져있다는 소식이 들려왔고 바울은 긴급하게 그 교회를 방문하지 않으면 안 되었다는 것이다. 그 교회가 최근에 받은 서신은 바울의 기대와는 달리 바울이 우려했던 경향들을 저지하는 데 그다지 효력을 발휘하지 못했고, 디모데가 도착해서도 바울의 지시사항을 강제할 수 없었다. 사실 디모데가 가져온 소식을 전해듣고 바울은 그 교회를 직접 찾아가 담판을 짓는 것 이외에는 어떠한 조처도 소용이 없다고 생각했

---

46) 고전 16:1-4. 345쪽을 보라.
47) 고전 16:5-11. 참조. 행 19:22과 아마도 빌 2:19.
48) 주후 54년 글라우디오의 죽음으로 마게도냐의 상황은 변했을 것이다. 어쨌든 바울은 이제 거기 돌아가도 안전할 것이라고 생각했다.
49) 고후 1:15이하.

을 것이다. 서로 맞닥뜨려 담판을 지은 결과는 바울과 교인들 모두에게 고통스러운 상처를 남겨놓았다. 바울에 대한 반감은 절정에 달해 있었고, 그 교회의 한 신자가 특히 앞장서서 바울의 권위에 도전했다. 다른 사람들은 바울을 옹호하는 데 어떠한 효과적인 조치도 취하지 못했고, 바울은 심하게 모욕을 당하고 고린도를 떠났다.[50]

그러나 바울은 고린도 교회의 상황을 그내로 방치해 둘 수는 없었다. 그는 고린도 교회에 엄중한 서신을 써서 — "큰 환난과 애통한 마음이 있어 많은 눈물로"(고후2:3 이하) — 디모데보다 더 강한 개성을 지닌 디도 편으로 고린도 교회에 그 서신을 보냈다. 우리는 이 서신을 "고린도 C서"라 부를 수 있겠다. 이 서신이 일부라도 남아있는지는 의심스럽다.[51] 디도가 그 서신을 가지고 떠나자마자 바울은 곧 그 서신 보낸 것을 후회하기 시작했다. 그 서신의 심한 어조는 바람직한 결과를 가져올 수도 있지만 반면에 사태를 악화시킬 수도 있었다. 그 서신에서 바울은 고린도 교인들에게 그들에 대한 자기의 사랑을 확신시킴과 동시에 자신의 사도적 권위를 인정하고 그 권위에 도전했던 사람을 권징 조치함으로써 그들이 자기에 대하여 고백했던 사랑의 증거를 보여달라고 요구했다. 바울은 고린도로 가져갈 이 서신을 주면서 디도에게 고린도 교인들은 마음이 순수하기 때문에 서신이 요구하는 것에 기꺼이 순종함으로써 그들의 참된 성품을 보여줄 것이라고 확신시켰다. 바울은 이제 자신의 확신이 올바른 것인지를 확인하기 위하여 기다려야 했다.

3. 잠정적인 화해

바울은 아시아 지방으로 돌아오면서 심한 의기소침에 빠져 있었고 또한 외부적인 극한 위험에 부딪쳤던 것 같다.[52] 위험은 극복되었지만, 염려는 계속해서 남았다. 그는 디도를 만날 것을 기대하고 디도가 고린도에서 해로로 온다면 들르게 될 아시아 지방의 북서쪽에 있는 드로아(Troas) 지역으로 갔다.[53] 디도를 기다리는 동안 바울은 복음 전도를 위한 많은 좋은 기회들을 발견할 수 있었으나 마음 상태가 안정되어 있지 못했기 때문에 그 기회들을 적절하게 이용할 수 없었다. 바울은 아마도 겨울의 결빙으로 인해 에게해의 항해가 끊길 때

---

50) 이것은 고린도후서 2:1의 "고통스러운 방문"이었다.
51) 적어도 이 서신의 일부가 고린도후서 10-13장에 남아있다고 널리 주장되어 왔다〔A. Hausrath, *Der Vier-Capitel Brief des Paulus an die Corinthier* (Heidelberg, 1870)에서 처음으로 주장되었고, J. H. Kennedy, *The Secondand Third Letters of St. Paul to the Corinthians* (London, 1900)에 의해 일반화되었다〕. 그러나 이러한 주장은 분명하게 8:6, 16-19을 가리키고 있는듯이 보이는 12:18로 인해 불가능하게 된다.
52) 고후 1:8이하. 320쪽 이하와 335쪽을 보라.
53) 고린도후서 2:12에 나오는 '에이스 텐 트로아다(εἰς τήν Τρῳάδα)'는 드로아(Troas, 행 20:6처럼)나 그곳이 있는 드로아(Troad)를 가리키는 것 같다. 237쪽 주 21을 보라.

까지 기다렸던 것 같다. 이때쯤 바울은 디도가 마게도냐를 거쳐 육로로 올 것이라는 것을 알았기 때문에 여전히 "밖으로는 다툼이요 안으로는 두려움"(고후 7:5)인 상태에서 마게도냐를 향해 출발했다.

그러나 마침내 바울이 디도를 만났을 때, 디도는 고린도에서 좋은 소식을 가져왔다.[54] 심각한 어조로 쓴 서신은 완전히 효력이 있었던 것이다. 고린도 교인들은 바울의 눈에 자신들의 올바름을 입증하고 바울로 하여금 그들의 충성심을 확신할 수 있도록 할 목적으로 그들의 열심에 불을 붙였기 때문에 그들은 이제 바울의 권위에 도전하는 데 앞장섰던 사람을 희생양으로 만드는 반대편의 극단으로 치달을 위험에 처해 있었다. 바울이 여행 계획을 바꾼 것은 사람들을 당혹시킬 만큼 갑작스럽고 예기치 못한 것이었다는 불평들이 없는 것은 아니었지만, 대체적인 분위기는 화해를 향해 나아가고 있었다. 디도는 그들의 태도를 보고 기뻐했으며 그의 기쁨을 바울과 함께 나누었다.

바울은 즉시 다시 서신 — "고린도 D서" 즉 고린도후서(아니면 적어도 고린도후서 1-9장)—을 보냈는데, 거기서 바울은 디도가 가져온 소식에 대한 자신의 반응으로서 그들에 대한 자기의 사랑을 거리낌없이 쏟아놓았다. 그는 자기가 다시 가지 않고 디도를 보낸 것은 그들에게 더 이상의 고통을 끼치고 싶지 않았기 때문이라고 해명한다. 그는 그들에게 자기가 범죄한 자를 권징하라고 요구한 것은 개인적인 악감정이 있어서가 아니라 교회의 사랑과 순종을 시험해보는 수단이었다고 말하면서 그 범죄한 자를 용서하라고 강권한다. 그들이 사랑과 순종이라는 면에서 바울을 만족시켰기 때문에, 그들은 그 범죄한 자에게까지 우의(友誼)와 교제를 넓혀야 한다. 그렇게 하지 않는다면 그들의 공공연한 반대로 인해 바울이 겪어야 했던 실의와 우울은 바울을 파멸시키고 그들을 파멸시킬 것이기 때문이다.[55]

디도가 가져온 소식으로 말미암아 생긴 행복감으로 인해 바울은 마음속에 있는 것을 솔직히 털어놓아도 좋겠다는 생각이 들어 사도직의 어려움들과 영광을 자세히 이야기한다. 해방과 생명의 메시지를 전하는 새 언약의 사역자가 되는 것은 복음 시대에서 율법이 여전히 타당하다는 것을 선포했던 당대의 사람들은 말할 것도 없고 모세까지도 포함하여 옛 언약의 사역자가 되는 것보다 훨씬 더 영광스러운 것이었다.[56] 안도감을 느낀 바울은 다시 한 번 예루살렘을 위한 모금 문제를 거론했다. 긴장관계에 있는 동안에는 그러한 것을 말할 계제가 못되었다. 하지만 이제 바울은 마게도냐 교회들이 격심한 가난과 최근의 핍박을 겪는 가운데서도 이 기금에 얼마나 후하게 기여했는지를 말한다. 또한 그는 자기가 마게도냐 교인들에게 고린도 교회와 다른 아가야 교회들이 연보금을 얼마나 기꺼이 준비하고 있는지를 자랑하였다고 말한다. 그는 곧 각 교회들의 연보를 가지고 마게도냐 교회들의 사절들과 함께 고린도로 갈 것이다. 그러나 그 사이에 고린도 교회의 연보가 실제로 준비될 것인지를 확인

---

55) 고후 2:5-11.
56) 고후 3:7이하. 219쪽을 보라.
57) 고후 8:1-9:15.

하기 위하여 바울은 공정함과 신뢰성으로 교회들 가운데서 평판이 자자한 다른 두 교우들과 함께 디도를 그들에게 다시 보내서 고린도 교인들이 그토록 잘 시작했던 것 — 이러한 목적을 위해 개인이나 가족 별로 이미 저축해 둔 연보금을 모으는 일 — 을 잘 마무리할 수 있도록 돕겠다고 말한다.[57]

4. 바울의 권위에 대한 도전

그러나 고린도 교회를 디도가 두번째로 방문했던 일은 먼저 번만큼 그렇게 일이 순조롭게 된 것이 아니었다. 고린도 교회의 몇몇 신자들은 바울이 예루살렘을 위한 선물의 자발적인 성격을 강조했음에도 불구하고 바울은 실제로 그들과 바울이 다른 교회의 사절들 앞에서 면목이 서려면 후하게 연보금을 내지 않으면 안 되는 상황에 몰아넣고 있다고 느꼈을 것이다.

교회의 몇몇 신자들 가운데서 새로운 반감이 싹트고 있었고 신자들에게서 바울의 특권을 깎아내리려고 고린도에 온 몇몇 방문자들이 이러한 반감을 부추겼다. 이 방문자들과 그들이 방문할 당시의 교회의 분위기에 대한 것은 고린도후서 1-9장보다 조금 나중에 고린도 교회에 보내졌던 것으로 보이는 고린도후서 10-13장 — 이를 "고린도 E서"로 부를 수 있다 — 을 통해서만 알 수 있다.[58] 바울은 고린도 교인들에게 서신을 쓰면서 이 방문자들을 구체적으로 적시(摘示)할 필요가 없었기 때문에 오늘날 그들이 누구였느냐를 놓고 여러 가지 상반되는 의견이 나오고 있다는 것은 놀라운 일이 아니다. 1908년에 빌헬름 뤼트걸트(Wilhelm Lütgert)에 의해 최초로 주장된 한 견해는 그들은 황홀경과 도덕폐기론적 경향을 가진 영지주의자들이었다는 것이다.[59] 그러나 그들이 "히브리인"이라고 주장했고 "지극히 큰 사도들"의 권위를 빌어 이야기했던 것으로 보아 그들은 유대로부터 왔을 가능성이 더 높다. 그들은 틀림없이 스스로 "신령한 사람들"로 자처했지만 그것은 그들이 영지주의자라는 것을 의미하지는 않는다. 바울과 그들 사이에 문제가 된 것은 '그노시스'나 신령한 은사가 아니

---

58) C. K. Barrett, *The Second Epistle to the Corinthians*(London, 1973), pp. 243 ff.를 참조하라.

59) W. Lütgert, *Freiheitspredigt und Schwarmgeister in Korinth: ein Beitrag zur Charakteristik der Christuspartei*(Gütersloh, 1908); 참조. W. Schmithals, *Gnosticism in Corinth*, E. T. (Nashville/New York, 1971). 또한 G. Friedrich, "Die Gegner des Paulus im 2. Korintherbrief", in *Abraham unser Vater: Festschrift für O. Michel*, ed. O. Betz, etc. (Leiden, 1963), pp. 181 ff.. D. Georgi, Die Gegner des Paulus im 2. Korintherbrief(Neukirchen, 1964); C. K. Barrett, "Paul's Opponents in II Corinthians", *NTS* 17(1970-71), pp. 233-254; J. J. Gunther, *St. Paul's Opponents and their Background*(Leiden, 1973)를 보라.

60) E. Käsemann, "Die Legitimität des Apostels", *ZNW* 41(1942), pp. 33-71를 참조하라.

라 바울의 사도적 '권세(exousia)', 바울의 권위와 자유였다.[60]

이전에 고린도 교회에 왔던 몇몇 방문자들과 마찬가지로 그들이 예루살렘 지도자들이 서명한 신임장을 가지고 있었다면, 바울은 그들에게 신임장을 주었던 사람들의 권위 또는 선의(bona fides)에 공공연하게 의문을 제기함이 없이 그 방문자들이 주장한 것들의 허구성을 드러내야 했다. 그는 자신의 이방인 선교와 예루살렘 교회 사이에 어떤 간격이 있다는 기미를 조금이라도 보이지 않으려고 애를 썼다. 바울의 권위를 실추시키기 위하여 예루살렘의 권위를 강력하게 들고 나올 때, 그러한 간격이 있음을 보이지 않기란 언제나 쉬운 일은 아니었다. 방해자들은 예루살렘으로부터 권한을 부여받지 않은 어떠한 가르침도 올바르지 못하다고 주장했다. 바울이 예루살렘과는 독립적으로 행하였다면, 바울에게는 일차적으로 예루살렘에 부여되었고 그에 따라 그들이 물려받은 그리스도의 위탁이 결여되어 있었다. 바울과 같이 영적인 권위의 원천으로부터 스스로 관계를 끊는 것은 "육체대로 행하는"(고후 10:2) 것이었다. 고린도 교회가 성령의 축복들을 누리고자 한다면, 예루살렘의 권위를 인정하여야 한다.

바울에게 이러한 논증은 복음의 진리와 교회의 본질은 물론 그의 개인적인 위치에 아무런 영향도 끼칠 수 없었다. 자신의 사역에 하나님이 인친 자국이 있고, 고린도 교회가 자신의 사도직을 인친 것이라면, 이 침입자들의 반대는 자기을 반대하는 것일 뿐만 아니라 자기에게 사도직을 위탁하신 주님을 반대하는 것이요 자기에게 능력을 공급해 주시는 성령을 반대하는 것이요 자기가 선포하는 복음을 반대하는 것이었다. 그러므로 그들이 가진 것은 "다른 예수[61] 다른 영 다른 복음"이었다(고후 11:4). 그들은 "지극히 큰 사도들"의 권위를 빌리고 있다[62] — 이것이 그들이 예루살렘 지도자들을 지칭하여 부른 말인지 그들이 이 지도자들을 묘사하는 것을 바울이 풍자적으로 요약한 말인지는 확실치 않다(이 당시에 예루살렘에는 열두 사도 가운데 그 누구도 실제로 있지 않았다 할지라도, 예루살렘은 여전히 그들의 본부로 여겨졌을 것이다. 야고보가 항상 거기에 있었기 때문이다).

그러나 그들은 전혀 다른 유의 사도들이었다. 그들이 이 서신에 대한 그들의 지시사항들을 수행하든지 아니면 그 지시사항들을 넘어서 월권을 행하고 있든지, 그들이 사도로 불릴 자격이 있다면 그것은 그들이 예루살렘 교회의 "사도들" 또는 사자(使者)들인 한에서 였다. 그러나 그들은 "그리스도의 사도들" — 바울과 같이 선도적인 복음 전도를 수행하고 교회들을 세우는 임무를 부활하신 그리스도에 의해 직접 위탁받고, 바울의 위탁이 고린도 교회를

---

61) D. Georgi(Die Gegner des Paulus, p. 286)에 의하면, 이 "다른 예수"는 무엇보다도 특히 "신령한 사람(θεῖος ἀνήρ)"으로 제시되었다고 한다. 이러한 주장은 증거를 들어 반박할 수는 없지만 그것을 밑받침하는 증거도 없다. 그들은 바울의 '십자가의 신학(theologia crucis)'에 대항하여 '영광의 신학(theologia gloriae)'을 설교했다는 것도 가능한 이야기이다. 또한 D.W. Oostendorp, Another Jesus(Kampen, 1967)를 보라.
62) 헬라어 '휘페를리안 아포스톨로이(ὑπέρλιαν ἀπόστολοι)'(고후11:5; 12:11).

통하여 확증되듯이 그들의 위탁이 그들이 수고한 결과로 얻어진 눈에 보이는 열매들로 말미암아 확증된 사람들 — 의 직무를 찬탈하고 있었다. 이 사람들은 그리스도의 사자들이기는커녕 사람들을 속이는 거짓 사도들이었으며 그리스도의 참된 종이 아니라 사단의 종이었다. 그들 자신의 선교 지역을 앞장서서 일구기는커녕(그리스도의 참된 사도들이었으면 그렇게 했을 것이다), 그들은 "남의 수고"(고후 10:15)에 붙어 기생하기를 더 좋아했다.

그들은 자신들의 나무랄 데 없는 이스라엘인으로서의 혈통을 자랑했고 자신들의 주장을 뒷받침하는 것으로 "주의 환상과 계시"(고후 12:1)를 들먹였다. 바울은 그것들이 이 문제와 아무 상관도 없기 때문에 이러한 주장들을 논박하려고 하지 않는다. 그러나 그러한 신임장이 고린도 교인들에게 먹혀들어 간다면, 바울은 더 먹혀드는 신임장을 제시할 수 있다.[63] 더 적절한 것은 — 바울은 그러한 것을 말하기조차 부끄럽게 생각하지만(왜냐하면 자기로부터 복음을 받은 자들이 자발적으로 자기를 비방하는 자들에 대항하여 자기를 옹호해 줄 것을 기대했기 때문이다) — 자신이 사역을 수행하면서 그들보다 훨씬 더한 곤경들을 겪었다는 것이다.[64] 그들이 고린도 교인들 가운데서 그들을 주관하며 그들의 비용으로 자신들의 권위를 역설하는 반면, 바울은 아비 같은 심정으로 신자들을 돌보는 데 자신의 사도적 자유를 사용할 것이다.

이 침입자들은 좁은 의미에서 유대주의자들이 아니었다. 그들은 이방인 신자들에게 율법 준수 의무를 부과하려고 하지 않았기 때문이다. 그들은 단지 모교회의 권위를 기독교 세계에 부과하는 것을 자신들의 임무로 생각했다. 이러한 일을 함에 있어서 수 년 전에 예루살렘 지도자들과 바울, 바나바가 교제의 악수를 하며 맺은 합의 사항에 어긋난다는 것은 그들에게는 일고의 가치도 없는 것이었다. "지극히 큰 사도들"이 자신들의 가장 좋은 이익들에 그토록 눈이 멀어 있었다면, 이 침입자들은 그 사도들에게 그들이 마땅히 가져야 할 지위를 찾아주어야 할 것이기 때문이다. 한 동안 그들은 고린도에서 일을 착착 진행시켜 나갔음이 분명하다. 십년 또는 십일년 후에 그들의 방침은 어쨌든 무너졌음에 틀림없다.

주후 66년 일어났던 로마에 대한 유대인들의 폭동 때에 예루살렘 교회가 뿔뿔이 흩어짐으로써 이 교회가 이방인 선교지역에서 누려왔던 그러한 권위는 종언을 고했다. 그러나 우리가 알고 있는 한 바울이 살아있는 동안에는 고린도에서 복음의 자유를 부르짖는 주장이 궁극적으로 승리했다는 소식은 결코 들려오지 않았다. "고린도에서 그리스도 안에서 약하다는 것이 무엇인지를 배운 바울은 다른 곳보다도 바로 그곳에서 가장 분명하게 성숙한 기독교적 지성, 견실함, 관대함을 보여준다."[65]

---

63) 149쪽 이하를 보라.
64) 고후 11:23이하.
65) C. K. Barrett, "Christianity at Corinth". *BJRL* 46(1963-64), p. 297.

제 25 장

바울 사상에 나타난 세례와 성찬

세례와 성찬은 바울이 자기보다 먼저 그리스도 안에 있었던 사람들로부터 "전해 받아" 이방 선교지역에 있던 교회들에게 "전해 준" 주님께서 제정하신 기독교의 두 성례였다.

1. 세례

세례 요한은 자신의 물 세례 ― "죄사함을 받게 하는 회개의 세례"(막 1:4) ― 와 자기 뒤에 오시기로 되어 있었던 더 능력이 많으신 분이 베푸실 성령의 세례를 구별하였다. 그러므로 최초의 기독교인들이 오순절 이후로 성령 세례를 체험하게 되면서 그들은 물 세례가 더 좋은 것으로 대치되었다고 생각해서 물 세례를 그만두었을 것이라고 생각해 볼 수 있다. 그런데 실제는 그렇지 않았다. 그들은 "죄사함을 위해" 새신자들에게 물로 세례를 주는 것을 계속했다(참조, 행2:38). 하지만 이제 물 세례는 성령을 받는 것을 특징으로 하는 더 포괄적인 체험의 일부로 되었다.[1]

---

1) 229쪽 이하를 보라. 기독교인이 되는 데 있어서 있어야 하는 여러 요소들이 일어나는 순서는 사도행전에서 경우에 따라 다르다. 오순절에 예루살렘에서 베드로의 설교를 듣고 회심한 사람들은 회개하고 세례를 받고 성령을 받았다(2:38,41). 빌립이 전도한 사마리아인들은 믿고 "주 예수의 이름으로" 세례를 받았으나 성령을 받지 않고 있다가 사도들이 내려와 그들에게 안수했을 때 성령을 받았다(8:12, 14-17). 고넬료와 그의 권속들은 메시지를 듣는 동안에 성령을 받았고 그런 후에 세례를 받았다(10:44-48).

이상에서 말한 것이 바울이 물려받은 상황이었다. 그러나 바울의 사상과 실천을 통하여 물 세례와 성령 세례는 더욱 더 밀접한 관련을 맺게 되었다. 사도행전 19:1-7에 의하면, 바울이 (아마도 죄사함을 위해) 요한의 세례를 받긴 했지만 성령에 관해서는 아무 것도 모르고 있었던 에베소의 어떤 열두 "제자들"을 만났다. 그때 바울은 그들이 세례를 받은 것에는 결함이 있나,ı 판난했다. 그래서 바울이 "수 예수의 이름으로" 그들에게 다시 세례를 베풀고 안수를 하자 그들에게 성령이 임하여 방언도 하고 예언도 하게 되었다.

사도행전 22:16(참조, 9:18)의 증언에 따르면 바울 자신도 회심 때에 세례를 받고 죄씻음을 받았다. 바울이 서신들에서 기독교 독자들에게 그들이 받은 세례의 의미를 일깨울 때 그는 자신이 받은 세례와 그들이 받은 세례를 결부시킨다. "무릇 그리스도 예수와 합하여 세례를 받은 우리는 그의 죽으심과 합하여 세례 받은 줄을 알지 못하느뇨"(롬 6:3). "우리가 다 한 성령으로 세례를 받아 한 몸이 되었고"(고전 12:13).[2] 이와 아울러 그는 세례 — 그들과 자신이 받은 — 에 더 깊고 새로운 의미를 부여한다. 바울의 가르침에서 세례는 신자들로 하여금 "그리스도 안에" 있는 상태로 들어가게 함으로써 그리스도의 역사적인 죽음과 부활은 그들의 영적인 체험의 일부가 된다. 부활하신 주님이 가져다 준 성령 세례는 그들로 하여금 주님과 한 몸이 되게 한다 — 또는, 바울이 갈라디아 교인들에게 말하듯이, "누구든지 그리스도와 합하여 세례를 받은 자는 그리스도로 옷입었느니라. 너희는 다 그리스도 예수 안에서 하나이니라"(갈 3:27 이하).

이전의 할례가 경건에 부적절하다는 것을 뼈저리게 알고 있었던 바울은 또 다른 외적인 의식(儀式)에 사효성(事效性, ex opere operato)을 부가할 사람이 아니었다. 새신자가 새로운 피조물이 되는 것은 믿음으로 말미암아 성령을 나누어 받기 때문이다. 우리는 바울의 사상과 용어를 이십 세기 기독교적 합리주의와 억지로 혼합하지 않도록 주의해야 한다. 그러나 최초의 친교(communion)를 이루는 데 있어서 물 세례와 성령을 받는 것과 아울러 회개와 믿음이 기독교인이 되는 하나의 복합적인 체험을 이루고 있었음을 깨닫는다면, 전체로서의 체험에 해당되는 것은 그 체험의 한 요소에도 해당되는 것이라고 단정할 수 있다. 우리는 논리적으로 이 요소와 저 요소를 구별할 수는 있다. 그러나 그러한 구별들이 "주 예수 그리스도의 이름과 우리 하나님의 성령 안에서 씻음과 거룩함과 의롭다 하심을 얻었다"(고전 6:11)는 것을 알고 있었던 고린도 교인들의 마음속에 있을 필요가 없었다. 그들이 씻음을 물 세례와 분리해서 생각했을 것 같지는 않다. 하지만 그들의 삶 속에서 하나님이 역사하셨기 때문에, 그들은 세례에 실질적인 의미를 부여할 수 있었고 바울은 소위 성례적 사

---

2) 하지만 J. D. G. Dunn은 성령 세례와 물 세례를 날카롭게 구별한다. 고린도전서 12:13에서 "바울은 성령 세례를 염두에 두고 있는 것이며 결코 물에 관하여 이야기하고 있는 것이 아니다" 라고 그는 말한다. (*Baptism in the Holy Spirit* (London, 1970), p. 129〕. 물 세례와 성령의 관계와 차이점에 대해서는 Karl Barth, *Church Dogmatics* iv, 4, E. T. (Edinburgh, 1969), pp. 32 ff. *et passim*을 보라.

실주의(sacramental realism)의 용어를 사용할 수 있었다.[3]

광야에서 유랑생활을 하던 때의 이스라엘 사람들이 우상숭배와 부도덕한 짓을 저질렀을 때 구름과 바다에서 "세례를 받은 것"(또는 하늘로부터 온 떡과 반석에서 나는 물에 참예한 것)이 그 죄악의 대가를 치르는 것을 막아주는 방패막이가 되지 않았던 것처럼(고전10:1-11), 기독교인들에게도 세례(또는 성찬)이 자신들의 충성치 못한 행위들에 대한 하나님의 심판을 면제해 주는 면죄부가 될 수 없었다. 동시에 기독교인들의 세례는 거듭나지 못한 옛 존재와 그리스도 안에서의 새 생명을 구분하는 분수령를 이루고 있었다. 그것은 옛 질서에 대하여 죽고 새 질서에 대하여 살아남을 의미한 것이었기 때문에, 세례 받은 기독교인이 계속해서 죄에 머무르는 것은 해방된 노예가 이전의 주인에게 계속 속박되어 있는 것(롬6:1-4, 15-23) 또는 과부가 계속해서 "남편의 법"에 종속되어 있는 것(롬7:1-6)과 같이 말도 되지 않는 일이었다. 바울은 자기가 죄로 인도하는 율법에 속박되어 있었다는 의미에서(물론 당시에는 깨닫지 못한 것이지만) 회심 전에 죄의 종노릇하였었음을 알았다. 많은 이방인 신자들도 서로 각각 다른 형태이긴 하지만 죄의 종노릇을 하였었다. 바울이 세례의 이치를 들어 말할 때, 그가 말하고 싶어했던 것은 새 생명의 원천이자 지주(支柱)인 성령의 능력으로 말미암아 신자들이 이전의 속박 — 그것이 서로서로 다른 형태를 가진 것일지라도 — 을 떨쳐버릴 수 있다는 사실이었다.

바울은 독자들에게 세례는 아무런 실제적인 차이를 가져오지 않는다거나 세례는 기독교인의 삶에서 받아도 좋고 안 받아도 좋은 선택적인 의식(儀式)이라고 생각할 어떠한 근거도 제공해 주지 않는다. 그는 모든 신자들이 세례를 받는 것은 당연한 것이라고 생각했다.[4] 마치 그가 신자들이 모두 성령을 받는 것은 당연하다고 생각했듯이.[5] 그리스도께서 자기를 부르신 것은 세례를 주라고 부르신 것이 아니라 복음을 전하라고 부르신 것이라고 하면서 자기가 고린도 신자들 가운데 극소수에게만 세례를 베푼 것을 하나님께 감사했을 때, 그는 세례의 중요성을 하찮게 여기고 있는 것이 아니다.[6] 오히려 그는 세례주는 일을 다른 사람들에게 맡김으로써 자기에게 속한 교회나 파당을 만들려고 했다는 비난을 받을 여지를 주지 않았다는 것을 말하고 있는 것이다. 바울이 새 신자들에게 세례를 주었을 때 그리스도의 이

---

3) 참조. A. Tappeiner, "Hermeneutics, the Analogy of Faith and New Testament Sacramental Realism", *EQ* 49(1977), pp. 40-52.
4) 반면에 D. W. B. Robinson은 고린도전서 1:13-17로부터 "바울은 물 세례를 결국 '아디아포론' 즉 상관없는 문제로 여겼다. 그렇게 볼 때에만 육체의 계명의 비본질적인 성격에 관하여 그가 말하는 모든 것과 부합할 것이다"라는 결론을 끌어내었다("Towards a Definition of Baptism", *Reformed Theological Review* 34 (1975), p.14. 참조. J. D. G. Dunn, *Baptism in the Holy Spirit*, pp. 117-120.
5) 참조, 롬 8:9(228쪽을 보라).
6) 참조, 고전 1:13-17.

름으로 — 즉, 바울의 추종자가 아니라 그리스도를 따르는 자들로서 — 했다. 또는 골로새 교인들에게 말하고 있듯이, 그들이 "세례로 … 장사한 바 되고 또 죽은 자들 가운데서 그를 일으키신 하나님의 역사를 믿음으로 말미암아 그 안에서 함께 일으키심을 받은"(골 2:12) 것은 그리스도와 함께였다. 바울은 성찬의 전통에 대해서는 "주께" 받았다고 하는 반면에 세례의 전통에 대해서는 아무 말도 하지 않는다.[7] 하지만 그의 말 속에는 세례도 주께로부터 받았다는 뜻이 내포되어 있는 듯하다.

바울은 세례를 통하여 새로운 공동체로 합체될 때 개개 신자들이 개인적으로 체험했던 것을 에베소서 5:25 이하에서는 신자들의 공동체에 적용되고 있다. 거기에서는 그리스도께서 "물로 씻어 말씀으로 깨끗케 하사 거룩하게 하시려고" 교회를 위하여 자신을 주셨다고 말한다[8] — 세례받는 사람들 위에 선포되는 거룩한 이름 또는 세례받는 사람들이 자신의 믿음을 고백하고 주의 이름에 호소하는 "말씀" 또는 말(후자의 견해가 더 가능성이 있는 듯하다).[9]

2. 성찬

바울은 성찬을 세례보다 더 드물게 언급한다. 바울은 고린도전서에서만 성찬에 대하여 언급하고 있다. 비록 언급되는 회수는 적지만, 그 말들을 통하여 우리는 어떻게 이 제도가 세례와 마찬가지로 바울의 사상에서 그리스도의 몸으로서의 신자들의 공동체라는 개념과 통합되었는지를 살펴볼 수 있다.

바울은 고린도 교인들에게 "주 예수께서 잡히시던 밤에" 예수께서 행하시고 말씀하셨던 것에 관한 이야기를 자기가 "주께 받았다"고 말하면서도(고전 11:23) 언제 또는 어디서 그것을 받았는지에 대해서는 말하지 않는다. 모든 진정한 기독교 전승들이 주님으로 말미암아 영속적으로 타당성을 가지듯이, 바울은 모든 전승들은 십자가에 못박히시고 높이 들리우신 주님을 그 원천으로 하고 있다는 의미에서 그 전승을 "주께" 받았다.[10] 바울은 그 전승을 기독교인이 된 초기에 즉 예루살렘에 올라가서 모교회의 지도자들과 교분(交分)을 나누기 전

---

7) 참조, 고전 11:23.
8) 디도서 3:5이하에 이와 비슷한 어법이 나온다. "중생의 씻음(엡5:26에서와 같은 λουτρόν)과 성령의 새롭게 하심으로 하셨나니 성령을 우리 구주 예수 그리스도로 말미암아 우리에게 풍성히 부어 주사".
9) 바울의 세례에 대해서는 또 O. Cullmann, *Baptism in the New Testament*, E. T. (London, 1950) pp. 23 ff.. G. W. H. Lampe, *The Seal of the Spirit*(London, 1951), pp. 3 ff.. G. R. Beasley-Murray, *Baptism in the NewTestament*(London, 1962),pp. 127 ff.. D. E. H. Whiteley, *The Theology of St. Paul*(Oxford, 1964). R. Schnackenburg, *Baptism in the Thought of St. Paul*, E. T. (Oxford, 1964). G. Wagner, *Pauline Baptism and the Pagan Mysteries*, E. T. (Edinburgh/London, 1967)를 보라.

에 받았을 가능성이 높다 — 실제로 바울이 주님을 기념하는 떡과 즙을 다메섹 제자들의 모임에서 처음으로 취했다면 그들로부터 그 전승을 받았을 가능성이 높다 하겠다.

성찬 제도에 관한 바울의 기록은 현존하는 가장 오래된 기록이다. 그것을 다른 기록들 — 마가복음 14:22-25(이것은 마태복음 26:26-29에 약간 다르게 반복되고 있다)[11]과 짧은 읽기와 긴 읽기가 섞여있는 누가복음 22:17-20[12] — 과 비교해 보면, 초기에 주의 말씀이 전승되는 과정에서 이문(異文)들이 출현했다는 것을 알 수 있다. 바울이 알고 있는 전승 형태에서는 "이것은 내 몸이니라"는 말에 "너희를 위하는"라는 말이 덧붙여져 있다. "이것은 많은 사람을 위하여 흘리는 바 나의 피 곧 언약의 피니라"는 "이 잔은 내 피로 세운 새 언약이니"로 되어 있다.

그리고 떡을 주면서 하는 말씀과 잔을 주면서 하는 말씀 다음에는 "이것을 행하여 나를 기념하라"는 명령이 뒤따른다(이 명령은 긴 읽기인 누가 본문에는 떡을 주면서 하는 말씀 다음에만 나와 있다).[13] 그렇게 함으로써 성찬의 기념적 성격은 매우 분명하게 되었는데, 바울이 "너희가 이 떡을 먹으며 이 잔을 마실 때마다 주의 죽으심을 오실 때까지 전하는 것이니라"고 덧붙여 말함으로써 원래의 정황에 있었던 대망(待望)의 관점도 올바르게 다루어지게 되었다.[14] 그러나 이문(異文)들 사이에는 핵심적인 의도에 있어서 어떠한 실질적인 차이도 없다. 자기가 복음의 기본적인 사실들을 다른 사도들과 공유했다고 말한 것으로 보아 바울은 아마도 주님께서 성찬을 제정하실 때의 이야기를 신자들에게 했을 것이다 — "그러므로 내나 저희나 이같이 전파하매 너희도 이같이 믿었느니라".[15]

---

10) 참조. O. Cullmann, "*Kyrios* as Designation for the Oral Tradition concerning Jesus", *Scottish Journal of Thelogy* 3(1950), pp. 180 ff.. *The Early Church*(London, 1956), pp. 66 ff.

11) 마태 본문에는 잔에 관한 말씀, "다 이를 마시매"(막14:23)는 "너희가 다 이것을 마시라"는 주님께서 직접하신 명령으로 되어 있으며, "많은 사람을 위하여 흘리는 바"라는 어구에 이를 설명하는 어구인 "죄사함을 얻게 하려고"(마26:28)가 덧붙여져 있다.

12) 누가복음 22:17-20에 관한 본문 문제에 대해서는 B. M. Metzger, *A Textual Commentarty on the Greek New Testament*(London/New York, 1971), pp. 173-177를 보라.

13) 고린도전서 11:25에 나오는 잔을 주면서 하는 말 다음에는 이를 기념하라는 명령이 다음과 같은 형태로 나온다. "이것을 행하여 마실 때마다 나를 기념하라". 이 구절은 J. Jeremias가 주장한 것처럼 "이것을 행함으로써 하나님께서 나를 기억하여 재림을 속하게 하시고 그의 나라를 완성할 수 있도록 하라"는 의미로 해석할 수는 없다 [*The Eucharistic Words of Jesus*, E. T.(Oxford, 1955), pp. 159 ff].

기념 명령은 예루살렘 제의의 원래 의도를 변화시킨 것이거나 재해석한 것이라는 H. Lietzmann, *Mass and Lord's Supper*, E. T.(Leiden, 1953 ff.). pp. 145 ff., 172 ff., 204 ff.의 주장도 타당성이 없다.

14) 289쪽을 보라.

15) 참조, 고전 15:11.

성찬 교리에 바울이 독특하게 기여한 부분은 성찬의 친교(koinonia)적 측면을 강조하고 떡을 주면서 하는 "이것은 내 몸이니라"는 말씀에서 "내 몸"은 그리스도의 몸만이 아니라 그리스도의 몸으로 비유되는 신자들의 공동체도 뜻한다고 해석했다는 점이다.

바울은 고린도 교인들에게 우상 제사에 참여하지 말라고 경고하면서 우상 제사에서 일어나는 것과 성찬에서 일어나는 것을 유비(類比)로 들어서 "주의 잔과 귀신의 잔을 겸하여 마실"(고전 10:21) 수 있다는 그들의 생각이 얼마나 잘못된 것인지를 보여준다. "우리가 축복하는 바 '축복의 잔'[16]은 그리스도의 피에 참예함(코이노니아)이 아니며 우리가 떼는 떡은 그리스도의 몸에 참예함이 아니냐 떡이 하나요"라고 말하면서 그는 이렇게 덧붙인다.

"많은 우리가 한 몸이니 이는 우리가 다 한 떡에 참예함이라"(고전 10:16 이하). 그들이 다 함께 주의 식탁에서 그리스도와 함께 친교를 누리려면 이방신의 식탁에서 이방신과 친교를 나눠서는 안 되었다. 이방신과의 친교는 그리스도와의 친교가 들어설 틈을 주지 않기 때문이다.

그러나 또한 그리스도의 몸 안에서의 교제는 바로 주의 식탁에서도 다른 지체에 대한 형제답지 않은 태도나 행실로 말미암아 깨질 수 있었다. 그들이 그리스도의 몸의 표지인 떡을 뗄 때, 그들은 성체 봉헌을 기억할 뿐만 아니라 공동체로서의 몸에 그들이 함께 참여한다는 것을 선포했다. 그런데 스스로 성찬이라는 성례를 통하여 고백했던 하나됨을 실제적인 행실로 부정했다면, 그들은 합당치 않게 먹고 마신 것이며 그럼으로써 주의 몸과 피를 범한 것이 된다. "주의 몸을 분변치 못하고" 먹고 마셨다면 그들은 자기의 죄를 먹고 마신 것이 된다.[17]

"주의 몸을 분변치 않고" 먹고 마시는 것은, 같은 교인들을 생각이나 행위에 있어서 사랑 없이 대우하면서 떡과 잔에 아무 생각 없이 참예하는 것을 의미했다. 바울은 그러한 "합당치 않은" 참예가 가져오는 결과를 매우 현실적인 것으로 여겼기 때문에 그러한 죄를 범하는 자들은 질병이나 죽음을 스스로 자초하는 것이라고 경고했다.[18] 세례를 통하여 그리스도와 합체되는 것과 마찬가지로 성찬을 통하여 그리스도에 참예하는 것은 개인에 국한된 문제가

---

16) "축복의 잔"이란 말은 유대인들이 식사를 마치고 드는 포도주 잔을 가리킬 때 쓰는 말이었다. 아마도 그 잔은 식후의 기도를 위한 신호였기 때문이었을 것이다. 잔에 대하여 말해지는 축복은 하나님께 대한 감사를 나타낸다 (고전 10:16의 동사는 11:24에서 쓰이는 '유카리스테오(εὐχαριστέω)'와 동의어인 '율로게오(εὐλογέω)'이다). 유대에서는 이렇게 표현하였다. "포도열매를 주시는, 만유의 왕, 오! 여호와 우리 하나님, 복되소서".

성찬을 축복할 때는 더 분명하게 기독교적인 내용을 담고 있었을 것이다. "우리는 당신께 감사드립니다, 우리 아버지시여, 당신의 종 다윗의 거룩한 포도나무를 당신은 당신의 종 예수 그리스도를 통하여 우리에게 알리셨나이다. 당신께 영원히 영광 있기를"(Didache 9. 2).

17) 고전 11:27, 29.
18) 고전 11:30.

아니다.

  이 두 가지를 올바로 행하기 위해서는 모두 그리스도의 몸 안에서 모든 다른 신자들과 함께 나누는 삶이 있어야 하며, 기독교인들이 애써 무시하려고 하는 중대한 윤리적인 실천이 수반되어야 한다.[19]

---

19) 바울의 성찬 사상에 관하여는 A. J. B. Higgins, *The Lord's Supper in the Early Church* (London, 1952), pp. 64 ff.. D. E. H. Whiteley, *The Theology of St. Paul*, pp. 178 ff., C. K. Barrett, *The First Epistle to the Corinthians*(London, 1968), pp. 231-238, 262-277를 참조하라.

제 26 장

에베소, 열린 문과 많은 대적들

1. 바울이 에베소에 이르다

주후 52년 봄 팔레스틴과 수리아를 잠시 방문한 후 바울은 육로로 에베소로 돌아갔다. 이때에는 그가 소아시아를 거쳐 서쪽으로 여행하는 것을 막는 장애물이나 예언이 없었다. 도중에 그는 "갈라디아와 브루기아 땅"을 다녔다고 하는데, 거기서 선교 활동을 하였다는 이야기는 없고 다만 그가 "모든 제자들을 굳게 하였다"(행18:23)는 말만 나온다. 이 지역은 아마도 그가 이전에 실라와 디모데와 함께 다녔던 사도행전 16:6의 "브루기아와 갈라디아 땅"과 동일한 지역일 것이다. 그런 다음 바울은 "윗 지방"(행19:1)으로 다녀서 에베소에 도착했는데, 이것은 리쿠스(Lycus)와 메안더(Maeander) 계곡을 지나는 주도로(主道路)가 아니라 더 북쪽의 도로를 따라 여행하여 메소기스 산 〔Mount Messogis, 지금의 아야딘 다글라리(Aydin Daglari)〕의 북쪽 사면(斜面)으로부터 에베소로 들어왔다는 것을 뜻한다[1] (또 이 표현은 우리가 "오지(奧地, upcountry)"라고 말할 때와 같이 단순히 에베소의 후배지(後背地)를 가리킬 뿐이라는 설(說)도 있다).[2]

이미 말했듯이 아시아 속주는 주전 133년 버가모(Pergamum) 왕국의 앗탈루스(At-

---

1) W. M. Ramsay, *St. Paul the Traveller and Roman Citizen*(London, ¹⁴1920), pp. 265 f 를 참조하라.
2) K. Lake and H. J. Cadbury, *BC* i. 4, pp. 236 f.를 참조하라.

talus) 3세가 죽으면서 그의 영토를 로마의 원로원과 로마 백성에게 헌납함으로써 생겨나게 되었다. 아시아 속주는 무시아(Mysia), 리디아(Lydia), 가리(Caria), 리키아(Lycia), 서 브루기아 지역을 통괄했다. 해안과 앞 바다의 섬들에는 아주 오랜 옛날부터 이오니아 헬라인들의 거주지가 있었다.[3] 주전 6세기 전반에 본토의 정착민들은 영토 확장에 힘썼던 크뢰수스(Croesus)에 의해 리디아 왕국에 병합되었다. 주전 546년 고레스(Cyrus)는 크뢰수스를 물리치고 이 지역을 바사의 세력권 안에 두었다. 주전 498년의 폭동이 실패한 후 이 정착민들은 주전 480-479년 헬라의 크세륵세스(Xerxes)의 침입을 격퇴하고 수십 년 동안 자유를 되찾았으나, 주전 387년 왕의 강화조약(the King's Peace)에 의해 다시 바사의 지배 하에 들어갔다.[4] 이들은 주전 334년에 다시 알렉산더 대제에 의해 해방되었으며 그의 사후에는 그의 후계 왕조들의 지배를 받았다. 하지만 주요 성읍들은 상당한 정도의 자치(自治)를 누렸으며 로마의 지배하에서도 계속 그러했다.

이오니아 정착촌들 가운데서 가장 유명한 것은 카이스터(Cayster, 지금의 퀴췩 멘데레스(Küçük Menderes)) 강 어귀에 있는 에베소였다. 이오니아인들이 오기 전에 이곳에는 아나톨리아의 큰 모신(母神)을 지역 특색에 맞게 숭배하는 가리(Caria) 정착촌이 있었다.[5] 이오니아 이주민들은 가리 원주민들과 섞여서 큰 여신을 같이 숭배했다. 이 여신의 이름인 아데미(Artemis)는 헬라 이전부터 존재해 있었다. 이 여신은 헬라 문헌에서는 처음에 야생 생물의 주와 보호로 나타난다.[6] 헬라에서는 특유하게 이 여신을 수렵의 여신으로 섬겼다. 에베소의 아데미 신전에는 "쓰스에게서 내려"(행19:35) 왔다고 믿어진 그러니까 신의 작품으로 믿어진 많은 젖가슴을 가진 이 여신의 상(像)이 있었다. 이전에 있던 신전은 주전 356년에 — 그 밤에 알렉산더 대제가 태어났다고 전해진다 — 역사에 자기 이름을 영원히 남기기 위하여 이런 일을 저질렀다고 말한 한 청년의 방화로 인하여 소실되었다. 이 청년은 자기 목적을 달성한 셈이다. 그의 이름은 헤로스트라투스(Herostratus)였는데, 이 신전에 불을 질렀다는 것 밖에는 그에 대해서 알려진 것이 없다.[7] 이전보다 더 웅장한 새 신전이 곧

---

3) 이들은 창세기 10:4에 열거되어 있는 열방들의 목록에서는 "야완(Javan)"으로 나온다.
4) 안탈키다스 강화조약(the Peace of Antalcidas)라고 부르기도 한다(Xenophon, *Hellenica* v. 1.33).
5) 가리인들은 소아시아 남서지역에 사는 비헬라인 주민들 가운데 하나였다. [필리스틴 사람들(the Philistines)과 관련하여] 열왕기하 11:4,19에서 가리 사람이라고 부르는 것은 아마도 그들이 거기에서 왔기 때문일 것이다. 이 모신은 여러 이름으로 불렀다 — 갑바도기아와 키벨레에서는 마(Ma), 페시누스(Pessinus, 주전 204년 로마는 이 여신의 신상을 여기에서 가져갔다) — 는 위대한 어머니(the Great Mother).
6) Homer(*Iliad* xxi. 470 f)는 이 여신을 '포트니아 데론 아르테미스 아그로데레(πότνια θηρῶν, Ἀρτεμις ἀγροτέρη)' ("야생동물의 여주인, 야생동물의 아데미")라고 부른다. 에스킬루스(*Agamemnon* 134 ff)는 이 여신이 야생동물이 상처입는 것에 대하여 대단히 격노하는 것으로 묘사한다. W. K. C. Guthrie, *The Greeks and their Gods*(London, 1950), pp. 99 ff.를 보라.
7) Strabo, *Geography* xiv. 1. 22. Plutarch, *Life of Alexander* 3. 3.

지어졌는데, 이 신전은 세상의 칠대(七大) 불가사의 가운데 하나로 알려져 있다. 이 성읍 사람들은 "아데미 신전의 관리자(neokors)"라는 호칭과 큰 여신 숭배가 헬라 세계 전역으로 퍼져나갔을 뿐만 아니라 심지어 그 경계를 넘어서까지 퍼져나갔다는 사실을 자랑스럽게 생각했다:[8] 은장색 데메드리오(Demetrius)가 이 여신을 "온 아시아와 천하"가 숭배한다고 말한 것은 과장이 아니었다(행19:27).[9] 이 신전은 매우 웅장했지만 — 아덴에 있는 파르테논(the Parthenon) 신전보다 네 배나 크고, 하나가 18미터나 되는 127개의 열주(列柱)로 떠받쳐져 있었으며 프락시텔레스(Praxiteles)와 다른 고대의 위대한 조각가들에 의해 장식되었다[10] — 지금은 거의 흔적도 찾아보기 어렵게 되었다. 단지 그 기초석들만이 남아 있는데, 1869년에 우드(J. T. Wood)는 아야솔룩〔Ayasoluk, 지금의 셀죽(Selcuk)〕언덕 기슭의 습지에서 이것들을 어렵게 찾아내었다.[11]

헬레니즘 시대와 로마 시대의 에베소의 주요 유적지는 이 신전 터에서 남남서 쪽으로 약 2.4킬로미터 떨어진 지점에 있다. 이 성읍은 신약 시대에는 항구였지만, 지금은 카이스터 강에서 내려온 진흙이 계속 쌓임으로써 내륙으로 약 11킬로미터 들어간 지점에 위치하게 되었다. 야외극장의 꼭대기에 서면 지금은 아르카디우스 도로(the Arcadian Way)가 끝나는 곳에 있는 습지로 변해 버린 옛 항구도시의 윤곽을(항공 사진에서보다 더 잘) 식별할 수 있다.[12] 이 성읍 중심부에 있는 피온 산〔Mount Pion, 파나야이르다우(Panayirdag)〕의 서쪽 비탈에 지어진 이 야외극장은 25,000명이 넘는 인원을 수용할 수 있었던 것으로 추정된다.

버가모는 앗탈리드 왕국의 수도로서 계속해서 속주의 명목상의 수도로 남아 있었지만 에베소는 가장 크고 인구가 많은 성읍이었다 — 스트라보는 황소자리(Taurus) 서쪽에 있는 모든 아시아 성읍들 가운데서 에베소가 가장 큰 교역 중심지였다고 말한다.[13] 에베소, 버가모와 이 속주에 속한 다른 헬라 성읍국가들은 동맹(아시아의 'κοινον')을 형성했다. 이 동맹의 일을 맡았던 각 성읍 대표자들은 아시아 관원이라 불렸다. 로마의 속주 통치는 총독(proconsul)이 의장을 맡고 있고, 아홉 개 이상의 성읍에서 차례차례 열리는 통상적인 순회재판(agoraiai)을 통하여 이루어졌다. 지방 자치단체와 속주의 행정당국 사이의 연락 업

---

8) 참조, 행 19:35. *CIG* 2972에는 에베소가 이 명칭('네오코로스 테스 아르테미도스(νεωκόρος της "Αρτέμιδος)로 나와 있다.
9) *RE* ii, cols. 1385 f에서는 이 여신을 숭배했던 서른세 곳을 언급하고 있다. 주후 161년의 명각(銘刻)에는 이 여신은 "이 여신의 본 고장에서만이 아니라.. 헬라인들과 야만인들 가운데서도" 명성이 있었다고 기록하고 있다. (*British Museum Inscriptions* iii, 482B).
10) 참조, Pliny, *Nat, Hist.* xxxvi, 95-97, 179.
11) J. T. Wood, *Discoveries at Ephesus*(London, 1877).
12) 아르카디우스 도로는 이 도로를 보수(補修)하던 때의 황제인 아르카디우스(주후 395-408년)를 기려서 그 이름이 붙여졌다.
13) Strabo, *Geography* xii. 8. 15. xiv. 1. 21-25.

무는 성의 서기장(granmateus) 또는 사무장이 맡았다.

그러니까 바울은 주후 52년 늦은 여름에 이 큰 성읍에 이르러서 거의 삼년 동안을 머무르면서 에베소와 속주 전체의 복음화를 지도하였다. 많은 동료들 — 리쿠스 계곡의 브리기아 성읍들 [골로새(Colossae), 라오디게아(Laodicea), 히에라폴리스(Hierapolis)] 을 복음화했던 에바브라(Epaphras)처럼 — 이 바울의 사역을 도왔다는 것은 분명하다.[14] 그리고 이들의 사역은 대단히 효과가 있었기 때문에 누가는 "아시아에 사는 자는 유대인이나 헬라인이나 다 주의 말씀을 듣더라"(행19:10)고 기록할 수 있었다. 실제로 이 지역의 기독교 역사는 이때부터 1923년에 거주민들이 헬라인에서 터키인으로 바뀔 때까지 단절 없이 계속되었다.

2. 에베소에서의 바울의 활약에 대해 누가가 그린 "그림들"

누가는 바울이 에베소에서 사역하고 있는 동안 한 번도 바울과 함께 지내지 않았던 것으로 보이며, 이 기간이 이방인 선교의 확산에 있어서 극히 중요한 위치를 차지하고 있음에도 이 기간 동안에 일어난 일에 대한 일관된 설명이 사도행전에 나와 있지 않다. 바울과 에베소 신자들 사이에 오고간 서신을 우리는 갖고 있지 않다. 고린도전후서를 통하여 고린도 교회와 바울 사이에서 일어난 일들을 재구성하는 데 도움이 되었던 것처럼 이 서신이 있었더라면 바울과 에베소 신자들 사이에서 있었던 일들을 어느 정도 알 수 있었을 것이다. 그러나 누가가 에베소에서 일어난 몇몇 사건들을 생생하게 묘사하고 있는 것으로 보아, 그가 이 사건들을 직접 목격한 사람들의 말을 전해들었다는 것을 알 수 있다.[15]

오늘날의 한 신약학자는 누가의 문체를 "슬라이드를 한장한장 넘길 때마다 약간의 설명을 덧붙이면서, 자기가 말하고자 하는 바를 예시해 주는 그림들을 차례차례 보여주는 영사용 슬라이드를 통한 강연"에 비유했다.[16] 사도행전에서 이 유비(類比)가 가장 잘 들어맞는 것은 바로 바울의 에베소 사역에 관한 기사(행19:1-41)이다.

① **에베소의 제자들.** 이 "그림들" 가운데 첫번째 그림은 바울이 에베소에 도착한 직후에 누가가 "제자들"이라고 표현하고 있는 열두 사람을 만나는 장면이다(행19:1-7). 누가가 아무 수식어도 붙이지 않고 "제자들"이라는 용어를 사용할 때는 보통 "예수의 제자들"을 뜻한다. 이 경우도 그러했다는 것은 바울이 그들에게 던진 질문을 보아 알 수 있다. "너희가 믿을 때에 성령을 받았느냐". 바울은 그들이 신자들 — 즉, 예수를 믿는 자들 — 이라고 생각

---

14) 참조, 골1:7; 2:1; 4:12 f; 436쪽 이하를 보라.
15) 예를 들면 아리스다고(골4:10,14에서는 그와 함께 누가가 나온다. 참조. 행20:4이하. 27:2)가 에베소의 연극장에서의 소동을 묘사했을 수 있다(참조, 행19:29).
16) W. C. van Unnik, "The 'Book of Acts' the Confirmation of the Gospel", *Novum Testamentum* 4(1964), p. 35.

했지만 그들의 기독교인으로서의 체험에는 뭔가 부족한 것이 있다는 의구심을 갖게 되었고, 곧 그들이 성령에 대해 아무 것도 모르고 있음을 알게 되었다. 조금 더 질문을 해본 결과 그들은 요한의 세례만을 알고 있었다. 이 점에서 그들은 아볼로와 비슷한 경우였다. 아마도 그들은 자신들이 갖고 있는 그 도(the Way)에 관한 지식을, 요한의 세례를 먼저 받은 다음 기기에 예수의 이야기를 섬매시킨 어떤 사람들에게서 빋있을 것이나. 그들이 세례를 받았던 곳은 반드시 에베소인 것은 아니었다. 요한의 추종자들은 소아시아와 같은 북쪽 지방까지도 요한의 가르침을 전파했을 것이기 때문이다. 하지만 이 제자들은 요한의 가르침과 세례를 다른 곳 아마도 팔레스틴에서 접하게 되었을 것이다. 우리는 복음이 본고장에서 다른 지역으로 여러 가지 형태를 띠고 전파되었다는 것에 관하여 아는 것이 별로 없다는 사실을 다시 한 번 상기하지 않을 수 없다.

바울은 이 제자들에게 요한의 사역이 복음을 예비하는 성격을 가지고 있었다는 것을 깨우쳐 주었다. 그들이 요한의 증거 즉, 자기 뒤에 오셔서 성령으로 세례를 베푸실 분에 대한 요한의 증거에 관하여 알지 못한다면, 요한의 사역에 대한 그들의 이해는 불충분한 것이다. 아볼로에게는 기독교적 헌신으로 생각될 수 있는 요소가 있었는데, 그가 "열심"(행18:25)이 있었다는 누가의 말은 그가 "성령으로 들끓고 있었다"는 것을 뜻할지도 모른다[17] ― 이 제자들이 알고 있었던 모든 것을 훨씬 능가하는 체험, 이에 바울은 그들로 하여금 "주 예수의 이름으로" 세례를 받게 했는데, 바울이 그들에게 안수하자 성령이 그들에게 임하였고 성령을 받았다는 증거로 방언과 예언을 하게 되었다. 이 사건은 신약에서 유일한 재세례의 예이다. 아볼로로 하여금 재세례를 받게 했다는 암시는 전혀 없다. 사도들과 동료 제자들 ― 이 가운데 몇몇은 요한의 세례를 받았다 ― 은 오순절에 그들에게 자연스럽게 성령이 임했기 때문에 다시 세례를 받을 필요가 없었지만, 바울은 에베소의 제자들로 하여금 오순절 사건을 경험하게 하기 위해서는 안수를 수반한 세례가 필요하다고 판단했음에 틀림없다. 그들의 세례는 바울이 그들에게 의미를 분명하게 일러준 그리스도에 대한 완전하고 지성적인 헌신을 표시하는 것이었다. 바울은 예루살렘 교회에게 "가장 귀중한 보물단지 가운데 하나였다"는 지적은 참으로 타당하다.[18] 왜냐하면 예루살렘 교회의 표준에 미달하는 여러 형태의 복음은 (이 경우처럼) 스스로의 행위를 통해서나 (브리스길라와 아굴라가 아볼로를 가르쳤던 경우처럼) 그의 영향력 하에서 바울과 모교회의 지도자들이 공통으로 견지했던 방향으로 올바르게 교정되었던 것이다.

② **두란노서원으로 옮겨감.** 누가의 두번째 "그림"은 바울이 회당에서 석 달 동안 하나님

---

17) 이 헬라어 어구는 바울이 로마서 12:11에서 사용한 것과 동일하다. 거기서 바울은 기독교 독자들에게 "열심을 품고" 주를 섬기라고 권면한다. J.D. G. Dunn, *Baptism in the Holy Spirit* (London, 1970), p. 88을 보라.

18) A. A. T. Ehrhardt, *The Framework of the New Testament Stories*(Manchester, 1964), p. 94.

나라를 전하다가 쫓겨나는 장면이다. 에베소 회당의 유력자들은 바울이 방문한 대부분의 다른 성읍에 있는 그들의 동료들보다 바울을 상당히 오래 받아주었던 것으로 보인다. 사실 에베소에서는 바울이 회당에서 "하나님 나라에 대하여 강론하며 권면"하는 것을 반대하는 목소리는 유력자들에게서 나온 것이 아니라 "마음이 굳어 순종치 않고 무리 앞에서 이 도를 비방한" [19] 어떤 사람들에게서 나왔다고 한다(행19:8 이하). 어쨌든 이 반대의 목소리는 꽤 나 컸고 시끄러워서 바울은 회당에서 물러나지 않으면 안 되었다. 바울은 새신자들과 동료 기독교인들을 데리고 떠나서 두란노(Tyrannus) 서원이란 곳에서 모임을 가졌다. 그를 최초로 두란노라고 부른 사람이 그의 부모였는지 아니면 그의 문하생들이었는지는 확실치 않다. 두란노의 문하생들은 하루 가운데 시원한 시간에 그의 강의에 참석한 후 선생과 문하생들은 모두 낮잠을 자기 위해 정오 경에 집으로 돌아갔다. 사도행전 19:9의 서방 본문에 의하면 바울이 이 서원을 사용하여 거기서 공개적으로 토의를 벌였던 시간은 "제오시부터 제십시까지" — 오전 11시부터 오후 4시까지 — 였다고 한다. 서방 사본의 읽기를 뒷받침하는 본문상의 근거가 무엇이든, 이 말은 상당히 신빙성이 있다. 그리고 바울과 청중들이 이 년 동안 하루 가운데 가장 뜨거운 시간에 날마다 서원에 모였다는 것은 그들의 지구력(持久力)이 대단했음을 보여준다. 바울은 자기 손으로 일을 하면서 이른 아침과 저녁 시간을 보냈던 것으로 보인다. 그는 후에 에베소 교회의 장로들에게 "이 손으로 나와 내 동행들의 쓰는 것을 당하여"(행20:34)라고 말한다.

③ **마술.** 세익스피어의 「오인 희극」(誤認 喜劇, Comedy of Errors)에는 시라쿠사의 안티폴루스(Antipholus of Syracuse)가 에베소에 와서 이 성읍은 마술을 배우고 실연(實演)하는 중심지로 평판이 나있다고 말하는 장면이 나온다.

> 사람들은 이 성읍이 사기로 들끓고 있다고 말들 하지
> 눈을 속이는 민첩한 마술사들
> 사람들의 마음을 갖고 노는 음흉한 마법사들
> 몸을 망치게 하고 영혼을 죽이는 마녀들
> 교묘히 사람들을 속이는 사기꾼들, 입심좋게 떠들어대는 협잡꾼들
> 그외에 이와 같은 수많은 죄악들이 활개치는 곳.

이 점에서 에베소가 평판이 나있었다는 것은 "에베소인의 저작들(Ephesia grammata)"[21]이라는 글귀가 런던, 파리, 라이덴 등지의 박물관에 소장되어 있는 고대 마술에 사용

---

19) Codex D에는 "무리(πλῆθους) 앞에서"라고 되어 있는데 반해 사도행전에 대한 서방 본문의 주요한 증언에 의하면 거기에는 더 긴 읽기인 "이방인들의 무리(πλῆθους) 앞에서"로 되어 있다.
20) 1막 2장 97행이하.
21) Anaxilas, "The Harp-maker"에 인용되어 있는 Deipnosophists xii. 548c. Plutarch, Table-Talk vii. 5. 706e. Clement of Alexandria, Stromateis v. 242. 45. 2.

된 긴 파피루스와 같이 알파벳 철자와 식(式)이 들어있는 문서들 또는 조그만 원통에 감겨 있거나 사람들의 목에 걸고 다녔던 금합(金盒)에 들어있는 조그만 부적(符籍)(크리스마스 폭죽에 쓰여진 글귀처럼)에서 흔히 발견된다는 사실에서 알 수 있다.[22] 프린스턴 대학이 소장하고 있는 파피루스 중에 있는 한 부적은 특별한 모양으로 배열된 일련의 기묘한 글자들로 시작한다.

ZAGOUREPAGOURE
AGOUREPAGOUR
GOUREPAGOU
OUREPAGO
UREPAG
REPA
EP
E

— 그 다음에는 기원(祈願)이 나온다. "최고의 선한 천사들이여 지혜(Sophia)의 아들을 사로잡고 있는 열병에서 그를 구하소서. 바로 이 날, 바로 이 시간, 바로 지금, 속히 속히."[23] 부적의 처음에 나오는 주의깊게 배열된 모양은 어떤 신이나 마귀의 이름을 나타내려고 한 것으로 보인다. 심오한 마술에 사용한 파피루스는 실제로 존재하거나 상상으로 생각해낸 신의 이름들로 가득 차 있다. 이 문서들은 근동 전역에서 우리에게 전해져 내려오지만, 에베소는 그러한 것들로 특히 유명했다.

이러한 상황에서 사람들이 바울을 이런 종류의 마술을 하는 마법사로 여겼다는 것은 그리 이상한 일이 아니었다. 사람들은 바울이 장막 짓는 일을 하면서 사용하던 손수건과 앞치마를 가져다가 여러 가지 병에 걸린 사람이나 귀신들린 사람들에게 얹었는데 실제로 신기하리만치 효험이 있었다. 물론 천이나 가죽 조각이 효험이 있었던 것이 아니라 그것들을 치료약으로 사용했던 사람들의 믿음이 그러한 효력을 낳았던 것이다. 어떤 사람들은 바울의 입에 그토록 자주 오르내리는 예수의 이름을 효력 있는 주문으로 생각해서 그 이름을 빌어 그렇게 해보려고도 하였다. 파리에 소장되어 있는 마술에 사용하는 파피루스에는 "히브리의 신 예수의 이름으로 엄히 명하노라"는 주문이 들어있는데[24], 우리는 신의 이름인 사바옷(S-

---

22) 그러한 문서들의 모음집으로는 K. Preisendanz, *Papyri Graecae Magicae*, i-ii(Leipzig, 1928-31)를 참조하라.
23) B. M. Metzger가 편집한 *Papyri in the Princeton University Collections*, ed. A. C. Johnson and S. P. Goodrich, iii(Princeton, 1942) 159, pp. 78 f 그가 이것을 알기 쉽게 써놓은 "St. Paul and the Magicians", *Princeton Seminary Bulletin* 38(1944), pp. 27 ff. 에서 그는 이 부적을 "바울이 에베소에서 본 바로 그 마술의 직접적인 표본"이라고 설명한다.
24) Preisendanz, *Papyri Graecae Magicae*, i, P IV(Pap. Bibl, Nat. suppl. gr. 574), lines 3018 f.

abaoth), 야오(Iao), 야베(Iabe)를 비롯한 여러 유대인 이름들을 비슷한 용도로 사용하였다는 증거를 갖고 있다.

여기서 마지막 두 이름은 입에 올리기도 황송한 이스라엘 하나님의 이름을 재현하려고 한 것이다. 모든 마술에서는 그 발음을 아는 사람이 거의 없거나 비록 안다고 해도 그 이름을 입에 올리는 것이 금지된 이름은 대단한 능력을 가진 이름으로 취급했다. 이 신비한 이름을 소유하고 있는 몇 안 되는 사람들 가운데 한 사람은 유대의 대제사장이라고 사람들은 믿었다. 대제사장은 일년에 한 번 예루살렘 성전 뜰에서 거행되는 속죄일에 속죄양의 머리에 안수함으로써 백성들의 죄를 속죄하는 의식을 행할 때 그 이름을 불렀기 때문이다.[25] 그러므로 떠돌아다니면서 마술을 행하는 몇몇 유대인들이 대제사장 가문의 일원이라고 자처했다는 것은 어쩌면 당연했으리라. 누가는 "유대의 한 제사장" 스게와(Sceva)의 일곱 아들이 "내가 바울의 전파하는 예수를 빙자하여 너희를 명하노라"는 말로써 악귀를 쫓아내려고 하였다(행19:13 이하). 그러나 악귀들린 사람이 그들에게 너무도 사납게 덤벼들었기 때문에 그들은 목숨을 부지하여 도망한 것을 다행으로 여겨야 했다. 사람들의 눈에는 이 사건은 예수의 이름에 권능이 있다는 인식을 강화하는 역할만을 했다. 그 이름은 그 이름을 올바로 사용하는 방법을 모르는 사람들이 주문으로 사용하기에는 너무나 위험스러운 이름이었다. 이 사건이 누가의 이야기에 나오는 다른 어떤 성읍에서 일어났다면 에베소에서 일어난 것처럼 그렇게 자연스러워 보이지 않았을 것이다.

그러나 예수의 이름에 권능이 있다는 것은 마술을 행하던 몇몇 사람들이 기독교로 개종하고 마술을 포기한 사건이 일어남으로써 바울이 원하던 방향으로 진행되었다. 그들은 자신들의 비밀스런 주문들을 대중 앞에서 공표하고(이렇게 함으로써 그들은 마술의 능력을 빼앗기게 된다) 오만 드라크마에 상당하다고 평가된 그들의 파피루스 두루마리를 불태움으로써 자신들의 변화를 실제적으로 증거했다.

④ **연극장에서의 시위(示威).** 누가가 보도하는 모든 에베소 사건들 가운데서 가장 생생한 것은 이 성읍의 연극장에서 일어난 소요에 대한 묘사이다. 바울의 복음전도 활동이 성공한다는 것은 큰 여신 아데미를 숭배하는 사람들의 수가 줄어들고 이에 따라 주로 아데미 제의와 관련된 집기를 만들어 팔았던 직공들의 수입이 감소한다는 것을 뜻했다. 이 직공들 가운데서 은장색들이 지도적인 위치를 차지하고 있었다. 에베소의 은장색 조합의 조합장인 데메드리오(Demetrius)는 동업자들의 모임을 소집하여 그들 앞에서 종교적이고 경제적인 측면에서 현재 벌어지고 있는 상황의 심각성을 얘기했다. 누가는 데메드리오와 그의 동업자들은 "아데미의 은감실" — 벽감(壁龕)에 놓는, 이 여신(아마도 그가 데리고 있는 사자들과 함께)을 나타내는 모형 제단 — 을 만들어 짭짤한 수입을 올리고 있었다고 말한다. 여신을 신봉하는 자들은 이것들을 구입하여 성전에 봉헌했을 것이다. 은으로 여신상(女神像)을 복제

---

25) Mishnah *Yoma* 6:2.
26) 이 명각은 두 개의 언어(헬라어와 라틴어)로 되어 있다. A. Deissmann, *Light from the An-*

한 제품이나 흙으로 만든 신전 모형은 알려져 있지만, 은으로 만든 이런 류의 모형은 지금 남아 있지 않다. 우리가 살펴보고 있는 사건이 일어난 때보다 50년 후인 주후 104년의 한 명각(銘刻)을 보면 로마의 한 관원이 은으로 만든 아데미 상(像)과 다른 상들을 기증하여 연극장에 세워놓도록 하였다는 것을 알 수 있다.[26] 데메드리오에 관하여 사용한 누가의 표현은 '네오포이오스'(문자저으로 "성감(聖龕)을 만드는 자")라는 명칭과 유사하나. 이 명칭은 신전 제구실(祭具室)에 속한 사람(열두 사람으로 이루어졌던 것 같다)에 대하여 사용되었다.[27] 그러므로 데메드리오는 그 지방의 은장색 조합의 조합장이면서 동시에 여신의 신전 제구(祭具)를 담당하는 사람들 가운데 한 사람이었을 것이다.

이 낯선 전도자가 큰 여신을 모욕하는 데 화가 난 은장색들과 그 동업자들은 제의에 사용하는 "크다 에베소 사람의 아데미여"라는 환호를 계속해서 연호했다.[28] 많은 사람들이 분노하여 연극장으로 달려가서 시위를 벌였다. 그들은 바울의 동료인 가이오와 아리스다고 (Aristarchus)를 잡아가지고 연극장으로 끌고갔다.[29] 바울도 거기 가서 군중들을 진정시키는 데 자기가 할 수 있는 것을 하려고 하였으나, 에베소의 아시아 관원들(Asiarchs) 가운데 그에게 호감을 가지고 있었던 몇몇 사람들이 그렇게 하지 말라고 바울을 말렸다.

에베소의 유대인들은 사태의 진전을 보고 매우 불안을 느꼈다. 그들은 바울의 행동에 아무런 책임도 없었지만, 그들이 아데미를 숭배하지 않는다는 것은 잘 알려진 일이었고 더구나 바울은 누가 보아도 분명한 유대인이었기 때문에, 아데미를 옹호하는 시위는 반(反)셈족 감정으로 발전하여 폭동이 일어날 수도 있었기 때문이다. 유대인 공동체의 지도급 인사인 알렉산더(Alexander)는 군중들의 주의를 끌어모아서 자기들의 공동체는 바울 및 다른 전도자들과 아무 상관이 없다는 것을 밝히려 하였다. 그러나 그가 유대인이라는 것을 알아차린 군중들은 그에게 야유를 보내며 "크다 에베소 사람의 아데미여"라는 환호를 두 시간 동안이나 계속 연호했다.

마침내 이 성의 서기장이 크게 놀라서 무리를 진정시키고 에베소 사람들에게 그들의 불법 집회가 매우 심각한 결과를 가져올 수도 있다고 경고를 했다. 로마의 속주 행정관청이 이러한 행동을 용납하지 않고 그들로부터 자치권을 박탈할지도 모른다. 큰 여신의 영예와 명성이 당장 위험에 처한 것도 아니고, 너희들이 분노하는 대상인 이 사람들이 여신을 훼방한 것도 아니다. 바울이나 다른 사람들을 고소할 일이 있다면 정식 재판에서 하도록 하라. 이 성에 관계된 문제들은 이와 같은 불법 집회가 아니라 정식으로 민회(民會, 에클레시아)에서 다루어야 한다(정규적인 민회가 이 연극장에서 열렸다는 것은 위에서 말한 주후 104

---

    cient East, E. T. (London, ² 1927), pp. 112 f.를 보라.
27) E. L. Hicks, "Demetrius the Silversmith. An Ephesian Study", Expositor, series 4, 1 (1890) pp. 401 ff.를 참조하라.
28) 서방 본문에는 그들이 "광장으로 달려가서" 거기서 제의 때 사용하는 환호를 질렀다고 되어 있다.
29) '마케도나스(Μακεδόνας)'의 마지막 글자가 '쉰에크데무스(συνεκδήμους)'의 처음 글자 앞에서 중복하여 필사한 것이라면, 아마도 더베의 가이오와 데살로니가의 아리스다고일 것이다(행19:29).

년의 명각(銘刻)을 보면 알 수 있다. 왜냐하면 민회가 모이는 동안에 은으로 만든 아데미 상(像)과 다른 조각물들이 거기에 설치되었기 때문이다.[30] 서기장은 이 문제에 관여할 명분이 있었다. 그는 "아마도 이 성에서 가장 영향력 있는 인물"이었고, 바로 그러한 이유로 로마인들은 그에게 시민들의 행동에 대하여 특별한 책임을 물었을 것이다.

3. 에베소에서 겪은 위험들

누가의 기록을 보면 이 성의 서기장의 강력한 개입으로 걱정했던 것보다는 훨씬 더 조용하게 마무리되긴 했지만, 이 사건은 바울에게 위기였을 것이다. 바울의 친구인 가이오와 아리스다고는 사람들에 의해 거칠게 다루어진 것을 빼고는 거의 다치지 않았던 듯하다 ─ 바울이 아리스다고를 "나와 함께 갇힌 아리스다고"(골4:10)라고 묘사하는 데서 이 당시에(아마도 바울의 일행 중에 있었던) 아리스다고가 한 동안 감옥에 갇혀 있었다고 생각하는 학자들이 있는데 이러한 추론은 쓸데없는 것이다. 그러나 바울이 이 사건에서 심각하게 위험에 처해 있지 않았다면, 이 기간 동안에 그의 생명을 위태롭게 했던 다른 사건들이 있었을 것이다. 예를 들면, 고린도 교회의 지식인들과 논쟁하면서 바울은 "내가 범인처럼(humanly speaking) 에베소에서 맹수로 더불어 싸웠으면 내게 무슨 유익이 있느뇨"(고전15:32)라고 반문한다. 여기서 "범인처럼"이란 말은 "비유적으로 말하면"이란 말과 같은 뜻으로서 그가 맹수와 싸웠다는 말은 문자적으로 해석해서는 안 된다 [주후 2세기 바울행전(Acts of Paul)의 저자는 이 말을 문자적으로 해석하여 바울이 이전에 잘 알고 지냈으며 세례까지 준(!) 사자와 투기장에서 맞붙어 싸우는 멋진 이야기를 들려주고 있지만).[32]

그러나 이 말이 비유라면, 이 비유는 어떤 종류의 체험을 나타내고 있을까? 그런데 나중에 바울은 고린도후서 1:8-10에서 아시아 지방에서 최근에 생명이 위태로운 사건을 겪었던 적이 있다고 말한다. 죽음은 눈앞에 닥쳤고 피할 수 없는 것으로 보였다. 그런데도 그가 피할 수 있었을 때, 그는 자기가 이 위기를 모면한 것은 "죽은 자를 다시 살리시는 하나님"이 행하신 기적으로 알고 감사했다. 이 위기가 거의 살아날 가망이 없는 질병이었을 가능성이

---

30) 318쪽 주 26을 보라.
31) W. M. Ramsay, HDB i. p. 723(s. v. "Ephesus").
32) New Testament Apocrypha, E. T., ed. E. Hennecke, W. Schneemelcher, R. McL. Wilson, ii(London, 1965), pp. 370-373을 참조하라. 어떤 학자들은 로마 시민은 사자 우리에 던져지는 형을 받을 수 없다고 주장하는데 이는 절대적으로 옳은 말은 아니다. 이례적으로 중대한 범죄를 저질렀을 때에는 시민일지라도 그러한 형을 종종 받았다. 그러나 그러한 판결을 받게 되면 이미 그는 시민권을 상실하기 때문에, 엄밀히 말해서 로마 시민은 사자 우리에 던져질 수 없었다. (Digest xxviii, 1. 8. 4). 502쪽을 보라.
33) C. H. Dodd, "The Mind of Paul. I" in New Testament Studies(Manchester, 1953), p. 68.

있다.[33] 하지만 이 위기가 사람들의 적대적인 행위였을 가능성이 더 높으며, 여러 가지 형편상 자세한 내용을 서신에 쓰는 것이 바람직하지 못했던 것 같다.

이러한 맥락에서 그 속주에서의 정치적인 사건들이 어느 정도 이 위기와 관련되어 있을 것이라고 추측할 수 있겠다. 네로가 그의 양부(養父)인 글라우디오의 뒤를 이어 즉위했을 당시(주후 54년 10월 13일) 아시아의 총독은 혼맥을 통하여 황가(皇家)와 연결되어 있던 로마의 유명한 가문의 일원인 마르쿠스 유니우스 실라누스(Marcus Junius Silanus)였다. 실라누스는 새로운 원수(元首) 치하에서 최초의 희생자가 되었다. 네로의 어머니인 아그립피나(Agrippina)가 그를 투옥시켰기 때문이다. 이 일은 네로가 알고 있었거나 승인하지 않은 상태에서 일어났다. 그러나 아그립피나는 실라누스 가문에 원한을 품고 있었고 실라누스를 처치할 기회를 일찍부터 찾고 있었다. 더욱이 실라누스는 네로와 마찬가지로 아구스도의 4대손이었으므로 네로가 직접적인 후계자가 아니었기 때문에 [글라우디오의 아들인 브리타니쿠스(Britannicus)가 우선권을 가지고 있었다], 백성들 사이에는 실라누스가 황제가 되는 것이 더 옳은 일이라는 불평이 있었다.[34]

아그립피나는 실라누스를 제거하는 임무를 아시아 속주에서 제국의 행정 업무를 담당하는 두 사람 — 기사 계급의 관원인 푸블리우스 켈러(Publius Celer)와 자유민인 헬리우스(Helius), 이들은 이후에 점점 더 영향력 있는 인물이 되었다 — 에게 맡겼다.[35] 에베소 성의 서기장은 연극장에 모인 시위대들에게 바울이나 그의 일행들을 어떤 구체적인 죄명으로 송사할 것이 있으면 재판을 이용하라고 말하면서 "총독들도 있으니"(행19:38)라고 덧붙였다. 아시아의 총독은 속주의 재판을 주재(主宰)했다. 그러나 왜 서기장은 "총독들"이라고 복수형으로 말했을까? 한 가지 가능성은 이 사건이 실라누스가 살해되고 후임자가 도착하기 전에 일어났다는 것이다. 서기장은 켈러와 헬리우스가 총독의 유고기간 동안에 총독의 몇몇 직무를 수행했다 할지라도 그들을 총독들이라고 말했을 가능성은 희박하다. 뚜렷한 한 명의 총독이 없는 상황에서 그는 "총독들과 같은 그러한 사람들이 있다"(NEB)는 의미로 복수형을 사용했을 것이다.

실라누스는 바울과 친분을 맺었었고 아마도 바울이 신전 물건을 훔친 죄명으로 기소되었을 때 그를 석방했을 것인데 이러한 일이 실라누스의 몰락 이후에는 바울에게 불리한 사실로 작용했다는 설명이 제기되어 왔다. 그러나 왜 바울이 신전 물건의 절도죄로 기소되었는가? 에베소와 다른 아시아 성읍들에 있는 유대인 공동체들의 지도자들은 바울이 예루살렘 교회를 위해 구제기금을 모으는 것을 예루살렘 성전의 유지를 위해 매년 걷는 성전세의 징

---

34) Tacitus, *Annals* xiii. 1. 1-3. Dio Cassius, *History* lxi, 6. 4 f.
35) 켈러는 주후 57년 아시아 속주에서 착취를 한 죄로 기소되었으나 네로는 그에게 형을 선고하는 것을 막았다(Tacitus, *Annals* xiii. 33. 1 f.). 헬리우스에게는 네로가 헬라를 여행하는 동안(주후 66-68년) 로마와 이탈리아에 맡겨졌고 후에는 갈바에 의해 처형당하였다(Suetonius, *Life of Nero* 23. 1. Dio Cassius, *History*(Epitome lxiv. 3. 4).

수에 방해가 된다고 생각했던 것 같다는 설명이 있어 왔다.[36] 로마법은 이 성전세의 징수와 그렇게 걷은 돈을 유대 땅으로 보내는 것을 특별히 인정하고 있었다. 실제로, 전하는 바에 의하면 약 1세기 전에 바로 이 아시아 속주에서 로마의 총독(governor) 루키우스 발레리우스 플락쿠스(Lucius Valerius Flaccus)는 이 성전세를 유대로 보내는 것을 막았다고 하여 이것 및 다른 공공자금 유용 혐의로 주전 59년 로마에서 재판을 받아야 했다.[37]

그러나 성전세는 유대인 공동체들로부터 걷었다. 바울의 구제기금은 이방 교회들의 연보금으로 충당되었다. 그럴지라도 바울의 이방인 신자들은 유대교로 개종할 가능성이 있는 사람들이었으며 따라서 성전세를 바칠 잠재적인 인원이기 때문에 그들을 유대교로 개종하여 예루살렘 성전의 유지에 기여하는 것을 막음으로써 바울은 결과적으로 예루살렘 성전의 물건을 도적질하고 있는 것이라는 주장이 나올 수 있었다. 이러한 고소가 바울이 그 다음에 예루살렘을 방문했을 때 그에게 덮씌워진 성전 모독죄라는 일반적인 죄명에 포함되어 있었고,[38] 그의 사건이 황제의 관할로 이송되었을 때 로마에서도 이 문제가 거론되었다면, 예루살렘 기금이 바울의 선교 전략에서 중요한 역할을 했음에도 불구하고 누가가 그것을 분명하게 언급하지 않은 데 대한 강력한 해명이 될 수 있었을 것이다[39] (에베소 성의 서기장이 연극장에 모인 군중들에게 바울과 그의 친구들이 어떠한 모독도 저지르지 않았다고 역설했을 때, 그가 사용한 '모독'이란 말은 문자적으로 "신전 물건을 도적질하는 것"을 뜻했다.[40] 그러나 이 말의 정확한 의미가 무엇이든지 그것은 아데미 신전과 제의만을 가리켰을 뿐이므로 현재의 문제와는 아무런 상관도 없다). 만약 "성전 물건을 도적질한 죄"라는 죄명으로 바울이 고소되었다면, 그것은 에베소의 유대인들에 의해서 주도되었을 것이다.

바울은 고린도에 보내는 서신 가운데서 에베소에서 복음 증거를 위한 기회가 넓게 열린 동시에 "대적하는 자가 많았다"(고전16:9)고 말한다. 이 "대적하는 자들" 가운데 몇몇은 그 지방의 유대인 공동체에서 세력있는 사람들이었다는 암시들이 여기저기 있다. 에베소에서 떠난 지, 일이 년 후 바울이 에게해에서 팔레스틴으로 마지막 여행을 떠났던 이 부재기간 동안에 에베소 교회를 지도했던 지도자들에게 말할 기회를 가졌을 때, 그는 그들에게 자기가 그 성에서 "유대인의 간계를 인하여"(행20:19) 겪었던 시련들을 상기시켰다. 이러한 이야기를 전해주고 있는 누가는 아마도 그 모임에 참석해서 바울이 말한 것을 들었을 것이다. 누가는 또 우리에게 바울이 예루살렘을 마지막 방문한 동안에 린치를 당할 뻔 했는데 이때 그에게 야유와 고함을 질렀던 사람들은 오순절을 맞아 "아시아로부터 온 유대인들"(행21:

---

37) Cicero, *Pro Flacco* 66 ff.; 속주의 유대인들(*inter alia*)이 예루살렘으로 돈을 보내는 것을 허가한 아구스도의 칙령(주전 12년)에 대해서는 Josephus, *Ant.* xvi. 162-165를 참조하라.
38) 383쪽을 보라.
39) 사도행전 24:17에 나오는 "구제할 것과 제물"에 대한 언급에 관해서는 372, 384 쪽을 보라.
40) 그는 "전각의 물건을 도적질(ἱερόσυλοι)하지도 아니하였고 우리 여신을 훼방하지도 아니한 이 사람들"이라고 말한다(행19:37).

27이하)이었다는 사실을 알려준다. 디모데후서 4:14에 나오는, 바울에게 "해를 많이 보인" 구리장색 알렉산더는 연극장에 모인 시위대들에게 에베소의 유대인 공동체와 바울은 전혀 관계가 없음을 설득하려고 했던 알렉산더와 동일 인물일 것이다. "해를 많이 보인" 곳이 에베소였는지 아니면 다른 곳이었는지는 분명치 않다. (이를테면 그는 예루살렘에서 바울을 둘러싸고 소동을 일으켰던 아시아로부터 온 유대인들의 시도사였는가?)[41]

만약 ― '만약'이라는 말을 주의하라 ― 바울이 유니우스 실라누스 앞에서 이 사건에 대하여 심문을 받고 석방되었다면, 바울의 대적들은 실라누스가 제거되었을 때 좋은 기회가 왔다고 판단했을 것이다. 이들이 두번째 시도에서 바울에 대한 유죄판결을 얻어냈다면, 바울은 자기가 아시아에서 겪었다고 말하는 "살 소망까지 끊어진" 위기 ― 살아나올 수 있다고 스스로 생각하지도 못했던 위기―에 빠졌을 것이다. 바울이 실라누스에 의해 보호를 받았다는 것이 로마에 알려져 있었다면, 로마 시민이라는 자신의 법적인 권리에 호소하는 것은 이 상황에서는 더욱 더 확실하게 자신의 운명을 결정짓는 것이었다. 그러나 이 모든 것은 가정에 불과하다.

로마서 16:4에 나오듯이 브리스길라와 아굴라가 "자기의 목이라도 내어 놓았던" 때는 아마도 바울이 에베소에서 사역하고 있는 때였을 가능성이 높다. 이 사건에 대한 바울의 언급은 너무도 간략하고 모호해서(원래의 독자들에게는 어떠했는지 모르지만 우리에게는) 감질나게 하는 것이다. 그러나 분명한 것은 바울의 생명이 풍전등화의 운명에 있었고 그의 두 친구들은 바울을 돕기 위하여 자신의 목숨을 걸었던 사건이 있었다는 것이다. 이와 동일한 문맥에서(롬16:7) 바울은 사도들 가운데서 유명했던 안드로니고(Andronicus)와 유니아(Junias, 만약 여자라면 Junia)를 "나와 함께 갇혔던 자들"이라고 말한다. 그들은 에베소가 아니라면 그 어디에서 언제 바울과 함께 감옥에 같이 갇혔었다는 말인가?[42]

4. 에베소의 감옥생활

이것은 바울이 에베소에서 사역하면서 얼마 동안이나 감옥생활을 했느냐라는 훨씬 더 구체적인 질문을 던지게 만든다. 에베소 사역을 끝마친 직후에 쓴 고린도후서 11:23-27에서 지금까지 사도직을 수행하는 가운데 겪은 역경들과 위험들을 열거하는 바울의 말 속에는 "옥에 갇히기도 더 많이 하고"라는 말이 포함되어 있다. 이 목록에 있는 다른 많은 것들과 마찬가지로 이 옥에 갇힌 사건들은 우리로 하여금 바울이 겪은 일에 관하여 우리가 얼마만

---

41) 디모데전서 1:20의 알렉산더는 배교자(또는 적어도 도덕 폐기론자) 기독교인이었던 듯하며 그러므로 사도행전 19:33의 알렉산더와는 다른 인물이다.
42) 이 감옥생활은 주후 57년 이전에 있었던 일임에 틀림없다. 골로새서 4:10에 따르면 아리스다고가 바울과 함께 감옥생활을 한 것은 그 이후의 시기에 속했을 것이다("나와 함께 갇힌"이라는 어구를 문자적으로 해석하는 것이 타당하다면). 387쪽을 보라.

큼 잘 모르고 있는가를 절실하게 느끼게 해준다. 이에 대하여 사도행전은 에베소 사역 시기 이전에 바울이 옥에 갇혔던 한 사건만을 유일하게 언급한다. 그것은 바울과 실라가 빌립보 성의 감옥에 한 밤 동안 갇혀 있었던 사건이었다. 우리는 바울이 에베소에서 옥에 갇혔었다는 직접적인 증거를 갖고 있지 않지만, 그랬을 가능성은 배제할 수 없다. 코레수스 [Coressus, 지금의 뷜뷜다우(Bülbüldag)] 산의 돌출부에 있는 성 바울 감옥(St. Paul's Prison)이라 불리는 탑은 그러한 명칭으로 불릴 만한 어떠한 근거도 없지만, 그럼에도 불구하고 바울이 에베소에서 감옥에 갇힌 적이 있다는 어떤 전승을 보여주는 듯하다. 하지만 우리는 그 전승이 어느 시기의 것인지는 확인할 수 없다. 또한 그러한 전승은 에베소에서 옥에 갇혀 있을 때 사도가 쓴 것이라고 하고 있는 골로새서에 대한 마르키온주의자의 서문의 끝부분에 있는 주석에서도 찾아볼 수 있는데, 이것은 종이 조각에 지나지 않는다.[43] 이와 짝을 이루고 있는 빌레몬서에 대한 마르키온주의자의 서문은 그 서신이 로마에서 쓴 것이라고 하고 있다. 하지만 빌레몬서와 골로새서는 분명히 한 장소에서 같은 시기에 함께 보내졌다.

몇몇 학자들은 바울이 에베소에서 한 번 이상 감옥생활을 했다는 이론을 지난 세기 동안 주장해왔는데, 그들은 그러한 전제 위에서 바울의 "옥중서신들"을 이해하는 것을 당연하게 생각했다.[44] 예를 들면, 던칸(G. S. Duncan)은 실라누스가 바울을 석방하기 이전의 짧은 감옥 생활 동안에 빌립보서가 쓰여졌다고 했으며,[45] 해리슨(P. H. Harrison)은 빌레몬서와 골로새서(또는 적어도 그가 진정성이 있다고 본 핵심적인 내용)가 "바울을 광신적인 유대인들로부터 보호하고 소동을 가라앉히려고 호의적인 아시아 관원들이 바울을 집에 연금해 놓고 있던 짧은 시기 동안에" 쓰여졌다고 했다.[46] 이러한 연대 추정 특히 후자의 추정은 극히 의심스럽다.

우리가 가진 자료가 부족한 데서 오는 이 모든 불확실한 내용들에도 불구하고, 우리는 아시아 지방의 선교 활동은 바울의 선교 여정 가운데서 가장 열매있는 사역들 중의 하나였으며 이 기간 동안에 겪은 여러 가지 사건들 — 특히 생명을 잃을 뻔 하였다가 예기치 않게 구출된 사건 — 은 바울의 내면 생활에 심원한 영향을 미쳤다고 말할 수 있겠다.

---

43) A. von Harnack은 '압 에페소'("에베소로부터")는 '페르 에파프람'("에바브라에 의해")이 훼손된 것이라는 의견을 제시했다 [The Origin of the New Testament, E. T.(London, 1925), p. 168].
44) 예를 들면, H. Lisco, Vincula Sanctorum(Berlin, 1900). A. Deissmann, "Zur ephesinischen Gefangenschaft des Apostels Paulus" in Anatolian Studies presented to Sir W. M. Ramsay, ed. W. H. Buckler and W. M. Calder(Manchester, 1923), pp. 121 ff., and Paul, E. T.(London, 1926), pp. 16 ff.. W. Michaelis, Die Gefangenschaft des Paulus in Ephesus(Gütersloh, 1925), and Einleitung in das Neue Testament(Bern, 1946), pp. 205 ff.; G. S. Duncan, St. Paul's Ephesian Ministry(London, 1929). M. Dibelius, Paul, E. T.(London, 1953), p. 81.
45) G. S. Duncan, St. Paul's Ephesian Ministry, pp. 106, 108-111.
46) P. N. Harrison, Paulines and Pastorals(London, 1964), p. 75. 441쪽을 보라.

제 27 장

바울과 내세(來世)

1. 내세 사상의 배경

바울이 에베소 사역의 말기에 죽을 뻔하다가 거의 기적적으로 살아나면서 겪은 영적인 위기를 20세기의 가장 위대한 신약학자들 가운데 한 사람은 "일종의 두번째 회심으로" 묘사했다. 이 견해를 밑받침하는 증거로서 이 위기를 겪은 후에 쓰여진 서신들에서는 "기질의 변화"가 엿보인다는 점이 지적되고 있다. 논쟁들은 더 관대한 마음으로 행해지고, 사도로서의 자신의 역경들을 더 기꺼이 받아들이며, 가족 생활의 가치들을 더 인정하며 "화해 사상에 대한 줄기찬 강조"를 행하고 있다.[1] 이 위기를 겪기 전에 가졌던 삶에 대한 바울의 태도와 위기를 겪은 후의 태도를 명확하게 구분하기는 거의 불가능하다. 고린도후서 10-13장("고린도 E서")이 1-9장("고린도 D서")보다 나중에 쓰여졌다는 주장을 우리가 여전히 견지한다면, 바울은 "두번째 회심" 후에 대단히 날카롭고 풍자적인 논쟁을 할 수 있었다고 해야 한다.

그런데도 바울의 영적인 발전을 폭넓은 관점에서 보면 이 주장은 대체적으로 올바르다고 하겠다. 바울의 사상에서 이 위기를 겪은 후 그 변화의 흔적을 특히 분명하게 보여주고 있는 한 영역이 있다 — 그것은 내세에 관한 사상이다.

---

1) C. H. Dodd, "The Mind of Paul. I", *New Testament Studies*(Manchester, 1953), p. 81. 418쪽을 보라.

바울이 회심하기 전에 어떠한 내세관을 갖고 있었는지를 극명하게 확정해 보일 수는 없다. 당시의 유대교에서는 이 분야에 있어 상당히 폭넓은 여러 가지 견해들 — 우리가 보통 생각하는 것보다 훨씬 더 다양한 의견들 — 이 유포되어 있었다. 주전 200년과 주후 100년 사이의 기간에 쓰여진 유대 문헌에서 이 문제를 어떻게 다루었는가에 대하여 어떤 학자는 이렇게 말하고 있다.

> 몸의 부활은 없고 영혼만이 불멸한다고 말한 글은 몸의 부활을 분명하게 말하고 있는 글과 마찬가지로 당시에 아주 흔했고, 죽음 후에 몸 없이 영혼만 살아남는다는 말들과 몸이 어떻게 되는지에 관하여는 분명히 언급하지 않고 부활을 애기하는 글들은 비슷비슷한 비율을 차지했다.[2]

바울이 바리새인들 가운데 널리 유포되어 있었던 장래의 몸의 부활에 관한 신념을 물려받았다는 것은 분명하다. 하지만 주후 1세기 초 바리새인들의 부활 교리가 통일되어 있었다거나 그러한 것을 후대의 랍비 가르침에서 아주 손쉽게 추론해 낼 수 있다고 너무 안이하게 생각하지 않아야 한다. 부활에 관한 신념은 바리새인들과 사두개인들의 주요한 신학적 차이 가운데 하나였던 것으로 보인다.[3] 사도행전에는 바울이 예루살렘에서 체포되어 산헤드린 앞에 섰을 때 바리새인으로 태어나서 바리새인으로 양육받은 자로서 자기가 "죽은 자의 소망 곧 부활"(행23:6)을 인하여 심문을 받고 있다고 밝힘으로써 산헤드린의 회원들 가운데 분쟁의 씨를 던지는 장면이 나온다. 더욱 더 분명한 것은 바울은 벨릭스(Felix) 앞에서 자기를 고소한 자들 — 물론 자기를 고소한 '바리새인들' — 이 가진 소망 즉 "의인과 악인의 부활이 있으리라"(행24:15)는 소망을 가졌다고 밝혔던 것으로 전한다. 그런데 바울 서신들에는 악인의 부활에 대한 명확한 언급이 없다는 것은 묘한 — 비록 우연한 일이겠지만 — 일이다.

두 종류의 부활은 다니엘서 12:2에서 처음으로 확증되고 있다고 한다 — "땅의 티끌 가운데서 자는 자 중에 많이 깨어 영생을 얻는 자도 있겠고 수욕을 받아서 무궁히 부끄러움을 입을 자도 있을 것이며". 그러나 이 말씀을 달리 번역할 수도 있다. "땅의 티끌 가운데서 자는 자 중에 많이 깨어 이들은 영생을 누리겠지만 다른 이들(깨지 않은 나머지 사람들)은 무궁히 부끄러움을 입을 것이다"[4](참조, 잠언 10:7, "의인을 기념할 때에는 칭찬하거니와

---

2) M. J. Harris, "Resurrection and Immortality. Eight Theses" *Themelios*, n.s.1(1975-76), p. 52에 인용된 H. C. C. Cavallin, *Life after Death:Paul's Argument for the Resurrection of the Dead in 1 Corinthians 15*, Part 1(Lund, 1974), p. 200. 참조. G. W. E. Nickelsburg, *Resurrection, Immortality and Eternal Life in Intertestamental Judaism*(Harvard Theological Studies 26, 1972). M. Hengel, *Judaism and Hellenism* E.T.,i(London, 1974), pp. 196-202.
3) 참조, 막 12:18 이하.
4) S. P. Tregelles, *Remarks on the Prophetic Visions of the Book of Daniel*(London,

악인의 이름은 썩으리라").

바리새인들의 가르침에 대한 요세푸스의 설명은 내부적인 정보를 바탕으로 하고 있지만, 그 설명은 바리새인의 가르침을 헬라인의 관점으로 동화시키려는 그의 열심 때문에 왜곡되어 있다. 특히「고대사」(Antiquities) xviii. 14에는 이렇게 쓰여있다. "그들은 영혼은 죽음 이후에도 살아남는 힘을 가지고 있으며 선한 삶을 살았던 사람들이나 악한 삶을 살았던 사람들에게는 땅 밑에서 상과 벌이 있다고 믿는다. 악한 영혼은 영원히 옥에 갇히는 운명에 처하게 되고 선한 영혼은 새로운 삶으로 쉽게 옮겨간다." 여기에 있는 그 어떤 내용도 플라톤주의자의 신경을 건드리지 않을 것이다.

이전 저작인「유대 전쟁」(Jewish War)에서 요세푸스는 부활에 관한 바리새인들의 신념을 더 분명하게 언급했었다. "그들은 모든 영혼은 썩지 않는데 의인의 영혼만이 '또 다른 몸'을 입게 되고 악인의 영혼들은 영벌(永罰)에 처해질 것이라고 주장한다."[5] 여기서는 의인만이 몸의 부활을 한다고 생각하는 것 같다 — 이에 대해 잘 모르는 헬라인이나 로마인 독자들은 당연히 요세푸스의 말이 윤회에 대한 신념을 이야기하는 것으로 받아들였을 것이다. 요세푸스가 로마인들의 손에 잡히기보다는 차라리 자결하겠다고 하는 요타파타(Jotapata)의 동료들을 그러지 말라고 설득하는 장면이 나오는「유대 전쟁」의 어떤 부분에서 바리새인들의 신념은 새롭게 표현된다. "자연의 법 '자살은 이를 깨는 것이다'에 따라서 이 세상을 떠나는 사람들은 영원한 명성을 얻는다 흠없고 순종 잘하는 영혼들은 시대가 변혁되면 순수한 몸으로 새 거처를 찾기 위하여 영혼들이 돌아갈 하늘에서 가장 거룩한 처소를 차지하게 될 것이다."[6]

주전 1-2세기에 경건한 유대인들이 가졌던 여러 가지 다양한 대망(待望)들은 신구약 중간시대의 문헌에 잘 나타나 있다. 벤 시라(Ben Sira)는 선한 사람의 덕을 후손들이 닮는 것이야말로 가장 바람직한 불멸(immortality)이라고 생각한다.[7] 헬라 사상의 영향을 받은 지혜서의 저자는 영혼들 — 특히 "하나님의 손에 있는" "의인의 영혼들"이 죽음 후에도 살아 남는다는 관점에서 사고를 전개하기 때문에 어떠한 악도 영혼들에게 일어날 수 없다고 본다.[8] 마카베오 2서에 나오는 순교자들 — 구레네 야손(Jason)의 역사를 축약한 것 — 은 자기들의 절단된 손발이 회복되고 자기들이 고통당한 바로 그 몸으로 부활할 것을 기대한

---

[4]852), pp. 165 ff.; B. J. Alfrink, "L'idee de résurrection d'aprés Dan., XII, 1.2", in Studia Biblica et Orientalia i = Analecta Biblica 10(Rome, 1959), pp. 221 ff.를 참조하라. 모든 사람의 부활은 아니지만 많은 사람의 부활을 함축하고 있다고 해석하는 것이 더 일반적인 해석이다.

5) Josephus, BJ ii. 163.
6) Josephus, Bj iii. 374.
7) 참조, 집회서 44:1이하.
8) 지혜서 3:1이하.
9) 마카베오 2서 7:11.

다.⁹⁾ 마카베오 4서 — 지혜서와 마찬가지로 알렉산드리아 유대인의 저작 — 에서는 이 순교자들이 스토아 철학의 용어를 사용하여 육체적인 고통과 죽음보다 올바른 도리(Right Reason)가 우월함을 예증한다.¹⁰⁾

하지만 주전 2세기부터 에덴동산(낙원)을 죽음 후의 의인들을 위한 지복(至福)의 장소로, 힌놈의 골짜기(Gehinnom)를 죽음 후의 악인들을 위한 맹렬한 형벌의 장소로 생각하는 사상이 유대인들 가운데 널리 유포되었다 — 의심할 여지없이 이 사상은 부분적으로는 불은 최후의 심판에서 시험하는 수단이라는 이란인들의 신념으로부터 영향을 받은 것이다.¹¹⁾ 바리새 사상에서 불경건한 자들을 위한 게헨나의 불은 언제나 형벌을 뜻하는 것은 아니다. 샴마이 학파에 따르면 공로와 죄과가 비슷한 사람들은 먼저 게헨나의 불길 속에서 자신들의 죄를 깨끗이 하고서야 낙원으로 들어가야 했다.¹²⁾ 여기에는 죽음과 부활 사이에 사람이 계속해서 살아있다는 모종의 사상이 내포되어 있다.

주후 1세기 후반에 쓰여진 두 개의 유대 묵시문학에서는 죽은 자의 영혼 아니 적어도 죽은 의인의 영혼은 죽음과 부활 사이의 기간에 저장소 또는 대기소에 있게 된다고 한다.¹³⁾

쿰란 본문들은 의인의 영생과 악인의 소멸을 누차 분명하게 이야기하고 있지만 부활의 문제에 대해서는 분명한 빛을 던져주고 있지 않다. 하나님의 집에 굳게 붙어있는 자들은 "영생을 누릴 것이며 사람의 모든 영광(?사람을 위해 마련된 영광)은 그들의 것이다".¹⁴⁾ 불순종하는 자들은 "잔존하거나 살아남지 못하고" "멸하여 마치 전에 존재한 적이 없었던 것처럼 되었던" 홍수 이전의 죄인들의 운명을 똑같이 맞게 된다.¹⁶⁾ 쿰란 사람들은 하나님께서 "사람들에게 자기들이 한 대로 갚아주실" 보응(報應)의 날을 기다렸다.¹⁷⁾

하나님께서 택하신 자들은 거룩한 자들의 운명을 이어받을 것이다 — 실제로 공동 생활에서 그들은 이러한 유업을 기다렸다. 하나님께서 그들의 모임을 하늘의 자녀들과 하나되게 하셔서 이 공동체의 회의, 거룩한 건축물의 기초, 앞으로 올 모든 세월 동안 영원한 안식처로 삼으셨기 때문이다.¹⁸⁾ 그들은 "하나님의 광휘(光輝)로 장식되어 영원한 평강과 아울러 수많은 기쁨들을 영원토록 누릴 것이다".¹⁹⁾ 의인과 악인 사이의 최후의 전투가 벌어질 때,

---

10) 마카베오 4서 5:15이하.
11) *Yasna* 47:6. 51:9.
12) TB *Rosh ha-Shanah* 16b('바라이다' 즉 탄나(tanna) 시대(주후 70-200)로부터 전해온 말씀).
13) 분명히 에스라 4서 7:32, 75-101과 바룩2서 21:23에서는 모든 죽은 자들에 대하여. 바룩 2서 30:2에서는 죽은 의인들에 대하여.
14) CD 3,1.20 ["사람(히브리어로 '아담')의 영광"은 에덴에서 아담의 영광을 가리킬 수도 있다].
15) CD 2,ll.6 f.
16) CD 2,1.20.
17) 1 QS 10,1.18.
18) 1 QS 11,ll. 7-9.
19) 1 QH 13,ll. 17 f.

"하나님께 속한 사람들에게는 영원한 구원이 있을 것이고 악한 모든 열방들에게는 파멸이 있을 것이다".[20] 그러나 경건한 자들이 죽을 목숨 또는 순교자적 죽음으로부터 무한한 지복의 상태로 어떻게 옮겨 가는지는 그렇게 분명히 나와 있지 않다.

쿰란 사람들이 에세네파라는 것이 확실하다면, 우리는 영원한 지복에 대한 쿰란 사람들의 대망을, 에세네파는 肉체의 속박을 벗어나 이상향에서 최상의 행복을 누리는, 가장 깨끗한 에테르(ether, 靈氣)로 이루어진 영혼을 찾는다는 요세푸스의 말과 관련시켜 볼 수 있다.[21] 요세푸스가 묘사하는 이 이상향은 쿰란의 찬송시 가운데 하나에 의하면 경건한 자가 거처로 삼는 오아시스와 다르지 않다 ― "메마른 땅에 물이 솟는 샘 곁에 '광야에서' 물댄 동산 곁에".

> 그 누구도 생명의 샘에 (이르지 못하며)
> 영원한 나무들이 서 있는
> 거룩한 샘의 물을 마시지 못하며
> 하늘에서 (심은 것으로) 열매 맺지 못하리라
> 생명의 샘에서
> 그들은 보고도 알지 못하고
> 생각하고도 믿지 못한다.[22]

그러나 유대인의 신념과 관습을 헬라 철학의 관점에서 모양새 좋은 모습으로 변형시키는 성향으로 말미암아 요세푸스는 여기에서도 자신의 정보를 문자 그대로(au pied de la lettre) 취하지 못하고 있다. 힙폴뤼투스(Hippolytus)는 그의 저서인 「필로소푸메나」의 제9권에서 에세네파에 대해 설명하면서 대체로 요세푸스의 기사를 따르면서도 또 다른 자료를 사용해서 이렇게 말한다. 그들은 영혼의 불멸과 아울러 몸의 부활을 믿었다. 에세네파는 영혼을 멸하지 않는 존재이며 죽음 후에는 상쾌하고 빛이 잘 드는 곳에서 쉬다가 심판의 날에 부활한 몸과 다시 결합한다고 생각한다.[23] 우리는 힙폴뤼투스가 추가로 사용한 자료가 무엇인지를 알지 못하기 때문에 요세푸스의 기사와 모순되는 그의 정보를 적절하게 평가하기는 어렵지만 심판이 연기된다는 사상은 분명히 엿보인다고 하겠다.

2. 새로운 전망(展望)

---

20) 1 QM 15, ll. 1 f.
21) Josephus, *BJ* ii. 154 ff.
22) 1 QH 8, ll. 4 ff.
23) Hippolytus, *Philosophoumena* (=*Refutation of all Heresies*) ix. 18 ff.

바울이 이전에 불멸(immortality)에 대하여 어떠한 사상을 갖고 있었든지 그 사상은 바울이 기독교인으로 회심함으로써 근본적인 변화를 겪었다. 이러한 회심은 바울이 자기를 그의 사도라고 불렀던 부활하신 주님을 봄으로써 즉시 그리고 필연적으로 이루어졌다. 그가 이전에 인정하기를 거부했던 것 — 이전의 사도들이 주장했던 것처럼 십자가에 못박히신 예수께서 하나님의 권능으로 죽은 자로부터 부활하셨다는 것 — 은 이제 의심하기에는 너무도 강력한 증언으로 말미암아 바울의 마음에 깊이 새겨졌다. 그러므로 예수는 메시야, 하나님의 아들, 높이 들리우신 주님이었다 — 그러나 죽은 자로부터 예수께서 부활하심으로써 사람들이 그토록 대망했던 부활은 이제 시작되었다.

바울에게 이전에 부활 '소망'이었던 것이 이제는 예수에 관한 한 소망 이상의 것이었다. 그것은 이미 이루어진 사실(*fait accompli*)이었다. 하나님께서 예수를 죽은 자로부터 일으키셨기 때문에, 하나님께서는 적절한 과정을 거쳐 — 더 구체적으로는 예수의 파루시아, 그의 영광 중의 강림에서 — 모든 자기 백성들을 일으키실 것이 분명하였다.[24] 적어도 하나님께서는 파루시아 이전에 그들이 옛 시대의 족장들과 예언자들이거나 새 시대의 신자들이거나를 불문하고 죽은 사람들을 일으키실 것이다. 그러나 새 시대의 많은 신자들은 죽은 자로부터 일으키심을 받을 필요가 없을 것이다. 그들은 파루시아 때에 여전히 살아있을 것이기 때문이다. 지금 여기에서 새 시대의 신자들은 죽을 몸을 가지고 계속 살지만 그들은 믿음으로 말미암아 부활하신 그리스도와 하나가 되고 합체되었기 때문에 내적으로 그들은 이미 장래의 부활 생명 — 영원한 생명 — 을 미리 맛보고 누리고 있다.

이러한 그리스도와의 합체는 신자들이 받은 그리스도의 영으로 말미암은 것으로써 그의 능력으로 모든 그의 백성들은 부활하신 그리스도의 생명을 이미 나누어 받았다. 실제로 세례를 통하여 그들은 그리스도와 함께 죽고 장사된 바 되었고 그리스도와 함께 일으키심을 받았다. 그가 강림하실 때 그들은 그의 드러난 영광을 함께 누릴 것이지만, 내주하시는 성령으로 말미암아 그들은 영광의 소망을 기대하면서 지금 여기에서 그 유익을 어느 정도 누리면서 살 수 있다.[25] 그들은 단지 장래에 불멸할 것이라는 통지만을 받은 것이 아니었다. 불멸의 완전한 체험은 파루시아 때에 가능할 것이지만 그들은 이미 불멸을 맛보기 시작하고 있는 것이다. 이제 지금 여기에서 그들은 "그리스도께서 죽은 자 가운데서 사셨으매 다시 죽지 아니하시고 사망이 다시 그를 주장하지 못할 줄을 앎이로다"(롬6:9)라는 것을 알게 되었다. 그리스도에게 해당되었던 것은 그를 통하여 내세의 생명을 하나님의 선물로서 소유하게 된 그의 백성에게도 해당될 것임에 틀림없다. 그래서 바울의 논증은 이렇게 계속된다. "그리스도 예수를 죽은 자 가운데서 살리신 이가 너희 안에 거하시는 그의 영으로 말미암아 너희 죽을 몸도 살리시리라"(롬8:11).

---

24) 참조, 살전 4:14. 고전 6:14. 고후 4:14 등.
25) 참조, 롬 5:2. 6:4. 골 1:27. 2:11이하.; 3:1-4.

바울의 저작에서 인용한 이 마지막 인용문들은 바울의 이해가 완전히 성숙 단계에 이르렀다는 것을 보여준다. 그러나 우리는 이 주제에 대한 바울의 사상과 어법에서 점진적인 발전을 추적할 수 있다. 그렇지만 물론 바울의 핵심적인 신념과 가르침은 일생동안 본질적인 변화를 겪지 않았던 것으로 보인다.

우리에게 전해져 내려오는 바울의 순요한 서신들은 십년 내지 십이 년에 걸친 기간 동안에 쓰여진 것들이다. 보통 사람들에 있어서 이렇게 짧은 기간은 이러한 인생 단계에 이르른 시기에서는 거의 발전을 찾아볼 수 없는 기간일 것이지만, 이 기간 동안에 바울의 삶은 강도 높은 활동으로 꽉 차있었고 후에는 강제에 의해 활동할 수 없는 기간을 가졌던 것과 아울러 이방인들 가운데서 그리스도의 사도가 된다는 것이 무엇을 의미하는지에 대하여 점점 심화된 인식을 갖게 된 기간이었기 때문에, 그의 체험이 장래에 대한 그의 전망에 전혀 영향을 미치지 않았다고 한다면 오히려 이상한 일일 것이다.

3. 데살로니가 교인들의 문제

이 시기의 초반에 바울은 데살로니가에 교회를 세웠다. 하지만 피치 못할 사정으로 바울은 신자들에게 필요한 모든 가르침을 다 전해주기 전에 그 성읍을 떠나야 했다. 그는 그들에게 종말에 불경건한 자들에게 쏟아부어질 진노에서 그들을 구원하기 위해 예수께서 하늘로서 나타나시는 것을 대망하라고 가르쳤다.[26] 이러한 대망에는 그들이 살아남아서 이 위대한 사건을 목도할 것이라는 뜻이 내포되어 있었다. 그러나 바울이 떠난 후 일 주일이 지나고 한 달이 지나면서 신자들은 하나 둘 죽었다. 파루시아가 일어나기 전에 신자들이 죽는 것은 데살로니가 교회가 예기치 않았던 사건이었고 따라서 그 해답을 찾고자 하는 사람들의 마음속에 문제가 생겼다. 그들은 실제로 바울에게 두 가지 질문을 했던 것으로 보인다.

① 그리스도의 파루시아 때에 그가 오시기 전에 죽은 신자들은 어떻게 되는가?
② 파루시아는 언제 일어나는가?

앞의 질문에 답하면서 바울은 그들에게 파루시아 이전에 죽은 신자들은 파루시아가 일어날 때 결코 불리한 대우를 받지 않는다는 것을 확신시켜주었다. "주 강림하실 때까지 우리 살아남아 있는 자도 자는 자보다 결단코 앞서지 못하리라". 반대로 주께서 호령과 천사장의 소리와 나팔 소리와 함께 하늘로서 강림하실 때 그리스도 안에서 죽은 자들이 먼저 일어날 것이다. 그들이 죽었다가 다시 살아나신 그리스도와 함께 살아나서 그의 부르심에 일어나고, "그후에 우리 살아남은 자도 저희와 함께 구름 속으로 끌어올려 공중에서 주를 영접하

---

26) 참조, 살전 1:9이하. 246쪽을 보라.

게 하시리니"(살전4:14-18). 바울은 이 확신을 "주의 말씀으로" — 즉 예수께서 몸소 말씀하셨다는 권위를 토대로(예수께서 이 말씀을 죽으시기 전에 하셨는지 그후에 하셨는지는 여기서 물을 필요가 없다) — 그들에게 전한다. 여기에 나오는 어법과 심상(心象)들은 구속과 심판을 위한 구약의 신의 현현(顯現) 기사와 관련된 것들이지만 — 우리는 이사야 27:13의 이스라엘의 흩어진 자들을 본향으로 부르는 나팔 소리를 연상할 수 있으며 다니엘 7:13에서 인자 같은 이가 옛적부터 계신 이에게 구름을 타고 올 때의 구름을 연상할 수 있다 — 여기서 이런 용어들을 통하여 전달하고자 하는 것은 새롭고 독특하게 기독교적인 것이다. 예수께서 죽었다가 다시 살아나셨기 때문에, 그를 믿는 가운데 죽는 사람들은 예수와 함께 살아나지 않을 수 없다. 그래서 모든 그의 백성들은 예수와 함께 영원히 살 것임에 틀림없다. 더 일반적인 뒤의 질문, 즉 '언제' 파루시아가 일어날 것인가에 관하여서 바울은 그것은 "밤에 도적같이" 예기치 않은 때에 올 것이라고 예수께서 하신 말씀을 반복할 뿐이다.[27] 그러므로 그리스도의 백성들은 "깨어 근신할지라"고 바울은 권면한다 — "하나님이 우리를 세우심은 노하심에 이르게 하심이 아니요 오직 우리 주 예수 그리스도로 말미암아 구원을 얻게 하신 것이라"(살전5:1-9).

4. 죽은 자의 부활

이 주제에 대한 바울의 설명은 "죽은 자 가운데서 부활이 없다"(고전15:12)고 주장한 고린도 교회의 어떤 이들에 대한 답변에 가장 잘 나타나 있다. 이 사람들의 눈에는 시신(屍身)들이 다시 생기를 되찾는다는 교리는 지각있는 이방인들이 기독교 메시지를 받아들이는데 장애가 되는 생소한 유대인의 미신으로 비쳤을 것이다. 그들은 바울이 그토록 많은 유대적 기습(奇習)들에서 해방되었음에도 이 이상한 부활 사상에서 스스로를 자유케 할 수 없었다는 것을 유감으로 생각했다. 그들은 자기들이 바울보다 더 완벽하게 해방되어 있었다는 것을 다행으로 여겼다.

이들이 내세의 삶에 관하여 어떠한 것을 믿었는지를 확정적으로 말하기는 더 어렵다. 그들은 단지 영혼의 내재적인 불멸성을 믿었거나 죽음 또는 파루시아 때에 영광 속으로 들어가는 것을 믿었을지도 모른다. 그러나 그들에게 보내는 바울 서신의 다른 곳을 보면, 그들은 "지나치게 실현된 종말론(over-realized eschatology)"이라 불러왔던 것을 주장했다는 암시들이 있다. 이 서신의 처음 부분에서 바울은 고린도 교인들에게 그들이 때를 앞질러 "도달해 버렸다"고 풍자적으로 말한다. "너희가 이미 배부르며 이미 부요하며 우리 없이 왕노릇하였도다 우리가 너희와 함께 왕노릇하기 위하여 참으로 너희의 왕노릇하기를 원하노

---

27) 참조, 마 24:43. 눅 12:39. 또, 계 16:15.

라"(고전4:8). 아마도 그들은 성령의 은사로 말미암아 경건한 사람이 원하는 모든 것을 이미 받았다고 생각했던 것 같다. 그들은 2세기의 영지주의자인 프로디쿠스(Prodicus)의 견해를 이미 가지고 있었다고 하는 설도 있다. 프로디쿠스를 추종하는 사람들은 "본질적으로 제일의 하나님의 자녀들"이며 그러므로 모든 인류보다 훨씬 뛰어난 왕의 자녀들"이라고 주장했다.[28]

영지주의와의 연결을 추구한다면, "초기의 파피루스(Jung papyrus)" [낙 함마디 사본들(the Nag Hammadi codices) 가운데 하나] 에 포함되어 있고 1963년에 처음으로 간행된 부활에 관한 발렌티누스(Valentinus)의 소논문인 「레기누스에게 보내는 편지」(Epistle to Rheginus)가 더 가능성 있는 견해를 제시하고 있다.[29] 이 논문에 의하면,

> 구주께서 죽음을 삼키셨다 … 그는 멸망하는 세상을 버리셨다. 그는 보이지 않는 것으로 말미암아 보이는 것을 삼킨 후에 썩지 않는 '아에온'으로 변화되어 부활하심으로써 우리에게 불멸의 길을 열어주셨다. 그러나 그때에 사도가 말한 대로 우리는 그와 함께 죽음을 겪고 그와 함께 일으키심을 받아 그와 함께 하늘로 갔다. 그러나 우리가 그를 입고 이 세상에 나타난다면 우리는 그의 광선이며 우리는 현세에서 우리의 죽임인 우리의 무대에 이르기까지 그에 의해 에워싸여 있다. 우리는 어떤 것의 저지도 받지 않고 태양 광선처럼 그에 의해 위로 끌어올려진다. 이것은 육적인 것과 아울러 "정신적인 것"을 삼키는 영적인 부활이다.[30]

이 문서의 최초의 편집자들은 바울이 디모데후서 2:17이하에서 꾸짖고 있는 후메내오(Hymenaeus)와 빌레도(Philetus)의 사상과 같은 지나치게 실현된 종말론의 관점에서 그 내용을 해석했다. "진리에 관하여는 저희가 그릇되었도다 부활이 이미 지나갔다 하므로 어떤 사람들의 믿음을 무너뜨리느니라"(아마도 그들이 이미 들어갔던 그리스도 안에서의 새 생명이 그들이 원하는 모든 것이었을 것이다). 아주 최근에 맬콤 리 필(Malcolm Lee Peel) 박사는 이 문서에는 아직 실현되지 않은 종말론의 요소가 있다고 지적했다. 영적인 부활이 이미 이루어졌음에도 불구하고 택함받은 자들이라 할지라도 육체적인 죽음은 겪어야 하며 그런 후에 부활이 뒤따를 것이다.[31] 그러나 죽음 이후에 오는 변형은 영적인 부활

---

28) Clement of Alexandria, *Stromateis* iii. 30. 참조, R. M. Grant, *A Historical Intorduction to the New Testament* (London, 1963), pp. 204 ff.
29) *De Resurrectione (Epistula ad Rheginum)*, ed. M. Malinine, H.-Ch. Puech, G. Quispel, W. Till (Zürich/Stuttgart, 1963).
30) Jung codex, p. 45, ll. 14 ff. 마지막 문장에 나오는 "정신적인"이라는 단어(Jung codex, p. 46. 1.1)는 헬라어로 '프쉬키케(ψυχική)'인데 ['아나스타시스(ἀνάστασις)' ("부활")에 맞춰서 여성형], 콥틱역에서는 이 단어를 그대로 사용했다 — 바울이 고린도전서 15:44-46에서 현재 우리가 가지고 있는 "육의(natural)" 몸이라고 할 때 사용하는 것과 동일한 형용사.
31) M. L. Peel. *The Epistle to Rheginos* (London, 1969), pp. 143 ff.; 또한 그의 논문인 "Gnostic Eschatology and the New Testament", *Novum Testamentum* 12 (1970), pp. 141 ff.도 참조하라.

로 묘사가 되고 있기 때문에 "부활"이라는 말은 신약에는 없는 확장된 의미로 사용되고 있다.

고린도 교회에서 부활을 부인하는 자들이 초기의 영지주의 형태를 주장했다면(확실한 것은 아니지만 가능성은 있는 견해), 그들은 「레기누스에게 보내는 편지」에 나타나 있는 것과 같은 견해를 가졌을지도 모른다. 왜냐하면 거기에서 말하고 있는 "영적인 부활"은 바울에게 있어서 진정한 의미의 부활이 아니었을 것이기 때문이다. 이 "영적인 부활"에서 새로운 영적인 "육체"를 입고 하늘에 오르는 것은 눈에 보이지 않는 내면의 "요소들(members)"인데, 모세와 엘리야가 변화산 위에 모습을 나타낸 것은 바로 그러한 것의 전례로 인용된다.

바울에게 과거의 그리스도의 부활은 장래에 일어날 그의 백성의 부활을 포함하였으며, 그것은 그리스도의 부활이 그런 것처럼 몸의 부활일 것이다. 참으로 멸하지 않는 부활의 몸은 현재의 죽을 몸과는 전혀 다른 질서에 속할 것이다. 현재의 몸은 "자연의" 몸인 반면에 그때의 몸은 "신령한" 몸 — 영혼의 생기가 불어넣어진 몸, '소마 프쉬키콘'일 것이다. 이러한 어법은 창세기 2:7에서 "산 영"으로 묘사되는 "아담 안에" 있는 생명과 부활을 통하여 "살려주는 영"이 된 "그리스도 안에" 있는 생명을 바울이 구별한 것과 결부되어 있다(고전 15:45).

그러나 이 논증에서 바울은 수년 전에 데살로니가 교인들에게 자기가 주었던 확신을 훨씬 넘어선다. 그때에 바울은 파루시아 때까지 살아있는 사람들은 믿음을 가지고 먼저 세상을 떠난 사람들보다 유리한 점이 하나도 없을 것이라고 밝혔다. 이제 그는 특별한 계시 즉 새로이 밝혀진 "비밀" 덕분으로[32] 파루시아 때까지 살아있는 사람들은 그때 즉시로 몸이 변형되어 부활 시대의 조건들에 합당하게 되어질 것이라고 말한다. 여기서 이것을 바룩묵시록 (the Apocalypse of Baruch)에 나와 있는 1세기 후반의 대망(待望)과 비교해 보자.

거기에는 공정한 심판을 받기 위하여 아무런 형태의 변화도 없이 일으키심을 받은 죽은 자들의 육체들은 그후에 판결을 받고 나서 변형된다 — 의롭다고 판결을 받은 자들은 천사의 영광을 덧입게 되고 정죄받은 자들은 고통 속에서 야위고 쇠약해진다.[33] 바울에 의하면 죽은 자들 — 즉, 자기가 관심갖고 있는 그리스도 안에서 죽은 자들 — 은 썩지 않는 육체로 부활할 것이며 살아있는 자들은 썩을 것을 썩지 않을 것으로 바꿔 가질 것이다.[34] 바로 이와 같은 취지로 바울은 빌립보에 있는 교우들에게 "거기 '하늘'로서 구원하는 자 곧 주 예수 그리스도를 기다리노니 우리의 낮은 몸을 자기 영광의 몸의 형체와 같이 변케 하시리라"

---

32) 고전 15:51.
33) 바룩 2서 49:1이하.
34) 썩을 것(φθαρτόν)이 썩지않을 것(ἀφθαρσία)을 입는다는 것은 오로지 죽은 자들만을 가리키고 죽을 것(θνητόν)이 죽지않을 것(ἀθανασια)을 입는다는 것은 오로지 살아 있는 자들만을 가리킨다는 J. Jeremias의 구별이 일관되게 타당성을 견지할 수 있는지는 의심스럽다("Flesh and Blood cannot inherit the Kingdom of God", NTS 2 (1955-56), pp. 151 ff.).

(빌3:20 이하)고 말한다. 바울의 사상을 기본적으로 관통하고 있는 사상은 그리스도와 그의 백성은 극히 중대하고 든든하게 결합되어 있기 때문에 그의 백성들은 죽음에 대한 그리스도의 승리를 성례에서만이 아니라 육체의 부활에서도 함께 공유할 것임에 틀림없다는 확신이다.

5. 죽으면 어떻게 되는가?

그러나 아직까지는 우리가 생각하기에는 이 불멸에 관한 주제의 핵심에 속하는 것으로 보이는 문제에 관해서는 한 마디도 나오지 않았다. 죽으면 어떻게 되는가? 현존하는 서신들만을 고려한다면 바울은 고린도후서에서야 이 문제를 다룬다. 이것은 부분적으로 자기는 파루시아 때까지 살아 남아 있을 것이라는 기대 때문이었을 것이다. 파루시아라는 사건의 성격상 바울은 자기가 그 때까지 살아 남아 있을 지를 '알' 수 없었지만, 이 주제를 최초로 언급할 때에는 바울은 자기도 그때까지 살아남아 있을 사람들에 속할 것이라고 생각했다. "주 강림하실 때까지 우리 살아 남아 있는 자도 자는 자보다 결단코 앞서지 못하리라"(살전 4:15) — 바울은 "자는 자"를 삼인칭으로 말하고 살아 남아 있는 자를 포괄적인 일인칭 복수로 말하고 있다.

고린도전서 6:14에서는 부활을 겪을 사람들에 관하여 일인칭 복수로 말하고 있다. "하나님이 주를 다시 살리셨고 또한 그의 권능으로 우리를 다시 살리시리라" — 그러나 여기에서는 이미 죽은 자들과 여전히 살아있는 자들 사이에 어떠한 구별도 없다. 왜냐하면 바울은 육체가 하나님의 구속 목적의 범위 안에 있으며 그러므로 현세에서의 육체적 행위들은 기독교인들의 장래의 상태에 심각한 영향을 미친다는 것을 강조하고 있기 때문이다. 여기서 "우리"는 가장 일반적인 의미로서 "우리 기독교인들"을 의미한다. 고린도전서에는 어떠한 중요한 관점의 변화도 없다. "우리가 다 잠잘 것이 아니요 홀연히 다 변화하리니" 파루시아 때에 "죽은 자들이 썩지 아니할 것으로 다시 살고 우리 '살아있는 자들'도 변화하리라"(고전 15:51 이하).

고린도후서에 이르면 우리는 바울에게 관점의 변화가 일어났음을 알아차릴 수 있다. 이 두 서신의 기록 간격은 불과 일 년도 되지 않지만, 그해에 일어난 사건들을 체험하면서 바울은 엄청나게 변화를 겪었던 것이다. 고린도후서 7:5에서 언급하고 있는 "밖으로는 다툼이요 안으로는 두려움"을 겪은 것 외에도 아시아 지방에서 그에게 엄습하여 왔던 특히 심각한 위험, 죽음 이외에는 어떠한 길도 찾을 수 없었던 위기가 있었다.[35] 죽음을 직면한 것은 바울에게 새삼스러운 사건은 아니었다. 이 사건이 그에게 생기기 수 개월 전에 바울은 "나는 날마다 죽노라"(고전15:31)고 말할 수 있었다. 그러나 이 경우에 바울은 사형선고를 받은

---

35) 고후 1:8이하. 299쪽, 320쪽 이하를 보라.

사람과 같은 심정이었다. 이전에는 위험과 함께 피할 길도 같이 왔으나, 이번에는 피할 길은 조금도 볼 수 없었다. 그래서 나중에 예기치 못했던 피할 길이 갑자기 찾아왔을 때 바울은 그것을 거의 죽음에서 부활한 것과 다름없는 것으로 받아들였다.

바울은 전에도 죽을 뻔한 고비를 많이 넘겼었지만, 이것이 정말 죽음이구나 하는 것을 상당 기간 동안 맞닥뜨린 적은 없었다. 이 체험으로 인하여 바울의 전망에 많은 변화가 있었겠지만, 그 가운데서도 어쨌든 그것은 죽음과 부활에 대한 바울의 관점을 변화시켰다. 우선 한 예를 든다면 그후로 바울은 자기가 파루시아 이전에 죽을 수도 있다는 생각을 하게 된다. 틀림없이 이러한 변화는 어쨌든 시간이 흐르면 생기지 않을 수 없었을 것이다. 그러나 그 변화는 아시아에서의 환난으로 말미암아 시기가 앞당겨졌다. 하지만 그것이 바울의 개인에 관한 관점에 영향을 미치기는 했어도 "파루시아의 연기"는 교회에 관한 사상 전반에 걸쳐 영향을 미쳤다고 종종 주장되는 것과 같은 그러한 근본적인 변화를 바울 사상에 가져오지는 않았다.[36] 이제 그는 개인적인 신앙고백으로서 이렇게 말한다. "주 예수를 다시 살리신 이가 예수와 함께 우리도 다시 살리사 너희와 함께 그 앞에 서게 하실 줄을 아노니"(고후4:14).

그러나 이제 파루시아 이전에 바울에게 죽음이 닥쳐올 가능성이 많다면 죽음과 파루시아 사이의 기간 동안에 바울의 존재 상태(만약 그런 상태가 존재한다면)는 어떤 것일까? 이미 살펴보았듯이 바울은 이전에 그런 문제에 신경을 쓰지 않았다(현존하는 바울의 저작들만에 국한해서 말한다면). 이제 고린도후서에서 바울은 그 문제를 본격적으로 취급한다. 그러나 이 문제를 해결함에 있어서 바울은 이전에 데살로니가 교인들의 난제들을 깨끗이 해결해 주었던 "주의 말씀"과 같은 그러한 전거(典據)도 없었고 고린도 교인들에게 파루시아 때에는 이미 잠든 자들의 부활과 마찬가지로 살아있는 신자들은 변형될 것이라는 "비밀"을 말해 주었을 때처럼 그를 지도해 줄 어떤 특별한 계시도 없었다. 그런데도 불구하고 바울은 확신을 가지고 "우리는 아나니(we know)"(고후5:1)라고 말한다. 그러나 무엇을 "우리가 아는가?" 신자가 이 세상을 떠나는 것은 "그리스도와 함께" 있는 것 — 이것은 "더욱 좋은 것"이라고 빌립보서 1:23에서 말한다 — 일 뿐만 아니라 그렇게 되기 위해서는 죽음에서 새 몸을 덧입는 것이 꼭 필요하다는 것이다 — 따라서 바울의 확신은 우리가 죽으면 위에서 말한 것과 같이 새 몸을 덧입는다는 것이다.

바울은 분명히 부활을 빼놓고 불멸을 생각할 수 없었다. 바울에게 있어서 인격을 이루는 개인에게는 어떤 종류의 육체가 반드시 있어야 했기 때문이다. 헬라 - 로마의 유산에 속하는 "결코 죽지않는 영혼"이라는 우리의 전통적인 사상으로 말미암아 우리는 바울의 관점을 이해하기 힘들지도 모른다(신약에서는 하나님의 속성으로 불멸성을 들 때를 제외하고는 불

---

36) 이 주제에 대해서는 S. S. Smalley, "The Delay of the Parousia", *JBL* 83(1964), pp. 41-64를 보라.

멸은 영혼의 속성이 아니라 부활의 몸의 속성으로 나와있다). 헬라인들에게 사람은 몸을 입은 영혼이었고 히브리인들에게 사람은 생기를 불어넣은 몸을 의미했다고 한다면 너무 단순화시켜버린 것일까. 그런데도 이 말 속에는 우리가 다른 점에서와 같이 이 점에서도 바울은 나면서부터 히브리인이며 히브리인으로 양육을 받았다는 것을 말하기에 충분한 내용이 들어 있다. 몇몇 고린도 교인들을 비롯한 어떤 사람들에게는 육체의 속박에서 해방되는 것은 간절하게 원하는 완성(consummation)의 상태였다. 그러나 바울이 이 땅에 있는 썩어질 "장막집"을 벗어버리기를 간절히 원한 것은 영원한 집을 덧입고자 함이었다. 어떠한 종류이건 육체를 입고 있지 않은 것은 영적인 벌거벗음 또는 분리의 한 형태로서 그의 마음이 꺼려하는 것이다. 그러나 바울은 부활의 원리가 내주하시는 성령으로 말미암아 그리스도의 백성들 가운데 효력을 발휘하고 있다고 본다. 어떤 의미에서 다가올 시대의 신령한 몸은 이미 만들어져 가고 있다. "겉사람"은 죽을 생명의 소모와 사도직의 역경으로 인하여 후패하여 가지만, 속사람은 날마다 새로움을 경험하기 때문에[37] 육체의 죽음은 육체없는 상태로 되는 것이 아니라 즉시 "그리스도와 함께 있는" 즐거움을 누리게 된다는 것을 의미할 것이다.[38]

고린도후서 5:1-10에서 바울은 불멸이라는 주제에 대하여 가장 직접적인 언급을 하고 있다. 이 구절을 해석하기 위하여 쓰여진 논문들과 단행본들은 수를 헤아릴 수 없고 그러한 기세는 꺾일 기미를 보이지 않는다. 파루시아를 기다리지 않고 바울은 "만일 땅에 있는 우리의 장막집이 무너지면 하나님께서 지으신 집 곧 손으로 지은 것이 아니요 하늘에 있는 영원한 집이 우리에게 있는 줄 아나니"(고후5:1)라는 확신을 표명함으로써 말을 시작한다. 바울은 여기에서 "집"이라고 부르는 것을 다음에는 옷을 입는다는 관점에서 표현한다.

"과연 우리가 여기 있어 탄식하며 하늘로부터 오는 우리 처소로 덧입기를 간절히 사모하노니 이렇게 입음은 벗은 자들로 발견되지 않으려 함이라"(5:2이하). 그러나 집이라고 부르든 옷이라고 부르든 여기서 의미하는 것은 몸 — 새롭고 죽지 않는 몸 — 이다. "이 장막에 있는 우리가 짐진 것같이 탄식하는 것은 벗고자 함이 아니요 오직 덧입고자 함이니 죽을 것이 생명에게 삼킨 바 되게 하려 함이라 곧 이것을 우리에게 이루게 하고 보증으로 성령을 우리에게 주신 이는 하나님이시니라"(5:4 이하).

바울이 여기에서 기대하는 새로운 몸과 고린도전서 15장의 가르침에 따라 마지막 나팔이 울릴 때 덧입게 될 신령한 몸이 서로 다르다고 할 수는 없을 것이다. 하늘에 속한 몸을 공

---

37) 고후 4:16.
38) 고후 5:8. M. J. Harris, "2 Corinthians 5. 1-10. Watershed in Paul's Eschatology?" *Tyndale Bulletin* 22(1971), pp. 32-57와 *The Interpretation of 2 Corinthians 5: 1-10 and its Place in Pauline Eschatology*(unpublished Ph.D. thesis, University of Manchester, 1970)를 보라. 순교자들이 속히(또는 즉시) 부활하여 영광으로 들어갈 것이라는 소망에 대해서는 T. E. Pollard, "Martyrdom and Resurrection in the New Testament", *BJRL* 55(1972-73), pp. 240-251을 참조하라.

동체적인 실체, 즉 그리스도의 몸이라고 설명하려는 시도들이 있어왔다.[39] 그러나 신자들은 이미 "그리스도로 옷입었고"(갈3:27) 그리스도의 몸과 거기에서의 신자들의 지체됨에 관한 바울의 사상은 내세보다는 오히려 유한한 현재의 실존과 관련되어 있다. 하지만 여기서 언급된 새로운 몸이 고린도전서 15장의 신령한 몸이라면, 바울은 그 몸을 받으려고 파루시아 때까지 기다릴 필요가 없다고 생각하는 것이다.

여기서 바울이 죽을 때 받기를 소망하는 것은 파루시아 때에 부활의 몸을 부여받는 것을 일단 유보해 둔 채 단순히 잠정적인 외피(外皮)를 덧입는 것이 아니다. 그것은 하나님이 자기와 동료 신자들을 위하여 예비해 두신 영원한 "집"이며, 현재의 성령의 은사는 그 집을 앞서서 보증해 주는 것이다. 그래서 바울이 여기서 묘사하는 바 이전의 몸에서 새로운 몸으로 바뀌는 것은 거의 동시에 순간적으로 일어나기 때문에 이 둘 사이에는 의식이 "옷을 벗은" 상태라는 것이 생길 여지가 없을 것이다.[40] 이러한 변형은 고린도전서 15:52(*51)에서 말한 대로 "순식간에 홀연히" 일어난다 — 파루시아 때에는 순간적인 변화가 일어나는 반면에, 여기서 바울은 파루시아 때까지 살아있지 않은 사람들은 죽으면서 즉시 새로운 몸을 입을 것이라는 뜻을 내포하고 있다. 바울이 아주 극명하게 말하지 않고 있는 것은 아마도 자기가 이에 대해 분명한 계시를 받지 않았기 때문일 것이다.

아마도 바울이 기독교인이 되기 전에 가졌던 내세관에서는 죽음과 부활 사이의 기간의 상태에 관하여는 거의 말이 없었을 것이다. 죽은 자는 죽은 것이고 그 상태로 계속 있다가 부활의 날에 하나님의 권능으로 말미암아 다시 살아날 것이다.

그러나 기독교인이 된 바울은 그리스도의 부활로 말미암아 이러한 사고방식에 근본적인 변화를 가져오게 되었다. 그리스도께서는 죽으셨지만 이미 하나님의 권능으로 말미암아 새 생명으로 다시 살아나셨기 때문에 믿음을 통하여 그리스도와 연합한 그의 백성들은 이미 그의 부활의 권능을 함께 나누어 가질 수 있었고 새 생명 안에서 생활할 수 있었다. 바로 지금 유한한 삶에서 부활하셔서 영원히 살아계시는 그리스도와 연합된 사람들이 잠시일 망정 육체의 죽음으로 인해 이 연합에서 끊어질 것이라고 생각할 수 있었을까? 곧 사형 당할 것을 아는 사람은 "놀라울 정도로 정신을 집중하게 된다"[41]고 사무엘 존슨(Samuel John-

---

39) 참조, J. A. T. Robinson, *The Body*(London, 1952), pp. 76 ff.. R.F. Hettlinger, "2 Corinthians 5. 1-10", *Scottish Journal of Theology* 10(1957), pp. 174 ff..E. E. Ellis, *Paul and his Recent Interpreters*(Grand Rapids, 1961), pp. 35 ff.. M. E. Thrall, *Greek Particles in the New Testament*(Leiden, 1962),pp. 82 ff.(revised in her Cambridge Bible Commentary volume, *I and II Corinthians*, 1965, pp. 142 ff., 여기에서는 1절의 "하늘에 있는 영원한 집"과 "하늘로부터 오는 우리 처소"를 구별하고 있다). A. E. Harvey, *Companion to the New Testament*(Oxford/ Cambridge, 1970), p. 583.

40) 지구상의 인간 역사를 측정하는 역법을 기준으로 하여 아무리 오랜 기간이 흘렀다고 할지라도 이 세상을 떠난 신자는 몸에서 분리되는 순간부터 몸을 다시 입는 순간까지의 시차를 인식하지 못한다고 한다면, 죽음과 부활 사이에 있는 간격으로 말미암아 생겨나는 긴장 관계는 다소 완화될 수 있다.

son) 박사는 말한다.

그런데 고린도후서를 쓰기 몇 달 전에 바울이 이 문제에 정신을 집중하게 된 것은 바로 그런 사정 때문이었고 그 결과 고린도후서 5장에 제시된 결론에 도달하게 되었다고 볼 수 있다. 바울은 육체가 없는 상태에서 의식이 존재하고 주위와 의사소통이 가능한지를 알지 못했지만, 그가 주로 관심을 쏟았던 것은 무활한 놈의 본질이 아니었다. 그가 열망했으며 또 그가 받은 것은 이 땅에 속한 몸이 없어지면 어떤 시차도 없이 주님과 함께 "거하는" 것이라는 확신이었다. 새로운 몸을 즉시 받는 것은 오직 죽을 생명을 가지고 누렸던 것보다 훨씬 더 깊고 충만한 주님과의 친교를 실현하고 누릴 수단에 불과하다. "이러므로 우리가 항상 담대하여" "거하든지 떠나든지 주를 기쁘시게 하는 자 되기를 힘쓰노라"(고후5:6, 9)고 바울은 말한다.

죽을 몸으로 행한 행위들을 해명하기 위하여 그리스도의 재판자리 앞에 서는 것은 여전히 장래에 틀림없이 일어날 일이다. 또한 주님께서 나타나실 때 그리스도의 백성들이 주님의 영광에 참예하는 것 — 로마서 8:19에 따르면, "피조물이 고대하는" "하나님의 아들들의 나타나는 것"도 마찬가지이다. 장래의 종말은 어떤 점에서도 조금도 축소되지 않지만, 현재 이 땅에서의 삶에서 실현되는 종말론적인 특징들은 죽음과 최후의 종말 사이의 기간에서도 계속해서 실현될 것이다. 그 특질들은 이 세상에서 사는 동안 가능했던 것보다 더 강력하게 계속해서 실현될 것이다. 믿음을 가진 사람들의 불멸에 관한 바울의 최후의 말(last word)은 신자들과 살아계신 그리스도와의 연합에 관한 바울의 가르침의 논리적인 귀결이다.

---

41) "자기가 2주 후에 교수형에 처해질 것이라는 것을 아는 사람은 놀라울 정도의 집중력을 갖고 있다는 사실은 틀림없는 사실이요"〔J. Boswell, *Life of Johnson*, ed. G. B. Hill and L. F. Powell, iii (Oxford, 1934), p. 167〕. 그리고 아마도 바울은 실제로 재판관의 입으로부터 고린도후서 1:9에서 말하고 있는 "사형선고를 받았"을 것이다.

제 28 장

마게도냐와 아가야를 떠나다

1. 바울이 서쪽을 바라보다

에베소 사역을 마칠 무렵 "바울이 마게도냐와 아가야로 다녀서 예루살렘에 가기를 경영하여 가로되 내가 거기 갔다가 후에 로마도 보아야 하리라"(행19:21)고 말했다고 누가는 기록한다. 바울이 이때쯤 그러한 계획을 세웠다는 것은 서신서들에 나오는 그의 말을 통하여 자세하게 확증된다. 그런데 누가와 바울은 강조점에 있어서 차이가 있다. 누가는 사도행전의 최종 목표를 로마로 생각하고 있었기 때문에 바울도 그러한 목표를 가지고 있었다고 함으로써 로마의 그러한 역할을 강조한다. 바울은 이 시기 직후에 로마 교인들에게 쓴 서신에서 그 성을 오래 전부터 방문하고자 무척 원했으나 그 계획이 번번이 좌절되었다고 증거한다. "나는 할 수 있는 대로 로마에 있는 너희에게도 복음 전하기를 원하노라"(롬1:15). 그러나 이 서신에서 바울은 로마에 오랫동안 머물 생각이 없음을 분명히 한다. 한편으로는 이미 흥왕하는 기독교 공동체가 있었던 로마에 자리를 잡는 것은 "남의 터 위에 건축하는"[1] 것 — 이것은 바울의 행동 방침에 어긋나는 것이었다 — 이 되기 때문이다(우리는 바울의 선교지역에 들어와서 '바울의' 터 위에 건축했던 사람들에 대한 바울의 태도가 어떠했는지를 잘 알고 있다).[2] 또 한편으로는 바울의 마음속에서 로마는 바울이 지금 막 에게해 세계

---

1) 롬 15:20.
2) 참조, 고전 3:10이하.

에서 끝마친 선교 활동과 똑같은 계획을 다시 수행하는 대상지로 선정했던 서바나로 가는 길에 잠시 머무르는 곳 또는 기껏해야 전진기지에 불과했다(롬15:23 이하).

이제는 이 지방에 일할 곳이 없고 또 여러 해 전부터 언제든지 서바나로 갈 때에 너희에게 가려는 원이 있었으니 이는 지나가는 길에 너희를 보고 먼저 너희와 교제하여 약간 만족을 받은 후에 너희의 그리로 보내줌을 바람이라.

"이제는 이 지방에 일할 곳이 없고"라는 말은 자신의 임무에 대하여 바울이 어떻게 생각하고 있었는지를 보여준다. 바울이 이미 복음화시킨 지역에는 분명히 사역할 것이 아직도 많이 남아 있었지만, 그 사역은 사도가 할 일은 아니었다. 사도의 사역은 이전에 복음을 한 번도 들어본 적이 없는 사람들에게 복음을 전파하고 교회가 없는 곳에 교회를 세우는 일이었다. 그러한 교회들이 스스로 기독교인으로서의 위치와 책임을 알 만큼 충분한 가르침을 받았다고 생각했을 때, 바울은 그와 동일한 사역을 다른 곳에서 계속하기 위하여 장소를 옮겨갔다. 그래서 바울은 주요한 교통선(交通線)인 로마의 대로들을 따라 여행하면서 전략적으로 중심지마다 복음을 전하고 교회를 세웠던 것이다. 구원의 메시지는 이 중심지들로부터 퍼져나갈 것이었다. 그래서 데살로니가는 마게도냐의 복음화를 담당하는 기지가 되고, 고린도는 아가야를, 에베소는 아시아 지방을 담당하는 기지가 되었다.[3] 바울의 생애는 한정되어 있었고, 최후의 종말이 오기 전에 "복음이 먼저 만국에 전파되어야 할 것이니라"(막13:10)는 예수의 예언이 성취되려면 아직도 다녀야 할 땅이 많았다.[4]

바울의 다음 선교 지역인 서바나가 바울을 손짓해서 불렀다면, 그것은 아마도 지중해 주변의 다른 지역들(키레나이카(Cyrenaica) 서쪽 북아프리카 해안을 포함하여)이 이미 복음화되어가고 있었기 때문이었다. 나르본 골 [Narbonese Gaul, 현재의 프로방스(Provence) — 이 지역의 일부는 수 세기 전에 이오니아 헬라인들에 의해 식민지화되었었는데 이때도 여전히 에게해 세계와 긴밀한 관련을 맺고 있었다 — 은 아시아의 교회들의 영역 안

---

3) R. Allen, *Missionary Methods. St. Paul's or Ours?*(London, 1927), pp. 18 ff를 참조하라.
4) 이 어록(logion)의 진정성에 대해서는 W. G. Kümmel, *Promise and Fulfilment*, E. T.(London, 1957), pp. 84-86. G. R. Beasley-Murray, *A Commentary on Mark Thirteen* (London, 1957), pp. 40-45를 보라. 이 어록이 바울의 선교 개념과 어떻게 관련되는지에 대해서는 J. Munck, *Paul and the Salvation of Mankind*, E. T.(London, 1959), pp. 38-40, 48 f를 보라.
5) 마실리아(Massilia, 마르세이유)는 주전 600년 경 소아시아의 이오니아 해안의 포케아인(Phocaeans)이 세웠다. 론 계곡의 리용(Lyons)과 비엔나(Vienne)의 교회들과 소아시아의 모교회들이 밀접한 관련을 맺고 있었다는 사실은 그들이 주후 177년 자신들이 당하는 고통을 묘사한 서신을 "아시아와 브루기아의 교회들에게" 보냈다는 것(Eusebius, *Hist. Eccl*, v. 1. 1 ff.)과 포티누스(Pothinus)가 순교한 얼마 후에 그의 뒤를 이어 아시아의 기독교인인 이레네우스(Irenaeus)가 그들의 감독으로 임명되었다는 것에서 잘 알 수 있다.

에 속하는 것으로 여겨졌다.[5] 그러나 서쪽에 있는 가장 오래된 로마의 속주이며 그 지역에서 로마의 문명을 방어하는 거점이었던 서바나는 아직까지 복음을 듣지 못했으므로 될 수 있는 대로 속히 복음화되어야 했다.

그러나 서바나는 한 가지 중요한 점에서 바울이 지금까지 복음화시켰던 지방들과는 달랐다. 그들은 헬라어를 사용했지만, 서바나는 라틴어를 사용했다. 바울은 라틴어에 완전히 생소한 것은 아니었을 것이다.[7] 바울은 라틴어가 로마 군대가 사용하는 언어라는 것을 알고 있었고, 주로 헬라어를 사용하는 주민들을 상대로 사역을 수행했지만 빌립보와 고린도와 같은 로마의 식민시들에서 사용하는 라틴어를 들었었다.[8] 바울이 자신의 시민으로서의 권리를 주장했을 때에도 라틴어를 사용하였을 것이다. 'ciuis Romanus sum' ("나는 로마 시민이다").[9] 그러나 라틴어가 의사소통의 수단이 되는 지역을 찾아가서 그 언어로 복음을 전하기 위해서는 특별한 준비가 필요했다. 이것은 로마서에서 자기가 이때에 "예루살렘으로부터 두루 행하여 일루리곤까지"(롬15:19) 복음을 전하였었다고 한 바울의 말의 의미를 보여준다.[10]

바울이 고린도 교인들에게 그들의 믿음이 더욱 더 자라가면 "너희 지경을 넘어 복음을 전할"(고후10:15 이하) 기회를 갖겠다는 소망을 피력했을 때, 바울이 활동하고 있던 선교지역에 가장 가까운 라틴어를 사용하는 지역을 방문하여 복음을 전하겠다는 생각이 바울의 마음에 있었을 것이다. 이 말이 정확히 무엇을 가리키는지는 확실치 않지만 — 아마 서바나로 가는 길에 로마를 방문하겠다는 추후의 계획을 가리킬 것이다 — 그가 로마 교인들에게 한 말의 의미는 더 분명하다. 주후 57년 초에 고린도에서 로마 교인들에게 서신을 썼을 당시 바울은 복음을 가장 서쪽에 있는 일루리곤(Illyricum)까지 복음을 전했었다.

일루리곤은 아드리아 해(the Adriatic Sea)에 접해 있는 속주의 라틴식 명칭이었다. 이 지역의 헬라식 명칭은 일루리아(Illyria)였다. 그러나 헬라인들이 일루리아라 부를 때는 로마의 일루리곤보다 훨씬 더 많은 남쪽 지역 — 비아 에그나티아(Via Egnatia)[11] (이것은 로마 속주인 마게도냐 지역 내에 놓여 있었다)의 서쪽 종착지의 하나인 디르하키움(Dyrrhachium)을 포괄하여 — 을 포괄하고 있었다. 일루리아인들은 원래 현재의 알바니아(Albania)어와 동일한 계통에 속하는 인도-유럽어의 지방어를 사용하였다. 일루리곤은

---

6) 주전 197년 로마는 서바나를 정복하고 두 개의 속주로 조직했다.
7) 참조, A. Souter, "Did St. Paul speak Latin?" *Expositor*, series 8,1(1911), pp. 337-342.
8) 그의 고린도 교회의 친구인 가이오(디도 유스투스)와 에라스도는 아마도 라틴어를 사용하였을 것이다.
9) 참조, 행 16:37. 23:25.
10) A. S. Geyser, "Un essai d'explication de Rom. XV. 19", *NTS* 6(1959-60), pp. 156-159는 이 말은 사도행전 1:8에 나오는 일반적인 사도적 위탁의 말씀을 재현하고 있는 것이지 그때까지의 바울의 선교 활동의 구체적인 지리적 범위를 보여주는 것은 아니라고 주장한다. 이 문맥에서 "일루리곤"을 "땅 끝"을 다른 식으로 말한 것이라고 하는 것은 타당성이 거의 없는 것 같다.
11) N. G. L. Hammond, "The Western Part of the Via Egnatia", *JRS* 64(1974), pp. 185-194를 참조하라.

주전 2세기를 거치면서 로마의 지배하에 들어가게 되었다. 주전 59년에 이 지역은 알프스 산맥 남쪽(과 후에는 나르본) 골 지역과 함께 율리우스 가이사에게 할당된 속주의 일부로 되었다. 아구스도 아래에서 그 북쪽 경계는 다뉴브 강(Danube, 주전 9년 경)까지 확장되었다. 수년 후 반란이 일어나서 아구스도의 양자이자 후계자로 지명된 디베료에 의해 진압된 후 판노니아(Pannonia)가 분리되어 별도의 속주가 되었으나(주후 9년). 그 남쪽 지방은 여전히 일루리곤으로 알려졌지만 달마디아(Dalmatia)(디모데후서 4:10에서 그렇게 부른다)라는 이름도 가지게 되었다. 이곳은 자기 휘하에 군단 병력을 거느린 '집정관의 대리인 (legatus pro praetore)'에 의해 통치되는 제국 직속의 속주였다. 디베료 치세의 초기에 군단 병력들은 도로를 건설하는 좋은 목적으로 활용되어 산이 많은 일루리곤에 교통로를 열어 주었다.

바울이 일루리아라는 말을 사용했다면, 그의 용어는 가장 서쪽에 있는 디르하키움까지 확장된 자신의 마게도냐 사역을 가리키는 것으로 생각할 수 있다. 바울이 경계를 넘어 로마의 속주인 일루리곤에 들어가는 것을 의미할 때는 일루리곤이라는 라틴식 명칭을 사용한다. 바울이 그렇게 하는 이유 — 라틴어를 사용하는 환경에 익숙해지기 위한 것 — 는 이미 눈앞에 다가와 있었다. 그러나 단순히 일루리곤을 언급한 것을 제외하고는 바울이 일루리곤을 방문했을 때 일어난 일에 대해서는 아무 것도 알려져 있지 않다.

2. 에베소 사역을 마치고

바울이 에베소 사역을 마친 다음의 기간에 대해서 누가는 아주 간단한 말로 요약하고 있다(행20:1-3a).

소요가 그치매 바울이 제자들을 불러 권한 후에 작별하고 떠나 마게도냐로 가니라 그 지경으로 다녀가며 여러 말로 제자들에게 권하고 헬라에 이르러 거기 석 달을 있다가...

그러나 바울이 에베소를 떠난 후부터(아마도 주후 55년 여름) 헬라에서(즉, 아가야 지방 더 구체적으로는 고린도에서) 석 달을 지낼 때까지의 시간 간격은 누가의 요약에서 추측할 수 있는 것보다 훨씬 더 긴 기간이었던 것으로 보인다. 열여덟 달이라고 추측한다고 해도 지나친 것은 아니다. 이 기간의 초반에는 고린도, 마게도냐, 아시아 지방 사이를 이리저리 여행하는 기간으로써 고린도후서에 언급되어 있는 몇몇 서신 왕래를 위한 배경을 이루고 있다. 그러므로 바울이 서부 마게도냐와 일루리곤을 다녀왔을 가능성이 있다.

더욱이 목회 서신들에는 헬라 세계의 다른 곳을 방문했다는 암시들이 있는데, 이 서신들을 연구한 몇몇 연구자들의 의견으로는 이 기간에 그랬을 가능성이 가장 높다는 것이다. 목회 서신들에 대한 비평과 주석은 너무도 많은 문제들로 에워싸여 있기 때문에 이러한 암시들이 확실하다고 할 수는 없다. 하지만 이러한 방문들이 로마에서 집에 연금되어 감금 생활을 했던 두 해 동안에 일어났다고 하는 것보다 위에서 말한 기간에 일어났다고 말하는 것이 더 가능성이 높다고 하겠다.[12] 예를 들면, 헬라의 서쪽 해안에 있는 니고볼리가 일루리곤에서 돌아오는 길에 겨울을 지낼 수 있는 가장 편리한 곳이라는 점에서, 디도서 3:12에서 니고볼리(Nicopolis)〔악티움 해전의 승리를 기념하기 위하여 아구스도가 에피루스(Epirus)에 건설한 로마의 식민시〕에서 겨울을 보낼 계획이라고 바울이 언급하고 있다는 사실을 별 근거도 없이 바울의 일루리곤 방문과 연결시켜 왔다.[13]

이보다 더 근거가 없는 것은 그레데 섬이 아직 복음화되지 않고 있었다면 바울이 "이 지방에 일할 곳이 없고"라는 말을 했을 리 없다고 주장하는 것이다 — 이 말에 내포되어 있는 의미는 이러한 말을 로마의 교인들에게 하기 이전의 기간 동안에 바울은 디도와 함께 그레데 섬을 방문하였으며 그후 자기들이 함께 시작한 선교 사역을 계속하고 그 섬에 교회의 삶을 조직하도록 디도를 남겨 놓았다는 것이다(딛1:5).[14] 그러나 이 기간 동안의 바울의 행적에 대하여 우리는 잘 알지 못하지만, 그래도 이때에 그레데 방문이 있었다고 하기는 무척 어려운 것 같다.

우리가 에베소 사역이 끝나갈 무렵부터 바울의 행적을 추적할 수 있는 한도 내에서 매우 임시적이긴 하지만 그 행적을 일람표로 만들어보면 다음과 같다:[15]

주후55년	봄	고통스러운 고린도 방문; 바울은 디도 편으로 엄중한 서신("고린도 C서")을 보내다.
	여름	아시아에서 죽을 고비를 넘김; 바울이 에베소를 떠나다.
	늦여름	드로아에서

---

12) J. A. T. Robinson, *Redating the New Testament*(London, 1976), pp. 67-84와 *Can we trust the New Testament?*(London, 1977), pp. 65 f를 참조하라.
13) G. S. Duncan, *St Paul's Ephesian Ministry*(London, 1929), pp. 217 ff.를 참조하라.
14) J. M. Gilchrist에 따르면, "그레데는 그때까지 복음화되었음에 틀림없다. 그렇지 않다면 바울이 로마서 15:23에서 말하는 것은 허튼 말이 된다"(*The Authorship and Date of the Pastoral Epistles*(unpublished Ph. D. thesis, University of Manchester, 1966), p. 189. 그는 그레데의 복음화와 이 기간 디도의 선교가 이 시기에 이루어졌다고 본다. J. V. Bartlet는 주후59년 바울이 로마로 가는 도중에 그레데 섬에 잠시 들른 후에 디도의 선교가 이어졌다고 보았다(행27: 7-13). 디도서는 " 바울이 로마로 가는 도중에 그의 배가 잠시 미항(Fair Havens)에 정박했을 때 디도를 그레데에 떨어뜨려 놓고 로마에 도착한 후에" 쓰여졌다 ("The Historic Setting of the Pastoral Epistles", *Expostior*, series 8, 5 (1913), p. 327〕.
15) G. S. Duncan, "Chronological Table to illustrate Paul's Ministry in Asia", *NTS* 5 (1958-59), pp. 43 ff를 참조하라.

	10월	바울이 마게도냐를 향해 드로아를 떠나서 디도를 만나 화해의 서신("고린도 D서")을 보내다.
55-56년	겨울-봄	마게도냐에서; 고린도에 나타난 방해자들에 관한 소식을 듣다. 바울이 책망의 서신을 보내다("고린도 E서")
56년	이름	일루리곤에서
	가을	마게도냐에서(?)
57년	1월-4월	고린도에서

3. 예루살렘 교회를 위한 모금 활동

바울의 서신들에는 이 기간 동안 바울의 행적에 관한 한 가지 확실한 사실이 나타나 있다 — 바울은 이 수 개월 동안 마게도냐와 아가야에 있는 교회들이 예루살렘 교회를 위하여 모금한 연보를 마무리하는 일에 굉장한 열정을 쏟았다. 바울은 이 모금하는 일과 이 연보금을 해당 교회들의 사절들 편으로 예루살렘 교회에 무사히 전달하는 일에 엄청난 중요성을 부여했다.

바울의 선교 활동 초기에 바울과 바나바는 예루살렘 교회 지도자들과 모임을 갖고 이미 이방인 복음화 사역을 성공적으로 수행하고 있었던 이 두 사람들은 그 사역을 계속해서 수행하고 예루살렘 교회 지도자들은 유대인에 대한 선교 활동에 온 힘을 쏟기로 합의했었다. 이때 예루살렘 교회 지도자들은 바나바와 바울에게 계속해서 "가난한 자들"을 기억해 달라고 특별히 요청했다[16] — 이 요청은 안디옥 교회가 바나바와 바울 편으로 예루살렘 신자들에게 보냈던 기근구제 기금을 배경으로 하면 가장 잘 이해할 수 있다. 이러한 요청을 보고하면서 바울은 이것은 자기가 특별히 관심을 기울였던 문제라는 말을 덧붙인다. 에게해의 동쪽과 서쪽의 여러 지방들을 복음화하는 사역을 하는 동안 내내 바울의 마음속에는 이에 대한 생각이 떠나지 않았으며, 이 선교 기간이 끝나갈 무렵 바울은 갈라디아, 아시아, 마게도냐, 아가야에 있는 교회들에서 예루살렘 교회를 위한 구제 기금을 모으는 데 온 힘을 쏟았다.

우리는 고린도전서 16:1-4에 나와있는 고린도 교인들에 대한 지시에서 이 기금에 관한 내용을 처음으로 알게 된다. 바울은 그들에게 이에 대하여 말한 적이 있었으나 그들에게 좀 더 자세한 내용을 알리기를 원했다. 바울이 그들에게 말한 내용으로부터 우리는 바울이 이미 갈라디아 교회들에게도 이와 비슷한 지시를 했다는 것을 알 수 있다 — 아마도 바울이 유대와 수리아에서 에베소로 가는 길에 "갈라디아와 브루기아 땅"을 다녀갔던 주후 52년의

---

16) 갈 2:10(172쪽 이하를 보라).

늦은 여름에(행18:22 이하). 바울이 고린도에 보낸 서신 덕택에 우리는 다른 어떤 교회들보다도 고린도 교회에서 이 기금을 모으는 일에 대해서 더 자세하게 알게 되었다.

고린도의 신자들이 바울의 지시사항을 실행했다면, 각 가정의 가장(家長)들은 거의 열두 달 동안 매주마다 자기 수입의 일부를 비축해 두었을 것이고 그 다음 해 봄에는 교회에서 지명한 사절들이 그 연보금을 예루살렘으로 가져갈 준비가 되어 있었을 것이다. 그러나 그 서신을 쓴 지 얼마 지나지 않아 많은 고린도 교인들과 바울 사이에 긴장관계가 형성되었기 때문에 이 좋은 사업에 대한 그들의 열정은 식어버렸다. 다음 번에 바울이 그들에게 이 모금에 관하여 썼을 때(그가 디도 편으로 보낸 엄중한 서신으로 말미암아 화해하게 된 결과로), 바울은 그들이 자기의 지시사항을 따라 그 기금을 조직적으로 모아놓았을 것이라고 가정하고는 마게도냐 교회들에게 고린도 교회의 자발성을 본받으라고 했다고 그들에게 썼다. 그러나 행간을 읽는 사람이라면 금방 바울이 이 점에서 은밀한 불안을 느끼고 있었다는 것을 알 수 있다.

그래서 그는 고린도 교회가 이 연보금을 모으는 일을 마무리하는 것을 돕도록 디도를 두 명의 동료와 함께 고린도로 다시 보냈다. "내 말한 것같이 준비하게 하려 함이라 혹 마게도냐인들이 나와 함께 가서 너희의 준비치 아니한 것을 보면 너희는 고사하고 우리가 이 믿던 것에 부끄러움을 당할까 두려워하노라"(고후9:3 이하). 이미 살펴본 대로 아마도 신자들 가운데 몇몇이 이것은 그들에게 모금을 강요하는 교묘한 술책이라고 생각했다. 바울은 "공교한 자"이며 "궤계로" 자기들을 취하였다고 그들은 말했다(고후12:16).

바울이 이 문제를 살펴보도록 하기 위해 디도와 그의 동료들을 고린도로 보냈을 때, 바울 자신도 마게도냐에 머무르면서 그 지방의 교회들이 자기들의 몫을 다하도록 돕고 있었다. 지금은 오륙 년 전 바울이 마게도냐에 머무를 수 없게 만들었던 정치적 상황은 사라졌다. 아마도 이러한 상황의 변화는 주후 54년 황제가 교체되었던 것과 관련이 있었던 것 같다.[18] 그럴지라도 마게도냐 교회들은 한 동안 어려움의 기간을 겪어 왔었고 그 결과 생계에 위협을 받는 상태에서 살고 있었다. 그래서 바울은 그들에게 자기들보다 사정이 더 나쁘지 않았던 동료 기독교인들을 위하여 구제 헌금을 하도록 요청하기가 어려웠다. 그러나 그들은 구제헌금을 하겠다고 고집하였고 바울은 그들의 삶 속에서 하나님의 은혜의 징표들이 이런 식으로 드러나는 것에 매우 감동을 받았다(고후8:2-4).

환난의 많은 시련 가운데서 저희 넘치는 기쁨과 극한 가난이 저희로 풍성한 연보를 넘치도록 하게 하였느니라 내가 증거하노니 저희가 힘대로 뿐 아니라 힘에 지나도록 자원하여 이 은

---

17) 고후 8:18이하, 22. 이들의 이름은 나와있지 않으며 그들이 누구인가를 밝히려고 해보아야 소용없다. 오리겐 시대 이래로 이들 가운데 한 사람("복음으로써 모든 교회에서 칭찬을 받는 자")은 누가 일 것이라고 자주 사람들의 입에 오르내렸으나 이것은 극히 의심스러운 추측이다(Eusebius, Hist. Eccl. vi. 25. 6).

18) 257쪽을 보라.

혜와 성도 섬기는 일에 참여함에 대하여 우리에게 간절히 구하니

그들이 이토록 풍성하게 연보를 한 것은 자신들을 주님께 바쳤기 때문에 자기들의 재산 (있는 만큼)도 마찬가지로 주님의 것이라는 것을 당연한 일로 생각하였기 때문이라고 바울은 덧붙입니다. 그는 마게도냐 교인들이 궁핍한 가운데서 연보를 했던 것보다 고린도 교인들이 상대적으로 부요한 가운데서 더 많이 연보를 하도록 격려하기 위하여 고린도 교인들에게 보내는 서신에서 이렇게 마게도냐 교인들을 칭찬하였던 것이다.

현존하는 바울 서신들에서 이 구제 기금에 대해 언급하고 있는 곳이 또 한 곳 있다. 이 언급은 바울이 세우지 않았고 따라서 모금 계획에 들어있지 않았으며 실제로 그 계획에 대한 사전 지식이 없었던 교회에 대한 서신에 들어있기 때문에 특히 유익하다. 서바나로 가는 길에 그 성읍을 방문하고자 하는 자신의 의도대로 그들을 준비시키기 위하여 로마 기독교인들에게 서신을 쓰면서 바울은 이 구제 기금을 모으는 사업은 자기가 서쪽으로 여행을 떠나기 전까지 끝나야 한다고 그들에게 말한다(롬15:25-28).

그러나 이제는 내가 성도를 섬기는 일로 예루살렘에 가노니 이는 마게도냐와 아가야 사람들이 예루살렘 성도 중 가난한 자들을 위하여 기쁘게 얼마를 동정하였음이라 저희가 기뻐서 하였거니와 또한 저희는 그들에게 빚진 자니 만일 이방인들이 그들의 신령한 것을 나눠 가졌으면 육신의 것으로 그들을 섬기는 것이 마땅하니라 그러므로 내가 이 일을 마치고 이 열매를 저희에게 확증한 후에 너희에게를 지나 서바나로 가리라.

예루살렘 교회의 성원들은 이스라엘의 남은 자이며 동시에 새 시대에 하나님의 백성의 핵(核)이므로 그 누구보다도 특히(par excellence) "성도들"이다. 이방인 신자들이 "성도들"로 불릴 수 있다면, 그것은 그들이 유대인 계통의 "성도들과 동일한 시민"이 되었고 그들과 함께 "하나님의 권속"이 되었기 때문이다(엡2:19). 유대 기독교와 이방 기독교의 연대 특히 예루살렘 교회와 이방인 선교 사이의 교제를 공고히 하는 것은 바울의 주요한 관심사였고 바울이 구제 기금을 모금하는 것은 주로 이러한 목적을 증진시키기 위함이었다. 그는 예루살렘 교회의 많은 성원들이, 바울이 독립적으로 이방인 선교를 추진하는 것을 대단히 미심쩍은 눈으로 바라보고 있다는 것을 알고 있었다. 실제로 유대로부터 온 사람들이 바울의 선교지역에 침입해서 바울의 권위를 깎아내리고 예루살렘의 권위를 부과하기 위하여 이런 저런 방식으로 애를 썼던 적이 한두 번이 아니었다.

그러나 그들을 공격하면서도 바울은 예루살렘 교회나 그 지도자들을 비판한다는 인상을 주지 않기 위하여 세심하게 신경을 썼다. 반면에 이방인 신자들 가운데 많은 사람들은 어쨌든 자기들이 예루살렘 교회에 빚을 지고 있다고 생각하면 참을 수 없었을 것이다. 바울은 그들이 예루살렘에 실질적으로 빚을 지고 있다는 것을 인정하기를 원했다. 그 자신이 예루

살렘 교회의 성원이었던 적이 없었고 자기의 복음이나 사도직이 예루살렘 교회로부터 나왔다는 것을 극구 부인한 바울이었지만 그의 눈에 예루살렘 교회는 하나님 백성의 모교회로서 기독교 세계에서 독특한 지위를 차지하고 있었다. 바울은 자기가 예루살렘 교회와의 교제로부터 끊어진다면 자기의 사도적 활동은 소용없는 짓일 것이라고 생각했다.

예루살렘 교회가 바울의 생각에서 차지하는 비중이 그러하였기 때문에 바울로 로마 기독교인들에게 그때까지 자기가 사역한 범위를 이야기할 때 자기가 복음을 "예루살렘으로부터 두루 행하여 일루리곤까지"(롬15:19) 전했다고 했던 것이다. 그가 일루리곤을 그때까지 자기가 사역한 지역 가운데서 가장 서쪽에 있는 지방으로 언급한 것은 당연하다. 그러나 그는 왜 예루살렘을 자기가 사역을 시작한 곳으로 거론하였을까?[19] 갈라디아 교회들에 보내는 서신에 나오는 자기 자신의 설명에 따르면 바울은 다메섹과 아라비아에서 자신의 사역을 시작하였다.[20] 그런데도 바울에게는 어느 정도 — 누가에게는 절대적으로[21] — 예루살렘은 복음이 시작된 곳이었다. 아마도 이 두 사람은 이 점에서 이사야 2:3과 미가 4:2에 보존된 하나님의 계시(oracle)가 성취되었음을 알고 있었을 것이다.

  율법이 시온에서부터 나올 것이요
  여호와의 말씀이 예루살렘에서부터 나올 것임이라.

예루살렘이 바울을 존중했던 것보다 바울은 훨씬 더 예루살렘을 존중했음이 틀림없다.

바울과 그의 이방 선교에 관한 예루살렘 교회의 의구심에 대해서 말하자면, 이 의구심을 가라앉히는 데 있어서 바울이 예루살렘 신자들에게 가져갈 계획이었던, 이방 선교에 대한 하나님의 축복의 명백한 증거 — 예루살렘에 대한 이방 교회들의 실제적인 관심을 나타내는 물질적인 선물만이 아니라 그 연보금을 전하기 위한 목적으로 파견된 각 교회들을 생생하게 대표하는 사절들 — 보다 더 좋은 방법이 있었을까? 바울은 고린도에 있는 교우들에게 편지하면서 예루살렘의 동료 기독교인들이 감동을 받아 "하나님의 너희에게 주신 지극한 은혜를 인하여"(고후9:14) 그들에게 깊은 형제애를 갖게 될 것이라는 희망을 그들에게 심어준다. 실제로 모든 의구심이 사라졌다는 것은 그때 이미 알 수 있었던 결과가 아니었다 — 바울은 로마 신자들에게 "예루살렘에 대한 나의 섬기는 일을 성도들이 받음직하게"(롬15:31) 하도록 기도해 달라고 부탁하고 있다 — 그러나 이러한 일로도 그들의 의구심을 가라앉힐 수 없다면, 그 의구심은 그 어떤 것으로도 가라앉힐 수 없는 일이었다.

아마도 바울은 이방인 신자들이 이러한 선물들을 가지고 예루살렘에 나타나는 모습을 예

---

19) F. F. Bruce, "Paul and Jerusalem", *Tyndale Bulletin* 19(1968), pp. 3-25를 참조하라.
20) 갈 1:17.
21) 참조, 눅 24:47,52이하. 행 1:4,8,12; 2:5,14 등
22) 참조, 사 2:1이하. 습 3:9이하.

루살렘에 오는 "열방의 재물"과 여호와의 "성산"에 "여호와께 예물로 드릴 것"을 가져오는 모든 형제들에 관하여 말한 히브리의 예언들을 상징적으로 성취하는 것으로 보았을 것이다 (사60:5; 66:20).[22] 그러나 바울이 그러한 예언들을 염두에 두고 있었다면, 예루살렘 교회의 지도자들도 그것들을 염두에 두고서 바울과는 전혀 다른 결론을 끌어내었을 것이다. 원래의 문맥에서 열방의 재물은 예루살렘의 최고성(supremacy)을 인정하고 이방인늘이 예루살렘으로 가져오는 공물이다. 바울의 생각에는 이방인 신자들이 예루살렘 교회를 구제하기 위하여 모은 연보금은 기독교인으로서의 은혜와 감사의 표현으로서 자발적인 선물이었지만, 그것을 받는 사람들은 그 연보금을 다윗의 자손(the Son of David)의 이방인 신민들이 당연히 바치는 공물로 여겼을 것이라는 사실을 익히 짐작할 수 있다.[23]

더욱이 이 구제 기금에 바울이 관심을 쏟는 데는 매우 강력한 개인적인 요인이 있었다. 이방인 사절들이 그들의 제물을 예루살렘에 가져올 것이었으나, 그 이방인 사절들은 모교회가 아니라 오래 전에 바울을 이방인들의 사도로 부르셨던 주님께 드리는 바울 자신의 제물이었다. 바울의 사도직 수행에 있어서 중요한 국면들은 이제 끝이 났다. 새로운 단계를 시작하기 전에 바울은 지금까지 수행했던 자신의 청지기 직무를 결산하여 보고하고 싶었다. 그는 자신의 청지기 직무를 "제사장 직무"로 여겼고 이제 막 예루살렘에서 "인치기"로 되어 있었던 그 직무의 열매인 "이방인들을 제물로 드리는 그것"이 "성령 안에서 거룩하게 되어 받으심직하게" 되기를 원했다(롬15:16).

할례를 받지 않았다 하여 이방인 신자들을 부정(不淨)하다고 비난하고서 하나님의 백성에서 배제한 사람들이 있었다. 그러나 바울은 이방인 신자들이 믿음으로 말미암아 깨끗케 되었으며 "주 예수 그리스도의 이름과 우리 하나님의 성령 안에서" 씻김을 받고 거룩하게 되고 의롭게 되었다는 것을 알고 있었다(고전6:11). 그래서 그들은 어느 히브리 예언자가 표현한 대로 이방 선교로 말미암아 그 이름이 "이방 민족 중에서 크게" 된 하나님께 드릴 "순전한 제물"로서 손색이 없었다(말1:11).

바울은 이 제물을 예루살렘이 아닌 다른 곳에서 드린다는 것은 생각도 할 수 없었다. 그래서 예루살렘으로 바울은 이방인 신자들을 대표하는 무리를 데리고 갔다. 그의 마음속에는 수년 전에 주님께서 환상 가운데서 자기에게 나타나셔서 "내가 너를 멀리 이방인에게로 보내리라"(행22:21)고 말씀하셨던 바로 그곳 성전 경내에서 자신의 사도직 수행을 결산 보고하고 다음 단계의 사역을 위해 스스로를 다시 봉헌하려는 생각이 있었을 것이다.[24] 바울이 전도한 신자들은 성전에까지 바울을 따라 들어올 수는 없었겠지만, 바울은 거기에서 영적으로 지금까지 자신의 증거로 말미암아 믿게 되었던 "이방인들을 봉헌하는 일"을 필하고 장래를 위한 은혜와 힘을 구할 수 있었을 것이다.

---

23) K. Holl, "Der Kirchenbegriff des Paulus in seinem Verhältnis zu dem der Urgemeinde", *Gesammelte Aufsätze zur Kirchengeschichte* ii(Tübingen, 1928), pp. 44 ff., 특히 pp. 58 ff.를 참조하라.
24) 160쪽을 보라.

그는 정말로 자기가 계획하고 있는 서바나 복음화를 마치고 돌아오는 그 날에 서부 지중해에서 새로운 이방인 헌물을 가지고 예루살렘에 다시 돌아와서 자신의 청지기 직무에 대한 마지막 결산 보고를 하겠다는 소원을 드렸을 것이다. 우리가 알고 있듯이 이것은 소원대로 되지 않았다. 그러나 바울은 임박한 예루살렘 방문에서 무엇이 자기를 기다리고 있는지를 알 수 없었다. 그는 어려움이 있을 것이라는 것쯤은 내다보았다. 그래서 바울은 "나로 유대에 순종치 아니하는 자들에게서 구원을 받게" 하나님께 기도해 달라고 로마의 신자들에게 요청했던 것이다(롬15:31). 그러나 이번의 예루살렘 방문은 종말에 예루살렘이 수행하기로 되어 있는 역할의 일부를 목도하는 것일 뿐이었다. 왜냐하면 예루살렘은 복음이 시작되는 장소일 뿐만 아니라 세상을 향한 하나님의 구원 계획이 절정에 달하는 장면이 연출될 장소였기 때문이다.[25]

바울이 반대를 어느 정도 예상했던 "유대에 순종치 아니하는 자들"조차도[26] 이방인 신자들을 대표하는 이방 땅에서 온 아주 많은 사절들이라는 눈에 보이는 증거로 말미암아 감명을 받을 것이다.[27] 자기가 전도한 신자들과 그들의 선물들을 싣고 유대를 향해 항해를 떠날 준비를 하고 있을 바로 그때에 바울은 하나님의 계획 속에서 자신의 이방인 선교와 이스라엘의 궁극적인 구원의 관계는 무엇일까를 깊이 생각하고 있었다. 이것은 또한 그가 로마서에서 자신의 생각을 밝히고 있는 주제이기도 하다.[28] 이 서신은 유대를 향하여 떠나기 직전인 주후 57년 초에 고린도에서 가이오의 집에 머무르는 동안 보낸 것이었다. 로마 교인들에게 예루살렘 교회를 위한 모금을 이야기하면서 다만 이 모금에 참여한 마게도냐와 아가야에 있는 교회들만을 언급한 것은 아마도 이 두 지방이 당시 바울이 생각하고 활동하고 있던 지역이었기 때문일 것이다. 그는 소아시아에 있는 교회들에서 모금하는 일을 마무리하기 위하여 그 일을 소아시아의 동료들에게 맡겨 두었던 것이다.

하지만 로마서에서 바울은 예루살렘의 문제 자체와 아울러 예루살렘을 위한 모금의 문제도 자신의 판단으로 가장 적절하다고 생각한 문맥, 즉 인류를 향한 하나님의 구원 계획이라는 문맥 속에서 다루고 있다.

---

25) 참조. 롬 11:26, "구원자가 시온에서 오사"(사14:7/53:6과 사59:20을 혼합하여 인용한 것);362쪽을 보라
26) 롬 15:31.
27) 또한 K. F. Nickle. *The Collection:A Study in Paul's Strategy*(London, 1966). D. Georgi, *Die Geschichte der Kollekte des Paulus für Jerusalem*(Hamburg, 1965)를 참조하라.
28) 롬 9-11장, 특히 11:13이하.

제 29 장

바울이 전한 복음

1. 믿음으로 말미암는 의

바울이 에게해 일대의 사역을 마친 후 서바나로 가는 도중에 제국의 수도를 방문하고 싶다는 자신의 의도를 로마 기독교인들에게 전하기 위해 로마서를 썼을 때, 그는 서신의 주요 부분을 할애하여 자기가 이해하고 선포했던 복음을 체계적으로 드러내는 내용을 쓰는 것이 좋겠다는 생각을 하였다. 바울은 로마에 안주할 생각도, 자기가 닦지 않은 터에 집을 지을 생각도 없었지만, 그는 이방인 세계의 다른 곳에서와 마찬가지로 로마에서도 "열매를 맺게 하려고" 비록 제한된 체류기간 동안이나마 로마에서 복음을 전할 기회를 갖기를 원했다. 그리고는 바울은 이렇게 덧붙인다. "내가 복음을 부끄러워하지 아니하노니(이것은 나는 복음을 나의 자랑으로 여긴다는 뜻이다) 이 복음은 모든 믿는 자에게 구원을 주시는 하나님의 능력이 됨이라. 첫째는 유대인에게요 또한 헬라인에게로다 복음에는 하나님의 의가 나타나서 믿음으로 믿음에 이르게 하나니 기록된 바 오직 의인은 믿음으로 말미암아 살리라 함과 같으니라"(롬1:16이하).[1)]

바울은 여기서 인용한 하박국 2:4b의 말씀("의인은 그 믿음으로 말미암아 살리라")을 이

---

1) C. K. Barrett, "I am Not Ashamed of the Gospel", in *Foi et Salut selon S. Paul=Analecta Biblica* 42(1970), pp. 19-50를 참조하라. 히브리서 10:37이하에서는 하박국 2:4b이(그 문맥의 일부로) 인용되어 있는데, 거기서 강조하는 의미는 원래의 신탁과 매우 가깝다.

전에도 이와 동일한 의미를 강조하면서 갈라디아서 3:11에서 인용한 적이 있었다. "하나님 앞에서 아무나 '율법으로 말미암아' 의롭게 되지 못할 것이 분명하니 이는 의인이 '믿음으로' 살리라 하였음이니라". 갈라디아서에서 이 말씀은 계속되는 논증 가운데서 인용되는 반면에 로마서에서 이 말씀은 복음에 대한 해설에 앞선 도입부에 나와서 해설을 위한 본문 역할을 한다. 바울이 갈라디아 교인들에게 편지를 쓰면서 힘주어 강조하는 것처럼 복음이라는 이름으로 합당하게 불릴 수 있는 복음은 단 하나 있으며 그 복음은 바울이 로마서에서 제시하고 있는 복음과 동일한 것이다.

그러나 로마서에 제시되어 있는 복음은 훨씬 더 체계가 잡혀있고 상세한데, 그것은 갈라디아 교회들의 초신자들이 자기들이 처음 받았던 복음이 아니라 사실은 전혀 복음이 아닌 다른 복음을 맞아들이라고 설득당하고 있는 상황에서 그들을 향해 느꼈던 강렬한 염려와 같은 그러한 압박감을 바울은 지금 느끼고 있지 않은 상태에서 쓰고 있기 때문이다. 이 두 서신의 관계는 자주 인용되는 라이트푸트(J. B. Lightfoot)의 말 속에 잘 요약되어 있다:

> 로마서가 완성된 동상(銅像)이라면 갈라디아서는 대강 거칠게 만든 모형이다. 아니 내가 오해의 소지가 없이 비유를 사용할 수 있다면, 갈라디아서는 로마서에서 다각도로 다루고 있는 단일한 형상에 대한 소묘적인 연구이다. 사도는 갈라디아 교인들의 행태에 격분하여 유대교의 완고한 틀에 타격을 가한 복음을 향한 자신의 열심으로 불붙은 최초의 진지한 생각들을 거침없이 터트린다. 바울은 로마 교인들에 대해서는 아무런 직접적인 대적도 없고 아무런 상황의 압박도 없는 가운데 여유를 갖고 유대인과 이방인을 모두 고려하는 가운데 이전의 서신의 가르침을 설명하고 완성하고 확장한다. 갈라디아서에서는 개교회의 특수한 필요에 따라 개인적이며 부분적인 문제로 다루어졌던 것이[2] 로마서에는 일반화되고 질서 정연하게 배열되어 종합적이고 체계적인 논문을 이루고 있다.[3]

갈라디아서에서 바울은 사람들은 율법을 지킴으로써가 아니라 그리스도에 대한 믿음으로 말미암아 하나님 앞에서 의롭다 하심을 받으며 이 칭의(稱義)는 공로의 대가가 아니라 은혜의 선물로서 하나님께서 그들에게 주시는 것이라고 힘주어 강조했다. 로마서에서 바울은 이 칭의 교리를 좀더 넓은 문맥 속에서 논하지만 갈라디아서에서와 마찬가지로 그 가르침에 근본적으로 중요한 위치를 부여한다. 믿음으로 말미암아 의롭게 된다는 교리는 바울 신학이라는 화산에서 "보조적인 분화구"이며 그 교리는 갈라디아 선교지역을 유대주의화하기 위하여 침입한 자들에 대항하는 변증 속에서 처음으로 형성되고 사용된 병기라는 주장은[4] 바울이

---

2) 더 정확히 말한다면 교회들의 특정한 무리들의 특별한 필요에 의해.
3) J. B. Lightfoot, *St. Paul's Epistle to the Galatians*(London, 1865), p. 49. 로마서가 더 여유있게 쓰여졌으며 문학적인 성격을 갖고 있다는 것은 이를테면 가상의 비판자의 입을 빌어 반론을 제기한 다음에 그것을 여지없이 논파해 버리는 '디아트리베' 형식의 문체를 사용하고 있다는 데서도 잘 나타난다.
4) A. Schweitzer, *The Mysticism of Paul the Apostle*, E. T. (London, 1931), pp. 219-226.

로마의 기독교인들에게 나눠주고 있는 체계적인 복음 해설에서 칭의 교리를 훨씬 더 차분한 가운데 그 중요성을 강조하고 있다는 사실을 살펴볼 때 그 허구성이 저절로 드러난다.[5] 실제로 이미 말했듯이[6], 이 교리는 바울이 회심하기 직전까지 헌신해 왔던 율법이 하나님께 받아들여지기 위한 토대로서 부적합하다는 것을 번쩍이는 빛 가운데서 깨닫게 된 바울의 회심 체험의 논리 속에 이미 함축되어 있었다. 그 동일한 빛 속에서 바울은 다른 토대 ─ 스스로 말한 대로 "내가 하나님의 교회를 핍박하였으므로"(고전15:9) 하나님을 섬기기에 부적합한 자의 죄를 없애 주시고 자기를 불러 그를 섬기도록 하신 하나님의 용서하시는 은혜라는 토대 ─ 위에서 하나님께 자신이 받아들여졌다는 것을 확실히 알게 되었다. 이런 체험이 있기 때문에 바울은 로마 교인들에게 스스로를 그리스도로 말미암아 "그 이름을 위하여 모든 이방인 중에서 믿어 순종케 하기" 위하여 "은혜와 사도의 직분"을 받은 자로 소개할 수 있었다(롬1:5).

2. 보편적인 필요

바울은 인류에게 어떤 소망이 있다면 그것은 복음 메시지를 모두가 필요로 한다는 것임을 강조함으로써 자신의 복음을 해설할 배경을 설정해 놓는다. 인류는 하나님 앞에서 도덕적으로 파산했다고 바울은 단정적으로 말한다. 이 점에서 이방인과 유대인은 그 둘 사이의 모든 차이에도 불구하고 동일 평면 위에 서 있다.

이방인들의 도덕적인 파산을 확증하기란 그리 어렵지 않았다. 알렉산드리아의 지혜서와 아리스테아스의 편지(the Letter of Aristeas)에서 볼 수 있듯이 유대인들 가운데서도 "저 험악한 이방인 세계"의 타락상을 묘사하는 문체는 이미 표준화되어 있었다. 바울은 이러한 문체를 취해서 이방인들의 상태는 역사 속에서 하나님의 보응 과정의 실행이라는 자신의 목적에 맞게 그것을 바꾸어 사용한다. 이러한 비침한 상태를 가져온 뿌리는 우상숭배 ─ 피조물을 창조주보다 더 섬기는 것 ─ 라고 그는 말한다.[7] 우상숭배는 잘 모르고 범한 실수가 아니었다. 하나님이 만드신 만물 속에서 하나님을 참으로 알 수 있기 때문에 인간이라면

참조. W. Wrede. *Paul*, E. T. (London, 1907), pp. 122 ff.. W. Heitmüller, *Luthers Stellung in der Religionsgeschichete des Christentums*(Marburg, 1917).p. 19 f.
5) 참조. E. Käsemann, *Perspectives on Paul*, E. T. (London, 1971), pp. 60 ff.. G. Bornkamm, *Paul.* E. T. (London, 1971), pp. 115 ff.. R. Y. K. Fung, *The Relation between Righteousness and Faith in the Thought of Paul*(unpublished Ph.D. thesis, University of Manchester, 1975).
6) 206쪽을 보라.
7) 참조, 지혜서 14:12, "우상들을 만들겠다는 생각이 음행의 시작이었으며 우상들을 창출해 낸 것이 삶의 타락이었다".

마땅히 해야 하는 하나님과의 연합을 하지 않은 사람들은 변명할 여지가 없었다. 우상숭배로부터 특히 유대인의 눈에 이방인들의 잘못된 행실 중에서 가장 불쾌한 특징이었던 성적인 타락을 비롯한 다른 모든 형태의 빗나간 행위들이 생겨났다. 보응의 원리는[8] 하나님께서 사람들을 그들이 자유롭게 선택한 행위들로 인해 자연스럽게 맺는 결과들에 그대로 내버려두셨다는 것이다. 그래서 그들은 양심이 무디어져서 그러한 행위들을 즐길 뿐만 아니라 자신의 행위를 그럴듯한 도덕적인 이론을 통하여 합리화시켰다.

이러한 묘사는 다른 유대 문헌에서 뿐만 아니라 당시의 이방인 문헌에도 나와있다. 헬라와 로마의 도덕주의자들은 그러한 당시의 풍조를 바울과 마찬가지로 가차없이 정죄할 수 있었지만 그렇다고 해서 그들이 그와 같이 만연되어 있는 죄악에 빠져있지 않은 것은 아니었다. 다른 사람들을 정죄함으로써 그들은 스스로를 정죄했다. 그들도 다른 사람들이 범한다고 한탄했던 죄악들과 본질적으로 다르지 않은 행태를 통하여 죄를 범하고 있었기 때문이다.[9] 이방인 세계에서 재판자리에 앉은 도덕주의자가 이방인이 아니라 유대인이었다 하더라도 결코 나은 것이 없었다. 유대인은 만드신 만물과 내면의 양심의 소리에서만이 아니라 이스라엘의 율법에 주어진 특별한 계시를 통해서도 하나님을 아는 지식을 받았었기 때문에 유대인의 책임은 오히려 더 컸다. 유대인이 자기가 받은 율법을 지키지 않았다면, 그의 죄는 더욱 중했다. 제한적이나마 "본성으로" 선악을 판별하여 자신의 삶을 영위한 이방인은 율법을 통하여 하나님의 뜻을 훨씬 더 분명하게 알고도 율법대로 살지 못한 유대인보다 더 칭찬을 받을 것이다.[10]

이방 세계에서 몇몇 유대인들의 행실이 하나님의 이름을 욕되게 했다는 것은 당시에 흔히 들을 수 있는 소문이었다(우리는 로마의 유대인들이 유대교로 개종한 부유한 이방인이 예루살렘 성전을 위해 바친 자산을 횡령함으로써 주후 19년 디베료 황제에 의해 유대인들이 로마에서 추방되는 사건이 벌어졌다는 것을 생각해볼 수 있다).[11] 유대 역사에서 누렸던 모든 종교적인 특권 — 어떠한 유대인도 멸시하지 않았던 특권들 — 에도 불구하고 유대인들은 이방인들과 마찬가지로 하나님 보시기에 도덕적으로 파산했다. "모든 사람이 죄를 범하였으매 하나님의 영광에 이르지 못하는" 것이기 때문에 "차별이 없느니라"(롬3:22 이하).

---

8) 참조, G. Bornkamm, "The Revelation of God's Wrath", E. T. in *Early Christian Experience*(London, 1969), pp. 47-70.
9) 바울의 동시대인인 세네카는 좋은 예를 제공해 줄 것이다. 그는 선한 생활에 대하여 아주 효력있게 글을 썼기 때문에 터툴리안 같은 기독교적 강경주의자도 그를 가리켜 "흔히 우리들 가운데 한 사람"이라고 묘사했다(*De anima*,20). 그는 위대한 도덕적 덕목들을 높였고, 위선을 밝혀냈으며, 만인의 평등을 설교했고, 죄의 전염성을 인정했으며, 매일 자신을 돌아보라고 거듭 가르쳤으며 스스로 실천했고, 세속적인 우상숭배를 비웃었으며, 윤리적 지침의 역할을 자처했다—그런데도 그는 자신이 정죄했던 그 악덕과 그렇게 다르지 않은 악덕들을 자기 자신 안에 너무도 자주 받아들였다.
10) 롬 2:12-16, 26-29.
11) 롬 2:21-24. 참조, Josephus, *Ant*, xviii.81 ff.

3. 구원의 길

유대인이나 이방인을 위하여 어떤 구원이 있다고 한다면, 그것은 윤리적인 업적이 아니라 하나님의 은혜를 기반으로 하여야 한다. 유대인과 이방인이 똑같이 필요로 하는 것은 사실 하나님의 사면 행위로 말미암아 전과(前科)가 말소되고 자기 자신의 공로가 아니라 하나님의 자발적인 자비로 말미암아 하나님께 받아들여졌다는 확신을 갖는 것이다. 이러한 필요를 위하여 하나님은 그리스도 안에 어떤 길을 예비하셨다. 그리스도의 구속 사역 덕분에 사람들은 하나님 앞에 "결백한 몸으로(in the clear)" 설 수 있다. 그리스도께서 자기희생과 죽음을 통하여 인류의 죄에 대한 모든 대가를 치르신 분으로서 복음 속에서 사람들 앞에 제시되어 있기 때문이다. 이렇게 하여 확보된 속죄의 은혜는 믿음으로 말미암아 얻어질 수 있다 — 오직 믿음으로 말미암아. 그래서 하나님은 자신의 의로움을 포기함이 없이 유대인이든 이방인이든 예수를 믿는 모든 자들을 자기 앞에서 의롭다고 받아들이신다.[12]

아브라함의 모범은 매우 시사적이다. 아브라함조차도 바로 믿음으로 말미암아 하나님께 받아들여졌다. 성경은 "아브라함이 여호와를 믿으니 여호와께서 이를 그의 의로 여기시고"(창15:6)라고 말한다. 아브라함도 결코 예외가 아니었다. 이와 마찬가지로 다윗도 "여호와께 정죄를 당치 않은 자"(시32:1이하)의 행복을 선포한다.[13] 아브라함에 있어서 그가 할례를 받기 훨씬 전에 그의 믿음이 그에게 의로 여김을 받았다는 점은 아주 중요하다. 이것은 믿음으로 말미암아 의롭게 되는 길이 결코 할례에 좌우되는 것이 아니며 유대인과 마찬가지로 이방인에게도 열려있는 길이라는 것을 보여주기 때문이다. 그래서 아브라함은 인종과 상관없이 모든 믿는 자들의 영적인 조상이다. 그리고 그의 믿음이 그에게 의로 여김을 받았다는 증언은 마찬가지로 그리스도의 죽음과 부활에서 자신의 구원의 능력을 나타내신 하나님을 믿는 모든 자들에게는 그들의 믿음이 의로 여김을 받을 것이라는 것을 의미한다.[14]

그래서 하나님을 믿는 자들은 그의 의(義)의 선물을 받을 뿐만 아니라 아울러 평안과 기쁨과 영광의 소망을 받는다. 무엇보다도 그들은 그들 안에 내주하셔서 능력을 주시는 성령을 받으며, 성령으로 말미암아 그들의 마음은 하나님의 사랑으로 넘쳐 흐르게 된다. 이 모든 축복들과 말로 다할 수 없는 기쁨이 되시는 하나님과 함께 그들은 믿음의 삶을 에워싸는 환난들을 기쁜 마음으로 견디어낼 수 있다. 영광의 소망에 관하여는 자기를 주시는 그리스

---

12) 롬 3:21-30.
13) 창세기 15:6과 시편 32:2에서 "여기다"라는 동사가 우연히 일치하고 있다는 것은 랍비의 주석 원칙인 '게제라 샤와'("동일한 범주")에 따라 두 본문을 결합하여 해석했다는 것을 시사해준다(이와 같은 경우의 또 다른 예는 갈 3:10-14에서(199쪽 이하를 보라) "저주"라는 공통용어를 이용하여 두 본문을 결합해서 해석한 경우에 나타난다). 로마서 4:3-8에서 인용된 두 본문의 관계에 대해서는 A. T. Hanson, *Studies in Paul's Technique and Theology*(London, 1974), pp. 52 ff. 를 보라.
14) 롬 4:1-25.

도의 죽음에서 드러난 하나님의 사랑으로 말미암아 그들이 하나님과 화목케 되었다면, 그리스도의 부활하신 생명과 그들의 이 부활하신 생명에의 참예는 마지막 심판 때에 그들의 구원을 훨씬 더 확실하게 해줄 것이다.[15]

예전에 그들이 "아담 안에" 살며서 그의 불순종의 열매를 공유했을 때에는 그들은 죄와 사망과 결속하여 살았었다. 이제 이 옛 결속은 믿음의 사람들을 "그리스도 안에" 합체시켜 주는 의와 생명의 새로운 결속으로 대치되었다. 옛 본성은 소멸하고 있다. "마지막 아담"인 그리스도가 앞장 서서 이룬 새 본성이 형성되고 있고, 마지막 아담의 순종은 첫 아담의 불순종으로 말미암아 일어난 재난보다 더 많은 축복들을 이룰 것이다.[16] 존 칼빈(John Calvin)이 표현하고 있듯이, "확실히 그리스도의 구원의 능력은 아담의 파멸의 능력보다 훨씬 더 강하다."[17]

모세의 율법은 이러한 관계의 변화와 아무런 상관도 없다. 율법은 사람들의 잠재적인 죄악성이 특정한 계명들을 구체적으로 범함으로써 눈에 보이게 드러나도록 할 목적으로 도입되었다. 이것은 실제로 일어난 것이다. 율법은 죄의 증가를 가져왔다. "그러나 죄가 더한 곳에 은혜가 더욱 넘쳤나니"(롬5:20).[18]

4. 죄로부터의 자유

그렇다고 해서 은혜를 풍성하게 하기 위하여 신자들의 삶 속에서조차도 죄는 계속해서 증가하여야 한다고 주장해서는 안 된다(바울은 아마도 자기의 신자들 가운데서도 그렇게 주장하는 사람들을 만났을 것이다). 이러한 주장은 복음의 의미와 믿음의 삶을 파악하는 데 완전히 실패했다는 것을 보여준다. 그리스도를 믿는 자들은 새로운 삶으로 들어갔다. "죄에 대하여 죽은 우리가 어찌 그 가운데 더 살리요"(롬6:2). 이것이야말로 그들이 세례를 통하여 그리스도와 합한 것의 실제적인 의미이다. 옛 존재는 그리스도와 함께 죽고 "새 생명"(롬6:4)은 그리스도와 함께 부활한다. 이전처럼 죄에 대하여 종노릇하는 것이 아니라 신자들은 이제 죄로부터 해방되었다.

---

15) 롬 5:1-11.
16) 참조, K. Barth, *Christ and Adam*, E. T. (Edinburgh, 1956). J, Murray, *The Imputation of Adam's Sin*(Grand Rapids, 1959). R. Bultmann, "Adam and Christ according to Romans 5" in *Current Issues in New Testament Interpretation. Essays in Honor of O. A. Piper*, ed, W. Klassen and G. F. Snyder(New York, 1962), pp. 143-165. C. K. Barrett, *From First Adam to Last*(London, 1962).
17) J. Calvin, *Commentary on the Epistle of Paul the Apostle to the Romans*(Strasbourg, 1540), E. T. (Edinburgh, 1961), pp. 114 f.
18) 214쪽을 보라.

죄를 노예 주인으로 의인화한다면, 그의 종들은 주인이 살아있는 동안에는 그의 명령에 복종하여야 하지만 주인이 죽었을 때는 이 명령들은 더 이상 종들과 아무 상관도 없게 된다. 아니면 비유를 조금 바꿔서 새 주인이 이전 주인에게서 종들을 구입하여 그 종들을 해방시켰다면, 이전 주인은 이 종들에 대하여 아무런 권한도 갖고 있지 못하다. 죄는 더 이상 믿는 자들에 대하여 어떠한 권한도 갖고 있지 못하다. 그들은 이제 이전의 속박에서 그들을 해방시킨 하나님의 것이기 때문이다. 죄는 대가로서 죽음을 요구한 가혹한 주인이었다. 이에 비해 하나님은 그의 백성들에게 그리스도 안에 있는 영생을 값없이 주신다. 믿음으로 말미암아 그리스도와 하나된 사람에게 죄 안에 산다는 것은 말 자체가 이미 도덕적으로 모순이다.

5. 율법으로부터의 자유

율법은 하나님의 뜻을 밝혀줄 수는 있었지만 그것을 행할 능력이나 죄의 속박을 깨뜨릴 능력을 나누어 줄 수는 없었다. 그러므로 율법 아래 있으면서 하나님의 위엄과 권세를 깨닫는 동시에 죄의 지배하에 있는 것은 가능한 일이었다. 그러나 죄의 사슬를 깨뜨린 은혜의 행위는 동시에 율법의 속박하에 있는 사람들을 자유케했다. 이것은 많은 사람들이 위험한 교리라고 생각했음에 틀림없다. 그러나 바울은 자기 말의 의미를 분명하게 한다. 하나님의 은혜는 죄에 결박되어 있는 사람들을 자유케하지만 율법은 결코 그렇게 할 수 없다. 역설적으로 율법은 죄인들을 죄의 사슬에 더 확고하게 결박지어 놓는 데 도움을 준다.[19]

바울은 결혼에 의한 결합을 예증으로 들고 있다. 당시의 법과 관행을 언급하면서 — 로마의 것인지 유대의 것인지는 모르지만(아마도 로마보다는 유대의 것일 가능성이 더 높다), 바울은 죽음이 부부를 갈라놓을 때까지는 부인은 법적으로 남편에게 속박되어 있다는 점을 지적한다. 노예 주인과 종의 유비(類比)에서 노예 주인은 죄를 의미했고 이제 해방된 종은 신자를 가리켰다. 그런데 이 결혼 비유에서는 신자는 그리스도와 함께 죽음으로 말미암아 율법을 의미하는 이전의 남편에게 속박되어 있었던 결합으로부터 자유케 된 부인에 해당한다. 이제 이 결합은 깨뜨려졌고 신자는 자유케되어 그리스도와 연합하게 된다. 율법은 자신이 금한 바로 그 죄들을 범하도록 자극했지만, 그리스도와 합한 사람들은 의와 생명의 열매를 맺는다. 이 유비에는 난점들이 있지만,[20] 예증하기를 원하는 상황은 실제적인 삶에 속한다. 특히 바울은 율법으로부터 해방되어 그후로 "영의 새로운 것으로 섬길 것이요 의문의 묵은 것으로 아니하게"(롬7:6)된 체험을 스스로 했었다.

---

19) 212쪽 이하를 보라.
20) "비유"에서 죽는 쪽은 남편이고 부인은 자유롭게 되어 다른 남자와 결혼한다. 실제 상황에서는(남편에 해당하는) 율법에 대하여 죽는 것은(부인에 해당하는) 신자이다. 212쪽 이하를 보라.

율법을 알게 되면 죄에 대한 인식이 생기게 된다. 이러한 사실은 옛 타락 이야기에 보존되어 있다. 선악을 알게 하는 나무의 열매를 따먹지 말라는 계명이 그들에게 올 때까지는 이 인류 최초의 부부는 아무런 염려도 없는 삶을 살았다. 이 계명이 주어지자 신속하게 그 계명을 깨뜨리고자 하는 유혹이 찾아왔다. 그래서 이브는 유혹하는 자를 "나를 꾐으로 내가 먹었나이다"(창3:13)라고 말했다. 바울은 이 동일한 진리를 인류의 역사 속에서 볼 수 있었다. 율법을 주심은 생명의 길을 사람들에게 보여주기 위함이었다.

그러나 결과적으로 (율법이 작용하는 인간 본성의 연약함으로 인해) 율법은 죄를 증가시켰고 그럼으로써 죽음에 이르게 했다. 그래서 율법 아래 있는 개인에 있어서도(이에 대해 바울은 일인칭 단수를 사용하여 극적으로 묘사한다) 율법이 오기 전까지는 삶에는 아무 근심이 없었다. "탐내지 말라"와 같은 그러한 계명을 알게 되자 즉시 모든 종류의 탐심이 생겨났다. 계명은 선한 것이지만 죄는 그것을 나쁜 목적으로 이용한다. 이브와 마찬가지로 다시 한 번 "죄가 기회를 타서 계명으로 말미암아 나를 속이고 그것으로 나를 죽였는지라"(롬7:11)고 바울은 말한다.

율법 아래 있는 사람은 긴장 상태 속에서 살아간다. 그는 무엇이 옳은지를 안다. 그는 무엇이 옳은지를 인정한다. 그러나 그에게는 옳은 것을 할 수 있는 능력이 없다. 자기 안에서 작용하는 또 다른 권능, 내주하는 죄의 권능은 그로 하여금 자기 의지와는 달리 하나님의 법을 순종치 못하게 한다. 그는 이 기분 나쁜 권능에서 구원받기를 갈망하지만 그리스도로 말미암아 구원이 오기까지는 그 어떤 구원도 발견하지 못한다. 그리스도로 말미암은 구원이 오기까지 "내 자신이 마음으로는 하나님의 법을 육신으로는 죄의 법을 섬기노라"(롬7:25b).

6. 사망으로부터의 자유

그러나 그리스도로 말미암은 구원을 경험하게 되면 이러한 형벌적인 종노릇의 상태에 더 이상 머무를 필요가 없다. 그리스도 안에 있는 사람들은 성령을 받고, 그리스도의 성령은 그들을 내주하는 죄의 전횡에서 자유케 하는 새로운 권능 — 생명의 법 — 을 발휘하기 때문이다. 이제 성령의 인도하심을 받는 사람들은 이전에 율법 아래서 할 수 없었던 하나님의 요구들을 성취할 수 있게 된다. 죄가 지배하는 바로 그 영역 — 인간 본성의 영역 — 에서 그리스도는 죄를 이기고 그 지배를 부수었는데, 이 승리는 성령으로 말미암아 그의 백성들 안에서 효력을 발휘한다. 성령은 새로운 권능을 나누어 주고, 이 권능은 이전의 죄악된 성벽(性癖)들을 몰아낸다. 성령은 그리스도 안에 있는 새 생명을 바로 지금 여기에서 존재케 하고 활동케 한다.

장래에 성령은 신자들의 현재의 죽을 몸을 죽지않는 몸으로 변화시키실 것이다. 이렇게 삶을 인도하는 성령으로 말미암아 신자들은 하나님의 아들로서 살 수 있게 된다. 성령은 신자들을 고무하여 자발적으로 하나님을 "아버지"라 부르게 한다. "우리가 아바 아버지라 부르짖을 때 성령이 친히 우리 영으로 더불어 우리가 하나님의 자녀인 것을 증거하시나니"(롬 8:15이하).[21] 모든 죽을 것으로부터 해방된 하나님의 자녀들이 그들이 지음받은 바 그 영광으로 만유 앞에 나타날 때가 오고 있다. 그 날이 오면 현재 멸망의 사슬에서 신음하고 있는 모든 피조물들은 거기에서 풀려나 하나님의 자녀들의 영광스러운 자유를 함께 누릴 것이다.

하나님의 자녀들과 마찬가지로 모든 피조물들도 그 날을 고대하지만, 현재의 제한 가운데서도 그들에게는 성령의 도우심과 중보기도가 있으며 그들의 선이 그들을 향한 하나님 자신의 뜻이기 때문에 모든 것을 합력하여 선을 이루게 하실 것이라는 확신이 있다.[22] 결코 실패할 수 없는 하나님의 뜻은 영원 전부터 하나님께서 아시고 은혜를 주시기로 작정하셨던 대상들인 모든 사람들, 때가 차면 자기 백성이라 부르시고 의의 선물로 복주셨던 모든 사람들에게 궁극적인 영광을 수여하는 것이다.

바울은 이 부분에서의 논증을 하나님을 신뢰하는 가운데 의지하라는 요청으로 끝맺는다. 하나님은 자기 백성들 편이다. 한번 십자가에 못박히시고 영원히 높이 들리우신 그리스도는 하나님 앞에서 그들을 대변하는 자이시며, 현세나 내세의 그 어떤 권세도 그들을 그의 사랑에서 떼어낼 수 없다.[23]

7. 하나님의 구원 계획에 나타난 이스라엘과 이방인

이 서신의 처음 부분에서 바울은 하나님께서 마련하신 믿음으로 말미암아 의롭게 되는 길은 "첫째는 유대인에게요 또한 헬라인에게"(롬1:16)라는 복음에 제시되어 있다고 말했다. 그러나 대부분의 유대인들은 복음을 받아들이지 않았으며 이방인들 중 많은 수가 복음을 환영했다는 것은 누구나 잘 알고 있는 사실이었다. 유대인들이 복음을 받아들이기를 거절했기 때문에 하나님의 목적은 좌절되었다고 주장하는 사람들도 있었을 것이다.

그러나 바울은 이러한 결론을 거부한다. 그는 이 민족의 몇몇 성원들은 하나님의 부르심에 응답했지만 다른 사람들(보통 대다수)이 불순종했던 것은 이스라엘의 역사에서 계속적으로 반복되었던 특징이었다는 점을 바울은 지적한다. 예언자들의 메시지가 그들의 선조들 앞

---

21) "아바"라는 용어에 대해서는 227쪽 이하를 보라.
22) 로마서 8:28에 대한 *NEB*의 번역("우리가 알거니와 모든 것에서 그(성령)는 하나님을 사랑하는 자들과 합력하여 선을 이루느니라")은 너무도 사람들의 주목을 받지 못했던 아주 오래된 매력적인 한 번역을 재현한 것이다. 참조; M. Black. "The Interpretation of Romans 8. 28", in *Neotestamentica et Patristica. Eine Freundesgabe O. Cullmann zu seinem 60. Geburtstag überreicht*, ed. W. C. van Unnik=*Novum Testamentum Supplement* 6 (Leiden,1962), pp. 166 ff.
23) 롬 8:31-39.

에 제시되었던 것처럼 복음은 바울 당시의 유대 백성들 앞에 분명하게 제시되었다. 그러므로 그 누구도 복음을 들은 적이 없다고 말할 수 없었다. 그럴지라도 유대에는 그리스도를 믿는 택함받은 남은 자들이 여전히 있었고 그 옛날처럼 지금도 이 백성의 장래의 소망은 바로 이 충성된 남은 자 안에서 구현되었다.

복음이 선포된 순서가 "첫째는 유대인에게요 또한 헬라인에게"라고 한다면, 복음을 받아 들이는 순서는 "첫째는 이방인이요 그후에 유대인"이었다. 바울은 자기의 사역을 통하여 이방인들이 직접적으로 축복을 받았을 뿐만 아니라 유대인들도 간접적으로 축복을 받았을 것이라는 생각에서 이방인의 사도로서의 자신의 사역을 매우 높게 평가했다. 많은 수의 이방인들이 복음의 축복들을 누리는 모습을 보게 되면 언젠가 유대인들은 심한 시기를 느끼게 되고 이 축복들 — 사실 아브라함과 이스라엘의 다른 족장들에게 주어진 약속들을 성취한 축복들 — 에 참여할 자기들의 몫을 주장하게 될 것이었다.

아마도 엄청나게 많은 이방인 신자들이 선물을 들고 예루살렘에 오는 모습을 보게 되면 그들의 공동체적인 삶의 중심부에서 이러한 반응이 촉발될 것이다. 그들이 현재 "완고한 마음을 가지고 있는 것"이나 복음에 대하여 무감각한 것은 부분적이고 일시적인 현상일 뿐이었다 —(바울처럼) 몇몇 유대인들은 이미 믿었기 때문에 부분적이고, 언젠가는 그들도 모두 믿을 것이기 때문에 일시적이었다. 이방인들의 충만한 수가 들어옴으로써 "온 이스라엘이 구원을 얻으리라"(롬11:26).[24]

이러한 논의(아마도 이 서신의 다른 논의들과 마찬가지로)에는 표면상으로 보이는 것보다 훨씬 더 직접적으로 로마 기독교인들의 상황에 적용되는 것이 있을 것이다. 로마 교회는 유대적 토대 위에 세워졌다. 주후 49년 글라우디오의 추방령이 내릴 때까지 로마 기독교인들은 유대 출신들이었을 것이다. 수년 후에 이 칙령이 사문화되자 유대인들이 로마에 다시 돌아왔고 기독교 공동체는 다시 재건되었다. 하지만 이제 이 교회에는 유대인들과 마찬가지로 수많은 이방인들이 포함되어 있었다. 그리고 이방인 신자들은 유대인 형제들을 이스라엘의 참상에서 간신히 구출된 가난한 친척으로 생각해서 그들을 돌보며 은인인 양 행세하는 경향이 있었을 것이다.

바울은 그러한 우월의식을 점잖게 나무라면서 감람나무의 유비 — 로마 회당 가운데 하나가 감람나무 회당(the Synagogue of the Olive)이었기 때문에 더 효과가 있었던 비유[25] — 를 들어 이방인과 유대인의 관계를 묘사한다. 이 유비에서 감람나무는 참 이스라엘, 하나님의 백성이다. 가지들은 그 개개 지체들이다. 이 가지들 가운데 몇몇은 불신앙으

---

24) 로마서 9-11장에 대한 중요한 연구서로는 J. Munck, *Christ and Israel*, E. T. (Philadelphia, 1967)이 있다. 또한 H. L. Ellison, *The Mystery of Israel*(Exeter, 1966)도 참조하라.

25) 롬 11:17-24. 로마의 감람나무 회당과의 관련성을 제안하고 있는 것에 대해서는 W. L. Knox, *St, Paul and the Church of Jerusalem*(Cambridge, 1925). pp.254, 258을 참조하라.

로 인해 꺾였고 그들의 자리는 이스라엘의 원줄기에서 생기와 영양을 받기 위하여 접붙여진 돌감람나무 가지들 ― 이방인 신자들 ― 이 차지했다.[26] 그러나 이 새로 접붙임을 받은 가지들은 자랑할 이유가 없었다. 믿음으로 말미암아 그들은 접붙임을 받았으므로 불신앙으로 말미암아 그들은 많은 원 가지들처럼 꺾이울 것이다. 여기까지 원예술(horticultural)을 통한 유비는 더 이상 잡아당길 수 없을 만큼 삼아낭겨졌다.[27] 그러나 바울이 하나님은 잘라진 원 가지들이 다시 생명을 얻도록 원 감람나무에 접붙일 수 있다고 말할 때 연결 고리는 완전히 부러진다. 바울은 그러한 기적적인 은혜를 영적인 영역에서 진지하게 기대하면서 그것을 자연계의 기적을 통하여 예증한다. 이방인들이 하나님의 은혜로 말미암아 참 이스라엘의 성원이 되었다면, 유대인들은 바로 그 동일한 은혜로 말미암아 다시 참 이스라엘의 성원으로 되는 것은 말할 필요도 없지 않은가.

이 문제에 있어서 바울 자신의 감정이 분명하게 들어가 있었다.[28] 하지만 바울은 이스라엘의 회복이라는 전망을 단순한 자기의 소원이 아니라 "비밀"[29] ― 이전에는 감춰져 있었지만 지금은 밝혀진 하나님의 목적 ― 의 실체로서 제시하고 있다. 이 "비밀"은 사실 바울이 이방인들에게 복음을 전하라는 사명을 받은 다메섹 도상의 "예수 그리스도의 계시"에 함축되어 있었다. 바울은 이것이 함축하고 있는 것을 그 당시에는 완전히 파악할 수는 없었다. 하지만 사도로서 여러 가지 일들을 겪으면서 그것은 바울에게 점점 더 분명해졌다. 바울 자신의 사도적 사역은 하나님의 목적에 있어서 이 "비밀"을 성취하기 위한 수단이었다. 이사야는 자기 시대에 하나님에 의해 깨끗게 된 후에 자신의 메시지를 듣고 마음이 "굳어진" 백성들에게 보내심을 받았다(사6:9이하).[30]

바울도 하나님에 의해 깨끗게 된 후 보내심을 받고 직접적으로 이 메시지에 마음이 굳어 있는 백성들이 아닌 다른 사람들에게 이 메시지와 그 구원의 유익들을 전달함으로써 마음이 굳어진 백성들이 이 유익들을 탐하여 마침내 그 유익과 결부되어 있는 메시지를 받아들일

---

26) 예레미야 11:16에서는 이스라엘을 "좋은 행실 맺는 아름다운 푸른 감람나무"였다고 묘사하고 있다. 유대교로 개종한 사람들을 돌감람나무에서 꺾어서 이 좋은 감람나무에 접붙여진 가지로 비유했을 법하다.
27) 바울은 자기가 묘사하는 과정이 "본성을 거스리는"(롬11:24)것임을 인정한다. 그러나 로마시대에는 바울의 동시대인인 콜루멜라(Columella)의 말을 보아 판단컨대 감람나무가 열매를 잘 맺지 못할 때는 돌감람나무의 가지를 거기에 접붙여서 그 감람나무에 새로운 활력을 불어 넣는 일이 행해졌던 것 같다(De re rustica, v. 9. 16).
28) A. von Harnack은 "온 이스라엘"의 구원에 관하여 논증하면서 더 많은 수의 실제 이스라엘과 참 이스라엘을 이루고 있는 충성된 남은 자들을 엄밀하게 구별하면서(롬9:6이하), 바울은 "유대인은 본질적으로 여전히 너무도 강했다"는 말로 위안을 삼았다 [The Date of the Acts and of the Synoptic Gospels, E. T. (London, 1911), p.61] .
29) 롬 11:25.
30) 누가는 바울이 로마 유대인들의 지도자들에게 이사야에 나오는 구절을 인용하는 것으로 묘사한다(행 28:25-27). 복음서 전승에서 그 구절을 인용하고 적용하는 예를 참조하라(막4:12. 요12:39 이하). 403쪽을 보라.

수 있도록 할 것이었다. 그래서 구원의 역사는 완성될 것인데, 바울에게는 이 완성을 이루기 위하여 하나님의 택함받은 도구로서 해야 할 독특한 역할이 있었다. 최초의 계시와 사역 가운데서 점진적으로 밝혀진 계시를 통하여 바울은 자기가 하나님 아래서 종말론적 의미를 띤 인물(이미 말했듯이) 임을 알게 되었다.[31]

더욱이 이 비밀이 드러난 지금 그것은 이 환영할 만한 대단원에서 성취되기로 되어 있음이 이제는 확실하게 된 어떤 예언들에 빛을 비추어 주었다. 이사야 59:20에 관한 칠십인역의 본문을 인용하여 바울은 이렇게 말한다:

> 구원자가 시온에서 오사
> 야곱에게서 경건치 않은 것을 돌이키시겠고

다만 한 가지 다른 것은 칠십인 역에서는 "시온을 위하여"[32]라고 하는 반면 바울은 "시온에서"라고 한다는 것인데, 이것은 아마도 시편 14:7(=53:6)에서 가져왔을 것이다. "이스라엘의 구원이 시온에서 나오기를 원하도다". 그런 다음 바울은 새 언약에 대한 예레미야의 신탁(oracle)을 재현하여 "내가 저희 죄를 없이 할 때에 저희에게 이루어질 내 언약이 이것이라"(롬11:26이하)를 덧붙인다.[33]

다시 말하면 바울은 자신의 사역을 통하여 길을 닦아 놓고 있는 이스라엘을 축복하기 위한 하나님의 계획의 완성을 이스라엘의 구원자가 "시온에서" 나타나는 것 — 아마도 파루시아와 동일한 사건 — 과 관련시키고 있다는 것이다. 이것이 사실이라면, 이스라엘이 하나님에 의해 받아들여지는 사건이 직접적인 전조가 될 "죽은 자 가운데서 사는 것"(롬11:15)은 부활의 추수일 것이다.

하지만 무엇보다 강조되는 것은 유대인이든 이방인이든 모든 사람들을 향한 하나님의 선의(善意)이다. 논증의 초반 단계에서 바울은 "모든 사람이 죄를 범하였으매" "차별이 없으므로" 똑같이 하나님의 은혜를 필요로 한다고 결론을 지었었다. 이제 그는 "유대인이나 헬라인이나 차별이 없음이라. 하나님이 모든 사람을 순종치 아니하는 가운데 가두어 두심은 모든 사람에게 긍휼을 베풀려 하심이로다"(롬10:12; 11:32)라고 결론을 맺는다.

8. 기독교인의 생활방식

---

31) 참조, J. Munck, *Paul and the Salvation of Mankind*, E. T. (London, 1959), pp. 40 ff. *et passim.*
32) MT에는 "그가 구속자로서 '시온으로' 올 것이다"로 되어 있다.
33) 이와 동일한 취지의 말에 대해서는 사 59:21과 27:9(LXX)를 참조하라.

바울은 복음을 해설한 후에 실제적인 권면을 하고 있다. 하나님께서 그리스도 안에서 자기 백성들을 위하여 행하신 모든 것을 생각할 때, 그들은 자신의 삶을 하나님을 섬기는 데 바치는 것이 마땅하다. 그들은 그리스도의 몸의 같은 지체들로써 몸 전체를 위하여 각자의 직무를 다 하여야 한다. 다른 지체들과의 모든 관계 속에서 그리스도의 용서와 자비를 보이노록 하라. 이 마지막 명령을 보면 바울이 산상수훈에 보전되어 있는 예수의 가르침을 잘 알고 있었음을 보여준다. 산상수훈의 말씀들은 복음서들에 나와있는 가장 초기의 말씀에 속하지만, 그런데도 바울은 이 말씀들의 많은 내용을 초기 형태로 알고 있었다.

다음으로 바울은 독자들에게 세속 권세들에게 마땅한 순종을 드리라고 요구한다. 그들도 자신의 분야에서 하나님의 사자들이기 때문이다.[34] 이 명령은 "가이사의 것은 가이사에게 바치라"(막12:17)라는 예수의 재결(裁決)을 일반화한 것이다. 그러나 예수의 재결은 로마의 지배를 받고 있는 유대의 미묘한 상황 속에서 예수를 진퇴양난에 빠뜨리려는 질문에 대한 답변으로 행해진 반면에 로마의 기독교인들에 대한 바울의 충고에는 그러한 미묘한 정치적 상황이 끼여들지 않았다. 바울이 제국의 통치를 긍정적으로 평가한 데는 바울이 여러 속주들에서 이 권세들에 대하여 갈리오의 재판에서와 같이 긍정적인 체험을 했다는 사실이 큰 요인으로 작용하고 있다.

바울은 기존의 권력들이 항상 복음의 이익을 보호해 줄 것이라고 생각할 만큼 비현실적인 사람이 아니었다. 바울은 그 권세들이 하나님께 속한 것을 침해했을 때 "사람보다 하나님을 순종하는 것이 마땅하니라"(행5:29)고 선언한 베드로와 그 동료들과 마찬가지로 이에 쉽게 동의했을 것이다. 바울이 기존의 통치 질서가 언젠가는 스스로를 신격화시키는 불법의 세력에 의해 장악될 것이라는 데살로니가후서 2:3-12의 전망을 포기한 것이라고 생각할 근거는 없다.[35] 그러나 기존의 질서가 하나님께서 부여하신 직무를 수행하고 옳은 것을 보호하며 그른 것을 제한하는 효력을 발휘할 때에는 기독교인들은 이 권세에 자발적으로 복종하여야 한다. 예를 들면 공세를 바치는 것은 하나님을 섬기는 일의 일부 — 실제로 그들의 "영적 예배"(롬12:1)의 일부 — 였다.

기독교인들이 남들에게 지고 있는 빚은 사랑의 빚이다. 또 다시 바울은 예수의 전례를 따

---

34) 롬 13:1-7. 이 구절을 다루고 있는 많은 논문들 가운데서 O.Cullmann, *The State in the New Testament*, E. T.(London, 1955), pp. 50 ff., 95 ff,. C. D. Morrison, *The Powers That Be* (London, 1960). A. Strobel, "Furcht, wem Furcht gebührt", *ZNW* 55(1964), pp. 58-62(여기에는 제국 직속의 속주 총독들에게 재정적인 권한을 허용하는 주후 53년의 '세나투스 콘술툼(*senatus consultum*)'〔참조. Tacitus, *Annals* xii. 60. Suetonius, *Life of Claudius*, 12.1〕에 대한 언급이 나와 있다). J. Kallas, "Romans xiii. 1-7. An Interpolation:, *NTS* 11(1964-65), pp. 365-374(여기에는 이 단락의 진정성을 부정한다)를 들 수 있다.
35) 251쪽을 보라.
36) 참조, 막 12:31; 눅 10:27; 갈 5:14.

라 율법의 모든 계명들을 이렇게 요약한다. "이웃 사랑하기를 네 몸과 같이 하라"(레19: 18).[36] "사랑은 이웃에게 악을 행치 아니하나니 그러므로 사랑은 율법의 완성이니라"(롬13: 10). 율법을 이런 말로 요약함으로써 "율법"의 의미 자체가 변화되었다. 율법은 더 이상 외부로부터 강요되는 것이 아니라 그리스도의 성령의 작용으로 말미암아 내부에서 추동되어 나오는 것이다.[37] 그러므로 사랑의 법은 그리스도의 법이다.

바울은 불길한 시기가 임박해 있다고 경고한다. 기독교인들이 경성(警醒)하여 부르심에 합당하게 살며 "주 예수 그리스도로 옷 입는"(롬13:14) 것 ― 즉, 이 은혜들을 그들의 삶 속에 재현하여 그리스도의 것으로 완전하게 되는 것 ― 이 정말 절실하다.

그런 후에 특별한 관대와 아량을 동료 기독교인들 특히 "믿음이 연약한" 자들, 양심에 거리낌을 갖고 있는 자들에게 보이라고 요청한다. 음식 규제와 특별한 날을 지키는 것과 같이 기독교인들의 의견이 서로 완전히 일치하지 않는 문제들이 있다. 그러한 문제들에 아무런 거리낌도 가지고 있지 않은 사람들은 거리낌을 갖고 있는 사람들을 경멸하지 않아야 한다. 그리고 거리낌을 가지고 있는 사람들은 그렇지 않은 사람들을 판단하지 않아야 한다. "각각 자기 마음에 확정할지니라"(롬14:5).[38]

신자들 각자가 자신의 행위를 해명해야 할 궁극적인 대상은 하나님이며 지금 여기에서 자기의 행실에 대하여 책임을 져야하는 분도 하나님이다. 기독교인의 자유는 어떤 사람의 간섭도 받지 않아도 되는 소중한 것이지만 기독교인의 자비를 희생하면서까지 자유를 행사하여서는 안 된다. 신자들의 최고의 모범인 그리스도께서는 언제나 자신의 유익에 앞서 다른 사람들의 유익을 생각하셨다.[39] 그러므로 그의 백성은 자유에 관한 한 아무에게도 구속받지 않지만 기독교인의 자비라는 측면에서 모두의 종이 되어야 한다.[40]

9. 마지막 문안인사

그런 다음 바울은 신자들과 선물을 가지고 예루살렘을 곧 방문할 것이라는 것과 그런 후에 서바나로 가는 길에 그들에게 잠시 머무를 의향이 있다는 것을 로마 기독교인들에게 밝힌다.[41] 그는 그들에게 서신을 가져가는, 겐그렌아(Cenchreae) 항구에 있는 교회의 사역자

---

37) 바울이 사랑 및 나머지 성령의 열매에 관하여 "이같은 것을 금지할 법이 없느니라"(갈5:23b)고 말할 때, 그는 그러한 것들은 법의 범위를 넘어서는 것이라는 의미하는 아리스토텔레스의 상투어를 적용하고 있는 것이다(*Politics* iii. 8. 2, 1284a).
38) P. S. Minear, *The Obedience of Faith*(London, 1971)를 참조하라. 그는 이 서신을 쓴 목적이 로마서 14:1-15:13에 나오는 명령들에 나와 있다고 말한다. 461쪽을 보라.
39) 롬 15:3.
40) 루터에 대한 언급에 대해서는 221쪽 주 36을 보라.
41) 340쪽을 보라.

제29장 바울이 전한 복음 365

인 뵈뵈(Phoebe)를 잘 영접하도록 요청한다.[42] 그는 현재 로마에 거주하는, 여러 지역에서 알게 되었던 몇몇 교우들에게 문안인사를 전한다.[43] 또한 그는 서신을 보낼 즈음에 자기와 함께 있던 동료들 즉, 식주(食主)인 가이오, 성(城)의 재무 에라스도(Erastus)를 비롯한 동료들과 "그리스도의 모든 교회"(롬16:16)를 대신하여 문안인사를 전한다. "그리스도의 모든 교회" — 즉, 바울 자신의 선교지역의 교회들 — 를 내표하는 사람들은 이늘 각 교회에서 보낸 사절들이었는데, 이들은 예루살렘 교회의 형제들에게 이들 각 교회의 선물을 전달하기 위해 바울과 함께 유대로 항해할 목적으로 고린도에 와 있었다.[45]

---

42) 411쪽을 보라.
43) 로마서 16장의 수신자에 대해서는 412쪽을 보라.
44) 참조, 행 20:4(366쪽을 보라).
45) 최근에 간행된 아주 뛰어난 로마서 주석으로는 E. B. Cranfield, *The Epistle to the Romans*, 2 volumes(Edinburgh, 1975-)와 E. Käsemann, *An die Römen*(Tübingen 1973)이 있다.

제 30 장

마지막 예루살렘 방문

1. 유대를 향한 항해

누가는 고린도 또는 에게해의 겐그레아 항구에서 바울과 합류하여 유대로 떠날 준비를 하고 있었던 동행들 가운데서 베뢰아 사람 부로의 아들 소바더(Sopater), 데살로니가 사람 아리스다고(Aristarchus)와 세군도(Secundus), 원래 루스드라 출신인 더베 사람 가이오(Gaius), 디모데(Timothy), 아시아 사람 두기오(Tychicus)와 드로비모(Trophimus)[1](이 사람은 에베소 출신의 이방 기독교인이었다)[2]를 언급하고 있다. 누가의 목록에 고린도 교인의 이름이 빠졌다고 해서 거기에 어떤 의미를 부여하고 이상하게 생각할 필요는 없다. 이 목록은 모든 사람들을 빠짐없이 기록해놓은 목록이 아니다. 그 목록에는 다른 곳으로부터 고린도로 와서 바울과 합류한 사람들의 이름만이 나와있을 뿐이기 때문이다. 바울은 그의 식주(食主)인 가이오 및 다른 기독교인 친구들과 수 주일 동안을 같이 지내고 있었다. 더욱이 그는 방금 로마 기독교인들에게 어떻게 마게도냐와 아가야 교회들이 예루살렘 구제기금에 연보하게 되었는지에 관하여 말하였던 참이었다.[3]

바울에게 아가야는 고린도와 그 근방 지역을 의미했고, 로마 교인들에게 보낸 그의 서신

---

1) 행 20:4.
2) 행 21:29.
3) 롬 15:26.

제29장 바울이 전한 복음 367

에서는 "아가야" 교회들이 연보하기로 결심한 것을 실행하지 않았다는 암시는 조금도 찾아 볼 수 없다. 우리는(그들의 모금을 조직적으로 수행하는 것을 돕도록 디도를 보낸 바울의 "공교성(工巧性)"[4]에 대해 불평했음에도 불구하고) 고린도 교회는 디도로 하여금 그들의 선물을 예루살렘에 전달하도록 요청했다. 그렇다면 디도의 이름을 뺀 것은 사도행전 전체를 통하여 디도의 이름이 빠져있는 것과 맥을 같이 한다고 볼 수 있다.[5]

겨울이 지나고 에게해의 항해가 다시 재개되자 사절단 가운데 대부분의 사람들은 지정된 시간에 겐그레아에서 배를 탔다. 하지만 바울은 타기로 되어 있었던 배에 자신의 생명을 노리는 사람들이 있다는 정보를 사전에 알아냈다. 그래서 그는 계획을 바꿔 거기서 북쪽 방향에 있는 빌립보로 가서 빌립보의 항구인 네압볼리에서 드로아로 가는 배를 찾아 "무교절 후에"(행20:6) 항해를 시작했다. 주후 57년에는 무교절은 아마도 4월 7일에서 14일까지였을 것이다.[6] 바울은 5월 마지막 주간에 시작되는 오순절에는 예루살렘에 도착하기를 바랐다. 그러나 이러한 소망이 이루어지려면 적절하게 배를 잘 타야했다.

그들은 닷새 만에 드로아에 이르렀다. 계속 바람이 불었기 때문에 8년 전에 드로아에서 네압볼리까지 이틀 밖에 안 걸렸던 항해가 이번에는 좀더 길어졌던 것 같다.[7] 드로아에서 그들은 겐그레아에서 항해하여 미리 도착해서 기다리고 있던 사절단의 나머지 일행들을 만날 수 있었다. 그리고 그들은 거기서 일주일을 머물렀다. 네압볼리에서 온 배도 드로아에 그냥 정박해 있었다. 어쨌든 그들은 원하는 방향으로 가는 배를 기다려야 했거나 배가 남쪽으로 항해하여 소아시아의 서부해안에 있는 여러 지역들을 들르기 전에 드로아에 짐을 부리고 새 화물을 싣는 동안(이후의 기항지(寄港地)에서도 그랬듯이) 며칠을 정박해야 했다.

우리는 이 항해의 여정에 관하여 상당히 자세한 이야기를 듣는다. 해설자 자신이 이 배에 같이 타서 일지를 기록한 후에 그 기록을 후에 사도행전에 삽입해 넣었기 때문이다.[8]

---

4) 고후 12:16.
5) 바울이 그토록 신임했던 조력자에 관하여 누가가 침묵하고 있는 이유는 디도가 누가의 형제였다는 설명이 있다. 참조. W.M. Ramsay, *St. Paul the Traveller and the Roman Citizen*(London, 1895), p. 390. *Luke the Physician and Other Studies*(London, 1908). pp. 17 f.. A. Souter, "A Suggested Relationship between Titus and Luke", *Expository Times* 18 (1906-7), p. 285, and "The Relationship between Titus and Luke", *ibid.*, pp. 335 f. (346쪽을 보라). 그러나 이러한 관계가 사실이라면, 누가가 고린도후서 8:18이하의 "한 형제"일 가능성은 배제된다. 바울이 디도와 함께 이 "형제"를 보낸 목적은 그가 구제 기금의 경영을 정직하게 수행하는 것을 독자적으로 보증하기 위해서 였다. 그런데 이 두 사람이 혈연관계에 있다면 대적들에게 비난의 실마리를 주게 되었을 것이고 그렇게 되었다면 이러한 목적은 효과적으로 달성되지 못했을 것이다. 그 어떤 것도 이미 존재하고 있는 의혹을 더 조장하는 데 이보다 더 좋은 방법은 없었을 것이다.
6) 그러므로 W. M. Ramsay는 "일행은 5월 15일 금요일 아침에 빌립보를 떠났다"고 결론짓는다(*St. Paul the Traveller*, p. 289). 그러나 이러한 주장은 절기가 끝날 때까지 배가 그들을 기다렸다는 가정을 토대로 하고 있다.
7) 행 16:11이하. 238 쪽을 보라.   8) 238 쪽 주 25를 보라.

드로아에는 자그마한 기독교인 공동체가 있었다. 이 공동체는 아마도 일이 년 전에 바울이 심경이 괴로워서 이 성읍과 그 주변지역에 대한 복음화를 중도에 그만둔 기간 동안에 생겨났을 것이다.[9] 바울과 그 친구들은 드로아에 머무는 동안 이 기독교인들과 교제를 나누었는데, 특히 출발하기 전날 밤(일요일)에 그들은 만나서 떡을 떼었고 바울은 밤중까지 강론을 계속했다. 누가는 이 사건을 생생히 기억하고 있었다. 왜냐하면 그날 밤 바울이 강론을 하고 있는 동안에 드로아의 기독교 공동체에 속한 한 젊은이인 유두고(Eutychus)가 창에 걸터 앉아서 강론을 듣다가 졸음을 이기지 못하고 삼층 누각에서 떨어지는 사건이 발생했기 때문이다. 유두고는 의식을 잃었고, 친구들은 그가 죽은 줄 알고 겁을 집어먹었다. 이때 바울이 급히 아래층으로 내려와서 그 위에 엎드려 그 몸을 안고(아마도 인공 호흡을 시킨 것 같다) 다행히도 유두고가 아직 죽지 않았다고 말했다.

이튿날 배는 일행의 대부분(누가도 포함하여)을 싣고 항해길에 올랐다. 그러나 바울은 육로로 반도(半島)를 가로질러 앗소〔Assos, 지금의 베람칼레(Behramkale)〕로 갔다. 아마도 바울은 끝까지 유두고가 완쾌되는 것을 확인하고 드로아를 떠나려고 했을 것이다.

그런 후에 그는 이전에 다녀서 알고 있었던 길을 따라 때를 맞춰 앗소에 도착하여 거기서 렉툼 곶〔Cape Lectum, 바라부룬(Bababurun)〕을 돌아오는 일행들이 탄 배를 타려고 했다. 그런 후 그는 앗소(지금도 이곳은 옛 방파제가 남아있고 항구로 사용되고 있다)에서 배를 탔다. 그 배는 항해를 계속하여 미둘레네〔Mytilene, 레스보스(Lesbos) 섬의 동쪽 해안에 있다〕, 다음엔 〔기오(Chios)와 아나톨리아 본토 사이에 있는 해협을 지나〕 사모(Samos)를 들러 다음날 메안더 강의 어귀에 있는 라트미아 만(the Latmian Gulf)의 남쪽 해안에 자리잡고 있는 밀레도(Miletus)에 이르렀다〔서방 본문에는 사모와 밀레도 중간에 트로길리움(Trogyllium) 곶이 언급되어 있다〕.[10]

밀레도에서 배는 며칠 동안 항구에 머물러야 했다. 그래서 바울은 거기서 약 50킬로미터 떨어진 곳에 있는 에베소에 급히 사자(使者)를 보내 에베소 교회의 지도자들을 밀레도에서 만나보기를 원한다는 말을 전했다. 바울 자신이 에베소로 직접 간다면 자기가 돌아오기 전에 배가 밀레도를 떠날 위험이 있었기 때문에 그들을 오라고 한 것이었다. 그는 일부로 에베소 만의 어귀를 가로질러 기오에서 사모까지 지름길로 항해하는 배를 택하였다. 그렇게 해야만 오순절까지 예루살렘에 도착하는 것이 가능했기 때문이다. 아울러 그렇게 함으로써 그는 힘들이지 않고 에베소의 교우들을 만나볼 수 있는 지점에 이르를 수가 있었던 것이다.

밀레도에 있는 기독교인들에 대해서는 아무런 언급도 없다. 그렇지만 이 지방의 다른 성읍들과 마찬가지로 밀레도 사람들도 바울이 에베소 사역을 하고 있는 동안에 "주의 말씀을

---

9) 고후 2:12이하. 300쪽을 보라.
10) 비잔틴 사본은 이 서방 사본의 읽기를 채택하고 있다(참조, 행20:15, AV). 트로길리움 또는 트로길리아는 본토로부터 사모아의 남동쪽으로 돌출해 있는 곳으로서 약 1.6킬로미터의 직선를 이루고 있다.

들었을" 것이다.[11] 이 성읍에 유대인 공동체가 있었다는 것은 유대인과 하나님을 경외하는 자들에게 좌석을 할당하고 있는 내용이 새겨진 연극장의 명각(銘刻)을 보면 잘 입증된다.[12]

이윽고 에베소 교회의 지도자들이 도착했고 바울과 그들은 문안인사를 나누었다. 누가는 바울이 그들에게 한 말을 요약해서 기록해 놓았다 — 퍼시 가드너(Percy Gardner)는 이 요약을 사도행전에 나오는 바울의 강론들 가운데서 "역시에 남을 민헌 가장 훌륭한 강론"이라고 말했다. 그것은 "전적으로 '사도행전'의 기자의 문체로 되어" 있지만, 그런데도 그것은 "그 기자가 기억을 더듬어 기록했다는 것을 보여준다"고 그는 말했다.[13] 바울은 장로들, 목자들, 감독자들(감독들)[14] 등 여러 호칭으로 불리는 이 사람들에게 바울 자신이 그들과 함께 지냈던 지난 세월 동안 그들에게 보여주었던 모범을 따라 동료 기독교인들을 보살피며 안팎의 위험들로부터 보호해 줄 것을 부탁하면서 엄중한 책임을 지워준다. 그는 다시 그들을 보지 못할 것이지만, 하나님은 그들에게 목회 사역에 필요한 모든 자원들을 공급해주실 것이다.

이것은 사도행전에서 기독교인들에게 행한 바울의 유일한 연설이다. 그러므로 다른 어떤 바울의 연설들보다도 바울 서신과 유사한 특징들을 훨씬 더 많이 보여준다는 것은 놀라운 일이 아니다. 특히 사도행전에서 오직 여기에만 그리스도의 '죽으심'이 내포하고 있는 구원의 효력에 대한 언급이 명백하게 나와있다. "하나님이 자기[15] 피로 사신 교회를 치게 하셨느니라"(행20:28)고 바울은 말한다. 이것은 단지 "이 연설에 바울적인 각인을 남기기 위하여" 누가가 도입하고 있는 "말투"에 불과하다고 주장해봐야 소용없다.[16] 이 말이 등장하는 문맥은 무울(C. F. D. Moule)의 판단을 확증해 준다.

이 말은 다른 화자가 아니라 바로 바울의 말이다. 그리고 그는 복음화 사역을 하고 있을 뿐만 아니라 이미 복음화된 공동체를 깊은 통찰력으로 일깨우고 있다. 달리 말하면 여기서의 상황은 그 신학과 마찬가지로 예비적인 복음전도의 상황이 아니라 바울 서신의 상황과 정확히 일치한다.[17]

---

11) 행 19:10.
12) 참조. A. Deissmann, *Light from the Ancient East*, E. T. (London, 21927), pp. 451 f. 여기서는 하나님을 경외하는 자들을 θεοσεβεῖς`로 부른다.
13) P. Gardner, "The Speeches of St. Paul in Acts", in *Cambridge Biblical Essays*, ed. H. B. Swete(Cambridge, 1909), pp. 401,403. 또한 J. Dupont, *Le discours de Milet. le testament de saint Paul*(Paris, 1962)를 보라.
14) 행 20:17, 28; 189쪽을 보라.
15) 문자적으로는 "그 자신의 것". 헬라어로 διὰ τοῦ αἵματος τοῦ ἰδίου, 여기에서 τοῦ ἰδίου는 그것을 한정하면서 일치하는 것이 아니라 ταῦ αἵματος에 의해 지배되는 소유의 속격으로 해석하는 것이 좋다.
16) H. Conzelmann, *The Theology of St. Luke*, E.T. (London, 1960), p.201.
17) C. F. D. Moule, "The Christology of Acts", in *Studies in Luke-Acts. Essays in honor of P. Schubert*, ed. K. E. Keck and J. L. Martyn(Nashville/New York, 1966)

밀레도에서 떠난 배는 도데카네즈(the Dodecanese) 군도에 속하는 코스(Cos) 섬과 로도 섬을 지나 소아시아의 남서쪽에 있는 루시아 해변가에 있는 항구인 바다라(Patara)에 이르렀다.[18] 여기서부터 배는 반도의 남쪽 해안을 따라 동쪽으로 계속 진행해 갔을 것인데, 이것은 바울과 그의 일행의 목적에 도움이 되지 않았을 것이기 때문에, 그들은 바다라에서 뵈니게(Phoenicia)로 가는 다른 배로 갈아탔다. 이 배는 바다라에서 두로를 향해 남동쪽으로 항해를 하는 배였는데, 왼편에 있는 구브로를 지나 두로에 있는 항구에서 짐을 풀기 위해 이레를 머물렀다. 이전에 드로아에서처럼 두로에서도 일행은 그 지방의 기독교인들과 교제의 시간을 가졌다. 두로의 교회가 어떻게 생겼는지는 어디에도 분명하게 나와있지 않지만, 스데반이 죽은 후 예루살렘에서 피신해 온 헬라파 기독교인이 뵈니게를 복음화하는 과정에서 생겨난 것이 거의 틀림없다.[19] 한 주간이 지났을 때, 두로 교회의 모든 지체들은 부인과 아이들과 함께 이 일시적인 방문객들을 해변까지 배웅하면서 거기서 기도를 통해 그들과 작별인사를 하였다.

그들이 다음으로 들른 항구는 돌레마이(Ptolemais, 악코)였는데, 이곳이 그들이 바다라에서 승선한 배의 종착지였을 것이다. 그들은 거기에 있는 교회와 함께 하루를 보낸 후 육로인지 해로인지는 분명히 나와있지 않지만 가이사랴로 향했다. 아마도 오순절이 시작되려면 며칠 있어야 했기 때문에 그들은 예루살렘으로 곧장 올라가지 않고 대단히 피곤한 여행의 노독도 풀 겸 가이사랴에 있는 동료들과 함께 휴식을 취할 수 있었다.

가이사랴에서 바울은 옛 친구들과 다시 만나서 회포를 풀고 자신의 새로운 친구들을 이전에 자신이 알고 있었던 사람들에게 소개할 기회를 갖게 되었다. 가이사랴의 기독교 공동체는 고넬료와 그의 권속이 회심한 이래로 성장을 해왔다.[20] 전도자 빌립(스데반이 살아있을 때 예루살렘 교회에서 헬라파의 칠인 지도자들 가운데 한 사람)은 가이사랴를 거처로 정하고 예언의 은사를 가진 네 딸[21]을 키웠는데, 이로 인해 이 공동체는 큰 힘을 얻게 되었다 (반세기 후 빌립이 브리기아로 이주한 다음에도 그의 딸들 가운데 몇몇은 늙으막까지 여기에 살면서 팔레스틴 기독교의 초창기에 있었던 인물들과 사건들에 대한 정보통으로서 매우 유명했다).[22]

, p. 171. 무을 교수는 "예비적인" 또는 초보의 복음전도와 이미 복음을 받아들인 사람들에 대한 상담을 명확하게 구별한다. 참조, "Jesus in the New Testament Kerygma", in Verborum Veritas; *Festschrift für G. Stählin*, ed. O. Böcher and K. Haacker(Wuppertal, 1970), pp. 15ff.

18) 사도행전 21:1의 서방 본문에 의하면, 일행은 같은 배로 바다라(Patara)에서 무라로 계속 여행하여 무라에서 배를 갈아타는 것으로 되어 있다(아마도 이는 바울이 가이사랴에서 로마로 가는 길에 무라에서 배를 갈아타는 내용이 나오는 27:5의 영향을 받은 것 같다).

19) 참조, 행 11:19.   20) 참조, 행 10:44이하.   21) 행 21:8이하. 참조, 8:40.

22) 참조, Eusebius, *Hist. Eccl.* iii. 31. 2-5에 인용되어 있는 Polycrates of Ephesus와 Proclus(주후 190년 경)를 참조하라.

가이사랴에서 머무는 기간이 끝난 후에 그들은 가이사랴의 몇몇 제자들과 모교회의 창립 멤버인 구브로 사람 나손(Mnason)을 동반하고 길을 떠났는데,[23] 나손은 예루살렘에서 그들의 식주(食主)가 될 참이었다. 그토록 많은 이방 기독교인들의 식주가 되기로 자원하는 예루살렘 기독교인을 구한다는 것은 중요한 일이었는데, 헬라파 나손은 이 임무를 기꺼이 받아들였다. 아마도 가이사랴 기녹교인들이 식주 선정에 책임을 지고 있었던 것 같다. 그들이 예루살렘에 머무는 동안 나손이 접대할 책임을 맡았다고 한다면, 스데반의 죽음 후에 예루살렘 교회에서 헬라파들이 완전히 뿌리가 뽑힌 것은 아니었던 것으로 보인다. 그런 후에 그들은 노새나 당나귀를 타고 예루살렘으로 왔다[24] (가이사랴에서 예루살렘까지는 100킬로미터가 조금 넘는다).

2. 어려움이 있을 것을 미리 예고함

항해를 떠나기 전에 바울은 이번 예루살렘 방문에는 위험이 뒤따를 것임을 내다보았다. 바울은 로마서에서 자기가 위험에 처할지도 모른다는 것을 암시했는데, 바울과 그 일행이 항해를 하는 동안 들렀던 항구들에서 기독교인들은 차례차례 그러한 내용의 예언을 하였다. 바울은 "오직 성령이 각 성에서 내게 증거하여 결박과 환난이 나를 기다린다 하시나"(행20:23)라고 밀레도에서 에베소 교우들에게 이야기했다. 두로의 몇몇 기독교인들은 "성령의 감동으로" — 즉, 예언을 통하여 — 바울더러 "예루살렘에 들어가지 말라"고 강권했다(행21:4). 그리고 가이사랴에서는 이십년 전 안디옥에 와서 얼마 후에 팔레스틴 땅에 심한 기근이 일어나리라고 예언했던 선지자 아가보(Agabus)가 바울을 찾아왔다. 이번에 아가보는 이스라엘의 위대한 선지자들의 전통을 따라 상징적인 행동을 보여주면서 예언을 했다(행21:11):

> 바울의 띠를 가져다가 자기 수족을 잡아매고 말하기를 성령이 말씀하시되 예루살렘에서 유대인들이 이같이 이 띠 임자를 결박하여 이방인의 손에 넘겨 주리라.

이 구절이 그의 말을 정확히 기록한 것이라면, 이 말들은 실제 일어난 사건과 꼭 들어맞는 것은 아니었다. 유대인 대적들로부터 바울을 건네받아 바울을 결박한 것은 이방인이었기 때문이다. 그러나 이 말들의 주된 흐름은 너무도 분명하였다. 바울이 예루살렘에 기어코 간다면 생명이 위태로울 것이다. 그러므로 그의 친구들은 이방 교회들의 대표자들과 함께 예루살렘을 방문하려는 그의 계획을 기어이 실행하고 말겠다는 생각을 포기하라고 바울에게

---

23) 행 21:16. 이것은 아마 그의 명칭인 ἀρχαῖος μαθητής ("시초(ἀρχή)부터의 제자")의 의미인 듯하다.
24) 참조, W. M. Ramsay, *St. Paul the Traveller*, p. 302.

간청했다. 그의 친구들만으로도 그들이 가져온 선물을 예루살렘 교회에 아주 잘 전달할 수 있었고 그들이 예루살렘에 머무는 동안 환대받을 것은 확실히 보장되어 있었기 때문이다.

하지만 그의 친구들과 자기에게 호의를 가진 사람들이 그가 예루살렘에 가지 않는 것이 하나님의 뜻이라고 생각했던 것과 마찬가지로 바울은 예루살렘에 가야 하는 것이 하나님의 뜻이라고 확신하고 있었다. 그들은 바울의 마음이 이미 정해져 있고 그 어떤 것도 그 결심을 움직일 수 없다는 것을 깨닫고는 그를 설득하는 것을 포기하고 "주의 뜻대로 이루어지이다"(행21:14)라고 말하는 수밖에 다른 도리가 없었다. 이 말은 예수께서 겟세마네에서 하나님의 뜻에 순복하면서 하신 말씀을 그대로 재현한 것인 듯하다.[25]

누가는 의식적으로 이 말을 재현했을 것이다. 왜냐하면 누가가 자신의 역사기록의 전편(前篇)에서 예수께서 "예루살렘을 향하여 올라가기로 굳게 결심"[26]한 것에 대한 그의 기사와 속편(續篇)에서 예루살렘을 향한 바울의 마지막 여행에 관한 기사는 문체상으로 유사점이 있음을 식별할 수 있기 때문이다. 복음서에서 계속 되풀이되는 수난 예고들은 사도행전에서 바울에게 어려움이 닥칠 것이라는 반복되는 예고에 대응하며, 이 두 경우 모두 하나님의 목적을 이루는 것이라는 점이 동일하게 강조되고 있다.[27] 그래서 누가가 바울이 "성령의 지시를 따라 예루살렘으로 올라간다"(행20:22, 공동번역)고 강조한 것은 바울이 로마서 15:15-32에서 자신의 예루살렘 방문을 자기가 이제까지 수행해왔던 "하나님의 복음의 제사장 직무"를 인치는 데 필요한 일이라고 생각했던 것과 일치한다.

3. 야고보와 장로들

바울은 자기가 예루살렘 교회를 위해 모금했던 구제 기금이 "성도들에게 받음직하게"(롬 15:32) 되도록 로마 기독교인들에게 기도를 부탁했었다. 적어도 이 기도는 긍정적인 응답을 받았던 것으로 보인다.[28] 바울의 일행 가운데 한 사람이었던 누가는 예루살렘 교회의 형제들이 그들을 충심으로 환영했다고 기록하고 있다. 그들이 예루살렘 성에 도착한 바로 다

---

25) 막 14:36/ 눅 22:42.
26) 눅 9:51.
27) 참조, 막 8:31. 9:31. 10:33이하. 신적 필연의 δεῖ 라는 표현과 인자가 이방인에게 넘기우리라는 반복적인 강조 — 아가보의 예언에 반영된 특징(행21:11) — 를 보라.
28) 그러나 A. J. Mattill, "The Purpose of Acts: Schneckenburger reconsidered". in *Apostolic History and the Gospel*, ed. W. W. Gasque and R.P. Martin(Exeter, 1970), p. 116를 보라. "누가에게 가장 큰 충격은 바울의 선교와 관계를 끊는다는 것을 상징적으로 보여주기 위하여 예루살렘 교회가 연보금을 받아들이기를 거부하는 것이었다"〔그는 O.Culmann, "Dissensions within the Early Church", *Union Seminary Quarterly Review* 22 (1967), pp. 83-92를 언급하고 있다〕.

음 날(행21:18-20):

바울이 우리와 함께 야고보에게로 들어가니 장로들도 다 있더라 바울이 문안하고 하나님이 자기의 봉사로 말미암아 이방 가운데서 하신 일을 낱낱이 고하니 저희가 듣고 하나님께 영광을 돌리고.

바울이 입으로 말한 것은 이방인 신자들 즉 수천 명은 아닐지라도 수백 명의 대표자들이 그와 함께 함으로써 야고보를 비롯한 장로들에게 더 깊은 확증을 주었을 것이다. 또(누가는 스스로 잘 알고 있을 어떤 이유들 때문에 이 부분을 침묵하고 있지만)[29] 아마도 이때에 그들이 야고보와 장로들에게 그들이 대표하는 교회들을 대신하여 전달한 선물들도 바울의 말에 확증을 더했을 것이다.

바울 서신이나 누가의 이야기에서 이전에 조금이라도 자세하게 예루살렘 교회를 언급하고 있는 경우에는 사도들 또는 그들 가운데 몇몇이 주요한 역할을 했다. 이번에는 이상하게도 그들이 하나도 보이지 않는다. 아마도 베드로와 그의 동료들은 모교회를 의인 야고보(James the Just)와 일단의 장로들 — 그들은 이스라엘의 참된 남은 자들로 이루어진 산헤드린으로 자처했을 것이다 — 에게 맡겨놓고 예루살렘을 떠나 디아스포라 유대인들이 사는 지역에서 선교 활동을 하고 있었을 것이다. 야고보가 공식적인 산헤드린에서 대제사장이 맡고 있었던 의장(primus inter pares) 직을 여기서 맡고 있었다면, 이것은 그가 제사장이 입고 있는 옷과 비슷한 의복을 걸치고 있었으며 성소에 들어갈 권한이 있었다는 후대의 전설을 어느 정도 해명해 준다.[30]

야고보와 그의 동료들은 바울을 형제로 맞이하여 문안인사를 나누고 그가 이방인들 가운데서 이룬 업적에 감명을 받았지만 그가 예루살렘에 나타난 것이 어떤 소동의 신호탄이 되지나 않을까 염려했다. 바울같은 배교자에 대하여 유대의 종교 당국이 갖고 있었던 피할 수 없었던 적대감은 그만두고라도, "율법에 열심있는 자"(행21:20)로 묘사된 예루살렘 교회의 많은 신자들은 바울의 선교 정책 및 율법과 이스라엘의 전승들을 자유분방하게 다루는 바울의 행태를 못마땅하게 생각했다. 바울이 율법과 전승들을 이방 신자들에게 부과하는 것을

---

29) 녹스는 누가가 이 부분에 대한 훌륭한 일차적인 자료를 가지고 있었음을 지적하면서 그가 연보금의 성질과 목적을 부드럽게 제시한 것은 의도적이었음에 틀림없다고(올바르게) 결론을 내린다. 연보금은 예루살렘 교회에 대한 화목제물로서 계획되었지만, 누가는 사도행전 15장의 사도협의회 이래로 예루살렘 교회와 이방인 선교 사이에 평화적인 관계가 지속되었다고 묘사하고 있기 때문에 이 나중 단계에서 그러한 화목제물이 굳이 필요한 것이 아니었으므로, 그의 이야기에서 이 제물은 "그 원래의 배경으로부터 전적으로 분리되어야" 했다 〔Chapters in a Life of Paul (London, 1954), p.〕 71). 나에게 더 유력한 설명으로 보이는 것은 앞에서 이미 제시했다.
30) Eusebius에 의해 인용된 Hegesippus(Hist. Eccl. ii. 23.6). 참조, A. A. T. Ehrhardt, The Apostolic Succession(London, 1953). pp. 63 ff.. F. F. Bruce, The Spreading Flame(Londdon, 1958), p. 151 with n. 3.

결사적으로 거부한 것도 악질적인 행위였는데, 게다가 디아스포라 유대인 기독교인들에게 자녀에게 행하는 할례를 비롯한 조상의 규례들을 지키기를 그만두도록 충고했다는 소문이 들려왔다. 야고보와 다른 장로들은 이 소문들을 믿지 않았던 것으로 보인다. 실제로 이 소문들이 어떻게 생겨나게 되었는지를 알기란 쉬운 일이었고 마찬가지로 이 소문들이 왜곡된 것이라는 것을 알기도 쉬웠다. 본질적인 것과 비본질적인 것을 구별하지 못하는 사람들이 종종 있다. 그들이 옛 질서를 버리고 새 질서를 받아들였다면, 그들은 옛 질서와 관련된 모든 것들 — 가치 중립적이거나 유용한 특징들까지도 — 을 버려야 한다고 생각한다. 그러나 이것은 율법의 의무를 적극적인 형태에서 소극적인 형태로 바꾸는 것에 지나지 않는다. 그래서 디아스포라 유대인들 가운데는 조상들의 규례들을 당연한 것으로 생각하고 지켰던 예루살렘의 유대 기독교인들과는 정반대의 극단에 서서 그것들을 원칙적으로 모두 폐기했던 사람들이 있었을 것이다.

바울의 방침은 이 두 부류와는 달랐다. 진정으로 해방된 영혼들은 자신들이 얻은 해방에 구애받지 않는다. 바울은 복음의 유익을 가장 우위에 놓고 생각하는 가운데 자기가 때를 따라 만나는 집단들이 유대인이냐 이방인이냐에 따라서 이 규례들을 따르기도 했고 그렇지 않기도 했다.[31] 유대인 집단과 함께 하는 자리에서는 바울은 기독교인의 자비를 들먹일 필요도 없이 통상적인 예의에 따라서라도 유대인의 음식 규례들을 자연스럽게 따랐을 것이며, 스스로는 모든 날들을 동일하게 생각했음에도 불구하고 바울은 유대인들의 감정을 상하지 않게 하려고 성일(聖日)을 거룩히 지키는 것을 범하지 않았을 것이다.[32] 사실 그는 갈라디아 신자들이 "날과 달과 절기와 해를 삼가 지키기"(갈4:10) 시작했다는 말을 들었을 때 낙담했다. 그러나 그들은 이방인이었고 유대인들의 거룩한 성일들을 — 특히 종교적 의무로서 — 지킬 이유가 하나도 없었다. 전에 바울은 종교적 의무로서 날과 절기들을 지키는 것을 조상들로부터 물려받아 지켰었지만, 기독교인이 되면서 바울은 그것을 지키든지 안지키든지 아무 상관도 없다는 것을 알게 되었다.

다른 곳이 아니라 예루살렘에서라면 특히 바울은 "유대인에게나 헬라인에게나 하나님의 교회에나 거치는 자가 되지 말고" "모든 일에 모든 사람을 기쁘게 하여 나의 유익을 구치 아니하고 많은 사람의 유익을 구하여 저희로 구원을 얻게 하라"(고전10:32 이하)는 자신이 천명한 일관된 행동방침에 따라 유대인들과 똑같이 살았을 것이다. 예루살렘에는 "헬라인들"이 거의 없었지만 바울이 "규례들"을 지키지 않았다면 그 성에 있는 유대인들과 하나님의 교회에 걸림돌이 되었을 것이다.

그러나 그러한 문제들에 있어서 스스로 어떻게 행할 자유를 가지고 있다고 주장했으면서도 바울은 왜 다른 유대 기독교인들에게 그 규례들을 지키기 말라고 했을까? 그들이 이스라엘의 전통적인 규례들을 더 이상 하나님의 요구로서가 아니라 편의에 따라 취할 수도 버

---

31) 고전 9:19-23.
32) 롬 14:5이하.

릴 수도 있는 자발적인 행위로 받아들이는 바울의 태도를 같이 가졌다면, 그들은 자유롭게 그 규례들을 계속해서 지켜나갔을 것이다. 자신들이 얻은 해방에 얽매이지 않아야 하는 것은 바울에게와 마찬가지로 그들에게도 필요했다. 그들이 스스로 생각하기에 타당하고 적절한 이유가 있어서 자녀들에게 할례를 행하기를 원했다면, 바울은 자기가 타당하고 적절한 이유로 디모데에게 할례를 시켰던 것을 기억했을 것이다.[33] 바울 서신들을 아무리 살펴보아도 바울이 유대 기독교인들에게 이런 식으로 권면했다는 것을 보여주는 구절은 찾아볼 수 없다. 바울은 단지 유대 기독교인과 이방 기독교인은 모두 상대방이 꺼려하는 것 또는 꺼려하지 않는 것을 그대로 존중해 주어야 한다고 말했을 따름이다.

예루살렘 교회의 지도자들은 이러한 문제들에 대한 바울의 자유분방한 태도를 아무런 거리낌 없이 반겼던 것은 아니었다. 그들은 아마도 자발적으로 "규례들"을 준수하기를 중단했던 유대 기독교인들을 못마땅해 했을 것이다. 그들은 '이방인' 기독교인들을 할례에서 면제해주고 그들이 지켜야 하는 "필수적인 사항들"을 최소한도로 규정해 놓은 예루살렘 공의회에서 자신들이 요청받은 모든 것을 양보했다고 생각했다.[34] 지금 그들은 이방인 신자들에게 "규례들"을 강요할 생각이 없다는 것을 다짐이라도 하는 양 그때 자신들이 한 양보를 바울에게 상기시켰다.[35] (그들은 아마도 예루살렘 공의회에 관하여 바울이 점점 더 단서를 달고 있다는 데 대해서 잘 모르고 있었을 것이라는 점을 인정하여야 한다.)[36]

바울에 관하여 예루살렘에서 떠도는 소문들과 평판들을 놓고 예루살렘 교회 지도자들은 바울에게 실제적인 제안을 했다. 이 제안대로만 한다면 그러한 소문과 평판들은 효과적으로 격퇴할 수 있으리라고 그들은 생각하였다. 예루살렘 교회에 속한 네 명의 신도들이 나실인 서원을 하였는데 이제 그 서원을 실행할 시기가 이르렀다. 이 서원을 실행하는 의식에는 서원 기간 동안에 길게 기르도록 허용되었던 머리를 깎거나 밀고 성전에서 제물을 드리는 절차가 포함되어 있었다.[37] 바울이 이 사람들을 데리고 함께 결례를 행하고 저희가 서원을 수행하는 데 드는 비용을 부담한다면, 이것은 모든 사람들에게 바울이 율법을 준수하는 유대인임을 과시하는 것이 될 것이다.

바울은 아마도 예루살렘 형제들과 같이 낙관적인 순진한 마음을 같고 있지는 않았지만, 그들이 제안한 일련의 행위들이 자기를 의심스러운 눈초리로 바라보는 백성들로 인해 당혹감에 빠져있는 그들을 그 당혹감으로부터 벗어날 수 있게 한다면, 그들의 계획에 따르지 않을 이유가 없었다. 그들이 바울을 낮추려는 교묘한 술책으로서 이러한 계획을 추진했다고

---

33) 행 16:3. 233쪽 이하를 보라.
34) 행 15:28.
35) 행 21:25.
36) 295쪽 이하를 보라.
37) 민수기 6:1-21을 보라. Mishnah Nazir(Nazir 6:3에 의하면, "기간을 지정하지 않고 서원한 나실인 서원은 30일 동안 효력이 있다").
38) 민 6:9이하. Mishnah Nazir 6:6.

생각하는 것은 전혀 근거가 없는 것이다.[39] 나실인 서원의 정당성에 관하여 말하자면 바울은 스스로 5년 전에 고린도에서 나실인 서원을 하였었다.[40] 그러한 서원을 한 다른 사람들의 비용을 부담하는 것은 경건한 자선 행위로 여겨졌다.[41] 바울이나 다른 네 명의 나실인들은 하나님 앞에서 공로를 얻는 수단으로서 이 의식에 참여한 것이 아니라는 것은 분명하다. 나실인 서원은 기도를 응답해 주신 데 대하여 하나님께 감사를 표하는 외적이고 가시적인 표시였다.

4. 옥에 갇힌 바울

바울이 네 명의 나실인들과 함께 성전을 찾은 것이 예루살렘 교회에 있는 많은 "율법에 열심 있는 자"들에게 어떠한 효과를 가져왔든지 바울은 이로 말미암아 이전에 두로, 가이사랴 등지에서 친구들이 경고했던 바로 그 위험에 빠지게 되었다. 오순절이 다가오고 있었고 디아스포라 유대인들은 이 절기를 지내기 위하여 예루살렘에 속속 도착했다. 그들 가운데는 에베소와 그 근방에서 온 몇몇 유대인들도 끼어있었는데, 이들은 바울이 아시아 지방에 머물러 있었을 때 직접 그를 보아 알고 있었으며 바울과 그의 사역을 못마땅해 했던 사람들이었다. 그들은 예루살렘에서 에베소 출신 이방인 신자들 가운데 한 사람인 드로비모(Trophimus) — 그들은 이 사람을 알아보았다 — 와 바울을 보게 되었다. 나실인들의 결례 주간이 끝나갈 무렵 그들은 나실인들과 함께 성전 구역 — 아마도 이스라엘의 뜰(the Court of Israel)[42] — 에 있는 바울을 발견하고는 이방인들을 금지된 구역에 데리고 들어옴으로써 성전을 더럽혔다고 비난하면서 고함을 질렀다.

헤롯 대왕이 둘러쌓은 성전의 바깥 뜰은 이방인들이 자유롭게 드나들 수 있었기 때문에 이방인의 뜰(the court of the Gentiles)로 불렸다. 이곳은 예수께서 성주간(Holy Week) 동안에 "만민의 기도하는 집"을 침해하는 자들에 항의하여 "깨끗케" 했던 구역이었다(막11:15-17). 그러나 이방인들은 바깥 뜰과 진정한 의미로 신성한 구역인 안 뜰을 나누고 있는 경계를 넘는 것이 금지되었는데, 이를 범하면 사형에 처해졌다. 이 경계에는 간격

---

39) 또는 더 나쁘게. 참조, A. J. Mattill(*loc. cit.*, pp. 115 f.). "누가가 성전에서 소동을 보았을 때, 그에게는 유대주의자들이 바울을 성전으로 유인하며 함정에 빠뜨렸다는 의구심이 스치고 지나갔다.
40) 행 18:18(279쪽을 보라).
41) 많은 나실인들의 비용을 지불하는 것은 헤롯 아그립바 왕에 있어서 경건한 행위였다(Josephus, *Ant*, xix. 294). 그의 딸인 버니게는 주후 66년 전쟁이 일어나기 직전에 삼십일간의 나실인 서원을 하였다(Josephus, *BJ* ii. 310-314).
42) 바울은 유대인으로서 이스라엘의 뜰에 들어갈 수 있었지만 평신도였기 때문에 그 이상을 들어갈 수 없었다. 드로비모는 이방인이어서 이방인의 뜰보다 더 들어갈 수 없었다.

을 두고 이방인 방문자들은 더 이상 들어오지 못한다는 헬라어와 라틴어로 새겨진 경고문이 부착되어 있었다.[43] 로마인들은 이것을 어기는 범죄에 대해서는 유대 당국자들에게 사형을 선고할 권한을 위임하였다. 유대 당국자들은 이 죄를 범한 자가 로마 시민이었을 때에도 사형 선고를 할 권한을 가지고 있었으며, 로마인들은 유대인들의 종교적으로 민감한 문제를 건드리지 않으려고 무척 주의를 기울였다.[44] 이 점에 있어서 바울을 고소할 만한 근거가 있었다면, 로마 시민이라는 바울의 권리는 이 상황에서 아무런 도움도 되지 못했을 것이다.

아시아로부터 온 유대인들의 고함소리를 듣고 그 주변에 있던 군중들이 바울에게 달려와 그를 이스라엘의 뜰에서 끌어내어 바깥 뜰에 내동댕이친 후 거기서 바울을 두들겨 팼다. 군중들의 꼴 사나운 폭력으로 말미암아 신성한 구역이 더럽혀지는 것을 막기 위하여 성전 경비들이 바깥 뜰에서 안 뜰로 들어오는 문들을 닫았다. 바깥 뜰에서 조금만 더 폭행을 당했다면 아마 바울은 살아남지 못했을 것이다. 그런데 마침 안토니우스 영문(營門)에 주둔해 있던 로마 수비대가 달려왔다. 이 영문(營門)은 북서쪽에서 성전 구역을 내려다보고 있는 위치에 자리잡고 있었는데 계단 두 개만 내려오면 바깥 뜰에 이를 수 있었다.[45] 이 수비대의 책임자인 천부장이 온 예루살렘으로 번져나가고 있었던 소동을 알아차리고 급히 군사들을 소동이 일어난 현장으로 보냈다. 그들은 바울을 대적들로부터 끌어내서 대적들이 바울을 끌어내리는 것을 막기 위하여 어깨에 들쳐메고 층대를 올랐다. 층대 꼭대기에는 글라우디오 루시아(Claudius Lysias)라는 천부장이 있었는데, 그는 바울을 정식으로 체포하여 두 병사에게 쇠고랑을 채워 영문(營門)으로 데리고 가라고 명령했다.

군중들이 흥분하여 떠들었기 때문에 고소하는 소리가 무슨 뜻인지를 알기란 불가능했지만 어쨌든 바울은 백성들을 격노(激怒)케 한 어떤 일을 저질렀을 것이다. 천부장은 바울이 3년 전에 예루살렘에 나타나서 선지자를 자처하고 일단의 추종자들을 이끌고 감람산으로 갔던 애굽인 선동가일 것이라고 성급하게 결론을 내렸다. 이 애굽인 선동가는 추종자들에게 잠시 기다리면 자신의 명령 한 마디로 예루살렘의 성벽이 무너져 평평하게 될 것이고, 그런 후에 그들은 로마 수비대로 돌진해 들어가 격파하고 예루살렘 성을 장악할 것이라고 말했다고 한다. 벨릭스(Felix) 총독은 일단의 군대를 보내 그들 가운데 몇몇을 죽이고 몇몇은 투옥하고 나머지는 해산시켰다. 그런데 그 애굽인은 현명하게도 어디론가 사라졌었다.[46] 그때 그에게 속은 사람들은 그에 대하여 악감정(惡感情)을 품고 있을 것이다. 이제 그가 다시 나타났고 사람들은 그에게 분노를 쏟아붓고 있는 것이라고 천부장은 생각했다.

---

43) Josephus, *BJ* v. 194. 헬라어로 된 이 명문(銘文)들 가운데 하나의 본문(1871년 C. S. Clermont-Ganneau가 발견한)에 관해서는 *OGIS* 598을 보라. 또 다른 본문(그보다 60년 후에 발견된)에 대해서는 J. H. Iliffe, "The ΘΑΝΑΤΟΣ Inscription from Herod's Temple", *QDAP* 6(1938), pp. 1ff를 보라.
44) Josephus *BJ* vi. 124-126.
45) Josephus *BJ* v. 243 f.
46) Josephus, *BJ* ii. 261 ff,. *Ant*. xx. 171 f.

그러므로 천부장은 바울이 영문으로 끌려오기 전에 고상한 헬라어로 자기에게 말을 걸어서 군중들에게 말할 기회를 달라고 요청했을 때 저으기 놀랐다. 바울은 천부장에게 자기는 애굽인이 아니라 다소 출신 유대인, "소읍이 아닌 길리기아 다소성의 시민"(행21:39)임을 밝혔다. 천부장은 바울의 요청을 허락했다. 바울은 층대의 꼭대기라는 유리한 위치에서 자기를 결박한 병사들이 옆에서 호위하는 가운데 아람어 방언으로 말함으로써 군중들을 잠시 동안 잠잠케 할 수 있었다.

바울은 군중들에게 자기가 얼마나 하나님께 열심이 있으며 조상들의 율법을 엄격하게 지켰는지를 말한 후에 왜 자기가 지금 좇고 있는 길을 택하게 되었는지를 설명하였다. 바울의 연설은 누가가 요약한 것이기 때문에, 누가는 바울의 이야기 가운데서 유대인 청중들에게 특별히 호소력을 가지고 있는 측면들 — 예루살렘에서 자랐다는 것, 가말리엘의 문하에서 교육을 받았다는 것, "이 도(the Way)"를 지나칠 정도로 핍박하였다는 것, "율법에 의하면 경건한 사람", 다메섹의 아나니아가 자신의 회심과 부르심에서 한 역할, 예루살렘 성전에서 다시 부르심을 확인받았던 일 즉, 부활하신 주님이 환상 가운데 나타나셔서 자기를 "멀리 이방인에게로" 보내셨던 일(행22:3-21) — 을 강조하고 있다.[47]

이 마지막 말에 군중들의 불만이 되살아났고 다시 소동이 벌어졌다. 그러자 천부장은 소동의 원인을 밝혀내는 것을 단념하고 이 죄수를 심문하는 수밖에 없다고 생각하여 바울을 영문으로 끌고와서 채찍질하도록 명령했다. 헬라와 로마의 사법제도에서는 사람들은 고문을 하거나 고문을 하겠다고 위협해야 진실을 털어놓는다고 생각했다. 그러나 헬라의 법에서는 일반적으로 자유인을 그렇게 다루는 것이 금지되어 있었고 로마법은 로마 시민들을 그러한 식으로 다루는 것을 금지했다. 따라서 병사들이 바울을 가죽줄로 묶고 있을 때, 바울은 백부장에게 공개 재판에서 유죄판결을 받은 것도 아닌 로마 시민에게 채찍질을 해도 되는 것이냐고 항의했다. 백부장은 채찍질을 할 준비를 일단 중지시키고는 천부장에게 가서 그 사람이 로마 시민이라는 말을 전했다. 조금 놀란 천부장은 황급히 와서 바울에게 그것이 사실이냐고 물었다. 그렇다고 하자 천부장은 바울을 의심스러운 눈초리로 쳐다보면서, "나는 돈을 많이 들여 이 시민권을 얻었노라"고 말했다 — 아마도 이 말 속에는 그때 매우 초라한 행색을 하고 있었을 바울이 땡전 한푼 갖고 있지 않은 사람으로 보였다는 뜻을 내포하고 있을 것이다. 그러자 바울은 "나는 '나면서' 부터로라"라고 말했다. 천부장이 이 말에 놀란 것은 당연했다.[48]

로마 시민은 적절한 법적 절차를 따라 처우를 받을 권리가 있었다. 분명히 바울은 유대의 율법을 범한 범죄행위로 기소되어 있었고, 그러한 범죄를 다루는 권한은 산헤드린에게 있었다. 그래서 바울은 당시 매우 평판이 안 좋게 나있었던 네데베오(Nedebaeus)의 아들 아나

---

47) 160쪽을 보라.
48) 행 22:25-28.

니아(Ananias, 주후 47-58년)라는 대제사장이 의장을 맡고 있는 산헤드린 앞으로 끌려갔다.[49] 그러나 정식으로 고소가 되고 산헤드린이 그 사건에 대한 관할권을 가지고 있는지가 확정될 때까지는 천부장은 바울에 대하여 책임이 있었다. 증인들이 나와서 바울이 이방인을 데리고 안 뜰에 들어간 것을 자기들이 보았다고 말했다면, 이 사건은 분명히 산헤드린의 관할에 속하게 될 것이었다 — 그러나 길게 끈 소송절차에서 처음부터 끝까지 단 한 명의 증인도 나오지 않았다. 바울은 그리스도 안에서 유대인과 이방인을 나누는 담은 무너졌다고 선포했을 것이지만,[50] 그는 성전에서 유대인과 이방인을 나누는 실질적인 담은 여전히 서 있다는 것을 알고 있었다. 그리고 바울이 아시아로부터 온 유대인들이 고함을 지르며 자기를 고소했던 그런 미친 짓을 실제로 했다면 예루살렘에서 무사히 빠져나가 로마와 서바나를 방문할 자신의 소망을 내팽개쳐 버린 것이다.[51]

고소하는 자들이 산헤드린 앞에서 아무 말도 하지 않았기 때문에, 바울은 자기가 말할 기회를 가지게 되었다. 바울은 이스라엘의 최고 재판소의 의장에 합당치 않은 행동을 보인 대제사장을 꾸짖음으로써 시작부터 불길한 조짐을 보였다. 그러나 바울이 (사람에게가 아니라) 존엄한 직위를 갖고 있는 자에게 사과를 하고나서[52] 다시 말을 시작했는데, 자기가 그들 앞에 서게 된 것은 부활에 대한 소망 때문이라고 밝힘으로써 재판소의 바리새파들의 호의를 구했다. 바울이 다메섹 도상에서 현재의 사역으로 부르심을 받았을 때 확증되었던 예수의 부활은 자기가 모든 바리새인들과 함께 공유했던 일반적인 부활에 대한 소망과 결부되어 있었다. 그들이 판결할 수 있는 명백한 고소가 없는 가운데서 산헤드린의 사두개인들과 바리새인들은 부활에 관한 논쟁에 빠졌고 바리새인들은 이 근본적인 교리에 있어서 이토록 건전한 사람이라면 모든 것이 다 나쁘다고 할 수만도 없다는 생각을 하게 되었다.

5. 가이사랴로 보내진 바울

천부장은 이 걸리적거리는 로마 시민을 어떻게 처리해야 하는지에 대하여 진전이 없자 마침내 바울을 다시 영문으로 데리고 왔다. 그 동안에 바울의 대적들은 바울을 자기들의 손아귀에 넣을 법적인 방법이 없다고 판단하자 바울이 다시 산헤드린 앞에 끌려나올 때 그를

---

49) 요세푸스는 어떻게 아나니아가 일반 제사장들에게 돌아가야 할 십일조를 착복했는지를 말해준다 (Ant. xx. 205-207). 랍비 전승에는 그의 탐욕을 풍자하는 노래가 남아있다(TB Pesahim 57a). 그는 주후 66년 젤롯당원들에 의해 살해되었다(BJ ii. 441 f.).
50) 엡 2:14(464쪽을 보라).
51) J. Klausner는 이례적으로 그럼에도 불구하고 그가 그것을 했을 것이라고 주장한다(From Jesus to Paul, E. T. (London, 1944), p. 400).
52) "형제들아 나는 그가 대제사장인 줄 알지 못하였노라"(행23:5)는 "나는 (그 입을 치라고 명할 정도로) 그렇게 오만불손하게 구는 사람이 대제사장일 것이라고는 생각지 못했다"는 뜻일 게다.

암살하려는 모의를 했다. 바울의 조카가 이 모의를 알았고 — 이것은 신약 문헌에서 바울의 친척에 대하여 언급하고 있는 유일한 구절인데 안타깝게도 이 구절조차도 지나가듯이 언급하고 있다[53] — 영문에 있는 바울을 만나서 무슨 일이 진행중인지를 그에게 알렸다. 바울은 조카로 하여금 천부장에게 그가 알아낸 것을 알리도록 조치를 했다. 이로 말미암아 천부장은 마음을 정하게 되었다. 그는 더 이상 바울의 안전에 대한 책임을 자신이 질 수 없었다. 여기에서는 자기가 해결할 수 없는 문제들이 종종 벌어졌다. 그 문제들을 해결해야 하는 사람이 있다면, 그는 속주의 총독이리라.

이에 따라 천부장은 밤을 틈타 무장한 호위병들 편으로 바울을 총독의 관저가 있는 가이사랴로 보내버렸다. 일행이 이튿날 아침 안디바드리(Antipatris, 로쉬 하아인)에 이르러서 보병들은 되돌아가고 70명의 경무장(輕武裝)한 마병들이 바울을 호송해서 거기서 약 40킬로미터 남은 가이사랴까지 데리고 갔다. 천부장은 바울을 호송해 보내면서 총독에게 상황을 설명하고 자기가 한 역할을 아주 멋지게 쓴 서신을 같이 보냈다. 이 사람이 유대인들에게 성전에서 잡혀 죽게 된 것을 내가 "로마 사람인 줄 들어 알고"(행23:27) 구출해 내었다고 그는 썼다.

총독은 서신을 읽고 나서 바울에게 어느 속주에서 왔느냐고 물은 후 바울을 가이사랴에 있는 자신의 관저 — 헤롯이 궁전으로 지었던 것인데 이때는 공식적인 총독 관저로 사용되었다 — 에 가두어 두었다. 총독은 나중에 소송절차를 진행할 참이었다.[54]

바울이 로마 기독교인들에게 "나로 유대에 순종치 아니하는 자들에게서 구원을 받게"(롬 15:31) 하나님께 기도해 달라고 요청했던 것은 참 잘한 일이었다. 그는 유대인으로부터 구출되었다. 하지만 바울은 그후로 최소한 4년이란 기간을 자유를 잃은 상태에 있게 되고 로마를 방문하려던 계획을 연기해야 하는 처지에 놓이게 되었다. 바울의 마지막 예루살렘 방문은 이런 식으로 끝났다.

---

53) 그 젊은이의 어머니 즉, 바울의 누이는 아마도 예루살렘에 살고 있었을 것이다. 이것은 바울만이 아니라 가족들 가운데 다른 사람들도 바울의 어린시절에 다소에서 예루살렘으로 왔을 가능성을 보여준다(56쪽을 보라).
54) Tacitus(*Annals* xii. 54. *History* v. 9)는 총독의 이름을 안토니우스 벨릭스로 부르고 있다. 이것은(그의 형제 팔라스와 마찬가지로) 그도 장래의 황제인 글라우디오의 어머니인 안토니아에 의해 해방되었다는 것을 보여준다. 그러나 Josephus(*Ant.* xx. 137)는 그의 씨족 이름을 글라우디오라고하는 있는데, 이것은 글라우디오가 그를 그의 어머니로부터 물려받아 해방시켜 주었다는 것을 뜻한다. 그들의 증언은 1966년 이스라엘의 비르 엘 말릭에서 발견된 헬라어로 된 명문(銘文)에 의해 확증된다. 이 명문에는 그 이름(praenomen)과 성(nomen)이 디베료 글라우디오로 되어있는 총독을 언급하고 있다 [별명(cognomen)은 안타깝게도 나와있지 않다〕. M. Avi-Yonah, "The Epitaph of T. Mucius Clemens", *Israel Exploration Journal* 16(1966), pp. 258-264 with plate 28. F. F. Bruce, "The Full Name of the Procurator Felix", *Journal for the Study of the New Testament*, Issue 1(1978), pp. 33-36을 보라.

제 31 장

가이사랴의 재판과 가이사에 대한 상소

1. 바울과 벨릭스

바울이 이후 2년 동안을 지내야 했던 가이사랴(Caesarea)는 주전 20년부터 9년까지 헤롯 대왕이 지중해의 주요 항구로 사용하기 위하여 예전에 스트라토의 망대(Strato's Tower)라 불렸던 터에 건설했던 성읍이었다. 하이파 만(the Bay of Haifa)의 남쪽 해안은 천연적인 항구로서의 조건이 갖추어져 있지 않았기 때문에 헤롯 대왕은 반원형의 방파제로 둘러싸인 정교한 인공 항구를 건설했고, 이와 아울러 아구스도 신전(그를 기려서 이 성읍의 이름이 붙여졌다)과 웅장한 연극장, 경기장과 같은 몇몇 다른 설비들(이것들은 1956년과 이듬 해에 걸쳐 발굴되었다)이 갖추어졌다.[1] 처음부터 이곳은 두드러지게 이방적인 성읍이었고, 그런 이유로 주후 6년 이래로 로마의 유대 총독은 예루살렘보다 이곳을 자

---

1) Josephus, *BJ* i. 408-415. *Ant.* xvi. 136-141. L. I. Levine, *Caesarea under Roman Rule*(Leiden, 1975)과 *Roman Caesarea. An Archaeological-Topographical Study* (Jerusalem, 1975). C. T. Fritsch(ed.), *Studies in the History of Caesarea Maritima*, i(Missoula, Montana, 1975)를 보라.
2) 이 명문(銘文)은 A. Frova, *Istituto Lombardo di Scienze e Lettere: Rendiconti*(Milan, 1961), pp. 419-434. 참조, A. Degrassi, *Atti della Accademia Nazionale dei Lincei. Rendiconti* (Rome, 1964), ff. 59-65. 거기에는 이렇게 쓰여있다. (Dis Augusti)s Tiberieum (...Po)ntius Pilatus (praef)ectus Iuda(ea)e (fecit d)e(dicauit).

신의 더 편안한 거주지로 여겼다. 가이사랴에 있는 헤롯궁은 총독들의 관저(praetorium)로 사용되었다. 1961년에 발굴된 연극장에서 발견된 라틴어로 새겨진 명문(銘文)에는 초기의 유대 총독이었던 본디오 빌라도의 이름이 나와있다. 거기에서 빌라도의 공식 직함은 '프라에펙투스(praefectus)'로 되어 있다.[2] 유대 총독에 대하여 '프로쿠라토르(procurator)'라는 직함은 주후 44년 이후로 사용되었다고 생각되고 있다(타키투스는 빌라도를 '프로쿠라토르'로 부르고 있다).[3]

가이사랴에서 바울을 가둔 총독 마르쿠스 안토니우스 벨릭스(Marcus Antonius Felix)는 전형적인 로마의 속주 총독이 아니었다. 유대와 같은 삼등급의 속주에 부임하는 총독들(Prefect or procurator)은 기사계급에 속하는 것이 보통이었다 (원로원 직속의 속주 총독(proconsul)과 제국 직속의 속주 총독(legate)은 귀족 계급, 원로원 계급 출신이었다). 그러나 벨릭스는 한때 마르크 안토니우스(Mark Antony)와 옥타비아(Octavia)의 딸이며 (디베료의 형제인) 드루수스(Drusus)의 미망인이자 글라우디오 황제의 어머니인 안토니아(Antonia)의 집에서 종살이를 하다가 자유케 된 자유민(libertus)이었다. 그와 마찬가지로 안토니아의 종으로 있다가 해방된 그의 형제 팔라스(Pallas)는 글라우디오 치하에서 국고의 회계 책임자(praepositus a rationibus) — 어떤 사람은 재무장관이라고도 한다 — 라는 책임이 막중한 요직에 올랐다.

벨릭스는 바로 그의 영향력으로 유대 총독직을 얻을 수 있었다고 하는 것도 당연하겠지만,[4] 벨릭스에게는 개인적인 자질과 아울러 천부적으로 상당한 능력이 있었기 때문에 가장 존귀한 가문들과 교분을 맺을 수 있었다. 그는 세 번 결혼했는데 그때마다 왕족과 결혼했다. 첫번째 부인은 안토니우스와 클레오파트라의 손녀였고,[5] 바울과 우연히 만나게 되었을 때 함께 살고 있었던 세번째 부인은 헤롯 아그립바 1세의 막내딸이자 아그립바 2세와 버니게(Bernice)의 누이동생인 드루실라(Drusilla)였다.

타키투스의 글로부터 주후 52년 벤티디우스 쿠마누스(Ventidius Cumanus)의 뒤를 이어 유대 총독으로 임명되기 전에 벨릭스는 쿠마누스 아래서 사마리아(이곳은 유대 속주의 일부였다)에서 행정업무를 담당하고 있었다고 사람들은 추론해 왔다.[6] 이 기간 동안에 벨릭스는 영향력 있는 전직 대제사장이었던 아나누스(안나스)의 아들 요나단의 신임을 얻었는데 요나단은 쿠마누스에 대한 유대인들의 원성(怨聲)을 전달하러 로마에 사절단의 일원으로 가 있을 때 벨릭스를 유대 총독으로 임명하도록 압력을 넣었던 것으로 보인다.[7] 타키투스 덕분

---

3) Tacitus, *Annals* xv. 44.4.
4) Suetonius, *Life of Claudius*, 28. Tacitus, *Annals* xii. 53 f.. *History* v. 9.
5) Suetonius, *Life of Claudius*, 28. 1. Tacitus, *History* v. 9.
6) Tacitus, *Annals* xii. 54. 3 ("유대는 분할되었다. 사마리아인들은 벨릭스가, 갈릴리인들은 쿠마누스(Cumanus)가 다스렸다").
7) Josephus, *BJ* ii. 243-247. *Ant*, xx. 131-137, 162.

에 벨릭스는 "노예의 정신을 가지고 왕의 권력을 휘둘렀다"는 좋지 못한 평판을 듣게 되었다.[8] 그러나 그토록 천한 신분을 가진 사람이 높은 자리에 오른 것에 대하여 타키투스가 편견을 가지고 바라보았을 가능성도 생각해 보아야 한다. 벨릭스가 유대의 총독으로 부임한 것과 때 맞춰 우연히도 새로운 일단의 테러리스트들〔'알리아스(alias, 자유의 투사들)'〕, '시카리(sicarii)' 또는 칼을 품은 자들이 출현했다. 이들은 절기 같은 때에 군중들 가운데 섞여서 유대인 "부역자들"과 자기들이 못마땅해 하는 사람들을 칼로 찔렀다. 그들의 최초의 희생자들 가운데 한 사람은 전직 대제사장 요나단이었다.[9] 벨릭스는 이들을 비롯한 해방운동가들을 가혹하게 탄압했는데, 이로 인해 그는 로마에서 주가가 높아져서, 팔라스가 네로 황제가 즉위한 직후인 주후 55년에 황가의 신임을 잃었을 때에도[10] 벨릭스는 4년이나 더 유대 총독직에 머물 수 있었다.

그러니까 예루살렘의 천부장이 보낸 바울을 맡아서 그후로 바울에 대한 불만들을 조사할 책임을 맡은 것은 바로 이 사람이었다.

이제 바울에 대한 소송은 산헤드린이 맡았다. 바울이 가이사랴에 도착한지 닷새 후에 산헤드린의 대표자들이 내려와서 벨릭스 앞에서 소송을 제기했다. 그들은 법정 소송을 관례에 맞춰 제기하기 위하여 더둘로(Tertullus)라는 변사를 데리고 내려왔다. 누가는 더둘로의 송사의 첫머리를 상당히 자세하게 인용하고 있다. 그것은 관원에게 말할 때 사용되었던 '호의를 구하는 말(captatio beniuolentiae)'의 좋은 본보기이다(행24:2 이하):

    벨릭스 각하여 우리가 당신을 힘입어 태평을 누리고 또 이 민족이 당신의 선견을 인하여 여러 가지로 개량된 것을 우리가 어느 모양으로나 어느 곳에서나 감사무지하옵나이다. 당신을 더 괴롭게 아니하려 하여 우리가 대강 여쭈옵나니 관용하여 들으시기를 원하나이다.

그런 다음에 일반적인 것에서 구체적인 것으로 나아가면서 바울은 전염병이며, 천하에 퍼진 유대인을 소요케하는 자요 나사렛 이단의 괴수라는 것[11], 바울은 성전을 더럽히려고 했었다는 것을 적시(摘示)하여 고소를 제기했다. 바울이 이 마지막 범죄를 저지르는 순간 자기들이 그를 붙잡았으나 유대 당국자들이 이러한 문제에 대한 자신의 특수한 관할권에 따라 그를 체포했을 때 천부장이 불법적인 힘을 행사하여 그를 자신들의 수중에서 빼앗아갔다고 그는 말했다.[12]

---

8) Josephus, *History* v. 9.
9) Josephus, *BJ* ii. 254-257. *Ant.* xx. 160-166, 186-188.
10) Tacitus, *Annals* xiii. 14. 1.
11) 그들은 나사렛 사람 예수(나사렛 예수)를 따르는 자들이었기 때문에그렇게 불리웠을 것이지만, 사람들은 그 말(히브리어로 '노쉬림')을 "준행(遵行)하는 자들"로 이해하였을 것이다.
12) 사도행전 24:7의 서방 본문(TR에 보전되어 있다. 참조, AV)에만 루시아에 대한 언급이 더둘로의 변론에 포함되어 있다. 그러나 그 진정성에 대한 좋은 예로 들 수 있을 것이다.

아마도 바울에 대하여 편견을 심어주려는 목적을 가진 이러한 진술을 유대 총독이 취급할 권한이 있었는지는 의심스럽다. 성전을 모독했다는 구체적인 죄명은 중대한 것이었지만 그 죄를 소명(疏明)하는 데 있어서는 상당한 결함이 있었다. 그것을 구체적으로 입증할 증인이 한 사람도 제시되지 않았기 때문이다. 벨릭스가 바울에게 이 고소에 대하여 답변할 기회를 주자 바울은 재빨리 이 점을 지적했다(행24:10 이하).

당신이 여러 해 전부터 이 민족의 재판장 된 것을 내가 알고 내 사건에 대하여 기쁘게 변명하나이다. 당신이 아실 수 있는 바와 같이 내가 예루살렘에 예배하러 올라간 지 열이틀 밖에 못되었고 저희는 내가 성전에서 아무와 변론하는 것이나 회당과 또는 성중에서 무리를 소동케 하는 것을 보지 못하였으니 이제 나를 송사하는 모든 일에 대하여 저희가 능히 당신 앞에 내세울 것이 없나이다. 그러나 이것을 당신께 고백하리이다. 나는 저희가 이단이라 하는 도를 좇아 조상의 하나님을 섬기고 율법과 및 선지자들의 글에 기록된 것을 다 믿으며 저희의 기다리는 바 하나님께 향한 소망을 나도 가졌으니 곧 의인과 악인의 부활이 있으리라 함이라. 이것을 인하여 나도 하나님과 사람을 대하여 항상 양심에 거리낌이 없기를 힘쓰노라. 여러 해만에 내가 내 민족을 구제할 것과 제물을 가지고 와서 드리는 중에 내가 결례를 행하였고 모임도 없고 소동도 없이 성전에 있는 것을 저희가 보았나이다 그러나 아시아로부터 온 어떤 유대인들이 있었으니 저희가 만일 나를 반대할 사건이 있으면 마땅히 당신 앞에 와서 송사하였을 것이요 그렇지 않으면 이 사람들이 내가 공회 앞에 섰을 때에 무슨 옳지 않은 것을 보았는가 말하라 하소서. 오직 내가 저희 가운데 서서 외치기를 내가 죽은 자의 부활에 대하여 오늘 너희 앞에 심문을 받는다고 한 이 한 소리가 있을 따름이니이다.

바울이 송사를 위한 강력한 증인들이 없음을 환기시키자, 총독은 고소하는 자들이나 피고인이 말했던 것보다 더 공정한 진술을 기대할 수 있는 또 한 명의 구체적인 증인을 불러와야 한다는 것을 깨달았다. 그래서 총독은 산헤드린의 고소와 바울의 변론을 들은 후에 — 아마도 '암플리우스(Amplius, 증거 불충분)'라는 라틴어로 된 공식 용어를 사용하여 — 재판을 연기했다. "천부장 루시아가 내려오거든 너희 일을 처결하리라"고 그는 말했다.

바울의 변론을 기록하고 있는 누가의 기사에는 사도행전에서 예루살렘 구제 기금에 대한 유일한 언급을 비롯해서 몇몇 흥미로운 특징들이 담겨 있다. 바울이 성전을 더럽혔다는 고

---

13) 이러한 취지의 여러 논증들에 대해서는 M. Schneckenburger, *Ueber den Zweck der Apostelgeschichte*(Bern, 1841), with A. J. Mattill, Jr., "The Purpose of Acts: Schneckenburger reconsidered", in *Apostolic History and the Gospel*, ed. W. W. Gasque and R. P. Martin(Exeter, 1970). pp. 108-122를 보라. 또한 M. V. Aberle, "Exegetische Studien. 2. Ueber den Zweck der Apostelgeschichte", *Theologische Quartalschrift* 37(1855), pp. 173 ff.. D. Plooij, "The Work of St. Luke. A Historical Apology for Pauline Preaching before the Roman Court", *Expositor*, series 8, 8(1914). pp. 511-523. "Again. The Work of St. Luke", *ibid.* 13(1917), pp. 108-124. J. I. Still, *St.*

소를 구체적으로 입증할 만한 증거가 제시되지 않았다는 주장을 제외한다면, 이 변론의 내용들은 지금 유대 총독 앞에서보다도 후에 로마의 최고 재판소에서 한 것으로 생각할 때 더 타당성을 가지고 있으며 더둘로의 송사의 더 일반적인 말들에 대해서도 그렇다고 할 수 있다. 이것은 사도행전과 로마에서의 바울의 재판과의 관계에 대한 오랫동안 논쟁되었던 문제를 야기시킨다. 누가가 실세로 변론을 위한 조언을 간략하게 기록하였거나 이 사건을 문헌으로 남기기 위하여 기록을 하였다는 주장이 더 이상 타당성이 없다면,[13] 이런 류의 어떤 자료가 사도행전의 편집에서 원자료로 사용되었을 가능성이 남는다. 분명하게 표현되었든 아니면 함축적으로 표현되었든 바울이 각 지방에서 소요를 일으키는 자라는 고소, 바울이 성전의 유지나 전체 유대인들의 구제에 충당되었어야 할 돈을 이단 분파의 이익을 위해 유용하였다는 고소, 바울이 (갈리오의 재결에도 불구하고) 유대 종교에 대한 로마법의 보호를 확대해서 받을 권리가 없는 새로운 종교를 퍼뜨리고 다닌다는 고소는 벨릭스의 관할에 속하는 것이 아니라 실제로 황제 앞에서 행하는 심리(審理)에서 타당한 것이었을 것이다.

우리는 벨릭스가 천부장 글라우디오 루시아가 참석한 가운데 또 한번의 심리를 열었을 것이라고 생각할 수 있지만, 기록이 없어서 알 수 없다. 그랬을지라도 글라우디오 루시아가 말할 수 있었던 것으로는 바울을 고소한 사건을 해결하는 데 아무런 도움도 줄 수 없었을 것이고, 벨릭스가 이 상황의 적법성 여부에만 관심을 가지고 있었다면 그는 바로 그 자리에서 바울을 석방하였을 것이다. 그러나 그는 누가가 말하듯이 바울(또는 그와 관련된 사람들)이 자기에게 뇌물을 주면서 잘 봐달라고 할 것을 기대하면서 석방 조치를 취하지 않았다.

바울이 "구제할 것과 제물"을 가지고 아주 최근에 예루살렘에 왔다는 말을 하는 것을 듣고 벨릭스는 바울에게서 어느 정도의 금전적인 이익을 빼낼 수 있겠다고 생각했을지도 모른다. 로마법은 뇌물을 받는 것에 대하여 엄중하게 금하고 있었지만,[14] 그러한 법 규정으로는 많은 속주의 총독들이 자신의 직위를 이용하여 속히 부를 늘리는 것을 막지 못했다. 자기의 형제인 팔라스가 로마에서 착취할 수 있었던 기회에 비하면 보잘것없는 기회였지만 벨릭스도 그러한 기회를 그냥 놓칠 인물이 아니었다.[15] 하지만 바울 또는 그의 친구들로부터 뇌물을 받고자 했던 그의 기대는 어긋났고, 이에 따라 바울은 석방되지 못하고 계속 갇혀있어야 했다.

    Paul on Trial(London, 1923). G. S. Duncan, *St. Paul's Ephesian Ministry* (London, 1929), p. 97를 보라.
14) 아시아 속주를 획득한지 십이 년도 채 안 되는 주전 122년에 속주 총독들의 착취와 뇌물수수를 금하는 '렉스 아킬리아 레페툰다룸(*lex Acilia repetundarum*)'이 제정되었으며, 이러한 범죄를 다루기 위한 상설 재판소(*quaestio*)가 개설되었다.
15) 팔라스와 글라우디오의 또 한 사람의 자유민인 나르키수스는 대단히 부자였기 때문에 어느 날 글라우디오가 내탕금(內帑金)이 거의 없다고 불평을 하자 이 두 사람으로 하여금 그의 동반자가 되도록 해야 하겠다는 농담이 나왔을 정도였다(Suetonius, *Life of Claudius* 28.3).

2. 바울의 동료들

그 동안 바울을 따라 예루살렘에 왔던 이방 기독교인들에게는 무슨 일이 있어났을까? 그들 가운데 두 사람 — 누가와 아리스다고 — 은 유대에 머물러 있었던 것 같다. 아마도 그들은 바울과 가까이 있기 위하여 가이사랴로 와서 바울의 시중을 들었던 듯하다.[16] 다른 사람들은 아마도 될 수 있는 한 신속하고도 눈에 띄지 않게 고향으로 돌아갔을 것이다. 그들이 예루살렘에서 목격했던 사태의 진전으로 말미암아 이 연보금으로 인해 그들과 유대 형제들의 사랑의 연대가 이루어지는 것을 이방 교회들이 보게 될 것이라는 바울의 기대는 산산히 깨지고 말았을 것은 당연하다. 유대 형제들이 이방 기독교인들의 후한 선물에 나타난 "하나님이 주신 지극한 은혜를 인하여"(고후9:14) 이방 기독교인들에게 더욱 더 친밀감을 느끼게 되었는지의 여부는 우리로서는 알 도리가 없다.

또한 예루살렘 교회 지도자들이 좋은 의도로 한 조언이 도리어 바울을 곤경에 처하게 했다는 것을 알았을 때 예루살렘 교회나 그 지도자들이 바울을 위하여 여러 모로 힘을 썼는지의 여부에 대해서도 우리는 알 방도가 없다. 아마도 그들은 바울이 가이사랴로 끌려갔다는 말을 들었을 때 안도의 한숨을 내쉬었을 것이다. 이번 바울의 마지막 예루살렘 방문은 이전에 바울이 방문했을 때와 똑같은 양상을 보였다. 다시 한 번 소동이 일어났기 때문이다. 바울이 다시는 예루살렘에 나타나지 않는 것이 상책이었다. 바울이 로마인들의 보호 아래 가이사랴에 있기 때문에 그는 직접적인 위험으로부터는 벗어나 있었다.

그러나 어쨌든 바울을 위하여 그들이 할 수 있는 것은 거의 없었다. 더욱이 대제사장과 산헤드린이 바울을 송사하는 데 참여하고 있었으므로 쓸데없이 그들의 반감을 불러일으킬 어떤 짓을 하는 것은 현명치 못했다. 예루살렘 교회와 그 지도자들이 하잘것없는 동기들을 가지고 있었다고 매도하기는 쉽다. 하지만 그들이 처한 극도로 어려운 처지를 이해하려고 해야 한다. 그들이 여전히 동포 유대인들을 복음화하려는 자신들의 위탁을 진지하게 생각하였다면(그들이 그렇게 하기를 중단했다고 생각할 어떤 근거도 없다), 바울과 어떤 식으로든 공공연히 연관되어 있다는 인상을 주는 것은 그러한 복음화를 수행하는 데 있어서 주요한 장애가 되었을 것이다. 실제로 베스도(Festus)가 죽음으로써(주후 62년) 총독직이 비어있을 때 대제사장 아나누스(Ananus) 2세의 고소로 의인 야고보가 불법적으로 사형을 당한 이유 가운데 하나가 그가 바울과 연계되어 있다는 것이었을 가능성이 크다.[17]

3. 가이사랴에서의 이 년

---

16) 가이사랴에서 로마로 바울이 항해했을 때 그들은 바울을 수행했다(행27:2).
17) Josephus, *Ant.* xx. 200.

이제 바울에게로 돌아와 보자. 바울이 전부는 아니더래도 몇몇 "옥중서신"을 쓴 곳이 바로 이때 가이사랴에서라고 주장하는 학자들이 있다.[18] 우리는 이미 옥중서신 가운데 몇몇은 에베소에서 썼을 것이라는 주장을 살펴보았다.[19] 그러나 에베소에서의 옥중생활은 애매모호한 자료에서(합리적이긴 하지만) 어디까지나 추론한 것에 불과한 반면에, 바울이 가이사랴에서 옥중생활을 하였다는 것은 틀림없는 사실이다. 빌립보서 1:13에서는 온 시위대(*praetorium*)가 바울이 그리스도를 위하여 갇히게 되었다는 것을 알게 되었다고 한다. 그는 분명히 가이사랴에 있는 총독 관저(*praetorium*)에서 수비대가 지키는 가운데 갇혀있었으며, '프라에토리움'이란 단어는 여러 가지 의미가 있지만, 이곳은 빌립보서에 언급되어 있는 시위대(*praetorium*)와 동일한 장소일 것이다. 이 단어가 로마에 있는 집정관의 수비대(the praetorian guard)를 가리키는 데 사용되는 것을 제외한다면, 그것은 부대의 지휘관이 있는 본부나 자신의 휘하에 군대를 거느리고 있었던 속주 총독의 본부〔수리아의 총독(legate)이나 유대의 총독(procurator)과 같이〕를 의미했다. 그것은 상비군을 갖고 있지 않았던 아시아와 같은 속주에 있는 총독(proconsul)의 본부에 대해서 사용되었던 것같지는 않다.[20]

다른 일단의 옥중서신 — 빌레몬서, 골로새서, 에베소서 — 에 대해서 우리는 바울이 놓여나서 빌레몬을 찾아갈지도 모른다는 희망을 갖고 빌레몬에게 자기가 거처할 방을 마련해 놓도록 요청하고 있다는 사실을 고려하여야 한다.[21] 바울은 자기가 가이사랴에서 놓여난다면 아시아 속주로 돌아갈 생각을 하고 있었던 것일까? 만약에 바울이 지름길인 해로 대신에 더 먼 육로를 통해 로마로 갈 생각이었다면 그랬을 수도 있겠지만, 아주 타당성 있는 얘기는 아니다. 위에서 아리스다고가 골로새서 4:10에 나와있는 대로 에베소에서 바울과 함께 갇힌 자였다고 말하는 것은 "쓸데없는 가정"이라고 말한 적이 있었다.[22]

---

18) E. Lohmeyer, *Die Briefe an die Philipper, an die Kolosser und an Philemon*(Göttingen, ¹³1964), pp.3 f., 14 f., 41; L. Johnson, "The Pauline Letters from Caesarea", *Expository Times* 68(1956-57), pp. 24-26. J. J. Gunther, *Paul: Messenger and Exile*(Valley Forge, 1972), pp. 91 ff.; J. A. T. Robinson, *Redating the New Testament*(London, 1976),pp. 57ff.를 참조하라. W. G. Kümmel은 골로새서를 위한 배경으로서 로마보다는 가이사랴가 더 유력하다고 생각하지만 빌립보서를 위한 배경으로도 보아야 한다고 본다 〔*Introduction to the New Testament*, E. T. (London, 1966), pp.235, 245〕. B. Reicke는 가이사랴가 골로새서의 출처라고 하는 데는 더 적극적으로 주장하지만 빌립보서의 배경이라는 것에 대해서는 반대한다("Caesarea, Rome and the Captivity Epistles", in *Apostolic History and the Gospel*, ed. W. W. Gasque and R. P. Martin, pp.277-286).
19) 324쪽을 보라.
20) 에베소 가까이에 있는 도로에서 발견된 세 개의 라틴어 명문(銘文)에 나와있는 '프라에토리아누스(*praetorianus*)'(*CIL* iii. 6085, 7135, 7136)는 에베소에서 '프라에토리움(*praetorium*)'이 있었다는 것을 뜻하지는 않는다. 이 '프라에토리아누스'는 전직 수비대의 일원이었다가 지금은 그 도로의 '스타치오나리우스'로서 경찰 임무를 수행하고 있었다.
21) 몬 22. 22) 320쪽 이하, 323쪽을 보라.

아리스다고가 바울과 함께 가이사랴에 있었던 것으로 보이기 때문에, 거기서 그는 바울과 함께 옥중생활을 한 것이었는가? 아마도 그랬을지도 모르지만, 그는 적절한 과정을 거쳐 바울과 함께 로마로 갔고 '거기서' 옥중생활을 했을 가능성이 많다.

가이사랴에서의 바울의 지루한 감금생활에 관하여 누가가 말하고 있는 것은 때때로 벨릭스가 그를 불러 대화를 나누었다는 것이 전부다. 이상하게 보일지 모르지만 벨릭스는 누가에 따르면 "이 도에 관한 것을 더 자세히 알고"(행24:22) 있었기 때문이다. 이 말에 관하여 벨릭스에 관한 다른 설명은 나오지 않는다. 그러나 이것은 그가 헤롯 아그립바의 막내딸과 결혼한 것과 관련이 있음에 틀림없다. 실제로 서방 본문에는 "바울을 만나서 그가 하는 말을 듣기를 요청한 것"은 벨릭스의 부인이었으며 "그녀를 만족시키기 위하여 벨릭스는 바울을 불렀다"고 아주 분명하게 말하고 있다.

이때 드루실라는 아직 스무 살도 되지 않았다. 그녀가 어린 소녀일 때 콤마게네(Commagene)의 황태자와 약혼을 했었으나 그 황태자가 유대교를 받아들이기를 거부했기 때문에 결혼은 이루어지지 못했다. 그런 후에 그녀의 오빠인 아그립바 2세는 결혼에 필요한 희생을 치를 준비가 되어 있었던 수리아에 있는 에메사(Emesa, 홈스(Homs)) 의 왕 아지주스(Azizus)와 그녀를 결혼시켰다. 그러나 그녀가 불과 열여섯 살이었을 때, 벨릭스는 그녀에게 남편과 이혼하고 자기의 세번째 부인이 되어달라고 설득했다 — 요세푸스의 말에 의하면, 아토모스(Atomos)라 하는 구브로 출신 마술사의 도움으로. '그'가 그녀와 결혼하기 위하여 유대인이 되었다는 것은 의문의 여지가 없었다.[23] 그녀는 벨릭스와의 사이에 아그립바라는 이름의 아들 하나를 두었는데, 이 아들은 주후 79년 베수비우스(Vesuvius) 화산의 폭발로 죽었다.[24]

이렇게 이 기묘한 부부와 종교적인 대화를 하기 위해 호출된 바울은 기독교 신앙 및 그 신앙과 유대교의 관련성을 설명했을 뿐만 아니라 그의 메시지에 담긴 윤리적 의미 — 의와 절제와 장래의 심판 — 를 강조했다. 벨릭스는 대화가 너무 사사롭게 흘러서 심기가 불편해지자 바울을 한 동안 멀리했다. 하지만 곧 그는 공직 생활의 따분함에서 변화를 구하기 위해서인지 다시 바울을 자주 불렀다. 가이사랴에는 기분전환을 할 만한 놀이거리가 많지 않았다. 그러나 유대인과 이방인 거주자 사이에 일어나는 격렬한 집단 분규는 점점 더 벨릭스의 골머리를 썩히게 되었고 마침내 바울을 다시 부르게 하였던 것이다.

가이사랴는 이방인 성읍의 제도를 가지고 있었지만, 거기에 거주하는 유대인 주민들은 이 성읍을 세운 왕이 유대인이기 때문에 자신들이 '이소폴리테이아(isopoliteia)' — 자기들의 이웃인 이방인들과 동일한 시민으로서의 권리 — 를 가질 자격이 있다고 믿었다. 이 권

---

23) Josephus, *Ant.* xix. 354 f,; xx. 139-143. 벨릭스(Felix)는 자기 이름처럼 그녀가 자기와 결혼한다면 그녀에게 모든 "행복(felicity)"을 약속했던 것으로 전한다. 우리는 단지 그가 약속을 지켰을 것이라고 할 수밖에 없다.

24) Josephus, *Ant*, xx. 143 f.

리에 관한 논쟁은 급기야는 두 집단 간의 폭동으로 번졌고, 벨릭스의 군대가 폭동을 진압하기 위하여 개입하였을 때 유대인들은 이 군대가 이방인들의 주장을 옹호하는 방식으로 개입하였다고 믿었다. 이로 인하여 사태는 악화되었고, 벨릭스는 이 두 집단의 지도자들을 로마로 보내어 황제 앞에서 자기들의 주장을 개진하도록 조치하였다. 결과는 '이소폴리테이아'에 대한 유대인들의 수장이 기각되는 것으로 끝났지만[25] — 이에 대한 불만은 주후 66년 로마에 항거하는 유대인들의 폭동으로 이끈 요인들 가운데 하나가 되었다 — 이 사건을 조사하는 초기에 벨릭스는 로마로 불려가서 총독직을 해임당하게 되었다. 그는 형제인 팔라스의 지속적인 영향력 때문에 더 이상의 문책은 당하지 않았다. 팔라스는 4년 전에 공직에서 물러났지만 엄청난 부와 주요 인사들과의 교분 때문에 여전히 개인적으로 상당한 권력을 유지하고 있었기 때문이다.[26]

벨릭스는 여러 가지 이유로, 특히 가장 최근에 가이사랴에서 반유대적인 행동을 취했다고 생각된 것 때문에 속주의 유대인들 사이에서 평판이 아주 나빴다. 이 반감을 누그러뜨리고 대세를 만회할 방법은 그에게 많지 않았다. 그러나 최소한 그는 바울을 놓아줌으로써 쓸데없이 산헤드린을 자극할 필요가 없었다. "이 사람을 놓으면 가이사의 충신이 아니니이다"라는 말은 그의 선조들 가운데 한 사람에 대해 아주 효과적으로 사용되었던 주장이었다.[27] 그래서 벨릭스는 "유대인의 마음을 얻고자 하여 바울을 구류하여 두니라"(행24:27).

4. 새로운 총독

벨릭스 후임으로 온 총독의 이름은 보르기오 베스도(Porcius Festus)였는데,[28] 그는 바울 사건을 처리할 책임을 이어받았다. 그는 유대인 문제에 있어서 아무런 경험도 없었을 것

---

25) 이것은 가이사랴 유대인들이 이미 소유하고 있었던 '이소폴리테이아'를 네로가 무효로 했다는 요세푸스의 말보다 더 신빙성이 있다(Ant. xx. 183 f.). E. Schürer, *The History of the Jewish People in the Age of Jesus Christ*, new E. T., i(Edinburgh, 1973), pp. 465 ff.. M. Stern, "The Province of Judaea", in *The Jewish People in the First Century*, i. ed. S. Safrai and M. Stern(Assen, 1974), pp. 367 f.를 참조하라.
26) 팔라스는 공직에서 물러났을 때 그의 과거의 행적이나 개인적인 계좌를 감사받지 않는다는 약정을 받아놓을 정도로 충분한 영향을 가지고 있었다(Tacitus, *Annals* xiii. 14. 2). 드루실라가 황궁에서 '평판이 좋은 인물(*persona grata*)'이었던 아그립바 2세의 누이였다는 사실은 벨릭스에게도 유익했을 것이다.
27) 예수의 재판에서 빌라도에게 한 대제사장들의 경고(요19:12).
28) 베스도가 총독직에 취임한 것은 주후 59년 속주의 새로운 통화주조에 대한 소요—주후 66년 이전의 마지막 소요—를 위한 호기가 되었을 것이다(F. W. Madden, *History of Jewish Coinage* (London, 1864). p. 153; A. Reifenberg, *Ancient Jewish Coins*(Jerusalem, ²1947), p. 27를 보라). 벨릭스가 해임되고 베스도가 부임한 날짜는 E. Schürer, *HJP* i(1973), p. 465, n. 42에 논의되어 있다.

이고, 벨릭스와는 달리 유대인 부인이 없었기 때문에 "이 도에 관한 것을 더 자세히 알지" 도 못했다. 새 총독의 경험 미숙은 바울에게 불리한 방향으로 쉽게 이용될 수 있었다. 특히 그가 부임 초기에 대제사장 및 산헤드린과 원만한 관계를 맺으려고 했다면, 더욱 그럴 가능성은 짙었다.

정말 베스도는 그렇게 했다. 유대에 도착한지 며칠 후에 베스도는 대제사장과 그 무리들에게 부임 인사를 하기 위하여 예루살렘에 올라갔다. 정중한 인사를 교환한 다음에 그들은 (틀림없이 벨릭스가 아직 미결로 남겨 놓았던 다른 문제들과 아울러) 바울에 대한 문제를 제기했다. 베스도는 송사를 다시 재개하기로 약속했고, 이에 따라 산헤드린의 대표자들이 바울에 대한 고소 내용을 다시 진술하기 위하여 가이사랴로 내려왔다. 벨릭스 앞에서와 마찬가지로 이제 베스도 앞에서 바울은 그들이 제기한 고소 내용을 하나하나 모두 부인했다.

바울이 처한 상황은 위태로운 것이었다. 바울이 성전을 모독했다는 죄명이 명백하게 (prima facie) 드러났다면, 총독은 즉시 바울을 산헤드린의 관할로 넘겨주었을 것이다. 총독은 전임자의 소견이나 인정 사실이 기록으로 남아있다고 해도 그러한 것에 구속받지 않을 수 있는 대권(imperium)을 가지고 있었다. 그러나 바울을 고소하는 자들은 아마도 (벨릭스 앞에서 그랬듯이) 제국의 안녕을 위협하는 범죄 — 이것은 로마의 관할에 속하는 범죄로서 그들의 관할이 아니었다 — 를 더하여 바울을 과장되게 고소했을 것이다.

하지만 유대인 지도자들의 환심을 사려는 마음에서 베스도는 그들이 주장하는 성전 모독죄가 범해진 예루살렘에 가서 심문을 계속할 것을 제안했다. 그는 이 사건을 계속해서 자기의 통제 하에 두기를 원했을 것이다. 그는 틀림없이 이것이 합리적인 제안이라고 여겼다. 하지만 바울은 전혀 그렇게 생각하지 않았다. 베스도가 산헤드린의 요구에 따라 송사를 시작하였기 때문에 그는 계속해서 산헤드린의 요구를 받아들일 것이 뻔했고 그러다 보면 바울은 위험에 처하게 될 것이었다. 베스도는 자기가 가진 대권(imperium)을 가지고 산헤드린을 자기의 고문(consilium), 특히 이 문제에 관한(ad hoc) 고문단으로 대우할지도 모르는 일이었다.[29] 이제 바울에게는 로마 시민으로서 이 위기를 넘길 방법이 한 가지 남아 있었다. 물론 그 방법도 나름대로 위험을 수반하지 않는 것은 아니었지만, 바울은 베스도에게 로마법을 교묘히 빠져나갈 생각도 없고 자기가 한 행위가 잘못이라면 이에 대하여 응분의 대가를 받을 각오가 되어 있다는 것을 베스도에게 확실히 밝혔다.

바울이 실제로 그를 고소하는 자들이 주장하듯이 사형에 해당하는 범죄를 저질렀다면, 그는 최고형을 받을 준비가 되어 있었다. 그러나 그들의 고소에 아무런 실질적인 내용이 없다면, 그는 그들의 수중에 있을 이유가 없다. 로마의 재판을 통하여 잘잘못을 가리도록 하라. 베스도는 가이사를 대리하는 자였기 때문에 바울이 서 있는 재판자리는 가이사의 재판

---

29) 참조, A. N. Sherwin-White, *Roman Society and Roman Law in the New Testament* (Oxford, 1963). p.67.

자리였다. 그러나 바울은 속주의 재판소를 충분히 신뢰할 수 없었기 때문에 최고 재판소에 상소(上訴)를 제기했다. "내가 가이사께 호소하노라"(행25:11)고 그는 밝혔다.

5. 가이사에 대한 상소

황제에 대한 시민의 상소권(prouocatio)은 공화정 시대에 있었던 주권을 가진 로마 백성의 상소권에서 발달되어 온 것으로 보인다. 디오 카시우스(Dio Cassius)에 따르면,[30] 주전 30년 옥타비아누스는 상소 사건에 대한 재판권(ex prouocatione cognoscere) — 존스(A. H. M. Jones)는 이에 해당하는 헬라어가 '엑클레톤 디카제인'이라고 말했다 — 을 가지고 있었다.[31] 또한 이 시기에 (앞에서 언급한) '공민권에 대한 율리우스의 법'(lex Iulia de ui publica)이 제정되었다.[32] 이 법은 대권(imperium or postes)을 부여받은 관원들이 로마 시민을 죽이고 채찍질하고 쇠고랑을 채우거나 로마 시민에게 "상소에도 불구하고(aduersus prouocationem)" 형을 선고하거나 로마 시민이 정해진 시간내에 상소를 제기하기 위하여 로마로 가는 것을 막는 것을 금하고 있었다.[33]

존스 교수는 이 법이 제정된 때로부터 제국 전역에 있는 로마 시민들은 속주의 관원들이 처리할 권한이 있었던 기존에 제정된 성문법을 명백하게 위반한 사건(바울의 사건은 분명히 이런 경우에 속하지 않았다)을 제외하고는 약식 재판(coercitio)으로부터 보호되었다고 결론을 내렸다.[34] 주후 2세기 초부터 '표준적인 소송법에 규정되어 있지 않은(extra ordinem)' 범죄로 고발된 로마 시민들은 가이사에 대한 상소라는 정식 절차를 거치지 않고도 거의 자동적으로 로마로 이송되는 것이 관례였다.[35] 그러나 2세기를 거치면서 제국 전역에서 시민들의 수가 점차 증가함에 따라 시민의 권리들은 차츰 침해받기 시작했던 것으로 보이는데,[36] 그러다가 주후 212년 카라칼라(Caracalla) 치하에서 모든 속주의 자유민들에게

---

30) *History* 1i. 19. 칠년 후에 그는 아울러 로마와 로마 성내에서 1마일 내에 있는 곳에서 관원들의 행위를 거부할 '상소권(appellatio)'를 인정하는 종신의 '호민관직(護民官職, tribunicia potestas)'를 받았다. 그러나 이것은 지금 다루고 있는 문제와는 아무런 상관이 없다.
31) *Studies in Roman Government and Law*(Oxford, 1960), p. 96.
32) 51쪽을 보라.
33) *Digest* xlviii. 6, 7. Paulus, *Sententiae* v. 26. 1.
34) *Studies in Roman Government and Law*, p. 59.
35) 가장 잘 알려진 예는 플리니2세가 그의 속주인 비두니아에 있는 기독교인들에게 관하여 트라야누스에게 보내는 편지인데, 거기서 그는 그들 가운데 몇몇이 로마 시민들이어서 그들의 사건을 도성으로 이송한다고 적고 있다(*Epistles* x. 96. 4).
36) 주후 177년에 론(Rhone) 계곡에서 체포된 기독교인들 가운데 로마 시민들은 재판을 위해 로마로 보내지지 않았다. 그들은 마르쿠스 아우렐리우스의 재결(裁決)이 내려질 때까지 그리고 (다른 사람들과 같이 고문에 의한 사형이 선고되는 대신에) 참수형이 내려졌을 때에도 감옥에 갇혀 있었고, 그들 가운데 한 사람인 앗탈루스는 군중들의 요구로 사자굴에 던져졌다(Eusebius, *Hist, Eccl.* v. 1. 44, 50). 320쪽 주 32를 보라.

시민권이 부여됨으로써 이러한 현상은 극에 달했다. 다른 점에서와 마찬가지로 이 점에서도, 우리가 이론적이 아니라 역사적으로 생각할 때, 사도행전에 묘사된 장면은 이 책의 기록 연대와 기가 막히게 맞아떨어진다. 바울의 상소에 대한 묘사는 기독교 첫 세기의 후반 50년의 상황에 대해 우리가 알고 있는 바와 정확히 일치한다. 그러므로 이에 대한 누가의 설명은 실질적으로 유용한 증거로 다루어질 가치가 있다.

베스도는 바울이 가이사에게 상소하겠다고 말했을 때 안도의 한숨을 쉬었다. 그는 자기 힘에 부친 사건을 판결할 책임을 이제 그만 벗어버리고 싶었을 것이다. 하지만 한 가지 책임이 더 남아 있었다. 그는 고소된 사람과 함께 이 사건의 성격과 지금까지 진행 결과를 간단히 적은 사건 개요서(*litterae dimissoriae*)를 로마로 보내야 했다. 이 사건 개요서를 입안하는 데 있어서 그는 유대의 종교 문제에 전문가로 평판이 나있었던 한 사람으로부터 때마침 도움을 받을 수 있게 된 것을 기뻐했다.

바울이 상소한지 얼마되지 않아 아그립바 2세와 버니게가 신임 총독에게 인사차 가이사랴로 내려왔다. 그의 부왕인 헤롯 아그립바 1세가 주후 44년에 죽은 후에 아그립바 2세는 열일곱 살이었기 때문에 글라우디오와 그의 측근들은 부왕을 대신하여 유대인의 왕으로 앉히기에는 너무 어리다고 판단해서, 다루기 어렵지 않은 북쪽 지방을 주어 왕의 직함으로 다스리게 하였는데, 당시에 그의 왕국은 이전에 분봉왕 빌립과 루사니아(Lysanias)가 다스리던 지역인 갈릴리 호수의 동쪽과 북쪽 지역, 호수의 서쪽에 있는 디베랴(Tiberias)와 다리게아(Tarichaeae) 성읍들, 베뢰아의 율리아(Julias)와 그 인근 지역을 포괄하고 있었다. 그의 왕국의 수도는 가이사랴 빌립보〔Caesarea Philippi, 지금의 반야스(Banyas)〕였는데, 그는 네로 황제에게 경의를 표한다는 의미에서 네로니아스(Neronias)로 성읍 명칭을 바꾸었다. 그는 왕위에 있으면서 아울러 주후 48년부터 66년까지 이스라엘의 대제사장들을 임명하는 (그리고 해임하는) 권한을 가지고 있었다.[37]

정중한 인사를 나눈 후에 베스도는 아그립바에게 자기의 고충을 털어놓았다. 그는 바울에 대한 고소사건은 "예수라 하는 이의 죽은 것을 살았다고 바울이 주장하는 그 일"(행25:19)을 둘러싸고 맴도는 것 같다고 말했다. 그러자 아그립바는 흥미가 동해서 바울을 만나보고 싶다는 의사를 밝혔다. 베스도는 흔쾌히 수락했고, 이튿날 바울은 베스도, 아그립바, 버니게를 비롯한 고관대작들 앞에 섰다.

누가에 따르면 사건을 설명해 보라는 아그립바의 요청에 의해 바울이 한 연설은 세심하게 그 상황에 맞춰서 한 것이다. 마치 성전에서 성난 군중들에게 바울이 한 연설이 그 상황에 맞춰서 한 것처럼, 누가는 실제로 이 연설을 바울의 '인생 역정에 대한 변증(*apologia pro vita sua*)'을 제시할 기회로 삼고 있다. 누가는 자기 말의 완전한 객관성을 유지할

---

37) Josephus, *BJ* ii. 220, 223, 247, 252. *Ant.* xv. 407. xviii. 132. 194, 354. xix. 360, 362. xx. 9-12, 104, 138, 159. *Life* 38.

수 없었을지라도 바울을 생생하게 묘사한다. 바울은 자기가 헌신하고 있는 복음은 "선지자들과 모세가 반드시 되리라고 말한 것밖에 없다"(행26:22)고 본론에 접근해 가면서 아그립바왕에게 자기 말의 논리를 인정하느냐고 묻는다. 아그립바는 바울이 자기를 그렇게 쉽게 기독교인으로 만들지 못할 것이라고 말하면서 바울의 권유를 비웃는다. 그러나 아그립바는 바울의 고소에서 세기된 중대한 죄목 가운데 그 어느 것으로도 바울에게 유죄를 인정할 수 없다는 베스도의 말에 동감을 표시했다. 실제로 아그립바는 바울이 가이사에게 상소하지 않았다면 그 자리에서 놓아주었을 수도 있었을 것이라고 말했다. 그러나 베스도가 이 사건을 충분히 심리하지 않고 바울을 놓아주었다면 그것은 '직권 남용(ultra vires)'은 아닐지라도 경솔한 조치였을 것이다. 그러나 어쨌든 아그립바는 아마도 베스도가 '사건 개요서(litterae dimissoriae)'를 작성하는 데 도움을 주었었던 것 같다.

바울은 벨릭스가 총독으로 있을 때는 가이사에게 상소하지 않았다. 왜냐하면 벨릭스는 사실상 바울의 무죄를 인정하고 있었고 단지 정식으로 바울을 석방하는 것만을 연기하고 있었기 때문이다. 언젠가는 벨릭스가 더 이상 지체하지 않고 바울을 석방할 날이 올 것이었고, 그렇게 되면 바울은 오랫동안 가슴에 품고 있었던 로마와 서쪽을 향한 여행계획을 실행에 옮길 수 있을 것이었다. 바울은 그렇게 되기를 바랐다. 그러나 벨릭스가 소환되고 베스도로 경질이 되면서 바울에게는 새롭게 위기 상황이 전개되기 시작했다. 그래서 그는 중대한 결심을 하게 된 것이다.

바울에 관하여 우리가 알고 있는 바에 따라 판단해 볼 때 바울이 가이사에게 상소한 가장 중요한 이유는 자기 자신의 안전이 아니라 복음의 유익을 위해서였다. 칠팔년 전에 바울은 자기의 설교에는 불법적인 요소가 없다는 아가야 총독(proconsul) 갈리오의 재결을 통하여 로마법의 호의적인 중립성을 경험한 적이 있었다.[38] 따라서 바울이 로마의 최고 재판소로부터도 그와 비슷한 호의적인 평결(評決)을 얻어낼 수 있을 것이라고 기대한 것은 어쩌면 당연한 것인지도 몰랐다. 그뿐만이 아니었다. 바울보다 지적 능력이 떨어지는 사람일지라도 갈리오가 자신의 판단에서 고려했던 것은 이제 더 이상 타당하지 않다는 것을 깨달았을 것임에 틀림없다. 갈리오는 결과적으로 바울이 전파한 것은 일종의 유대교로서 로마법이 금하고 있지 않은 것이라고 재결한 셈이었다.

그러나 주로 바울 자신의 활약으로 인하여 기독교는 이제 분명히 유대적이 아니라 이방

---

38) 행 18:12이하. 277쪽 이하를 보라.
39) 아니면 오히려 일련의 지방적인 '허용된 결사(collegia licita)'로서. 흔히 사용되는 '허용된 종교 (religio licita)'라는 용어는 로마법의 전문용어가 아니었던 것으로 보인다. 그 용어는 Tertullian(Apololgy 21.1)이 로마제국 내에서 유대교의 지위를 기술하기 위하여 사용한 것이었다. '허용된 결사가 공인된 용어(Digest xlvii. 42)였다는 것에 대해서는 E. Schürer HJP II. ii. p. 260. S. Safrai and M. Stern(ed.), The Jewish People in the First Century, i, p. 460을 보라. 기독교가 그러한 인정을 받았다고 주장하는 후대의 변증가들에 대해서는 S. L. Guterman, Religious Tolerationand Persecution in Ancient Rome(London, 1951), p. 12를 보라.

적이었기 때문에 기독교를 유대교의 일종으로 보는 것은 곧 불가능하게 되었다. 로마의 황제로부터 호의적인 답변을 얻어낸다면, 기독교는 이스라엘의 조상들의 종교의 진정한 성취(바울은 이렇게 믿었다)로서는 아닐지라도 적어도 독자적으로 로마법에 의해 허용된 결사 (*collegium licitum*)로서 인정을 받을 수도 있었다.[39] 게다가 가이사가 몸소 바울의 변론을 듣는다면, 어떤 소득이 있을 수 있지도 않는가?[40] 아그립바왕은 바울의 논증을 정중하게 거절했었지만, 이방인들은 보통 유대인들보다도 복음에 더 끌리는 경향을 보여주었었다. 그러므로 로마의 황제는 유대의 분봉왕보다도 더 쉽게 기독교인이 될지도 모를 일이었다. 바울이 품은 큰 기대에 제한을 두는 것은 근거 없는 일일 것이다. 비록 그 기대들이 우리가 돌아보건대는 부질없는 것일 망정.

그러나 가이사가 이 사건을 몸소 처리했을까? 바울이 가이사에게 상소했다고 하여 자동적으로 그렇게 되는 것은 아니었을 것이다. 타키투스에 의하면, 네로는 치세 초에 자기는 전임자인 글라우디오와는 달리 사건들을 몸소(*in propria persona*) 심리하지 않을 것이라고 반포했다. 그리고 실제로 즉위한 지 8년 동안 그는 대체로 사건들을 다른 사람들에게 위임하여 처리케 하였다.[41] 따라서 셔윈 화이트(A. N. Sherwin-White)가 다음과 같이 말한 것은 올바르다. "바울이 사도행전 28:30에 언급된 두 해 이후의 어느 시기에 재판을 받게 되었다면, 그의 사건을 심리한 것은 원수(Princeps)가 아니라 다른 사람이었을 것이다."[42] 이 "다른 사람"은 "정의의 원천이라는 황제의 자격 안에서 재판소의 배석판사 및 고위 공직자들과 함께 황제를 대리하는" '황제의 대리인(*praefectus praetorio*)'이었을 것이다.[43] 그러나 이에 대해서 우리는 아무런 자료도 갖고 있지 못하다.

---

40) 바울이 "복음의 비밀을 담대히 알릴"(엡6:19이하) 수 있도록 기도해 달라고 한 말 배후에는 이러한 고려가 있는 것인가?
41) Tacitus, *Annals* xiii. 4. 2. 주후 62년에 네로가 파브리키우스 베이엔토 사건을 친히 판결하였을 때 그것은 네로에게 새로운 출발이었음이 분명하다(Tacitus, *Annals* xiv. 50. 2).
42) *Roman Society and Roman Law in the New Testament*, p. 112.
43) W. M. Ramsay, *St. Paul the Traveller and the Roman Citizen*(London, 14 1920), p. 357. 주후 62년 아프라니우스 부루스(Afranius Burrus)가 죽은 후 다음 삼년 동안 오포니우스 티겔리누스(Ofonius Tigellinus)와 페니우스 루푸스(Faenius Rufus)가 공동으로 장관직(prefect)을 수행했는데, 이 가운데 티겔리누스가 더 권세가 있었다. 수비대의 장관들 가운데 한 명이 바울의 상소를 심문했다면, 상대적으로 정직한 부루스가 처결했느냐 아니면 비열한 티겔리누스가 처결했느냐에 따라 상황은 상당히 달라질 것이었다.

제 32 장

"우리는 마침내 로마로 갔다"

1. 이달랴를 향하여 출항하다

바울은 죄수였기 때문에 로마로 호송되어야 했다. 적당한 기회가 왔을 때, 바울은 "아구사도대(the Augustan Cohort)¹⁾의 백부장 율리오"(행27:1)의 책임하에 (몇몇 다른 죄수들과 함께) 호송되었다. 백부장은 자기 직무를 수행하기 위하여 자기 휘하에 일단의 병사들을 거느리고 있었다.

테오도르 몸센(Theodor Mommsen)과 그 뒤를 이어 램지(W. M. Ramsay)는 이 말에서 율리오(Julius)가 '곡물 수송관(frumentarii)' 부대 — 로마와 속주들에 주둔해 있던 군대들 사이의 연락 업무를 맡고 있었던 부대들로서 백부장이 지휘했고 이들은 속주들로부터 로마로 죄수들을 호송하는 업무도 맡고 있었을 것이다 — 의 일원이었다고 추론했다.²⁾ 하지만 '곡물 수송관(frumentarii)'들이 하드리아누스 황제 (주후 117-138년)의 치세 이전에 연락 업무나 제국의 헌병 업무를 맡고 있었다는 증거는 하나도 없다.³⁾ 그들의 명칭이

---

1) "아구사도대(Augusta)"는 "지원부대에 아주 흔하게 수여된 영예로운 명칭"이었다(HJ P, new E. T., i (Edinburgh, 1973) , p. 364 f.)
2) T. Mommsen, Gesammelte Schriften, vi=Historische Schriften, iii(Berlin, 1910), pp. 546 ff.; W. M. Ramsay, St.Paul the Traveller and the Roman Citizen(London, 1920). pp. 315, 348.
3) 참조, A. N. Sherwin-White, Roman Society and Roman Law in the New Testament (Oxford, 1963), p. 109.

보여주듯이 원래 그들의 임무는 로마로 곡물(frumentum)을 수송하는 것이었다.

로마의 주요한 식량 공급원인 애굽에서 로마로 곡물을 수송하는 것은 대단히 중요한 일이었다. 곡물을 실어나르는 함대는 "프톨레미 왕조 시대부터 일찍기" 로마 정부를 위하여 조직되어 있었다.[4] 실제로 이러한 용도로 사용된 배 속에서 바울은 로마로 가는 항해의 대부분의 시간을 보냈던 것이다. 바울과 다른 사람들이 가이사랴에서 탄 배는 이년 전에 바울과 그의 일행들이 팔레스틴으로 왔을 때와는 정반대의 방향으로 항해하고 있었다. 그 배는 처음에는 소아시아의 남서 해안을 향해 가다가 바람이 서쪽 또는 북서쪽에서 불어왔기 때문에 바람을 피하여 구브로 섬의 동쪽과 북쪽으로 항해를 해야 했다.

배는 파타라(Patara) 동쪽으로 수 마일 떨어진 항구인 무라(Myra)에 정박했다. 그후에 배는 소아시아의 서쪽 해안을 따라 북쪽으로 항해하여 레스보스(Lesbos) 맞은 편 본토에 있는 이 배의 모항(母港)인 아드라뭇데노(Adramyttium)에 도착할 예정이었다. 하지만 무라에서 백부장은 호송 중인 사람들을 상당수의 사람들이 타고 있는 이달랴 행 알렉산드리아의 곡물 함대에 속한 배에 옮겨 태웠다.[5] 서쪽에서 불어오는 순한 바람을 타고 알렉산드리아에서 이달랴로 가는 가장 좋은 해로가 무라 가까이에 있었다 — 사실 무라는 곡물 함대가 지나가는 주요한 항구들 가운데 하나였다. 앞으로 되어가는 추세를 살펴보면 이 백부장은 이 배에서 상당한 권세를 발휘했음을 알 수 있다. 그는 앞에서 말한 대로 '곡물 수송관(frumentarius)'이었을 것이기 때문이다.

이달랴로 가는 항해에 관한 묘사는 사도행전에서 가장 생생하게 사건들을 묘사한 압권에 속한다. 마틴 디벨리우스(Martin Dibelius)는 이 이야기의 문학적이고 문체적인 특징들에 특히 주목하면서 "단지 사건만을 생각하고 사건에 대한 설명을 생각하지 않는 옛 비평학파"의 결함들을 지적하였다.[6] 그러나 마찬가지로 단지 사건에 대한 설명만을 생각하고 사건을 생각하지 않는 접근방식의 결함도 생각해 볼 수 있다. 실제로 고전 학도들은 이 이야기에서 호머의 「오딧세이(Odyssey)」까지 거슬러 올라갈 수 있는 잘 정제(整齊)된 문학 양식을 아주 쉽게 식별해 낼 수 있을 것이며, 구약 학도들은 요나의 지중해 여행과의 어떤 유사점들을 찾아낼 수 있을 것이다.[7] 그러나 또한 "고대의 항해술에 관한 지식을 보여주는 가장

---

4) M. Rostovtzeff, *The Social and Economic History of the Roman Empire*(Oxford, 1926), p. 595.
5) 사도행전 27:37의 주요한 읽기에 따르면(승객과 승무원을 포함하여) 이백칠십육 인. 베자 사본과 사히디 사본에 따르면, "약 칠십육 인". 본문비평적 관점에 의하면 더 많은 수가 더 신빙성이 있다. 요세푸스는 주후 63년 600명을 태운 배를 타고 로마로 항해했다(*Life*, 13 ff).
6) M. Dibelius, *Studies in the Acts of the Apostles*, E. T.(London, 1956), p.107. 디벨리우스보다 항해기사에 대해 훨씬 더 과격하게 평가한 것에 대한 비판에 관해서는 R. P. C. Hanson, "The Journey of Paul and the Journey of Nikias.;An Experiment in Comparative Historiography", *Studia Evangelica* iv=*Texte und Untersuchungen* 102 (Berlin, 1968), pp. 315-318을 보라.

유용한 문헌들 가운데 하나"라는 평판을 듣고 있는(그리고 실제로 그러한) 이 이야기의 상세한 내용들에도 주의를 기울여야 한다.[8]

바울은 이 항해에서 누가와 아리스다고를 동반했다. 누가가 직접 이 항해에 참여했기 때문에 그는 이 여행에 관한 기사를 일인칭 복수로 서술하였다. 아마도 누가는 그 배의 의사로 고용되었을 것이디. 이리스디고는 승객 명부에 바울의 시종으로 등록을 하였거나 바울과 똑같이 죄수의 지위로서 호송되고 있었을지도 모르는 일이다.

친구를 사귀는 바울의 재능은 항해 초기에 일찌감치 드러났다. 바울은 백부장의 신임을 얻었기 때문에 가이사랴를 출항한 배가 시돈(Sidon)에 정박했을 때 배에서 내려 친구들을 만나도 좋다는 허락을 받았다. 누가의 항해에 관한 기사는 고대의 항해술에 있어서만 유용한 것이 아니라 사람의 진가(眞價)가 드러나기 쉬운 그러한 어려운 상황 속에서 바울의 사람 됨됨이를 묘사하고 있다는 점에서도 가치있다고 하겠다.

2. 바다의 폭풍

강한 바람이 북서쪽에서 불어오고 있었기 때문에 무라에서부터 항해는 느려졌고 어려워졌다. 배는 무라를 출항한 지 여러 날 후에 〔트로피움(Tropium)의 카리우스 곶에 있는〕 니도(Cnidus)에 도착했지만 그 항구에 들어가지는 못하고, 그레데의 동쪽 반대편(살모네 봉(Cape Salmone))을 지나 그레데 섬을 의지하여 (이 섬의 남쪽 해안을 따라) 바람을 피하면서 항해를 계속했다. 살모네 봉을 돌아 처음으로 찾은 피난처는 미항(Fair Havens, '칼로이 리메네스')이었는데, 거기서 그들은 정박하여 바람의 방향이 바뀌기를 기다렸다. 거기에서 서쪽으로 10킬로미터 지점에 마탈라 봉(Cape Matala)이 있는데, 거기서부터 그레데의 남쪽 해안은 갑자기 북쪽으로 방향을 틀고 있기 때문에 북서풍을 더 이상 막아주지 못했을 것이다.[9]

---

7) 고전적이지만 사어가 된 ναῦς라는 단어의 사용을 비롯하여 사도행전 27:41에 묘사된 배의 좌초 장면에 쓰여진 어법에는 두드러지게 호머적 표현들이 재현되어 있다. 사도행전 27:18이하에 나오는 하물(荷物)을 버리는 것 등을 묘사하는 어법은 요나서 1:5의 칠십인역을 반영하고 있다. 그외에도 이 이야기에는 몇몇 다른 회고담들이 담겨 있다.

8) H. J. Holtzmann, *Handcommentar zum Neuen Testament*(Freiburg-im-Breisgau, 1889), p. 421. 또한 A. Breusing, *Die Nautik der Alten*(Bremen, 1886)을 보라. 또 다른 유용한 고대 문헌은 루키안(Lucian)의 대화록인 「배」(*The Ship*)가 있다. 거기에는 이달랴를 향해 출발한 알렉산드리아의 곡물 함대에 속한 한 배를 타고 항해하다가 폭풍으로 인해 시돈과 피레우스(Piraeus)에 정박할 수밖에 없었던 이야기가 묘사되어 있다.

9) 참조., J. Smith, *The Voyage and Shipwreck of St. Paul*(London, ⁴1880), pp. 77 f. 이 작품은 항해기사의 단계단계마다 주석을 달아놓은 것으로써 극히 훌륭한 가치를 지니고 있다.

그들은 기다리는 동안 회의를 열었는데, 거기에는 여행에 경험이 많았던 바울도 참석하게 되었다. 지중해를 항해하기에 안전한 시기는 이제 끝났다. 누가는 "금식하는 절기 — 즉, 유대인의 속죄일 — 가 이미 지났다"(행27:9)고 말한다. 주후 59년에 속죄일(the Day of Atonement)은 10월 5일이었으므로 항해하기에 위태로운 시기는 삼주 전부터 시작된 셈이었다.[10] 그러므로 그들이 겨울이 오기 전에 항해를 끝내고 이달랴에 도착할 수 있는 길이 없다는 것은 분명했다. 따라서 겨울이 지날 때까지 머무를 것인지의 여부에 대하여 논쟁이 벌어졌다. 바울은 미항에서 머물러야 한다고 강력히 주장했다. 그 근방에는 라새아(Lasea) 성이 있었으므로[11] 숙박 문제는 걱정할 것이 없었기 때문이다. 바울은 자기들이 항해를 계속한다면 위험에 부딪칠 것이고 재난을 당할 것이라는 것을 내다보았다.

하지만 선장과 선주는 마탈라 봉에서 서쪽으로 60킬로미터 떨어진 더 넓고 더 좋은 시설을 갖춘 뵈닉스(Phoenix, 지금의 피네카(Phineka)) 항구에 가서 과동(過冬)하자고 했다.[12] 백부장은 그들의 조언을 받아들였는데, 백부장의 영향력은 가장 결정적이었던 것같다. 이 결정을 한 직후에 바람의 방향이 바뀌었기 때문에 그들은 자기들이 가고자 하는 항구에 순조롭게 갈 줄로 생각했다. 그러나 그들이 마탈라 봉을 미처 다 돌기도 전에 바람의 방향은 다시 바뀌었다. 선원들에게 유라굴로(Euraquilo)로 알려진 태풍성(颱風性)의 북동풍이 이다산(Mount Ida)에서 거세게 불어와서 그들을 바다로 내몰았다.[13]

그들은 곧 남서쪽으로 약 40킬로미터 지점에 있는 가우다(Cauda, 가브도스) 섬 아래로 지나면서 바람을 피하게 되자 이 짧은 시간 동안에 재빨리 적절한 조치를 취하였다 — 거룻배를 갑판으로 끌어올리고(보통 때는 배 뒤에 매어 끌고 갔다) 줄로 선체를 둘러감고 표류를 막기 위해 띄움닻을 내렸다.[14] 유라굴로가 계속해서 강하게 불어닥친다면 구레네 서쪽에 있는 유사(流砂)인 스르디스(the Great Syrtis)로 내몰릴 위험성이 있었다. 그러나 띄움닻이 배 뒷편에 드리워져 있었고 폭풍용 돛이 앞돛대에 장착되어 있었기 때문에 배가 우현(右舷)의 침로(針路)(배의 오른편을 바람부는 방향으로 향하고)를 정하고 정선(停船)한 가

---

10) 참조, Vegetius, *De re militari*, iv. 39(항해를 하기에 위험한 시기는 9월 14일부터 11월 11일까지 계속되었다. 그후에 대양에서의 모든 항해는 겨울 동안 중단되었다).

11) 여러 가지로 쓰여진다. 참조, Pliny, *Nat. Hist.* iv. 12에 나오는 라소스(Lasos)와 알로스(Alos)라는 꼴. 그곳은 미항 동쪽에 있는 폐허가 된 터로 확인되었다. 참조, T. A. B. Spratt, *Travels and Researches in Crete*, ii(London, 1865). pp. 7 f.

12) 이 확인은 이전에 심하게 논쟁이 되었다가 지금은 확정된 것으로 받아들여지고 있다. 참조. R. M. Ogilvie, "Phoenix", *JTS*, n.s. 9(1958), pp. 308 ff.

13) 참조, C. J. Hemer, "Euraquilo and Melita", *JTS*, n, s. 26(1975), pp. 100 ff. 이 말은 헬라어 εὖρος("동풍(또는 남동풍)")와 라틴어 *aquilo*("북풍")의 혼성어이다. 오늘날 이 바람은 '그레갈레(*gregale*)'로서 우리에게 잘 알려져 있다.

14) J. Renié, "Summisso vase(Acts 27, 17)", *Recherches de Science Religieuse* 35(1948), pp. 272 ff.의 뒤를 이어 E. Haenchen, *The Acts of the Apostles*, E. T. (Oxford, 1971), pp. 703 f.를 참조하라.

운데 서쪽에서 북쪽으로 8도 가량되는 방향으로 약 1.5노트의 속도로 서서히 나아가는 것이 가능했다. 큰 돛대의 아래 활대로 하루 또는 이틀을 견디다가 모든 짐들과 여분의 기구들을 바다에 내던져 버렸다. 나중에는 곡물도 바다에 버려야만 했다.

여러 날 동안 계속해서 폭풍이 일었고 하늘이 가리워져서 낮에는 해를 볼 수 없었고 밤에는 별들을 볼 수 없이시 그들은 방향을 알 수 없었다. 그래서 정확한 항로를 잡기도 불가능했을 뿐만 아니라 어느 정도 시간이 지났는지를 정확히 계산할 수도 없었다. 틀림없이 배는 구멍이 뚫려 심하게 물이 새어들어 왔고, 그들은 "가라앉는 배를 위하여 할 수 있는 유일한 방도로 배를 해변에 대기 위하여 어느 쪽으로 가야 가장 가까운 뭍에 닿을 수 있는지를 알 수 없었다. 그러나 뭍을 발견하지 못한다면 그들은 바다에서 침몰할 수밖에 없었다."[15] 굶주리고 목이 말랐기 때문에 그들은 급속히 기운을 잃어갔다. 음식을 구하기 어려웠고 그들이 가진 식량들은 썩거나 없어졌을 가능성이 있다는 것은 그만두고라도 이 필사적인 고군분투로 말미암아 그들은 기진맥진하여 거의 식욕을 잃어버렸다. 조만간에 이 배는 배에 탄 모든 사람들과 함께 가라앉을 운명에 놓여있는 듯했다.

누가의 이야기에는 바울이 살아날 가망성을 포기한 다른 사람들의 비관적인 분위기에 휩쓸리지 않았다는 암시가 없다. 그는 전에도 죽음에 직면했었을 때 마음속으로 죽음을 맞을 각오를 하고 있었다. 다른 곳에서 표현하고 있듯이 "오직 전과 같이 이제도 온전히 담대하여 살든지 죽든지 내 몸에서 그리스도가 존귀히 되게 하려 하는"(빌1:20) 것이 바울의 열망이었다. 이것은 하나님께서 바울이 일찍이 예루살렘에 갇혀있을 때 자기가 앞으로 하리라는 것을 확신시켜 주셨던 로마에서의 증거(witness)보다 더 중요한 것이었다. 항해를 계속하면 "하물(荷物)과 배만 아니라 우리 생명에도 타격과 많은 손해가 있으리라"(행27:10)고 미항에서 경고한 사람은 바울이었다. 이것은 특별한 계시가 아니라 경험에서 나온 상식이었다. 그러나 표류를 시작한지 열흘 또는 열이틀이 지난 후에 바울은 밤에 환상을 보았는데, 하나님은 그 환상을 통하여 바울이 살아남아 가이사 앞에서 증거할 것임은 물론 바울을 위하여 배에 탄 모든 사람들이 무사할 것임을 알려주셨다(누가가 요나의 이야기와 대비를 할 의도였는지는 의심스럽다 ― 이때 요나는 배에 타고 있음으로써 '그'와 함께 배에 타고 있던 모든 사람들의 생명을 위태롭게 하였다).

바울은 새롭게 얻은 자신감을 다른 사람들에게도 나누어 주려고 무척 애를 썼다. 이 배는 잃을 것이지만 그들의 생명은 무사할 것이라고 바울은 말했다. "우리가 한 섬에 걸리리라"[16] (행27:26). 그들이 미항을 떠난 지 열나흘째 되는 날에 해안의 바위들에 부딪치는 소리가 간혹 들림으로써 배가 뭍에 다가가고 있음을 알려주더니, 그 소리가 계속해서 들림으로써 뭍에 가까이 이르렀음을 확인시켜 주었다. 그래서 선원들은 고물에서 닻 네 개를 내려서 날

---

15) J. Smith, *Voyage*, p. 117.
16) 어떤 섬인지는 말하고 있지 않지만, 그들이 시칠리(Sicily)에 상륙할 희망이 없었다면 멜리데(Malta)가 다음 후보지였다(바울은 이것을 알지 못했을 것이지만).

이 밝아 자기들의 위치를 확인할 때까지 배를 멈추어 있도록 조치하였다. 아침이 되자 그들은 닻을 내리고 모래 사장이 있는 후미로 배를 대었다. 배를 후미로 밀어부치면 배는 "진흙 바닥으로 가라앉아 끈적거리는 진흙투성이로 되어 앞부분은 옴싹달싹 못하게 되고 뒷부분은 파도에 노출되게 될 것"이라는 사실을 그들은 알지 못했다.[17] 선체는 심한 풍랑을 겪은 후인지라 오랫동안 이러한 파도의 출렁임을 견디어낼 수 없었으므로 곧 부숴지기 시작했다. 백부장은 '구출이 가능한 사람은 살려내라(sauve qui peut)'는 명령을 내렸고, 모두 안전하게 뭍에 이르렀다.

3. 멜리데에서 보낸 겨울

뭍에 상륙한 후에야 그들은 그곳이 멜리데(Malta)인지를 알았다. 원래 이 섬의 이름은 뵈니게 선원들이 지었는데, 그들의 말로 '멜리타'는 "피난처"를 의미했다. 이 단어는 히브리어에서도 동일한 의미로 사용되었는데, 어쨌든 바울은 그 이름이 얼마나 적절하게 붙여졌는가를 인정했을 것이다.[18]

누가가 폭풍에 흔들리는 배에서 바울의 힘이 얼마나 컸는지를 생생하게 묘사하였던 것처럼 ─ 모든 사람들이 혼비백산하여 있을 때 바울은 누구도 생명에는 아무 지장이 없을 것이라는 하나님께 받은 확신을 배에 탄 사람들에게 나누어 주었고, 난파선에서 해변으로 상륙하려면 기운을 차려야 한다는 것을 내다보고 그들에게 먹을 것을 강권하는 등 ─ 상륙 후에 바울을 꼭 필요한 작업을 다른 사람들과 함께 하는 실용적인 사람으로 누가는 묘사한다. 그들을 따뜻하게 맞은 섬 사람들은 불을 피워서 배에 탔던 사람들의 몸을 녹이고 젖은 의복을 말리도록 해주었다. 바울은 (많은 신학자들과는 달리) 연료를 공급해주지 않으면 불은 계속해서 타지 않는다는 사실을 알고 있었기 때문에 불을 계속 지피기 위하여 나무를 걷어 모으는 일에 참여한다. "나뭇가지들" 가운데는 겨울잠을 자고 있었던 뱀 한 마리가 끼어있다가

---

17) J. Smith, *Voyage*, p. 144.
18) A. Acworth, "Where was St. Paul shipwrecked? A Re-examination of the Evidence", *JTS*, n. s. 24(1973), pp. 190 ff.에서는 사도행전 28:1 의 멜리다(Melita)를 말타(Malta)와 동일하다고 하는 것에 대하여 아주 최근에 의문을 제기했다. 그는 "아드리아 바다"(행 27:27)를 아드리아해(海)라고 생각해서 멜리데를 두브로프닉(Dubrovnik) 근방의 유고슬라브(Yugoslav) 해안에서 좀 떨어져 있는 믈예트(Mljet)와 동일한 것으로 본다. 중부 지중해가 당시에 아드리아(Adria, Hadria)해로 알려져 있었다는 풍부한 증거가 있다. 예를 들면 스트라보는 "이오니아해(海)는 지금 하드리아해라고 불리는 것의 일부이다"라고 말하고 있으며(*Geography* ii. 5.2), 주후 63년 요세푸스가 탄 로마행 배는 아드리아해 한복판에서 침몰하여 이달랴로 향하는 구레네 선박에 의해 구조되었다(*Life*, 15). C. J. Hemer는 "Euraquilo and Melita", *JTS*, n. s. 26 (1975), pp. 100 ff.에서 A. Acworth의 논증에 대하여 결정적인 답변을 제시하였다.

불에 쬐자 바울의 손목을 휘어감았다.[19] 그러자 섬 사람들은 그가 하늘에 대하여 어떤 죄를 지었기 때문에 바다에서는 살아났지만 보응의 신 네메시스(Nemesis)가 뱀으로 하여금 그를 물게 하였다고 결론을 내린다.[20] 바울이 아무렇지도 않게 그 뱀을 털어버리고 아무 해도 입지 않았다는 것이 분명해지자 그들은 마음이 바뀌어서 바울은 신이 변장하고 내려온 것이라고 결론을 내린다.

바울은 신도 아니었고 초인(超人)도 아니었지만, 바울이 함께 있는 것은 겨우 내내 많은 섬 사람들에게 축복이었다. 물론 바울은 여전히 죄수였지만, 그와 다른 죄수들은 다음 항해 시기가 돌아오기까지는 멜리데에서 도망갈 위험이 거의 없었다. 그는 열병과 이질을 앓고 있었던 멜리데 섬에서 "제일 높은 사람"인 보블리오(Publius)의 부친을 고쳤고,[21] 여러 가지 병에 걸린 섬 사람들이 바울과 누가에게 와서 고침을 받았다. 그래서 그들이 이달랴로 항해할 준비를 하고 있을 즈음에는 섬 사람들은 환자들을 고친 감사의 표시로 선물들을 배에 실었다.[22]

4. 마침내 로마에!

이달랴를 향한 항해는 멜리데에서 겨울을 보낸 또 다른 알렉산드리아 배를 타고 초봄에 끝이 났다. 배는 수라구사(Syracuse)와 레기온(Rhegium)을 들러서 나폴리 만에 있는 보디올(Puteoli, 지금의 포주올리)에서 승객을 내려 놓았다. 거기에는 일단의 기독교인들이 있었는데, 바울은 그들과 칠일을 지낼 수 있었다 — 아마도 율리오가 이곳에서 그 기간 동안 볼 일이 있었기 때문일 것이다. 보디올은 동부 지중해로부터 항해해 온 상인들이 이달랴에 이르는 주요한 항구였다. 율리오가 원래 의미에 있어서 '곡물 수송관(frumentarius)'이었다면, 그는 배의 화물을 부리고 창고에 저장하는 일을 처리해야 했을 것이다(보디올에는 일단의 기독교인들과 아울러 거의 1세기 동안 유대인 공동체가 있었다).[23]

---

19) 오늘날 말타에는 독사들이 없다. 누가는 그 뱀을 독사(ἐχιδνα)라고 부르고 있다. 1 세기에 그 섬에 독사가 있었는지는 알 도리가 없다. W. M. Ramsay는 그 뱀은 독사와 닮았지만 독이 없는 *Coronella austriaca* 였다고 주장했다(*Luke the Physician and Other Studies* [London, 1908], pp. 63 ff.).
20) *The Palatine Anthology*(vii. 290)에는 바다의 폭풍을 피했지만 Libya 해안에서 꼭 이런 식으로 네메시스(Nemesis)에게 당한 사람의 묘비명이 나와 있다.
21) "멜리데인 가운데 제일 높은 사람"이라는 호칭은 헬라어로 된 명문(銘文)(*CIG* 5754. 참조, Addenda, p. 1251)과 라틴어로 된 명문(*CIL* x. 7495)에서 확인된다.
22) A. von Harnack은 "해설자가 멜리데 섬에 머문 기간 동안의 이야기는 모두 의학적 견지에서 묘사되고 있다"는 점을 지적했다(*Luke the Physician*, E. T. (London, 1907), p. 179).
23) Josephus *BJ* ii. 104. *Ant.* xvii. 328.

로마로 가는 나머지 길은 육로를 통하여 갔다. 그들은 카푸아(Capua)에서 북쪽으로 압비오 길(Via Appia)을 따라 여행했다. 그러나 바울이 이달랴에 도착했다는 소식은 이미 로마에까지 이르렀기 때문에 ― 틀림없이 보디올의 기독교인들이 메시지를 보냈을 것이다 ― 바울과 그의 친구들이 수도로부터 50킬로미터 내지 80킬로미터 떨어진 곳에 있을 때[24] 로마의 기독교인들은 그들을 영접하고 나머지 길을 호위하기 위하여 거기까지 마중을 나왔다. 그들이 마중나와 환대한 것은 바울에게 큰 격려가 되었다. 누가는 말한다. "우리는 마침내 로마로 갔다"(행28:14).

사도행전 28:16의 서방 본문에 의하면 로마에서 (바울을 비롯한) 죄수들은 '보병대장(*stratopedarchos*)' ("부대 지휘관")이라 불리는 관리에게 인도되었다. 사도행전의 옛 라틴 사본 가운데 하나[25] (이것은 서방 본문을 토대로 하고 있다)는 이 직함을 '이동대장(移動隊 長, *princeps peregrinorum*)'으로 번역하고 있다. 이러한 명칭을 가진 관리가 있었다는 사실은 트라야누스(Trajanus) 시대의 아프리카 명각(銘刻)에 의해 입증된다.[26] 그는 분명히 켈리안(Caelian) 언덕에 있는 '이동대(移動隊, *castra peregrinorum*)' ― 로마에서 휴가를 보내는 군단 병력들의 본부(또 2세기부터는 연락 업무를 맡고 있었던 '프루멘타리'의 본부 ― 의 지휘관이었다.[27] 그러나 '이동대장(*princeps peregrinorum*)'으로 번역한 것은 추측에 지나지 않는다. '보병대장(*stratopedarchos*)'은 다른 부대 ― 예를 들면 이 성의 북동쪽 모퉁이에 있는 비미날 관문(Viminal Gate) 가까이에 있었던 집정관의 관저를 수비하는 부대 본부인 '집정관 수비대(*castra praetoria*)' ― 의 지휘관일 수도 있었기 때문이다.

집정관 수비대의 지휘관(*princeps castrorum*)은 국가의 매우 권력있는 관리였던 집정관 수비대의 장관(*praefectus praetorio*)보다 훨씬 신분이 낮은 사람이었을 것이다.[28] 어쨌든 '보병대장'이라고 언급하고 있는 사도행전 28:16의 서방 본문의 더 긴 읽기는 분명히 원래의 본문의 일부였다고 할 수는 없지만, 모든 본문들은 바울이 "자기를 지키는 한 군사와 함께 따로 있게 허락하더라"는 읽기에는 모두 일치하고 있다. 사도행전의 마지막 부

---

24) 로마에서 남쪽으로 약 72킬로미터 떨어진 압비아 길에 있는 압비 광장(Appi Forum)과 그 길을 따라 16킬로미터 쯤 더 간 곳에 있는 또 다른 휴식 장소인 트레스 타베르네(Tres Tabernae)에서. 키케로(*Ad Atticum* ii. 10)는 이 두 곳을 함께 언급하고 있다.
25) 13세기 기가스(*gigas*) 사본.
26) *Comptes-rendus de l'Academie des Inscriptions et Belles-Lettres*(Paris, 1923), p. 197, quoted by T. R. S. Broughton in *The Beginnings of Christianity*, ed. F. J. F. Jackson and K. Lake, i, 5(London. 1933),p. 444, n. 3.
27) Mommsen과 Ramsay는 사도행전 28:16에 언급되어 있는 것이 바로 이 관원이라고 생각했다(395쪽 주 2를 보라).
28) 세야누스(Sejanus)는 디베료의 대부분의 치세 기간 동안에 그 직위에 있었다. 바로 그의 휘하에 9개 보병대가 로마에 집결했다(Tacitus, *Annals* iv. 2). 보통 호민관은 두 명이었지만, 세야누스와 (네로 치하에서의) 부루스는 홀로 그 직을 맡았다. Pliny, *Epistles* x 57에는 트라야누스가 (비두니아의 총독이었던) 플리니에게 죄수들을 수비대의 호민관들에게 압송하도록 지시하는 내용이 나온다.

분에 의하면, 이렇게 해서 바울은 꼬박 두 해 동안 "자기 비용으로" 또는 "자기 셋집에 유하며" (이에 해당하는 헬라어 어구는 둘 가운데 어느 쪽으로도 해석이 가능하다) 지냈다. 다시 말하면, 바울은 집정관의 본부나 다른 "영문(營門)"에 갇힌 것이 아니라 수비 병사 한 명의 감시를 받으며 가택 연금 상태에 있었다는 것이다.[29] 그래서 바울은 가까운 곳이나 먼 곳에서 오는 방문자들을 맞을 수 있었으며 비록 제한된 상황에서나마 아무 방해도 받지 않고 사도로서의 사역을 수행할 수 있었다.

누가는 구금 생활 초기에 유력한 로마 유대인들의 대표자들이 바울을 방문하였다고 기록하고 있다. 그들이 바울과 논쟁하는 장면은 누가의 이야기의 최후를 장식하고 있는데, 여기에는 분명히 누가의 의도가 깔려있는 것 같다. 그들은 바울에 관하여 사전에 들은 바도 아는 바도 없다고 먼저 전제를 달았다. 그들은 유대로부터 바울에 대한 불신을 전해들은 적이 없었다고 다짐했다. 또한 그들은 이전에 직접적으로 기독교에 대하여 들은 적도 없다고 말을 했다. "우리가 너의 사상이 어떠한가 듣고자 하노니 이 파에 대하여는 어디서든지 반대를 받는 줄 우리가 앎이라"고 그들은 말했다(행28:22).

이 논쟁은 유대인들이 복음을 거절하고 이방인들은 복음을 받아들인다는 사도행전에서 계속 반복되었던 양식을 확인하는 것으로 끝난다. 바울은 완악한 마음, 둔하게 듣는 귀, 감은 눈에 관한 이사야 6:10의 본문[초대 기독교인들이 유대인들의 불신앙에 대하여 폭넓게 인용한 전거(testamonium)]을 인용한 후에 단정적으로 최후의 선언을 한다.[30] "그런즉 하나님의 이 구원을 이방인에게로 보내신 줄 알라 '저희'는 또한 들으리라"(행28:28).

5. 해결되지 않은 문제들

바울의 사도직과 이방 선교에 대한 누가의 관점은 바울 자신의 관점과는 다르다. 그러나 바울이 로마에 도착한 이후에 일어난 일에 관하여 누가는 우리에게 아무런 말도 해주고 있지 않음으로 해서 우리가 그에 대해서 깜깜하게 모른다는 사실을 생각할 때 누가의 다른 기록들의 가치가 얼마나 큰지를 피부로 느끼게 해준다. 예를 들면 바울이 로마에서 두 해 동안 가택 연금 상태에 있을 때 로마의 기독교인들과의 관계는 어떠하였는가? 그들이 압비오 길에서 바울을 극진히 맞아준 이래로 계속해서 어떻게 하였는가? 그리고 이 기간이 끝나고 어떤 일이 있었는가?

어떤 사람들은 바울이 재판을 받아 유죄판결을 받고 처형당했다고 매우 자신있게 말한

---

29) 사도행전 28:16의 서방 본문은 바울에게 "영문 밖에서" 생활하는 것이 허용되었다는 말이 분명하게 덧붙여져 있다. (그러나 여기에는 출애굽기 33:7 또는 레위기 16:27의 칠십인역으로부터 연원한 신학적 의미가 있을 것이다. 참조, 히13:11).
30) 참조, 막 4:11이하. 요 12:40. 361 쪽을 보라.

다. 또 바울은 재판을 받은 후에 석방되었든지 고소자들이 출석하지 않았기 때문에 석방되었다고 말하는 사람들도 있다.

바울이 두 해가 지난 후에 처형되었다는 견해는 60년 전에 버논 바틀릿(J. Vernon Bartlet)이 주장하였다.[31] 그의 주장에 따르면, 고소자들이 법정시한(그는 후대의 예를 따라 18개월이라고 추정했다) 안에 이 사건을 소추하겠다는 의도를 밝혀 왔다. 그들은 주후 62년 초에 로마에 도착해서 바울을 성공적으로 고소하였다. 바울은 속주들의 안녕을 해친 죄로 사형 선고를 받았다. 사도행전의 초기 독자들은 사도행전에 이에 대한 설명이 분명하게 나와있지 않았다 하더라도 재판 결과가 어떠했는지를 네로의 기록으로부터 알고 있었을 것이다(당시에 네로에게 막강한 영향력을 행사하고 있었던 포페아 사비나(Poppaea Sabina)와 유대인들이 밀접한 관계에 있었다는 사실로 보아 더욱 그렇다). 사실 베스도에게 한 아그립바의 말에는 뭔가 불길한 조짐이 있었다. "이 사람이 만일 가이사에게 호소하지 아니하였더면 놓을 수 있을 뻔하였다"(행26:32).

바울이 주후 62년에 처형되었다면, 사람들이 보통 생각하듯이 주후 64년 로마에 큰 불이 난 후에 로마의 기독교인들에 대한 박해가 일어났을 때 바울이 순교한 것이 아니라는 얘기다. 물론 유력한 증거들이 있다면 바울이 주후 62년에 처형되었다는 것을 반박할 논거는 없다. 그러나 바울이 두 해 동안 억류 생활을 한 후에 바로 유죄판결과 사형집행이 있었다고 한다면, 누가가 그러한 사실을 언급하지 않은 것은 뭔가 좀 이상하다.

이와는 달리 램지(W. M. Ramsay), 키르솝 레이크(Kirsopp Lake), 캐드베리(H. J. Cadbury)는 고소자들이 법정 기한 내에 나타나지 않았기 때문에 이 사건은 재판에 회부되지 않았다고 여러 가지 논거를 들어 설명하고 있다.[32] 이러한 제안은 이 사건의 경과를 살펴볼 때 신빙성이 있다. 산헤드린이 본고장의 이점을 살려 유대 총독에게 가할 수 있는 온갖 압력들에도 불구하고 바울에 대한 그들의 고소가 올바르다는 것을 벨릭스와 베스도에게 설득시킬 수 없다면, 그들은 로마에서는 더욱 승산이 없었을 것이다. 로마법은 경솔하게 고소를 제기하는 자들에게 매우 엄격했다. 반면에 고소한 자들이 나타나지 않는 사건보다 더 경솔하게 제기된 사건도 없었을 것이다. 그래서 로마법은 고소자들의 출석을 필수요건으로 규정하고 있었다.

바틀릿이 자기 나름대로(잠정적으로) 추정했고 또 램지와 캐드베리가 자기 나름대로 산

---

31) J. V. Bartlet, "Two New Testament Problems. 1. St. Paul's Fate at Rome", *Expositor*, series 8, 5(1913), pp. 464 ff.

32) 참조.. W. M. Ramsay, "The Imprisonment and Supposed Trial of St. Paul in Rome", *Expositor*, series 8, 5(1913), pp. 264 ff., reprinted in *The Teaching of Paul in Terms of the Present Day*(London, 1913). pp. 346 ff. (앞의 각주에 언급한 바틀릿의 논문은 바로 이 논문에 대한 답변이었다). K. Lake, "What was the End of St. Paul's Trial?" *Interpreter* 5(1908-9), pp. 147 ff.. H. J. Cadbury, "Roman Law and the Trial of Paul", *Beginnings of Christianity* i. 5, pp. 297 ff., 특히 pp. 326 ff.

정한 18개월이라는 법정 기한은 조사해 본 결과 상소에 의해서든 제1심 법원으로 속주에서 황제에게로 이송된 형사 사건들에 대한 법정 기한을 18개월로 규정해 놓고 있는 황제의 칙령을 기록한 파피루스의 연대를 잘못 산정한 것을 토대로 하였다는 것이 밝혀졌다. 이 문서가 처음으로 간행된 것은 주전 1세기의 말엽이었다.

램지는 레이드(J. S. Reid)의 말에 주의를 기울였다. 그러나 몸센(Mommsen)이 인성했듯이 이 칙령은 3세기에 속한 것이고,[33] 거기에서 말하는 "상소"는 속주의 재판소가 아예 그 사건을 취급하는 것이 금지되었던 1세기의 '프로워카치오(prouocatio)'라는 소송절차가 아니라 이미 판결이 선고된 것에 대하여 상급법원에 상소하는 절차인 나중에 생긴 '아펠라치오(appellatio)'이다.[34] 사실 어떤 사건이 고소자의 불출석으로 자동적으로 무효가 된다는 것을 허용하는 규정이 있었다는 1세기의 증거는 없는 것 같다. 우리가 가지고 있는 증거를 살펴볼 때는 고소자들과 피고의 출석을 종용하고 고소의 포기를 막는 온갖 수단이 취해졌다는 것을 보여준다. 아마도 기한 내에 재판소에 출석치 않은 고소자들은 처벌되었을 것이다. 그러나 고소자들이 출석하지 않았다고 하여 피고가 자동적으로 석방되는 것은 아니었을 것이다.

바울에 대한 재판이 로마에서 꼬박 두 해 동안 유예된 것은 다른 이유보다도 재판소의 업무가 밀려있었기 때문인 것으로 생각할 수 있다. 정말 바울이 재판에 회부되지 않고 방면되었다면, 그것은 (셔윈 화이트가 지적하듯이) 아마도 가이사가 대권(imperium)을 행사했기 때문이었을 것이다. "아마도 바울은 네로의 관대한 조치로 말미암아 혜택을 받아서 예기치 않게 석방되었을지도 모른다. 그러나 사도행전에서 바울이 놓여났다는 것을 의미하는 것으로 해석할 필연성은 없다."[35] 가이사 앞에 서리라는 것을 보여준 바다에서 밤에 본 바울의 환상에 관한 기사로부터,[36] 누가는 아마도 독자들에게 그 결과야 어찌되었든 바울의 상소가 마침내 심리를 받게 되었다는 것을 추론하도록 할 의향이었을 것이다.

사도행전은 이 점에서 우리가 기대하는 내용을 말해주지 않기 때문에, 우리는 다른 자료를 통하여 바울의 로마 억류 및 그 귀추와 관련된 그 이상의 내용을 추적하여야 할 것이다.

---

33) T. Mommsen, Römisches Strafrecht(Leipzig, 1899), pp. 469, n, 1,472, n, 5, 473, n. 1. 그 문헌(BGU ii, 628 recto)은 Cadbury, Beginnings of Christianity i, 5, pp. 333 f.와 H, Conzelmann, Die Apostelgeschichte(Tübingen, 1963), pp. 157 f.에 재수록되어 있다. 바틀릿은 그 문헌이 3세기의 것이라고 인정했다. 그는 "3세기의 관례로부터 판단컨대 열여덟달이 속주에서 상소한 주요한 사건의 기소시한이었다"고 말한다(Expositor. series 8, 5. pp. 466 f.).
34) A. H. M. Jones, Studies in Roman Government and Law(Oxford, 1960), p. 57에서는 이러한 구별을 분명하게 하고 있다.
35) A. N. Sherwin-White, Roman Society and Roman Law in the New Testament, p. 109.
36) 행 27:23이하.

제 33 장

바울과 로마 기독교

1. 로마에 있는 유대인과 기독교인

"로마인들은 권능있는 역사(役事)를 본 적도 없고 사도들을 본 적도 없었지만 유대 의식을 따라 그리스도에 대한 믿음을 가지고 있었다."[1] 우리가 전통적으로 편의상 암브로시아스터(Ambrosiaster)라고 부르는 바울에 대한 4세기의 익명의 라틴 주석가는 로마서에 대한 자신의 주석 서문에서 이렇게 썼다. 그가 살던 시대에는[2] 로마인들은 대체로 "그리스도에 대한 신앙"을 가지고 있었지만, 최초로 로마에서 그리스도에 대한 신앙을 고백한 사람들은 그 성의 주민들 가운데서 극소수에 지나지 않았다. 그럴지라도 이 서문은 대체적으로 암브로시아스터가 로마 기독교의 기원 특히 로마 기독교의 모태가 된 유대인 공동체에 관하여 믿을 만한 전승을 사용했다는 것을 보여준다. 로마 교회의 전통에서는 베드로와 바울을 공동의 창립자라고 주장한다.[3] 그러나 우리가 가진 증거는 희소하지만 그것들은 어떤 사도가 이 성에 오기 전에 기독교가 로마에 이르렀다는 암브로시아스터의 증언을 확증해 준다.

---

1) H. J. vogels in *CSEL* lxxxi. 1(Vienna, 1966), p. 6
2) 그는 다마수스가 로마교회의 감독일 때(주후 366-384년) 글을 썼다. 참조, A. Souter, *The Earliest Latin Commentaries on the Epistles of St, Paul*(Oxford, 1927). pp. 42 f.
3) 참조, Irenaeus, *Against Heresies* iii. 3. 1. Eusebius, *Hist. Eccl,* ii. 25. 7에 인용되어 있는 로마의 가이오. Eusebius, *Hist. Eccl.* ii. 25.8에 인용되어 있는 고린도의 디오니시우스.

로마에 유대인 공동체가 생긴 것은 주전 2세기 중엽에 로마와 유대의 하스모니아 왕조 사이에 외교 관계가 수립되고나서 얼마 후였던 것으로 추정된다.[4] 주전 63년 유대가 로마 제국에 병합되고 2년 후에 폼페이가 승리하면서 로마에 사는 유대인들의 수는 엄청나게 불어났다. 주전 59년에 루기오 발레리우스 플락쿠스(Lucius Valerius Flaccus)가 아시아 총녹으로 재직할 때 예루살렘으로 성전세를 보내는 것을 방해하였다는 죄목으로 로마에서 재판을 받는 동안 키케로(Cicero)가 변론을 맡았는데, 키케로는 재판정 밖에 있던 유대인들이 엿듣지 못하도록 갑자기 소리를 낮춰서 "그들이 얼마나 수가 많으며 얼마나 배타적이며 얼마나 다른 사람들에게 압력을 잘 가하는지를 여러분도 아시지요"라고 배심원들에게 속삭이듯 말했다.[5] 이것은 수사학적인 과장이 섞여있는 말이겠지만, 어쨌든 이 말은 꾸며낸 말이 아니라 청중들이 익히 알고 있는 상황을 과장한 것이었다. 기독교 시대의 초반에 로마에 있던 유대인들의 수는 40,000에서 60,000명 사이로 추정된다.[6]

우리는 로마의 유대인들에 관한 내용을 당시의 문헌 자료로부터만이 아니라 여섯 곳의 유대인 카타콤에 대한 연구 결과로부터도 알 수 있는데, 이 가운데 세 곳 — 포르투엔시스 가(街)(Via Portuensis)에 있는 카타콤 [몬테베르데(Monteverde) 카타콤], 압비오 길(Via Appia), 노멘타나 가(街)(Via Nomentana)에 있는 카타콤 — 은 우리에게 특히 유용한 정보를 제공해 주었다.[7] 제정시대부터 있었던 유대인 회당은 로마에서 한 곳도 발굴되지는 못했지만, 명문(銘文)들로부터 열한 곳의 회당 이름을 알 수 있다.[8] 이미 언급한 감람나무 회당은 그만두고라도,[9] 그 이름들은 회당이 위치해 있는 구역의 이름을 따라 붙인 것도 있고[캄펜세스(Campenses) 회당과 수부렌세스(Suburrenses) 회당과 같이],[10] 그 성원들의 출신지의 이름을 따른 것도 있고[트리폴리타니(Tripolitani) 회당과 같이],[11] 후원자의 이름을 딴 것도 있다[아우구스텐세스(Augustenses) 회당과 아그립펜세스(Agrip-penses) 회당과 같이].[12] 고린도와 로마에 있었던 히브리인들의 회당은[13] 아마도 예배 의식을 히

---

4) 참조, 제1마카비서 8:17이하. 12:1이하. 14:16이하, 40.
5) Cicero, *Pro Flacco* 66. 321 쪽을 보라.
6) 참조, H. J. Leon, *The Jews of Ancient Rome*(Philadelphia, 1960), pp. 135 f. (43쪽 위를 보라).
7) 참조, H. J. Leon, *The Jews of Ancient Rome*, pp. 46 ff.
8) H. J. Leon, *The Jews of Ancient Rome*, pp. 135 ff.를 참조하라. 4세기의 회당이 1963년 오스티아에서 발굴되었다. 그 회당은 1세기 후반의 회당의 터에 세워져 있었다. 참조, M. F. Squarciapino, "The Synagogue at Ostia", *Archaeology* 16(1963), pp. 194 ff.
9) 360 쪽을 보라.
10) 티베르 강의 왼편 강안에 있는 캄푸스 마르티우스(Campus Martius)와 퀴리날(Quirinal)과 비미날(Viminal) 언덕 사이에 있는 매우 인구가 조밀했던 구역인 수부라(Suburra)에서.
11) 북아프리카의 트리폴리스(Tripolis)나 뵈니게의 트리폴리스에서.
12) 아구스도 회당은 아마도 황제를 기려서 이름을 붙였을 것이고, 아그립바 회당은 그의 료이자 양자인 M. Vipsanius Agrippa(주전 63-12년) 또는 헤롯 아그립바(주전 10년-주후 44년)의 이름을 따라 붙여졌다.

브리어로 진행했기 때문에 그렇게 불렸을 것이다.

주후 19년 유대인 공동체 내부에서 일어난 좋지 않은 사건이 알려지면서 디베료 황제는 칙령을 내려 로마로부터 유대인들을 추방했다.[14] 네 명의 유대인이 부유한 로마인 개종자인 풀비아(Fulvia)를 설득하여 예루살렘 성전에 엄청난 금액의 헌금을 하게 해놓고 그것을 착복하였던 것이다. 이것은 바울이 이스라엘 하나님의 이름이 그를 예배하는 자들의 행실로 말미암아 이방인들 가운데서 모독을 받는다고 말했을 때 염두에 두고 있었던 불명예스러운 사건이었다.[15] 그러나 수년이 지나자 로마의 유대인들은 이전처럼 수가 많아졌다.

글라우디오는 치세 초반에 제국 전역에 걸쳐 여기저기서 — 특히 애굽에서 그러나 로마에서도 그랬던 것 같다 — 유대인 공동체들에서 일어나는 소요로 인하여 제국의 치안이 흔들리고 있음을 알았다. 그는 처음에 유대인들의 집단 행동을 규제함으로써 로마에서 일어나는 소요를 막으려 하였지만[16], 8년 후에는 유대인들을 로마에서 추방하는 강력한 조치를 취했다 — 이미 살펴보았듯이 이 추방 사건은 당시 마게도냐와 아가야에서 선교활동을 하고 있었던 바울에게 영향을 미쳤는데, 특히 로마에서 피신해 온 두 사람, 브리스길라와 아굴라와 평생 동안 지속되는 친분을 맺게 된 결과를 가져 왔다.[18]

그 사건이 일어난 지 70년 후에 글을 쓴 수에토니우스(Suetonius)에 의하면, 이렇게 유대인들이 추방당하게 된 이유는 로마에 있던 유대인들이 "크레스투스의 선동으로(impulsore Chresto)" 지속적으로 소요에 참여했기 때문이라는 것이다.[19]

학자들은 이것을 보통 (그리고 아마도 올바르게) 로마에 기독교가 이르렀다는 것을 보여주는 가장 초기의 지표로써 해석한다. 이 해석은 확실한 것은 아니다. 크레스투스는 당시 아주 흔한 노예 이름이었다. 그러나 이것이 무명의 크레스투스를 가리키는 것이었다면, 수에토니우스는 아마도 "어느 크레스투스의 선동으로(impulsore Chresto quodam)"라고 했을 것이다. 그가 사용하고 있는 말들의 양식을 살펴볼 때, 이것은 그 이름을 가진 잘 알려진 인물을 가리키고 있음에 틀림없으며, 크리스투스(Christus)와 크레스투스(Chrestus)(이 두 단어는 당시에 헬라어로 발음이 같았다)는 흔히 혼동해서 사용하였다는 것을 감안하면, 이 단어가 그리스도를 의미했다고 생각할 수 있다. 우리는 여기서 반드시 나사렛

---

13) 273쪽을 보라.
14) Josephus, *Ant.* xviii. 81-84. 참조. Tacitus, *Annals* ii. 85. 5. Suetonius, *Life of Tiberius* 36. 사천명의 유대인들이 사르디니아 섬의 산적들을 소탕하기 위한 군사작전에 참여하였다. 354쪽을 보라.
15) 롬 2:24.
16) Dio Cassius, *History* lx. 6. "그는 그들에게 선조들의 생활 방식을 따라 함께 모이도록 지시했다".
17) 오로시우스는 있지도 않은 요세푸스의 기사를 언급함으로써 이 사건을 혼동시키고 있지만, 그런데도 오로시우스(Orosius, *History* vii. 6. 15 f.)가 가리키고 있는 날짜는 정확한 것 같다.
18) 256쪽, 274쪽을 보라.
19) Suetonius, *Life of Claudius* 25. 4.

예수를 포함하고 있지는 않았다 할지라도 유대 공동체에서 전개되었던 어떤 메시야 논쟁을 언급하고 있는 것으로 생각하여 "그리스도"가 여기서 "메시야"라는 의미로 사용되고 있다고 쉽게 단정해서는 안 된다. '크리스투스(또는 크레스투스)는 당시 라틴의 이교문화에서 그러한 의미로 통용되고 있지 않았다. 이것은 본질적으로 시몬 마구스(Simon Magus)를 의미한다는 로버트 에이슬러(Robert Eisler)의 칙각이 들어설 여지를 잃애준다.[20] 그가 세안하듯이 시몬이 메시야를 자처했다는 증거가 없는 것은 말할 것도 없겠다. 수에토니우스는 잘 알려진 '크리스투스(또는 크레스투스) — 즉, '크리스티아니(또는 크레스티아니)'의 창립자로서 잘 알려진 — 를 염두에 두었을 가능성이 가장 높다.[21] 사실, 그가 한 말 속에 자연스럽게 내포되어 있는 뜻은 이 사람이 실제로 글라우디오 치하에서 로마에 있으면서 유대 공동체 내에서 소동을 일으켰다는 것이다.[22] 아마도 수에토니우스는 자기가 갖고 있던 자료를 그런 식으로 해석했을 것이다. 그는 그리스도가 디베료 치하에서 처형당했다는 것을 알고 있었던 동시대의 타키투스와는 달리 자신의 연대 설정을 입증하는 데 그렇게 큰 노고를 들이지 않았기 때문이다.[23] 아마도 예수의 제자들이 유대인 공동체에 이르렀기 때문에 그 공동체 내부에서 소요가 일어났을 것이다.

다른 증거를 살펴볼 때 한 가지 사실 — 즉, 로마의 기독교는 유대교에 속한 것은 아니었지만 본래 유대적이었다는 것은 분명한 것으로 보인다. 3세기 초반에 로마의 기독교인들이 행한 예배의식을 히폴리투스(Hippolytus)의 이름으로 된 교회규례집(소위「사도적 전통」〔Apostolic Tradition〕)을 통하여 판단해 보면, 그 예배의식은 유대교에 속하지는 않았지만 유대적인 특징들을 띠고 있었다.[24] 그러므로 로마에 있던 초기 기독교가 "유대 의식을 따라" 행했다고 한 암브로시아스터의 말은 타당성을 갖게 된다.

누가 최초로 로마에 기독교를 전했는지는 알려져 있지 않다. 누가가 최초의 기독교적 오순절에 예루살렘에서 베드로가 설교할 때 그 설교를 들었던 사람들 가운데 "로마로부터 온 나그네 곧 유대인과 유대교에 들어온 사람들"(행2:10)을 포함시키고 있다는 것에 특별한 중요성이 있다고 종종 생각해 왔다. 그러나 그 구절에는 그들 가운데 어떤 사람이 베드로의

---

20) 참조. R. Eisler, *Iesous basileus ou basileusas*, ii(Heidelberg, 1930), p. 706. *The Messiah Jesus and John the Baptist*(London, 1931), p.581.
21) 그는 *Life of Nero*(16.2)에서 그들을 "신기하고 해로운 미신"에 빠진 사람들로 언급하고 있는데, 이런 사람들에게는 징계로 벌이 가해졌다. 472쪽을 보라.
22) 참조 R. Graves and J. Podro. *Jesus in Rome*(London, 1957), pp. 38 ff.
23) Tacitus, *Annals* xv. 44. 4.
24) 특히 Hippolytus, *Apostolic Tradition* 20; 5를 보라. 거기에는 부활절에 세례받을 사람들이 세족 목요일(Maundy Thursday)에 거행해야 하는 것으로 규정된 정결례는 에세네파의 변종인 비국교도 유대교와 유사성이 있음을 보여준다. 참조, R. J. Zwi Werblowsky, "On the Baptismal Rite According to St. Hippolytus", *Studia Patristica* iv=*Texte und Untersuchungen* 54(1957), p. 93 ff.; M. Black, *The Scrolls and Christian Origins* (London, 1961), pp. 91 ff.

메시지를 믿었는지, 만약 믿었다면 그들 가운데 누가 복음을 로마에 갖고 갔는지를 밝혀내는 데 도움을 주는 것이라고는 하나도 없다. 하지만 정상적으로 생각해 본다면, 복음은 조만간에 특히 유대인 신자들을 통하여 로마로 전해질 수밖에 없었을 것이다.

또 하나 분명한 사실이 있다. 고린도에서 바울을 만나기 직전에 글라우디오의 추방령으로 인해 이달랴를 떠났던 브리스길라와 아굴라는[25] 이미 기독교인이었던 것으로 보인다. 바울은 그 어디에서도 그들이 주 안에서 자기의 자녀라고 부른 적이 없으며 어떤 식으로든 그들이 자기로부터 복음을 전해받은 사람들이라는 뜻을 비친 적이 없다.

히브리서의 수신자들에게 "전날에" 그들이 비방과 환난을 당하고 사람에게 구경거리가 되고 자기들의 재산을 빼앗기는 것도 "기쁘게 당한 것"을 상기시키는 장면(히10:32-34)이 나오는 데 그것이 주후 49년 로마에서 일어난 사건들을 암시하고 있을 가능성도 있다.[26] 그러나 이 "서신"의 수신지가 로마였는지 여부 자체가(합리적이긴 하지만) 공론(空論)이기 때문에 [27] 그것을 계속적인 추론을 하기 위한 증거로 사용해서는 안 된다.

주후 49년 이전에 로마에 이방 기독교인들이 있었다면, 그들은 황제의 칙령에 영향을 받지 않았을 것이지만, 우리는 거기에 이방 기독교인들이 있었다는 것을 보여주는 지표를 갖고 있지 않다. 하지만 8년 후에 상황은 완전히 달라졌다.

2. 로마의 이방 기독교인들

여기서 영국을 정복한 아울루스 플라우티우스(Aulus Plautius)의 부인인 폼포니아 그레키나(Pomponia Graecina)에 관한 흥미로운 예에 너무 지나친 의미를 두어서는 안 된다. 타키투스는 주후 57년에 이 부인이 "이상한 미신"을 가졌다는 죄목으로 기소되어 그녀의 남편이 의장을 맡고 있었던 가정 법원에 서게 되었다고 보도한다. 그 부인은 이 고소에서 무죄 방면되었다.[28] 이 보도 가운데 그 어디에도 이 "이상한 미신"이 기독교였다는 것을 시사해주는 내용이 나오지 않는다. 타키투스를 주석한 한 주석자는 이 부인이 40년 동안 애도를 하고 있었다는 말과 관련하여 "기독교인이 조용히 물러가서 절제하는 생활을 한 것이 네로 시대의 방종한 사회에서는 일종의 '지속적인 애도'의 모습으로 보였을 것"이라고 평하고 있다.[29] 그러나 타키투스는 이 부인이 애도한 것은 14년 전에 친척 여자인 리비아 율

---

25) 행18:2. 274쪽 이하를 보라.
26) F. F. Bruce, *The Epistle to the Hebrews*(Grand Rapids, 1964), pp. 267 ff.를 보라.
27) 참조, A. von Harnack, "Probabilia über die Adresse und den Verfasser des Hebräerbriefs" *ZNW* 1(1900), pp. 16 ff.
28) Tacitus, *Annals* xiii, 32. 3-5.
29) H. Pitman(ed.), *Cornelii Taciti Annalium Libri XIII-XVI*(Oxford, 1904), Notes, pp. 29 f.

리아(Livia Julia)가 엠프레스 메살리나(Empress Messalina)의 선동으로 죽임을 당하였기 때문이라고 아주 분명하게 말하고 있다.[30] 이 부인이 40년 내내 애도하고 있었다면, 그녀는 도미티아누스 황제 치세(주후 81-96년)까지 살아있었다는 말이 된다.

폼포니아가 기독교인이었을 것이라는 추측을 할 수 있는 근거 가운데서 타키투스의 "이상한 미신"에 관한 보도보다 더 강력한 증거는 2세기 밀엽에 그녀의 가문(폼포니아 씨족, gens Pomponia)에 속한 몇몇 사람들이 기독교인이었다는 것을 보여주는 증거이다. 압비오 길 옆에 있는, 로마에서 가장 오래된 기독교인 카타콤 가운데 하나인 칼리스투스 묘지(the Cemetery of Callistus)에는 이 가문에 속한 몇몇 사람들 — 그 가운데는 폼포니우스 그레키누스(Pomponius Graecinus)라는 이름도 끼어있다 — 을 기념하는 당시의 명문(銘文)들이 있다.[31] 그러나 이것을 고려하더라도 우리는 확신을 가지고 폼포니아 그레키나가 4, 5세대 전에 기독교인이었다는 것을 추론할 수 없다.

하지만 우리는 로마 기독교인들에 대한 바울의 서신 속에서 바로 이 해(주후 57년)에 로마에 있는 기독교의 상황에 대해 훨씬 더 적절한 증거를 갖고 있다. 바울은 이 서신의 수신자인 "로마에 있어 하나님의 사랑하심을 입고 성도로 부르심을 입은 모든 자"(롬1:7) 가운데는 유대인 신자와 아울러 이방인 신자들도 포함되어 있다는 것을 분명히 하고 있다. 당시에 이방인 신자들이 그 성에 있는 유대인 형제들보다 더 많았는지의 여부는 확실치 않지만, 바울은 이방인 신자들에게 그토록 많은 아브라함의 자손들이 하나님 백성이 되기를 거부한 것에 비해 그들이 하나님 백성이 되었다는 것이 마치 자기들의 우월한 공로 때문인 것처럼 우쭐대지 말라고 경고할 필요가 있었다.[32]

3. 로마 기독교의 조직

왜 바울은 그의 서신을 (이를테면, 고린도전후서의 전례를 따라) "로마에 있는 하나님의 교회에게"가 아니라 "로마에 있어 하나님의 사랑하심을 입고 성도로 부르심을 입은 모든 자에게" 보낸다고 하고 있는 것일까? 우리는 이 말을 근거로 당장 로마에는 이 성 전체에 걸쳐 조직된 교회가 없었다고 추론해서는 안 된다. 빌립보서도 빌립보에 있는 교회가 아니라 "그리스도 예수 안에서 빌립보에 사는 모든 성도와 감독들과 집사들"(빌1:1)을 수신자로 하고 있다. 하지만 이것이 빌립보에 교회가 있었다는 것을 배제하는 것은 아니다. 실제로 "감독들과 집사들"이라는 말을 덧붙인 것으로 보아 체계가 잡힌 교회가 있었다는 것을 보여주

---

30) 참조, Dio Cassius, *History* lx. 18. 4.
31) 참조, H. Leclercq, "Aristocratiques(Classes)", in *DACL* i.2(Paris, 1907). columns 2847 f.
32) 롬 11:12 이하. (360쪽을 보라).

며, 바울이 빌립보 교인들의 선물에 감사하면서 "주고 받는 내 일에 참예한 교회가 너희 외에 아무도 없었느니라"(빌4:15)라고 말할 때 바울은 그들을 교회로 여긴다는 것을 매우 분명하게 보여주고 있다. "골로새에 있는 성도들 곧 그리스도 안에서 신실한 형제들"(골1:2)은 분명하게 교회로 불리고 있지 않지만,[33] 그들은 자매 교회인 "라오디게아인의 교회"(골4:16)와 마찬가지로 분명히 교회였다. 그리고 골로새에 있는 기독교 공동체는 리쿠스(Lycus) 계곡의 다른 성읍들에 있는 공동체와 마찬가지로 바울의 동료인 에바브라에 의해 개척되었던 것으로 보이기 때문에 더욱 그러하다(골1:7;4:12 이하).[34]

중앙집권적인 체제를 갖춘 교회가 로마에 있었는지가 의심스럽다면, 그것은 거기 있는 기독교인들이 교회라 불리지 않기 때문인 것이 아니라 오히려 바울 서신의 증거와 아울러 상황이 허락치 않았기 때문이라고 보아야 한다. 반면에 바울은 자기 서신이 로마의 모든 기독교인들에게 전해졌으면 좋겠다는 희망을 가졌지만,[35] 그들이 모두 한 곳에서 모여 그 서신을 들을 것이라고 생각한 것 같지는 않다. 아마도 뵈뵈(Phoebe)가 그 서신을 가지고 가정 교회들을 돌아다녔을 것이다.[36]

이 당시에 로마의 기독교인들은 가정교회들이나 지역적인 모임 장소에서 무리를 지어 모임을 가졌던 것으로 보인다. 유대인 신자들 가운데 몇몇은 여전히 자기들을 유대인 회당의 소속원으로 생각했을 것이다. 그러나 시간이 흐르면서 그들은 더 이상 양다리를 걸칠 수 없게 되었을 것인데, 그들 가운데 몇몇은 아주 급박한 상황이 닥칠 때까지 회당과의 관계를 끊어버리려고 하지 않았다. 이것이 아마도 히브리서를 수신한 집단의 상황이었을 것이다. 그들은 이 문서가 쓰여지기 수년 전에 그리스도에 대한 신앙을 갖게 되었고(주후 63년 경),[37] 그 결과로 상당한 핍박을 받았다. 그러나 그들은 회당이 명문(明文)으로 금하고 있었던 그리스도와 그의 백성들에 결정적으로 합류함으로써 배수진을 치고, '허용된 결사(collegium licitum)'가 보장해 주는 안정을 내버리고 그러한 보호를 누리고 있지 못했던 모임의 불안을 감내하고자 하지 않았다. 그러므로 그들을 향한 익명의 기자(記者)의 외침은 절박했다. "그런즉 우리는 그 능욕을 지고 영문 밖으로 그에게 나아가자"(히13:13).

4. 로마서 16장에 나오는 문안 인사의 증거

---

33) 골로새에 있는 기독교 공동체는 눔바(골4:15)와 빌레몬(몬2)의 집에서 모이는 더 작은 집단들("교회들")을 포함하고 있었다.
34) 437쪽을 보라.
35) 참조, 로마서 1:7에 나오는 "모든".
36) 참조, P. S. Minear, *The Obedience of Faith*(London, 1971), p. 23.
37) 이 서신이 로마에 있는 유대인 기독교인 집단에 보내졌다면, 히브리서12:4("너희가 … 아직 피 흘리기까지는 대항치 아니하고")라는 구절로 보아 그 기록 연대는 주후 64/65년의 네로의 박해 이전이어야 할 것이다.

하지만 히브리서가 로마 기독교인들을 수신자로 했다는 것은 당연한 것으로 받아들일 수 없다. 이러한 사정은 로마서의 마지막 장에 대해서도 마찬가지이다. 로마서 16장에서 바울은 스물여섯 명의 개인과 네 가정 또는 가정교회에 문안 인사를 보내는데, 그 장중한 서술로 인해 많은 주석학자들은 그것이 에베소에 보내는 것이었다고 주장하게 되었다.[38] 그러나 일반저으로 두 가지 사항을 지적할 수 있다.

첫째, 바울은 자기가 잘 아는 교회의 신자들에게는 개인적으로 문안 인사를 하는 습관이 없었다. 그가 로마서를 제외하고 개인적인 문안 인사를 보내는 유일한 서신은 골로새서이다. 그는 골로새 교회를 방문한 적이 없었지만, 다른 곳에서 만났던 한 두 사람 〔예를 들면, 눔바(Nympha)와 아킵보(Archippus)〕이 지금 골로새에서 살고 있다는 것을 알고 그들의 이름을 들어 문안 인사를 전한 것이다. 그렇게 했을 때 골로새 교회의 다른 신자들이 왜 자기 이름이 언급되어 있지 않은지를 이상히 여기지 않을 것이었다(만약 바울이 고린도나 에베소 또는 다른 곳에 있는 교회의 몇몇 신자들에게 개인적으로 문안 인사를 했다면 그곳의 신자들은 이상하게 여겼을 것이다). 따라서 바울 당시 로마세계 전역을 여행하기가 쉬웠고 모든 길이 로마로 통했다는 사실을 감안할 때, 바울이 다른 곳에서 만났던 많은 사람들이 지금은 로마에서 살고 있다는 것 〔아시아 지방에서 바울이 최초로 신자를 삼은 에베네도(Epaenetus)를 비롯하여〕은 너무나 자연스러운 일이었을 것이고,[40] 그래서 바울은 자기가 알고 있거나 들은 적이 있는 사람들에게 개인적으로 문안 인사를 했을 것인데 이같은 바울의 행위는 바울을 전혀 만나본 적이 없었거나 그의 이름을 들어본 적도 없는 사람들에게 어떤 거부감도 일으키지 않았을 것이다.

둘째, 바울이 문안 인사를 보내는 사람들의 수많은 이름을 살펴보면, 그것들은 에베소보다는 로마에 더 잘 어울린다는 것을 알 수 있다. 이것은 주로 에베소보다는 로마에 훨씬 더 많은 수의 명문(銘文)들이 있기 때문이다. 어쨌든 특정한 개인은 아니지만 그 이름들이 로마에서 더 잘 입증되고 있다 〔로마서 16:9에 나오는 우르바노(Urbanus)와 같은 이름은 '우르브스(urbs)'와의 연관성을 곧바로 보여준다〕.

더 구체적으로 이야기하자면, 바울은 다른 사람들과 마찬가지로 "나깃수(Narcissus)의 권속 중 주 안에 있는 자들"(롬16:11)에게 문안 인사를 전한다. 이 나깃수는 보통 디베료

---

38) 참조, T. W. Manson, *Studies in the Gospels and Epistles*(Manchester, 1962), pp. 234 ff.. 그는 D. Schulz가 *Theologische Studien und Kritiken* 2(1829), pp. 609 ff.에서 처음으로 로마서 16장의 수신지가 에베소라는 주장을 했다고 말한다. 로마가 수신지라는 주장에 대해서는 C. H. Dodd, *The Epistle to the Romans*(London, 1932), pp. xvii ff., 236 ff.. H. W. Schmidt, *Der Brief des Paulus an die Römer*(Berlin, 1963), pp. 250 ff.. W. G. Kümmel, *Introduction to the New Testament*, E. T.(London, 1966), pp. 224 ff.를 참조하라.
39) 골 4:15, 17(나중 절(節)에 대해서는 빌레몬서 2절을 참조하라).
40) 롬 16:5.

황제의 노예였다가 해방된 부유한 자유민으로서 글라우디오 치하에서 막강한 영향력을 행사하다가 주후 54년 네로의 즉위 직후에 아그립피나의 기소로 처형된 디베료 글라우디오 나깃수(Tiberius Claudius Narcissus)와 동일 인물인 것으로 생각되었다.[41] 그의 재산은 몰수되었고, 그의 종들과 가신들은 황가(皇家)로 이전되어 그들에게 '나깃시아니(Narcissiani)'라는 명칭을 하나 더 추가함으로써 황가의 다른 사람들과 구별되었다. 바울이 문안인사를 전한 사람은 바로 이 '나깃시아니' 들에 속한 기독교인들이었을 것이다. 물론 우리는 바울이 어떻게 '나깃시아니'에 속한 사람들을 알았는지에 대해서는 알지 못한다. 그러나 이러한 잠정적인 판단이 옳다면, 이들은 분명히 바울이 대신하여 빌립보 교회에 문안인사를 전했던 "가이사의 집 사람 중 몇"이었을 것이다(빌4:22).

잠정적이긴 하지만 또 다른 "가이사의 집 사람 중 몇"은 로마서 16:10에 나오는 "아리스도불로(Aristobulus)의 권속"이라는 주장이 있어 왔다. 아리스도불로는 헤롯가에 특히 흔한 이름이었다. 아그립바 1세의 동생으로서 아리스도불로라는 이름을 가진 헤롯가의 한 사람(그들의 이름은 불운했던 부왕의 이름을 따라 붙여졌다)이 로마에서 한 시민으로 살면서 그의 형과 마찬가지로 글라우디오와 교분(交分)을 나누었다.[42] 그가 자기 재산을 황제에게 유증(遺贈)했다면, 그의 종들도 황가(皇家)로 넘어가서 '아리스도불리아니(Aristobuliani)'로 구별되었을 것이다. 그러나 이러한 전례가 전혀 없는 것은 아니지만, 우리는 그가 자기 재산을 황제에게 유증했는지는 알지 못한다. 그러므로 바울이 그 다음으로 문안 인사를 보내는 사람이 헤로디온(Herodion)이라는 이름을 갖고 있다는 것은 단순한 우연의 일치 이상의 의미를 띠고 있을 수 있다. 바울은 헤로디온을 "친척"이라고 부르고 있는데, 이 말은 아마도 유대 태생의 동료 기독교인을 의미할 것이다.[43]

다른 두 기독교인 집단도 그 집단에 속한 성원들의 이름이 몇몇 언급되어 있음으로 해서 식별해낼 수 있다. 첫번째 집단은 "아순그리도와 블레곤과 허메와 바드로바와 허마와 저희와 함께 있는 형제들"(14절)이고, 두번째 집단은 "빌롤로고와 율리아와 또 네레오와 그 자매와 올름바와 저희와 함께 있는 모든 성도"(15절)이다. 첫번째 집단에서 바드로바(Patrobas)를 보면 타키투스의 「역사」(Histories)를 읽은 독자는 네로에게 영향력이 있었고 평판이 좋지 않았던 바드로비오(Patrobius) — 바드로바는 이 이름의 축약형이다 — 라는 자유민(freedman)이 있었다는 기사를 떠올릴 것이다.[44] 기독교인 바드로바는 아마도 네로

---

41) Tacitus, Annals xiii 1. 4. Dio Cassius, History ix. 34. 참조. Juvenal, Satire 14. 329. 이러한 확인은 특히 (inter alios) J. Calvin (Commentary on the Epistle of Paul the Apostle to the Romans (Strasbourg, 1540), E. T. (Edinbrugh, 1961), p. 323)이 했었다. 나르키시아니(Narcissiani)에 대해서는 CIL iii. 3973, vi. 15640을 참조하라. 385쪽 주 15를 보라.
42) 참조, Josephus BJ i, 552. ii. 221. Ant. xviii. 133, 135 등.
43) 헬라어로 συγγενής. 바울이 이 장에서 그렇게 지칭하고 있는 다른 사람들은 안드로니고와 유니아(7절), 누기오와 야손과 소시바더(21절)이다.

의 바드로비오의 하인이었을 것이다.[45] 허마고라스, 허모도로, 허모게네스 등의 축약형인 허마(Hermas)라는 이름은 아주 흔한 이름이었다. 한두 세대 후에 이 이름을 가진 또 한 사람의 로마 기독교인이 있었는데, 그는 저 유명한 「목자서」(Shepherd)의 저자였다.[46] 4 세기까지 거슬러 올라가는 로마의 교회 전승은 네레오(Nereus)가 1세기 후반의 기독교인 이었다고 밀한다. 그는 동료 아길레우스(Achilleus)와 함께 도미티아누스 황세의 조카인 플라비아 도미틸라(Flavia Domitilla)와 교제를 나누었다. 아르데아티나 가(街)(Via Ardea-tina)에 있는 도미틸라 묘지는 바로 그의 이름을 따서 붙인 것이다[47] [이 묘지에는 우연인지는 모르지만 로마서 16:8에 나오는 암블리아(Ampliatus)라는 별명을 가진 '아우렐리아 씨족(gens Aurelia)'에 속한 몇몇 기독교 신자들의 무덤이 있다.[48] 두번째 집단에서 빌롤로고와 율리아는 남편과 아내 또는 이 목록에 언급된 또 하나의 쌍과 마찬가지로 오누이였을 것이다. 율리아라는 이름은 황가(皇家)와 어떤 관련이 있다는 것을 보여준다. 이름이 같다는 것이 동일한 인물임을 보증해 주는 것은 아니지만, 아무튼 로마서 16:5-15에 나오는 많은 이름들이 황가에 속한 사람들의 이름으로서 명문(銘文)에 나온다는 것은 주목할 만하다.

그리고 우리는 바울이 문안 인사의 첫머리에 브리스길라(바울이 보통 그녀를 부르는 이름인 브리스가)와 아굴라에게 "저의 교회(the church in their house)"와 아울러 문안 인사를 전하고 있다(3-5a절)는 사실을 주목한다. 그들은 글라우디오가 로마에서 모든 유대인들을 추방했을 때 이달랴를 떠났다가 이 추방령이 효력을 잃자(고전16:19), 그들은 여전히 에베소에 있었다. 물론 그전에 그들은 바울과 함께 고린도에서 이곳으로 왔었다. 그러나 바울이 에베소를 떠나면서 그들은 로마로 돌아왔을 것이다. 실제로 그들이 다시 로마로 돌아온 것은 바울이 될 수 있는 대로 빨리 로마로 방문하고자 하는 계획과 관련되어 있을 수 있으며,[49] 그들은 어떤 식으로든 서신이나 다른 방법을 통해서 바울과 계속 접촉을 하고 있었을 것이다. 그들은 에베소에서 자기 집을 기독교인들의 모임 장소로 제공했듯이 로마에서

---

44) Tacitus, Histories, i. 49. ii. 95. Dio Cassius, History(Epitome) lxiv. 3. 4.에 따르면, 그는 갈바(Galba)치하에서 처형당했다.
45) J. B. Lightfoot, St. Paul's Epistle to the Philippians(London, 1868), p. 177.
46) 2세기 초에 쓰여진 우화적인 작품으로서 한때 존 번연의 「천로역정」(Pilgrim's Progress)이 영어권에서 그랬던 것처럼 다음 세대의 교회에게는 뜻을 이해하기가 힘든 작품이었다.
47) 순교자들인 네레우스와 아킬레우스의 묘는 교황 Damasus가 묘비명을 세움으로써 그 위치가 분명하게 되었다. The Acts of Nereus and Achilleus 는 5세기에 쓰여졌던 것 같다. 참조. H. Leclercq, "Neree et Achillee", DACL xii. 1(Paris, 1935), columns 1111 ff. 플라비아 도미틸라에 관해서는 Dio Cassius, History(Epitome), lxvii, 14를 보라. 그녀의 공동묘지에 관해서는 H. Leclercq, "Domitille(Cimetiere de)" DACL iv. 2(Paris, 1921), columns 1404 ff.를 보라.
48) 참조, H. Leclercq, "Ampliatus(Cubiculum d')", DACL i, 2(Paris,1907), columns 1712 ff.

도 그렇게 했다. 바울이 브리스길라와 아굴라에 이어 문안 인사를 전하는(5b), 아시아에서 바울의 첫번째 전도 열매인 에베네도로 말하면, 그는 이 두 사람과 어울렸을 것이고 그들이 로마로 돌아올 때 함께 돌아왔을 것이다.

바울이 문안 인사를 하고 있는 사람들 가운데 안드로니고와 유니아(Junias, 아마도 여성형 Junia)가 끼어있다는 사실은 흥미로운 문제들을 제기한다 — 바울이 그들을 내 친척이요 함께 갇혔던 자라고 소개하고 있기 때문만이 아니라 그들이 "사도에게 유명히 여김을 받고 또한 나보다 먼저 그리스도 안에 있는 자"라고 말하기 때문에 더욱 그렇다(7절). 그들이 바울보다 먼저 기독교인이었다면 매우 초기의 기독교인들임에 틀림없다. 그리고 그들이 "사도에게 유명히 여김을 받았다"는 것이 그들이 사도들에게 잘 알려져 있었다는 것만이 아니라 그들이 어떤 의미로는 사도들이었다는 것을 뜻한다면, 도대체 이것은 무엇을 의미하는가? 아마도 이들은 부활하신 그리스도의 모습을 본 오백여 형제들 가운데 속했을 것이다. 라이트푸트(J. B. Lightfoot)는 그들이 오순절에 예루살렘에서 베드로의 설교를 들었던 로마로부터 온 사람들이었을 가능성을 제시했다(그는 아주 신중하기 때문에 그 이상을 주장하지는 않는다).[50]

"주 안에서 택하심을 입은 루포"(13절)로 말하자면, 그의 이름이 구레네 시몬의 아들들 가운데 한 사람의 이름과 우연히 같다는 것이 어떤 의미를 함축하고 있는지에 대해서는 이미 언급한 바 있다.[51] 바울이 이 문안 인사를 로마에 보냈고 그로부터 수년 후에 마가복음이 로마에 있는 기독교인들을 위하여 쓰여졌다면, 이 두 문서에 나오는 루포는 동일한 인물일 가능성이 매우 높다고 하겠다.

이 문안 인사에서 받는 느낌은 로마에 있는 기독교 공동체가 여기저기 분산되어 있다는 것이다 — 사실 "공동체"라는 단어는 실제적인 사실이라기보다는 영적인 해석이라고 볼 수 있다. 여러 집단들은 한 집단 내부에서의 시각차는 말할 것도 없고 각각 서로 다른 전망(展望)들을 갖고 있었을 것이다. 바울적인 복음 이해는 특히 브리스길라와 아굴라가 후원하였던 가정 교회에서 자라났다. 한 학자는 로마서의 곳곳에서 특히 믿음의 강하고 약함, 특정한 날을 지키는 것이나 특정한 음식을 피하는 것과 같은 논란의 여지가 있는 기독교인의 행실과 관련한 여러 가지 태도 및 이러한 문제들에 있어서 다른 행동 방침을 좇는 동료 기독교인들을 향한 여러 가지 태도에 대한 언급을 서로 다른 전망을 가진 다섯 집단이 로마 기독교인들에게 있었다는 증거로 제시하였다.[52] 이러한 상호관련성은 철저하게 확증될 수 있는 성질의 것은 아니다. 바울은 형제애를 가장 우선적으로 생각하지 않는다면 이러한 태도와 실천의 차이들이 긴장관계를 가져올 수 있음을 잘 알고 있었다. 이것이 바울이 "하나님

---

49) 참조, O. Michel, *Der Brief an die Römer*(Göttingen, [13] 1966), p. 341.
50) J. B. Lightfoot, *St. Paul's Epistle to the Philippians*, p. 17. 409쪽을 보라.
51) 184쪽을 보라.
52) P. S. Minear, *The Obedience of Faith*, pp. 8 ff.

의 영광을 위하여"(롬15:7) 모든 집단으로 하여금 그들이 그리스도께 받았던 것과 동일한 환대를 서로서로에게 열심히 베풀라고 강권하는 이유이다. 그렇게 함으로써 그들 사이에 성령으로 하나되었다는 느낌이 길러질 것이었다.

그러나 바울이 로마 기독교인들이 분산된 조직을 갖고 있었다는 것을 알았다면, 그는 이런 식으로는 그들을 거의 통합할 수 없었다. 사실 그렇게 하기를 원했다고 할지라도 바울에게 주어진 기회들은 극히 제한되어 있었다. 그리고 바울이 로마에 간 지 반세기가 지났을 때에도 이그나티우스(Ignatius)와 허마(Hermas)의 증거에 의하면 로마 교회는 여전히 당시의 다른 많은 교회들보다 중앙집권적인 체제로 정비되어 있지 않았다고 한다. 로마 교회는 아직 행정권을 가진 한 명의 감독 아래 체계적으로 조직되어 있지 않았다.[53]

5. 빌립보서의 증거

어떤 신약의 문헌들이 로마로 보내졌는지의 여부에 관하여 우리가 잘 모르듯이 신약의 어떤 서신들이 로마에서 쓰여졌는지의 여부에 관하여서도 우리는 잘 모른다. 바울의 "옥중서신들"은 전통적으로 바울이 로마에서 억류 생활을 하고 있는 동안 쓰여졌다고 주장되어왔으니 앞에서 우리는 그 서신들 가운데 적어도 몇몇은 에베소나 가이사랴에서 쓰여졌을 것이라는 주장이 있었다는 것을 살펴보았다.

빌립보 교회에 문안 인사를 보냈던 "가이사 집 사람 중 몇"이 로마 기독교인들이었다면 (아마도 그럴 것이다), 빌립보서 1:13에 의하면 바울의 갇힘이 그리스도를 위한 것이라는 사실이 온 '시위대(praetorium)'에 알려진 것은 로마에서였다고 해야 한다(몇몇 연구자들은 현존하는 빌립보서는 바울이 빌립보에 있는 친구들에게 보낸 하나 이상의 서신을 포함하고 있다고 주장해왔는데,[54] 비록 이 주장이 "저서 목록에 근거한 가능성"을 역행하는 것이긴 하지만 그럴 가능성을 염두에 두어야 한다).[55] '시위대(praetorium)'의 여러 의미들 가운데 이 문맥에서 가장 가능성이 높은 것은 "집정관의 수비대"이다. 집정관 수비대는 황제를

---

53) 이그나티우스의 증거는 특히 결정적이다. 그는 감독이라는 직위의 중요성에 사로잡혀 있었기 때문에 그의 일곱 개의 서신들 가운데서 여섯 개의 서신에서 그 중요성을 역설한다. 그러므로 그가 로마 교인들에게 보낸 서신에서 이에 관해 침묵하고 있다는 것은 설명을 필요로 한다. 가장 유력한 설명은 그가 이 서신을 썼을 때(주후 110년경) 아직 로마 교회에는 군주적 권한을 가진 감독이 존재하지 않았다는 것이다. 로마의 클레멘트가 고린도 교인들에게 보낸 서신(주후 96년경)에는 감독으로서의 권한을 암시하는 어조가 없다. 그로부터 얼마 지나지 않아 허마(Hermas)는 로마 교회의 규례에 대해서는 아무 언급도 없고 단지 "교회를 주관하는 장로들"에 대한 규례만을 언급하고 있다(Shepherd, Vision 2.4.3; 3.9.7).
54) Polycarp은 Letter to the Philippians(3:2)에서 그들에게 어떻게 바울이 "자기가 없을 때 너희에게 편지를 썼는지"를 상기시킨다. 절충적인 견해에 대해서는 E. J. Goodspeed, Introduction to the New Testament(Chicago, 1937), pp. 90-96. F. W.. Beare, A Commentary on

경호하는 임무를 맡고 있었으며, 바울이 상소에 의해서 황제의 처결을 기다리는 처지에 있었기 때문에 그의 숙소에서 교대로 그를 경비하고 있었던 군사들은 집정관 수비대에 속한 군사들이었다고 보는 것이 자연스럽다. 이 군사들은 이전에 바울과 같은 사람을 만나본 적이 없었기 때문에 그들 모두는 금방 바울이 무슨 이유로 로마에 끌려왔는지를 알았을 것이다.

온 시위대뿐만 아니라 "기타 모든 사람"이 자기가 갇힌 이유를 알게 되었다고 바울은 말한다 — "기타 모든 사람"은 아마도 이 사건의 심리와 어떤 식으로든 관련이 있었던 사람들을 의미할 것이다.

더욱이 바울이 가택 연금 상태에 있었음에도 자기를 찾아오는 모든 사람들에게 자유롭게 복음을 전할 수 있었다는 사실은 로마의 많은 다른 기독교인들을 고무시켜 이전보다 더 담대하게 복음을 증거할 수 있도록 했고, 따라서 바울이 로마에 온 것은 모든 면에서 이 성에 복음의 진보를 위하여 도움이 되었다. 그러나 이러한 복음의 진보가 영적으로 바울과 협동하는 가운데 일관성있게 이루어진 것은 아니었다. 로마에 다양한 관점을 가진 기독교인 집단들이 있었다는 것은 바울에 대한 그들의 태도도 서로 달랐다는 것을 말해준다. 어떤 집단들은 실제로 노골적으로 바울에게 반감을 표시했다. 어떤 이들은 자기들을 바울의 친구요 동반자로 여겨서 좋은 뜻으로 복음을 전파한 반면에 어떤 이들은 시기와 질투로 — 이러한 행위는 바울의 상처를 소금으로 문지르는 격이었고 그는 제약받는 처지에서 좌절감을 느꼈을 것이다 — 그렇게 했다는 바울 자신의 말은 우리에게 많은 것을 시사해 준다. 그러나 바울은 자족하고 느긋한 마음으로 이에 반응을 보인다. 훌륭한 동기로 하든 하찮은 동기로 하든 중요한 것은 그리스도께서 전파된다는 사실이었다 — "이로써 내가 기뻐하고 또한 기뻐하리라"(빌1:15-18)고 그는 말한다.

이것은 바울이 수년 전에 자기의 선교 지역인 갈라디아를 침범하여 거기의 신자들에게 "다른 복음"을 가르쳤던 문제아들에게 퍼부었던 저주와는 너무도 현격한 차이를 보여준다. 그러나 사실 로마에서 바울에게 호의를 갖고 있지 않았던 사람들은 자기들의 터에서 그렇게 했던 것이며 그들이 전파하는 내용에 어떤 결함이나 왜곡이 있었다는 암시도 없다. 그럴지라도 바울은 불만을 품은 고린도 교회의 신자들에게 충고하면서 보였던 것보다 눈에 띄게 부드러워졌고 "그리스도의 온유와 관용"을 훨씬 더 많이 드러내 보였다.[56] 아마도 바울은 가이사랴에서의 이년 동안의 억류 생활과 로마에서의 현재의 가택 연금 생활을 통하여 인내

---

the Epistle to the Philippians(London, 1959), pp. 2-5, 100-102. 150을 보라. 반면에 W. G. Kümmel은 "전해져 온 빌립보서의 본래적 통일성을 의심할 충분한 이유가 없다"고 말한다(Introductin to the New Testament, E. T., p. 237).

55) 이 표현에 대해서는 F. G. Kenyon, The Bible and Modern Scholarship(Lodon, 1948), pp. 37 등을 보라.

56) 고후 10:1.

에 관한 새로운 교훈을 많이 얻었던 것 같다.

바울은 자기가 얼마 동안 가택 연금 상태에 있을 것인지 또는 언제 가이사 앞에 불려갈른지를 알 방도가 없었다. 그는 자기가 황제 앞에 불려간다면 결과는 좋을 것이라는 기대를 상당히 하고 있었다. 로마와 빌립보 등지에 있는 많은 친구들은 이를 위해 기도하고 있었으며, 바울은 자기 신자들과 복음의 진보를 위하여 자기가 놓여나는 것이 바람직하냐고 확신하고 있었다.[57] 그가 자신만을 고려했다면, 그는 그렇게 생각하지 않았을 것이다. 바울에게는 마지막 길을 떠나서 "그리스도와 함께" 있는 것이 "더욱 좋았을" 것이기 때문이다(빌1:23). 바울이 이 둘 가운데서 하나를 선택하기란 어려웠다. 다행히도 선택권은 자기에게 있지 않았고, 그의 기도는 이 길로 가든 저 길로 가든 그리스도께서 영광을 받으시라는 것이었다.[58]

6. 골로새서의 증거

이 단계에서 골로새서는 바울이 로마에 머무를 때에 쓰여졌다는 것은 정말 확실치 않다고 이야기할 수밖에 없다. 그러나 이 서신이 정말 로마에서 쓰여졌다면, 마지막 문안 인사에 담겨있는 의미를 살펴볼 필요가 있다. 거기에서 바울은 아리스다고, 마가("바나바의 생질"), 유스도라 하는 예수만이 당시에 "하나님 나라를 위하여 함께 역사하는 자들"로서 자기와 함께 있는 유대 태생의 사람들이라고 말한다 — 그는 "이런 사람들이 나의 위로가 되었느니라"는 말을 덧붙인다(골4:10 이하). 바울에게는 이방인 출신인 다른 동료들이 있었지만,[59] 그들 가운데 이 서신의 첫인사 부분에서 자기 이름과 나란히 쓰고 있는 디모데를 제외하고는 "할례당"은 없었다.[60] 이 말은 라이트푸트(J. B. Lightfoot)가 생각하듯이 "대도시에서 할례당 출신 신자들에 대한 반감"을 지적하는 것이며[61] 빌립보서에서 "다툼으로 그리스도를 전파하는"(빌1:17) 사람들에 관한 바울의 언급과 관련이 있을 것이다.

바울이 열거하는 세 명의 유대인 신자들에 있어서 유스도라 하는 예수에 관해서는 다른 곳에서 언급이 없다. 여기서 "나와 함께 갇힌 자"로 묘사된 아리스다고는 바울과 함께 로마로 왔었는데 이때에 바울이 연금 상태에 있던 집에서 함께 살았을 것이다.[62] 바울이 마가를

---

57) 빌 1:19.
58) 빌 1:20.
59) 골 4:12-14 .
60) 기술적인(오로지 기술적인) 의미에서는 바울이 디모데에게 할례를 시켰기 때문에(행16:3) 디모데도 "할례당"에 포함될 수 있다. 233쪽을 보라.
61) J. B. Lightfoot, *St. Paul's Epistles to the Colossians and to Philemon*(London, 1875), p. 236. 참조, 그의 *St. Paul's Epistle to the Philippians*, pp. 16 ff.
62) 387쪽을 보라.

제2차 선교여행에 수행원으로 데리고 가기를 거절한 후에 바나바가 그를 데리고 수리아 안디옥에서 구브로로 항해를 떠난 이래로, 기록들이 보여주는 바에 따르면, 바울과 마가는 만난 적이 없었기 때문에 여기서 바울이 마가를 언급하고 있는 것은 특별히 흥미를 끈다.[63] 2세기의 전승은 마가를 로마, 더 구체적으로는 베드로와 결부시키고 있다.[64]

마가가 로마로 오게 된 배경을 재구성하는 한 방법은 주후 54년 경 유대인들이 다시 이 성으로 돌아온 직후에 유대인 공동체의 기독교 신자들이 자기들의 정체성과 증거를 재정립하는 것을 돕기 위하여 베드로가 마가를 동반하고 로마를 처음으로 방문했다고 가정하는 것이다.[65] 주후 57년 초 바울이 로마 기독교인들에게 서신을 쓸 당시에 베드로와 마가는 로마를 이미 떠났을 것이다. 그러나 마가는 로마에 있는 유대인 신자들과 접촉을 유지하기 위하여 때때로 로마에 왔는데, 바울이 골로새서를 쓰고 있을 때도 바로 이러한 목적으로 마가가 로마를 방문하고 있었다. 바울은 한때 마가를 비판적인 눈으로 바라보았지만 이제는 마가를 자기에게 "위로"를 준 사람들 가운데 포함시키고 있다는 것을 주목하는 것이 좋다.[66] 마가는 틀림없이 처음에는 지혜롭고 동정심 많은 바나바의 지도 아래서, 다음으로는 베드로의 측근(aide-de-camp)으로서 많은 성장을 하였을 것이다. 이미 살펴보았듯이 바울은 이전보다 훨씬 온유해져 있었다.

그러나 골로새서가 로마에서 쓰여졌느냐 하는 문제는 그 서신과 짝을 이루고 있는 빌레몬서를 검토해 보지 않고서는 말할 수 없는 문제이다.

---

63) 231쪽을 보라.
64) Eusebius(*Hist. Eccl.* iii 39. 15)가 인용하고 있는 Papias(주후 130년경)에 의하면, "마가는 베드로의 통역자가 되어서 베드로가 주님의 말씀이나 행위에 대해 기억하고 있었던 모든 것을 정확하게 기록했다—하지만 순서대로는 아니었다". 2세기 말엽 마가복음에 대한 반(反) 마르키온주의적인 서문에는 "바울이 죽은 후 그는 이달랴에서 이 복음을 기록했다"고 되어 있다. 그와 동일한 시기에 알렉산드리아의 클레멘트(Eusebius, *Hist. Eccl.* ii. 25에 인용됨)와 이레네우스(*Against Heresies* iii. 1. 2)는 이와 비슷한 취지의 글을 남겼다.
65) 참조. T. W. Manson, *Studies in the Gospels and Epistles*(Manchester, 1962), pp. 38 ff. 282쪽 위의 주 34를 보라.
66) 골 4:11.

제 34 장

빌레몬서

빌레몬서는 아주 짧기 때문에 그 전체를 어느 정도 자유로운 번역을 통해 여기에 재현해 보기로 하자.

그리스도 예수를 위해서 갇혀 있는 나 바울과 형제 디모데는 우리의 사랑을 받는 자요 동역자인 빌레몬과 자매 압비아와 우리와 함께 군사된 아킵보와 네 집에 모이는 교회에게 이 편지를 쓰노니 하나님 우리 아버지와 주 예수 그리스도로 좇아 은혜와 평강이 너희에게 있을지어다.
   내가 기도할 때마다 너를 생각하면서 언제나 하나님께 감사드림은 주 예수와 모든 성도에 대한 네 사랑과 믿음을 듣고 있기 때문이다. 그래서 나는 믿음에서 나오는 너의 그리스도인으로서의 관후함으로 말미암아 네가 우리가 그리스도의 같은 지체들로서 가지고 있는 모든 축복을 잘 체험하고 알 수 있기를 기도한다. 나의 사랑하는 형제여, 너의 사랑이 나에게 큰 기쁨과 위로를 가져다 주었으며, 네가 하나님 백성들의 마음을 새롭게 하였다.
   나는 그리스도의 이름으로 나의 권한을 행사하여 네가 해야 할 마땅한 일을 명령할(command) 수도 있지만 사랑하는 사람으로서 이렇게 부탁을 하고 있는 것이다. 그렇다, 나는 그리스도 예수의 대사[1]인 바울로서 너에게 명령할 수 있다. 그러나 나는 그렇게 하지 않고 그리스도 예수를 위하여 갇혀있는 자(prisoner)인 바울로서 너에게 부탁을 하는 것이다.
   내가 부탁하고자 하는 것은 내 아들을 관한 것이다. 내 아들? 그래, 내 아들이다. 비록 내가

---

1) πρεσβύτης ("장로")를 πρεσβευτής ("대사")라는 의미로 해석함.

갇혀있지만 나는 여기서 한 아들을 얻었다. 그의 이름은 이름 그대로 유익하고 천성으로도 유익한 오네시모이다. 그가 전에는 너에게 쓸모없는 사람이었다는 것을 내가 알고 있다. 하지만 이제 그는 자기 이름에 걸맞게 너에게 쓸모있고 나에게 쓸모있는 사람이 되었다고 나는 확신한다.

나는 가슴이 찢어질 것 같은 고통을 감수하면서 그를 너에게 돌려보낸다. 내 개인의 바람으로는 그를 내 곁에 두고 내가 복음을 위하여 갇혀 있는 동안 너를 대신하여 나의 시중을 들도록 하면 좋겠지만 너의 동의가 없이는 아무런 일도 하고 싶지 않은 것이 내 마음이다. 네가 선을 행하는 것이 마지못해서가 아니라 자진해서 하는 것이 되어야 하겠기 때문이다.

그가 잠시동안 너에게서 떨어져 있었던 것은 아마 그를 종이 아니라 종보다 훨씬 더 좋은 것 즉, 사랑하는 형제, 나에게 사랑받고 너에게 더욱 사랑받을 형제로서 영원히 너의 사람으로 만드시려는 하나님의 섭리인지도 모른다. 이제 그는 너의 권속으로서만이 아니라 주 안에서 같은 믿음을 가진 자로 너의 사람이기 때문이다. 네가 나를 동무로 여기고 있지 않느냐? 그렇다면, 오네시모가 나의 대리이기 때문에 그를 나를 맞듯이 맞주도록 하라. 그가 너에게 잘못한 것이 있느냐? 그가 너에게 빚진 것이 있느냐? 그런 것은 개의치 말고 나와 계산하라. 이것이 내 손으로 쓴 차용증서이다. "나 바울이 그것을 다 갚겠다. 서명자(*signed*). 바울."

(내가 너의 생명의 은인이지만 너에게 네가 나에게 빚진 것을 일깨울 마음은 없다).

사랑하는 형제여, 나는 같은 믿는 자로서 너에게 신세(*profit*)를 지려고 한다. 그리스도께 속한 사람들로서 그리스도의 이름으로 나의 마음을 시원케해 달라.

나는 네가 순종할 줄 확신하기 때문에 이렇게 편지를 쓴다. 나는 네가 내가 말한 것 이상으로 행할 줄을 안다. 그리고 나를 위해 방 하나를 마련해 달라. 하나님께서 너희들의 기도를 들으시고 나를 너희들에게 보내 주실 것을 나는 바라고 있다.

그리스도 예수를 위하여 나와 함께 갇혀 있는 에바브라가 너에게 문안 인사를 전한다. 그리고 나의 동료 마가와 아리스다고와 데마와 누가도 문안 인사를 전한다.

우리 주 예수 그리스도의 은혜가 너희 모두의 마음에 함께 하기를 빈다.

이미 다 알고 있듯이 빌레몬서가 바울이 로마에 갇혀 있을 때에 쓰여진 것인지의 여부는 논란이 되고 있는 문제이다. 실제로 두 가지 문제가 제기되고 있다. 이 서신은 바울이 썼는가? 로마에서 쓰여졌는가?

2. 저자 문제

빌레몬서는 바울이 썼는가? 대부분의 비평가들은 이 서신의 저자가 바울이라는 것을 문제삼지 않아 왔다. 이 서신은 너무 짧기 때문에 그 문체와 용어를 분석하여 충분한 근거 위에서 저자를 가려내기가 어렵다.[2] 이 서신의 진정성을 의심하는 주된 이유는 바울의 것으로 받아들이기가 어렵다고 몇몇 사람들이 주장하고 있는 골로새서와 매우 유사하다는 점이다.

골로새서와 빌레몬서는 동일한 시기와 장소에서 쓰여져서 동일한 사자(使者)들에 의해 동일한 수신지로 보내졌다는 것이 분명하기 때문이다. 사실 이 두 서신에서 문안 인사를 전하는 바울의 동료들이 거의 동일하게 등장한다. 골로새서에서 문안 인사를 전하는 여섯 명의 동료들 가운데 다섯 명이 다시 빌레몬서에 나온다. 이 사람들은 그만두고라도, 아킵보(Archippus)가 이 두 서신에서 언급되고 있고, 두 서신에서 오네시모가 서신들과 함께 가는 것으로 언급된다.

어니스트 르낭(Ernest Renan)은 빌레몬서의 진정성을 확신했기 때문에 이를 위하여 골로새서의 진정성도 인정하려고 하였다. 그는 이렇게 말했다. "골로새서는 이상한 말들로 가득 차있지만 디도서와 디모데서에서 찾아볼 수 있는 도저히 있을 수 없는 말들을 포함하고 있지는 않다. 골로새서에는 (익명의 저자가 썼다는) 가정이 잘못되었다는 것을 보여주는 많은 내용들이 담겨있다. 이 가운데는 빌레몬에게 보낸 짧은 편지와의 관련성도 포함된다. 이 서신이 위경(僞經)이라면 빌레몬서도 위경이라는 얘기가 된다. 하지만 얼마 안 되는 분량을 통해 신실한 분위기를 그토록 멋지게 자아내는 글은 찾아보기 힘들 것이다. 우리가 알 수 있듯이, 바울만이 그 작은 걸작을 쓸 수 있었다." [3]

그러나 르낭은 낭만주의자였고 그래서 빌레몬의 진정성을 포기하고 싶지 않았을 것이다. 실제로 좀더 엄격하게 성경에 바탕을 둔 비평이 있어야 했다. 페르디난드 크리스천 바우어(Ferdinand Christian Baur)가 그런 인물이었는데, 그는 갈라디아서, 고린도전후서, 로마서만을 진정한 바울 서신으로 인정했다.

바우어는 "가장 고상한 기독교적 감성으로 가득 차있고 한 점의 의구심도 갖고 있지 않은 이 짧고, 매혹적이고, 은혜롭고, 호의로 차있는 서신에 무슨 비평이 필요하다는 말인가?"라고 말했다.[4] 그런데도 그는 이 서신이 사도의 저작이라는 것을 당연한 것으로 받아들여서는 안 된다고 말한다. 빌레몬서와 매우 긴밀한 연관을 갖고 있는 다른 "옥중 서신들"이 바울의 저작이 아니기 때문에 이 서신도 바울의 것이 아니라는 결론이 나온다. 이 서신은 사실 초보 단계의 기독교의 낭만적인 이야기인데, 이 점에서 「클레멘스 서신들」(Clementine Homilies)과 견주어 볼 수 있다. 클레멘스 서신들은 "기독교가 이전에 이런 저런 주장을 따라 분열되었던 사람들이 하나님의 섭리로 말미암아 문제들이 정리되면서 다시 합쳐지는 지속적인 화해라는 것, 이것은 기독교로 회심함으로써 그들이 다시 서로를 알게 되고 상대방 속에서 자기 자신의 살과 피를 보게 되기 때문이라는 것"을 보여준다.[5] 그래서 빌레몬서는 아마도 빌레몬이 오네시모를 종으로서가 아니라 사랑하는 형제로서 영원히 자기 사람으로 갖도록 하기 위해 그 두 사람이 잠시 동안 떨어져 있었다는 것을 보여준다.

---

2) 참조, A. Q. Morton, *The Times*, April 24, 1963("그것을 바울의 저작들로부터 배제할 이유가 없는 것으로 보인다").
3) E. Renan, *Saint Paul*, E.T. (London, 1889), p. x.
4) E. C. Baur, *Paul*, E. T., ii (London, 1875), p. 80.

바울의 열세 개의 서신들 모두(바우어가 인정했던 네 개의 "주요 서신들"을 포함해서)의 진정성을 부인하는 마넨(W. C. van Manen)은 빌레몬서의 진정성을 부인하는 바우어의 논증에 몇 가지 자기의 논거를 덧붙였다. 그 하나는 수신자가 불분명하다는 점이다. 이 서신은 바울과 디모데가 세 명의 개인들과 한 곳의 가정 교회에 보내는 것으로 되어 있지만, 그 내용의 대부분은 바울이 빌레몬에게 보내는 개인적인 사신(私信)이기 때문이다. "이 이중적인 형태는... 이 서신을 한 사람에게 보내든지 또는 많은 사람에게 보내든지와는 상관없이 구애받지 않고 자유롭게 편지를 쓰고 있는 사람이 사용할 수 있는 자연스러운 문체가 아니다."[6]

아마도 이 익명의 저자는 자기 후원자에게 죄를 짓고 화해를 하기 위하여 플리니(Pliny)에게 알선을 부탁했던 플리니의 친구 사비니아누스(Sabinianus)의 자유민(freedman)을 위하여 사비니아누스에게 보낸 플리니의 편지를 본따서 이 서신을 썼을 것이다.[7] 빌레몬서의 저자는 자유민(freedman)을 종(slave)으로 바꾸어서, "자기 판단으로 바울적인 기독교인의 관점에서 기독교인인 종들과 그 주인들이 취해야 하는 이상적인 관계들, 특히 종이 이를테면 몰래 도망가는 것과 같은 잘못을 주인에게 범했을 때 어떻게 해야 하는가"를 그려보려고 이 서신을 썼다고 그는 말한다.[8] 우리는 이러한 비평에서 혹평과 순진함이 공존함을 쉽게 알아볼 수 있다. 여기서 이 서신에 대한 이와같이 얼토당토않은 설명을 더 이상 늘어놓을 필요는 없을 것이다.

대부분의 독자들과 마찬가지로 대부분의 비평가들의 판단으로는 이 서신은 그보다 훨씬 더 신빙성이 있는 설명 — 즉, 이 서신은 자기의 주인과 좋은 관계를 회복하는 데 바울의 도움이 필요했던 오네시모라는 종에 관하여 쓴 바울의 진정한 서신이며, 바울이 그러한 사신(私信)을 쓰는 기회를 이용해서 서신의 서두와 말미에 그 권속의 다른 사람들에게 문안 인사를 전하는 것은 너무도 당연했다는 것 — 을 확연하게 드러내 보이고 있다. 골로새서 전체를 바울의 것으로 받아들일 수 없었던 몇몇 학자들은 자기들이 빌레몬서의 너무도 명백한 진정성으로 말미암아 받아들였던 내용들로 인해 골로새서의 일부 내용 — 최소한 빌레몬과 그 무리의 존재를 인정하기에 충분한 만큼 — 을 진정한 것으로 받아들이는 태도를 취하고 있음에도 불구하고 어떤 구속감을 느낀다.

---

5) Baur, *Paul*, E. T., ii. p. 83.
6) W. C. van Manen, article "Philemon, Epistle to", *Encyclopaedia Biblica*. iii(London, 1902), column 3695.
7) Pliny, *Epistle* ix. 21. 번역문은 J. B. Lightfoot, *St. Paul's Epistle to the Colossians and to Philemon*(London, 1879), pp. 318 f.. J. Knox, *Philemon among the Letters of Paul*(London, 2 1960), pp. 16 f. E. M.Blaiklock, *From Prison in Rome*(London, 1964), pp. 71f.를 보라.
8) *Encyclopaedia Biblica*. column 3696.

3. 기록 장소

이 서신을 바울이 썼다면, 바울은 로마에서 이 서신을 썼는가? 이 문제에 있어서 논쟁은 두 가지 사항으로 좁혀져 있다.
① 오네시모가 자기 주인의 집으로부터 바울이 갇혀 있는 곳까지 여행한 기간,
② 바울이 조만간에 석방될 것을 예상하여 리쿠스 계곡으로 갈 것으로 생각하고 방을 마련해 놓으라고 부탁하고 있다는 점. 이 두 가지 사항은 바울이 그때 리쿠스 계곡에서 꽤 가까운 곳에(즉, 160킬로미터 정도 떨어진 에베소에) 있었다는 것을 시사하는가 아니면 훨씬 먼 거리에 있었다는 것(즉, 1,600킬로미터도 더 떨어져있는 로마)을 보여주는가?

이 문제에 대한 논쟁은 이런저런 식으로 계속되어 왔지만, 던컨(G. S. Duncan)과 도드(C. H. Dodd)가 가장 뛰어난 논증을 제시했다. 던컨은 로마보다 에베소가 골로새에 더 가깝기 때문에 에베소가 가장 유력하다고 주장한 데 반해, 도드 교수는 더 멀리 있는 곳이 더 가능성이 있다고 주장했다. 던컨은 도드의 주장에 다시 답변을 했지만, 이 문제는 여전히 풀리지 않은 채 남아있다.

오네시모가 피난처를 어떻게 선택하였겠느냐에 관한 문제에 대해서 던컨은 이렇게 말한다. "매우 절박한 상황에서 처벌을 피해 도망하는 사람이 잘 알지도 못하고 위험스러운 길을 택해서 닷새가 넘게 걸리는 두 개의 바닷길과 1,600킬로미터가 넘는 육로로의 여행을 시도했을 것 같지 않다. 더구나 그가 익히 알고 있고 자신의 신변을 안전하게 보장해 줄 정도로 큰 규모의 성읍을 곁에 둔 상황에서."[10]

던컨은 22절에 나오는 바울의 방문 예정에 관한 문제에 대해서는 이렇게 말한다.

> 바울이 아시아의 복음화를 위해 활동하다가 갇히게 되었다고 했을 때 이러한 방문은 얼마나 자연스러운 것이겠는가. 이 지역에서의 바울의 선교 활동의 영향을 받아 생겨났지만 지금까지 방문한 적이 없었던 리쿠스 계곡의 교회들, 적어도 그 교회들 가운데 한 곳 즉, 골로새 교회는 바울이 우려할 만한 상태에 있었다고 할 때, 그 교회들은 바울이 갇혀 있었던 에베소에서 그리 멀지 않은 거리에 있었다. 반면에 바울이 로마에 갇혀 있었다고 한다면 골로새에 거처할 방을 마련하겠다는 생각은 그만두고라도 그러한 방문을 생각했다는 것이 있을 법한 얘긴가. 그가 로마에 갇혀 있었다면, 그는 리쿠스 계곡으로 돌아오는 것이 아니라 서바나로 가려고 했을 것이다.[11]

---

9) 참조, P. N. Harrison, "Onesimus and Philemon", *Anglican Theological Review* 32 (1950), pp. 268 ff. 438쪽 이하를 보라.
10) G. S. Duncan, *St. Paul's Ephesian Ministry*(London, 1929), pp. 72 f.; 참조, P. N. Harrison, "Onesimus and Philemon", p. 271.

오네시모는 거리가 먼 로마가 아니라 그 이웃에 있던 성읍인 에베소로 도망했을 것이라는 주장에 대해 도드 교수는 이렇게 말한다.

> 이 주장은 그럴듯하게 들린다. 그러나 우리는 조금만 생각해보면 우리가 전혀 모르고 있는 것에 관하여 말하고 있다는 것을 확신하게 된다. 우리는 오네시모의 마음이 어떠했는지 또는 그가 어떤 여행을 할 수 있었는지에 관하여 아무 것도 알 수 없다. 우리가 추측한다면, 주인의 돈을 갖고 달아난 종은 에베소가 가깝기 때문에 그리로 갔을 가능성이 있는 것과 마찬가지로 거리가 멀기 '때문에' 로마로 향했을 가능성도 있는 것이다. 그러나 도망간 종이 옥에 갇힌 사도를 만났다는 것은 어쨌든 수수께끼이다. 그는 바울에게로 갈 작정이었는가? 아니면 그는 바울에게 데려와졌을까? 아니면 이와같은 극히 이루어지기 힘든 만남은 아주 우연히 일어난 것일까? 우리가 어쨌든 설명할 수 없는 사건을 토대로 하여서는 어떠한 확실한 주장도 나올 수 없다.[12]

바울이 골로새에 거처를 마련해 놓으라고 한 말은 그가 로마가 아니라 에베소에 있었다고 가정할 때 더 자연스럽다는 주장에 대하여 도드 교수는 이렇게 말한다.

> 이것은 에베소라는 주장을 지지해 주는 실질적인 핵심이다. 동시에 우리는 바울이 엄청나게 변화된 상황 속에서 자신의 의도를 계속 고수했는지의 여부를 알지 못한다. 모든 실제적인 사람들과 마찬가지로 사도행전과 서신서들이 종종 보여주듯이 바울도 자기의 마음을 바꿀 가능성은 항상 있었다. 로마를 주장하는 입장에서 설명하자면, 골로새 교회에서 이단이 출현함으로써 바울은 다음의 선교 여행에 들어가기 전에 아시아를 방문할 계획을 세우게 되었다 ─ 이 계획이 이루어졌든지 안 이루어졌든지 간에.[13]

맨체스터 대학의 존 라일랜즈 도서관에 개설된 한 강연에서 처음으로 공공연하게 밝힌 도드 교수의 이 주장이 이 도서관의 「회보, *Bulletin*」(1934년)에 발표된 직후 던컨은 이에 대해 답변을 했다. 첫번째 점에 대해서 던컨은 이전에 자기가 말했던 것을 거의 그대로 반복했다 (아데미 신전은 에베소에서 오네시모의 피신처 구실을 했을 것이라는 폰그라츠(J. Pongracz)의 주장을 각주에서 언급한 것외에는). 두번째 점에 대해서 그는 바울이 로마에서 연금(軟禁)생활을 하는 동안 계획을 바꿔 골로새를 방문하기로 결심했을지도 모른다고 시인했다. "그러나 그가 리쿠스 계곡의 벽지(僻地)에 있는 조그만 성읍에 이르기 훨씬 전에,

---

11) *St. Paul's Ephesian Ministry*, pp. 74 f.; 참조 P. N. Harrison, "Onesimus and Philemon", p. 281.
12) C. H. Dodd. "The Mind of Paul", in *New Testament Studies*(Manchester, 1953), P. 95.
13) *Ibid*.

그가 석방되어 동쪽으로 오고 있으며 에베소나 아시아의 어떤 중심지에 도착할 것이라는 소식이 먼저 도착할 것이라는 점을 생각해야 하지 않는가? 그렇게 멀리 떨어져 있는 사람이 골로새에 거처를 부탁했다고 하는 것은 누구보다도 바울 자신이 너무도 잘 알고 있었던(고후11:25 이하) 조악한 교통 여건을 가지고 있었던 사람들이 아니라 항공기를 이용할 수 있는 20세기 사람들이나 생각할 수 있는 것이다."[14]

이 마지막 지적에 대하여서는 항공기를 이용할 수 있는 20세기 사람들이 생각하기 훨씬 오래 전에 이 서신을 읽은 대부분의 독자들 — 바울이 1세기에 겪었던 것에 비해 결코 뒤지지 않는 교통 여건 속에서 살았던 일부 독자들을 포함하여 — 은 바울이 로마에 있으면서 골로새에 거처를 부탁했다는 것을 당연하게 받아들였다는 사실을 말해두고 싶다. 이보다 더 중요한 것은 바울의 관심을 불러일으켰던 것은 골로새의 이단만이 아니었다. 바울이 에바브라와 다른 방문자들로부터 들은 소식에 의하면, 아시아 지방에서 전개되는 상황은 자기가 자유를 되찾게 되자마자(그가 실제로 그렇게 된다면) 거기에 갈 필요성을 바울에게 절실히 느끼게 해주었을 것이다. 리쿠스 계곡 말고도 이 지방의 다른 곳에서도 바울의 대적들은 바울이 갇혀 있는 틈을 타서 바울과 그의 신자들과 복음에 해를 가하고 있었다. 디모데후서 1:15에서 묘사하고 있듯이 "아시아에 있는 모든 사람"이 바울을 버렸다고 할 만한 일들은 아직 벌어지지 않고 있었을지라도, 이러한 경향들이 시작된 것은 바울이 로마에 갇혀 있었던 때 또는 그 이전이었다.

이 서신의 출처가 로마라는 것을 보여주는 증거로서는 약하기는 하지만 어쨌든 이 서신을 쓸 당시에 바울과 함께 있었던 동료들 가운데 누가와 마가가 포함되어 있다는 사실을 들 수 있다. 누가는 로마에서 바울과 함께 있었다. 우리는 누가가 에베소에서 바울과 함께 있었다는 증거를 갖고 있지 않다. 전승에 의하면 마가는 에베소가 아니라 로마와 연관되어 있다.[15] 그러나 이 증거는 비록 사실이라 할지라도 결정적인 증거가 되지는 못한다.

이 서신과 짝이 되고 있는 서신들은 바울이 가이사랴에 갇혀있을 때 쓰여졌다는 견해를 옹호하는 학자들은 누가가 당시에 바울과 함께 있었다는 점을 지적할 수 있었다. 그러나(로마이어의 논증에도 불구하고)[16] 가이사랴는 거의 가능성이 희박하다. 오네시모가 가까운 에베소로 갔을 것이라든가 아니면 거기가 먼 로마로 갔을 것이라는 것은 누구나 수긍할 수 있는 말이지만, 왜 오네시모가 가이사랴로 가야 했을까?

빌레몬서만을 연구해서는 그 서신이 쓰여진 장소를 알아내기란 사실상 불가능하다. 이 서신과 밀접한 관계에 있는 서신들 — 우선적으로는 골로새서 — 의 증거를 고려해서 기록.

---

14) G. S. Duncan, "The Epistles of the Imprisonment in Recent Discussion", *Expository Times* 46(1934-35), p.296.
15) 마가가 아시아 지방을 방문했다는 것이 골로새서 4:10에 함축적으로 나와 있지만, 그 서신을 골로새 교인들에게 급히 보낸 다음의 일이다.
16) E. Lohmeyer, *Der Kolosser-und der Philemonbrief*(Göttingen, ¹¹1957).

장소를 결정해야 한다. 빌레몬서만을 고려한다면, 에베소를 주장하는 쪽으로 무게 중심이 기운다. 그러나 빌레몬서와 골로새서를 함께 놓고 검토를 해보면, 골로새서를 쓴 장소가 로마라는 주장이 더 신빙성이 있게 된다. 이 문제는 각각 따로 살펴볼 필요가 있다.

4. 오네시모에 관한 문제

종종 제기되는, 바울이 감옥에서 함께 갇혀 있던 오네시모를 만났다고 하는 주장은 문제를 오도(誤導)하는 것이다. "바울이 자기의 셋집에서 이년을 보낸 후에(행28:30) 도망한 노예가 갇혀 있던 감옥에 함께 갇혀 있었다면 로마에서 바울의 수감생활의 상태가 극도로 악화되었음에 틀림없다"고 던컨이 강조한 것은 극히 올바르다.[17] 그러나 우리 마음속에 그러한 모습을 상상해 낼 필요는 없다. 오네시모가 바울에게 왔을 때 바울은 여전히 자기의 숙소에서 가택 연금 상태에 있었다 — 비록 손에는 쇠고랑을 차고 있었고, 따라서 갇혀 있는 자 (1, 9절)라든가 "쇠사슬에 매여"(10, 13절) 있다고 말할 수 있었지만 — 고 생각한다면, 이 상황은 더욱 잘 이해가 된다.

이 문제에 있어서 오래 전에 굿이너프(E. R. Goodenough) 교수가 주장했던 견해를 생각해보자.[18] 그는 아덴의 법은 생명의 위협을 받고 있는 노예가 제단에 피신하는 것을 허용하였으며 그 제단은 가정집의 노변(爐邊)이었을 것이라는 점을 지적했다. 그러면 가장(家長)은 그 종을 보호해 주어야 했는데 그러면서 그는 종에게 주인에게 돌아가도록 설득했다. 그는 틀림없이 주인의 진노를 진정시키기 위해 중재하는 역할을 했을 것이다. 종이 돌아가기를 거부하면, 가장은 그 종을 경매에 붙여서 그 종의 대가로 받은 돈을 이전 주인에게 전해주어야 할 의무가 있었다. 애굽에서 이러한 규정은 프톨레미 왕조 시대에 여전히 행해지고 있었고, 이에 영향을 받아 주후 3세기 초 울피아누스(Ulpianus)의 법이 제정된 것으로 보아 로마 제정시대까지 이 규정은 계속 효력이 있었다. 애굽의 관습을 잘 알고 있었던 필

---

17) *St. Paul's Ephesian Ministry*, p. 73.
18) E. R. Goodenough, "Paul and Onesimus". *Harvard Theological Review* 22(1929). pp. 181 ff.
19) 신명기법에는 이렇게 되어 있다. "종이 그 주인을 피하여 네게로 도망하거든 너는 그 주인에게 돌리지 말고 그가 너의 성읍 중에서 기뻐하는 곳을 택하는 대로 너와 함께 네 가운데 거하게 하고 그를 압제하지 말지니라"(신23:15이하). 이것은 도망한 종을 숨겨주는 사람에게 엄한 벌(심지어는 함무라비 법전의 제16조에 규정하고 있는 것처럼 사형까지 처해졌다)을 규정하고 있었던 고대 근동의 법과 다르다. 이스라엘 사람들은 하나님이 도망 노예들을 돌보신다는 것을 알 만한 상당한 이유가 있었다. 바울에게 이러한 규정은 하나님의 권위를 지니고 있었다. 그랬을지라도 바울은 빌레몬으로 하여금 자기 자신의 자유로운 의지를 가진 기독교인으로서 행하게 하는 것을 더 선호했기 때문에 빌레몬의 동의 없이 그 규정에 호소하지 않았을 것이다.

로는 도망 노예에 관한 신명기 규례[19]를 애굽의 관습에 맞춰 변경하였다.[20]

굿이너프(Goodenough)는 오네시모의 문제를 이러한 규정에 입각해서 설명하려 했지만, 바울이 당시에 자유의 몸이었으며, 그가 "갇힌 자"라고 자기를 말한 것은 비유적인 의미라고 전제해야만 그의 설명은 가능하다는 것을 알았다.[21] 그러나 오네시모가 이 법적 장치를 활용하였다고 가정한다 하더라도, 사도가 자기 처소에서 가택 연금 상태에 있었다면, 그가 있었던 곳은 그 법에서 말하고 있는 "노변(hearth)"이나 "제단"이 아니지 않는가?

실제로 오네시모가 어떻게 바울에게 갔는지를 규명할 수 있는 방법은 없다. 아마도 리쿠스 계곡을 복음화시킨 전도자인 골로새의 에바브라(골1:7)가 곤경에 처해있는 오네시모를 바울이 도와줄 수 있다고 판단해서 오네시모를 바울에게 데려온 것일 게다. 이때 에바브라는 바울을 방문하고 있었는데(골4:12), 빌레몬서 23절에서 에바브라는 "나와 함께 갇힌 자"로 묘사되어 있다. 그러나 이를 확인할 길은 없다. 오네시모가 평범한 의미에서 도망 노예였다고 생각한다면 그것은 오산이다. 내 생각으로는 그의 주인이 오네시모에게 어떤 임무를 줘서 바울에게 보냈는데 오네시모는 [아마도 바울을 사랑한 나머지(amore Pauli)—그렇지 않다고 생각할 이유가 어디 있는가?] 너무 오랫동안 바울 곁에서 지체하고 말았고 자기가 부당하게 오래 지체한 것에 대하여 용서를 구하기 위해 바울의 해명이 담긴 짧은 편지가 필요했던 것이라고 생각할 수 있다. 진상이 어떤 것이었느냐에 대해 우리가 자세한 내막을 모르기 때문에, 수많은 주장들이 나오는 것은 어쩌면 당연하다.

이 서신은 노예제도에 대한 바울의 태도를 아는 데 거의 도움이 되지 않는다. 우리는 이 주제에 관한 좀더 공식적인 가르침을 골로새서와 에베소서의 "가사(家事) 명령들(household tables)"과 다른 서신들에 나오는 짤막한 언급들에서 얻을 수 있다.[22] 이 서신은 단지 노예제도가 시들어갈 수밖에 없다는 분위기만을 우리에게 전해준다. 바울이 오네시모를 "종과 같지 아니하고 종에서 뛰어나 곧 사랑받는 형제"로서 그의 주인에게 보낼 때, 공식적인 노예 해방은 편의상의 문제이며 이미 이루어진 새로운 관계를 절차상으로 확인하는 것에 불과할 것이었다. 이 서신이 노예제도에 관한 문헌이었다면, 주전 156년의 공시(公示)를 비롯하여 로마 제국하에서 노예제도의 상황에 관한 기사들로 꽉 차있을 것이다. 무울(Moule) 교수는 골로새서와 빌레몬서에 대한 자신의 주석에서 이 공시(公示)를 인용하면서 도망 노예에 관한 자료를 검토하고 노예 자신만이 아니라 그가 도망하기 직전 가지고 있었던 물건들에 관한 묘사도 하고 있다.[23]

---

20) Philo, *On the Virtues*, 124. the Loeb edition of Philo, viii (London/Cambridge, Mass., 1939), pp. 238 f., 447 f.에 나와있는 F. H. Colson의 주석을 보라.
21) 또한 그는 빌레몬서의 오네시모와 골로새서 4:9의 오네시모를 동일 인물로 보는 것에 대하여 의문을 제기한다(p. 182, n. 7).
22) 골 3:22-4:1. ; 엡 6:5-9.; 고전 7:21-23. ; 딤전 6:1이하(참조, 벧전2:18-21).
23) C. F. D. Moule, *The Epistles of Paul the Apostle to the Colossians and to Philemon*

5. 세 가지 질문

이 서신이 사회학적 문헌이 아니라면, 도대체 무엇인가? 세 가지 구체적인 질문을 던져본 다면, 우리는 이 서신의 성격과 목적에 대해서 더 분명하게 알 수 있을 것이다.

① 바울은 무엇을 요구하고 있는가?
② 바울은 그것을 얻었는가?
③ 이 서신은 왜 보전되었는가?

형식적으로 이 질문들은 세 가지이지만, 실질적으로 이 질문들은 이 서신의 성격 및 신약에서의 그 위치라는 하나의 종합적인 질문을 세분한 것이다. 이 서신에 관하여 지금까지 쓰여진 책들 가운데서 가장 중요하고 매혹적인 책들 가운데 하나 ― 이 주요한 문제들만이 아니라 그에 수반되는 여러 가지 문제들을 검토하고 있는 책 ― 를 살펴본다면, 그것은 이 종합적인 질문과 더 구체적인 질문들에 대한 해답을 찾아내는 데 도움을 줄 것이다.

시카고 대학에서 재직하다 후에 뉴욕의 유니온 신학교로 옮긴 존 녹스(John Knox) 교수는 1935년에 「바울서신과 빌레몬서」(*Philemon among the Letters of Paul*)라는 작은 책을 간행했다. 이 책은 작은 분량의 책이었으므로 그 가치로 보아 마땅히 받아야 했던 주목을 사람들로부터 받지 못했다. 1959년에 이 책은 조금 증보된 새로운 판으로 다시 등장했다. 그 동안에 빌레몬서에 대한 녹스 교수의 견해들은 *The Interpreter's Bible*에 포함되어 있는 이 서신에 대한 그의 서론과 주석을 통해 더 광범위한 지지를 얻고 있었다.[24] 녹스의 작품은 고(故) 에드가 굿스피드(Edgar J. Goodspeed)가 주도한 시카고 대학의 신약학부를 배경으로 나오게 되었다. 굿스피드는 열 개의 서신들로 이루어진(즉, 세 개의 목회서신을 제외한) 바울총서(叢書)(*corpus Paulinum*)는 주후 1세기 말경 에베소에서 편집되고 간행되었으며, 우리가 에베소서라고 부르는 문헌은 이 총서(*corpus*)의 서론에 해당되는 것으로서 총서의 편집자가 쓴 것이라는 견해를 최초로 주장했던 사람이었다.[25] 시카고 학파의 다른 회원들은 이 중심적인 명제를 밑받침하는 연구들을 수행했는데, 녹스 교수의 책도 이 범주에 속한다.

그는 전반적으로 굿스피드의 입장을 취해서 이에 적절한 질문들을 던진다. 빌레몬서가 왜 바울 서신들 속에 끼어 있었는가? 간단하게 말해서 그의 답변은 빌레몬은 바울총서(*corpus Paulinum*)를 간행하는 데 주도적인 역할을 했던 사람에게 대단히 중요한 존

(Cambirdge, 1957), pp. 34 ff.; 참조. E. J. Goodspeed and E. C. Colwell, *Greek Papyrus Reader*(Chicago, 1935), no. 59.
24) *The Interpreter's Bible* xi(New York, 1955), pp. 555 ff.
25) E. J. Goodspeed, "The Place of Ephesians in the First Pauline Collection", *Anglican Theological Review* 12(1929-30), pp. 189 ff. *Introduction to the New Testament*

재였다는 것이다. 그러면 그 사람은 누구였는가? 그 사람은 오네시모였다.

논증은 이렇게 계속된다. 수리아 안디옥의 감독인 이그나티우스(Ignatius)가 로마로 가서 주후 110년을 전후해서 사자굴에 던져졌을 때, 에베소의 감독 이름은 오네시모였다.[26] "그게 어쨌다는 말인가"라고 말할 수 있을 것이다. 오네시모는 특히 노예들 가운데서 매우 흔한 이름이었다. 오네시모("쓸모있는" 또는 "유용한")란 이름은 잘 알려신 성명학(姓名學)의 원칙을 따라 많은 노예들에게 붙여진 이름이었다. 노예가 실제로 쓸모있거나 유용해서가 아니라 좋은 징조를 가진 이 이름을 노예에게 붙여주면 정말 그 이름대로 될 것이라는 허무맹랑한 소망을 품고 이 이름을 붙였다. 그렇다면 왜 주후 110년 경 에베소의 감독이었던 오네시모와 그보다 오륙십 년 전에 빌레몬서에 나오는 오네시모를 결부시키는 것인가?

그것은 이그나티우스가 에베소 교회에 보내는 편지를 보면 그가 빌레몬서를 익히 알고 있었다는 것을 보여주기 때문이라고 녹스 교수는 말한다. 이 서신의 용어들을 분명하게 나타내 보여주고 있는 교부 문헌들은 매우 드문데, 이것은 그 가운데 하나이다. 그뿐만 아니라 빌레몬서의 어법을 재현하고 있는, 에베소에 보내는 이그나티우스의 편지의 그 부분 — 처음의 여섯 장 — 에 오네시모 감독에 대한 언급이 나온다. 이 여섯장에는 감독에 대한 언급이 열네 번 나온다.[27] 나머지 열다섯장에서는 "흔들리지 않는 마음으로 감독과 장로에게 순복하라"는 일반적인 말 외에는 그에 대한 언급이 한번도 나오지 않는다.[28]

이러한 고찰은 결정적인 것은 아니지만 상당히 인상적이다. 그러나 내가 특히 인상적이라고 느낀 점이 한 가지 있다. 빌레몬서 20절에서 바울은 오네시모라는 이름의 의미를 가지고 언어유희를 하면서 "오 형제여 나로 주 안에서 너를 인하여 '기쁨'('오나이멘 수')을 얻게 하고"라고 말한다. 그리고 이그나티우스는 이와 동일한 언어유희를 하려는 의도를 가지고 이 표현을 재현하여 에베소 교인들에게 "내가 그럴 가치가 있다면, 나로 하여금 언제나 너희를 인하여 유익('오나이멘 휘몬')을 얻게 하기를" 이라고 말한다.[29]

사실 이러한 것을 근거로 두 오네시모를 동일한 인물이라고 생각할 필요는 없다. 당시 에베소 감독의 이름이 이그나티우스에게 빌레몬서의 오네시모를 연상하게 하였을 뿐이다. 전시대(前時代)의 오네시모가 이전에는 쓸모없었지만 나중에는 그의 이름처럼 쓸모있는 사람이 되었듯이, 후시대의 오네시모도 "사랑받는 이름"에 걸맞게 매우 쓸모있는 사람이었다.[30] 그러나 이 두 사람을 동일 인물로 보는 것도 불가능한(impossible) 것은 아니며, 또(감히 말하건대) 신빙성이 없는(improbable) 것도 아니다. 빌레몬서가 주후 61년에 쓰여졌든지

(Chicago, 1937), p. 210 ff., 222 ff.. *The Meaning of Ephesians*(Chicago, 1933). *The Key to Ephesians*(Chicago, 1956). 454쪽 이하를 보라.

26) Ignatius, *To the Ephesians* 1.: 3.
27) 이름을 들어서 말하고 있는 세번을 포함하여(1:3. 2:1. 6:2).
28) Igantius, *To the Ephesians* 20:2.
29) *To the Ephesians* 2.:2(Ignatius의 ὀναίμην ὑμῶν(복수형) 은 바울의 ὀναίμην σου(단수형)를 본뜬 것이다).

아니면 그보다 6년 전에(바울의 에베소 사역 기간 중에 쓰여졌다고 생각하는 사람들이 주장하듯이) 쓰여졌든지간에, 바울이 빌레몬서를 썼을 때 십대 후반 또는 이십대 초반이었던 젊은이는 이그나티우스가 순교할 당시에는 칠십대 — 당시에 감독의 나이로 결코 부적절하지 않았던 나이 — 였을 것이다.

"갇힌 중에서 낳은 아들[30] 오네시모를 위하여 네게 간구하노라"는 바울의 말을 오네시모라는 이름은 믿음의 아비인 바울이 그에게 준 새로운 "기독교적" 이름이었다는 뜻으로 해석하면서도 녹스 교수는 설득력 있는 논거를 제시하지 못하고 있다.[32] 이러한 생각은 너무도 얼토당토않은 것이다. 이미 말했듯이 오네시모는 당시에 흔한 노예 이름이었다는 점에서만이 아니라 바울은 그 종의 주인이 알아듣지도 못할 이름으로 그 청년을 지칭했을 리 없기 때문이다.

이 점 외에 바울의 오네시모와 이그나티우스가 바울 서신들 가운데 빌레몬서를 보전한 것과 관련된 것으로 알고 있었던 에베소의 감독을 동일 인물로 생각하는 근거는 무엇인가? 녹스는 (굿스피드 학파가 믿고 있듯이) 이렇게 말한다. 에베소가 주후 1세기 말경 바울총서(*corpus Paulinum*)를 편집한 장소라고 한다면, 이그나티우스의 서신에 나오는 오네시모는 이미 에베소의 감독이 되어 있었고 바울총서의 편집과 관련하여 책임있는 지위에 있었을 것이다. 그가 편집자가 되지 않았을 이유가 어디 있는가? 만약 그랬다면 우리는 빌레몬서를 주의깊게 보전한 이유를 더 이상 파고들지 않아도 된다. 그러나 오네시모가 바울총서의 편집자였다면(굿스피드 학파의 주장에 따르면), 그는 에베소서의 저자였을 것이다. 그것이 사실이라면, 바울은 그리스도를 위하여 오네시모를 얻은 그날에 놀라운 걸작품을 하나 얻은 것이 된다!

녹스 교수는 또 하나의 흥미로운 문제를 제기한다. 빌레몬서의 수신자는 누구인가? 물론 빌레몬이라고 대답하는 것이 자연스러운 대답이다. 맞다. 그러나 너무 쉽게 대답하지는 말자. 이 서신은 빌레몬 한 사람을 수신자로 하고 있는 것은 아니다. 이 서신의 수신자는 "우리의 사랑을 받는 자요 동역자인 빌레몬과 및 자매 압비아와 및 우리와 함께 군사된 아킵보와 네 집에 있는 교회"이다. 이 부분에서는 이인칭 단수와 복수를 구별하고 있는 공인 개역

---

30) Knox는 이그나티우스가 에베소 교회의 "사랑받는 이름"(1:1)을 언급하고 있는 것은 교회를 대표하고 있는 감독의 이름을 암시한 것이라고 주장한다(*Philemon among the Letters of Paul*, pp. 89 ff). "나는 하나님의 이름으로 오네시모 안에서 당신의 온 공동체를 받았다"(1:3).

31) "나는 나의 자녀를 위해 너에게 호소한다"(*Philemon among the letters of Paul*, p. 14). "바울이 오네시모를 '위하여' 호소하는 것이냐? 아니면 단지 오네시모를 '요구하고' 있는 것이냐?... 바울은 극히 부드럽게 오네시모에 대한 소유권을 주장하고 있다"(pp. 19 f.), 즉, 그는 오네시모를 자기에게 돌려보내 줄 것을 요청하고 있다.

32) *Philemon among the Letters of Paul*, p. 21. 그는 "당신들이 그리스도 예수 안에서의 믿음과 사랑을 따라 당신들(복수형)의 의로운 성품으로 말미암아 얻은 당신(단수형)의 사랑받는 이름"(*To the Ephesians* 1:1)이라는 이그나티우스의 말을 언급한다(p. 90).

영역성서(the Authorized and Revised Versions)를 인용하는 것이 유용하다. "네 (thy) 집에 있는 교회". 누구의 집에? 이 서신의 4절부터 24절까지 이인칭 단수로 지칭되고 있는 인물의 집 — 오네시모의 주인. 그렇다면 그는 누구였나? 또 다시 빌레몬이라는 대답이 자연스러운 대답이다 — 1절에 나오는 수신자들 가운데 맨처음에 언급된 인물(이 서신의 저자가 1절에 나오는 발송인들 가운데 맨처음 언급된 인물인 것과 미찬가지로).

그러나 녹스 교수는 그렇게 생각하지 않는다. 그에 따르면 오네시모의 주인은 빌레몬이 아니라 세번째로 언급된 수신자인 아킵보였다는 것이다.[33] 굳이 아킵보가 아니라 빌레몬이 오네시모의 주인일 이유가 없지 않는가? 그는 아킵보가 오네시모의 주인이라는 증거를 바울이 골로새 교회로 하여금 아킵보에게 그가 "주 안에서" 받은 사역을 이루도록 하라는 말을 전해달라고 하는 내용을 담고 있는 골로새서 4:17에서 찾고 있다. 바울이 거기서 언급하고 있는 것은 골로새 교회를 후원하는 일에 있어서 오네시모의 주인으로 하여금 바울이 원하는 바를 하도록 설득하는 것이다.

그렇다면 빌레몬은 누구였는가? 그는 리쿠스 계곡의 교회들의 감독이었고, 라오디게아에 살고 있었다. 바울은 아킵보에게 영향력을 끼칠 수 있는 빌레몬에게 이 서신이 맨처음으로 전달되어야 한다고 생각했다. 이 서신이 바로 바울이 골로새 교회로 하여금 구해서 읽으라. 고 한 "라오디게아로서 오는 편지"였다(골4:16).[34]

이러한 재구성에 대하여 무슨 평가를 할 수 있는가? "라오디게아로서 오는 편지"를 구해서 읽으라는 명령 바로 다음에 아킵보의 사역에 대한 언급이 나오는 것으로 보아서 아킵보의 사역은 "라오디게아로서 오는 편지"와 어떤 관련이 있을 가능성은 많다. 그러나 한 가지 확실한 사실이 있다. 바울이 빌레몬서에서 오네시모를 위해 매우 섬세하게 부탁을 한 후에 아마도 오네시모의 주인도 출석하고 있었을 교회 모임에서 큰 소리로 읽기로 되어 있었던 또 다른 편지에서 오네시모의 주인의 이름을 거명하여 압력을 가했다는 것은 믿기지 않는 가혹한 처사일 것이다.[35]

반면에 골로새서 4:9에 나오는 오네시모에 대한 언급은 전혀 눈에 거슬리지 않는다. "신실하고 사랑을 받는 형제 오네시모를 함께 보내노니 그는 너희에게서 온 사람이라." 이 말은 틀림없이 빌레몬서에 나오는 바울의 부탁에 좀더 무게를 더할 뿐 아무도 이 말에 이의를 제기할 수는 없었을 것이다. 그러나 바울이 따로 편지를 써서 "네가 나의 말보다 더 행할 줄을 아노라"고 했던 바로 그 사람을 거기에 등장시킬 필요는 없었다. 그 부분에 골로새 교

---

33) *Philemon among the Letters of Paul*, pp. 49 ff.
34) Goodspeed는 라오디게아로서 오는 편지에 대한 이러한 견해를 주장했다. 하지만 그는 빌레몬과 마찬가지로 아킵보와 오네시모도 라오디게아에서 살았다고 했다(*Introduction to the New Testament*, pp. 109 ff.).
35) Goodspeed에 의하면 그는 출석하지 않았을 것이다. "그가 골로새에 있다면, 왜 골로새 교인들이 그에게 '말을 전해 주어야' 했을 것인가? 그랬다면 그는 사람들로부터 전해 듣지 않고 교회의 모임에 출석해서 그 메시지를 들었을 것이다"(*Introduction to the New Testament*, p. 112).

회 앞에서 그를 등장시키는 것은 빌레몬서에서 바울의 외교적인 노력의 효과를 헛수고가 되게 해버리는 데 일조를 하게 될 것이다.

그리고 바울이 빌레몬서를 골로새 교회의 회중 앞에서 큰 소리로 읽게 하라고 지시했다면 그것은 더욱 더 낭패스러운 일이었을 것이다. 실제로 바울은 빌레몬서에서 빌레몬과 압비아와 아킵보는 물론 "네 집에 있는 교회"에게 문안 인사를 전한다 — 그러나 이것은 4-22절의 사사로운 내용들을 골로새 성읍에 있는 교회는 차치하고 이 세 사람이 관련되어 있는 가정 교회에서 공표하라는 뜻은 아니다.

골로새서 4:17에서 바울이 공중 앞에서 아킵보에게 명령해야 했던 아킵보의 사역이 무엇이었느냐 하는 문제는 좀 더 고찰해야 할 문제임에 틀림없지만, 그것이 빌레몬서에 대한 우리의 이해와 관련이 있다고 생각하는 것은 타당한 근거가 없다. 아킵보는 오네시모의 주인이 아니었다. 빌레몬서의 짐을 골로새서 4:17에 규정된 아킵보의 사역과 결부시키려는 생각을 하는 사람 이외에는 그 누구도 그러한 생각을 하지 않을 것이다. 빌레몬서의 수신자 가운데 맨처음 나와있는 인물이 이 가정의 가장이었다고 생각하는 것이 자연스러운 생각이다.[36] 압비아와 아킵보는 이 가족의 성원들 — 아마도 그의 아내와 그의 아들 — 이었다고 보는 것이 자연스럽다. 당시에 1절의 가정 교회는 빌레몬의 집에서 모임을 가졌으며, 바울이 "사랑을 인하여 도리어 간구하노니"(9절)라고 말할 때, 바울이 간구하는 대상은 빌레몬이다. 오네시모의 주인은 빌레몬이다. 이 서신의 전통적인 명칭은 잘못 붙여진 것이 아니다.

6. 세 가지 대답

다시 우리는 세 가지 구체적인 질문들로 돌아가 보자.

① **바울은 무엇을 요구하고 있는가?** 바울은 자기로 말미암아 회심한 자 가운데 한 사람인 골로새 교회의 빌레몬에게[37] 그의 종 오네시모를 용서하고 그리스도인으로서 환대할 뿐만 아니라 그가 이전처럼 자기를 수종(隨從)들 수 있도록 다시 보내줄 것을 요청하고 있다. 바울은 오네시모를 자기 곁에 두고 싶었지만 빌레몬의 분명하고 자발적인 동의를 받지 않고는 그렇게 할 마음이 없었다 — 동의 없이 그렇게 하는 것이 불법이었기 때문만이 아니라 그보다도 그렇게 한다면 자기와 빌레몬 사이의 기독교적 교제가 금이 갈 것이었기 때문이었다.

② **바울은 그것을 얻었는가?** 그렇다. 그렇지 않았다면 이 서신은 결코 남아있지 않았을

---

36) "빌레몬의 집을 가리킨다는 것은 분명하다"(E. J. Goodspeed, *Introduction to the New Testament*, p. 111). C. F. D. Moule은 빌레몬의 이름이 κατ' οἰκόν σου("네 집에 있는")라는 구절과 함께 맨처음에 온다는 사실을 "아킵보가 일차적인 수신자라는 주장에 치명타를 가하는" 것으로 본다(*Colossians and Philemon*, pp. 16 f.).

37) 골로새의 빌레몬이 바울로부터 복음을 전해 받은 사람이었다면, 바울이 골로새 교회를 소문으로만

것이다. 이 서신이 남아있다는 것은 논평을 필요로 하는 문제이지만, 빌레몬이 마음을 완고하게 먹고 오네시모를 용서하거나 환대하는 것을 거절했다면 그는 이 서신을 세상에 공표하지 않았을 것이 틀림없다.

③ **이 서신은 왜 보전되었는가?** 빌레몬과 관련해서 이 서신은 목적을 달성했기 때문만이 아니라 오네시모가 이 서신을 자신의 해방 헌장(charter of liberty)으로서 고이 간식했기 때문이다. 그리고 오네시모가 평범한 기독교인으로 남아있지 않았고 어떤 절차를 거쳐 아시아 지방에서 가장 중요한 인물들 가운데 한 사람 — 에베소의 감독 — 이 되었다는 견해에 대해서는 할 말이 많이 있다. 바울이 살아있는 동안에 바울 서신 전체가 최초로 수집되고 간행되었다. 이 작업이 어디서 누구에 의해 수행되었든지간에, 오네시모(만약 그가 에베소의 감독이었다면)는 그 사실을 거의 틀림없이 알았을 것이고 '자기'가 갖고 있는 바울 서신이 그 총서에 포함될 수 있도록 확실한 조치를 했을 것이다.

알고 있었다고 분명히 말하고 있는 것은 어찌된 영문인가(골1:4이하. 2:1)? 오레곤주(州) 포틀랜드의 멀트노마 성경학교(Multnomah School of the Bible) 교수인 굿릭(E. W. Goodrick)은 바울이 에베소로 갈 때 지나갔던 "윗지방"(행19:1;311쪽 위를 보라)에는 리쿠스 계곡도 포함되어 있었던 것이 아니겠냐고 내게 의견을 제시했다. 그렇다면 바울은 여행 길에 빌레몬을 만났을 것이고 그를 그리스도의 사람으로 얻었을지도 모른다. 물론 골로새와 그 근방의 성읍들에 대한 실제적인 복음화는 그보다 조금 후에 바울의 동료인 에바브라가 수행했지만 말이다. 아니면, 바울은 빌레몬을 다른 곳,이를테면 에베소에서 만났을 가능성도 있다. 그러나 우리는 모르는 일이다.

제 35 장

정사와 권세

1. 리쿠스 계곡에 전해진 복음

빌레몬의 고향인 골로새는 메안더(지금의 뷔윅 멘데레스(Büyük Menderes)) 강의 지류인 리쿠스(Lycus, 지금의 초룩 수) 남쪽 강 안에 있는 브리기아에 자리잡고 있다. 이 성읍은 에베소에서 유프라테스 강에 이르는 주도로에 있었기 때문에 이 도로를 따라 행군했던 크세르크세스(Xerxes)와 고레스(Cyrus) 군대들의 종군기(從軍記)에 언급되어 있다. 주전 5세기 헤로도투스(Herodotus)는 이 성읍을 "브리기아의 큰 성"이라고 말한다[1]. 주전 4세기 초에 크세노폰(Xenophon)은 이 성읍을 "인구가 많고 크고 부유한 성읍"이라고 묘사한다[2]. 그러나 기독교 시대가 시작되기 직전에 이 성읍은 이웃 성읍인 라오디게아(Laodicea)와 히에라폴리스(Hierapolis)의 성장으로 중요성이 감소되어, 기독교 시대 초기에 스트라보는 이 성읍을 작은 성읍이라 불렀다.[3] 오늘날 이 성읍의 터는 황폐화되어 있지만, 호나즈(Honaz, 이전의 비잔틴 요새이며 대주교의 거처가 있던 곳)라는 성읍이 남동쪽으로 약 5킬로미터 되는 지점에 있다. 신약 시대에 이 성읍의 주민은 브리기아 원주민들과 헬라인 이주자들, 안티오쿠스3세 시대(주전 2세기 초) 이래로 브리기아에 정주해 살았던 일단의 유대인들로 구성

1) Herodotus, *History* vii. 30.
2) Xenophon, *Anabasis* i. 2. 6.
3) Strabo, *Geography* xii. 8. 13(πόλισμα).

되어 있었다.

골로새와 리쿠스 계곡의 다른 성읍들이 위치하고 있는 브리기아의 서부지역은 버가모 왕국의 일부였었는데, 주전 133년 이 왕국의 마지막 통치자인 앗탈루스(Attalus) 3세가 로마 원로원과 백성들에게 왕국을 유증함으로써 아시아 속주로 재편되었다.

기독교는 바울의 에베소 사역 기간(수후 52-55년 경) 농안에 리쿠스 계곡에 소개뇌었나. 누가에 의하면, 이 기간 동안에 복음화 사역이 아주 활발하게 전개되었기 때문에 에베소 사람들만이 아니라 "아시아에 사는 자는 유대인이나 헬라인이나 다 주의 말씀을 듣더라"(행 19:10)고 하고 있다. 이 사역은 바울의 지도 하에 이루어진 것이긴 하지만, 수 명의 동료들이 바울을 도왔고, 그들의 활동으로 말미암아 바울이 개인적으로 방문할 수 없었던 몇몇 지역에 교회들이 세워졌다. 이 교회들 가운데는 골로새, 라오디게아, 히에라폴리스 교회가 포함되어 있었는데, 이 교회들은 바울의 동료인 에바브라에 의해 세워졌던 것으로 보인다. 이러한 사실은 골로새서 1:7 이하, 4:12 이하에서 바울이 에바브라를 언급하고 있다는 사실로부터 추론할 수 있다.

바울은 에베소를 떠난지 5년도 채 못되어서 로마에서 가택 연금 상태에 있게 되었다. 로마에서 바울은 이 년 동안 별 어려움 없이 자기 거처에서 방문자들을 맞아들일 수 있었다.[4] 이 방문자들 가운데는 리쿠스 계곡의 전도자인 에바브라도 끼어 있었다. 그는 바울에게 그 지역에 있는 교회들의 상황을 전해 주었다. 그가 전해 준 소식 가운데 많은 부분은 고무적인 것이었으나, 한 가지 우려할 만한 현상이 있었다. 특히 골로새 교회의 기독교인들 사이에(그들이 최근에 믿었던) 은혜의 복음을 무너뜨리고 기독교적 자유를 영적인 속박으로 바꿀 위험성이 큰 어떤 가르침을 받아들이려는 강력한 움직임이 있었다. 그들을 이 위험으로부터 보호하기 위하여 바울은 그들에게 골로새서를 보냈다.

2. 저자와 기록 연대

앞에서 말한 것들은 몇 가지 사항을 전제로 하고 있다 ― 특히 두 가지. (a) 골로새서의 저자는 바울이다. (b) 이 서신은 바울이 로마에 갇혀있을 때 쓰여졌다.

(a) **저자**. 저자 문제에 있어서 바울과 디모데는 이 서신의 서두에 발신자로서 나란히 언급되어 있다. 이런 식으로 디모데의 이름이 바울의 이름과 나란히 나오는 서신들은 대부분 바울총서(corpus Paulinum)의 다른 서신들과 구별되는 몇몇 공통되는 문체적인 특징들을 보여주고 있다고 생각해 왔다. 이러한 문체적 특징은 이 서신들을 쓸 때 디모데가 서

---

4) 바로 이 시기에(주후 60년) 리쿠스 계곡에 심한 지진이 발생해서 라오디게아는 황폐화되었다(Tacitus, Annals xiv. 27. 1); 그 지진이 골로새에는 어떤 영향을 미쳤는지에 관해서는 우리는 알지 못한다.

생(amanuensis)역할을 했기 때문에 생겨난 것이라고 하는 것이 가장 자연스러운 설명일 것이다.[5]

그러나 이 서신에서 전제로 하고 있는 영지주의 이단은 주후 2세기 이전에는 출현하지 않았다는 점으로 보아 이 서신은 바울이 쓴 것이 아니라는 주장이 강력히 제기되어 왔다. 만약 "골로새 교회의 이단"이 충분히 발전된 발렌티니아누스주의(Valentinianism)나 이레네우스와 히폴리투스가 묘사한 다른 영지주의 체계들 또는 낙 하마디(Nag Hammadi, 파리루스에 나타나 있는 영지주의의 특징들을 보여주고 있다면, 이 주장은 일리가 있을 것이다. 그러나 그러한 2세기 영지주의 체계들과 비교해 볼 때, "골로새 교회의 이단"은 영지주의의 초기(incipient) 형태라고 해야한다. 주후 1세기에 영지주의의 초기형태가 상당히 많이 유포되어 있었다는 증거가 속속 나타났는데, 특히 유대교가 헬레니즘과 동방 사상의 주도적인 흐름들 속에 편입되었던 지역들에서는 더욱 그러했다.

골로새서가 바울 저작이 아니라는 몇몇 다른 주장들의 요지는 갈라디아서, 고린도전후서, 로마서의 저자가 골로새서를 썼다면 골로새 교회의 상황을 그런 식으로 다루지 않았을 것이라는 느낌에 바탕을 둔 것이라고 할 수 있다. 그러나 이것은 바울의 지성과 다재다능함을 너무도 낮게 평가하는 것이다. 복음을 위하여 "여러 사람에게, 여러 모양"(고전9:22 이하)이 되는 것을 확고한 방침으로 세워놓았던 바울은 골로새 교회에서 가르쳐졌던 그릇된 '그노시스(지식)'와 세상적인 '아스케시스(행함)'를 그리스도의 참된 '그노시스'와 영적인 '아스케시스'를 활용하여 완벽하게 대처할 수 있었다. "골로새 교회의 이단"에 반론을 제기하기 위하여 바울은 그 이단이 전하고자 하지만 오직 왜곡시킬 뿐인 그 진리는 드러난 "하나님의 비밀"(골2:2)인 그리스도 안에 완벽하게 구현되어 있다는 것을 보여주려는 생각으로 그 이단에서 특징적으로 사용하는 용어를 기꺼이 취하고 있다.

수년 전에 헨리 채드윅(Henry Chadwick) 박사는[6] 바울은 이 서신에서 두 가지 일을 한꺼번에 하고 있다는 점을 지적했다. 그는 한편으로 이교(異敎)의 지성 세계에 대하여 기독교를 변증하는 변증가의 역할을 수행하는 동시에 또 한편으로 교회 내부적으로는 복음 진리를 방어하고 있다. 바울이 변증의 목적으로 "골로새 교회의 이단"이 사용하는 전문적인 용어를 소위 "소독해서" 채택하고 있다는 것은[7] 어느 정도 이 서신과 에베소서가 갈라디아서, 고린도전후서, 로마서와 다른 어휘들을 사용하고 있다는 사실을 설명해 준다. 골로새서에서 의심할 여지없이 바울적인 요소들을 식별해 낼 수 있었던 몇몇 학자들 — 특히 홀츠만(H. J. Holtzmann)[8], 찰스 매슨(Charles Masson)[9], 가장 최근에는 해리슨(P.

---

5) W. C. Wake, "the authenticity of the Pauline Epistles : A Contribution from Statistical Analysis", *Hibbert Journal* 47(1948 - 49), pp. 50ff., 특히 p. 54. 또한 28쪽, 473쪽 이하를 보라.
6) H. Chadwick, "All Things to All Men", *NTS* 1(1954-55), pp. 261 ff., 특히 pp. 270 ff.
7) H. Chadwick, "All Things to All Men", pp. 272 f.
8) H. J. Holtzmann, *Kritik der Epheser-und Kolosserbriefe*(Leipzig, 1872).
9) C. Masson, *L'Epire de Saint Paul aux Colossiens*(Neuchatel/Paris, 1950), pp. 83 ff.

N. Harrison)[10] — 은 바울이 현존하는 것보다 더 짧은 골로새서를 썼다고 가정함으로써 이 서신에 비(非)바울적인 요소들이라고 느껴지는 것들이 존재하는 이유를 설명하려고 하였다. 이러한 전제 위에서 그들은 에베소서를 쓴 바울주의자가 이 짧은 서신을 취한 다음 진정한 골로새서에 자기의 "독특한 문체로" 가필을 하여 내용을 풍부하게 함으로써[11] 현재의 증보된 골로새서가 생겨나게 되었다고 한다. 홀츠만은 이런 식으로 골로새서와 에베소서에 공동적으로 나오는 구절들이 어떤 때는 이 서신이 또 어떤 때는 저 서신이 더 이전의 것으로 보이는 이상한 현상을 설명하려 했다. 그러나 홀츠만의 주장에 대한 피크(A. S. Peake)의 비판 — "가정이 많다는 것은 그 가정이 틀리다는 것을 말해준다"[12] — 은 더 최근의 논증들에 대해서도 마찬가지로 타당하다.

해리슨(P. N. Harrison)은 이러한 가정을 토대로 한 주장에 굿스피드로부터 물려받은 견해 즉, 에베소서는 오네시모에 의해 쓰여졌다는 견해를 결합시켜서 오네시모는 골로새서를 가필(加筆)한 사람이었다고 결론짓는다.[13] 해리슨이 지적하는 가장 구체적인 가필 내용 가운데 두 가지는 골로새서 1:9b-25과 2:8-23에 나오는 구절들인데, 그 이유는 이 구절들이 '단 한번 밖에 사용된 적이 없는 낱말(hapax legomena)'를 매우 높은 비율로 포함하고 있기 때문이다. 그러나 '하팍스 레고메나'라는 견지에서 논증하는 것을 이 두 구절에 적용하는 것은 타당성이 희박하다. 전자에서는 예전(禮典)적인 용어들을 자유롭게 사용하고 있고 후자는 다른 모든 구절들보다도 "골로새 교회의 이단"의 용어를 취해서 "소독된" 의미로 사용하는 구절이기 때문이다.

최근의 연구에서 에두아르드 로제(Eduard Lohse)는 골로새서에 나타나 있는 사상은 바울적인 특징들을 나타내 보이고 있지만, 골로새서의 신학과 직접적이든 간접적이든 바울이 지은 것으로 보지 않는 주요한 바울 서신들의 신학은 서로 다르다는 데 동의한다. 이러한 차이들은 이 서신의 논쟁적인 부분들과 마찬가지로 비논쟁적인 부분들에서도 발견된다. 이 차이들은 기독론, 교회론, 종말론, 세례 교리에 영향을 미치며, 아마도 에베소에 기반을 둔 "바울학파 전승"에 기인하는 듯하다. 하지만 골로새서는 이러한 전승 가운데서 상대적으로 초기 단계에 속한다. 예를 들면 골로새서의 교회 개념은 에베소서의 것보다 초기의 것이며, 교회의 성직에 대한 골로새서의 이해는 목회 서신들의 것보다 더 초기의 것이다. 로제(Lohse) 감독의 말에 의하면 골로새서는 "때때로 사도들과 아울러 교사들, 선지자들, 말씀의 사역자들을 언급하지만 동시에 가르침을 자기에게 부어진 카리스마 덕분으로 모든 기독교인들이 수행할 수 있고 수행해야 하는 공동체 전체의 의무라고 설명하는 주요한 바울 서

---

10) P. N. Harrison, *Paulines and Pastorals*(London, 1964), pp. 65 ff.
11) *Paulines and Pastorals*, p. 74. 해리슨(Harrison)에 의하면, 원래의 서신은 골로새서 1:1-6a, 6c-9a; 1:26-2:2a; 2:5,6; 3:2-13; 3:17-4:18로 이루어져 있었다.
12) A. S. Peake, *Critical Introduction to the New Testament*(London, 1909), p. 52.
13) *Paulines and Pastorals*, pp. 70, 77.

신들과" 맥을 같이 한다고 할 수 있다.[14] 이 마지막 말은 주요 서신들의 증거를 넘어서는 것이다. 거기에서는 "가르치는 자"는 "우리에게 주신 은혜대로 받은 은사"들 가운데 하나를 행사하는 것이라고 말한다(롬12:6 이하). "다 교사겠느냐"(고전12:29)라는 반문은 "아니다"라는 대답을 우리들에게서 기대한다. 그런데도 골로새서에서 교회의 성직에 대한 이해가 초기적이라는 것은 사도가 살아있는 동안에 쓰여졌다는 것을 확증해 주는 논거가 될 수 있다.

(b) **기록 연대.** 골로새서를 쓸 당시에 바울이 갇혀 있었던 장소가 로마냐 아니냐 하는 것에 관한 문제에 대해서는, 더 분명한 증거가 없을 때 바울 서신들 상호간의 연대를 결정할 수 있는 두 가지 기준을 이미 다른 곳에서 언급했다.[15] 이 기준들은 어떤 분야에 있어서 바울 사상의 발전과 결부되어 있다. 여기서 순환논법을 사용하여 바울 서신들의 순서로부터 바울 사상의 발전을 결정한 다음 바울 사상의 발전으로부터 바울 서신들의 순서를 결정하는 것은 극히 쉬운 일이다. 그러나 우리가 독자적인 증거를 토대로 기록 연대를 결정할 수 있는 서신들을 대상으로 몇몇 분명한 사상의 진전을 확증할 수 있다면, 그렇게 확증된 사상의 발전을 토대로 나머지 서신들의 위치를 결정하는 것이 가장 타당하다고 말할 수 있다. 그럴지라도 우리는 바울의 마음이 직선적인 발전을 해왔다고 생각하는 것을 경계하여야 한다.

위에서 언급한 두 기준은 바울에 있어서 (i)종말론적 소망과 (ii)그리스도의 몸으로서의 교회와 관련된 사상의 발전이다.

이 판단 기준 가운데 전자는 골로새서에서는 그렇게 소용되지 않는다. 이 서신에는 데살로니가전후서와[16] 고린도전서 15:51이하에 나오는 것과 같은 묵시문학적 영상 언어가 하나도 나오지 않는다. 그러나 그리스도 백성의 소망으로서의 파루시아에 관한 확신은 이전처럼 분명하다. "우리 생명이신 그리스도께서 나타나실 그 때에 너희도 그와 함께 영광 중에 나타나리라"(골3:4). 이 구절은 영광 중에 하나님의 자녀들이 나타남으로써 만유(萬有)가 그토록 고대하는 완성이 이루어진다는 로마서 8:18-25의 내용과 맥을 같이 한다. 그리고 골로새서 1:20에서 하나님이 그리스도를 통하여 만유를 자기와 화목케 하실 것을 계획하셨다고 한 것은 로마서의 그 구절 및 모든 무릎으로 예수의 이름 앞에 꿇게 하시고 모든 입으로 그가 주시라고 고백하도록 하는 것이 하나님의 목적이라고 말하고 있는 빌립보서 2:10 이하와 맥을 같이 하고 있다.

골로새서의 기록 연대를 결정하는 데 훨씬 더 결정적인 것은 다른 기준 — 교회를 그리스도의 몸으로 보는 바울의 교회관 — 이다. 골로새서에 나와있는 교회관과 고린도전서, 로마

---

14) E. Lohse, *A Commentary on the Epistles to the Colossians and to Philemon*, E. T. (Philadelphia, 1971), pp. 177-183 et passim. 골로새 교인들에게 "피차 가르치며 권면하고"(골3:16)라는 권면을 했다고 하여 그 교회에는 전문화된 가르치는 은사가 없었다고 주장하지 않아야 한다.
15) F. F. Bruce, "The Epistles of Paul", in *Peake's Commentary on the Bible*, ed. M. Black and H. H. Rowley(London, ²1962), pp. 928 ff.
16) 예를 들면, 살전 4:16이하; 살후 1:7; 2:3-12. 251쪽, 331쪽을 보라.

서에 나오는 교회관을 비교해 보면, 바울의 교회관에 있어서 골로새서가 고린도전서나 로마서보다 더 진전된 단계를 보여주고 있다는 것을 알 수 있다. 이 장의 후반부에서 이에 대하여 더 자세히 알아볼 생각이지만, 여기서는 고린도전서와 로마서에서는 기독교인의 공동체적 삶은 몸의 여러 지체들의 상호 의존성에 비유되면서 머리(또는 머리의 특정한 부분)는 다른 지체들과 똑같이 한 지체로 묘사되는 반면에,[17] 골로새서(와 에베소서)에서는 그리스도를 몸의 머리로 본다는 것을 지적하는 것으로 충분하다. 바울의 사상에 있어서 이러한 더 진전된 단계는 골로새 교회의 이단에 대한 그의 대응을 보여주는 것으로 보인다. 어쨌든 골로새서가 에베소 사역기간 동안에 ― 고린도전서는 이 시기에 쓰여졌고 로마서는 이 시기 이후에 쓰여졌다 ― 쓰여졌다고 보기는 어렵다. 따라서 골로새서를 쓴 배경을 에베소에서 갇혀 있는 동안이라고 보는 것은 전혀 불가능하게 된다. 그리고 에베소에서의 억류 생활이 배제된다면, 우리는 가이사랴나 로마를 후보지로 생각하여야 한다. 이 두 후보지 가운데 모든 점에서 로마가 가장 유력하다.[18]

물론 골로새서가 이중의 편집 과정을 거쳤다는 이론이 받아들여진다면, 이 주장은 반박될 수 있을 것이다. 예를 들면, 해리슨은 이 서신에 나오는 "머리"와 "몸"이라는 언급은 모두 가필자가 한 것이며, 따라서 진정성이 있는 핵심 부분은 바울의 에베소 사역 기간 동안에 ― 즉, "바울을 광신적인 유대인들로부터 보호하고 소동을 피하기 위하여 호의적인 아시아 관원들(행19:31)이 바울을 집에 가두어 놓았던 짧은 기간 동안에" 쓰여진 것이라고 할 수 있다고 말한다.[19] 그러나 이러한 이론은 저작 목록을 근거로 할 때 있을 수 없는 것이며 그러한 이론을 밑받침하는 강력한 증거가 나온다면 긍정적으로 검토해 볼 수 있지만 그러한 증거는 나오지 않고 있다.[20]

3. "골로새 교회의 이단"

우리는 아직까지 "골로새 교회의 이단"의 정체를 정식으로 설명하지 않았다. 이 이단의 성격은 골로새서에 제시되어 있는 반론들(counter-arguments)로부터 추론해야 한다.

그러나 이 반론들이 "골로새 교회의 이단"이 존재했다는 것을 보여주고 있는가 라는 질문을 던질 수 있다. 바울은 로마 교인들과 빌립보 교인들에게 어떤 그릇된 가르침과 잘못된

---

17) 참조. 고전 12:16-21.
18) 에베소가 골로새서의 출처가 아니라고 한다면, 동일한 기준에 따라 빌레몬서의 출처도 될 수 없다 (427쪽을 보라).
19) *Paulines and Pastorals*, p. 75(324쪽을 보라).
20) 주장하는 바대로 진정성을 가진 골로새서의 핵심이 도대체 왜 쓰여졌어야 하는 것인지를 알기란 쉽지 않다.

행위들을 경계하고 조심시키고 있는데(롬16:17-20. 빌3:2,18 이하), 실제로 그러한 것들이 로마와 빌립보 교회에 침투했던 것은 아니다. 바울은 골로새서에서도 그렇게 하고 있는 것은 아닐까? 모나 후커(Morna Hooker) 교수가 질문했 듯이, 단도직입적으로 말해서 "골로새 교회에 거짓 교사들이 있었는가?" 바울은 골로새 교인들에게 그들에게 침투할지도 모르는 거짓 교사들에 대하여 미리 경고하고 있는 것이 아니라 "20세기 영국의 목회자들은 자기가 돌보는 신자들에게 그리스도는 점성술에 나오는 어떠한 세력보다도 더 크다는 것을 일깨워야 했던" 것처럼 여러 가지 미신들이 횡행했던 당시 사회의 압력들에 대항하도록 그들을 무장시키고 있는 것이라고 그녀는 주장한다.[21]

후커 교수의 답변은 상당히 주관적임에 틀림없다. 내가 골로새서를 읽으면서 받은 인상을 얘기하자면, "맞다. 골로새 교회에는 실제로 거짓 교사들이 있었다"는 것이다.[22]

기본적으로 그들의 가르침은 유대적이었던 것 같다. 이 점은 할례, 음식 규제들, 안식일, 월삭과 유대의 역법에 따른 다른 규정들과 같은 율법주의적인 규례들이 그들의 가르침에서 중요한 역할을 했다는 점에서 분명하게 드러난다. 그러나 그 가르침은 바울이 갈라디아 교회들에게 경고했던 것과 같은 유대주의와는 어느 정도 거리가 있었다. 그 유대주의는 아마도 유대로부터 온 사자들이 갈라디아 교회들에 소개했을 것이다. 골로새 교회의 이단은 유대주의의 지방적 변종(變種)이 비(非)유대적인 철학과 혼합되어 탄생한 브리기아판(版) 유대교 — 영지주의의 단순한 초기 형태였을 가능성이 더 높다.

브리기아 회당들은 헬레니즘적 사유의 영향력과 종교적 혼합주의의 조류에 특히 노출되어 있었던 것으로 보인다.[23] 복음이 이 지역에 전해졌을 때, 유대교와 헬레니즘이 혼합된 사상은 자신의 이론을 확장하고 수정하여 기독교의 일반적인 틀에 충분히 자신의 이론을 적합하게 만드는 데 별다른 어려움을 느끼지 않았을 것이고, 그 결과로 우리가 골로새서에서 재구성해 볼 수 있는 골로새 교회의 이단과 다르지 않은 그 어떤 것이 출현했을 것이다. 분명히 이 이단에서는 창조와 율법의 수여에 있어서 중보 역할을 했던 천사들에게 특별한 위치를 부여하고 있었다.

---

21) M. D. Hooker, "Were there False Teachers in Colossae?" in *Christ and Spirit in the New Testament: Studies in Honour of C. F. D. Moule*, ed. B. Lindars and S. S. Smalley(Cambridge, 1973), pp. 315-331.
22) 그들의 가르침에 대한 연구로는 G. Bornkamm, "Die Häresie des Kolosserbriefes", in *Das Ende des Gestzes: Paulusstudien= Gesammelte Aufsätze* i(Munich, 1952), pp.139-156, E. T., "The Heresy at Colossae", in *Conflict at Colossae*, ed. F. O. Francis and W. A. Meeks(Missoula, 1975),pp. 125-140.
23) 이 문맥에서 TB 샤밧 147b로부터 종종 인용되는, '프루기타(Prugita)'의 포도주와 온천은 열 지파들을 그들의 같은 이스라엘 사람들로부터 분리시켰다는 뜻을 담고 있는 말은 여기서 과연 적절한 것인지가 의심스럽다: '프루기타'는 브리기아(Phrygia)일 수도 있지만 그렇지 않을 수도 있기 때문이다.

창조에서 천사가 중보 역할을 했다는 믿음의 한 형태는 필로(Philo)에게서 나타나며,[24] 저스틴(Justin Martyr)도 그러한 믿음이 있다는 것을 확증하고 있는 것으로 보인다. 저스틴은 "우리가 사람을 만들고"(창1:26)와 "우리 중 하나같이"(창3:22)라는 말들은 "하나님이 천사들에게 말했거나 사람의 골격은 천사들의 작품이라는" 의미를 내포하고 있다고 주장하는 어떤 유대인 교사들을 언급하고 있다. 반면에 저스틴은 "우리"라는 복수 대명사는 성부와 성자를 가리킨다고 주장했다.[25] 우리는 낙 함마디(Nag Hammadi) 사본들 속에서 발견된 「세 본성론」(Treatise on the Three Natures)에 나오는 말을 비교해볼 수 있다. "어떤 사람들(유대인 분파들)은 하나님이 존재하는 것들의 창조주라고 말하며, 또 어떤 사람들은 하나님이 그의 천사들을 통하여 창조하셨다고 말한다."[26]

율법을 수여하는 데 있어서 천사가 중보 역할을 했다는 것은 바울의 갈라디아서와 다른 두 신약 기자들이 언급하고 있다. 이러한 사상은 요벨서(the Book of Jubilees)와 랍비들의 주석서들은 물론 당시의 유대 문헌에서도 확인된다.[27] 골로새 교회의 이단에서 율법을 준수하는 것은 천사들에 대한 마땅한 순종을 드리는 행위로 여겨졌고, 율법을 범하는 것은 천사들을 노하게 하는 것으로써 율법을 범하는 자들은 천사들에게 빚을 지게 되고 종노릇을 하게 된다고 생각했다. 그래서 사람들은 전통적인 유대교의 율법 준수만이 아니라 이에 더하여 엄격한 금욕을 통하여 천사들을 달래야 한다.

율법의 수여에서 중보 역할을 한 천사들은 갈라디아서 4:3,9에 나오는 것과 동일한 의미로서 이미 사용된 용어인 "초등학문(stoicheia)"으로 묘사된다. 그러나 천사들은 "초등학문(존재)"일 뿐만 아니라 주도적인 존재 — 정사와 권세들, 우주의 주들, 하나님의 충만(pleroma)을 나누어 갖고 있는 존재들, 하늘과 땅을 중보하는 존재들 — 이기도 하다. 천사들은 하나님과 사람 사이의 의사소통을 조정하기 때문에, 인간을 향하신 하나님의 모든 계시와 하나님을 향한 인간의 모든 예배는 천사들의 중보와 허락에 의해서만 그 목적을 달성할 수 있었다. 그리스도는 하늘에서 땅으로 오실 때 — 땅에서 하늘로 돌아갈 때는 그렇지 않았다고 하더라도 — 천사들의 권위에 복종해야 했다고 그들은 분명하게 주장했다.

이 모든 것들은 영적인 엘리트를 위한 일종의 고급과정에서 가르쳐 졌다. 골로새 교인들은 이렇게 점점 발전적인 지혜와 지식('gnosis')에 참여하여 일련의 연속적인 비결 전수를

---

24) 참조, H.Chadwick, "St. Paul and Philo of Alexandria", BJRL 48(1965-66), pp. 286-307, 특히 p. 303.
25) Justin, Dialogue with Trypho 62.
26) The Jung Codex, ed. F. L. Cross(London, 1955), p. 62에 나오는 G.Quispel의 설명을 보라; 그는 이 글이 Heracleon의 것이라고 주장했다. 또한 Genesis Rabba 8: 8 on Genesis 1: 26을 참조하라: "이윽고 모세가 '우리(복수형)가 사람을 만들자'고 말을 꺼냈을 때, 그는 '세상의 주시여! 이렇게 해서 이단들에게 그들의 입을 벌릴 기회를 주시는 것입니까!'라고 말했다. 그는 '기록하라! 어그러진 길로 가고자 하는 자는 어그러진 길로 가리라'고 대답했다."
27) 참조, 갈 3:19; 행 7:53; 히 2:2. 210쪽 주 9를 보라.

통하여 더 깊은 신비들을 탐구함으로써 완전('*teleiosis*')에 이르도록 강요를 받았다. 기독교 세례는 단지 예비적인 입문에 불과했다. 진리의 길을 따라 더 심오한 곳으로 나아가기를 원하는 사람들은 금욕적인 생활을 추구함으로써 마침내 그들이 영적인 세계, 빛의 나라의 시민들이 될 때까지 모든 물질적인 요소들을 버려야 한다.

라이트푸트(Lightfoot) 주교는 골로새서와 빌레몬서에 대한 주석(1875)에서 이러한 유의 유대주의적인 '그노시스'의 기원을 에세네파까지 거슬러 올라가서 찾았다.[28] 그는 주석서의 끝 부분에 세 개의 연구논문을 덧붙임으로써,[29] 그가 이미 10년 전에 자신의 갈라디아서 주석에 들어있는 "성 바울과 삼위일체"라는 연구논문에서 제출했던 주제로 되돌아가고 있다.[30]

에세네파에 대한 그의 연구논문이 골로새서와 어떤 관련성을 갖고 있는지의 여부는 그만두고라도, 라이트푸트는 역시 그답게 에세네파와 그들의 교리에 관한 기술에 있어서 건전함과 학적인 정확성을 보여주고 있다 — 이러한 것은 한편으로는 그의 설명과 1864년에 간행된「에세네파의 역사와 교리」(*The Essenes, their History and Doctrines*)에 나오는 긴스버그(C. D. Ginsburg) 논문의 설명을 대조해 보면 알 수 있고,[31] 다른 한편으로는 우리가 쿰란 사본들로부터 에세네파 또는 그와 관련된 집단에 대한 내용을 엄청나게 많이 알 수 있게 되었다는 견지에서 그 논문을 살펴보아도 알 수 있다. 쿰란 사본들에 비추어보았을 때, 에비온주의(Ebionitism)에 강력한 에세네파적 요소가 있다는 라이트푸트의 주장은 더욱 강화된다.[32]

골로새 교회의 이단을 에세네파와 결부시키면서 라이트푸트는 (a)에세네파의 유대교는 영지주의의 특징인 지적인 배타성과 관념적인 주의 주장들을 갖고 있음으로써 "영지주의적"이었으며, (b)이런 유의 유대적 사상과 실천은 사도 시대에 소아시아 지역에서 확립되어 있었고, (c)골로새 교회의 이단은 (i)그 토대에 있어서 분명히 유대적이었으며, (ii)몇몇 영지

---

28) J. B. Lightfoot, *Saint Paul's Epistles to the Colossians and to Philemon*(London, 1875), pp. 73 ff.
29) "The Name Essene"(pp. 349 ff.); "Origin and Affinities of the Essenes"(pp. 355 ff.); "Essenism and Christianity"(pp. 397 ff.).
30) J. B. Lightfoot, *Saint Paul's Epistle to the Galatians*(London, 1865), pp. 292 ff.
31) C. D. Ginsburg, *The Essenes: Their History and Doctrine/The Kabbalah: Its Doctrines, Development and Literature*(London. 1955)에 그의 다른 논문과 함께 재수록되어 있다.
32) 참조, O. Cullmann, "Die neuentdeckten Qumran-Texte und das Judenchristentum der Pseudoclementinen" in *Neutestamentliche Studien für R. Bultmann*, ed. W. Eltester = *BZNW* 21(Berlin, 1954), pp. 35 ff., and "The Significance of the Qumran Texts for Research into the Beginnings of Christianity", in *The Scrolls and the New Testament*, ed. K. Stendahl(London, 1958), pp. 18 ff.; H. J. Schoeps, *Urgemeinde, Judenchristentum*, Gnosis(Tübingen, 1956), pp. 69 ff.
33) *Saint Paul's Epistles to the Colossians and to Philemon*, pp. 73 ff.

주의적인 특징들 즉, 지적인 엘리트(이것은 지혜, 지식 등을 강조했다), 우주적 명상(이것은 천사의 중보, '플레로마(충만)' 등을 강조했다), 금욕주의, 절기 규정들을 갖고 있었다는 점에서 영지주의적 유대교였다고 주장한다.[33]

최근들어 더욱 더 많은 특징들이 쿰란 사본들과 골로새 교회의 이단 사이의 구체적인 접촉점들의 목록에 추가되고 있다.[34] 예를 들면 데이비스(W. D. Davies) 교수는 특징있는 술어들,[35] 절기의 엄격한 준수, 안식일 규례, 음식 규제, 금욕주의, 특수한 세계관, 천사관, "진리의 영"과 "거짓의 영"에 관한 사상 등을 포함하여 지혜와 지식의 강조[36]를 이러한 접촉점들로 열거하고 있다.

그럴지라도 우리는 안이하게 골로새 교회의 이단을 에세네주의나 쿰란 교리의 변종(變種)으로 보아서는 안 된다. 그 한 가지는 에세네파에서는 일반적으로, 쿰란 공동체에서는 특별하게 중요한 역할을 했던 것으로 보이는 정결례(淨潔禮)를 엄격하게 준수했다는 말이 골로새서에는 나오지 않는다는 사실을 들 수 있다. 골로새서에서 세례를 언급하고 있는 곳에서도, 세례는 이단적인 세정식(洗淨式)에 반대되는 진정한 씻음으로서가 아니라 "손으로 하지 아니한 할례"(골2:11이하)와 관련해서 언급되고 있다 — 아마도 문자적인 할례 의식은 그리스도의 사역으로 말미암아 그 의미를 잃었다는 것을 보여주려는 의도다. 그러므로

---

34) 참조. W. D. Davies, "Paul and the Dead Sea Scrolls: Flesh and Spirit", in *The Scrolls and the New Testament*, ed. K. Stendahl, pp. 157 ff., 특히 pp. 166 ff.

35) 예를 들면, 골로새서 1:22(τῷ σώματι τῆς σαρκὸς αὐτοῦ, 참조. 골2:11)과 1Qp Hab 9,1.2('비그 위야트 브샤로')에서 입증되는 "그의 육체".

36) 데이비스(Davies) 교수는 골로새서 2:18, "저가 그 본 것을 의지하여"(ἃ ἑώρακεν ἐμβατεύων)를 1 QM 10, 11. 10ff.의 묘사와 비교한다:
"언약의 성도들인 사람들은/율법으로 가르침받고 지혜 안에서 배웠으며/위엄의 목소리를 들었고/거룩한 천사들을 보았으며 /그들의 귀는 열려 있어서 /심원한 것들을 들었다".
1913년 소아시아의 이오니아 해안에 있는 클라로스(Claros)에서 출토된 일단의 명각(銘刻)들이 출판됨으로써 이 헬라어 어구의 의미는 상당한 정도 밝혀지게 되었다. 그 명각에서 ἐμβατεύειν이라는 동사는 "신성한 땅을 밟는 것", "내면의 성소에 다가가는 것"과 같은 것을 의미하는 초입(初入) 다음 단계를 의미한다. 참조, W. M. Ramsay, *The Teaching of Paul in Terms of the Present Day*(London, 1913), pp. 286 ff.; A. D. Nock, *Essays on Religion and the Ancient World*, i(Oxford, 1972), P. 342; M. Smith, *The Secret Gospel*(London, 1974), pp. 98 f. 여기서 이 구절은 "골로새 교회의 이단"이 '메르카바(병거)' 신비주의의 초기 단계와 관련이 있는지 없는지가 애매모호한 문맥에서 "그가 (하늘에)갔을 때 본 (것)"이라고 번역 되고 있다. (150쪽 주 2를 보라).

37) M. Black, *The Scrolls and Christian Origins*(London, 1961), p. 166.

38) 특히 R. Reitzenstein, *Das iranische Erlösungsmysterium*(Bonn, 1921)을 보라; 신약 특히 골로새서와 에베소서에 대한 적용에 대해서는 H. Schlier, *Christus und die Kirche im Epheserbrief*(Tübingen, 1930); E. Käsemann, *Leib und Leib Christi*(Tübingen, 1933); R. Bultmann, *Theology of the New Testament*, E. T., i(London,1952), pp. 164 ff., ii (London, 1955), pp. 133 ff.,149 ff.를 참조하라.

골로새 교회의 이단이 특히 에세네파의 영향을 받았다고 말하기 보다는 최근에 매튜 블랙 (Matthew Black)으로 말미암아 널리 알려진 더 폭넓은 의미의 용어를 사용하여 "비국교도의 유대교(nonconformist Judaism)" 또는 "유대적 비국교도(Jewish nonconformity)"의 영향이라고 말하는 것이 더 좋을 것 같다.[37]

골로새서와 신약 문헌의 몇몇 다른 곳의 배후에서 몇몇 학자들은 기독교가 최초로 등장했을 당시 근동에 유포되어 있었다고 믿어지는 이란의 영지주의적인 신화를 식별해 내었다.[38] 이 신화가 신약 문헌에 반영되어 있다는 것은 정상적으로 말해서 그 문헌을 사도시대 이후의 저작으로 낙인찍을 수 있는 충분한 증거가 된다 — 특히 그 문헌이 바울총서(corpus Paulinum)에 속한 것이라면, 그 문헌을 비(非)바울적 또는 적어도 제2 바울의 저작으로 돌릴 충분한 근거가 된다. 이 신화의 두드러진 특징 가운데 하나는 천한 어두움의 세계에서 물질적인 육체에 갇혀 있는 유배자들에게 진리의 지식을 나누어줌으로써 해방시키기 위해 빛의 세계로부터 오는 구속자 — 계시자와 원인(原人, Primal Man)을 결부시키거나 동일 인물로 보고 있다는 점이다. 이 신화를 재구성하는 데 토대가 되고 있는 자료들 가운데 많은 자료들 — 특히 만다야교와 마니교 문헌 — 은 사도시대 이후의 것으로써 신약에 영향을 끼쳤다기보다는 신약의 영향을 받았던 것으로 보인다. 복음의 영향을 받지 않은 영지주의에서는 그 어떤 것도 원인(Primal Man)과 구속자 — 계시자를 결부시키고 있지 않다는 주장을 옹호할 수는 있지만, 그러한 영지주의적인 신화의 관점에서 복음을 재구성하려는 가장 초기의 시도들 가운데 하나가 골로새 교회의 이단이었을 것이라는 추측은 아주 위험한 것이다.

4. 우주적 그리스도

바울은 골로새 교회의 이단에 대한 정교한 전(全) 체계를 너무도 그럴듯한 가장(假裝)이라고 단죄한다. 사도의 설교에서 선포된 진리보다 한 걸음 더 진보된 종교적 진리를 제시하기는 커녕 그것은 모든 점에서 사도의 가르침과 부합하지 않았다. 우주적 세력들이 그토록 주도적인 역할을 하는 체계에서는 반드시 하나님의 자리에 운명이 대신 들어설 수밖에 없다. 우리가 유사한 체계의 유비를 통하여 판단한다면, 그리스도는 땅으로 내려오는 과정에서 자기 권세를 점점 우주의 권세들에게 양도했으며, 이 세력들이 그리스도로 하여금 십자가 위에서 고난을 당하게 하였다면(골로새 교회의 이단은 이렇게 가르쳤을 것이다), 그것은 그 권세들이 그리스도보다 우월하다는 것을 보여주는 결정적인 증거로 볼 수 있다고 그들은 주장했을 것이다.

---

39) O. Cullmann, "The Tradition", in *The Early Church* (London, 1956), pp. 55 ff.

이 "사람의 유전"(골2:8)에 대한 바울의 답변은 그것에 대항하여 그리스도께서 전하여 주신 것 — 그리스도의 가르침에서 유래하는 전승만이 아니라 그리스도 안에서 구현된 전승도 — 을 제시하는 것이었다.[39] 그리스도는 하나님의 형상 곧 하나님의 정수(精髓)의 충만을 구현하고 있는 분이므로 초등의 영들이 개입할 여지가 하나도 없다고 바울은 말한다. 그리고 그리스도의 시체들인 사람들은 그리스도 안에서 그들의 충만을 실현한다. 그들은 다른 곳에서 완전을 찾을 필요가 없다. 바로 그리스도 안에 모든 지혜와 지식이 집중되어 있고 그의 백성들 — 엘리트만이 아니라 모든 사람들 — 은 그것들을 그리스도 안에서 얻을 수 있다. 그리고 그리스도는 하나님과 인간 사이의 유일한 중보이시다.

천사들이 창조에서 중요한 역할을 하기는 커녕 하나님은 그리스도로 말미암아 골로새 교회의 이단에서 특히 두드러지게 나타나는 정사와 권세를 비롯한 만물을 창조하셨다. 이 권세들을 지으신 분과 믿음으로 말미암아 연합된 사람들이 그 권세들에게 존경을 바쳐야 할 이유가 어디 있는가? 또, 이 권세들이 그리스도보다 더 우월함을 보이기는 커녕, 죽음과 부활을 통하여 그리스도는 그 권세들을 정복하셨다. 십자가에서 그 권세들이 악의를 가지고 그리스도를 덮쳤을 때, 그리스도는 그들의 공격을 물리쳤을 뿐만 아니라 십자가를 승리의 병거(兵車)로 변화시켜 그 앞에서 정복당한 원수들을 몰아내셨다.[40] 그렇다면 그리스도와 믿음으로 연합됨으로써 그의 죽음과 부활을 함께 공유한 사람들이 그리스도께서 정복하셨던 초등의 영들을 계속해서 섬길 이유가 어디 있는가? 골로새 교회의 이단사설(異端邪說)과 그 모든 금기사항은 한 걸음 더 진전된 지혜의 교수요목이 아니었다. 그것은 미성숙한 가르침이라는 온갖 표식들을 다 지니고 있었다. 그리스도 안에서 성년이 된 사람들이 코흘리개 어린아이로 돌아갈 이유가 어디에 있는가? 그리스도로 말미암아 해방된 사람들이 이 속박의 멍에를 매야 하는 이유가 어디에 있는가?

골로새 교회의 이단에 답변하면서 바울은 다른 서신들보다도 더 자세하게 우주적 그리스도에 관한 교리를 발전시킨다. 이에 대한 개략들은 다른 몇몇 서신들에도 분명하게 나타나 있다. 바울은 "한 주 예수 그리스도께서 계시니 만물이 그로 말미암고"(고전8:6)라고 말한다. 이 그리스도는 "하나님의 능력이요 하나님의 지혜"(고전1:24)였다. 하나님은 자기 백성들의 영광을 위하여 만세 전에 작정하셨던 그 감추인 지혜를 성령을 통하여 자기 백성들에게 드러내셨는데, 이 사실을 모르고 우주의 권세들은[41] 영광의 주를 못박았고, 그럼으로써 스스로 자멸을 자초했다(고전2:6-10). 그리고 그리스도의 죽음으로 말미암아 이 적대적인 세력들로부터 해방을 얻은 것은 그의 백성들에게만 국한된 것이 아니라 적절한 절차를 거쳐서 온 우주에까지 이르를 것이었다(롬9:19-22). 그러나 바울은 고린도전서와 로마서에서 잠깐잠깐 언급하고 있는 것들을 골로새서에서는 더 완전하고 체계적으로 설명한다. (이것은

---

40) 골 2:15.
41) 골로새서 2:8의 "세상의 초등학문"은 아마도 에베소서 6:12의 "이 어두움의 세상 주관자들('코스모크라토레스')"과 동일한 듯하다. 이것들에 대한 바울의 이해에 관해서는 451쪽 이하를 보라.

골로새서가 이 두 서신들보다 후기의 것이라는 것을 보여주는 또 하나의 증거라고 할 수 있겠다).

바울이 만물은 그리스도 안에서 및 그리스도를 위하여 창조되었으며 그리스도는 만물을 붙들고 계시다고 말할 때 사용하는 용어들은 그리스도를 하나님의 지혜(the Divine Wisdom)라고 찬양하는 초대교회의 송영이나 신앙고백문에 토대를 두고 있다는 사실이 오늘날에는 일반적으로 인정되고 있다.[42]

지혜 기독론(Wisdom Christology)은 1세기 기독교의 다양한 조류들에서 찾아볼 수 있다. 신약에서 지혜 기독론을 가장 분명하게 보여주는 증거는 골로새서 1:15-17, 요한복음 1:1-3, 히브리서 1:1-3인데, 이 세 구절들은 각각 독자적인 구절들이다. 바울과 제4복음서 기자와 히브리서 기자가 똑같이 인용하고 있는 이 기독론의 뿌리는 실제로 가장 초기 기독교 시대의 것임에 틀림없다. 그리고 공관복음에 나오는 '그리스도의 말씀(verba Christi)' 가운데서 양식비평이 "지혜 언설"이라고 부르는 것이 존재한다는 점으로 보아, 그리스도께서 종종 하나님의 지혜(Divine Wisdom)라는 자격으로서 말씀하고 있다는 것이 사도 시대의 지혜 기독론의 주요한 뿌리라고 말하는 것은 그리 황당한 말은 아닐 것이다.

특히 구약에 나오는 한 구절이 하나님의 지혜인 그리스도가 만물을 창조하셨다고 말하는 신약의 문맥들에 영향을 미쳤다. 그 구절은 잠언 8:22이하의 구절인데, 거기에서는 의인화된 지혜는 일인칭을 사용하여 하나님이 세상을 지으실 때 하나님의 조화(造化)의 시작, 그의 사랑하는 맏아들, 그의 보좌역으로 표현되어 있다. 골로새서 1:15에서 그리스도를 "모든 창조물보다 먼저 나신 자"라고 한 묘사나 골로새서 1:18에서 그리스도를 "근본(the be-

---

42) 이 절들의 구조에 대해서는 E. Lohmeyer, *Die Briefe an die Philipper, an die Kolosser und an Philemon* (Göttingen, ⁸1930), p. 41; E. Kasemann, "A Primitive Christian Baptismal Liturgy", in *Essays on New Teatament Themes*, E. T. (London, 1964), pp. 149 ff.; R. P. Martin, *Colossians: The Church's Lord and the Christian's Liberty* (Exeter, 1972), and *Colossians and Philemon* (London, 1974), pp. 55 ff.를 보라. 마틴 교수는 15-20절이 "창조와 구속의 주이신 우주적인 그리스도를 찬양하는 압축되고 완비된 찬양을 이루고 있다"고 인정한다(*Colossians: The Church's Lord and the Christian's Liberty*, p. 39). 후커는 이미 이전에 "찬양"이 존재하고 있었다고 확언하지는 않지만 이 구절은 "그리스도가 유대의 율법을 대신하였기 때문에 창조와 구속이 모두 그리스도 안에서 완성되었다는 것을 보여주기 위하여, 발전되고 정형화되었을 가능성이 있음을" 시사하고 있다("Were there False Teachers in Colossae?", pp. 316 f., 329). 로빈슨은 골로새서 2:9-15은 "골로새서 1:15-20에 나오는 반(反) 영지주의적인 케리그마적 찬양을 분명히 세례와 관련하여 해설한 것"으로 보아야 한다고 주장했다〔"From Paulinism to Early Catholicism", *Interpretation* 10 (1956), p. 349〕. P. Benoit, "L'hymne christologique de Col 1, 15-20", in *Christianity, Judaism and Other Greco-Roman Cults: Studies for Morton Smith at Sixty*, ed. J. Neusner, i (Leiden, 1975), pp. 226-263에서는 이 문제의 현황을 자세하게 검토하고 있고 또 적절하게 평가하고 있다.

ginning, 아르케)"이라고 한 묘사의 근저에는 위에서 말한 구절의 어법이 깔려 있다. 후대에 랍비들의 주해에서는 창세기 1:1의 "태초(beginning, 히브리어로 '레쉬트')를 설명하기 위하여 잠언 8:22에 나오는 "시작(beginning)" — "그 조화의 시작(히브리어로 '레쉬트')" — 을 예로 들었다. 즉 하나님이 천지를 창조하신 바로 그 "태초"는(토라와 동일시된) 지혜(Wisdom)였다는 것이다. 이러한 유비는 골로새서 1:16a("만물이 그에게(in him) 창조되")에서 매개의 '디아(through)'라는 전치사가 사용되지 않고 이상하게도 '엔(in)'이라는 전치사를 사용한 이유를 설명해 준다. 여기서 "in"은 창세기 1:1의 "in"이다. "태초에(in the beginning) 하나님이 천지를 창조"하셨다면, 하나님의 지혜인 그리스도는 만물이 그 '안에서(in)' 창조된 바 근본(beginning)이다.[43]

그러나 골로새서 1:15-20의 송영(頌榮)은 그리스도를 옛 창조의 머리로만이 아니라 새 창조의 머리로도 송축하고 있다. 이것은 18절에서 시작된 송영의 두번째 절의 주제이다. 새 창조에서도 그리스도는 "시작"이다. 그러나 이번에는 "모든 창조물보다 먼저 나신 자"가 아니라 부활을 통하여 "죽은 자로부터 먼저 나신 자"이다.[44] 옛 창조와 관련하여 그리스도가 모든 정사와 권세를 지으시고 다스리신다는 의미에서 그들의 "머리"라면(골2:10), 새 창조와 관련하여 그리스도는 교회를 생겨나게 하고 교회를 다스린다는 의미에서만이 아니라 그의 백성과 너무도 긴밀하게 연합되어 있기 때문에 그 백성들의 생명은 그리스도가 죽은 자로부터 먼저 나신 자로서 살아가는 그 생명에서 연원한다는 의미에서 그의 몸인 교회의 "머리"이다. 우주를 그리스도의 몸이라고 부르지는 않으며, 교회가 아니라 우주를 그리스도의 몸이라고 부르는 초기 형태의 송영을 생각한다면, 그것은 너무 지나친 상상이라고 아니할 수 없다.[45]

송영이 원래 어떤 형태를 가지고 있었든지, 그리스도를 "몸인 교회의 머리"(골1:18)라고 한 묘사는 바울의 것일 가능성이 매우 크다. 모든 증거들을 살펴볼 때 교회가 교회의 주되시는 분과 뗄래야 뗄 수 없는 관계로 연합되어 있다는 것을 이런 식으로 표현한 것은 바울에게서 나온 것임을 보여준다. "온 몸이 머리로 말미암아 마디와 힘줄로 공급함을 얻고 연합하여 하나님이 자라게 하시므로 자라느니라"(골2:19). 이미 살펴본 대로 이것은 교회를

---

43) 참조, C. F. Burney, "Christ as the APXH of Creation", *JTS* 27(1925-26), pp. 160-177. 바울이 잠언 8:22을 이런 의미로 주석하고 있는 것은 가장 초기의 랍비적 해설가인 삼 세기의 Hoshaiah(*Genesis Rabba* 1: 1 on Genesis 1: 1)보다 거의 200년 앞선 셈이다. ἀρχή의 헬라적 배경에 대해서는 A. A. T. Ehrhardt, *The Beginning*(Manchester, 1968)을 보라.
44) 참조, 계 1:5 .
45) 골로새서 1:18과 2:10에는 고린도전서 11:3이하에서 보는 것과 같이 "머리"라는 문자적인 의미와 "원천"이라는 이차적인 의미 사이의 진동이 있는 듯하다. 여기서 헬레니즘의 영향을 받아 바울은 묵시사상에서 우주 개벽설로, 오메가로서의 그리스도에서 알파로서의 그리스도로 옮겨갔다는 녹스(W. L. Knox)의 무리한 주장에 대해서도 언급해 두는 바이다 〔*St. Paul and the Church of the Gentiles*(Cambridge, 1938) , pp. 90 ff.〕.

"그리스도의 몸"(고전12:27)이나 "그리스도 안에서 한 몸"(롬12:5)이라고 표현하지만 그리스도를 교회의 머리라고 하지 않는 고린도전서와 로마서의 어법보다 진일보(進一步)했다는 것을 보여준다.

교회를 그리스도의 몸으로 보는 사상이 어디에서 연유했는지에 관하여는 수 많은 이론들이 제기되었다. 유대교의 전례[46], 영지주의의 전례[47], 스토아 철학의 전례[48]가 제시되었다. 그러나 우리는 공동체를 한 인격으로 취급하는 히브리 사상의 전통이 면면히 살아 내려온 것이라고 하는 것이 가장 타당할 것이다.[49] 그리스도와 그의 백성은 너무도 긴밀하게 결합되어 있기 때문에 때때로 그리스도와 그의 백성을 합하여 "그리스도"라고 부를 수 있다.[50] 개인적 인격과 공동체적 인격 사이에서 진동하는 것은 바울 사상의 한 국면에서만 그런 것은 아니다. 이것은 다메섹 도상에서 바울이 하늘로부터 나는 소리를 들었을 때 그의 마음 속에 지울 수 없으리만치 깊이 아로 새겨져 있었기 때문이다. "사울아 사울아 네가 어찌하여 나를 핍박하느냐"(행9:4). 후대에 어거스틴의 해석대로 바울은 그 자리에서 이 말씀을 머리와 몸의 견지에서 해석할 수는 없었다.[51] 그러나 이 말씀이 표현하고 있는 진리는 바울이 골로새서(와 에베소서)에서 교회는 그리스도의 몸으로서 교회의 생명과 모든 다른 자원들을 머리이신 그리스도로부터 끌어온다고 말할 때 표현하고 있는 진리이다.

고린도전서와 로마서에 나오는 직유(直愈)의 표현에서 골로새서와 에베소에 표현된 실제로 사람들 상호간에 삼투하는 것으로 진일보한 것은 골로새 교회의 이단과 관련된 문제를 바울이 깊이 생각하면서 생겨났을 것이다. 그리스도는 정사와 권세에 복종하기는 커녕 창조와 정복을 통하여 그들을 지으시고 다스리는 분이셨다. 그러나 그리스도가 옛 창조의 머리였듯이, 죽은 자로부터의 부활로 말미암아 그리스도는 새 창조의 머리이기도 했다. 그리고 바울이 이미 거듭거듭 교회를 그리스도의 몸이라고 말했기 때문에, 사람들은 교회에 대한 그리스도의 머리됨을 마치 머리가 몸의 여러 지체들을 통괄하듯이 자기 백성들을 통괄하시는 유기적인 관계로 쉽게 이해할 수 있었다. 앞에서 언급한 이전 서신들에서처럼 교회의 지체들 간의 살아있는 교제가 이런 식으로 이루어질 뿐만 아니라 모든 지체들이 그리스도를 힘입어 생명과 권능을 얻는 것도 그런 식으로 이루어진다. 그리고 그리스도를 최고의 자리

---

46) 참조, W. D. Davies, *Paul and Rabbinic Judaism*(London, 1948), pp. 53 ff.
47) 참조, H. Schlier, *Christus und die Kirche im Epheserbrief*(Tübingen, 1930), pp. 37 ff.; E. Käsemann, *Leib und Leib Christi*(Tübingen, 1933), (이 단행본들이 출간된 이래로 이 두 학자는 자신들의 견해를 수정했다).
48) 참조, W. L. Knox, *St. Paul and the Church of the Gentiles*, pp. 160 ff.
49) 참조, A. Schweitzer, *The Mysticism of Paul the Apostle*, E. T.(London, 1931), pp. 115 ff.; E. Best, *One Body in Christ*(London, 1955), pp. 93 ff., 203 ff.
50) 참조, 고전 12:12("몸은 하나인데 많은 지체가 있고 몸의 지체가 많으나 한 몸임과 같이 그리스도도 그러하니라").
51) "Membris adhuc in terra positis caput in caelo clamabat" (*Sermons* 279.1).

에서 내쫓으려고 하는 사상 체계와는 달리 그리스도의 최고성(supremacy)은 정당하게 확보된다. 결론적으로 골로새서와 에베소서에서는 "몸"은 (이전 서신들처럼) "영혼"과 관련되는 것이 아니라 "머리"와 상호연관을 맺으면서 사용된다. 그러나 이것은 바울이 저자가 아니라고 주장하는 논거로 사용할 수는 없다.

5. 마귀 세력들의 패배

바울이 고린도 교인들에게 전한 "십자가에 못박힌 그리스도는, 하나님의 능력이요 하나님의 지혜니라"(고전1:23 이하)는 메시지는 바울이 골로새 교회의 이단에 대한 답변으로 선포하고 있는 메시지이다. 마치 천사들이 하나님에게서 사람에게로 오는 길과 사람에게서 하나님에게로 가는 길을 장악이라도 하고 있는 것처럼 율법을 수여할 때 중보 역할을 한 천사들에게 존경을 드리는 것은 얼마나 바보같은 짓인가! 그 길은 이 권세들을 정복하고 그들을 "약하고 천한 초등 학문(elemental spirits)"(갈4:9)의 지위로 떨어뜨리신 그리스도의 수중에 있었다.

우주의 주들은 현대인의 세계관에서 거의 아무런 역할도 차지하지 못하고 있다 — 물론 일간 신문의 "별점"으로의 초대를 많은 독자들이 읽고 있다는 사실은 우주의 주들이 우리가 생각하는 것보다는 더 큰 역할을 하고 있다는 것을 보여주긴 하지만, 그런데도 오늘날 사람들은 "마귀적"이라고 부르기를 주저하지 않는 우주의 강력하고 악의에 찬 세력들을 전례없이 잘 알고 있다. 사람들은 그 세력들이 인간의 행복을 방해하고 있지만 개인의 힘으로나 집단적인 행동을 통해서 그 세력들을 물리칠 수 없다는 것을 느끼고 있다. 그 세력들은 프랑켄슈타인이 만들어낸 프랑켄슈타인 괴물들일 수도 있다.

그 세력들은 의식(意識)으로 통제할 수 없는 잠재의식에 있는 공포들일 수도 있다. 사람들은 자기의 도덕 감정이 싫어하는 상황들에 자기가 빠져 있다는 것을 안다 — 그러나 그 상황에 대하여 사람들이 무엇을 할 수 있는가? 사람들이 맹목적이고 적대적인 운명의 손아귀에 놀아나는 꼭두각시라면, 사람들이 저항하다가 즉시 파멸하거나 또는 묵묵히 따르다가 천천히 파멸하거나 그것이 무슨차이가 있단 말인가?[52]

이러한 좌절감과 절망감에 대한 답변이 바로 바울이 골로새 교회의 이단에게 한 답변이다. 그리스도와 합하는 길만이 마귀 세력들의 속박으로부터 벗어나는 길이며 운명의 노리개가 되는 대신에 완전한 자유를 누리는 길이다.

---

52) 참조, A. D. Galloway, *The Cosmic Christ* (London, 1951), p. 28; J. S. Stewart, "On a Neglected Emphasis in New Testament Theology", *Scottish Journal of Theology* 4 (1951), pp. 292 ff.; G. H. C. Macgregor, "Principalities and Powers", *NTS* 1 (1954-55), p. 17 ff.

실제로 바울의 몇몇 어법은 고풍스럽지만, 바울의 핵심적인 메시지는 오늘날의 언어로 쉽게 옮길 수 있다. 다른 사람들이 어떻게 생각하고 있든지, 바울은 정사와 권세들은 더 이상 우주를 지배하는 통치자가 아니라고 생각했다. 바울은 그리스도와 그의 백성들에 대항하는 우주의 모든 세력들을 상징하는 그 세력들을 "비신화화했다".

루돌프 불트만(Rudolf Bultmann)은 "오늘날 우리 세대에서는 더 이상 신화적으로 사고하지 않지만, 우리들은 흔히 정치적, 사회적 삶을 부패시키면서 역사를 지배하는 마귀 세력들에 관하여 말한다"고 지적하면서, "그러한 어법은 은유라는 말의 한 형태이지만, 그 안에는 악은 개개인이 개인적으로 책임을 져야 하는 것이긴 하지만 인류의 모든 성원들을 비밀스런 방법으로 종으로 만드는 권세가 되었다는 인식과 통찰이 표현되어 있다"고 덧붙인다.[53] 바로 이러한 인식과 통찰이 바울의 마음에 있었고, 바울은 그것을 "우리 주 그리스도 예수 안에 있는 하나님의 사랑에서"(롬8:39) 신자들을 끊을 수 있는 권능을 갖고 있지 못한 정사와 권세의 견지에서 표현하였다고 할 수 있다.

---

53) R. Bultmann, *Jesus Christ and Mythology*, E. T.(London, 1960), p. 21. H. H. Rowley, *The Relevance of Apocalyptic*(London, ³1963), pp. 177 f.에 있는 "Beliar"에 대한 논문을 참조하라. 또한 그 주제에 대한 일반적인 설명에 관해서는 G. B. Caird, *Principalities and Powers*(Oxford, 1956); H. Schlier, *Principalities and Powers in the New Testament*, E. T.(Freiburg/London, 1961); E. G. Rupp, *Principalities and Powers* (London, 1964)를 보라.

제 36 장

바울 사상의 정수(精髓)

"바울 사상의 정수"는 피크(A. S. Peake)가 1916년 10월 11일에 맨체스터 대학의 존 라일랜즈 도서관에서 행한 한 강연 제목으로서 바울의 사상과 가르침을 관통하여 해석한 것이었다.[1] 이 장의 제목을 바로 그 강연 제목으로 붙인 것은 신약 정경에서 에베소서라는 이름으로 보전되어 온 1세기 문헌을 가장 잘 묘사하고 있는 말이기 때문이다. 이 문헌은 주로 바울 서신들의 주요한 주제들을 요약하고 있으며, 이방인의 사도로서의 바울의 사역에 내포된 우주적 의미들을 제시하고 있다.

1. 도입 질문들

여기서 나는 에베소의 저자 문제에 대해서는 어떠한 새로운 기여도 하고 있지 않다. 케어드(G. B. Caird)의 말마따나 이 서신이 "바울의 것이 아니라면 바울의 사상들을 충실하게 재현할 수 있었던 어떤 제자에 의한 바울 신학의 훌륭한 요약이다"라고 말하는 것으로 충분할 것이다.[2] — 여기에 우리는 이 서신의 가장 유력한 '극적인' 삶의 배경을 이루고 있는 것은 바울이 로마에 갇혀 있을 때라는 고찰과 함께 이 제자는 다른 어떠한 흔적도 남기지 않

---

1) *BJRL* 4(1917-18), pp. 285 ff.와 J. T. Wilkinson(ed.), *Arthur Samuel Peake*(London, 1958), pp. 116 ff에 수록되어 있다.
2) G. B. Caird, *The Apostolic Age*(London, 1955), p. 133; 참조, 그의 New Clarendon Bible Commentary, *Paul's Letters from Prison*(Oxford, 1976), p. 9 ff. 후크에 의하면,

았다는 경탄의 말을 덧붙일 수 있을 것이다.

에베소서는 신약 연구자들이 쉽게 다룰 수 있는 문헌은 아니다. 마르쿠스 바르트 (Markus Barth)는 이 서신을 바울총서의 "문에 서있는 낯선 사람"이라고 부른다.[3] 굿스피드(E. J. Goodspeed)는 이 서신을 "주석가들의 워털루(Waterloo)" — 애매모호한 표현 — 라고 말한다. 그는 이 서신을 "기독교 구원의 위대한 광상곡(狂想曲)"이라고 더 긍정적으로 평가하기도 한다.[5] 이 서신은 "바울 서신들에 대한 주석서처럼 쓰여져 있다"고 그는 말한다[6] — 이것은 사실이지만 그보다 몇 줄 앞에서 이 서신을 "바울적인 재료들을 모자이크한 작품"이라고 평한 이 저작에서는 하찮은 자투리 말에 불과하다.[7] 어떤 사람의 저작들의 여러 단편들로 이루어진 모자이크는 기껏해야 그 저작들에 대한 주석으로 밖에는 생각되지 않을 것이다.

1966년에 간행된 어떤 책에서는 "바울을 위해 에베소서를 보전하기를 바라는" 이름을 밝히지 않은 저술가에 관하여 언급하고 있는데, 그는 "에베소서가 바울의 구절들을 편집한 것처럼 보일지 모르지만 전체적으로 보면 통일성을 이루고 있다"고 말한다. "그래서 누가 어떤 것들을 가져와서 결합해 놓았는지는 모르지만 통일적으로 본다면 이 서신은 돌더미이다"라고 이 책의 저자들은 말한다.[8] 이 유비(類比)는 부정확하다. 에베소서의 구조적인 통일성은 돌더미가 아니라 "서로 연결된" "건물"(2:21)의 통일성에 훨씬 더 가깝다. 이러한 주의 깊은 문학적 구조는 바울이 썼다는 것을 입증하는 증거는 되지 않는다. 어떤 사람은 바로

에베소서가 "바울의 것이 아니라면 분명히 영광에 대한 바울적인 해설에 속한다"[Alpha and Omega (Welwyn, 1961), p. 256]. 해리슨은 에베소서의 저자는 "바울의 다른 서신들에 함축되어 있기는 하지만 그 어떤 곳에서보다 여기에서처럼 명확하지 않은 사상들을 말로 분명하게 표현하는 방법을 알고 있었다"는 말을 덧붙인다(Paulines and Pastorals(London, 1964), p. 35]. 바울이 썼다는 것을 부인하는 주장은 C. L. Mitton, *The Epistle to the Ephesians*(Oxford, 1951)에 매우 상세히 나와 있다; 그의 더 대중적인 주석인 *Ephesians*(London, 1976)를 참조하라. E. Percy, *Die Probleme der Kolosser-und Epheserbriefe*(Lund, 1946)와 A. van Roon, *The Authenticity of Ephesians*(Leiden, 1974)는 바울이 썼다는 것을 옹호하고 있다. 입문서로는 다음 논문들을 보라; "The Case for the Pauline Authorship" by J.N. Sanders(pp. 9 ff.)와 "The Case against the Pauline Authorship" by D.E. Nineham(pp. 21 ff.) in F. L. Cross(ed.), *Studies in Ephesians*(London, 1956); 또한 H. J. Cadbury, "The Dilemma of Ephesians" *NTS* 5(1958-59), p. 91 ff.; R. P. Martin, "An Epistle in Search of a Life-Setting", *Expository Times* 79(1967-68), pp. 297 ff.도 보라.

3) M. Barth, *The Broken Wall*(London, 1960), p. 9; 또한 그의 두툼한 주석서도 보라; the Anchor Bible: *Ephesians*, 2 volumes(Garden City, N.Y., 1974).
4) E. J. Goodspeed, *The Meaning of Ephesians*(Chicago, 1933), p. 15.
5) *The Meaning of Ephesians*, p. 3.
6) *The Meaning of Ephesians*, p. 9.
7) *The Meaning of Ephesians*, p. 8.
8) A. Q. Morton and J. McLeman, *Paul : The Man and the Myth*(London, 1966), pp. 27 f.

그것이 바울이 쓰지 '않았다는' 것을 입증해 주는 증거라고 생각할 수도 있겠다. 그러나 내적 통일성을 가진 정교하게 짜여진 저작, 사무엘 테일러 콜러리지(Samuel Taylor Coleridge)가 "사람이 만든 것 중에서 가장 신묘한 작품"이라고 말한 저작을[9] 돌무덤 또는 다른 바울 서신들로부터 가져온 단편들을 공들여서 붙여 놓은 모자이크에 비유하는 것은 적절치 못하다.

2. 다른 바울 서신들과의 관계

"이 서신의 형식은 회람식(回覽式)이다"라고 굿스피드는 말한다.[10] 이것은 널리 받아들여지고 있는 견해로서 이 서신의 서두에 있는 인사말 부분 — "에베소에"라는 말이 원래 본문에 속해 있었는지는 의심을 받고 있다 — 도 그러한 견해를 밑받침하고 있다.[11] 아마도 우리는 이 서신을 이방 기독교인들, 특히 아시아 지방에 있던 기독교인들 —(베드로전서의 독자들과 마찬가지로) 그들이 최근에 헌신케 된 그리스도의 도(道)가 무엇을 의미하는가를 알필요가 있었던 이방 기독교인들 — 을 대상으로 한 일반적인 서신이라고 할 수 있겠다. 에베소서의 끝부분에 나오는 개인적인 짧막한 언급으로 인해 이 서신은 골로새서와 결부되고,[12] 이 두 서신을 동일한 역사적 배경 안에서 고찰하는 것을 공식적으로 정당화해 주고 있다.

이러한 개인적인 언급들을 차치하고라도 에베소서는 어구만이 아니라 소재에서도 골로새서와 밀접한 연관을 갖고 있다. 골로새서에서 그리스도의 우주적인 역할이 개진(開陣)되었다면, 에베소서는 그것이 그리스도의 몸인 교회에 대하여 내포하고 있는 의미가 무엇인지 — 그리스도의 우주적 역할, 정사와 권세들, 하나님의 영원한 목적이 교회와 어떠한 관련을 갖고 있는가 — 를 고찰한다. 이렇게 그리스도에서 교회로 관점이 변화되었다는 것은 에베소서와 골로새서에서 "충만(플레로마)"과 "비밀(뮈스테리온)"과 같은 핵심 단어들이 서로

---

9) S. T. Coleridge, *Table Talk*, May 25, 1830; H. N. Coleridge(ed.), *Specimens of the Table Talk of the late Samuel Taylor Coleridge* (London, 1835), p. 88. 콜러릿지는 이때 이렇게 말했다: "에베소서는 분명히 성바울의 교구라고 불릴 수 있는 지역 전체를 수신지로 하여 보낸 보편적인 서신이다. … 이 서신에는 기독교의 모든 교리가 담겨있다 — 먼저는 기독교에 특유한 교리들, 다음으로는 기독교와 자연 종교에 공통적인 가르침들."
10) *The Meaning of Ephesians*, p. 3. "시카고 학파"와 해리슨이 추종하고 있는 굿스피드 자신의 견해는 에베소서는 바울총서의 최초의 편집자가 그 총서의 서론격으로 썼다는 것이었다. 430쪽을 보라.
11) 에베소서에 대한 언급은 P[46](가장 오래된 현존하는 바울 서신들의 사본)과 알렉산드리아 본문 유형에 대한 주요한 증거들에 빠져있다. B. M. Metzger, *A Textual Commentary on the Greek New Testament*(London/New York, 1971), p. 601를 보라.
12) 에베소서 6:21에서 두기고를 언급하고 있는 것은 실제로 골로새서 4:7이하를 문자 그대로(*verbatim*) 옮긴 것이다.

다른 뉘앙스를 가지고 사용된다는 사실을 설명해 주는 데 큰 도움을 준다.

또한 에베소서는 고린도전서와 분명한 유사점들을 보여준다. 특히 에베소서는 이전 서신에서 한 지역의 회중의 삶에 적용하던 교회에 관한 가르침을 우주적으로 적용하고 있다.

또 이 서신이 로마서의 어떤 부분들과 관련을 가지고 있다는 사실도 지나쳐서는 안 된다. 로마서에서 바울이 "아담 안에서"나 "그리스도 안에서" "유대인이나 헬라인이나 차별이 없음이라"(롬3:22, 10:12)는 것을 강조하고 있다면, 에베소서는 사람들이 얻을 수 있는 "그리스도 예수 안에서 하늘에 속한" 모든 신령한 복들은 유대인이나 헬라인이나 둘 다 동일한 위치에서 얻을 수 있다는 사실을 강조한다(엡1:3 등). 바울이 로마서에서 이방인의 사도로서의 자신의 직무를 찬미하고(롬11:13)[13] 자기가 "예루살렘으로부터 두루 행하여 일루리곤까지"(롬15:15-21) 이방인들에게서 순종을 얻어내면서 어떻게 이 사역을 수행했는지를 말하고 있다면, 에베소서는 바울을 "그리스도 예수의 일로 너희 이방을 위하여 갇힌 자"로 소개하면서 "측량할 수 없는 그리스도의 풍성을 이방인에게 전하게 하시려고"(엡3:8) 모든 사람들 가운데서 바울을 선택하셨다는 사실이 하나님 은혜의 놀라운 징표라고 말한다.[14]

에베소서가 바울총서의 다른 유명한 서신들과 이런 식으로 유사성들이 있다는 점으로 보아, 하인리히 쉴리어(Heinrich Schlier)가 주창(主唱)한 견해 즉, 에베소서는 그 중요한 주제들을 영지주의적 자료들에서 취해왔으며 오직 두 세 경우에만 초대 교회의 공통적인 자료에서 취해 왔다는 견해를 받아들이기가 어렵다고 할 수 있겠다.[15] 이러한 주장은 진지하게 연구하고 평가되어야 할 것이지만, 나는 에베소서가 바울 사역의 주요한 주제들을 해설한 것이라고 하는 해석이 훨씬 더 설득력있는 견해라고 생각한다.

---

13) 그는 자신의 직무가 자신의 동족을 회심케 하는 간접적인 수단이라는 이유로 그 직무를 높인다; 그는 이방인의 사도이지만 그의 마음속 깊은 곳에서는 그의 일가 친척인 유대인의 영적인 복리를 깊이 생각하고 있다(371쪽을 보라). 에베소서와 로마서 9-11의 관계에 대해서는 H. Chadwick, "Die Absicht des Epheserbriefes", ZNW 51(1960), pp. 145 ff., 특히 p. 148를 보라. 그는 에베소서는 바울의 독특한 사도직의 후원 아래 여러 갈래로 전개된 모든 흐름들을 포함한 이방인 선교지역 전체에 보내질 것이었다고 주장한다.

14) 고린도전서 15:9이하에 나오는 이와 비슷한 정서를 참조하라.

15) H. Schlier, *Christus und die Kirche im Epheserbrief*(Tübingen, 1930). 그리스도께서 자기 백성을 위하여 자신을 주셨다는 말(엡5:2, 25)과 하나님이 그를 죽은 자로부터 일으키셔서 모든 것들을 그의 발 아래 놓으셨다는 말(엡1:20, 22)은 그리스도의 구속 사역에 관한 기독교적 어법의 공통적인 축적물로부터 왔다고 그는 지적한다. 나머지에 대해서 슐리어는 구속자의 승천, 하늘의 담, 하늘에 속한 사람, 그리스도의 몸으로서의 그리스도, 하늘에 속한 건물로서의 그리스도의 몸, 하늘에 속한 혼인에 의한 합일이라는 개념들을 영지주의적 사상의 세계로부터 끌어낸다. K. L. Schmidt가 *TDNT* iii, s.v. ἐκκλησια, pp. 509 ff에서 그의 주장을 요약하고 있다. 슈미트는 이 요약을 *The Church*(Bible Key Words, London, 1950), pp. 15 ff.에 간략하게 싣고 있다.

3. 은혜를 인하여 믿음으로 말미암은 구원

바울의 주요한 주제들 가운데서 믿음으로 말미암아 의롭게 된다는 교리는 많은 사람들에게 가장 쉽게 떠오르는 주제이다. 루터가 바울의 저작들 속에서 믿음으로 말미암아 의롭게 된다는 교리를 발견한 것, 바울이 이 교리를 성경에서 전해져 온 모든 것의 가치 — 진정성은 아니더라도 — 를 판단하는 시금석으로 사용한 것의 영향을 받아, 루터를 따르는 많은 사람들은 바울에게서 그 이외의 많은 가르침들을 보기가 어렵게 되었으며, 갈라디아서와 로마서에서처럼 믿음으로 말미암아 의롭게 된다는 교리가 중심적인 역할을 하지 않는 바울총서의 문헌은 비(非)바울적이라거나 기껏해야 제2 바울적이라고 해서 거부하는 경향을 보여 왔다. 이 점에서 에베소서는 어떤 대접을 받고 있는가? 에베소서에서는 믿음으로 말미암아 의롭게 된다는 교리는 중심적인 주제가 아니라는 것은 분명하다. 그러나 이 서신의 논증의 근저에는 이 교리가 깔려 있으며, 그렇기 때문에 에베소서 2:8 이하에서 그 교리를 분명히 표현하고 있는 것 외에 그 교리는 모든 논증들 근저에 전제되는 것으로 나타난다. "너희가 그 은혜를 인하여 믿음으로 말미암아 구원을 얻었나니 이것이 너희에게서 난 것이 아니요 하나님의 선물이라 행위에서 난 것이 아니니 이는 누구든지 자랑치 못하게 함이니라."

은혜를 인하여 믿음으로 말미암은 이러한 구원은 불경건한 자들을 의롭다고 하셨다는 의미를 내포하고 있다. 헬라인이든 나면서부터 유대인이든 이 구원을 경험한 독자들은(로마서 1:18-3:20에 밝혀져 있는 도덕적인 파산 상태에 있었던 사람들과 마찬가지로) 이전에 "허물과 죄로 죽었었고" "본질상 진노의 자녀"였다는 점에서 더욱 그러하였다. 바울은 보통 구원을 파루시아에서 성취될 것이라는 관점에서 말하지만, 로마서 8:24에서는 구원을 과거사건으로 표현한다. 에베소서 2:8이하의 강조점은 바울이 로마서 3:27("그런즉 자랑할 데가 어디뇨 있을 수가 없느니라 무슨 법으로냐 행위로냐 아니라 오직 믿음의 법으로니라")과 고린도전서 1:30이하("예수는 하나님께로서 나와서 우리에게 지혜와 의로움과 거룩함과 구속함이 되셨으니 기록된바 자랑하는 자는 주 안에서 자랑하라 함과 같이 하려 함이니라")에서 지적했던 핵심과 정확히 일치한다.

4. 파루시아

이 서신은 파루시아 즉, 그리스도께서 영광 중에 나타나시는 사건을 두드러지게 다루고 있지 않다. 이 주제는 골로새서(참조, 골3:4, "우리 생명이신 그리스도께서 나타나실 그 때에 너희도 그와 함께 영광 중에 나타나리라")에서는 아주 분명하게 나타나지만, 에베소서에서는 단지 함축적으로만 나타난다. 예를 들면, 교회가 스스로를 성결케 하는 목적은 그리스도에게 자신을 "영광스러운 교회로 세우사 티나 주름잡힌 것이나 이런 것들이 없이"(엡5:26

이하) 드리기 위함이라고 한다. 이 교회를 드리는 사건은 바울총서의 다른 곳에서 분명히 밝히고 있듯이 파루시아와 일치하는 것으로 생각하는 것이 가장 자연스럽다. 또한 에베소서 4:30에 의하면 그리스도의 백성들은 파루시아 즉, "구속의 날"까지 성령으로 인침받는다.[16]

5. 성령

이것은 의심할 여지없이 에베소서에서 지배적으로 다루고 있는 주요한 바울 교리 ― 성령론 ― 로 우리를 인도한다. 성령론은 바울의 가르침에서 중심적인 것이지만 골로새서에는 실제적으로 나오지 않으며,[17] 골로새서와 에베소서가 유사점이 많다는 점을 고려할 때 에베소서에서 이 교리가 중요하게 다루어지고 있다는 사실은 더욱 더 놀라운 일이다.

신약 전반에 있어서 성령의 임재는 베드로가 최초의 기독교적 오순절에 예루살렘에서 행한 설교에서 인용한 요엘 2:28의 말씀에 입각하여 말세가 왔다는 표적이다. "하나님이 가라사대 말세에 내가 내 영으로 모든 육체에게 부어주리니"(행2:16이하). 더욱이 성령의 임재는 예수가 진실로 메시야이며(세례 요한의 말대로), 성령으로 세례를 베푸실 자라는 것을 증거하는 것이다. 달리 말하면, 예수의 수난과 승리로 말미암아 개시된 새 시대는 선지자들이 내다보았던 성령의 시대라는 것이다. 성령이 예수가 메시야와 주(Lord)라는 것을 확증한다는 사상은 신약 전반에 스며들어 있다. 이 사상은 사도행전,[18] 요한복음과 요한서신들,[19] 베드로전서[21]에서 발견된다. 또한 이 사상은 바울에게서도 발견되는데, 그는 토라의 시대가 가고 성령의 시대로 도래했다고 생각했다.[22]

그러나 바울이 전해받은 성령에 관한 초대 교회의 일반적인 가르침에 더하여 바울은 적어도 두 가지 독특한 기여를 하고 있다. (a) 성령은 장래에 일어날 부활과 영광에 대한 현재적 담보라는 것,[23] (b) 그리스도의 백성은 성령으로 세례를 받고 하나의 공동체적인 실체로 된다는 것.[24] 바울이 "주요" 서신들(로마서, 고린도전후서, 갈라디아서)에서 해설하고 있는 이 두 공헌은 에베소서에서도 강조되고 있다.

---

16) 참조, 엡 1:14(228쪽 위를 보라).
17) 성령은 골로새서 1:8("성령 안에서 너희 사랑을")에서 부수적으로 언급되고 있으며, 성령의 영감은 골로새서 3:16의 "신령한 노래"라는 말 속에함 축되어 있다.
18) 행 2:33; 5:32.
19) 요 15:26; 6:8-10,14이하.
20) 요일 5:7이하.
21) 벧전 1:12.
22) 롬 7:6; 8:2,4; 고후 3:3이하; 갈 3:2이하;219쪽 위를 보라.
23) 롬 8:10이하, 특히 23절; 고후 1:22; 5:5.
24) 고전 12:13(229쪽을 보라).

(a) **성령의 담보.** 에베소서에서는 성령을 "약속의 성령"(엡1:13)이라고 부른다. 이 말은 표준 개역성경(RSV)이나 신영역성서(NEB)가 번역하고 있듯이 "약속하신 성령"(이 말 자체는 행1:4이하. 2:33에서 즉기하듯이 사실이긴 하지만)을 의미하지 않는다. 문맥을 보면 이 말은 내주하시는 성령을 갖고 있는 사람들에게 성령은 부활의 삶과 이에 관련된 모든 영광의 유업을 보증해주는 약속 자체라는 의미이다. 성령을 이런 식으로 보는 견해에 내해 전거가 되는 구절(*locus classicus*)은 로마서 8:9이하이다. 거기에서는 "예수를 죽은 자 가운데서 살리신 이의 영"이 예수를 믿는 자들의 죽을 몸들을 "살리시리라"고 말한다. 성령은 신자들로 하여금 하나님의 아들들로서의 그들의 특권과 책임들을 그것들이 만천하에 밝혀질 그 날까지 실현하게 할 수 있다는 의미에서 "양자(adoption)의 영"이다. 바울은 이러한 "하나님의 아들들의 나타나는 것"(모든 피조물은 "하나님의 자녀들의 영광의 자유"에 동참하기 위하여 이를 고대한다고 바울은 말한다)을 "양자될 것 곧 우리 몸의 구속"이라고 부른다. 그리고 이 종말과 관련하여 신자들은 지금 여기에서 "처음 익은 열매"인 성령을 소유한다. 바울은 신자들이 "하늘에 있는 영원한 집"을 장래에 덧입을 것이라는 내용이 담겨 있는 고린도후서 5:5에서도 이와 동일한 취지로 말하고 있다. "이것을 우리에게 이루게 하시고 보증("아라본")으로 성령을 우리에게 주신 이는 하나님이시니라."

신자들에게 성령은 "처음 익은 열매" 또는 "보증"이라는 이러한 주장은 에베소서 1:13에도 나타난다. 거기서 바울은 신자들 — 유대인이든 이방인이든 — 에게 그리스도를 믿음으로써 그들은 "우리의 기업에 보증("아라본")이 되사 그 얻으신 것을 구속하시는" 약속의 성령으로 "인치심을 받았다"는 사실을 일깨워준다. (성령과 관련하여 이렇게 "인치심"과 "보증"을 나란히 병치(倂置)하고 있는 것은 이미 고린도후서 1:22("저가 또한 우리에게 인치시고 보증으로 성령을 우리 마음에 주셨느니라")에 나왔었다).[25] 또 에베소서 4:30에는 "하나님의 성령을 근심하게 하지 말라 그 안에서 너희가 구속의 날까지 인치심을 받았느니라"는 경고가 나온다 — 여기에서 "구속"은 에베소서 1:14에서와 마찬가지로 로마서 8:23에 나오는 "우리 몸의 구속"과 동일하다.

이러한 인치심이 언제 일어나는 것으로 보느냐 하는 문제는 활발하게 논의되어 온 문제인데, 인치심의 시기는 고린도전서 12:13에서 가리키고 있는 시기와 동일한 때에 일어난다고 보는 것이 가장 타당성이 있을 것이다. "우리가 유대인이나 헬라인이나 종이나 자유자나 다 한 성령으로 세례를 받아 한 몸이 되었고, 또 다 한 성령을 마시게 하셨느니라".

(b) **하나되게 하시는 성령.** 고린도전서 12:13은 성령론에 대한 바울의 또 하나의 독특한 공헌을 보여준다. 거기에는 성령에 대한 바울의 독특한 파악이 요약되어 있기 때문이다. 여기서 성령으로 세례를 받는 것 — 그리스도는 세례 요한의 예언을 따라 세례를 베푸는 자가 된다[6]— 은 단순히 개인적인 체험이 아니다. 그것은 그리스도를 믿는 자들을 그리스도의

---

25) 228쪽을 보라. 이 주제를 더 자세히 알려면 G. W. H. Lampe, *The Seal of the Spirit*(London, 1951)를 참조하라.

몸으로 합체시키는 하나님의 행위이다. 다른 곳에서 바울은 "그리스도와 합하여 세례를 받은"(갈3:27, 롬6:3) 것이라든가 "그리스도로 옷입는"(갈3:27; 롬13:14) 것에 관하여 말하고 있는데, 이 말들에는 그리스도와 합체된다는 의미가 분명하게 내포되어 있다. 하지만 이전 단락의 끝부분에서 인용한 고린도전서 12:13에서야 비로소 이러한 체험에 있어서 성령의 역할이 분명하게 표현되고 있다. 그리고 고린도전서 12:13의 말씀 및 독자들에게 "평안의 매는 줄로 성령의 하나되게 하신 것을 힘써 지키라"고 힘주어 명하는 에베소서 4:3의 말씀은 아주 분명하다. 이 "성령의 하나되게 하신 것"은 그 다음에 나오는 말대로 "몸이 하나이요 성령이 하나"(엡4:4)이기 때문에 성령이 그리스도의 백성들을 그리스도의 몸으로 하나되게 하신 것을 의미한다.[27]

에베소서 2:19이하에서 교회는 몸이 아니라 건물로 묘사된다(에베소서 4:12-16에서 몸에 관하여 말할 때에도 건축 용어가 사용되고 있는 것과 마찬가지로 에베소서 2:21에서 건물에 관하여 말할 때에도 생물 용어가 사용되고 있긴 하지만). 그러나 여기서도 "모퉁이 돌"이신 그리스도에 개개 구성 부분들을 결합시킴으로써 건물이 세워져가는 것은 "성령 안에서"이다. 그리고 유대인 신자와 이방인 신자가 함께 아버지께로 나아가는 것(참조, 롬5:2) 또는 (비유를 바꿔서) 하나님이 거하실 거룩한 처소나 성전을 이루어가는 것(고전3:16이하에 어렴풋이 나타나 있는 사상)은 이 동일한 "한 성령" 안에서 이다.

6. 새 사람

그리스도의 몸과 하나님의 성전이라는 개념들은 "새 사람"이라는 개념과 긴밀하게 얽혀 있다. 건축과 생물의 비유들이 섞여 있는 가운데 에베소서 4:13이하에는 "그리스도의 장성한 분량이 충만한 데까지" 이른 온전한(full-grown) 사람 ("아네르 텔레이오스")에 관한 말이 나온다. 머리되신 그리스도에 이르기까지 자란다는 것은 교회가 그리스도의 몸으로서 자랄 수 있는 정상이라고 할 수 있다. 둘째 사람, 마지막 아담, 새 창조의 머리이자 화신(化身)으로서의 그리스도를 우리는 로마서 5:12-19과 고린도전서 15:20-28, 42-50에서 만난다. 로마서 13:14과 갈라디아서 3:27에서 신자들이 그리스도로 옷입는다고 할 때, 그것은 (이미 살펴본대로) 개인적으로 그리스도를 닮아가는(imitatio Christi) 문제라기보다는

---

26) 막 1:8; 요 1:33; 행 1:5; 11:16과 (함축적으로) 19:1-6.
27) 물론 독자들에게 지키도록 명령하고 있는 "성령의 하나되게 하신 것(ἑνότης)"은 성령이 하나라는 사실(이것은 그들이 어떠하든지 영향을 받지 않는 사실이다)을 가리키는 것이 아니다; 그것은 그러한 사실에서 나오는 귀결이다. 에베소서 4:4-6은 어느 정도 고린도전서 12:4-6을 재현하고 있다; 두 구절 모두 "성령… 주… 하나님"의 협동을 포함하고 있다. 에베소서 4:4-6에서 "하나(one)"라는 말이 반복되고 있는 것은 후대의 동방 신조들을 예감케 한다; 참조., R. R. Williams, :Logic versus Experience in the Order of Credal Formulae", NTS 1(1954-55), pp. 42 ff.

그리스도와 합체되는 문제이다. 그래서 골로새서와 에베소서에서 "자기를 창조하신 자의 형상을 좇아 지식에까지 새롭게 하심을 받고"(골3:10) "하나님을 따라 의와 진리와 거룩함으로 지으심을 받은"(엡4:24) 새 사람을 입으라고 말할 때,[28] 여기서 새 사람은 그리스도 — 그의 백성과 동떨어져 있는 그리스도가 아니라 그의 백성 '안에' 있는 그리스도, 바울이 갈라디아 교인들에게 그들 속에 "그리스도의 형상이 이루기까지" 해산하는 수고를 하셨다고 말할 때(갈4:19) 염두에 두고 있는 그리스도 — 자체이다.

우리가 이러한 바울 초기의 말들을 마음에 둔다면, "새로운" 또는 "완전한" 사람의 개념을 찾기 위해 다른 자료들을 기대할 필요가 있겠는가. 또한 에베소서에 나타나는 교회가 지역의 회중이 아니라 보편적인(universal) 교회라는 데 대해 놀랄 필요가 전혀 없다.

위에서 말했듯이 에베소서는 고린도전서의 교회론을 보편화시키고 있다. 그러나 에베소서에서 분명하게 표현되고 있는 보편적인 원리는 "고린도에 있는 하나님의 교회"만이 아니라 "우리의 주 예수 그리스도의 이름을 부르는 모든 자"를 수신자로 삼고 있는 고린도전서에 이미 잠재적으로 표현되어 있다(고전1:1). 교회의 하나됨은 한 성령, 한 주, 한 하나님이 계시다는 사실과 결부되어 있다. 따라서 한 성령이 내주하여 계시고 한 주를 고백하며 그를 통하여 한 하나님을 예배하고 이전에 유대인과 헬라인으로 나누어져 있었던 사람들을 차별없이 포괄하는 그리스도의 한 백성이 있다는 결론이 자연스럽게 도출된다.

신약성경에는 독일 학자들이 '가톨릭 사상의 초기 형태(Frühkatholizismus)'라 부르는 요소들이 존재한다는 것은 분명하다. 이러한 요소들 가운데 주요한 것은 에베소서에 두드러지게 나타나는 온 세상의 교회는 하나라는 사상이다. 그러나 진정한 바울 사상에는 가톨릭 사상의 초기 형태는 있을 수 없다는 것이 자명한 공리(公理)로서 너무도 일반적으로 받아들여지고 있기 때문에 그러한 사상이 나타나는 문헌은 비록 바울의 이름을 지니고 있다 할지라도 진정한 바울 서신일 수 없다고 한다.[29]

다른 많은 신학적 공리들과 마찬가지로 이 공리도 철저히 검토를 할 필요가 있다. 그리고 실제로 철저히 검토해 보면 이 공리는 어느 정도 타당성을 상실하게 된다. 우리는 바울이 자신의 선교지역에 있는 모든 기독교인이 하나(unity)를 이루고 있다고 생각했을 것이라고 선험적으로(a priori) 예상할 수 있다. "육체를 따라 이스라엘"인 사람들은 지방의 회당들에만 존재하는 것이 아니었다. 그들은 어디에나 있었다. 특정 지역에 있는 회당은 온 "이스

---

28) 이전에 유대인이었던 사람과 이전에 이방인이었던 사람을 하나로 포괄하는 에베소서 2:15의 "새 사람"을 참조하라. 거기에서는 에베소서 4:24과 마찬가지로 "새 사람"은 καινος ἄνθρωπος인데, 골로새서 3:10에서는 νέος ἄνθρωπος이다. 그러나 καινος와 νέος사이에는 어떠한 의미의 차이도 없다. 왜냐하면 에베소서 4:23에서 καινος ἄνθρωπος를 입는 것은 심령으로 ἀνανεοῦσθαι("새롭게 되는 것")과 같고, 골로새서 3:10에서 동사 ἀνακαινόω는 νέος ἄνθρωπος를 새롭게 한다는 의미로 사용되고 있기 때문이다. 우리는 새 사람을 로마서 7:22과 고린도후서 4:16의 "속 사람(ἔσω ἄνθρωπος)"— 이것은 또 에베소서 3:16에도 나온다 — 과 비교해야 한다. "새 사람"이라는 개념의 원천은 영지주의적인 "구속자" 신화가 아니라 로마서 6:6의 παλαιος ἄνθρωπος와 로마서 7:22의 ἔσω ἄνθρωπος이다 (참조. J. Horst in TDNT iv. p. 565, n. 79, s. v. μέλος).

라엘의 회중"이 지역적으로 드러난 것에 불과했다. 이와 동일한 사정이 새 이스라엘에도 적용되었다.

우리가 선험적으로(a priori) 예상했던 것은 바울이 기독교인들의 하나됨 — 자신의 이방인 선교의 하나됨만이 아니라 자신의 이방인 선교와 예루살렘 교회, 유대인 선교를 포괄하는 하나됨 — 에 관하여 깊은 관심을 가지고 다루었던 "주요" 서신들에 나오는 증거들을 통하여 확증된다.[29]

더욱이 바울에 의하면 모든 기독교인들은 세례를 받음으로써 지역의 모임에 합해졌을 뿐만 아니라 "그리스도와 합하여"졌다. 그리스도와 합하여 세례를 받은(그래서 그리스도로 "옷입은") 자들은 모두 필연적으로 하나의 영적인 실체의 일부를 구성하였다. 세례를 통하여 그들은 그리스도와 하나되어 그와 함께 죽고 그리스도의 부활을 본받아 그와 함께 일으키심을 받음으로써 "새 생명 가운데서 행하게" 되었다(롬6:3-5). 달리 말하면, 그들은 "한 성령으로" 세례를 받아 그리스도의 몸으로 합해짐으로써 그리스도의 몸의 지체들이 되었다. 바울은 고린도 교인들에게 그들이 그리스도의 몸이며 개개인은 그 지체라는 점을 일깨워 준다(고전12:27). 마찬가지로 바울은 로마 교인들에게 "우리(즉, 독자적인 로마 기독교인들이 아니라 바울 및 다른 신자들과 교제 관계에 있는 로마 기독교인들) 많은 사람이 그리스도 안에서 한 몸이 되어 서로 지체가 되었느니라"(롬12:5)고 말한다.[31] 바울의 사고 방식으로는 고린도 교회의 회중 내에 생긴 파당들 속에서 그리스도가 갈라져서는 안 되었던 것과 마찬가지로 그리스도는 여러 회중들로 갈라질 수 없었다. 골로새서와 에베소서에서 보편적 교회가 분명하게 드러나는 것은 "그리스도 안에서"라는 구절과 그에 따르는 모든 것에 대한 바울의 이해에서 필연적으로 도출될 수밖에 없는 귀결이다.

---

29) 그래서 E. Käsemann은 "신약에서 바울 전통이 초기의 가톨릭 시대의 관점으로 옮겨가는 것을 극명하게 보여주는 것은 에베소서이다"라고 말한다; 그는 이런 관점에서 이 서신을 사도행전과 비교한다 ["Ephesians and Acts",in Studies in Luke-Acts: Essays in Honor of Paul Schubert,ed. L. E. Keck and J. L. Martyn (Nashville, 1966), pp. 288 ff.). 이 점에 대해 H. Küng은 The Sturctures of the Church, E. T.(London, 1965), pp. 135 ff., 특히 142 ff에서 Käsemann과 다른 사람들에게 이의를 제기하면서 그들은 "초기 가톨릭으로의 타락"의 기미가 보인다고 하는 열등한 지위로 강등시킴으로써 이미 공인된 정경 내에 신약 정경을 또 다시 확립하고자 한다고 그들을 비난했다. S. C. Neil은 독일의 개신교 신학에서 '초기 가톨릭(Frühkatholizismus)'이란 용어는 "항상 비난의 의미를 내포하는 용어로" 사용된다고 지적한다 [The Interpretation of the New Testament(London, 1964), p. 160) .이전에 루터파 신학자였으며 Christus und die Kirche im Epheserbrief의 저자이기도 한 H. Schlier는 보통 "유착물들"로 분류되는 초기 가톨릭 사상 및 다른 특징들은 사도적 기독교의 일부였다고 확신하게 됨으로써 로마 가톨릭 교회에 입교했을 뿐만 아니라 에베소서를 바울의 진정한 서신으로 보는 것이 가능하다는 것을 발견했다는 것은 주목할 만하다; 그의 주석서인 Der Brief an Die Epheser(Düsseldorf, ⁵1965), pp. 22 ff. 를 참조하라.
30) 이것을 보여주는 분명한 증거는 그가 예루살렘 "성도들"을 위하여 연보금을 모은 일이다(347쪽 이하를 보라).
31) 에베소서 4:16,25; 5:30에서 이와 비슷하게 μέλη("지체들")를 사용하고 있음을 참조하라.

바울이 고린도와 로마의 교인들에게 그리스도의 몸 안에서의 지체됨에 관하여 쓸 때 사용하는 어법은 바울이 "주요" 서신들을 썼을 때의 상황으로 말미암아 그것을 지역 모임의 요구에 맞춰 적용할 수밖에 없었을지라도 결코 지역에 국한해서 적용될 수 있는 성질의 것이 아니었다. 모든 신자들 — 고린도, 로마, 예루살렘, 에베소 및 기타 등등에 있는 — 은 그리스도와 함께 죽고 그리스도와 함께 일으키심을 받았었다. 그들은 그리스도의 부활 생명에 참예한 자로서 한 기독교적 교제를 이룰 수밖에 없었다.

7. 어두움에서 빛으로

그리스도 안에서 죽음에서 생명으로 옮겨간 체험은 어두움에서 빛으로 옮겨갔다는 관점에서 표현할 수도 있다. 그리고 에베소서 5:7-14에서는 그러한 관점에서 표현하고 있다. "너희가 전에는 어두움이더니 이제는 주 안에서 빛이라", 독자들은 바울총서의 다른 곳,[32] 요한 저작들,[33] 쿰란 문헌들에서 그 유사한 표현들을 찾아볼 수 있는 어법을 듣게 된다. 세 코로 된 인용문을 보면 요지는 드러난다:

> 잠자는 자여 깨어서
> 죽은 자들 가운데서 일어나라
> 그리스도께서 네게 비춰시리라

이 인용문은 "그러므로 이르시기를"이라는 도입문을 갖고 있기 때문에 마치 성경에서 인용된 것처럼 생각하기 쉬우나 이와 일치하는 구약의 구절은 없다. 그래서 종종 학자들은 이 인용문이 초대 교회의 세례송(洗禮頌)이 아닌가 생각해 왔다. 운율은 여러 신비종교들에서 사용하는 개시송(開始頌, initiation formulae)의 운율과 비슷한데,[34] 내용은 전적으로 기독교적이다.[35] 빛은 모든 것들의 모습을 있는 그대로 비춰준다는 내용을 담고 있는 에베소

---

32) 참조, 살전 5:6; 골 1:12.
33) 참조, 요 3:19이하; 12:35이하; 요일 1:7; 2:8이하.
34) Firmicus Maternus, *De errore profanarum religionum* 18: 1에 인용된 앗티스 입회식 선서문의(내용이 아니라) 운율을 참조하라: ἐκ τυμπάνου βέβρωκα, ἐκ κυμβάλου πέπωκα, γέγονα μύστης Ἄττεως("나는 북으로부터 먹었고, 나는 심벌로부터 먹었고, 나는 앗티스의 신입자가 되었다"). 이와 비슷한 엘류시스(Eleusinian) 비의종교의 입회식 선서가 Clement of Alexandria, *Exhortation to the Greeks* 2. 14에 인용되어 있다.
35) 이에 대해서는 K. G. Kuhn, "The Epistle to the Ephesians in the Light of the Qumran Texts", E.T. in *Paul and Qumran*, ed. J. Murphy-O'Connor(London, 1968), pp. 115 ff.를 보라.

서 5:14의 문맥으로 보아서 이 말들은 죄인들에게 옛 행실을 버리고 새로운 생명의 길을 부여잡으라는 초청의 말이다. 바울에 의하면 이 말들은 세례라는 성례를 통하여 이루어지는 체험을 표현하고 있다. "우리가 그의 죽으심과 합하여 세례를 받음으로 그와 함께 장사되었나니 이는 아버지의 영광으로 말미암아 그리스도를 죽은 자 가운데서 살리심과 같이 우리로 또한 새 생명 가운데서 행하게 하려 함이니라"(롬6:4).

8. 허물어진 담

유대인과 이방인 ― 이전에는 서로 멀리 있었던 두 집단 ― 이 동일하게 기독교 공동체에 합체된다는 점을 강조하면서 에베소서는 그리스도께서 "둘로 하나를 만드사 중간에 막힌 담을 허셨다"고 말한다 ― 담을 허문다는 비유는 그리스도께서 두 집단 상호간의 적대감을 제거하시고 "의문에 속한 계명의 율법"을 폐하셨다(엡2:14이하)고 묘사될 수도 있다.[36] "중간에 막힌 담"이라는 말은 예루살렘 성전의 안뜰을 이방인의 뜰로부터 분리했던 장벽, 이방인들의 죽음을 각오하지 않고서는 넘을 수 없었던 이 장벽에서 영감을 얻었을 것이라고 생각하는 것은 에베소서를 주석하는 영국 학자들에게는 상식에 속한다.[37] 반면에 독일 주석가들은 몇몇 영지주의적인 본문들을 따라 지상 세계를 빛의 천상 세계로부터 갈라놓는 장벽을 연상하기를 더 좋아한다.[38]

영지주의적 형태를 띤 이러한 개념이 주후 1세기에 유포되었을 것인가 하는 문제를 검토해보지 않고도,[39] 우리는 이 두 장벽 중에 어느 쪽이 에베소서 2:14의 사상에 더 적합한 유비(類比)인지를 물어볼 수 있다. 성전에 있는 장벽은 수직적인 담이었고, 영지주의적 본문들의 "철의 장막"은 수평으로 놓여 있었다. 에베소서 2:14에서 염두에 두고 있는 구분은 천상 세계와 지상세계의 구분이 아니라 이 세상에 살고 있는 두 집단의 사람들을 가르고 있는 구분이다. 그러므로 수평적인 장벽보다는 수직적인 장벽이 더 적합한 표현이라고 할 수 있다 ― 이 "중간에 막힌 담"으로 인해 멀리 떨어져 있어야 했던 두 집단은 예루살렘 성전의 장벽에 가로막혀 떨어져 있어야 했던 두 집단과 정확히 일치한다.

마틴 디벨리우스(Martin Dibelius)처럼,[40] 에베소서 2:14의 독자들이 그러한 암시를

---

36) 율법의 폐기에 대해서는 "그리스도는… 율법의 마침이 되시니라"는 로마서 10:4의 말씀을 참조하라 (208쪽 이하를 보라).
37) 예를 들면 J. A. Robinson, *St. Paul's Epistle to the Ephesians*(London, 1904), pp. 59 f.(장벽에 대해서는 Josephus, *BJ* v. 194를 보라).
38) 예를 들면 H. Schlier는 *Christus und die Kirche im Epheserbrief*, pp 18 ff.에서 "die himmlische Mauer"에 관하여 논문을 쓴 다음에 *Der Brief an die Epheser*, pp. 126 ff.를 썼다.
39) 특히 하늘에 속한 담이라는 개념(또는 다른 영지주의적인 개념들)을 신약 시대보다 수 세기 이후에 속하는 만데안(Mandaean) 본문들에 의거해서 재구성하고자 할 때 이러한 문제가 발생한다.

이해했을 것인가라고 물어볼 수 있다. 아마도 이해하지 못했을것이다. 그러나 그들이 영지주의적인 암시를 더 잘 이해할 수 있었을까? 어쨌든 여기에서는 유형의 장벽을 강조하고 있는 것이 아니다. 그러나 독자들이 이해했겠느냐 못했겠느냐를 떠나서, 기자(記者)의 마음 근저에는 바울이(엡3:1을 인용한다면) "그리스도 예수의 일로 너희 이방을 위하여 갇힌 자"가 되는 일련의 사건들에서 중요한 역할을 했던 이 성전 장벽이 자리잡고 있었다고 보는 것이 옳을 것이다. 왜냐하면 사도행전 21:27이하에 따르면, 바울은 성전 장벽을 넘어 이방인이 불법적으로 들어가는 것을 방조하고 교사했다는 죄목으로 고발되어 체포되었기 때문이다. 이 고소는 재판 자리에 갔을 때 어떤 증인도 나서지 않았기 때문에 유지될 수는 없었지만, 바울은 풀려나지 못했다. 그는 처음에는 가이사랴에서 다음에는 로마에서 감금 생활을 해야 했다. 이 상황에서 문자적인 "중간에 막힌 담", 유대인과 이방인을 고대로부터 갈라놓은 외부적으로 눈에 보이는 표식이 매우 쉽사리 마음에 떠올랐을 것이다.

이러한 암시는 몇 줄 지나서 유대인 신자들과 이방인 신자들이 그리스도로 말미암아 "한 성령 안에서" 아버지께 나아감을 얻었다고 강조함으로써 더욱 강화된다.[40] 이전에 이방인들을 이스라엘의 하나님으로부터 멀리 있게 하였던 장벽은 철폐되었고, 유대인 신자들조차도 이전에 지상의 성전에서 그들의 지위에 따라 그에 상응하는 거리를 유지해야 했던 것에 비하면 이제는 살아있는 사람 안에 있는 "성소"에서 훨씬 더 방해받지 않고 하나님께 나아갈 수있게 되었다. 왜냐하면 예루살렘 성전에는 이방인들을 안뜰로 들어오는 것을 막았던 장벽만 있었던 것이 아니었기 때문이다. 성전 안뜰에는 이스라엘인들의 다양한 집단들의 신분에 걸맞게 일정 한도 내의 접근을 막기 위한 일련의 장벽들이 있었다.

유대인 여자들은 여인의 뜰을 넘어서서는 안 되었다. 평범한 유대인들은 이스라엘의 뜰을 넘어서서는 안 되었다. 제사장의 뜰과 성소에는 제사장들과 레위인들이 자기들에게 지명된 의무를 수행하기 위하여 들어간다. 그러나 지성소를 드리우고 있었던 무거운 장막은 하나님의 보이지 않는 임재가 있는 방에는 대제사장이 일년에 한 번 속죄일에 희생의 피를 들고 들어가는 것 외에는 어떤 사람의 접근도 금지되었다. 그러므로 대제사장이 거기에 직접 나아간다는 것은 영혼의 고통을 겪는 것이었다.

에베소서 2:21에 나오는 영적인 성소에서는 하나님께 직접 나아간다는 것은 기쁨과 찬양의 순간이 되는데, 이것은 모든 신자들에게 허락된 것이다. 이렇게 하나님께 직접적으로 나아간다는 것은 에베소서와 히브리서에서 똑같이 주요한 주제이다. 그러나 히브리서에서 예시(例示)로 사용하는 장벽은 지성소에 걸려 있는 장막인 반면에 에베소서에서 염두에 두고 있는 것은 이방인들을 멀리 떨어져 있게 하는 장벽이다.

---

40) M. Dibelius, *An die Kolosser, An die Epheser, An Philemon*(Tübingen,³ 1953), p. 69: 참조, H. Schlier, *Christus und die Kirche im Epheserbrief*, p. 18. E. J. Goodspeed는 성전의 장벽이라고 보지만 이 문맥에서 그것을 비유적으로 사용하는 것은 주후 70년에 성전이 실제로 파괴된 것에서 암시를 받았다고 생각한다(*The Meaning of Ephesians*, p. 37).

41) 엡 2:18, 21.

9. 하늘에 오르심

하지만 우리는 수평적인 장벽에 속하는 어떤 것을 에베소서의 또 다른 구절에서 식별할 수 있다. 에베소서 4:8-10에는 시편 68:18의 말씀에 대한 주목할 만한 주석 — 지금와서야 이것을 '페쉐르' 형식이라고 부른다는 것을 알게 되었다 — 이 나온다. 이 인용문은 "그가 위로 올라가실 때에 사로잡힌 자를 사로잡고 사람들에게 선물을 주셨다"로 되어 있다(원문의 이인칭을 삼인칭으로 바꿔서).

시편 68편의 문맥은 거룩한 시온산을 올라오는 개선 행진을 묘사하는 듯이 보인다. 승리의 영웅 뒤로는 사로잡힌 자들의 행렬이 뒤따르고 연도(沿道)에는 기뻐하는 백성들이 늘어서 있다. 성전의 성가대는 승리자인 그에게 환호를 보내면서 그가 어떻게 "사람들로부터 선물을 받았는지" — 아마도 정복당한 자들이 그에게 바친 공물을 뜻할 것이다 — 를 말한다. 아니면 개선 행진을 이끄는 자는 승리자인 어떤 인물이 아니라 여호와 자신, 이스라엘을 이끌고 무사히 전투를 마친 후 이제는 행렬의 선두에서 성소를 향하고 있는 언약궤에 의해 상징되는 눈에 보이지 않는 여호와의 임재일지도 모른다. 이 경우에는 속국들의 공물은 이스라엘의 하나님께 바로 드려진다.

시편에 대한 이러한 해석들 가운데서 어느 것을 선호한다 하더라도 에베소서 4:8-10에서는 그러한 역사적 배경을 토대로 18절을 해설하고 있지 않다. 이 역사적 배경을 고려하였다고 할지라도, 이스라엘의 하나님 또는 그의 기름부음 받은 왕에 대한 환호는 현재에 있어서 "육신으로는 다윗의 혈통에서 나셨고 성결의 영으로는 죽은 가운데서 부활하여 능력으로 하나님의 아들로 인정되신"(롬1:3이하) 분에게 동일하게 합당했을 것이다. 가장 놀라운 것은 여기서 맛소라 본문과 칠십인역의 읽기인 "사람들로부터 선물을 받았다(recieved)" 대신에 아람어 탈굼(the Aramaic Targum)과 수리아 역본(the Syriac version)과 일치하는 읽기 — "사람들에게 선물을 주셨다" — 를 선택하고 있다는 점이다. 탈굼에서 이 구절은 모세가 시내산에 올라가서 율법이 적힌 돌판들을 받은 후 그 돌판들을 사람들에게 하나님의 선물로 주었다는 뜻으로 해석된다. 그러나 에베소서에서 이 구절은 그리스도께서 하늘에 오르셔서 거기에서 그의 교회에 교회가 성숙하게 자라가는 데 필요한 사역자들을 주셨다는 뜻으로 해석된다.

바로 이 시편 68:18의 해설에서 수평적인 장벽이라는 의미가 내포되어 있을 가능성이 있다. 이것은 "땅 아랫 곳"과 "모든 하늘 위에" 있는 천상 세계를 가로막고 있는 장벽인데, 그리스도는 하늘에 오르실 때 이 장벽을 깨뜨리셨다. 그러나 그러한 의미가 내포되어 있다 할지라도 거기에는 어떠한 강조도 두어지지 않는다. 시편에 나오는 "올라가셨다"는 동사에 대해서 에베소서는 이렇게 논평하고 있다.

올라가셨다 하였은즉 땅 아랫 곳으로 '내리셨던' 것이 아니면 무엇이냐 '내리셨던' 그가 곧 모든 하늘 위에 '오르신' 자니 이는 만물을 충만케 하려 하심이니라.

이 구절을 해석하는 데 있어서 결정적인 문제는 "땅 아랫 곳"이 (천상 세계와 관련하여 "아래"인) 지상을 가리키느냐 아니면 (지상과 관련하여 "아래"인) 지하 세계를 가리키느냐 하는 것이다. 확실하게 단정적으로 말할 수는 없다. (신30:12-14을 '페쉐르' 식으로 주석하면서) 하늘에 오르는 것을 음부에 내려가는 것과 대비시키고 있는 로마서 10:6이하와 비교해 보면, 후자의 해석이 더 가능성이 있음을 보여준다. 요한복음 3:13(요한복음은 에베소서와 특별한 유사성을 갖고 있다)과 비교해 보면 전자의 해석이 더 가능성이 있음을 보여준다. 왜냐하면 요한복음 3:13에서는 인자가 하늘에 오르는 것은 그가 하늘로부터 내려온 것 (즉, 땅으로 내려온 것)과 병행되고 있기 때문이다.

전통적으로 이 구절은 '음부로 내려간 행위(descensus ad inferos)'와 음부를 약탈한 행위를 의미하는 것으로 해석되어 왔으며, "사로잡힌 자를 사로잡고"라는 구절은 이런 의미로 해석되어 왔다. 그러나 에베소서에서 "사로잡힌 자를 사로잡고"라는 구절은 시편을 인용한 부분에서만 나올 뿐 이어지는 해설에서는 아무런 역할도 하지 않는다. 인용문에서 이 구절이 어떤 의미를 내포하고 있다고 한다면, 이 구절은 골로새서 2:15에 묘사된 바와 같이 정사와 권세들을 탈취한 것을 언급하고 있을 것이다.

그러나 이와 같은 일은 하데스가 아니라 십자가에서 일어난 일이었다. 대체적으로 "땅 아랫 곳"이라는 구절에서 "땅"은 정의(定義)의 속격으로 해석하는 것이 가장 타당하다 — 즉 땅 자체가 그리스도께서 내리셨던 "아랫 곳"이라는 것이다. 그러나 그리스도께서 내려오셨다가 올라가셨다는 언급의 요지는 이 해석의 난점(crux interpretum)을 어떤 식으로 해석해도 영향을 받지 않는데, 그 요지는 이 이중의 운동을 통하여 그리스도는 천상 세계와 지상 세계 모두를 포함하는 만유를 자신의 임재로 충만케 하고 있다는 것이다.[42]

10. 하나님의 비밀

에베소서와 쿰란 사본들의 유사점들 가운데서 가장 흥미로운 사항에 속하는 한 가지는 하나님의 "비밀들(mysteries)"에 관한 사상이다. 이 "비밀들"은 연금술사들이 말하는 그런 '비술들(秘術, arcana)'이 아니다. 이 비밀들은 계시되어 왔다. 그러나 비록 그 비밀들이

---

42) 양자의 견해를 밑받침하는 증거들이 얼마나 팽팽히 맞서고 있는지는 TDNT에 나오는 일련의 항목들을 보면 잘 알 수 있다. Vol.i, pp.522 f., s.v. ἀναβαίνω에서 J. Schneider는 "아랫 곳"은 땅 자체라고 주장했다; Vol.iv, pp.597 f., s.v. μέρος에서 그는 F. Büchsel's entry on κατώτερος in Vol, iii, pp. 640 f.의 영향을 받아 생각이 바뀌었음을 인정하고 있다.

계시되어 있다 할지라도 그것들은 성취됨으로써 해석될 때까지는 여전히 비밀로 남아 있다. 다니엘에서 아람어로 된 부분은 '라즈(비밀)'와 '페쉐르(해석)'라는 양식으로 되어 있는데, 후자는 전자를 완성하고 해설하는 역할을 한다. 그런데 이러한 양식은 쿰란 사본들(특히 주석서들)과 신약성경에 다시 나타난다.[43] 예를 들면, 바울은 자기와 사도들을 "하나님의 비밀을 맡은 자"(고전4:1) — "하나님이 선지자들로 말미암아 그의 아들에 관하여 성경에 미리 약속하신 것"(롬1:2)이 이제는 성취되었으며 이렇게 성취되어 그리스도와 복음에 구체화됨으로써 분명하게 밝혀졌다는 것을 선포하도록 부르심 받은 하나님의 종들 — 라고 말한다.

그러나 바울은 비밀들이라고 복수형으로 말할 뿐만 아니라(종합적으로) "비밀"이라고 단수로 말하기도 한다. 왜냐하면 하나님의 모든 계시는 그리스도 안에서 완성되었기 때문이다. 그래서 골로새서 2:2이하에서 바울은 독자들과 리쿠스 계곡의 다른 교회들이 "지혜와 지식의 모든 보화가 감추어 있는"(그러나 이러한 깨달음을 얻은 사람들에게는 더 이상 감추어 있지 않은) "하나님의 비밀인 그리스도를 깨닫게" 되기를 바란다고 말한다. 이 비밀은 복음에 드러나 있다. 그래서 로마서의 끝부분에 있는 송영(頌詠, doxology)에서는 "나의 복음과 예수 그리스도를 전파함은 영세 전부터 감취었다가 이제는 나타내신 바 되었으며 영원하신 하나님의 명을 좇아 선지자들의 글로 말미암아 모든 민족으로 믿어 순종케 하시려고 알게 하신 바 그 비밀의 계시를 좇아 된 것이니"(롬16:25이하)라고 말하고 있다.

이방인들에게 "측량할 수 없는 그리스도의 풍성"(엡3:8)을 전하도록 부르심 받은 자로서 바울은 하나님께서 그러한 "비밀"의 청지기 직을 자기에게 맡기신 그 영예를 잘 알고 있었다는 것은 당연하며, 때때로 바울이 특히 자기의 사역과 관련된 복음의 어떤 측면들에 온통 관심을 기울이면서 그것을 비밀이라고 말하는 것은 놀라운 일이 아니다. 예를 들면 골로새서 1:26이하에서 바울은 자기 사역의 내용(subject-matter)을 "이 비밀은 만세와 만대로부터 옴으로 감취었던 것인데 이제는 그의 성도들에게 나타났고 하나님이 그들로 하여금 이 비밀의 영광이 이방인 가운데 어떻게 풍성한 것을 알게 하려 하심이라 이 비밀은 너희 안에 계신 그리스도시니 곧 영광의 소망이니라"고 설명한다. 이방인들이 이스라엘 하나님을 예배하게 될 것이라는 것은 구약의 대망(待望)의 한 주제였다.

로마서 15:9-12에서 바울은 이러한 의미를 담고 있는 율법과 선지자와 시편으로부터 뽑은 일련의 성구집(聖句集, catena)을 재현하고 있다. 그러나 이방인들이 이스라엘의 메시야, 이제는 믿음으로 말미암아 그들의 가슴속에 장래의 영광에 대한 살아있는 소망으로서 거하시는 높이 들리우신 주님을 소유한다는 것 — 그것은 이전에 전혀 예기치 못했던 사건이었다. 그것은 바울 자신의 이방인 사도직과 결부되어 있었고 새롭게 계시된 주제였다. 마찬가지로 에베소서 3:6에서는 이제 처음으로 밝혀지는 이 비밀의 주제는 "이방인들이 복음으로 말미암아 그리스도 예수 안에서 함께 후사가 되고 지체가 되고 함께 약속에 참예하는 자가 된다"는 것이라고 말한다. 유대인 없이 이방인만 또는 유대인에 우선하여 이방인이 아

---

43) 참조. F. F. Bruce, *Biblical Exegesis in the Qumran Texts*(London, 1960), pp. 7 ff.

니라 유대인이나 이방인이나 동일한 토대 위에서 — 이방인과 유대인은 동일하게 "십자가로 이 둘을 한 몸으로" 하나님과 화목하게 되었다(엡2:16).[44]

더욱이 쿰란 사본들과 신약성경에서는 하나님의 비밀이 완전히 드러남으로써 하나님의 궁극적인 목적도 드러난다고 말한다. 에베소서 3:9-11에서는 영원부터 하나님 안에 감취어 있던 비밀이 드러남으로써 하나님이 교회 즉, 하나님께서 "화목케 하신 모임(fellowship of reconciliation)"을 만드신 목적도 드러난다 — 그것은 "영원부터 우리 주 그리스도 예수 안에서 예정하신 뜻대로" 교회로 말미암아 하나님의 각종 지혜를 모든 피조물들과 "하늘에서 정사와 권세들에게" 알게 하려 하심이었다. 교회가 보조하고 "때가 차면" 이루어지기로 되어 있는 이 영원한 목적은 에베소서 1:9이하에 간략하게 언급되어 있다. 그것은 만물을 그리스도의 머리로 통일되게 하는 것이다.

고린도전서 2:6이하에서 바울은 고린도 교인들에게 그들이 스스로 지혜롭다고 자처해도 아직 영적으로 어리기 때문에 자기가 딱딱한 음식이 아니라 젖으로 그들을 먹여야 할 것이라고 말한다. 이러한 미성숙(immaturity)은 '그노시스(지식)'(그들은 이런 것을 풍부히 갖고 있었다)의 결핍에서 기인하는 것이 아니라 '아가페(사랑)'의 결핍에서 기인했다. 바울은 계속해서 이렇게 말한다. "그러나 우리가 온전한(mature) 자들 중에서 지혜를 말하노니 오직 비밀한 가운데 있는 하나님의 지혜를 말하는 것이니 곧 감취었던 것인데 하나님이 우리의 영광을 위하사 만세 전에 미리 정하신 것이라 기록된바:

하나님이 자기를 사랑하는 자들을 위하여 예비하신 모든 것은

---

44) Goodspeed(*The Meaning of Ephesians*, p. 12)는 에베소서가 쓰여질 때에는 유대인-이방인 문제는 더 이상 실제적인 문제가 아니었으나 "이러한 이전의 양식을 빌어 기자(記者)는 분파들이 생겨나려고 하는 상황에서 이방인 교회들 내에서의 일치를 호소하고 있다"는 기묘한 주장을 하고 있다. 이것은 본문 안에 있는 것을 본문으로부터 읽어내는 것이 아니라 본문에 없는 것을 본문 속에 넣어 읽어내는 격이다.

45) 고린도전서 2:9에 나오는 이 인용문은 마치 그것을 성경에서 인용해온 것처럼 "기록된 바"로 시작하고 있다. 이사야 64:4은 이 인용문과 어느 정도 닮은 점이 있고 궁극적으로는 인용문의 토대가 되긴 하였겠지만 직접적인 자료는 아니다. Origen은 *Commentary on Matthew* 27:9 (참조, Jerome on Isaiah 64:4과 Ambrosiaster on 1 Corinthians 2:9)에서 이 말들이 「엘리야 묵시록, *Secrets*(or *Apocalypse*) *of Elijah*」에 나온다고 말하고 있지만, 현존하는(아마도 바울 이후의) 그 작품의 단편에는 나오지 않는다. 이 말들은 영지주의적으로 해석하기가 수월했기 때문에 기독교 시대 초기의 수세기 동안 특히 영지주의적 저술가들이 흔히 인용했다(요일 1:1의 어법은 이에 대한 의도적인 반박인 듯하다). 몇몇 2세기 문헌들에서는 이 말들을 예수의 것으로 돌리고 있다(참조, 베드로행전 39; 도마복음서 17). 또한 E. von Nordheim, "Das Zitat des Paulus in 1 Kor 2, 9 und seine Beziehung zum koptischen Testament Jakobs", *ZNW* 65(1974), pp. 112-120(이 콥틱 저작은 유대 성경을 기독교적으로 번안한 것인데, 바울은 여기에서 인용했을 것이라고 주장하고 있다)과 이에 대한 답변인 H. F. D. Sparks, 1 Kor 2, 9 a quotation from the Coptic Testament of Jacob?" *ZNW* 67(1976), pp. 269-276을 보라.

눈으로 보지 못하고 귀로도 듣지 못하고
사람의 마음으로도 생각지 못하였다.

오직 하나님의 성령이 이것을 우리에게 보이셨으니".[45]
바울총서에서 이 "비밀한 가운데 있는 하나님의 지혜"를 어디에서 말하고 있느냐고 우리가 묻는다면, 우리는 에베소서로 우리의 주의를 돌려야 한다.[46]

---

46) 참조, H. Schlier, *Der Brief an die Epheser*, pp. 21 f.

제 37 장

역사와 전승에 나타난 바울의 마지막 나날들

1. 네로 치하에서의 박해

로마에서 바울의 연금(軟禁) 생활과 그 이후의 일과 관련된 자료들을 더 찾아내려고 한 우리의 노력은 그리 성과를 거두지 못해 왔다. 우리가 보았던 "옥중서신들"이 실제로 로마에서 쓰여졌다면, 이 서신들은 바울이 "그리스도의 비밀"을 밝힐 — 그는 이 때문에 갇혀 있게 되었다 — 기회를 가지려고 하였으며 자기가 "복음의 비밀을 담대히 알릴"(골4:3이하. 엡6:19이하) 수 있도록 친구들에게 기도 요청하였다는 것을 보여준다. 또한 바울은 그들의 기도로 말미암아 놓여 나서 아시아와 마게도냐를 다시 방문할 수 있기를 희망했다.

바울의 상소는 로마에서 이 년을 보낸 즈음에 심리에 들어갔을 가능성이 크다. 그러나 우리는 그 결과에 대하여 어떠한 직접적인 정보를 갖고 있지 못하다.

바울의 생명이 로마에서 사형집행자의 칼날로 인해 사라지게 되었다는 견해를 대담하게 받아들일 수도 있겠지만, 전승에 의하면 로마에서 주후 64년 — 바울 사건에 대한 심리가 열렸을 때로부터 적어도 이년 후 — 대화재가 발생한 후 이어서 일어난 기독교인들에 대한 박해 때 바울이 처형되었다고 한다.

화재는 주후 64년 7월 18/19일 밤 막시무스 경기장(the Circus Maximus)의 북동쪽

끝 부근에서 일어났다. 원형 경기장의 바깥쪽에 둥글게 서 있던 상점들의 열주(列柱)들은 화염에 휩싸였다. 이렇게 거점을 확보한 대화재는 마침 불어오는 바람을 타고 닷새 동안 맹렬하게 불타올라 이 성읍의 열네 개 구역 가운데서 세 구역을 완전히 전소(全燒)시키고 일곱개 구역을 심하게 손상을 입혔다.[1]

화재가 발생했을 때 안티움(Antium, 안찌오)에 있었던 네로는 서둘러 로마로 돌아와서 열심히 구조 수단들을 강구했지만, 네로가 "자기 마음에 들게 이 도성을 뜯어 고쳐 재조성하기 위하여" 일부러 불을 질렀다는 소문이 돌았다. 백성들의 의심의 눈초리를 견디다 못한 네로는 희생양을 찾으려고 이 궁리 저 궁리를 해보았다. 이 사건에 관하여 가장 믿을 만한 권위를 가지고 있는 타키투스(Tacitus)는 이렇게 이야기를 계속해 나간다.

> 그러므로 소문을 진화(鎭火)하기 위하여 네로는 백성들이 그들의 악행으로 인하여 몹시도 싫어하는 기독교인들이라고 하는 일단의 사람들을 범인들로 몰아 가장 극악하게 처벌했다. 기독교인이라는 명칭의 근원이 된 그리스도(Christus)는 디베료가 황제일 때 총독 본디오 빌라도의 사형선고에 의해 처형되었었다. 이 악성의 미신은 잠시 동안 억제되었지만 곧 이 전염병의 본고장인 유대뿐만 아니라 이 세상에 있는 모든 무시무시하고 부끄러운 것들이 모여드는 소굴인 로마에서도 다시 일어났다.
>
> 우선 이 미신을 고백하는 사람들은 체포되었다. 그 다음에는 그들의 정보에 의거해서 엄청난 수의 사람들에게 방화죄만이 아니라 인류의 적이라는 단죄 하에 유죄 판결이 내려졌다. 그들의 처형은 일종의 스포츠로 되었다. 어떤 사람들은 사나운 짐승들의 피부에 꿰매고서 개들이 물어뜯어 죽였고, 어떤 사람들은 십자가에 묶여 살아있는 횃불이 되어 흐린 날씨를 환히 밝혔다. 네로는 이 쇼를 위해 자기의 정원을 사용하게 했고 군중들 틈에 섞여서 또는 전사(戰士) 복장으로 자기 병거에 서서 경기장에서 게임을 즐겼다. 그런 까닭에 희생자들은 가장 중한 벌을 받아 마땅한 범죄자들이었지만, 공공의 복리가 아니라 한 사람의 잔혹한 욕망을 만족시키기 위해 희생당하고 있었기 때문에 사람들 사이에서는 그들에 대한 동정이 생겨나기 시작했다.[2]

수에토니우스(Suetonius)도 「네로의 생애」(Life of Nero)에서 이 사건을 짤막하게 언급하고 있는 것 같다. 그는 이렇게 말한다.

> 처벌은 이상하고 해로운 미신에 빠져 있었던 일단의 사람들인 기독교인에게 가해졌다.[3]

타키투스의 기사(記事)를 읽으면 몇몇 흥미로운 의문들이 생겨난다. 그 기사는 믿는 자들

---

1) 참조, Tacitus, *Annals* xv. 38 ff.
2) 참조, Tacitus, *Annals* xv. 44. 3-8.
3) Suetonius, *Life of Nero* 16. 2.

의 공동체 내부에 긴장관계가 있었다는 것을 보여주는 듯하기 때문이다. 우리는 처음에 "고백했던" 사람들이 방화죄 또는 기독교인이라는 죄목에 대하여 자신의 죄를 인정했는지의 여부를 확실히 알 수 없으며, "엄청난 수의 사람들"의 체포를 가져왔던 그들의 정보가 어떤 종류의 것이었는지도 확실히 알 수 없다. 사람들은 기독교인들이 반사회적인 태도를 갖고 있다고 생각했으며 이로 인해 대체적으로 반감을 가지고 있었다. 그리고 기독교인들 가운데 단순한 사람들은 이 도성을 맹렬하게 할퀴고 지나간 화재는 현재의 세상 질서를 불태우고 성도들이 다스리는 나라를 가져올 대화재의 시작이라고 생각했을 — 그리고 말했을 — 것이다. 가혹하고 악의에 찬 네로의 박해는 로마 기독교인들이 아무 눈치도 채지 못하고 있는 사이에 불시에 덮쳤다. 그러나 "성도들의 인내와 믿음"[4]은 그들로 하여금 굳게 서서 이 박해에 굴하지 않도록 할 수 있었다.

2. 목회서신들에 나타난 증거?

목회서신들의 기록 연대와 삶의 자리가 확고하고 수긍할 수 있게끔 확정될 수 있다면, 이 목회서신들이 보여주는 증거는 타당성이 있음이 입증될 것이다. 목회서신들이 바울 저작이라는 것을 단순하게(simpliciter) 인정한다 할지라도, 그것들이 바울의 여정 가운데 어디에 위치하는 것인지에 대해서는 완전한 의견 일치가 되어 있지 않다. 목회서신 세 개 모두가 바울의·상소가 심리에 들어가기 전의 시기에 쓰여졌다고 하는 버논 바틀릿(J. Vernon Bartlet)의 주장은 어떤 학자들에게도 설득력 있게 들리지 않는 듯이 보인다.[5] 이 서신들을 바울이 로마에서 이 년이 끝나갈 무렵 풀려난 다음에 썼다고 하는 견해에 대해서는 "미지의 땅(terra incognita)'으로의 도피"라고 평하는 것으로 충분하리라.[6] 로마에서 이 년이 지난 후의 바울의 운명은 어떤 형태로든 '미지의 땅'이다. 그리고 우리는 이 절망스러운 사실을 어떻게든 이기고 나가야 한다.

목회서신들은 있는 그대로 바울의 저작이 아니라 바울의 친구들과 제자들이 여기저기 흩어져 있는 바울의 편지와 교훈들을(disiecta membra) 수집하여 편집 과정을 통하여 일관된 형태로 만든 것이라면, 그 가운데 들어있는모든 진정한 바울의 글들을 동일한 시기에 쓰여졌다고 할 필요는 전혀 없게 된다 [그리고 해리슨(P. N. Harrison)의 "단편(frag-

---

4) 계 13:10.
5) J. V. Bartlet, "The Historic Setting of the Pastoral Epistles", *Expositor*, series 8, 5. (1913), p. 28 ff., 161 ff., 256 ff., 325 ff. 특히pp. 326-339. J. A. T. Robinson은 그 연대를 이보다 더 빠른 것으로 본다(346쪽, 주12; 476쪽, 주 15를 보라).
6) 참조, M. Dibelius and H. Conzelmann, *The Pastoral Epistles*, E. T. (Philadelphia, 1976), pp. 3, 15 f., 126 f., 152 ff. 그것들을 그런 식으로 연대 추정한 최초의 저술가는 분명히 Eusebius(*Hist. Eccl.* ii. 22. 2-8)였다.

ment)" 가설에 대해서도 이 말은 적용된다〕.[7] 그러므로 몇몇 구절들은 바울의 역정(歷程)의 초기에 속하고, "관제와 같이 벌써 내가 부음이 되고 나의 떠날 기약이 가까왔도다" (딤후4:6)와 아마도 오네시보로(Onesiphorus)에 대한 언급(딤후1:16-18)과 같은 몇몇 구절들은 후기에 속할 것이다.

무울(C. F. D. Moule)은 1965년에 이 서신들의 문제에 대한 "재평가"를 간행했다. 한편으로 목회서신들을 전통적인 의미로 전적으로 바울적이라고 받아들이는 것에 대한 난점들 또 한편으로 "단편" 가설에 내재해 있는 난점들을 인정하면서, 그는 바울이 이 서신들을 쓸 때 보통 때보다 훨씬 더 재량권을 주어 맡길 수 있는 서생(書生) — 즉 누가를 택했다는 견해를 제시했다. 그러므로 이 서신들에 보이는 비(非)바울적인 요소들은 바울의 사상이 아니라 누가의 사상을 나타내고 있을 것이다. 디모데전서를 쓸 때 바울은 누가에게 가장 큰 재량권을 주었다.

무울(moule) 교수의 가설에 따르면 디모데전서는 바울이 로마의 연금(軟禁) 생활에서 풀려난 직후에 쓰여졌다. 바울은 디모데에게 급히 사신(私信)을 보내기를 원했으나 로마를 떠날 준비를 하느라 아마도 자신의 석방에 앞서 사법적인 절차들을 밟느라고 매우 바빴기 때문에 누가에게 서신을 대신 부탁했던 것이라고 한다. 확실히 목회서신들은 문체와 교회의 조직에 관한 문제에 있어서 바울의 이전 서신들보다는 사도행전과 더 많은 공통점을 갖고 있다. 목회서신들이 문체와 용어 사용에서 동질성을 갖고 있다는 점과 디모데후서 4:11에서 이 서신을 쓸 당시에 바울과 함께 있었던 유일한 동료는 누가였다고 언급하고 있는 점으로 보아 무울(Moule) 교수의 재평가는 증거에 의해 밑받침되고 있다고 할 수도 있다.[8]

이 재평가에서는 바울은 로마에서 이 년이 지날 무렵 방면(放免)되어 한 동안 지중해 동부지역으로 돌아와서 마게도냐와 아시아 지방에 있는 친구들을 다시 찾아보고 그레데(Crete) 섬에서 선교 활동을 벌이고 신자들을 굳게 하기 위하여 디도를 그 섬에 남겨두었다는 것을 전제하고 있다.

켈리(J. N. D. Kelly)는 「목회서신 주석(Commentary on the Pastoral Epistles)」(1963년)에서 이와 비슷한 결론을 주장하고 있다. 그는 바울의 죽음이 네로의 박해가 시작된 주후 64/65년과 그 후 수 년 이전에 일어났다고 할 수 없고 그때까지 바울이 가택연금 상태로 계속 있었다고 하기가 어렵기 때문에 바울은 이 년의 연금생활이 끝난 후에 방면되어 한 동안 선교활동을 계속하다가 다시 체포되어 두번째이자 마지막으로 로마에 갇히

---

7) P. N. Harrison, *The Problem of the Pastoral Epistles*(Oxford, 1921), pp. 93 ff., 115 ff. 참조. 그의 저서인 *Paulines and Pastorals*(London, 1964), pp. 106 ff.

8) C. F. D. Moule, "The Problem of the Pastoral Epistles: A Reappraisal", *BJRL* 47 (1964-65), pp. 430 ff.; 참조. A. Strobel, "Schreiben des Lukas? Zum sprachlichen Problem der Pastoralbriefe". *NTS* 15(1968-69). pp. 191 ff.

9) J. N. D. Kelly, *A Commentary on the Pastoral Epistles*(London, 1963), p. 9.

게 되었다고 추론하는 것이 가장 합리적이라고 주장한다. 바울의 "순교가 어떤 경우로든 주전64년 이전에 일어날 수 없었다"는 쿨리 박사의 단정(斷定)을 받아들이지 않는 학자들도 있긴 하지만, 이 주장은 분명히 일련의 사건 추이들을 일리있게 재구성한 것이라고 할 수 있겠다.[9]

3. 석방과 두번째 수감(收監)?

바울이 첫번째 갇혔을 때 그 결과가 어떻게 되었느냐의 문제에 대해서는 어떠한 단정적인 말도 정당화될 수 없다는 것은 분명하다. 전승은 바울이 석방되었다는 것을 상당히 강력하게 확증하고 있지만, 이 전승을 최초로 분명하게 기록하고 있는 유세비우스(Eusebius)는 "소문에 의하면"이라는 말로 이 전승에 관한 서술을 시작하고 있다.[10] 더욱이 석방되었을 가능성과 처형되었을 가능성 이외에도 다른 가능성이 있다는 것을 인정하여야 한다. 세번째 가능성은 바울이 자유로운 연금생활(libera custodia)에서 훨씬 엄격한 구금(拘禁)생활로 옮겨졌을 가능성이다. 해리슨(P. N. Harrison)은 오네시보로가 바울을 찾아내는 데 많은 애를 먹었던 시기에 바울이 그러한 상황에 있었다고 생각한다.[11]

네번째 가능성은 바울이 유형(流刑)에 처해졌을 가능성이다. 로마의 클레멘트(Clement of Rome)는 바울이 죽은 지 삼십여 년이 지난 후에 편지를 쓰면서 바울이 겪은 고난들 가운데 유형을 포함시키고 있다.[12] 클레멘트가 바울이 사도적 사역을 수행하면서 이 성읍 저 성읍에서 강제적으로 쫓겨난 것을 수사학적 과장을 섞어서 엉성하게 말하고 있지 않다면, 이것은 바울이 유형생활을 했다는 전승이 일찍부터 있었음을 보여준다.

진정한 의미에서 유형을 의미하는 것이라면, 바울은 언제 유형생활을 하였으며 그 장소는 어디였다고 생각되었던가? 유형 장소가 서바나라고 한다면, 즉 예기치 않게 가이사의 재판자리에서 자신의 상소를 심리받기 위하여 무장 병사의 호송하에 로마로 압송되는 것을 통하여 로마를 방문코자 했던 자신의 소원을 성취했던 바울이 이번에는 예기치 않은 유형이란 수단을 통하여 서바나에서 복음을 전하고자 했던 자신의 소원을 이루게 되었다면, 그것은 기묘한 일일 것이다.[13]

석방되었든 유형에 처해졌든, 바울은 체포되어 두번째로 로마에 감금되었고, 이번에는

---

10) Eusebius, Hist. Eccl, ii. 22. 2(λόγος ἔχει).
11) P. N. Harrison, Problem, pp. 127 ff.; 참조. J. N. D. Kelly, Commentary, p. 170.
12) 1 Clement 5: 6.
13) 이것이 진상이라는 견해에 대해서는 J. J. Gunther, Paul: Messengerand Exile(Valley Forge, 1972), pp.144 ff.를 참조하라(또한 L. P. Pherigo, "Paul's Life after the Close of Acts", JBL 70 〔1951〕, p.278를 보라). Apollonius of Tyana는 서바나로 유형을 갔다고 한다 (Philostratus, Life of Apollonius iv. 47).

바울의 감금 상태는 이전보다 훨씬 더 엄중했다. 이러한 엄중한 감금 생활은 목회서신에 나오는 로마에 대한 한 언급의 배경을 이루고 있는 것 같다. 아시아 지방에 있는 사람들이 거의 모두 바울을 버린 것에 대해 언급하면서 바울은 계속해서 이렇게 말한다(딤후1:16-18).

> 원컨대 주께서 오네시보로의 집에 긍휼을 베푸시옵소서 저가 나를 자주 유쾌케 하고 나의 사슬에 매인 것을 부끄러워 아니하여 로마에 있을 때에 나를 부지런히 찾아 만났느니라(원컨대 주께서 저로 하여금 그 날에 주의 긍휼을 얻게 하여 주옵소서) 또 저가 에베소에서 얼마큼 나를 섬긴 것을 네가 잘 아느니라.

오네시보로는 바울이 에베소에서 사역하는 동안 매우 도움을 주었던 에베소의 기독교인이었던 것으로 보이는데, 그는 나중에 로마를 방문할 기회를 얻어서 바울을 찾아내어 만났다 — 이때 바울을 찾아 만나는 것은 무척 힘이 드는 것이었던 것은 말할 것도 없고 아마도 체면이 깎이는 일이었을 것이고 위험도 따랐다. 이 구절로부터 바울은 더 이상 사도행전 28:16이하에 묘사되고 있는 자유로운 연금 생활(*libera custodia*)을 누리지 못하고 더 엄격한 구속을 당하고 있었다고 추론하는 것이 보통이다. 이제 로마에서 바울의 행방을찾기란 그리 쉬운 일이 아니었다. 해리슨은 오네시보로가 자기의 오래된 친구를 결사적으로 찾아나선 모습을 묘사하면서 "표류하는 군중들 틈에 끼어있는 한 사람의 단호한 얼굴"을 감동적이고 생생하게 그리고 있다.[14] 이러한 사사로운 말이 상황에 맞춰 우연히 등장하고 있다는 점은 이것이 진정한 바울의 회상이라는 것을 보여준다.

바울이 석방되었고 다시 두번째로 로마에 갇히게 되었다는 가설에 입각해서 바울 사건은 다시 심리에 들어갔다 — 바울은 (로마 시민에 합당하게) 기독교인의 지도자로서 속주들의 치안을 지속적으로 어지럽혔다는 죄목으로 기소되었다. 이것은 목회서신에 나오는 또 다른 구절의 배경을 이루고 있는 듯하다(딤후4:16이하):

> 내가 처음 변명할 때에 나와 함께 한 자가 하나도 없고 다 나를 버렸으나 저희에게 허물을 돌리지 않기를 원하노라 주께서 내 곁에 서서 나를 강건케 하심은 나로 말미암아 전도의 말씀이 온전히 전파되어 이방인으로 듣게 하려 하심이니 내가 사자의 입에서 건지웠느니라.

켈리 박사는 "처음 변명(first defence)"이 예비심리(*prima actio*)를 의미하는 것으로 이해한다. 이 절차는 바울이 기대했던 것보다 더 순조롭게 진행되었다. 그는 '증거 불충분(*Amplius*)'이라는 평결(評決)을 받음으로써 석방되지는 않고 계속적으로 조사를 받기

---

14) P. N. Harrison, *Problem*, P. 127. "로마에 있어"라는 어구가 자신의 가정[참조. G. S. Duncan, *St. Paul's Ephesian Ministry* (London, 1929), pp. 188 f., 193 f.]에 방해가 된다고 하여 그 어구를 해설로 치부하여 삭제하는 것은 용납될 수 없는 짓이다, 이 어구는 굳건한 증거의 일부를 이루고 있다.

위해 다시 구금되었다.[15] 그뿐만 아니라 사건의 심리절차로 말미암아 바울은 제국 조직의 심장부에서 재판자리에 있는 세계적으로 유력한 청중들에게 복음을 전할 좋은 기회를 갖게 되었다.[16]

바울은 왜 아무도 자기 편을 들지 않았는지 그 이유를 말하지는 않는다: 로마에서 기독교인들에 대한 대박해가 일어났다면, 그것은 이에 대한 충분한 이유가 되었을 것이다. 오네시보로가 용기를 내어 갇혀 있는 바울을 찾아간 것이 특별한 칭찬을 들을 만한 행위였다면, 당시에 재판자리에서 바울 편에 서는 것은 각별히 뛰어난 용기를 필요로 했을 것이다.

그러므로 당분간 바울은 네로의 악의로부터 무사할 수 있었다. 바울은 이것을 "사자의 입에서 건지웠느니라"고 표현하고 있다.[17] 그러나 오직 당분간만 그러했다. 적절한 절차를 거쳐 '제2차 심리(secunda actio)'가 열렸고 이번에는 "유죄"라는 평결이 내려졌고, 참수형(斬首刑)이 선고되었다. 바울의 마지막 유언은 디모데후서 4:6-8에 보전되어 내려온다.

관제와 같이 벌써 내가 부음이 되고 나의 떠날 기약이 가까왔도다 내가 선한 싸움을 싸우고 나의 달려갈 길을 마치고 믿음을 지켰으니 이제 후로는 나를 위하여 의의 면류관이 예비되었으므로 주 곧 의로우신 재판장이 그 날에 내게 주실 것이니 내게만 아니라 주의 나타나심을 사모하는 모든 자에게니라.[18]

4. 로마의 클레멘트

이제 신약성경 외부에 있는 증거를 살펴보기로 하자.

가장 초기의 증거는 로마의 클레멘트가 제시하고 있는 증거인데, 그것은 우리가 이미 알고 있는 내용에 많은 것을 더해 주지 않는다. 로마 교회의 외상(外相, foreign secretary)으로서 그가 주후 96년 경 로마 교회의 이름으로 고린도 교회에 보낸 편지는 시기와 질투의 엄청난 폐해를 고린도 교회에 경고하는 말로 시작되고 있다. 구약으로부터 일곱 가지의 예를 든 다음 클레멘트는 다음과 같이 말한다.

그러나 지난 날의 예를 들 것도 없이 우리에게 가장 가까운 시절에 경주자들이었던 사람들에게 눈을 돌려보자. 시기와 질투 때문에 교회의 가장 훌륭하고 의로운 기둥들이 박해를 받았

---

15) 참조. J. N. D. Kelly, *Commentary*, p. 218. J. A. T. Robinson은 벨릭스의 보류(*Amplius*) 선언(384쪽을 보라)이 언급되고 있다고 생각한다(*Redating the New Testament*(London, 1976), 74; 참조, *Can we trust the New Testament?* (London, 1977), pp. 65 f.).
16) 393 쪽 이하를 보라.
17) 딤후 4:17.
18) 참조. J. N. D. Kelly, *Commentary*, pp. 207-210, 218.

으며, 그들의 경쟁은 죽기까지 계속되었다. 훌륭한 사도들에게 눈을 돌려보자. 베드로는 올바르지 못한 시기로 인해 한두 번도 아니고 수없이 고초를 겪었고, 시기로 말미암은 증거 때문에 자기에게 할당된 영광의 자리로 길을 떠났다. 바울은 시기와 쟁투로 인한 인내의 상이 무엇이라는 것을 보여주었다. 일곱 번 그는 갇혔고, 유형에 처해졌으며, 돌로 맞았고, 동쪽과 서쪽에서 포고자였으며, 자기 신앙의 고상한 명성을 얻었고, 서쪽의 끝에 이르기까지 온세상에 의를 가르쳤으며, 관원들 앞에서 복음을 증거하다가 이 세상을 떠나 거룩한 곳으로 들려갔다 — 인내의 위대한 모범.[19]

이런 유의 수사적인 수필에서 우리는 역사적인 정보를 제공해 주는 것을 일차적인 목적으로 하는 저작에서 찾아볼 수 있는 그런 정확성을 기대하지 않는다. 클레멘트는 고린도 교인들에게 그들이 알지 못하는 사실들을 전해 주고 있는 것이 아니라 자기나 고린도 교인들이나 적어도 대략적인 윤곽은 같이 알고 있는 사실들로부터 교훈을 끌어내고 있는 것이다. 실제로 우리에게조차 그는 사도행전이 끝나는 부분 이후의 바울의 생애에 관하여 구체적인 것을 더하여 주지 않는다. 바울이 관원들 앞에서 복음을 증거하였다는 것은 바울에 관하여 다메섹의 아나니아에게 말씀하신 부활하신 주님의 예언을 기억한 것인 동시에 사도행전의 기록으로부터 추론할 수 있는 것이었다. "이 사람은 내 이름을 이방인과 임금들과 이스라엘 자손들 앞에 전하기 위하여 택한 나의 그릇이라"(행9:15).[20]

그러나 바울이 이르렀다고 한 "서쪽의 끝(헬라어로 '테르마')"은 무엇이었는가? 로마에서 살았으며 로마에서 편지를 쓰고 있는 클레멘트의 관점에서 보면 그것은 로마의 서쪽에 있는 어떤 곳 아마도 서바나를 가리키는 것이 아닐까? 아마도 그럴 것이다. 그러나 그럴지라도 클레멘트가 바울이 서바나에 갔다는 어떤 사실을 알고 있었는지는 확실치 않다. 그가 서바나를 염두에 두고 이 말을 했다면, 그는 단지 로마서 15:24, 28에서 바울이 자기 계획을 말하고 있는 것으로부터 추론했을 따름이리라.

반면에 우리는 이 구절을 "서쪽의 끝"이 아니라 "서쪽에 있는 목적지" — 바울의 서쪽 목적지 — 로 번역해야 한다는 주장에 진지한 관심을 기울여야 한다. 아주 많은 경주 용어들이 사용되고 있는 문맥 속에서 '테르마'는 "목적지"를 의미할 가능성이 많다. 그러나 클레멘트가 바울의 서쪽 목적지라는 뜻으로 이 말을 사용했다 할지라도, 그 말의 모호한 의미가 해결되는 것은 아니다. 누가에 있어서 바울의 서쪽 목적지는 로마였지만, 바울에게는 로마가 아니라 서바나였다.

해리슨은 이 말이 "목적지"를 의미한다는 것을 설득력 있게 주장한 후에 이렇게 말한다. "이 경주의 목적지는 분명히 서바나가 아니라 로마였다. 세계라는 경주장의 어느 지점에서 보더라도 사람들은 로마를 목적지로 생각했으리라."[21] 하지만 바울 자신의 계획에서 로마는

---

19) 1 Clement 5: 1-7.
20) 또한 여기서 마가복음 13:9(마 10:18)에 나오는 주님의 경고를 재현하고 있는 것 같다.

단지 더 먼 서쪽으로 가는 길에 들르는 역(驛) 또는 기껏해야 서바나의 복음화를 위한 전진 기지에 불과했다는 점을 생각하면 이 주장은 너무 심한 것이다. 그런데도 후대의 기독교인들에게는 바울이 로마에서 순교했다는 점에 비추어 보아 로마가 바울의 경주의 "목적지"였다는 것이 아주 자연스러운 것이었음을 쉽게 이해할 수 있다. 그리고 그것은 바울의 서쪽 "끝" 또는 "목적지"는 바울이 "관원들 앞에서 복음을 증거하고 이 세상을 떠난" 곳과 동일하다는 클레멘트의 말에서 쉽게 추론이 가능하다.

바울의 순교 시기(time)와 관련하여 클레멘트는 다음과 같이 말하고 있다고 학자들은 생각했다.

> 이 거룩한 삶을 산 사람들에게 시기로 말미암아 많은 굴욕과 고초를 당하면서도 인내를 통하여 우리에게 고귀한 모범을 보였던 엄청난 수의 택함받은 자들이 모여들었다… [22]

이 구절이 네로 치하에서 로마에서 일어난 기독교인들에 대한 박해를 말하고 있다는 것은 거의 의심의 여지가 없다. 클레멘트의 "엄청난 수"는 타키투스의 거의 동일한 어법과 비교해 볼 수 있다.[23] 우리가 클레멘트의 말을 문자 그대로(au pied de la lettre) 받아들인다면, 이 말은 베드로와 바울이 대화재에 이어서 일어났던 박해 이전에 순교를 당했으며, 바울에 관한 한 그는 로마에서 이년 동안의 가택 연금 상태가 끝난 후 어느 시기에 유죄판결을 받고 처형되었다는 의미를 내포하고 있다.

그러나 모팻(Moffat)을 비롯한 몇몇 학자들이 클레멘트의 말로부터 이런 식으로 연역하고 있지만,[24] 그와 같은 추론은 클레멘트가 용어들을 적확(的確)하게 사용했다는 전제가 필요한데, 클레멘트는 그런 의도가 없었던 것같다. 더욱이 "이 거룩한 삶을 산 사람들"은 바로 앞의 문장에 언급되어 있는 베드로와 바울만을 가리킨다고 할 수도 없다. 거기에는 클레멘트가 "훌륭한 사도들"을 기술하기 전에 열거하고 있는 구약의 인내의 용사들이 포함되기 때문이다. 확실하게 말할 수 있는 최대 한도는 클레멘트는 바울이 네로 치하에서 로마에서 죽음을 당했다고 증거한다는 것이다.[25]

5. 무라토리 단편

---

21) P. N. Harrison, *Problem*, p. 107. 반면에 J. N. D. Kelly는 클레멘트의 구절은 "로마 저술가에게는 오직 서바나를 의미할 수 있었다"고 말한다(*Commentary*, p. 10).
22) 1 Clement 6: 1.
23) 클레멘트가 πολύ πλῆθος라고 쓰고 있는 곳에서 타키투스는 *multitudo ingens* 라고 하고 있다.
24) 참조, J. Moffatt, *Introduction to the literature of the New Testament*(Edinburgh, ³1918), pp. 313, 416 f.
25) Eusebius(*Hist. Eccl*, iii. 1. 3)는 오리겐이 자신의 창세기 주석의 셋째권에서 이와 비슷한 증언을 했다고 말한다.

무라토리 단편(the Muratorian fragment)은 주후 2세기 말경 로마에서 작성된, 신약성경에 포함되어 있는 정경(正經)의 라틴어 목록으로서, 1740년에 무라토리(L. A. Muratori) 추기경은 7세기 내지 8세기에 쓰여진 이 단편의 훼손된 사본을 발견하여 간행하였다. 이 목록에는 복음서들을 설명한 후에 사도행전에 관하여 이렇게 말하고 있다:

그런 후에 "사도행전(Acts of all the Apostles)"이 한권의 책으로 쓰여졌다. 누가는 "데오빌로 각하"에게 그 앞에서 많은 일들이 일어났다고 말하고 있다. 그런데 그는 바울이 로마를 떠나 서바나로 간 여정과 아울러 베드로의 수난을 생략하고 있다.

이 저자는 바울의 서바나 여행을 당연한 것으로 여기고 있다. 그가 이러한 사실을 보여주는 독자적인 증거를 가지고 있었다는 암시는 없다. 본질적으로 이 여행에 대한 언급은 단지 로마서 15:24, 28에서 추론한 것에 지나지 않을 수도 있다. 그러나 그 사실이 "베드로의 수난"과 나란히 언급되어 있기 때문에, 또 다른 자료 — 위경인 베드로행전(Acts of Peter)[26] — 가 있었음을 보여준다.

이 영지주의적 저작은 무라토리 목록이 작성되기 직전인 주후 180년 경에 쓰여졌던 것 같다. 이 저작은 여러 언어로 오직 단편으로만 남아 있다. 가장 잘 알려져 있는 단편은 (라틴어로 된) 베르켈리 사본(Vercelli manuscript)으로서, 이 사본은 바울이 이달랴에서 배를 타고 서바나를 향해 떠나는 장면으로 시작해서 베드로가 로마에서 시몬 마구스(Simon Magus)와 논쟁하는 장면을 자세히 기술한 다음에 베드로가 십자가 위에서 처형되는 사건을 묘사하는 것으로 끝난다.[27] 무라토리 단편의 편찬자는 (어리석게도) 베드로행전의 내용들이 왜 정경인 사도행전에 나타나지 않는지를 설명하려고 애쓰는 것처럼 보인다. 무라토리 단편의 편찬자가 베드로행전을 자료로 사용해서 바울이 서바나로 출발했다는 것을 말하고 있다는 우리의 생각이 올바르다면, 그러한 언급은 2세기 후반의 로마 교회의 전승을 반영하고 있을지라도 그렇게 신뢰할 만한 근거가 되지는 않는다.[28]

바울이 로마에서의 첫번째 감금 생활로부터 풀려났다고 말하고 있는 4세기의 저술가들 — 유세비우스, 제롬(Jerome)[29] 등 — 은 단지 이전 사람들의 추론을 조심스럽게 반복하고

---

26) 무라토리 단편이 이 문헌에 의존했다는 것에 대해서는 T, Zahn, Introduction to the New Testament, E. T. ii(Edinburgh, 1909), pp. 62 f., 73ff.를 참조하라. 더 자세한 것은 A. A. T. Ehrhardt, The Framework of the New Testament Stories(Manchester, 1964), pp. 18, 35를 보라.

27) 참조, New Testament Apocrypha, E. T., ed. E. Hennecke, W. Schneemelcher, R. McL. Wilson, ii(London, 1965), pp. 279 ff.

28) 더 긍정적인 평가에 대해서는 J. B. Lightfoot, Biblical Essays(London, 1893), pp. 423 ff.; G. Edmundson, The Church in Rome in the First Century(London, 1913), pp. 160 f.; M. Dibelius and W. G. Kümmel, Paul, E. T.(London, 1953), p. 152를 참조하라.

29) 474쪽을 보라; Jerome, De uiris illustribus 5.

있다. 이미 살펴보았듯이, 유세비우스는 "소문에 의하면" 바울은 가이사 앞에 선 이후에 다시 복음을 전파하는 사역을 재개했다고 말한다. 그러므로 문헌적인 자료들을 살펴본 후에 우리가 내릴 수 있는 평결(評決)은 이 점에 관하여 "증거 불충분(not proven)"이라고 할 수 있겠다.

6. 오스티아 가도(街道)

여기서 잠정적으로 받아들인 가설은 바울은 최고 재판소에서 자신의 상소 사건을 심리받은 후 풀려났다가 다시 두번째로 체포, 투옥되어 재판을 받았으며 거기서 사형선고를 받고 참수형을 당했다는 것이다. 이러한 가설 위에서 바울은 네로가 로마 기독교인들을 박해했을 당시에 처형되었을 가능성이 가장 높으며, 따라서 주후 65년 또는 그 직후에 처형되었을 것이다.

어쨌든 바울이 처형된 곳은 로마라는 데에는 거의 의심이 없다. 바울의 처형 또는 장사된 정확한 위치에 관하여 증거하고 있는 사람들 가운데 가장 초기에 속하는 사람은 주후 2세기 말 로마 교회의 장로였던 가이오(Gaius)이다. 브리기아의 몬타누스주의자(Montanist)인 프로클루스(Proclus)와 편지를 통해 논쟁을 주고 받는 과정에서 가이오는 프로클루스가 자기 견해를 뒷받침하기 위하여 초대 교회의 저명한 기독교인들의 이름들(빌립과 그의 딸들 등)을 들먹거리면서 그들의 무덤이 아시아 지방에 여전히 있다고 말한다면, '자기'는 그보다 더 나은 이름을 들 수 있다고 말한다. 왜냐하면 "나는 사도들의 기념비들을 손으로 가리킬 수 있다. 당신이 바티칸 언덕(the Vatican hill)이나 오스티아 가도(the Ostian Way)를 간다면 거기에서 이 교회를 세운 사도들의 기념비들을 볼 수 있기 때문이다"[30]라고 그는 말한다.

가이오가 말하는 "사도들"은 로마 교회가 공동의 창건자라고 주장하는 베드로와 바울을 의미한다. "기념비들"[31]은 두 사도가 순교했거나 묻혔던 곳이라고 전해 내려오는 장소임을 나타내는 기념비들(memoriae)을 의미한다 -- 그는 '자기' 고향에 있는 초대 기독교인들의 '무덤들'을 자랑해 보이고 있는 프로클루스의 주장을 맞받아치고 있는 것이기 때문에 후자일 가능성이 많다. 어쨌든 베드로와 바울이 위에서 언급한 장소들에 실제로 묻혔다는 것은 널리 믿어지게 되었으며, 이에 따라 콘스탄티누스의 성 바울 성문 밖 성당(Outside the Walls)은 오스티아 가도에 세워졌고 성 베드로 성당은 바티칸 언덕에 세워졌다.

전승에 의하면 바울은 오스티아 가도에 세워진 세번째 이정표 가까이 있는 아쿠에 살비

---

30) Eusebius, *Hist. Eccl.* ii. 25. 7에 인용되어 있다; 참조, ii. 31. 4.
31) 헬라어로 τροπαῖα, 승전을 기념하기 위하여 전승지에 세운 기념비들.

에(Aquae Salviae, 지금의 트레 폰타네(Tre Fontane))에서 참수되었다.[32] 가이오가 살던 시대에 바울의 무덤이 있었다고 널리 알려져 있었던, 이 도성에 1마일 가량 더 가까운 곳에 기념비가 세워져 있었다(또 하나의 기념비는 베드로를 기념하기 위하여 주후 160년경 아마도 마르쿠스 아우렐리우스(Marcus Aurelius) 시대에 바티칸 언덕에 세워졌다).[33] 이 동일한 장소에 콘스탄티누스는 바울을 기려서 자그마한 성당을 건축했다(주후 324년경). 4세기 말에 이 성당은 더 큰 성당으로 증축되어 1823년 7월 15/16일 밤에 화재로 소실되기까지 남아 있었다. 현재의 성당은 1854년 12월 10일 교황 피우스(Pius) 9세가 다시 봉헌한 것이다.[34] 하부구조의 자세한 도면은 새로운 건물의 설계자인 비르길리오 베스피냐니(Vergilio Vespignani)가 그린 밑그림으로 남아 있는데, 순교자의 묘(confessio)는 제단 뒤(옛 성당에서는 순교자의 묘가 여기에 있었다)가 아니라 제단 앞에 안치되었다.[35]

높은 제단 아래 있는 순교자의 묘(confessio)의 마루는 두 장의 돌판으로 되어 있는데, 이것들은 1835년 현재의 성당을 짓기 전에 발굴을 하는 과정에서 출토되었다 ─ 한 돌판에는 PAVLO라고 새겨져 있었고 또 다른 돌판에는 이에 이어 APOSTOLO MART라고 새겨져 있었다("사도이며 순교자인 바울을 위하여"). 이 글자는 4세기의 것으로서 금석학자(金石學者)들은 그 연대를 콘스탄티누스 시대로 추정했다. 이 두 돌판이 원래의 위치에 있지 않다는 것을 보여주는 몇몇 증거들이 있다. 한때 두 돌판은 나란히 곧바로 서 있어서 한 줄의 글을 잘 보여주고 있었거나 사도의 기념비(memoria)의 네 면 가운데서 두 면을 이루고 있었다고 생각되어 왔다.[36]

바울의 기념비(memoria)가 베드로의 것과 마찬가지로 후대의 신앙심 깊은 사람들이 선택하였을 환경이 아니라 옛 성읍의 이방인 공동묘지에 위치해 있다는 것은 이 장소가 진정으로 바울의 묘소였다는 것을 보여주는 좋은 증거라 하겠다.

---

32) 참조, (헬라어로 된) *Acts of Peter and Paul*, 80 〔*Acta Apostolorum Apocrypha*, ed. R. A. Lipsius, i (Leipzig, 1891), p. 214.〕 그곳에 기념 성당이 주후 5세기에 세워졌다; 그 위에 오늘날의 트레 폰타네(Tre Fontane)에 있는 성 바울 성당이 세워져 있다. 이 행전들에 의하면, 바울은 소나무(στρόβιλος) 아래서 처형되었다; 1875년 트라피스 수도회 수사들(Trappists)이 성당 뒤쪽을 발굴하다가 수많은 네로 시대의 주화와 함께 많은 솔방울 화석들을 발견했다 〔R. Lanciani, *Pagan and Christian Rome*(London, 1895). pp. 156 f.〕.

33) 참조, H. Lietzmann, *Petrus und Paulus in Rom*(Berlin, ²1927); J.M. C. Toynbee and J. B. Ward-Perkins, *The Shrine of St. Peter and the Vatican Excavations*(London, 1956).

34) 참조, E. Kirschbaum, *The Tombs of St. Peter and St. Paul*, E. T.(London, 1959), pp. 165 ff.

35) E. Kirschbaum, *op. cit.*, pp. 168 ff. 'confessio'는 제단으로 통하는 통로를 가진, 묘 주위의 방이다.

36) E. Kirschbuam, *op. cit.*, pp. 179 ff. MART는 4격 MARTYRI의 축약형이다.

7. 압비오 길

바울의 순교지가 아니라 바울의 묻힌 곳으로 한동안 경쟁 상대이었던 전승을 언급해야 할 것이다. 「필로칼루스의 역(曆)(Calenda of Philocalus)」(주후 354년)과 「주교 전례서(Liber Pontificalis)」(주후 530년 경)의 처음 부분에서는 베드로와 바울을 후대에 성 세바스찬 성당이 들어선 압비오 길과 결부시키고 있다.[37] 전자의 문헌에 포함되어 있는 「순교성지에 관하여(De Positio Martyrum)」에서는 (III Kal. Iul.) 6월 29일 난(欄)에 베드로의 유해(遺骸)가 투스쿠스(Tuscus)와 바수스(Bassus, 주후 258년) 치하에서 지하묘지에(in Catacombas) 안치되었다고 기록되어 있다 — 아마도 사도의 기념비(memoria)를 설치하고 그곳에서 예배를 드린 것을 가리키는 날짜 [그래서 이 지역은 '아드 카타쿰바스(지하묘지 옆)'로 알려지게 되었다. 거기에 있는 지하회랑(回廊)은 중세 시대에 알려져 있던 유일한 초대 기독교인들의 공동묘지였기 때문에, "카타콤"이란 말은 이 공동묘지를 가리키는 것에서 확대되어 16세기 이래로 발견된 다른 공동묘지들을 가리키는 데도 사용되게 되었다]. 바울은 6월 29일 난(欄)에 베드로와 나란히 언급되어 있지만, '카타쿰바에(Catacumbae)가 아니라 오스티아 가도와 관련되어 있다. 하지만 이 난의 본문은 아마도 훼손되었고 원래는 세 곳의 성지 — 바티칸 언덕에 있는 베드로 성지, 오스티아 가도의 바울 성지, '카타쿰바에'에 있는 베드로와 바울의 성지 — 가 언급되어 있었던 것 같다.[38]

분명히 베드로의 유해와 마찬가지로 바울의 유해도 '카타쿰바에'에 안치되었다는 것은 3세기 말과 4세기 초에 그 곳에 그린 수많은 벽화(graffiti)들이 베드로와 바울의 이름을 들면서 그들을 기려서 거기에서 열린 제의적 식사(refrigeria)를 언급하고 있다는 데서 입증된다. 4세기 중엽에 만들어진 「사도들의 수난(Apostolorum Passio)」이라는 찬송은 전통적으로 밀란의 암브로스(Ambrose of Milan)가 지었다고 하는데, 이 찬송에서는 6월 29일에 베드로와 바울의 순교를 기념하는 예식이 세 곳 — 바티칸 언덕, 오스티아 가도, 압비아 길 — 에서 어떻게 거행되었는가를 묘사하고 있다.[39] 이와 같이 경쟁적으로 사도들의

---

37) H. Chadwick, "St. Peter and St. Paul in Rome: The Problem of the Memoria Apostolorum ad Catacumbas". *JTS*, n. s. 8(1957), p. 30 ff.에서는 이 경쟁적인 전승에 대하여 권위있게 검토하고 있다.
38) 우리에게 전해져 온 대로 본문을 옮겨보면 이렇다:
  III KAL. IVL. Petri in Catacumbas et Pauli Ostense Tusco et Basso consulibus
  *Martyrologium Hieronymianum*에 근거해서 이것은 다음과 같이 복원해 볼 수 있다:
  III KAL. IVL. Petri in Vaticano Pauli uero in uia Ostensi utrumque in Catacumbas Tusco et Basso consulibus.
  참조, L. Duchesne(ed.), *Liber Pontificalis* i(Paris, 1886), p. cv.
39) Tantae per urbis ambitum/Stipata tendunt agmina;/Trinis celebtatur uiis/Festum sacrorum martyrum.

순교 성지라고 다투었던 시도는 실패로 끝나고 말았다. 교황 다마수스(Damasus, 주후 366-383년)가 로마의 기독교인 공동묘지를 복원하는 과정에서 지하묘지에 있는 사도들의 기념비(the Memoria Apostolorum ad Catacumbas)에 관심을 기울이고 기념비들 (memoria) 위에 세워진 사도들의 성당(the Basilica Apostolum)에 운문의 명문(銘文)을 새겨 공식 입장이 무엇인지를 밝혀놓았다.

> 베드로와 바울의 이름을 구하는 당신이 누구이든지 그 성인들이 예전에 이곳에 묻혀 있었다는 것을 알아야 한다. 우리가 익히 알고 있듯이 이 제자들은 동방으로부터 보내심을 받았다. 그러나 그들의 피 공로로 인하여 그들은 별들로 말미암아 그리스도를 좇아 영묘한 품속과 거룩한 자들의 영토에 이르렀다. 그리고 로마는 그들이 '자신의' 시민이라고 주장할 수 있는 우선권을 획득했다. 다마수스는 새로운 별자리인 당신들을 찬미하며 이렇게 기록한다.[40]

이 명문(銘文)의 후반 부분은 두 사도들이 본래는 동방에 속해 있었지만 로마에서 순교했기 때문에 이 도성의 교회가 사도적 권위를 가지고 말할 최고의 권한을 갖게 되었다고 단언한다. 그러나 시작 부분의 두 연(聯)은 "그들의 유해는 한때 이곳에 안장되어 있었지만 지금은 더 이상 이곳에 있지 않다"는 의미를 나타내고 있다. 이 두 유해를 압비오 길에서 바틴칸 언덕과 오스티아 가도로 각각 이장(移葬)했다는 뜻을 내포하고 있는 이 말은 서로 다른 전승들을 조화시키고 경건한 순례자들의 발길을 콘스탄티누스 성당들로 돌리려는 시도를 보여준다.

17세기 체스터(Chester)의 감독인 피어슨(John Pearson)으로부터 시작해서[41] 후대의 몇몇 연구자들은 발레리아누스 치하의 박해 때(주후 258년)에 기독교인들이 정규적인 공중(公衆) 모임을 가지고 그들의 공동묘지에 접근하는 것이 금지되었기 때문에 사도들의 유해를 원래의 장소들에서 압비오 길로 일시적으로 옮겼다고 생각했다. 그러나 두 가지서로 다른 전승들을 조화롭게 재구성하여 한편으로 공식적으로 인정받고, 다른 한편으로 대중들의 인기를 누리려는 이 견해는 그것을 밑받침할 만한 독자적인 증거를 갖고 있지 못하다.

3세기 중반에 사도들의 묘소가 있는 곳에서 사도들을 기리고자 했던 로마 기독교인들은 바티칸 언덕이나 오스티아 가도(街道)에 있는 바울의 기념비(memoria)에 쉽게 접근할 수가 없었을 것인 반면에 '아드 카타쿰바스'에 접근하는 데는 그리 어려움이 없었다. 그러나

---

40) Hic habitasse prius sanctos cognoscere debes,/Nomina quisque Petri pariter Paulique requiris./Discipulos Oriens misit, quod sponte fatemur;/Sanguinis ob meritum, Christumque per astra secuti/Aetherios petiere sinus regnaque piorum:/Roma suos potius meruit defendere ciues./Haec Damasus uestras referat noua sidera laudes.
41) H. Chadwick, *JTS*, n. s. 8(1957),. 41, n, 2에 따라서 *Sancti Caecilii Cypriani Opera*, ed. John Fell(Oxford, 1682)에 인쇄된 J. Pearson, *Annales Cyprianici*, p. 62, *ad annum* 258.

왜 바로 그곳을 택하였는가? 우리는 알지 못한다. 거기에 사도들이 묻혔다는 전승이 이미 세간에 널리 알려져 있었을지도 모른다. 이곳이 사도들의 유해가 안장된 곳이라는 것을 어떤 사람이 환상 속에서 보았는지도 모른다. 이 전승의 출저가 무엇이든지, 그 전승은 거의 한 세기 동안 대중들의 헌신에 커다란 영향을 미쳤다. 그러나 베드로와 바울을 기려서 콘스탄티누스 성당들이 세워지면서 이 전승은 힘을 잃을 수밖에 없었다. 압비오 길에서 드렸던 사도들을 기리는 예배는 점점 3세기 후반에 이 근처에 묻혔다고 전해지는 성 세바스챤(Sebastian)을 기리는 예배로 점점 대치되었다. 그리고 다마수스(Damasus)는 베드로와 바울의 유해가 실제로 압비오 길 옆에 안장되어 있었지만 지금 그들의 유해는 각각 다른 성당이 세워져 있는 장소에 안치되어 있다고 설명함으로써 사람들의 마음을 편하게 해주었다.

8. 로마인들의 기억 속에 남아있는 바울

하지만 이것들은 로마에서 실제로 바울을 기념하는 것들 — 바울이 미리 예견하고 놀라는 가운데 매우 기뻐했을 것들 — 에 비하면 그리 중요하지 않은 것들이다. 로마 교회와 로마 시는 비록 짧은 기간과 제한된 영역에서이긴 했지만 이방인의 사도와의 교분(交分)을 잊지 않았다. 바울 자신은 로마 기독교가 자신이 최초로 방문하기 전에 수년 동안 융성했다는 것을 분명히 밝히고 있지만, 로마 교회는 바울을 로마 교회를 창건한 두 사도 가운데 한 사람으로 주장했다. 이미 살펴보았듯이, 로마의 클레멘트는 베드로와 바울의 모범을 본받으라고 호소한다.[42] 안디옥의 이그나티우스(Ignatius)는 십년 내지 이십 년 후에 로마에 있는 기독교인들에게 편지하면서 베드로와 바울이 주관했던 것과는 달리 그들을 주관하지 않을 것이라 말한다. 그들은 사도들이었고, 이그나티우스는 "유죄 판결을 받은 범법자"이기 때문이다 — 사실 그들도 로마법에서 볼 때는 이그나티우스와 똑같은 처지였지만.[43] 고린도의 디오니시우스(Dionysius, 주후 170년 경)는 교황 소테르(Soter)에게 편지하면서 두 교회는 모두 베드로와 바울이 세웠고 그들의 가르침으로 유익을 얻었다는 점에서 고린도 교회와 로마 교회는 특별한 연대(連帶)를 본다고 말한다[44] (바울은 로마 교회의 창건자들 가운데 한 사람으로 지목되는 것을 반대했겠지만, 베드로가 자기와 함께 고린도 교회를 세웠다는 주장을 듣고는 무덤에서 돌아누워버렸을 것임에 틀림없다!). 로마의 가이오(Gaius)는 베드로와 바울의 "기념비들"을 로마 기독교의 가장 유명한 역사적 기념물로 꼽고 있다. 거의 같은 시기에 리용의 이레네우스(Irenaeus)는 사도들이 세운 교회들을 개관하면서 "가

---

42) 477쪽을 보라.
43) Ignatius, *Letter to the Romans* 4: 3.
44) Eusebius, *Hist. Eccl.* ii. 25. 8에 인용되어 있다.

장 영광스러운 두 사도인 베드로와 바울이 로마에서 세우고 조직한 가장 크고 가장 오래되고 세계적으로 가장 잘 알려진 교회"를 자랑스럽게 말하는 가운데[45] 이 사도들이 리누스(Linus)에게 그 교회의 감독직을 맡겼다는 말을 덧붙인다.[46]

이것은 베드로와 바울이 로마 교회의 창건자들일뿐만 아니라 로마 교회 감독직의 계승을 창시한 자라고 말하는 오래된 전승과 일치한다. 이레네우스는 로마 교회의 전승이 무엇이었는지를 직접 알 수 있을 만큼 로마 교회와 아주 밀접한 관계를 맺고 있었지만, 이레네우스에게 정보를 제공해 준 사람은 헤게시푸스(Hegesippus)였을 것이다.[47] 3세기 중엽에 이르기까지 이 두 사도는 로마 교회의 공동 창건자로서 결합되어 있는 것이 보통이었다. 4세기에 유세비우스까지도 때때로 로마 교회를 말하는 문맥에서 바울 — 베드로의 순으로 이름을 열거할 수 있었다[48] 〔그의 연대기(Chronicle)에서 그는 베드로만을 언급하고 있지만. "베드로 다음으로 리누스가 처음으로 주교의 직위에 취임했다".〕[49] 이미 살펴본 대로 4세기 후반에 다마수스(Damasus)는 로마 교회에 이 두 사도의 위광(威光)이 미쳤다는 것도 주장한다.

그러나 터너의 말마따나 "편람을 베끼는 데 있어서 두 사람의 이름을 쓰는 것보다 한 사람의 이름을 쓰는 것이 더 쉬웠고, 사도-창건자(the Apostle-founder)의 이름을 목록의 맨 앞에 있는 명칭으로가 아니라 목록의 처음으로 포함시키는 관례가 생성되어 가자마자 한 시기에 한 명의 주교만이 있을 수 있다는 원칙으로 인해 한 사람의 이름을 사용하게 되었다."[50] 베드로의 이름만을 쓰고 있는 것으로 확인된 최초의 사람은 히폴리투스(Hippolytus)로서, 그는 교황 빅토르(Victor, 주후 190년경)를 "베드로로부터 십삼 대"라고 부른다[51] — 그는 베드로를 주교의 대수(代數)에 가산하지 않는다. 로마 주교의 목록 처음에 베드로의 이름만을 넣는 것에 교리적인 의미를 부여한 최초의 인물은 카르타고의 주교인 키프리

---

45) Irenaeus, *Against Heresies* iii. 3. 1.
46) *Ibid.*, iii. 3. 2.
47) Eusebius(*Hist. Eccl.* iv. 22. 1-3)에 의하면, Hegesippus(이 세기 중엽의 팔레스틴 기독교인)는 초기 로마 감독들의 계승 명부를 작성했다. 이레네우스가 헤게시푸스에 의존하고 있다는 것에 대해서는 J. B. Lightfoot, *The Apostolic Fathers* i.1: *S. Clement of Rome*(London. 1890), p. 202f., 327 ff를 보라.
48) Eusebius, *Hist. Eccl.* iii. 2. 1; 21.1.
49) Eusebius, *Chronicon*, Year of Abraham 2084 = Nero 14(i.e. A.D. 67).
50) C. H. Turner, *Catholic and Apostolic*(London, 1931), p. 225.; 또한 그의 논문 "Apostolic Succession" in *Essays on the Early History of the Church and the Ministry*, ed. H. B. Swete(London, 1921), pp. 93-214, 특히 pp. 141 f.를 보라.
51) Eusebius, *Hist, Eccl*, v. 28.3에 익명으로 인용되어 있다. J. B. Lightfoot, *The Apostolic Fathers* i. 2 (London, 1890), p. 379, and A. von Harnack, *Chronologie der altchristlichen Literatur*, ii(Leipzig, 1897), pp. 224 f.에서는 이 인용문이 힙폴리투스의 것이라고 주장했다.

인(Cyprian, 주후 258년에 죽음)이다.[52]

그래서 초기의 로마 기독교에 대한 바울의 공헌은 실제로 점점 더 잊혀져 갔다. 성령의 검을 든 바울은 천국 열쇠를 든 베드로와 나란히 성 베드로 성당의 앞뜰에 서 있고, 베드로는 성 바울 성문 밖 성당 앞에 바울과 얼굴을 마주보고 서 있다 — 아마도 그들은 살아서보다도 죽어서 더 친하게 되었다. 그러나 성 바울 성당이 성문 밖(outside)에 있는 것은 그 상징적 의미에 있어서 아주 적절하다고 종종 사람들은 말해 왔다. 바울도 이를 이해하였을 것이고 인정했을 것이다. 바울은 동떨어져 있는 괴짜 노릇을 하는 데 이골이 나 있었기 때문이다.

1966년 3월 바울과 이름이 같은 교황 바오로(Paul) 6세와 (성공회 대주교) 마이클 램지(Michael Ramsey)가 바로 이곳을 택해 각자의 교파에 속한 사람들에게 "거룩한 복음(the Holy Gospels)과 옛부터 전해오는 공유(共有)의 전승들을 기반으로 한 진지한 대화"에 참여할 것을 요청하는 "협력 선언(Common Declaration)"에 서명했을 때 바울과 같은 화해의 사도가 거기에 영으로 함께 있었다는 것을 생각하면 마음 흐뭇한 일이 아닐 수 없다.[53]

---

52) Cyprian, *De unitate ecclesiae* 4; *Epistles* 43.5; 70. 3;73, 등.
53) 참조. A. M. Ramsey, *Canterbury Pilgrim*(London, 1974), p. 10. 바울은 "복음들"이라고 복수형을 사용한 것을 보고 눈썹을 치켜올렸을 것이지만, 바울은 그 복음들이 그가 데살로니가와 고린도에서 자신의 신자들에게 전했던 것과 같은 것이었다면 "전래의 공통적인 전승들"을 인정했을 것이다(살후 2:15, 고전 11:2).

제 38 장

바울을 회고함

1. 바울의 사람됨

바울은 어떤 사람이었나? 외적인 특징들에 대해서 우리는 솔직한 친구들의 평가로 볼 때 바울은 외모에서나 언변(言辯)에서나 인상적인 사람이 아니었다는 정보만을 얻는다.[1] 우리는 이미 바울이 나약해 보일 정도로 자신을 낮추어 겸손했다는 것을 살펴보았는데, 이것은 외모나 언변에 대한 이러한 평가에 영향을 미쳤을 것이다.[2] 하지만 무엇보다 중요한 것은 바울이 어떠한 자질의 마음과 영혼을 소유한 사람이었느냐 하는 것이다.

자신의 설명에 따르면 바울은 자기 백성의 조상들의 유전을 열심으로 좇는 사람으로 자랐다.[3] 그리고 자신의 삶에서 또 다른 주의(主義)가 이 전승을 대치하게 되었을 때, 바울은 이 새 주의를 촉진하는 데 마찬가지로 열심을 보였다. 교회의 핍박자로서 보였던 바로 그 열심을 바울은 이전에 멸하고자했던 것을 세우는 자로서, 이전에 거부했던 주님의 종(bondslave)으로서도 동일하게 계속해서 보였다. 이 주님을 위하여 바울은 이전에 자기에게 유익하던 모든 것을 배설물로 여겼다.[4] 이전의 강경파는 자기가 그랬듯이 다른 사람들로 하여금 주님을 인정하도록 하는 데 있어서 가장 유능하고 적합한 인물이 되었다. 모든 것은

---

1) 참조, 고후 10:10 .
2) 150쪽 이하를 보라.
3) 갈 1:13이하 .
4) 빌 3:8.

은혜의 복음을 전하는 데 우선 순위가 두어졌으며, 이 복음에 바울은 자신의 모든 재능과 정력을 바쳤다.

바울이 선천적으로 격정적이었다는 것은 그의 서신에 나타난 문제를 보면 분명히 드러난다. 바울의 서신들은 보통 바울이 구술하고 서생이 대필하는 형식으로 쓰여졌다. 때때로 생각들이 바울의 마음속에 너무도 빠르게 물밀듯이 몰려왔기 때문에 말로 표현할 수 있는 한계를 넘어서서, 그의 말은 여기저기서 간격을 뛰어넘어 그의 사고를 따라잡아야 했다. 서생이 그의 말을 따라서 적느라고 얼마나 고생했겠는가 하는 것을 우리는 단지 추측만 할 수 있을 따름이다. 번번이 바울은 어떤 문장이 문법적으로 아직 끝나기도 전에 새로운 문장을 시작한다. 문장을 채 마치기도 전에 새로운 생각이 바울의 뇌리를 스치고 바울은 그 생각을 하느라고 이전 문장에서 떠나버리고 말기 때문이다. 그가 본 궤도로 돌아왔을 때는 이미 문장을 어디에서 처음 시작했는지를 잊어버린 후였다. 이 모든 것을 볼 때 바울은 유연한 문체를 자랑하는 저자도 따라잡기 쉬운 글을 쓰는 사람도 아니었지만, 우리는 이 사람에 대한 아주 또렷한 인상을 받는다. 그는 말할 가치가 있는 어떤 무엇을 가지고 있고, 그것을 말함에 있어서 그는 자연스럽게 어떤 것을 전하고 있다. 그가 말하는 방식에는 인위적인 것이나 습관적인 것이 아무 것도 없다. 그리고 바울이 말하려고 하는 것은 너무도 중요하기 때문에 ― 일세기의 독자들과 마찬가지로 20세기의 독자들에게도 ― 바울을 이해하려는 노력은 풍성한 대가가 약속되어 있다.

사무엘 존슨(Samuel Johnson) 박사는 자기가 잘 알고 있는 사람들 가운데 한 사람을 "비사교적인" 인물이라고 말했다.[5] 그것은 바울을 아는 사람이 바울에 관하여 사용할 수 있는 최후의 형용사이다. 바울은 극히 "사교적"이고 사람들과 함께 하기를 좋아하는 사람이었다. 그는 동료들과 함께 있는 것을 기뻐했다. 널리 알려진 바울에 관한 신화 가운데 가장 믿을 수 없는 것은 바울이 강한 여성 혐오증에 빠져 있었다는 것이다. 그는 여성들을 인격으로 여겼다. 많은 다른 사람들에게와 마찬가지로 바울에게 도움을 주었던 겐그레아 교회의 집사인 뵈뵈를 바울이 칭찬하는 것을 상기(想起)해 보고,[6] 복음에 바울과 함께 힘썼던 빌립보 교회의 유오디아와 순두게를 바울이 인정해 주는 것을 생각해 보라.[7] 기독교의 주류에 속하는 교회들은 여성들의 사역을 가치있는 것으로 인정해 주는 방향으로 조금씩 나아가고 있지만 바울과 동등한 수준에 이르려면 아직도 상당한 거리를 가야 할 것이다.[8]

바울의 친교의 범위와 그의 사랑의 깊이는 바울 서신들을 주의깊게 읽는 독자라면 놓칠

---

5) Mme D'Arbley(Fanny Burney), *Diary*, i(London, 1842), p. 66: 그는 존 호킨스 경을 "매우 비사교적인 인물"이라고 불렀다.
6) 롬 16:1이하.
7) 빌 4:2이하.
8) 그가 그들에게 기도할 때나 예언할 때 머리에 수건을 쓰라고 명한다 하더라도 수건은 교회 생활에서 책임있는 역할을 하는 그들의 권세의 징표이다.

수 없는 특징들이다. 단지 바울의 친구라는 사실만으로 신약성경에 언급되어 우리에게 알려진 수많은 사람들이 있다. 그리고 바울은 친구들에게 한계를 모르는 헌신을 불러일으킬 수 있었다. 브리스길라와 아굴라는 위기에 처해 있는 바울을 구출하기 위하여 자기들의 목숨을 걸었다. [9] 빌립보 교회의 에바브로디도(Epaphroditus)는 옥에 갇힌 사도를 염려하며 그의 시중을 드느라 지나치게 애를 써서 거의 죽을 병에 걸리기도 하였다.[10] 디모데는 바울에게 아들의 역할을 하면서 그의 선교 활동을 돕기 위하여 자기가 품었던 모든 개인적인 야심을 버리고 사도가 쏟았던 열심에 버금가는 헌신적인 관심을 다른 사람들을 위해 보였다.[11]

경건한 유대인으로서 바울은 자신의 죽음을 자기가 하나님께 드릴 수 있는 최후의 제물, 자기 죄를 속하고 자기 경건에 관쎅을 제물로 생각했을 것이다. 기독교인으로서 바울은 자기의 죽음을 하나님께 드리는 제물로 여기면서도 그것은 자기 자신을 위해서가 아니라 자기의 신자들을 위해서 그렇게 해야 한다고 생각했다. 예를 들면, 빌립보 교인들의 신앙을 완전한 것으로 만들기 위하여 어떤 기여 즉, 그들의 희생 제사에 부어질 관제가 필요하다면, 바울은 기꺼이 자신의 생명을 그 관제로 붓기를 원했다. 후대에 찰스 웨슬리(Charles Wesley)는 그 염원을 이렇게 노래할 수 있었다.

> 당신의 온전한 뜻에 복종할 채비를 갖추고,
> 나의 믿음과 사랑의 행위를 계속하다가,
> 죽을 때 당신의 가없는 자비는,
> 그 희생제사를 인치시고 완전케 하시리라.

바울은 이와 동일한 염원을 잘 알고 있었지만, 한 가지는 달랐다. '자신'의 죽음으로 '그들'의 희생 제사를 완전케 하라.[12]

갈라디아 교인들이 기독교인의 자유로부터 영적인 속박으로 되돌아가는 어그러진 길을 가기 시작했을 때 바울이 그들을 향해 느끼고 표현하는 열렬한 연민의 정을 능가하는 것은 아무 것도 없으리라. "나의 자녀들아 너희 속에 그리스도의 형상이 이루기까지 다시 너희를 위하여 해산하는 수고를 하노니"(갈4:19). 갈라디아 교인들을 그릇된 길로 인도하고 그들의 목에 종의 멍에를 매고 있는 사람들에 대하여 바울이 터뜨리는 진노를 설명해 주는 것은 갈라디아 교인들을 향한 바울의 사랑과 관심 말고는 없다 — "이 작은 자 중에 하나"를 실족케하는 자들에 대한 예수의 엄중한 말씀에 표현되어 있는 것과 같은 유의 진노. "차라리 연자맷돌을 그 목에 매이우고 바다에 던지우는 것이 나으리라"(눅17:2). 바울은 반문한다.

---

9) 롬 16:3이하.
10) 빌 2:25-30.
11) 빌 2:19-22.
12) 빌 2:17. 우리는 그의 태도를 자기와 같은 유대인 동족들을 구원할 수만 있다면 "자신이 저주를 받아 그리스도에게서 끊어질지라도 원하는 바로라"(롬9:3)라는 그의 태도와 비교해 볼 수 있겠다.

"누가 약하면 내가 약하지 아니하며 누가 실족하게 되면 내가 애타하지 않더냐"(고후11: 29).

바울은 자기가 그들을 향하여 느끼는 것과 똑같은 강력한 사랑으로 자기 신자들괴 마음으로 굳건하게 결합되는 것을 보기를 원한다. 구원하는 믿음은 "사랑으로써 역사하는 믿음(faith that works through love)"(갈5:6)이라고 바울은 갈라디아 교인들에게 말한다. 바울은 또 이와 같은 사랑으로 "서로 종노릇하여" "그리스도의 법을 성취하라"고 요청한다(갈5:13;6:2). 바울이 독신 생활을 이상(理想)으로 생각했다고 말하는 것은 언어도단이다. 바울이 사도직을 정력적으로 수행할 수 있었던 이유로 "홀로 달리는 자가 가장 빨리 달린다"는 속담을 인용했다면, 바울은 이 말에 코웃음을 쳤을 것이다.[13] 바울은 예배와 삶에서 기독교인들의 교제와, 함께 함을 중시한다. 기독교인들은 서로서로 지체들이며, 모두 다 함께 그리스도의 지체들이기 때문이다.

그의 신자들은 그의 자랑이자 기쁨이었다. 바울은 그들에게 편지를 쓸 때 아비가 자식에게 말하듯이 한다. 그는 다른 사람들이 거의 칭찬할 거리를 찾지 못하는 거기에서 그들 가운데 칭찬할 만한 모든 것들을 지적하여 칭찬한다. 그는 그들의 단점들을 꾸짖으며, 만약 그들의 길을 고치지 않는다면 다음 번에 그가 갈 때 회초리를 들고 가겠다고 경고한다.[14] 그러나 그는 자신이 가치 있다고 생각하는 모든 것들을 그들에게 권하며 그들이 지니고 있는 자랑스런 이름에 합당하게 완전한 기독교인으로 자라가기를 바라는 그의 불타는 소원을 남김없이 드러낸다.

그들을 자랑한다. 그가 예루살렘 구제 기금을 모금하고 있을 때 고린도 교인들에게는 마게도냐 교인들의 후함을 말하고 마게도냐 교인들에게는 고린도 교인들의 자발성을 자랑한다.[15] 무엇보다도 그는 자기에게 위탁하신 주님께 자신의 사도 직무를 마지막으로 회계할 때 자기 신자들을 가리켜서 자신의 섬김의 정도(quality)를 그들의 신앙과 삶에 의해 판단받는 것 외에는 아무 것도 필요하지 않기를 소원한다.[16]

예루살렘 구제 기금에 관한 언급을 보면 우리는 바울이 돈 문제에 관한 한 과민할 정도의 섬세함을 가지고 있었다는 것을 생각케 된다. 그는 기금을 모으는 것을 조직했지만, 이 연보금은 개 교회들에서 지명한 사람들에 의해 운반되어서 받는 사람들에게 전달되어야 한다고 고집했다. 자기 자신에 있어서 바울은 정직을 실천해야 했을 뿐만 아니라 그 정직성에

---

13) 바울이 독신 생활을 적합하다고 생각한 것은 그런 이유 때문이 아니었다(293쪽을 보라). 그는 베드로를 비롯한 다른 사람들이 선교 여행에 아내들을 동반하고 다니는 것을 거추장스럽게 여겼다는 것을 말하는 것이 아니다(고전9:5). 바울이 접두사 συν 을 가진 합성어(예를 들면, "같은 일꾼", "같은 군사" 등)를 선호한다는 사실이 내포하고 있는 의미에 대해서는 몇몇 저술가들이 연구해 왔다; 참조. T. R. Glover, *Paul of Tarsus* (London, 1925), p. 178 ff., 212.
14) 고전 4:21.
15) 고후 8:1-5; 9:1-4.
16) 살전 2:19이하; 빌 2:14-16.

대하여 모든 사람들이 의구심을 갖지 않도록 하여야 했다. 그는 돈 문제와 관련되는 일을 조심없이 다루게 되면 얼마나 쉽게 구설수에 오르게 되는가를 잘 알고 있었다. 부분적으로 이와같은 이유로 그는 고린도 교인들로부터 돈받는 것을 거절했지만, 그것은 또한 부분적으로는 타고난 자립심 때문이기도 했다. 그는 스스로 자립하기를 무척 좋아했다. 심지어 빌립보 교회의 사랑하는 친구들로부터 온 선물을 받고 바울은 감사를 표하면서도 당혹감을 감추지 못했다.[17] 또한 스스로 자립하여 남에게 신세를 지지 않음으로써 바울은 주의 날이 모퉁이를 돌아오고 있다는 확신 또는 다른 이유로 인해 일용할 양식을 얻기 위해 계속해서 일을 하는 것은 쓸데없는 짓이라고 생각했던 다른 기독교인들에게 하나의 모범을 세워놓기를 원했다.[18]

자기가 가야 할 길이라고 믿는 길에서 여간해서는 돌이키지 않는 비상한 의지력을 소유한 사람으로서도 바울은 우리를 놀라게 한다. 부활하신 주님께서 자기를 이방인의 사도로 부르셨기 때문에, 바울은 주님께 복종하는 길 외에 달리 선택할 방도가 없었다. 그는 온 마음을 다하여 기꺼이 주님께 복종하였다. 그리스도의 사랑이 바울을 사로잡았다. 그러나 그가 이에 관하여 달리 생각하였다 할지라도, 이 문제에 관한 한 바울은 선택권이 없었다. 그는 이 직무를 수행하도록 징모(徵募)된 군사였다. 분명히 그는 자발적인 징집병(徵集兵)이 아니었지만 자기가 권세하에 있다는 것을 알았다. 다른 면들에서는 그에게 선택의 자유가 허용되었을지 모르지만, 이 점에서는 결코 그렇지 않았다.[19]

바울이 죄의 종노릇에서 벗어난 사람들이 다시 그 멍에 아래 들어간다는 것은 바보 같은 짓이라고 주장할 때, 그는 자기 신자들이 자기와 같은 의지력을 갖고 있다고 생각해서 옛 습관, 옛 교제, 옛 환경의 부추김을 올바로 고려에 넣고 있지 않았다고 생각할 수 있다. 바울이 이전에 매여 있었던 종노릇은 율법에 종노릇하는 것이었으며, 그는 그러한 종노릇을 다시 할 마음이 전혀 없었다. 그러나 바울은 고린도 교인들의 생활 방식에 노출되어 있었던 적이 없었기 때문에 그의 신자들 가운데 몇몇이 그 생활 방식을 떨쳐버리는 데 너무도 많은 애로를 겪고 있다는 것이 바울에게는 이상하게 생각되었다.

그런데도 바울은 성령으로 말미암아 신자들의 마음속에 심겨진 부활하신 그리스도의 변화시키는 능력에 제한을 두지 않았으며, 자기가 비(非)실제적인 무익한 이상(理想)을 권하고 있지 않음을 알 정도로 그들의 삶 속에서 그 능력이 역사하고 있다는 충분한 증거를 보았다. 그리고 바울은 어떤 길이 올바르다는 것을 아는 것이 곧 그 길을 추구하는 것이 되는 강한 의지를 가진 사람을 기준으로 자기의 신자들을 재는 경향이 너무 농후하다는 생각이 든다면, 남들에게 복음을 전한 후에 자기가 버림을 당할까봐 끊임없이 자기를 쳐 복종시킨다는 바울의 증언을 상기해 보기바란다. 바울에게 있어서 기독교인의 삶은 고군분투(孤軍奮

---

17) 빌 4:10-20.
18) 살후 3:6-13 .
19) 고전 9:15-18.

鬪)의 역정이었다. 바울은 그것을 경주의 관점에서, 싸워야 할 싸움으로, 달려가야 할 경주로서 묘사하기를 좋아했다.[20] 즉각적으로 얻어진다는 것은 말도 되지 않는 것이었다. 자신의 유한한 인생 여정의 끝에서야 바울은 "그리스도 예수 안에서 하나님이 위에서 부르신 부름의 상"(빌3:14)을 받기 위하여 자기가 달려왔던 목적지에 도달할 수 있었을 것이다. 스스로를 단련하여 자신의 업적 대신에 자신의 낮아진 모습을 자랑으로 여기게 된 이 사람은 진정으로 자존심이 있는 사람이었다.

바울이 신자들을 향하여 가졌던 가장 큰 관심사는 그들이 자신들의 삶 속에서 그리스도의 성품 — 사랑, 오래참음, 양선, 온유, 절제와 같은 자질들을 포함하는 성령의 열매(그는 이렇게 부른다) — 을 드러내야 한다는 것이었다.[21] 이러한 관심은 바울의 자기훈련을 바탕으로 하고 있었다. 이러한 자질들이 자기 자신의 삶 속에서 드러나지 않는다면, 그러한 자질들을 계발하라고 그들에게 권하는 것이 무슨 소용이 있겠는가? 바울에게 이러한 자질들이 있지 않았다면 남들에게 그러한 자질들을 발전시키라고 권할 자격이 그에게 없었을 것이다. 이 자질들 가운데 적어도 몇몇 — 예를 들면 오래참음과 온유 — 은 바울에게 저절로 생긴 것이 아니었다. 온유는 예수의 성품 가운데서 독특한 특징이었지만, 바울에게 그러한 성품이 생겨나기 위해서는 성령의 능력으로 자신의 격정을 다스리는 것을 비롯하여 정기적으로 자기를 쳐 복종케 하는 자기 훈련이 필요했다. 하지만 바울은 이러한 다스리는 과정에 아주 필사적으로 자신을 복종시켰기 때문에, 그는 거리낌없이 다른 사람들에게 이러한 기독교적 미덕들을 반복해서 가르칠 수 있었을 뿐만 아니라 자기 자신의 실천을 그들의 모범으로 하여 그들을 격려할 수 있었다.

사과나무에서 사과가 열리는 것이 의회에서 제정한 법으로 말미암은 것이 아니고 그 본성에서 그렇게 되는 것처럼, 그리스도의 성품은 준칙들과 규례들을 통하여 자기 백성들 속에서 생겨날 수 없었다. 그것은 그들 속에 있는 성령의 열매여야 한다. 특히 초기 사역에서 바울은 성령의 자유를 누리는 대신에 준칙들로 이루어진 의문(儀)의 지시에 따르기를 좋아하는 기독교인들을 보고는 당혹감에 빠졌던 것 같다. 마음을 상쾌하게 해주는 영적인 자유를 직접 체험한 바울로서는 자기 신자들이 "원칙에 따라 살기보다는 준칙들에 따라 사는 것이 한결 편안한" 사람들로서 무난히 살아가는 모습을 보는 것으로 만족할 수 없었다.[22] 그는 그들이 "내가 해야 할 일을 말해 달라. 그리하면 내가 그것을 하리라(tell-me-my-duty-and-I-will-do-it)"는 탈무드의 말을 따라 살아가는 바리새인들처럼 살지 않고 그리스도께서 그들을 자유케 하신 바 그 자유 속으로 더욱 더 깊이 들어가는 것을 보기를 소원했다.[23]

---

20) 고전 9:24-27.
21) 갈 5:22이하.
22) J. R. W. Stott, *Obeying Christ in a Changing World, 1: The Lord Christ* (London, 1977), p. 24.
23) TJ 베라코트 9:7.

그러나 많은 사람들이 그런 것과는 달리 바울은 개인적으로 강인한 의지력을 가지고 있었으면서도 자기보다 못한 사람들을 못참아하지 않았다. 바울 자신은 강건하고 해방된 의식을 가지고 있었지만, 미성숙하고 깨지 못한 의식을 가지고 있는 사람들에 대하여 따뜻한 동정심을 가졌고 더 약한 형제들을 배려하는 일이라면 어떠한 자기 부정도 기꺼이 감내할 의향이 있었다. 그는 다른 강한 심성을 가진 기독교인들이 약한 형제들을 배려하지 못하고 또 배려하지 않으려는 모습을 개탄하면서, 특히 이 점에서 바울은 자기가 그리스도를 본받듯이 그들로 하여금 자기를 본받으라고 그들에게 자기를 모범으로 내세웠다.[24]

바울은 강인한 정신력과 아울러 보기 드물게 강인한 육체를 가지고 있었다. 실제로 이 두 가지 점에서 바울은 소크라테스에 비견될 수 있다. 이 점에 있어서 사도행전의 증거는 바울 자신의 저작의 증거를 보강하고 있다. 누가는 바울이 루스드라에서 돌로 맞은 후 성 밖으로 끌려나가 죽은 자처럼 길가에 버리워졌으나 "제자들이 둘러섰을 때에 바울이 일어나 성에 들어갔다가 이튿날 바나바와 함께 더베로" 갔다고 묘사한다(행14:20). 이때 겪은 체험은 고린도후서 11:23-27에 열거되어 있는 역경들의 목록에 나오는 한 사건에 불과하다. 바울은 자기를 방어하기 위하여 그러한 목록들을 제시해야 하는 처지가 된 것을 부끄럽게 생각하고 있지만, 자기가 사도적 사역을 수행하는 과정에서 옥에 갇히고, 매도 수없이 맞고, 파선하고, 여러 번 죽을 뻔한 일 등을 사실 그대로 재현하고 있는 것은 그 모든 것들을 견디어 낸 사람의 탄탄한 몸과 지구력을 말하고 있는 이야기 자체이다. 이러한 사건들을 겪으면서 입은 상처들을 바울은 자랑스러워 한다. 그 상처들은 자기가 주님의 종이라는 것을 선포하는 지워지지 않는 흔적(stigmata)이었다 — 바울은 바로 그 주님을 섬기다가 이 상처들을 입었기 때문이다.[25]

바울은 자기가 이러한 고통들과 위험들을 참고 견디어 낸 것이 육체의 강인함 때문이라고 해석하지 않았을 것이다. 바울의 눈에는 이 모든 것들은 어느 하나도 버릴 것이 없고 오히려 하나님께서 자기를 받으셨다는 확신한 징표와 기독교적 소망을 공고히 해주는 것으로서 기쁨으로 받아들여야 할 신앙의 삶의 일부였다. 이러한 태도는 그리스도의 십자가에 함축되어 있는 모든 인습적인 가치들의 전도(顚倒)에 속했다. 바울은 이러한 역경들을 그리스도의 고난에 참예하는 것 그리고 동료 기독교인들의 몫이 될 환난을 자기 몸으로 흡수하는 수단으로서 더 기꺼이 환영했다. 역경들로 인하여 겉사람은 후패했지만, 하나님은 이 역경들을 사용하셔서 속사람을 새롭게 하시고 바울이 받을 영광의 유업을 풍성케하셨다.

바울은 주후 1세기 — 그 이전도 그 이후도 아닌 — 에 로마제국 — 그 경계를 벗어나서가 아니라 — 에서 이방인이 아니라 유대인으로 태어난 그 시대의 산물이었다. 그는 자신이 전해받은 유산, 자신의 환경, 자신의 양육을 통하여 영향을 받았다. 어떤 사람들은 끝까지 시대의 산물로서 남아 있는 까닭에 실제적으로 그들에 관한 모든 것은 그들의 문화적 조건

---

24) 고전 10:32-11:1. 참조, W. P. DeBoer, *The Imitation of Paul*(Kampen, 1962).
25) 갈 6:17.

외 견시에서 설명할 수 있게 된다. 그러나 바울은 그렇지 않았다. 아마도 이러한 사실을 염두에 두고 존 던(John Donne)은 "바울은 나머지 사람들처럼 시간을 두고 새겨진 것이 아니라 한 사람, 한 사도로서 태어났다. 그러나 주조된 사도는 소모되면 용광로에 던져진 다"고 말했을 것이다.[26] 바울은 자기 시대에 흔적을 남기고 동시대인들을 조형하고 먼 미래에까지 미치는 영향력을 행사하는 선택된 사람들 가운데 속한다.

바울은 랍비 교육을 받았지만, 자신의 이전 교육의 의미와 내용 전체를 너무도 철저하게 재평가했기 때문에 많은 유대교 학자들은 바울이 랍비 교육의 산물이라고 인정하는 데 난색을 표해 왔다. 그들은 이방인의 사도보다는 나사렛의 선지자(the Prophet of Nazareth, 그는 실제로 랍비 교육을 받지 않았다)를 인정하는 편이 오히려 더 쉽다고 생각했다. 바울은 그들이 쉽게 접근할 수 없는 수수께끼를 제시한다.[27]

하나님이 때가 차매 아들을 보내셨다는 사실, 십자가에 못박히신 예수는 만유의 주로서 높이 들리우셨다는 사실, 그러한 자격으로 그는 율법의 치세를 대치하는 새 시대를 열었다는 사실이 젊은 바리새인에게 분명하게 밝혀졌을 때, 그것은 그의 사상과 삶의 방향을 근본적으로 바꾸어 놓았을 뿐만 아니라, 그를 통하여 상당한 무리의 인류의 사상과 삶을 바꾸어 놓았다. 바울 시대에 다른 사람들도 이방인 선교에 헌신했지만, 바울의 공헌은 유일무이하고 가장 풍성한 수확을 거두었다. 바울은 처음부터 예수를 따랐던 어떤 제자들보다도 스승의 인격과 사역에 내포된 우주적인 의미들을 더 잘 이해하였고 그 의미들을 기독교인의 삶에 실제적으로 적용하였다. 바울의 가르침에서 특히 강조되고 있는 네 가지 주제들을 다시 한 번 여기에서 요약해 보도록 하자. 이것들은 여전히 강조해야 할 필요가 있는 것들이기 때문이다.

① 참된 경건은 준칙들과 규례들의 문제가 아니다. 하나님은 회계원이 사람들을 대하듯이 하지 아니하시고 사람들이 자기의 사랑에 응답할 때 그들을 자유롭게 받으시고 그들의 마음속에 그리스도의 영을 심어주심으로써 그들이 다른 사람들에게 자기들이 받은 사랑을 보여줄 수 있도록 하신다.

② 새로운 인간성이 그리스도의 죽으심과 부활 생명을 통하여 존재하게 되었기 때문에 그리스도 안에서 사람들은 성년에 이르렀다. 하나님은 자기 자녀들을 목줄을 매어두는 것이 아니라 하나님의 책임있는 성년의 아들 딸로서 살아가기를 부탁하신다.

③ 사람들은 일보다 중요하며 원칙들보다도 중요하며 주의 주장보다도 더 중요하다. 가장 고귀한 원칙과 가장 훌륭한 주의 주장들은 사람을 위해서 존재한다. 그것들을 위하여 사

---

26) *LXXX Sermons* (London, 1640), no, 46, p. 460.
27) 더 식견있는 유대인들의 평가는 C. G. Montefiore, *Judaism and St. Paul*(London, 1914); H. J. Schoeps, *Paul*, E. T.(London, 1961); S. Sandmel, *The Genius of Paul*(New York, 1970)에서 가져왔다. 또한 흥미로운 정신분석학적 연구인 R. L. Rubinstein, *My Brother Paul*(New York, 1972)도 참조하라.

람들을 희생시키는 것은 참된 질서를 왜곡하는것이다.

④ 인종, 종교, 계급, 성별을 근거로 부당하게 차별하는 것은 하나님과 인류 모두에 대한 범죄이다.

이러한 교훈들이 중요하다면, 그것들을 가르친 한 사람에게 감사와 신뢰를 보내는 것은 당연하다.

2. 초대교회와 바울

바울이 예루살렘에 있는 로마 수비대에 의해 체포된 후 4년 동안 공적인 활동에서 물러나게 되자 바울의 대적들은 바울의 이방 선교지역 전체에 걸쳐 재빨리 이 기회를 이용하였다. 골로새서가 바울이 로마에 갇혀 있을 동안에 쓰여졌다고 한다면 골로새서의 증거는 이러한 상황을 단적으로 보여준다. 그리고 바울은 빌립보 교인들에게 유대주의자들("할례"당)과 영지주의적 성향을 띤 도덕폐기론자들(빌3:2, 18 이하)을 경계하라고 말한다. 디모데후서 1:15의 말씀 — "아시아에 있는 모든 사람이 나를 버린(turned away) 이 일을 네가 아나니" — 은 아마도 이러한 반(反)바울의 흐름의 절정과 관련되어 있는 듯하다. 그들이 어떤 방향으로 나갔는지는 언급되어 있지 않다. 부겔로(Phygelus)와 허모게네(Hermogenes)의 이름이 특별히 언급되고 있는데, 이들은 아마도 이 운동의 지도자들이었던 것 같다. 그러나 그들의 가르침이 무엇이었는지는 나와 있지 않다.

이 서신의 다른 곳에서는 또 다른 한 쌍, 후메내오(Hymenaeus)와 빌레도(Philetus)가 이미 실현된 종말론(over-realized eschatology)을 주장함으로써 — 몇몇 고린도 교인들이 이전에 그랬듯이 부활은 이미 일어났다고 말함으로써 — 진리에서 빗나갔다고 비난하고 있다(딤후2:17 이하).[28] 후메내오와 빌레도가 아시아 지방에 속해 있었는지조차 확실치 않다. 하지만 후메내오가 디모데전서 1:19 이하에 따르면 알렉산더(Alexander)와 함께 "그 믿음에 관하여는 파선하였기" 때문에 "훼방하지(to blaspheme) 말게 하려" 바울이 (아마도 멀리서) 징계한 후메내오와 동일 인물이라면(그럴 가능성이 크다),[29] 그가 아시아 지방에 속해 있었을 가능성은 매우 높다 하겠다.

주후 60년대 후반에 "주의 제자 요한"(그는 이렇게 불린다)과 가이사랴의 빌립과 그의 예언하는 딸들이 아시아 지방에 이주해 옴으로써 아시아의 교회들은 그 영향을 받아 견고해지기 시작했다. 그들은 생전에만이 아니라 수 세대 후까지도 아시아 기독교인들 사이에서 상

---

28) 참조, W. L. Lane, "1 Tim. iv. 1-3: An Early Instance of Over-realized Eschatology", *NTS* 11(1964-65), pp. 164-167 ;또한 333쪽 위를 보라.
29) 고린도전서 5:4이하에서 징계를 명하고 있는 것을 참조하라.
30) 유세비우스는 이런 의미로 브리기아의 몬타누스주의자인 프로클루스(Proclus) (*Hist. Eccl.* iii.

당한 특권을 누렸다.[30] 그들은 팔레스틴에서 기독교가 처음 시작되는 것과 아주 밀접하게 관련이 되어 있었기 때문에 그들이 존재한다는 것만으로도 유대적인 율법주의나 도덕폐기론적 영지주의를 억제하는 데 도움이 되었다.

그러나 다른 무엇보다도 바울의 선교지역에서 유대주의자들의 선교를 붕괴시킨 결정적인 사건은 주후 66년 로마에 대항해 일어난 유대인 폭동이었다. 이 폭동으로 인해 4년 후에 성전과 예루살렘 도성이 파괴되었을 뿐만 아니라 예루살렘 교회도 흩어지게 되었다. 예루살렘 교회는 수세대 동안 망명지에서도 자신의 정체성(identity)을 유지하려고 무척 애를 썼지만, 더 이상 이방 기독교 세계가 받아들일 수 있는 공교(公敎)를 발할 수가 없었다. 실제로 예루살렘 교회와 이방 교회들의 접촉은 극소화되었다. 예루살렘 교회의 예전의 특권은 주후 135년과 그 이후의 수년 동안에 거룩한 도성의 터에 하드리아누스(Hadrianus) 황제가 새롭게 세운 엘리아 카피톨리나(Aelia Capitolina)에 창건된 전적으로 이방인의 공동체인 새 예루살렘 교회가 어느 정도 이어 받았다.

원래의 예루살렘 교회의 전승들을 소중히 여기는 곳에서는 바울은 여전히 의심스러운 인물로 남아 있었다. 아니 한 걸음 더 나아가 바울은 실제로 모세와 같은 선지자인 예수에 의해 선포된 새로운 율법이라는 밀 가운데 도덕폐기론이라는 가라지를 뿌린 원수로 여겨지기도 했다.[31] 그러나 그런 식의 바울 평가는 괴상한 것이었고 영향력도 별로 없었다. 바울의 이방 선교지역 전체 및 그곳을 뛰어 넘어 바울의 성가(聲價)는 살아있을 때보다도 더 높게 올라갔다. 바울의 선교 활동으로 말미암아 세워진 교회들은 바울이 자기 교회를 세운 창건자라는 사실을 자랑스럽게 생각했다.

바울의 서신들은 완전한 문서이든 단편이든 주의깊게 모아졌다. 바울은 생전에 자기가 보낸 서신을 이웃해 있는 교회들과 교환해서 보도록 권유하고 아마도 한 공동체에 보낸 서신을 복사해서 다른 곳으로 보내 읽게 함으로써 이러한 경향을 촉발시킨 최초의 사람이었다. 로마의 클레멘트가 주후 96년 로마교회의 이름으로 고린도 교회에 편지를 썼을 때, 그가 고린도전서를 자유롭게 인용하면서 그 교회를 창건한 사도가 40년 전에 그들에게 말했던 것에 좀더 주의를 기울여야 했었다는 것을 고린도 교인들에게 일깨워 주는 것으로 보아 그는 분명히 우리가 고린도전서라 부르는 서신의 사본을 가지고 있었음에 틀림없다.

누가의 역사 기록의 두번째 책 — 사도행전 — 이 당시에 널리 유포됨으로써 이것은 바울의 서신들을 수집하고 그것들을 총서(叢書)로서 간행하는 데 강력한 추진력이 되었을 것은

---

31. 4)와 에베소의 감독인 폴리크라테스(Polycrates)(*Hist. Eccl*, iii. 31. 3; v. 24. 2)를 인용한다; 참조, Irenaeus, *Against Heresies* iii. 1. 1. 이 세 저술가들은 모두 2세기 말 사람들이다.
31) 참조, 마 13:25. 예수는 의인 야고보와 베드로가 교회에서 권위의 원천이자 머리였던 사도시대로부터 연원했다고 주장하는 일단의 삼 세기의 저작들이 클레멘트의 저작에 그렇게 묘사되어 있다(423쪽을 보라); 참조, H. J. Schoeps, *Theologie und Geschichte des Judenchristentums* (Tübingen, 1949), pp. 120, 127.

당연하다. 바울이 복음화했던 지역들에서 바울을 잊어가는 어떤 경향이 있었다고 한다면, 이러한 매혹적인 기록은 분명히 그 지역들과 다른 지역들에 바울에 대한 관심에 다시 불을 붙였을 것이다.[32]

어떻게 이루어졌는지는 모르지만, 2세기 초에 이후의 모든 세대에게 은혜를 끼친 이 무명의 인사는 최소한 10개의 바울 서신을 복사해서 하나의 사본(codex)으로 만들었는데, 수많은 지역의 기독교회들은 바울 서신을 사용하기 위하여 바로 이 사본에서 복사를 해갔다.[33] 그 때로부터 바울 서신들은 각개(各個)가 아니라 모음집으로 유포되었다. "정통"이든 "이단"이든 바울 서신들을 언급하는 2세기 저술가들은 바울 서신을 총서 형태로 알고 있었다.

"이단" 저술가 가운데 가장 유명한 이는 마르키온(Marcion)이었다. 그는 주후 144년 경 자기가 엮은 누가복음과 열 개의 바울 서신(목회 서신은 제외했다)을 포함하는 기독교 성경의 정경(正經)을 공표했다. 마르키온의 눈에는 바울은 예수 그리스도에 충실한 유일한 사도였다. 원래의 사도들은 모두 그리스도의 순수한 복음을 유대주의적인 교리들로 더럽혔다그러나 진정한 바울 서신들조차도 마르키온에 의하면 구약의 저작들의 지속적인 타당성을 전제하는 구절들과 같은 비(非)바울적인 첨가들을 떨어내는 것이 필요했다. 마르키온은 "당시에 바울을 이해했던 유일한 인물인데, 바울에 대한 그의 이해에서도 바울에 대한 오해가 발견된다"고 학자들은 말해 왔다.[34] 교회는 마르키온의 독특한 가르침들을 거부했지만, 그가 편찬한 바울총서는 이후에 여러 방식으로 본문 전승에 영향을 미쳤다.[35]

바울 서신들에 있어서 우리가 알고 있고 현재 남아 있는 가장 오래된 사본은 더블린

---

32) 참조. E. J. Goodspeed, *Introduction to the New Testament*(Chicago, 1937), pp. 210ff.
33) 참조. G. Zuntz, *The Text of the Epistles*(London, 1954),pp. 14 ff., 276 ff.; 그는 이 사본이 명백하게 "학문적인 알렉산드리아의 편집 기법에 의존하고 있다는 점"으로 보아 이 작업이 행해진 곳이 알렉산드리아라고 생각한다(p.278). E. J. Goodspeed(*Introduction to the New Testament*, pp., 217 ff.)는 총서가 편집된 곳이 에베소라고 주장했다; 참조. C. L. Mitton, *The Forma of the Pauline Corpus of Letters*(London, 1955), pp. 44 ff. 또한 430쪽 위를 보라.
34) 참조. A. von Harnack, *Marcion: Das Evangelium vom fremden Gott*(Leipzig, 1921), pp. 230 ff.; 2nd edition=*Texte und Untersuchungen* 45(1924),pp 199 ff.; 이 저작은 이를 보완하고 있는 *Neue Studien zu Marcion= Texte und Untersuchungen* 44, Part 4 〔1923〕와 함께 마르키온 연구에 있어서 가장 중요한 저작이다. 또한 R. S. Wilson, *Marcion: A Study of a Second-Century Heretic*(London, (933); J. Knox, *Marcion and the New Testament*(Chicago. 1942); E. C. Blackman, *Marcion and his Influence*(London,1948)를 보라. 31쪽을 보라.
35) 마르키온이 바울에 몰두함으로써 몇몇 진영에서는 정통의 관점에서 바울에 관하여 의문을 제기하게 되었다: 예를 들면 터툴리안은 바울을 "마르키온의 사도" 또는 "이단의 사도"라고 부른다(*Against Marcion* iii, 5. 4; v.14. 9)—실제로 바울을 비난하는 것이 아니라 그 상황에 맞춰(*ad hominem*) 행한 주장; 또한 그는 바울을 "나의 사도"(v. 1.8)라고 말하는데, 물론 마르키온처럼 배타적인 의미로 그렇게 부르는 것은 아니다. 또한 C. K. Barrett, "Pauline Controversies in the Post-Pauline Period", *NTS* 20(1973-74), pp. 229-245를 보라.

(Dublin)의 체스터 베티(Chester Beatty) 소장품 가운데 있는 파피루스 사본(codex)이다(인정된 헬라어 신약성경 사본들(manuscripts)의 목록에서 P46). 이 사본은 2세기 말에 속하는 것으로서 히브리서와 함께 열 개의 서신들로 된 짧은 바울총서(목회 서신을 제외하고)를 포함하고 있다. 체스터 베티의 성경 파피루스의 출처인 애굽에서는 히브리서는 주후 180년에 이미 바울 서신으로 인정하고 있었다[36] (히브리서를 최초로 받은 집단이 있었던 로마 교회는 이를 더 잘 알고 있었다).

그후 2세기의 마지막 사반 세기에는 가톨릭 세계 전체에 걸쳐 바울은 숭상되었고 그의 저작들은 정경화(正經化)되었다.[37] 그러나 이것은 바울의 가르침을 교회가 이해하였다는 것을 의미하지는 않았다. 규례에 따라 기독교적 삶을 살아가는 경향이 너무도 강력했고, 때때로 그렇듯이 바울의 의도를 진정으로 파악한 어떤 사람이 나타났을 때 그 효과는 혁명성을 띠기 쉬웠다. 많은 교부들은 바울이 기독교인들은 이제 율법 아래 있지 않고 은혜 아래 있다는 말을 했을 때 그 뜻을 액면 그대로 받아들일 것을 의도했다고 하는 것은 가능하지 않다고 생각했을 것이다.[38]

또한 바울의 더 변증적인 구절들의 역사적인 배경이 잊혀져 버리고 없었으므로, 처음에는 가능한 한도까지 자기 신자들이 품고 있는 생각을 따라 가다가 그 극한점에서 "그러나"라는 말을 갑자기 들이대고는 이제까지 전면적으로 용인(容認)하는 것처럼 보였던 것들을 일거에 본질적으로 수정해 버리는 바울의 전략을 따라잡기가 당연히 어려웠다. 바울의 주장들을 바울 당시의 배경을 토대로 해석하는 데 실패함으로써 웃지 못할 현상이 생겨났는데, 그것은 생전에 도덕주의자들에 의해 도덕폐기론자(antinomian)로 비판받았던 이 사도가 도덕주의자들의 영적인 후계자들에 의해 금욕주의자(ascetic)로 숭상을 받게 되었다는 것이다.[39]

3. 가공(架空)의 이야기와 전설에 나타난 바울

---

36) 참조, Clement of Alexandria. Eusebius, *Hist, Eccl*, vi. 14. 2 f.에 인용되어 있다. 또한 C. P. Anderson, "The Epistle to the Hebrews and the Pauline Letter Collection", *Harvard Theological Review* 59(1966), pp. 429-438을 보라.
37) 마르키온에 대한 대응으로 가톨릭 성직자들은 열 개만이 아니라 열세 개의 바울 서신들 및 바울과 아울러 다른 사도적 인물들의 저작들을 정경으로 지정했다; 하나의 단일한 기록이 아니라 네 개의 복음서; 복음서와 서신서를 연결해주는 것으로서 사도행전. F. F. Bruce, *The Spreading Flame*(London, 1958), pp. 228 ff.를 보라.
38) T. F. Torrance, *The Doctrine of Grace in the Apostolic Fathers*(Edinburgh/London, 1948)를 보라.
39) M. F. Wiles, *The Divine Apostle* (Cambridge, 1967), pp. 94 ff, *et passim*을 보라.

주후 2세기 중엽에 아시아 지방의 한 장로가 다메섹에서 로마에 이르기까지 사도가 활동 했던 전 지역에서 바울에 관한 전설과 전승들을 모아서 거기에 자신의 상상력을 가미해 연 속적인 하나의 이야기로 만들어「바울행전」(Acts of Paul)이라는 작품을 세상에 내놓았 다. 그의 의도는 사도를 추모하며 기리는 것이었으나, 그의 동료들과 상급자들은 그가 한 작업을 몹시 못마땅하게 생각해서 ― 그러한 가공의 이야기를 만들었다는 것 자체를 비난하 거나 그들이 받아들일 수 없다고 생각한 신념들이나 해위들을 장려하는 몇몇 내용들을 비난 하면서 ― 그로부터 장로직을 박탈했다. 그는 자기가 "바울을 사랑하여(amore Pauli)" 이 작품을 편찬했다고 단호히 말했지만, 그들의 사고 방식에서는 동기가 가치 있다고 하여 작품의 문제성이 덮어질 수는 없었다.

저자를 제명처분했다는 이야기는 카르타고의 터툴리안에게서 나온다. 그는 2세기 후반에 글을 써서 교회에서 여자들에게 가르치는 사역을 허용하는 사람들에게 이 작품이 자격 있는 당국에 의해 단죄되었기 때문에 그들이 이 작품의 권위에 의존해서는 안 된다고 경고한다. [40] 거기서 구체적으로 언급되고 있는 부분은 그 작품에 나오는 바울과 테클라(Thekla)의 일 화(逸話)이다. 테클라는 바울로부터 복음을 듣고 개종한 전설적인 신자로서 바울의 제의로 그녀의 약혼 관계를 깨고 한 동안 바울의 사도적 사역을 함께 하면서 순교당할 즈음에 기 적적으로 살아나는 체험을 하게 된다. 이 일화 속에 나오는 바울은 목회 서신들에 나타난 바울과 다르게 행동한다.

목회 서신은 "여자의 가르치는것… 을 허락지" 아니하고 "혼인을 금하는" 사람들을 단죄 하는 반면에(딤전2:12, 4:3), 바울행전의 바울은 테클라가 결혼하는 것을 반대하고 교사로 서의 그녀의 은사를 계발하도록 권한다. 바로 이와 같이 바울행전에서 독신생활과 전반적 인 금욕주의를 거듭 가르쳤기 때문에 아시아 교회의 지도자들은 그러한 경향들이 바로 그때 새로운 몬타누스주의자들(Montanist)의 운동에서 나타나고 있었던 경향들과 같다는 이유 로 이단적 경향이라고 단죄했었을 것이다. [41]

바울행전의 바로 이 부분이 그 단호하고 인습에 얽매이지는 않는 성격으로 인해 어떤 지 방의 끊임없이 전해 내려오는 회상을 반영하는 것으로 종종 생각되어져 왔던 사도에 대한 간략한 묘사 부분이다. 바울은 두 일행과 함께 이고니온으로 가는 길이다 ―

오네시보로라는 사람은 바울이 이고니온에 왔다는 소식을 듣고 심미아스(Simmias)와 제노

---

40) Tertullian, *De baptismo* 17.
41) 몬타누스주의가 정경화 과정에 미친 영향에 대해서는 A. von Harnack, *The Oringin of the New Testament*, E. T. (London, 1925), pp. 35 ff를 참조하라.
42) 왕의 길은 "분명히 〔비시디아〕 안디옥에서 루스드라에 이르는 길로서 아구스도가 건설한 로마의 도 로이다"〔W. M. Ramsay, *The Church in the Roman Empire before A.D.170* (London, ⁵1897), p.32〕.

(Zeno)라는 두 아들과 아내인 렉트라(Lectra)와 함께 바울을 만나러 나왔다. 그는 바울을 자기 집으로 맞아들일 생각이었다. 디도는 바울이 어떻게 생겼는지를 그에게 일러 주었었다. 이제까지 오네시보로는 바울을 육체로 본 적이 없었고 단지 영으로만 알고 있었다. 그는 루스드라로 뻗어있는 왕의 도로를 가다가[42] 길에 서서 바울을 기다리다 저기서 오는 사람들을 보고 그들을 디도가 말해 준 인상의와 비교를 해보았다. 마침내 그는 머리가 벗겨지고 다리가 굽은 작은 키, 눈썹이 서로 만나고 코는 약간 매부리이고 좋은 사람 인상이 물씬 풍기는 건장한 몸을 한 바울이 오는 것을 보았다. 바울은 사람의 형상을 하고 있었지만 천사의 얼굴을 가졌다.[43]

이 대략적인 묘사가 매우 사실적이라는 인상을 보이고 있음에도 불구하고, 이것은 전승되어오는 문학적인 묘사 — 알키비아데스(Alcibiades)가 소크라테스를 묘사한 것 — 에서 인용한 것이라고 생각되어 왔다. 알키비아데스의 묘사는 상당히 단도직입적이지만 — 소크라테스는 실레누스(Silenus) 또는 호색가의 외모를 가진 것으로 묘사된다 — 그의 대화술은 형언하기 힘들 정도로 사람들을 사로잡는 힘이 있었다. 보잘것없는 외모에 "너무도 신성하고 귀중하며 너무도 아름답고 기이한 보화가 들어있어서 나는 단지 소크라테스가 나에게 명했다는 이유만으로 행해야 했다".[44]

로버트 아이슬러(Robert Eisler)는 바울에 대한 묘사는 소위 「렌툴루스의 편지」(Letter of Lentulus)에 나오는 상상력이 풍부한 예수에 대한 묘사와 동일한 장르(genre)에 속한다고 주장했다.[45] 그러나 이러한 유사성들은 확신감을 심어줄 정도로 긴밀하지는 않다. 따라서 윌리엄 램지(William Ramsay) 경이 말한대로 "사도의 외모를 이렇게 소박하고 꾸밈없이 묘사한 것은 매우 초기의 전승을 구체화시키고 있는 듯이 보일" 가능성 — 가능성 이상일 수는 없다 — 이 여전히 남는다.[46]

터툴리안은 바울행전을 인정하지 않았지만, 그의 동시대인인 로마의 히폴리투스는 이 작품을 받아들인 것으로 보인다 — 성경(이 책은 그러한 인정을 받으려는 의도가 전혀 없었다)으로가 아니라 사건들을 진솔하게 기록한 책으로. 히폴리투스는 서방 기독교 세계에 있어서 당대의 가장 위대한 학자였지만 오늘날 우리가 그 책에 나오는 가장 명백하게 전설적인 사건들 가운데 하나로 여기고 있는 것 — 바울이 친하게 지내고 세례까지 준 바 있는 사자와 투기장에서 맞붙어 싸운 이야기 — 을 사실에 근거한 진리로 받아들였다.[47]

안드로클레스(Androcles)와 사자에 관한 전설은 주로 버나드 쇼(Bernard Shaw) 덕

---

43) *New Testament Apocrypha*, E. T., ed. E. Hennecke, W. Schneemelcher, R. McL. Wilson, ii(London, 1965), pp. 353f. "천사의 얼굴"에 관한 언급은 사도행전 6:13에 나오는 스데반을 생각나게 한다.
44) Plato, *Symposium* 215 A-222 B.
45) R. Eisler, *The Messiah Jesus and John the Baptist*(London, 1931), pp. 393 ff.
46) W. M. Ramsay, *The Church in the Roman Empire*, p. 32.
47) *New Testament Apocrypha*. E. T., ii. pp. 369-373; 320 쪽 위를 보라.

분에 오늘날 우리에게 매우 잘 알려져 있지만, 2 세기 중엽에는 그와 같은 일이 바울에게 있었던 것으로 알려져 있었다. 이것은 아마도 "에베소에서 맹수로 더불어 싸웠다"(고전15: 32)는 바울의 말이나 자기가 "사자의 입에서 건지웠다"(딤후4:17)는 주장을 문자적으로 해석한 데서 기인한 듯하다. 이 이야기는 바울행전에 매우 상세하게 기록되어 있고, 힙폴리투스는 그 이야기를 진지하게 받아들여서 자신의 「다니엘 주석」(Commentary on Daniel)에서 다니엘이 사자굴에 던져진 이야기와 유사한 예로써 그 이야기를 인용한다. "바울이 사자와의 투기(鬪技)라는 형을 선고받았을 때 바울 앞에 던져진 사자는 바울의 발 아래 엎드려 그를 핥았다는 것을 우리가 믿을진대, 왜 우리는 다니엘의 경우에 일어난 것들을 믿지 못하겠느냐?"[48] ― 참으로 위태위태한 변증!

또한 로마에서도 바울의 이야기는 전설들로 윤색되어 아름답게 꾸며졌다. 예를 들면 바울이 나폴리에 갔을 때인 주전 19년에 죽은 시인 베르길리우스(Virgil)의 묘를 보고 그 앞에서 통곡하면서 "내가 당신을 신자로 만들었다면 당신은 여전히 가장 위대한 시인으로 살아 있었을텐데"라고 말했다는 것이다.[49] 특히 바울의 순교에 관한 기록은 기적적인 일화들로 온통 장식되었다. 한 외경에서는 이런 일화를 전한다. 바울이 처형장으로 끌려가고 있을 때 한쪽 눈이 먼 페르페투아(Perpetua)라는 여인을 보았는데 그 여인은 바울이 지나가자 울음을 터뜨렸다. 바울은 여인에게 머릿수건을 빌려 달라고 하였다. 바울을 호송하고 있었던 병사들은 여인을 비웃었지만, 여인은 황제에게 신의 가호가 있기를 빌면서 병사들에게 자기 머릿수건으로 바울의 눈을 가린 다음 바울이 죽은 후에 그 머릿수건을 돌려달라고 간청했다. 병사들이 그 머릿수건을 돌려주자 여인은 온통 피로 절어 있는 그 머릿수건을 다시 썼는데 그 즉시 여인의 시력은 회복되었다.[50]

트레 폰타네(Tre Fontane)의 성 바울 성당에 있는 부조(浮彫)들은 사도가 참수당했을 때 베어진 사도의 머리가 세 번 땅에서 튀었고 그 튄 자리마다 샘이 솟아올랐는데 이를 따라 그곳의 이름이 붙여졌다는 전설을 기념하고 있다.

4. 끊임없이 계속되는 바울의 영향력

이러한 전설들은 바울의 위대함을 강조하려는 소박한 시도들을 보여준다. 그러나 바울의 참된 위대성은 바울이 전한 해방의 메시지의 풍성한 능력에 의해 입증된다. 번번이 복음이 율법주의나 낡아빠진 전승에 속박되어 질식하거나 옴싹달싹 못하는 위기에 처해 있을 때마

---

48) Hippolytus, *Commentary on Daniel*, iii. 29.
49) Ad Maronis mausoleum/Ductus, fudit super eum /Piae rorem lacrimae: /"Quem te", inquit, "reddidissem, /Si te vivum invenissem,/Poetarum maxime!"
50) 참조, (헬라어로 된) *Acts of Peter an Paul*, 80. (481 쪽 주 32를 보라).

다 그 속박을 깨뜨리고 복음을 해방시켜 인류의 삶 가운데서 다시 한 번 그 해방의 능력을 발휘하게 했던 것은 바울의 말씀들이었다.

① **어거스틴.** (Augustine). 주후 386년 여름에 실흔두 살의 어거스틴은 그의 친구 밀라의 알리피우스(Alypius of Milan)의 집 정원에서 흐느끼며 앉아 있었다. 그는 이년 동안 그 성읍에서 수사학 교수로 일해 왔고 지금까지 그의 직업 경력은 부족한 것이 없을 정도로 극히 만족스러웠다. 그런데도 그는 깊은 내면의 갈증을 느끼고 있었다. 그는 새로운 삶을 시작할 태세가 거의 되어 있었으나 과감히 이전의 삶을 청산해 버리는 결단력이 부족했다. 그가 앉아 있는데 이웃집에서 한 아이가 부르는 찬송가 소리가 들려왔다. "집어들어서 읽어라! 집어들어서 읽어라!(*Tolle, lege! Tolle, lege!*)". 친구 옆에 놓여 있던 성경의 두루마리를 집어들은 — 당시 늘 그랬듯이 바울 서신들의 사본 — 그의 눈은 로마서 13장의 결론 부분에 머물렀다. "방탕과 술취하지 말며 음란과 호색하지 말며 쟁투와 시기하지 말고 오직 주 예수 그리스도로 옷입고 정욕을 위하여 육신의 일을 도모하지 말라." 그는 "나는 더 이상 읽으려고 하지 않았고 더 읽을 필요도 없었다. 이 문장을 거의 다 읽었을 때 돌연히 밝은 빛이 나의 가슴에 넘쳐 흘렀고 의심의 그림자는 씻은 듯이 사라져버렸다"고 고백한다.[51]

(교부를 연구하는 한 학자가 말했듯이) "신약시대 이래로 가장 위대한 기독교인"[52]인 어거스틴이 후세의 사상에 엄청난 영향력을 끼칠 수 있었던 것은 바로 그가 바울의 말씀들을 읽을 때 바울의 마음속에 흘러 넘쳤던 그 빛 때문이었다고 할 수 있다.

② **루터와 종교개혁.** 주후 1513년 어거스틴 수도회의 수사이자 삭소니(Saxony)에 있는 비텐베르그(Wittenberg) 대학 신학 교수인 마틴 루터는 "은혜로우신 하나님을 발견하기" 위하여 고군분투하면서 시편 과목의 강의를 준비하는 데 심혈을 기울이고 있었다. 그때 시편 31:1의 기도 — "주의 의로 나를 건지소서" — 가 그의 머리를 때렸다. 그러나 어떻게 하나님의 의(義)가 그에게 올 수 있는가? 루터는 하나님의 의는 그를 구원하는 것이 아니라 죄인을 정죄하는 것이라고 생각하고 있었다. 그가 이 말씀의 의미를 생각하고 있었을 때, 그의 관심은 복음에는 "하나님의 의가 나타나서 믿음으로 믿음에 이르게 하나니 기록된 바 '오직 의인은 믿음으로 말미암아 살리라' (합2:4) 함과 같으니라"는 내용의 로마서 1:17에 나오는 바울의 말에 점점 더 쏠리게 되었다. 그의 연구 결과는 그가 한 말 속에 가장 잘 나타나 있다.

나는 바울의 로마서를 이해하기를 무척 바랐었지만, "하나님의 의"라는 표현이 그것을 가로막고 있었다. 왜냐하면 나는 그 의란 하나님이 의로우시며 불의한 자를 벌하심으로 의롭게 행하신다는 뜻으로 이해했기 때문이었다. 밤낮 없이 나는 이 말의 의미를 알아내려고 골몰했다.

---

51) Augustine, *Confessions* viii. 29.
52) A. Souter, *The Earliest Latin Commentaries on the Epistles of St Paul*(Oxford, 1927), p. 139.

그리고 마침내 나는 하나님의 의는 은혜와 순전한 자비를 통하여 하나님께서 우리를 믿음으로 말미암아 의롭다 하시는 바 바로 그 의라는 사실을 깨치게 되었다. 그러자 나는 내가 다시 태어나서 열린 문들을 지나 낙원으로 들어간 듯한 느낌을 받았다. 성경 전체가 새로운 의미를 띠고 내게 다가왔고, 이전에 "하나님의 의"가 나에게 미움으로 가득차게 하였던 반면에, 이제 그것은 내게 크나 큰 사랑 안에서 형언할 수 없을 정도로 감미롭게 느껴졌다. 바울의 이 구절은 내게 하늘로 들어가는 입구가 되었다.[53]

루터가 바울이 전한 해방의 복음을 이해하게 되었을 때 그 결과가 어떠했는가 하는 것은 역사 속에 아주 잘 나와있다.

어거스틴과 루터가 바울의 말씀이 자신의 영적인 상태를 진단하는 데 너무도 유용하다는 것을 발견한 이래로 그들이 회심 전에 겪었던 내적인 갈등을 바울도 회심 전에 겪었을 것이라고 생각하는 당치않은 경향이 있어왔는데, 이는 어쩌면 당연한 생각인지도 모른다.[54] 그러나 여기서 강조해 두어야 할 것은 바울이 전한 하나님의 은혜로 말미암은 구원의 복음은 바울과 마찬가지로 자기들이 율법을 지킴으로써 의의 만족할 만한 기준에 이르렀다고 생각하는 사람들에게만이 아니라 자기들이 그러한 기준에 너무도 못 미치기 때문에 그 결과 양심의 가책을 겪었던 사람들에게도 너무나 적절하게 적용될 수 있다는 것이다. 바울이 전한 복음은 한 종류의 기질을 가진 사람이나 한 유형의 체험을 가진 사람에게만 적절하게 적용될 수 있는 메시지가 아니다. 웨슬리 형제들은 어거스틴, 루터와 매우 다른 배경과 체험을 갖고 있었지만, 그들의 상태를 비춰준 것은 역시 바울이었다.

③ **웨슬리 형제들과 복음전도의 부흥**. 보통 웨슬리의 회심이라고 불리지만 나중에 스스로 (바울의 용어를 빌어서) 자기가 "종(servant)의 신앙"에서 "아들(son)의 신앙"으로 바뀌게 된 사건에 관한 존 웨슬리(John Wesley)의 설명은 아주 잘 알려져 있는데,[55] 거기서 그는 이렇게 말하고 있다. 1738년 5월 24일 수요일 저녁에 그는 "억지로 [런던의] 올더스게이트 가(Aldersgate Street)에서 열렸던 한 모임에 갔는데, 거기에서는 어떤 사람이 루터의 로마서 주석 서문을 읽고 있었다. 9시 15분전 쯤 되었을까, 그분이 하나님이 그리스도를 믿는 믿음을 통하여 사람들의 마음에서 일으키시는 변화를 설명해 나가고 있을 때 이상하게도 내 가슴이 뜨거워지는 것을 느끼게 되었다. 나는 구원을 위하여 오직 그리스도만을

---

53) *Gesamtausgaben seiner lateinischen Schriften*(Wittenberg, 1545);참조. Luthers Werke [Weimar editon, 54(1928), p.186]. E. G. Rupp. *The Righteousness of God*(London, 1947), pp. 129 ff.; J. Atkinson, *The Great Light*(Exeter, 1968), pp. 19 f.를 보라.
54) 참조, K. Stendahl, "The Apostle Paul and the Introspective Conscience of the West", *Harvard Theological Review* 56(1963), pp. 199-215. 215 쪽 위를 보라.
55) J. Wesley, *Journal*, i(London, 1872), pp. 76 f., 각주들. 그 용어들은 바울적이다; 참조.. 갈 4:3-7.
56) J. Wesley, *Journal*, i, p. 103.

의지하고 있다는 것을 느꼈다. 그러자 그리스도께서 '내' 죄 아니 '나(mine)' 까지도 없애시고 '나'를 죄와 사망의 법에서 구원하셨다는 확신이 내게 왔다." [56)]

다른 무엇보다도 18세기 복음전도의 부흥의 탄생을 특징짓는 한 사건이 있다면, 그것은 바로 위에서 말한 사건이었다. "그 세기의 나머지 기간과 그 이후까지 활활 불타올랐던 꺼지지 않는 화염에 연료를 공급한 것은 올더스게이트 가에서 뜨거워졌던 이 한 사람의 가슴이었다." [57)] 그러나 이와 비슷한 각성들(awakenings)은 그 시기를 전후하여 여기저기서 일어났는데, 그들 가운데 얼마나 많은 사람들에게 바울이 결정적인 역할을 했는지는 주목할 만한 가치가 있다. 존 웨슬리가 각성하기 일주일 전에 그의 형제인 찰스 웨슬리(Charles Wesley)는 생전 처음으로 루터의 갈라디아 주석서를 접하게 되었고 그 책을 읽고 "고상한 믿음으로 충만하게 되었다". 그래서 "나는 내게 너무도 복된 존재인 마틴 루터와 내밀한 사귐을 가지면서 특히 2장의 결론 부분에서 그가 말하는 것을 생각하며 그 저녁에 수 시간을 보냈다. 나는 '나'를 사랑하사 나를 위하여 자기 몸을 버리신 분'을 느끼려고 애를 쓰며 기다렸고 기도했다."고 그는 말한다. [58)] 나흘 후에 그의 기도는 응답을 받았다.

그러나 복음전도의 부흥에 커다랗게 공헌했던 바울 사상의 또 다른 측면 ― 1670년대 초에 헨리 스카우걸(Henry Scougal)이 「인간의 영혼에 있는 하나님의 생명」(The Life of God in the Soul of Man)에서 해설했던 내용 ― 이 있었다. [59)] 이 논문을 웨슬리 형제들은 아주 잘 알고 있었다. 그들의 어머니가 그 책을 "매우 훌륭한 책"이며 "오래 전부터 내가 익히 알고 있는 책"이라고하면서 그들에게 권했기 때문이다. 존 웨슬리는 조지아(Georgia)에 있는 사반나(Savannah) 대학에 있을 때 항상 그 책의 사본을 가지고 있었고, 찰스 웨슬리는 옥스포드 대학 시절에 그 책 한 권을 학우(學友)인 조지 휘트필드(George Whitefield)에게 주었다.

바로 이 책을 읽고 휘트필드는 1733년에 회심을 했다. 자신의 말에 따르면, 이 책은 그에게 "신앙(religion)에 관해 무언가 알고 있는 사람들은 신앙이란 하나님의 아들과 결정적으로 하나되는 것 ― 마음속에 이루어진 그리스도 ― 임을 알고 있다는 것"을 보여주었다고 하면서 "오, 그때 하나님의 한 줄기 생명의 빛이 나의 영혼 속으로 뚫고 들어왔다!"고 그는 덧붙인다. [60)] 자기에게 일어난 일을 이런 식으로 묘사하면서 그는 스카우걸(Scougal)의 말을

---

57) A. S. Wood, *The Inextinguishable Blaze*(London, 1959), p. 113.
58) C. Wesley, *Journal*, i(London, 1849), p. 90. 그는 그의 형제가 로마서 8:2을 언급할 때 그런 것처럼 갈 2:20에서 인용할 때 (루터를 따라) '나를'이라는 인칭대명사를 강조한다.
59) Henry Scougal(1650-78)은 1673년에 Aberdeen, King's College의 신학부 교수가 되었는데 그로부터 5년 후에 폐결핵으로 죽었다. 그는 Aberdeenshire에 있는 Auchterless의 교구 성직자였을 때인 1672-73년에 *The Life of God in the Soul of Man*을 썼다. 그 책은 1677년에 익명으로 출판되었고, 다음 세기에 여러 판이 나왔다. 여기에서 사용한 판은 D. J. Innes가 서문을 쓴 Inter-Varsity Press(London, 1961)에서 나온 판이다.
60) 1769년에 행한 설교(Scougal의 1961년판의 서문, p. 12에서 D. J. Innes가 인용하고 있다); 참조. G. Whitefield, *Journals*, i(Banner of Truth edition, London, 1960), pp. 46 f. 휘

되풀이한다. "참된 신앙은 영혼이 하나님과 하나되는 것이며, 하나님의 본성에 실제로 참예하는 것이며, 영혼에 다가온 바로 하나님의 형상이다. 사도의 말을 빌리자면 그것은 '너희 안에 이루어진 그리스도'이다." [61]

"사도의 말"은 율법을 준행하는 것이 아니라 믿음으로 말미암아 의롭게 된다는 것을 재삼 재사 강조하고 있는 갈라디아서에 나오는 사도의 말이다. 바울은 갈라디아 교우들에게 "너희 속에 그리스도의 형상이 이루기까지"(갈4:19) 그들을 위하여 해산의 수고를 감내할 것이라고 말한다. 아마도 복음전도의 부흥에 깊고 지속적인 영향을 끼친 것은 바로 바울 사상의 이 두 측면 ─ 하나님의 최초의 용서하시는 은혜와 계속적인 성령의 내적인 사역 ─ 일 것이다. 어느 한쪽이 없이 다른 한쪽을 강조하게 되면 균형잡히지 않은 신앙을 낳게 된다.

④ **바르트와 위기의 신학.** 더 최근의 사건을 돌아보면 20세기에서 가장 획기적인 신학 저술 가운데 하나인 칼 바르트(Karl Barth)의 로마서 주석은 그가 스위스의 칸톤 아르가우(Canton Aargau)에 있는 자펜빌(Safenwil)의 목회자였을 때인 1918년 10월에 초판이 간행되었다. 서문에서 그는 이렇게 쓰고 있다. "이 책이 발견의 기쁨으로 쓰여졌다는 것을 독자들은 저절로 알게 될 것이다. 바울의 권능 있는 목소리는 내게 새로웠다. 그리고 내게 그랬다면 틀림없이 많은 다른 사람들에게도 그러하리라. 그런데도 이 책을 다 쓴 지금 나는 내가 아직도 듣지 못한 많은 것들이 남아 있다는 것을 느끼게 된다." [62] 그러나 그는 자기가 들었던 것을 적었고 다른 사람들도 그것을 들었다. 그는 살기 위해 어둠 속에서 줄 하나를 꼭 붙들었는데 마침 죽은 자를 깨우는 소리를 울리는 종을 치는 줄을 잡았던 사람에 자기를 비유했다. [63] 가톨릭 신학자인 칼 아담(Karl Adam)은 바르트의「로마서」의 초판은 "신학자들의 경기장에 폭탄처럼" 떨어졌다고 말했다. [64] 그 폭발의 반향(反響)은 60년이 지난 오늘에도 여전히 우리와 함께 있다.

⑤ **바울과 민주주의적 자유.** 특별히 종교개혁과 복음전도의 부흥의 영향을 받아 민주주의적 발전이 진행되었던 나라에서는 바울이 종교개혁과 복음전도의 부흥에 직접적인 영향을 미쳤기 때문에 민주주의적 발전에도 간접적인 영향을 주었다고 말할 수 있다. 이것은 바울 신학 분야와 민주주의의 발전에 관한 분야 모두를 주의깊게 연구한 스코틀랜드의 저명한 변호사이자 성직자인 토마스 테일러(Thomas Taylor) 경의 판단이었다.

믿음으로 말미암아 의롭게 된다는 것은 성례들이나 사제 또는 목사가 집례했느냐의 여부에

트필드가 이 체험을 했을 당시 나이는 열아홉이었다.
61) *The Life of God in the Soul of Man*(1961 reissue), p. 16.
62) K. Barth, *The Epistle to the Romans*, E. T. (Oxford, 1933), p. 2.
63) K. Barth, *Die Lehre vom Worte Gottes*(Munich, 1927), preface.
64) K. Adam, in *Das Hochland*, June 1926. J. McConnachie, "The Teaching of Karl Barth", *Hibbert Journal* 25(1926-27), pp. 385 f에 인용되어 있다.

의해 구원이 좌우되는 것이 아니라 예수 그리스도 안에서 믿는 마음으로 하나님의 말씀에 순전하게 응답하는 것이 구원을 이룬다는 것을 의미한다. 이것이 실제로 의미하는 바를 주의깊게 살펴보라. 그것은 단지 신학적 허구인 것이 아니다. 그것을 한번 휘두르자 광대한 성직위계 제도 전체가 그 관련된 공로(功勞)의 교리 ― 참회, 순례, 금식, 보속(報贖)을 비롯한 모든 것 ― 와 함께 밑둥부터 잘려 나간다. 교회는 더 이상 그 회원들을 위하여 필수불가결한 의식을 거행하는 성직자의 위계 제도가 아니다. 교회는 더 이상 주교의 말에 마술적이고 신비적인 힘을 부여하는 사제들의 카스트 제도가 아니다. 이제 교회는 모든 믿는 자들의 제사장직이며 성령의 부르심 및 생활과 교리의 적절한 시험을 거쳐 관련된 사람들의 동의를 얻어 공인된 성직이다. 다른 곳이 아닌 바로 여기에서 우리는 스코틀랜드 민주주의의 기원(起源)을 본다. 믿음으로 말미암아 의롭게 된다는 바로 이 교리를 받아들이라. 그리하면 평신도, 보통 사람, 존 더 코먼윌(John the Commonweal)이 한달음에 중심부로 오게 된다.[65]

토마스 경은 스코틀랜드 종교개혁 25주년을 기념하기 위하여 소집된 스코틀랜드 교회 총회에서 연설하고 있기 때문에 구체적으로 "스코틀랜드 민주주의"라고 말했다. 그러나 그의 지혜로운 말은 더 광범위하게 적용된다. 바울은 자기가 원칙적으로 기독교인들의 모임에서 있어서는 안된다고 말했던 인종적, 종교적, 성적, 사회적 편견들 또는 차별이 모든 새 창조에서 사라질 그 날을 가슴 부풀며 기다렸다. 그리고 공동체의 더 약한 지체들은 다른 측면에서 아무리 하찮다 하더라도 그들 각자는 "그리스도께서 위하여 죽으신 형제"(고전8:11)이기 때문에 특별한 배려를 받아야 한다고 힘주어 말함으로써, 바울은 사회적 또는 정치적 민주주의 체제보다는 사람들의 인격의 힘에 더 높은 가치를 두었다.

바울은 영적인 자유를 전파하는 사람이었지만 자유보다 더 귀한 것이 있다고 설파했다. 그것은 사랑이었다. 그러나 사랑으로 말미암아 영적인 자유가 줄어드는 것은 아니다. 이 둘은 모두 성령께서 나누어주시는 것으로서 사랑으로 섬기는 것이야말로 완전한 자유이다. 다른 많은 점에서 그렇듯이 이 점에서도 그리스도의 마음을 꿰뚫어 보는 통찰력에 있어서 바울을 능가하는 사람은 없었다.

---

65) T. M. Taylor, *The Heritage of the Reformation*(Edinburgh, 1960), pp. 6 f. John the Commonweal("Iohne the Common-weill")은 Sir David Lindsay's *Satyre of the Thrie Estaitis*(1552)에 나오는 인물이다.

연표(年表)

기독교사		로마사	
		14-37년	디베료 황제
28-30년 경	예수의 공생애		
33년 경	바울의 회심		
35년 경	회심 후 바울의 첫번째 예루살렘 방문		
35-46년	바울의 길리기아, 수리아 사역	37-41년	가이오 황제
		41-54년	글라우디오 황제
46년	바울의 두번째 예루살렘 방문		
47-48년	바울과 바나바의 구브로, 갈라디아 사역		
48(?)년	「갈라디아서」		
49년	예루살렘 공의회	49년	로마에서 유대인 추방
49-50년	바울과 실라가 수리아 안디옥을 출발하여 소아시아를 거쳐 마게도냐와 아가야를 다녀감		
50년	「데살로니가전후서」		
50-52년	바울의 고린도 사역	51-52년	갈리오 아가야 총독
52년 여름	바울의 세번째 예루살렘 방문	52-59년	벨릭스 유대 총독
52-55년	바울의 에베소 사역	54-68년	네로 황제
55-56년	「고린도전후서」		
55-57년	바울의 마게도냐, 일루리곤, 아가야 사역		
57년 초	「로마서」		
57년 5월	바울의 네번째(마지막) 예루살렘 방문		
57-59년	바울이 가이사랴에서 갇힘	59년	벨릭스가 이임하고 베스도가 유대 총독으로 취임

	기독교사		로마사
59년 9월	바울의 로마 항해가 시작됨		
60년 2월	바울이 로마에 도착함		
60-62년	바울이 로마에서 가택 연금되어 지냄	62년	베스도의 죽음; 알비누스가 유대 총독으로 부임
60-62년(?)	「옥중서신」	64년 7월	로마의 대화재
65년(?)	바울이 서바나를 방문함		
(?)	「목회서신」		
65년(?)	바울의 죽음		

정선된 참고 도서

이것은 정선된, 부분적인 참고 도서 목록이다. 바울에 관한 가장 중요한 책들 중 일부는 그의 서신들에 대한 주석이나 논문들에서 발견된다. 바울의 생애와 사상에 관한 다른 중요한 연구는, 논문지와 더불어 초대교회의 역사와 신학, 그리고 당시의 그리스 로마 문화에 대한 책들 가운데 나타난다. 그런 중요한 연구에 대한 참고는 본서의 각주에 나타나 있다.

Alexander, A. B. D., *The Ethics of St. Paul* (Glasgow, 1910)
Allen, R., *Missionary Methods: St. Paul's or Ours?* (London, 1927)
Bacon, B. W., *The Story of St. Paul* (London, 1905)
Bacon, B. W., *Jesus and Paul* (London, 1921)
Bandstra, A. J., *The Law and the Elements of the World: An Exegetical Study in Aspects of Paul's Teaching* (Kampen, 1964)
Barclay, W., *The Mind of St. Paul* (London, 1958)
Barrett, C. K., *From First Adam to Last: A Study in Pauline Theology* (London, 1962)
Baur, F. C., *Paul: His Life and Works*, E.T., 2 volumes (London, 1875)
Beare, F. W., *St. Paul and his Letters* (London, 1962)
Betz, H.-D., *Der Apostel Paulus und die sokratische Tradition* (Tübingen, 1972)
Bornkamm, G., *Paul*, E.T. (London, 1971)
Buck, C. H. and Taylor, G., *St. Paul: A Study of the Development of his Thought* (New York, 1969)
Bultmann, R., "Paul" (1930), "Romans 7 and the Anthropology of Paul" (1932), and "Jesus and Paul" (1936), E.T. in *Existence and Faith* (London, 1964), pp. 130–172, 173–185 and 217–239
Bultmann, R., "The Theology of Paul" in *Theology of the New Testament*, E.T., i (London, 1952), pp. 185–352
Cerfaux, L., *Christ in the Theology of St. Paul*, E.T. (Edinburgh/London/New York, 1959)
Cerfaux, L., *The Church in the Theology of St. Paul*, E.T. (Edinburgh/London/New York, 1959)
Davies, W. D., *Paul and Rabbinic Judaism* (London, 1948)

정선된 참고 도서 511

Deissmann, A., *Paul: A Study in Social and Religious History*, E.T. (London, 1926)
Dibelius, M., and Kümmel, W. G., *Paul*, E.T. (London, 1953)
Dodd, C. H., *The Meaning of Paul for Today* (London, 1920)
Dodd, C. H., "The Mind of Paul" in *New Testament Studies* (Manchester, 1953), pp. 67–128
Drane, J. W., *Paul: Libertine or Legalist?* (London, 1975)
Duncan, G. S., *St. Paul's Ephesian Ministry* (London, 1929)
Dungan, D. L., *The Sayings of Jesus in the Churches of Paul* (Oxford, 1971)
Ellis, E. E., *Paul's Use of the Old Testament* (Edinburgh, 1957)
Ellis, E. E., *Paul and his Recent Interpreters* (Grand Rapids, 1961)
Ellis, E. E., and Grässer, E. (ed.), *Jesus und Paulus: Festschrift für W. G. Kümmel* (Göttingen, 1975)
Enslin, M. S., *The Ethics of Paul* (Nashville/New York, ²1962)
Enslin, M. S., *Reapproaching Paul* (Philadelphia, 1972)
Foakes-Jackson, F. J., *The Life of Saint Paul* (London, 1927)
Fraser, J. W., *Jesus and Paul* (Appleford, 1974)
Fridrichsen, A., *The Apostle and his Message* (Uppsala, 1947)
Furnish, V. P., *Theology and Ethics in Paul* (Nashville, 1968)
Glover, T. R., *Paul of Tarsus* (London, 1925)
Grant, M., *Saint Paul* (London, 1976)
Gunther, J. J., *Paul: Messenger and Exile* (Valley Forge, 1972)
Gunther, J. J., *St. Paul's Opponents and their Background* (Leiden, 1973)
Hanson, A. T., *Studies in Paul's Technique and Theology* (London, 1974)
Haughton, R., *The Liberated Heart* (London, 1975)
Hugedé, N., *Saint Paul et la Culture Grecque* (Geneva, 1966)
Hunter, A. M. *Paul and his Predecessors* (London, ²1961)
Hunter, A. M., *Interpreting Paul's Gospel* (London, 1954)
Jüngel, E., *Paulus und Jesus* (Tübingen, 1962)
Käsemann, E., *Perspectives on Paul*, E.T. (London, 1971)
Kennedy, H. A. A., *St. Paul's Conception of the Last Things* (London, 1904)
Kennedy, H. A. A., *St Paul and the Mystery Religions* (London, 1913)
Klausner, J., *From Jesus to Paul*, E.T. (London, 1944)
Knox, J., *Chapters in a Life of Paul* (London, 1954)
Knox, W. L., *St. Paul and the Church of Jerusalem* (Cambridge, 1925)
Knox, W. L., *St. Paul and the Church of the Gentiles* (Cambridge, 1939)
Kuss, O., *Paulus: Die Rolle des Apostels in der theologischen Entwicklung der Urkirche* (Regensburg, 1971)
Lake, K., *The Earlier Epistles of St. Paul* (London, 1911)
Lake, K., *Paul: His Heritage and Legacy* (London, 1934)
Longenecker, R. N., *Paul, Apostle of Liberty* (New York, 1964)

Longenecker, R. N., *The Ministry and Message of Paul* (Grand Rapids, 1971)
Machen, J. G., *The Origin of Paul's Religion* (New York, 1921)
Manson, T. W. (ed.), *On Paul and John* (London, 1963)
Meeks, W. A. (ed.), *The Writings of St. Paul* (New York, 1972)
Michel, O., *Paulus und seine Bibel* (Gütersloh, 1929)
Mitton, C. L., *The Formation of the Pauline Corpus of Letters* (London, 1955)
Montefiore, C. G., *Judaism and St. Paul* (London, 1914)
Munck, J., *Paul and the Salvation of Mankind*, E.T. (London, 1959)
Murphy-O'Connor, J. (ed.), *Paul and Qumran* (London, 1968)
Nock, A. D., *St. Paul* (London, 1938)
Ogg, G., *The Chronology of the Life of Paul* (London, 1968)
Paley, W., *Horae Paulinae* (London, 1790)
Pohlenz, M., *Paulus und die Stoa* (Darmstadt, 1964)
Prat, F., *The Theology of St. Paul*, E.T. (London, 1957)
Ramsay, W. M., *St. Paul the Traveller and the Roman Citizen* (London, [14] 1920)
Ramsay, W. M., *Pauline and Other Studies in Early Christian History* (London, 1906)
Ramsay, W. M., *The Cities of St. Paul: Their Influence on his Life and Thought* (London, 1907)
Ramsay, W. M., *The Teaching of Paul in Terms of the Present Day* (London, 1913)
Ridderbos, H., *Paul: An Outline of his Theology*, E.T. (Grand Rapids, 1975)
Rigaux, B., *Letters of St. Paul*, E.T. (Chicago, 1968)
Sanders, E. P., *Paul and Palestinian Judaism* (London, 1977)
Sandmel, S., *The Genius of Paul: A Study in History* (New York, 1970)
Schmithals, W., *Paul and James*, E.T. (London, 1965)
Schnackenburg, R., *Baptism in the Thought of St. Paul*, E.T. (Oxford, 1964)
Schoeps, H. J., *Paul: The Theology of the Apostle in the Light of Jewish Religious History*, E.T. (London, 1961)
Schrenk, G., *Studien zu Paulus* (Zürich, 1954)
Schütz, J. H., *Paul and the Anatomy of Apostolic Authority* (Cambridge, 1974)
Schweitzer, A., *Paul and his Interpreters*, E.T. (London, 1912)
Schweitzer, A., *The Mysticism of Paul the Apostle*, E.T. (London, 1931)
Scott, C. A. A., *Christianity according to St. Paul* (Cambridge, 1927)
Scott, C. A. A., *Footnotes to St. Paul* (Cambridge, 1935)
Scott, C. A. A., *St. Paul: The Man and the Teacher* (Cambridge, 1936)
Scroggs, R., *The Last Adam: A Study in Pauline Anthropology* (Oxford, 1966)
Scroggs, R., *Paul for a New Day* (Philadelphia, 1976)

정선된 참고 도서 513

Sevenster, J. N., and van Unnik, W. C. (ed.), *Studia Paulina in honorem J. de Zwaan* (Haarlem, 1953)
Souter, A., *The Earliest Latin Commentaries on the Epistles of St. Paul* (Oxford, 1927)
Stacey, W. D., *The Pauline View of Man* (London, 1956)
Stendahl, K., *Paul Among Jews and Gentiles* (Philadelphia, 1976)
Stewart, J. S., *A Man in Christ: The Vital Elements of St. Paul's Religion* (London, 1935)
Thackeray, H. St. J., *The Relation of St. Paul to Contemporary Jewish Thought* (London, 1900)
van Unnik, W. C., *Tarsus or Jerusalem: The City of Paul's Youth*, E.T. (London, 1962)
Vos, G., *The Pauline Eschatology* (Grand Rapids, ²1952)
Wagner, G., *Pauline Baptism and the Pagan Mysteries*, E.T. (Edinburgh/London, 1967)
Weinel, H., *St. Paul: The Man and his Work*, E.T. (London, 1906)
Weiss, J., *Paul and Jesus*, E.T. (London/New York, 1909)
Whiteley, D. E. H., *The Theology of St. Paul* (Oxford, 1964)
Wikenhauser, A., *Pauline Mysticism: Christ in the Mystical Teaching of St. Paul*, E.T. (Freiburg/Edinburgh/London, 1960)
Wiles, M. F., *The Divine Apostle: The Interpretation of St. Paul's Epistles in the Early Church* (Cambridge, 1967)
Wilson, T., *St. Paul and Paganism* (Edinburgh, 1927)
Wrede, W., *Paul*, E.T. (London, 1907)
Ziesler, J. A., *The Meaning of Righteousness in Paul* (Cambridge, 1972)

● **독자 여러분들께 알립니다!**

'CH북스'는 기존 '크리스천다이제스트'의 영문명 앞 2글자와
도서를 의미하는 '북스'를 결합한 출판사의 새로운 이름입니다.

성경신학
바울: 그의 생애와 사역

1판 1쇄 발행 1992년 8월 25일
2판 1쇄 발행 2018년 3월 14일
2판 2쇄 발행 2022년 8월 11일

발행인 박명곤　**CEO** 박지성　**CFO** 김영은
기획편집 채대광, 김준원, 박일귀, 이승미, 이은빈, 이지은
디자인 구경표, 한승주
마케팅 임우열, 유진선, 이호, 최고은
펴낸곳 CH북스
출판등록 제406-1999-000038호
전화 070-4917-2074　**팩스** 0303-3444-2136
주소 서울시 강서구 마곡중앙6로 40, 장흥빌딩 10층
홈페이지 www.hdjisung.com　**이메일** main@hdjisung.com
제작처 영신사

ⓒ CH북스 2018

※ 이 책은 저작권법에 따라 보호받는 저작물이므로 무단 전재와 복제를 금합니다.
※ 잘못 만들어진 책은 구입하신 서점에서 교환해드립니다.
※ CH북스는 (주)현대지성의 기독교 출판 브랜드입니다.

'그리스도와 그의 나라를 위하여'
CH북스는 여러분의 의견 하나하나를 소중히 받고 있습니다.
원고 투고, 오탈자 제보, 제휴 제안은 main@hdjisung.com으로 보내 주세요.